高等学校交通运输与工程类专业教材建设委员会规划教材

沥青与沥青混合料

Asphalt and Asphalt Mixture

孙大权　主编

人民交通出版社

北京

内 容 提 要

本书由六篇十七章组成,第一篇系统阐述了沥青和集料的基础知识,第二篇全面总结了沥青混合料技术性质和配合比设计理论与方法,第三篇到第六篇详细讲述了多种沥青混合料的性能特点、技术指标、设计方法,并附以实例说明。

本书可作为高等学校交通运输与工程类专业研究生教学用书,第一篇和第二篇也可作为道路桥梁与渡河工程、交通工程、土木工程等专业本科生教学内容使用。同时,本书亦可供公路、机场、铁道、市政等相关专业技术人员参考。

图书在版编目(CIP)数据

沥青与沥青混合料 / 孙大权主编. — 北京 : 人民交通出版社股份有限公司, 2025.5. — ISBN 978-7-114-20255-1

Ⅰ. U414

中国国家版本馆 CIP 数据核字第 20257C8R58 号

高等学校交通运输与工程类专业教材建设委员会规划教材
Liqing yu Liqing Hunheliao

书 名:	**沥青与沥青混合料**
著 作 者:	孙大权
责任编辑:	李 晴 王 涵
责任校对:	龙 雪 武 琳
责任印制:	张 凯
出版发行:	人民交通出版社
地 址:	(100011)北京市朝阳区安定门外外馆斜街 3 号
网 址:	http://www.ccpcl.com.cn
销售电话:	(010)85285911
总 经 销:	人民交通出版社发行部
经 销:	各地新华书店
印 刷:	北京虎彩文化传播有限公司
开 本:	787×1092 1/16
印 张:	32.25
字 数:	805 千
版 次:	2025 年 5 月 第 1 版
印 次:	2025 年 5 月 第 1 次印刷
书 号:	ISBN 978-7-114-20255-1
定 价:	79.00 元

前言

　　沥青与沥青混合料是道路工程重要材料,其性能直接决定了沥青路面的服务质量和使用寿命。在寻求高性能、长寿命沥青路面的科研道路上,沥青与沥青混合料的新理论、新技术、新工艺和新材料一直是研发的重点,并且不断推陈出新。当前,在满足路用性能要求的基础上,交通强国、"双碳"目标等国家战略对沥青与沥青混合料提出了更高、更多、更新的要求,高性能、多功能、可持续和智能化成为其未来的发展趋势。

　　通过学习本书,学生将系统地掌握沥青与沥青混合料的基本理论、测评方法和工程技术,为解决复杂工程问题以及研发新型道路材料奠定扎实的理论基础,并积累丰富的技术储备。本书编写过程中,充分汲取了同济大学吕伟民教授、李立寒教授等前辈数十年的教学经验,精心筛选并融入了国内外最新理论知识与前沿科技成果。采用篇、章、节三级结构清晰表达知识要点,并设置了内容提要、思考题、小组讨论、拓展阅读等模块,以增强教材的互动性和实用性。我们致力于打造一本"彰显时代特征,适应自主学习"的教材,助力教学活动更加宜教易学。

　　全书分为六篇,共十七章。第一篇由三章组成,总结了沥青、改性沥青与集料的基础知识和基本理论;第二篇由三章组成,论述了沥青混合料的技术性质和设计方法;第三篇由四章组成,介绍了道路工程中常用的沥青混合料的设计方法和设计案例,包括 SMA 沥青混合料、排水沥青混合料、机场道面沥青混合料和乳化沥青混合料;第四篇由三章组成,阐述了特殊沥青混合料的设计方法和设计案例,包括环氧沥青混合料、浇注式沥青混合料和灌注式半柔性混合料;第五篇由两章组成,讲述了再生沥青混合料和废旧橡胶沥青混合料两种环保型沥青混合料的技

1

术特点、设计方法和设计案例;第六篇由两章组成,总结了两种自修复沥青混合料的设计方法和设计案例,分别是电磁加热自愈合沥青混合料和微胶囊自修复沥青混合料。鉴于篇幅较长,教师在使用本书时可根据教学大纲灵活选择授课内容。

本书入选高等学校交通运输与工程类专业教材建设委员会规划教材,并得到同济大学研究生教材建设项目(2024JC24)资助和同济大学交通设施系支持。本书编写过程中,课题组徐磊、倪航天、陈忠波、田于锋、郭建祥、凌森林、胡明君、鲁童、邓越、马建民、Prince Igor Itoua 等深度参与了相关的沥青及沥青混合料科学研究,并协助完成了资料整理、排版校核等工作,在此表示感谢! 同时,衷心感谢人民交通出版社的编辑团队为本书的顺利出版所付出的努力与辛劳。

限于作者水平,书中难免存在错误和不当之处,恳请读者指正。同济大学"沥青与沥青混合料"课程教学团队欢迎有关院校师生和读者多提宝贵意见(联系邮箱:sundaquan@sina.com),以便再版时修订完善。

"材料如人生,人生如材料"。再次感谢所有读者、所有支持与帮助我们的朋友,且愿生活如材料之丰富而多彩,亦愿人生如材料般坚韧而璀璨。

孙大权
2024 年 12 月于同济大学

目录

第一篇　沥青与集料

第二篇　沥青混合料设计方法

第三篇　常用沥青混合料

第四篇　特殊沥青混合料

第五篇　环保型沥青混合料

第六篇　自修复沥青混合料

PART 1 | 第一篇

沥青与集料

第一章

沥青

【内容提要】

本章介绍了沥青材料的分类,重点阐述了沥青的元素组成、化学组分和微观结构,讲述了沥青的流变性质和流变模型,论述了道路沥青黏滞性、感温性、黏附性、耐久性、黏弹性以及疲劳与愈合等性能,并总结了国内外道路沥青的分级体系、技术要求和标准。

《新华字典(第 12 版)》有解:沥,液体一滴一滴地落下;青,黑色。"沥青"二字,准确描述了沥青的材料性状,即可流动的黑色液体。沥青是人类认知和利用的最为古老的石油产品。早在公元前 3800 年,苏美尔人就将天然沥青作为防水材料使用。1270 年,我国南宋《朱子语类》中也有沥青作为防腐材料的记载。1854 年,法国巴黎修建了可能是世界上第一条的薄层热铺沥青路面。时至今日,沥青作为重要的有机结合料,已广泛应用于道路工程、建筑工程、水利工程、防腐工程等关乎国民经济的各个领域,是社会发展和基础设施建设不可或缺的"黑色资源"。

第一节 沥 青 分 类

一、按来源分类

沥青可定义为由不同分子量的碳氢化合物及其非金属衍生物组成的黑棕色至黑色的固态或半固态黏稠物质。按照沥青的来源,可将其分为天然沥青、焦油沥青和石油沥青三大类。由于天然沥青和石油沥青在化学组成等多方面的相似性,有时又将二者统称为地沥青。

1. 天然沥青

天然沥青(native asphalt)是石油中的组分在多种因素(如高温、压力、微生物活动等)作用下,经蒸发、氧化和浓缩等过程后形成的沥青。在天然沥青形成过程中,其轻质组分逐渐减少,平均分子量增加,氢/碳原子比降低,留下了较为稠密的天然有机物质。地球上天然存在的沥青及其与矿物质的混合物统称为天然沥青,常见的类别主要有湖沥青、岩沥青和砂石沥青。

湖沥青位于湖泊等水体中,产地分布广泛。西印度群岛的特立尼达湖沥青是其中著名的代表,约有 1500 万 t 的湖沥青分布在 $0.5km^2$ 的区域内。特立尼达湖沥青具有与石油沥青相似的化学组成,表现出良好的热稳定性、抗氧化性和黏附性。美国加利福尼亚州的拉布雷亚焦油坑也是著名的天然湖沥青产地之一。此外,在委内瑞拉东北海岸地区也存在着世界上已知最大的沥青矿床,湖沥青储量十分可观。

岩沥青是由深层的液态或半液态石油物质,在构造运动期间,经历长期复杂作用而形成的。岩沥青性质较为稳定,但含有较多杂质,为了获取纯净的岩沥青,通常需要在开采后进行提取和处理。岩沥青的代表性产地有美国犹他州和印度尼西亚的布顿岛。布顿岩沥青的沥青质含量约为 20%,将其作为改性剂可大大提高沥青混合料的抗疲劳破坏能力和温度稳定性。此外,我国的新疆、青海及四川一带也有储量丰富的岩沥青矿。

砂石沥青(也称为沥青砂或油砂)是一种浸渍着致密、黏稠沥青的砂质沉积物,其矿床的主要成分是石英砂,水和沥青填充在砂粒之间的孔隙中。无机材料质量约占砂石沥青质量的80%,沥青和水的占比分别约为 15% 和 5%,具体组成成分和矿物质含量因矿床的位置和地质条件而异。砂石沥青矿床可出现在多种地层和气候环境中,在加拿大、尼日利亚、墨西哥、英国、美国、厄瓜多尔、科威特、伊拉克、马达加斯加和委内瑞拉等国家均有发现。

在石油时代之前,天然沥青是道路沥青的主要选择。而在步入石油时代之后,由于与石油沥青有很好的相容性,天然沥青主要用作石油沥青的改性剂,以改善石油沥青的使用性能。如在上海超长跨海大桥东海大桥的桥面铺装工程中,下层浇注式沥青混凝土和上层沥青玛蹄脂碎石的沥青结合料就添加了天然沥青。此外,港珠澳大桥、北京长安街、北京首都机场跑道等工程项目中也都可见天然沥青的身影。

2. 焦油沥青

焦油沥青(tar asphalt)是由各种有机物干馏得到的焦油经再加工形成的沥青。焦油沥青可以按其来源的有机物来命名。例如,由煤干馏得到的焦油经再加工后得到的沥青,称为煤沥青(coal tar pitch)。类似地,还有"木沥青""页岩沥青"等。

3.石油沥青

石油沥青(petroleum asphalt)是由地壳中的原油经开采加工形成的沥青类物质,主要含有可溶于三氯乙烯的烃类和非烃类衍生物,其性质和组成随原油来源和生产工艺的不同而变化。自进入石油时代以来,石油沥青是产量最大、应用最广的一类沥青,目前通常所讲的沥青就是指石油沥青。

二、按石油加工方法分类

为满足应用需求,各炼油厂对原油采用不同的炼制方法或加工工艺,得到了性质各异的石油沥青。目前工程上所讲的沥青(石油沥青),又可根据加工工艺的不同进行如下分类。

1.直馏沥青

直接蒸馏原油,将上层不同沸点的馏分取出后,在常压塔底获得的残渣即为直馏沥青,又称残留沥青,如图1-1所示。蒸馏法是制取石油沥青最简单、经济的方法。原油脱水后加热至360℃,进入常压塔,在塔内分馏出汽油、煤油、轻柴油和重柴油。塔底常压渣油再进一步加热至390℃并进入减压塔。减压塔保持一定的真空度,分馏出减压馏分,塔底所存的减压渣油便是可以直接用于道路建设的石油沥青。采用该工艺可直接生产70号、90号沥青产品,成本相对较低。当生产硬质沥青时,对蒸馏工艺条件要求较高,加工有一定难度,成本也会提高,因此一般不采用直馏法生产硬质沥青。

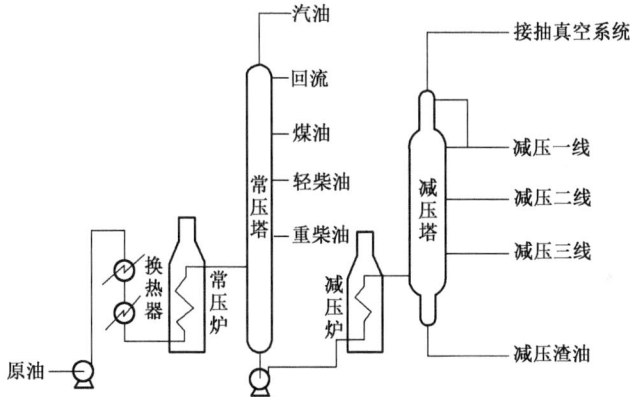

图1-1 原油常减压蒸馏法流程

直馏沥青的性质与原油来源关系很大。一般来说,蜡含量较低的环烷基原油和中间基原油所生产的道路沥青具有延度高、与碎石黏附性好、高温稳定性好、耐老化性能优良等特点。

2.氧化沥青

将高标号的沥青或渣油在240～290℃的高温下吹入空气,使其软化点提高,针入度降低,通过这种方法所得的沥青为氧化沥青,也称为吹制沥青(blown asphalt)。减压渣油在高温和空气的作用下会汽化蒸发,同时伴随脱氢、氧化、聚合缩合等一系列反应。需指出,该过程是一个多组分相互影响的综合反应过程,而不仅仅发生氧化反应,但习惯上称相关方法与制取的沥青分别为氧化法和氧化沥青。在一定温度下,渣油中的成分与空气中的氧气发生氧化反应,导致组分发生变化,其转化过程为:

芳香烃→胶质→沥青质→碳青质→焦炭

高标号沥青或渣油按一定的流速连续通入氧化塔。氧化塔为中空圆筒,里面装有隔板以减少返混。空气由底部分批量通入,在一定温度下,渣油中的芳香烃、胶质和沥青质与空气发生反应。氧化反应的结果是沥青增稠,温度敏感性降低,针入度指数增大。因此,氧化法主要用来生产高软化点的建筑沥青。当直馏法不能直接生产满足要求的道路沥青时,有时会采用浅度氧化的方法,在较低温度下进行较短时间的氧化,所得沥青称为半氧化沥青。

3. 溶剂脱沥青

蒸馏法难以将石蜡基原油所产沥青的高沸点石蜡烃完全蒸出,使得沥青产品稠度达不到要求,且软化点和延度都低。这种沥青中的芳香烃和胶质容易被大量氧化成沥青质和碳青质,得到脆且没有弹性的沥青。因此,通常采用溶剂法而不是氧化法来处理石蜡基原油,以期获得质量优良的沥青产品,所得沥青称为溶剂脱沥青。

溶剂法是利用溶剂对沥青中各组分不同的溶解能力,选择性地溶解其中一个或几个组分,从而实现组分的分离。与蒸馏法相比,溶剂法所得产品在组成和性能上有明显差异。根据溶剂对渣油中各组分不同的溶解能力,一方面可从渣油中分离出富含饱和烃和芳香烃的脱沥青油,作为催化、裂化或加氢裂化的原料油;另一方面能从渣油中得到富含胶质、沥青质的浓缩物,再将其加以调和、氧化,生产出各种规格的沥青。

4. 调和沥青

用调和法生产沥青是按照沥青质量要求,将几种沥青混合,调整沥青各组分之间的比例,以获得所要求的产品。优质沥青的组分比例大致为:饱和分含量13%～31%,芳香分含量32%～60%,胶质含量19%～39%,沥青质含量6%～15%,蜡含量小于3%。当然,调和沥青的性质与各组分的比例关系不是简单的加和,而与形成的胶体结构类型有关。用调和法生产沥青通常先生产出软、硬两种沥青,然后根据需要调和出符合要求的沥青。调和的关键在于配合比正确并混合均匀。随着适合直接提炼道路沥青的原油日益短缺,调和法因其所展示出的灵活性和经济性而日益受到重视。

三、按原油性质分类

石油按其含蜡量可分为石蜡基、环烷基和中间基原油。简易蒸馏原油,可得到常压沸点范围为250～275℃的第一关键馏分和常压沸点范围为395～425℃的第二关键馏分。《原油》(GB 36170—2018)依据两个关键馏分的相对密度或特性,将石油分为石蜡基原油、环烷基原油、中间基原油等七大类。在此基础上,依据原油特点可将石油沥青分为石蜡基沥青、环烷基沥青和中间基沥青。

1. 石蜡基沥青

石蜡基沥青蜡含量一般都大于5%,大庆原油所炼制的沥青是典型的石蜡基沥青,其蜡含量高达20%。常温下,蜡往往以结晶形式存在于沥青的表面,使沥青失去黑色光泽。石蜡基沥青黏结性差,同时具有极差的热稳定性,温度稍高黏度就会快速降低,在低温下又容易脆断,故不适合铺筑沥青路面。尽管随着现代生产工艺的不断改进,采用石蜡基原油也能生产出优质沥青,但考虑到技术、成本等因素,目前很少采用石蜡基原油生产道路沥青。

2.环烷基沥青

由环烷基原油加工炼制的沥青为环烷基沥青,其组成中环烷烃和芳香烃含量高、蜡含量低,溶解性能和介电性能优越。环烷基原油储量在原油总储量中占比不足3%,我国环烷基原油产地主要包括克拉玛依、渤海湾、华北、大港以及辽河等油田。环烷基沥青含有较多脂烷烃,且凝点低,密度大,黏性好。由环烷基原油生产的沥青是优质的道路沥青。

3.中间基沥青

采用中间基原油炼制的沥青为中间基沥青,其蜡含量为3%~5%。普通道路沥青大多采用这种沥青。

此外,还可通过原油中的沥青质(A)、胶质(R)及蜡(W)的相对含量判断原油是否适合生产沥青,其计算公式及判断方法如下:

①$(A+R)/W<0.5$,不适合生产道路沥青;

②$(A+R)/W=0.5~1.5$,可以生产普通道路沥青;

③$(A+R)/W>1.5$,可以生产优质道路沥青。

另外一种判断原油是否适合生产沥青的方法,是通过原油中大于500℃馏分的渣油中氢/碳(H/C)原子比来预测。一般来说,H/C原子比≤1.6时,该渣油可以用来生产道路沥青;H/C原子比>1.6时,该渣油则不适合生产道路沥青。部分原油的$(A+R)/W$值及渣油中H/C原子比见表1-1。

部分原油的化学组成 表1-1

原油名称	原油基属	渣油中H/C原子比	$(A+R)/W$
中原原油	含硫石蜡基	1.60	0.48
华北原油	低硫石蜡基	1.65	0.97
辽河原油	低硫中间基	1.83	1.50
沙轻原油	高硫中间基	1.79	1.47
沙中原油	高硫中间基	1.47	3.17
科威特原油	高硫中间基	1.48	2.89
阿曼原油	石蜡-中间基	1.50	1.61
伊朗原油	中间基	1.50	1.55
渤海SZ36-1原油	环烷基	1.47	1.83
胜利原油	中间基	1.62	1.37
大庆原油	石蜡基	1.70	0.34
塔河原油	中间基	1.50	7.91

由于环烷基原油和中间基原油组分构成比较合理,其生产的道路沥青具有良好的延展性和流变性;低温时具有一定的变形能力,不易开裂;高温时又具有一定的抗变形能力,不易出现轮辙和拥包;此外还具有很好的抗老化性和黏附性,故被认为是生产道路沥青的首选原油。而石蜡基原油因其轻质组分和蜡含量较高、胶质和沥青质含量较低等,不适合生产道路沥青。

四、按用途分类

1.道路沥青

用于铺筑道路路面的沥青称为道路沥青,道路沥青产量几乎占整个沥青产量的50%~

60%。沥青是建设道路路面的良好黏结材料,具有价格低廉、性能优良、来源广泛的特点,目前尚无更优的替代品。根据《公路沥青路面施工技术规范》(JTG F40—2004),为方便在各等级新建和改建公路的沥青路面工程中选择合适的沥青,依照性能将沥青划分为 A、B、C 三个等级,并建议按照公路等级、气候条件、交通条件、路面类型、路面结构层层位及受力特点、施工方法等,结合当地的使用经验,经技术论证后确定沥青标号。

2. 建筑沥青

沥青因其良好的黏结性、绝缘性及防水性,被广泛用来制造防水、防潮等建筑材料,如油毛毡、铺瓦下垫层、接缝填充料、屋顶和地下室以及下水道防水层等,这类材料统称为建筑沥青。对于建筑沥青,要求具有良好的黏结性和防水性,在日照下不流淌,在低温下不龟裂。建筑沥青标号较低,《建筑石油沥青》(GB/T 494—2010)中规定了 10 号、30 号和 40 号建筑石油沥青的技术要求。

3. 机场道面石油沥青

机场道面石油沥青是指供机场沥青道面使用并符合其技术要求的石油沥青。由于机场跑道道面需要承受飞机荷载,故要求沥青有良好的黏结性和耐久性。《民用机场沥青道面施工技术规范》(MH/T 5011—2019)规定了机场道面石油沥青的技术要求。机场道面石油沥青的技术要求比普通的改性沥青更严格,具体可参照第九章第二节。

4. 水工沥青

水利工程要求沥青黏附性好,延度不能太低。水工沥青广泛应用在水库筑坝、海岸护堤、渠道防渗等水利工程领域。目前世界上高 15m 以上的沥青混凝土斜墙坝已有百余座。我国长江三峡水利枢纽茅坪溪防护大坝沥青混凝土心墙,采用国产中海 36-1 沥青修建,高 94m;四川省甘孜藏族自治州去学水电站的沥青混凝土心墙高 132m,是沥青混凝土心墙堆石坝的典型代表。我国水利行业标准《水工沥青混凝土施工规范》(SL 514—2013)规定了水工沥青技术要求。

5. 防腐沥青

由于沥青具有优良的黏结性和防腐性,所以也可作为埋地设备和金属管道的防腐涂层,如输油、输气及给排水金属管道等一般都要涂上一层防腐沥青。防腐沥青要求蜡含量低,黏附力强,热稳定性好,冻裂点低。我国石油天然气行业标准《埋地钢质管道石油沥青防腐层技术标准》(SY/T 0420—1997)规定管道防腐石油沥青的针入度范围为 5 ~ 20(25℃,100g,0.1mm),软化点≥125℃。

6. 其他沥青

沥青还被用于不同领域,通过改性加工制成各类专用沥青或特种沥青,以满足特定工程需求。如在油漆制造方面,有油漆沥青;在电池制造方面,有电池沥青;在电力工业方面,有电缆沥青和绝缘沥青;在玻璃加工方面,有抛光沥青等。我国已制定了这些特殊沥青的技术标准,如《环氧沥青防腐涂料》(GB/T 27806—2011)、《锂离子电池负极材料用沥青》(T/CPCIF 0251—2023)、《绝缘沥青》(SH/T 0419—1994)、《电缆沥青》(NB/SH/T 0001—2019)等。

五、按形态分类

按照沥青在常温条件下呈现的状态,可将其分为黏稠沥青和液体沥青。

1. 黏稠沥青

在常温下呈膏体状或固体状的沥青,称为膏体沥青。这类沥青黏滞度较高,所以一般也称为黏稠沥青。由于这种沥青的标号通常用针入度表示,所以其有时又称针入度级沥青。黏稠沥青是目前道路工程中应用最广泛的沥青材料。

2. 液体沥青

在常温下呈液体或半流动状态的沥青,称为液体沥青。用溶剂将黏稠沥青加以稀释所得到的液体沥青,称为稀释沥青,也称为回配沥青(cutback asphalt)。根据凝固速度,稀释沥青可分为快凝、中凝和慢凝三种。将沥青加以乳化可形成另一种形式的液体沥青,即乳化沥青。乳化沥青按照其破乳速度的快慢可分为快裂、中裂和慢裂三种,按其所用乳化剂的种类又可分为阳离子乳化沥青、阴离子乳化沥青及非离子乳化沥青。

第二节　沥青的组成和结构

一、沥青的元素组成

沥青不是单一的物质,而是由多种化合物组成的混合物,成分极其复杂。但从化学元素分析,其主要由碳(C)、氢(H)两种化学元素组成。同时,沥青中还含有少量的硫(S)、氮(N)、氧(O)等杂原子。含有杂原子的化合物虽然在整个沥青组分中都存在,但主要集中于相对分子质量大且没有挥发性的胶质和沥青质中。此外,沥青中还含有其他微量元素,如钠(Na)、镍(Ni)、铁(Fe)、镁(Mg)和钙(Ca)等,它们以无机盐或氧化物的形式存在于胶质或沥青质中。

沥青的元素组成与渣油相似,从表1-2中数据可以看出,沥青中碳含量为81%～86%,氢含量为10%左右,H/C原子比为1.35～1.65。不同产地的沥青中碳、氢元素的比例相近,因此难以从碳、氢原子数量上将沥青元素组成与沥青的性质相关联。

部分沥青的元素组成　　　　表1-2

沥青原油	C(%)	H(%)	N(%)	S(%)	O(%)	H/C原子比
中东原油1号	82.55	11.08	0.79	4.26	1.31	1.61
南美原油	81.87	10.83	0.65	4.98	1.16	1.57
绥中原油	83.37	10.90	0.81	3.25	1.20	1.58
胜利原油	81.97	10.86	0.49	5.38	0.82	1.58
欢喜岭原油	85.83	11.19	0.92	0.84	1.11	1.63
中东原油2号	83.35	9.31	0.50	5.23	0.96	1.35
中东原油3号	82.09	10.86	0.49	5.38	0.82	1.58

二、沥青的组分分类

由于沥青的组成极其复杂,并且存在有机化合物的同分异构现象,所以,即使两种沥青的化学元素组成十分相似,它们的性质也往往有很大差别。沥青的化学元素含量与其性能之间难以建立直接的相关关系。为方便厘清材料组成对性能的影响,将沥青分离成几个化学成分和物理性质相似的部分,即沥青组分。沥青中各组分的含量和性质与沥青的黏滞性、感温性、黏附性等性质有较为紧密的关联。根据试验方法的不同,沥青可以按以下方法分离成不同的组分。

(1)二组分分析法

将沥青分为沥青质和溶剂质(软沥青质)两种组分。

(2)三组分分析法

将沥青分为沥青质、油分和树脂三种组分。

(3)四组分分析法

将沥青分为饱和分、芳香分、胶质和沥青质四种组分。

四组分分析法主要分为两大步骤:第一步,用正庚烷使沥青中的沥青质沉淀并定量;第二步,对可溶分以中性氧化铝为吸附剂,在液固色谱柱中,以正庚烷(或石油醚)、甲苯、甲苯-乙醇为冲剂,梯度冲洗出饱和分、芳香分和胶质,除去溶剂后定量。对于低沥青质含量(沥青质含量 <10%)的沥青可以省略第一步,直接在色谱柱中进行冲洗。用此方法可将沥青分为饱和分(S)、芳香分(A_r)、胶质(R)和沥青质(A_s)共四种组分,简称 SARA 分析。目前,沥青四组分分析法被广泛应用,美国材料与试验协会标准[ASTM D4124—89(2022)]和我国《公路工程沥青及沥青混合料试验规程》(JTG E20—2011)T 0618,均介绍了该方法与相关注意事项,其流程见图1-2。

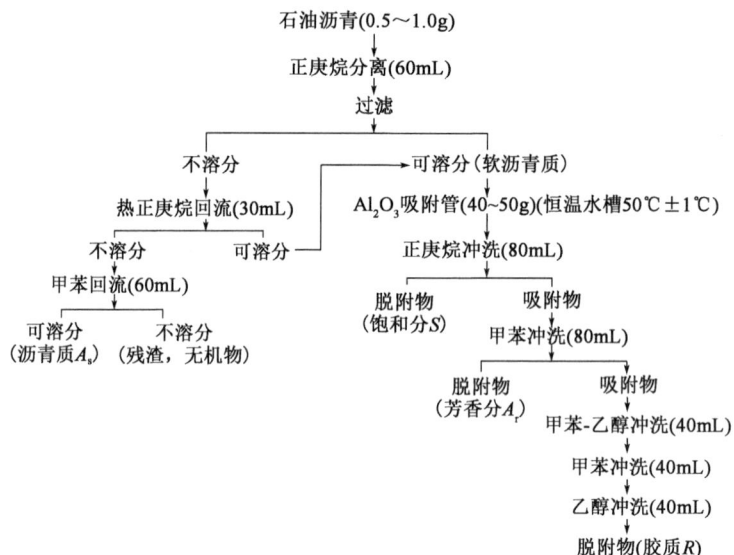

石油沥青(0.5～1.0g)

正庚烷分离(60mL)

过滤

不溶分 ｜ 可溶分(软沥青质)

热正庚烷回流(30mL) ｜ Al₂O₃吸附管(40～50g)(恒温水槽50℃±1℃)

不溶分 可溶分 ｜ 正庚烷冲洗(80mL)

甲苯回流(60mL) ｜ 脱附物 吸附物
(饱和分S)

可溶分 不溶分 ｜ 甲苯冲洗(80mL)
(沥青质A_s)(残渣,无机物)

脱附物 吸附物
(芳香分A_r)

甲苯-乙醇冲洗(40mL)

甲苯冲洗(40mL)

乙醇冲洗(40mL)

脱附物(胶质R)

图1-2 沥青四组分分析法流程

①沥青质。

沥青质是深褐色至黑色无定形物质。其相对密度大于1,不溶于乙醇、石油醚,易溶于苯、氯仿、四氯化碳等溶剂。沥青质具有很强的极性,分子量为1000～10000,颗粒的粒径为5～30nm,H/C 原子比为1.06～1.28。表现为憎液性,但对胶质呈亲液性。因此,沥青质先是被胶质包裹成分散质,然后悬浮在油分分散相之中形成胶体溶液。沥青质含量对胶体体系的性质有很大的影响,当沥青中的沥青质含量增加时,沥青稠度增加,软化点上升。

沥青质与沥青的黏度、黏结力和温度稳定性密切相关。沥青质在沥青中的含量一般为

5%~25%,其含量对沥青的流变特性有很大的影响。我国有些沥青,如大庆沥青、任丘沥青中的沥青质含量很低,几乎在1%以下,作为道路沥青时高温性能不佳。然而克拉玛依沥青却是例外,虽然它的沥青质含量很低,但其路用性能却十分优良。

②胶质。

胶质是深褐色的固体或半固体状物质,在沥青中所占比例较大,有很强的极性,溶于石油醚、汽油、苯等有机溶剂。胶质具有很好的黏结力,其相对密度为1.00~1.08,分子量为600~1000,在沥青中一般占10%~40%。胶质的分子结构中含有相当多的稠环芳香族和杂原子的化合物,在沥青中属于强极性组分。胶质的化学稳定性很差,是沥青中最容易发生化学反应的组分。典型反应有氧化、磺化、加热缩合等。胶质的氧化在室温下就会发生,升温后加速,反应主要是胶质转化为沥青质,不同来源的胶质发生氧化生成沥青质的倾向差别很大。

胶质是沥青的扩散剂或胶溶剂,它与沥青质的比例在一定程度上决定了沥青的胶体结构是溶胶还是凝胶。胶质的H/C原子比为1.30~1.47。胶质赋予沥青可塑性、流动性和黏结性,对沥青的延性、黏结力有很大的影响,能显著改善沥青的抗脆裂性,提高沥青的延度。

③芳香分。

芳香分由沥青中最低分子量的环烷芳香化合物组成,它是胶溶沥青质的分散介质。芳香分在沥青中一般占20%~60%,是深棕色的黏稠液体,H/C原子比为1.56~1.67,平均分子量为300~600。在沥青胶体结构中,芳香分和饱和分一起构成连续相,使胶质-沥青质能稳定分散其中。芳香分对高分子烃和非烃类有很强的溶解能力,因此其是分散胶质、沥青质的主要介质,也是优质沥青不可缺少的组成部分。

④饱和分。

饱和分是由直链烃和支链烃组成的一种非极性稠状油类,H/C原子比约为2,平均分子量为300~600,饱和分在沥青中占5%~20%,对温度较为敏感。

芳香分和饱和分作为油分,在沥青中起着润滑和软化作用。油分含量越高,沥青的软化点越低,针入度越大,稠度降低。饱和分和芳香分必须保持适当的比例才能使沥青胶体结构保持稳定,获得最佳性能。

一般来说,沥青中四个组分的最佳构成比例见表1-3。

沥青中四组分最佳构成比例   表1-3

项目	饱和分(%)	芳香分(%)	胶质(%)	沥青质(%)
道路沥青	5~15	35~55	30~35	5~15
建筑沥青	5~10	20~30	35~40	20~25

除上述四个基本组分外,沥青中还有一些附加的成分,这些成分对沥青的性能也有重要影响。蜡是其中之一,尽管它通常不属于SARA的标准分类,但它也在塑造沥青性能中扮演着至关重要的角色。

⑤蜡。

《公路工程沥青及沥青混合料试验规程》(JTG E20—2011)T 0615介绍了沥青中蜡含量的测试方法。将沥青裂解蒸馏所得的馏出油用无水乙醚-无水乙醇混合溶剂溶解,在-20℃下冷却、过滤、冷洗。随后,将滤得的蜡用石油醚溶解,从溶液中蒸出溶剂,干燥后称重便可求得沥青中的蜡含量。蜡的化学组成以正构烷烃或熔点接近正构烷烃的其他烃类为主,蜡有多种分类,多数研究将沥青蜡分为大晶蜡、微晶蜡和无定形蜡。

在常温下,蜡以固体形式存在,而在沥青中,蜡溶解在油分中。当蜡以液体状态存在时,黏度较低,仅为 0.01~0.03Pa·s,这将降低分散相(油分)的黏度;当蜡以结晶状态存在时,沥青会产生具有屈服应力的结构;而当蜡以松散颗粒状态存在时,类似于在沥青中加入矿粉,沥青的黏度提高。总体来讲,沥青中蜡含量增加,会使沥青在常温下的黏度增大;而当温度接近或超过蜡的熔点(50℃)时,沥青的黏度反而会降低。因此,蜡含量高的沥青温度敏感性强。

此外,蜡的结晶网格会促使沥青向凝胶型胶体结构发展,但系统不稳定且具有明显的触变性。低温下,高蜡含量的结晶网格会提高沥青的刚性,使其表现出较高的弹性和黏性。当沥青与石料接触时,蜡的存在会降低沥青对石料界面的黏附性。蜡集中在沥青的表面会使沥青失去光泽,影响沥青路面的摩阻性能。

目前,凝胶渗透色谱(GPC)法广泛用于测试沥青组分的相对分子质量及分子量分布,如图1-3所示。

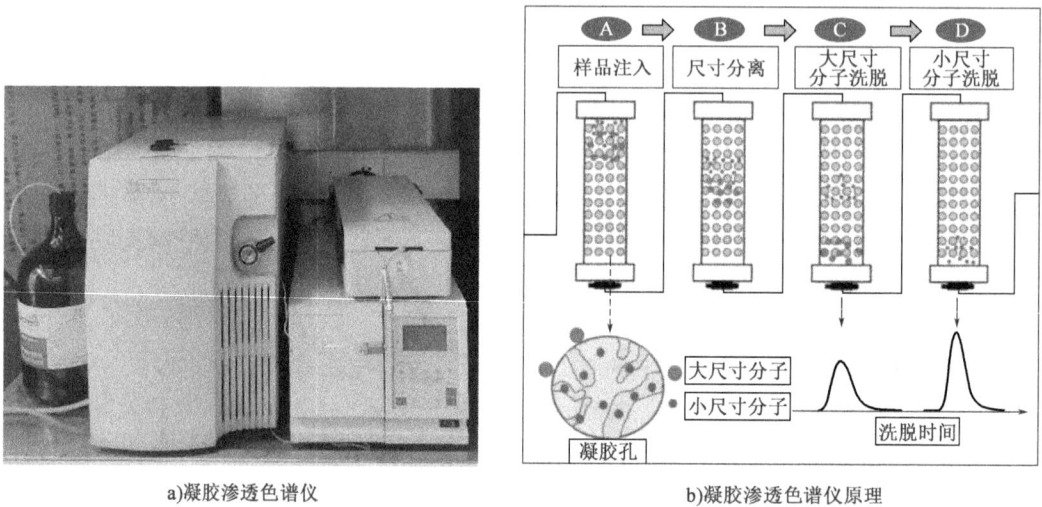

a)凝胶渗透色谱仪　　　　　　　　　　b)凝胶渗透色谱仪原理

图1-3　沥青凝胶渗透色谱仪及其原理

将溶于四氢呋喃中的沥青样品溶液通过一根内有不同孔径通道的色谱柱(凝胶颗粒),较大的分子(体积大于孔径)被排除在内部小孔之外,只能从粒子间较大的空隙通过,总体通过速率较大;而较小的分子则会进入粒子中的小孔,导致总体通过的速率要小得多;中等体积的

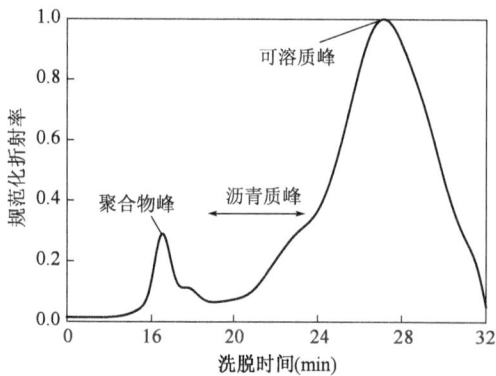

图1-4　沥青凝胶渗透色谱图

分子可以渗入较大的孔隙中,但受到较小孔隙的排阻,通过速率介于上述两种情况之间。经过一定长度的色谱柱,沥青分子便会根据相对分子质量而被分开,其中,相对分子质量大的率先被冲出(即洗脱时间短),而相对分子质量小的后被冲出(即洗脱时间长)。关联相对分子质量参数与洗脱时间参数,便能够得到沥青样品凝胶渗透色谱图(GPC曲线),如图1-4所示。其中横坐标代表沥青样品的洗脱时间,对应沥青样品分子量,纵坐标代表每种分子量的信号强度,其值越高代表这个分子量的分子越多。需要注意的是,测试的分

子量对应的是沥青结合料中团聚体,而不是严格的纯净化合物。

对于基质沥青而言,GPC 曲线一般存在 2 个特征峰,分别对应着沥青质峰和可溶质峰;对于聚合物改性沥青而言,GPC 曲线一般存在 3 个特征峰,分别对应着聚合物峰、沥青质峰和可溶质峰,如图 1-4 所示。其中,聚合物组分的分子量一般大于 19000,沥青质组分的分子量一般在 3000～19000 之间,可溶质组分的分子量一般小于 3000。

基于对分子量的分析,GPC 在沥青中的应用主要包括以下两个方面。

①性能评价。

有研究指出,沥青黏度会随着沥青中低分子量组分百分比的增大而增大。当然,具有相似分子量和不同化学结构的物质不太可能通过 GPC 完全分离。由于沥青是十分复杂的混合物,大多数链的分子量过于接近,GPC 分离只能显示出较宽范围的峰而不能给出正确的分子量。因此,会出现具有相似四组分的沥青结合料具有相似的 GPC 曲线但技术性质却大不相同的情况。或者,具有相似技术性质的两种沥青的 GPC 曲线可能存在根本差异。因此,在必要时,需要结合其他分析方法,对沥青的微观结构进行多角度和多尺度的解析。

②老化研究。

沥青的老化,可以由组分所处的分子量区间由低向高移动来反映。同时,老化引起沥青组分间的转化也可在峰值的升降中有所体现。通常基于测试结果,计算数均分子量、重均分子量和分子量分布指数等参数,来表征沥青组分的变化;或对分子量区间积分来计算其面积,快速定性老化前后沥青各组分含量的变化情况。

三、沥青的化学结构

石油沥青主要由含有少量氧、硫和氮的高度缩合芳香环及带有若干环烷环、数目和长度不等的烷侧链组成。对沥青材料的化学结构,早期曾采用折光率、相对密度、分子量和元素分析等手段,应用数理统计的方法,将多成分混合物的化学结构当作平均结构来进行研究,即早期的折光率-密度-分子量(n-d-M)法和元素-密度-分子量(E-d-M)法等。随着技术的进步,研究者开始采用红外光谱来研究沥青的结构。但是,由于沥青结构的复杂性,红外光谱受到干扰,特征吸收不很明显。此后,一些学者提出应用质子核磁共振法研究石油重组分的化学结构,并将该方法逐渐应用于沥青化学结构的研究中。随着技术的发展,核磁共振-数学分析法也被用来研究沥青的平均结构。为了推测出沥青更为详细的化学结构,还可采用一些其他分析方法(如 X-射线衍射、质谱分析、电子自旋共振谱分析、电子显微镜等)及其组合的分析法。

多项研究均证实,不同油源和不同工艺生产的沥青,即使具有相似的组分含量,其技术性质也可能存在较大的差别,原因在于各个组分的化学结构并不相同。根据目前的研究成果,沥青的化学结构与其技术性质在以下几个方面存在一定的相关性:沥青的感温性与沥青化学结构参数中的烷碳率(即侧链上的碳数占总碳数的百分率)、侧链根数及平均侧链长度有关,通常烷碳率高、侧链根数少、平均侧链长度长的沥青具有较高的感温性;沥青的黏附性与其芳香烃指数(即芳碳数占总碳数的百分率)、芳香环数等有关,通常芳香烃指数高、芳香环数多的沥青具有较好的黏附性;沥青的耐久性与其饱和碳率(即饱和碳数占总碳数的百分率)有关,通常饱和碳率高的沥青耐久性好;沥青的黏度与其分子量及聚合度等有关。

因此,沥青的性能与其化学结构之间存在紧密的联系,而要深入理解这些结构特征,需要一些强有力的表征工具,帮助我们识别和分析沥青中不同组分的化学结构。

1.红外光谱法

(1)原理

傅里叶变换红外光谱(FTIR)法是一种基于原子振动和旋转来识别材料分子结构的方法,在沥青材料领域已有几十年的应用历史。如图1-5所示,该方法是利用一束具有连续波长的红外光通过沥青样品,由于沥青中形成官能团的有机分子的原子处于恒定的振动状态,当沥青分子中某个官能团的振动频率或转动频率和红外光的频率一样时,分子将吸收能量,由原来的基态振(转)动能级跃迁到能量较高的振(转)动能级,导致该处波长的光被分子吸收,然后通过傅里叶变换对吸收的光进行处理,最终得到透光率或吸光度随波数或波长变化的红外吸收光谱图。在对原始光谱进行基线校正后,FTIR可以通过统计算法对有机成分进行定性和定量分析。定性分析是通过将样品光谱与标准光谱进行比较来识别已知物质。定量分析是通过使用比尔-朗伯定律从特征吸收峰的强度、位置和形状参数推断出某些成分的含量。

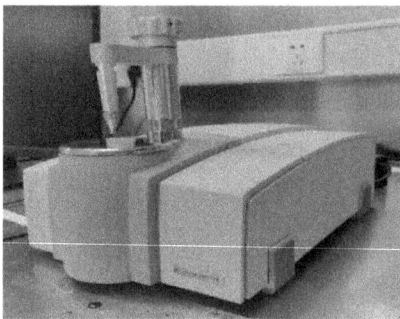

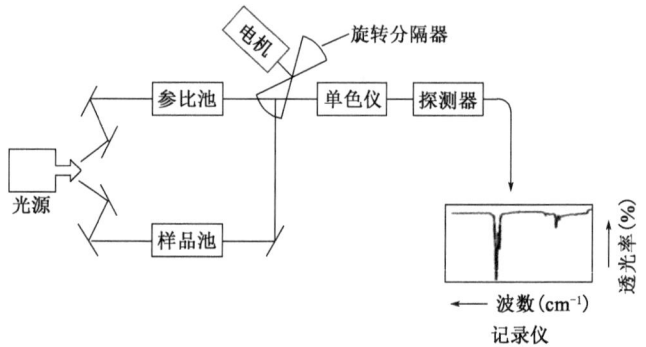

a)红外光谱仪　　　　　　　　　　　　b)红外光谱仪原理

图1-5　红外光谱仪及其原理

沥青标准红外光谱图如图1-6所示,图中特征吸收峰所对应的即为沥青官能团。在沥青典型红外光谱图中,普遍存在10个左右较为明显的特征吸收峰,它们的振动模式及对应官能团如表1-4所示,其中常用于分析表征的有羧基、亚砜基、聚丁二烯、聚苯乙烯等。

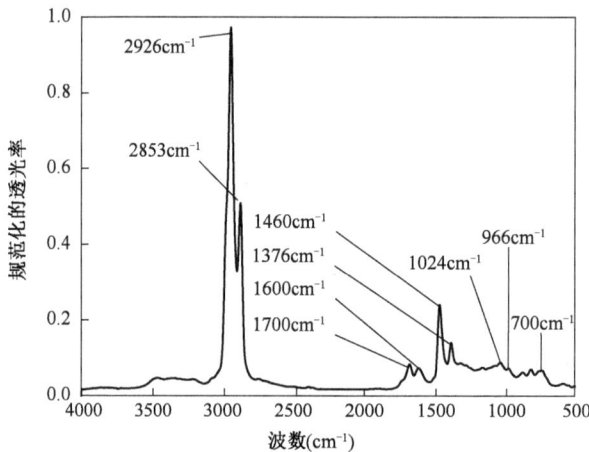

图1-6　沥青标准红外光谱图

沥青常见官能团及对应波数 表1-4

官能团	振动模式	波数(cm^{-1})
甲基(CH_3)	伸缩振动	2926
亚甲基(CH_2)	伸缩振动	2853
羰基$(C=O)$	伸缩振动	1700
烯烃$(C=C)$	伸缩振动	1600
亚甲基(CH_2)	弯曲振动	1460
甲基(CH_3)	弯曲振动	1376
亚砜基$(S=O)$	伸缩振动	1024
聚丁二烯	面外变形振动	966
聚苯乙烯	面外变形振动	700

①羰基$(C=O)$和亚砜基$(S=O)$。

羰基是由碳和氧两种原子通过双键连接而成的有机官能团。亚砜基是含亚硫酰基官能团的一类化合物,由硫醚氧化得到。沥青在环境的作用下,极易发生老化。在此期间,沥青中不饱和碳原子与氧气反应生成羰基。含硫官能团与氧发生硫化反应生成极性官能团亚砜基。因此,沥青中羰基和亚砜基可用于表征沥青的老化效应。

②聚丁二烯(PB)和聚苯乙烯(PS)。

聚丁二烯和聚苯乙烯是SBS改性剂的重要组成成分,$966cm^{-1}$附近特征峰代表着聚丁二烯$(—CH=CH—)$面外变形振动,$700cm^{-1}$附近特征峰代表着聚苯乙烯中单取代苯环$(=CH)$面外变形振动。相关研究表明,聚丁二烯特征峰比聚苯乙烯特征峰对于老化作用更加敏感。因此,在红外光谱试验中,一般采用聚丁二烯特征峰来反映SBS改性剂的改性机理以及老化后SBS的降解程度。

(2)应用

基于对沥青化学结构的表征,红外光谱法在沥青中的应用主要有以下四个方面。

①沥青来源识别。

大多数沥青会展现非常相似的红外光谱,很难根据特定峰的强度或形状来确定沥青结合料的来源。但运用化学计量学方法考虑整个红外光谱,可以获得更多信息。偏最小二乘回归(PLSR)常用于建立不同沥青胶结料化学成分的预测模型。主成分分析(PCA)法和线性判别分析(LDA)法通常用于沥青红外光谱的二次处理,在此基础上,可实现沥青来源的初步判别。

②改性剂判别。

傅里叶变换红外光谱法可有效识别和定量分析沥青中的添加剂,在改性沥青的红外光谱图中会有其标志性峰。例如,在对温拌沥青的研究中,与基质沥青相比,$3400cm^{-1}$和$2682cm^{-1}$处的吸收峰能够反映温拌剂的存在,它们分别归因于胺和氨基离子。此外,红外光谱还可用于确定改性剂的含量,如根据比尔-朗伯定律,SBS特征峰面积与SBS含量之间存在一定的对应关系。

③改性机理分析。

沥青组成和官能团吸收峰变化的对比可为改性机理分析提供支持。例如,红外光谱图中没有新峰或峰位偏移,这为 SBS 对沥青的作用是一种物理改性的看法提供了理论支撑。与纯聚乙烯聚合物相比,聚乙烯改性沥青的 C—H 发生偏移,因此可以证明聚乙烯改性过程是化学和物理作用共同作用的结果。废橡胶粉的胺吸收峰在 3000cm^{-1} 和 3500cm^{-1} 之间,与沥青黏合剂混合后,特征峰消失,在 3300cm^{-1} 处出现的新峰证实了沥青黏合剂和废橡胶粉之间存在着化学反应。然而,也有学者持有相反的意见,即认为废橡胶粉改性过程是物理效应,化学反应来自其他部分。因此,通过红外光谱可大致推断改性机理,但精确量化改性过程中的每个相互作用,尤其是对复合改性沥青而言,需要多角度地表征与分析。

④老化分析。

亚砜基和羟基是沥青结合料氧化的主要产物。醇的形成也是沥青氧化的重要特征,尤其是在硫含量较高的沥青结合料中。此外,羧酸和苯酮也是沥青老化过程中的重要产物。FTIR 法可通过测试官能团的类型和含量,量化氧化老化引起的官能团吸收峰的变化,从而表征沥青结合料的老化。

2. 核磁共振波谱法

(1)原理

核磁共振波谱(NMR)法是用频率为兆赫数量级、波长很长($10^6 \sim 10^9 \mu m$)、能量很低的电磁波照射分子,该类电磁波能与暴露在强磁场中的磁性核相互作用,引起磁性核在外场中发生磁能级的共振跃迁从而产生吸收信号,如图 1-7 所示。

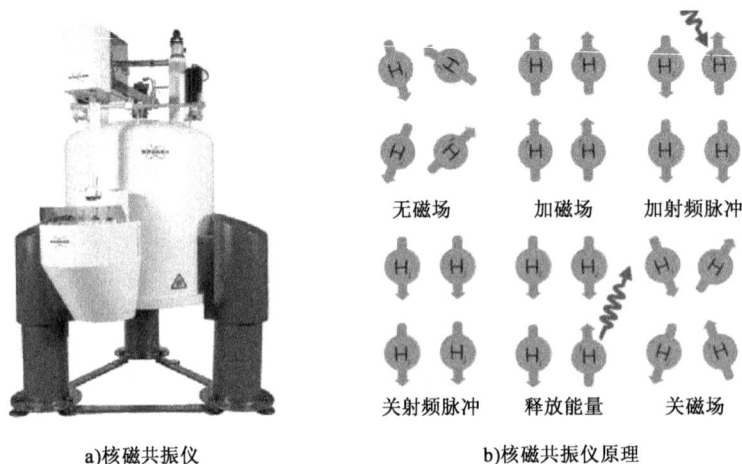

a)核磁共振仪　　　　　　　　　b)核磁共振仪原理

图 1-7　核磁共振仪及其原理

在强磁场的作用下,某些具有磁性质的原子核能量可以分裂为 2 个或 2 个以上的量子能级。如果此时原子核吸收适当频率的电磁辐射,就会发生磁能级的跃迁。原子核的磁能级之间能量差很小,频率介于 0.1 ~ 100Hz 之间,属于无线电波的范畴,简称射频。射频能不足以引起分子或原子的振动或转动,但却能使分子中原子核发生自转,其结果便是原子核吸收射频能后会改变自转的方向。所谓核磁共振,就是研究原子核在吸收射频能后的辐射现象。

核磁共振波谱法中,最常用于研究的原子核就是氢原子核,即质子^{1}H 的自旋,对应的方法可称为^{1}H-NMR,此外还有研究碳原子核的^{13}C-NMR。由于^{1}H 的自旋量子数为 1/2,比较简单,在有机化学中应用最广。^{1}H 的吸收峰出现在核磁共振谱图中的不同位置,表 1-5 是各类氢原子在核磁共振谱图上的归属及化学位移范围。根据表 1-5 中各种类型氢原子的归属,可以由核磁共振谱图上各种类型氢原子峰的面积计算出各种氢的百分含量。结合元素组成及相对分子质量等的分析数据,就可进一步计算出各种类型的氢含量。由氢含量再作某些合理而必要(根据沥青的一般性质)的假定,还可以推算出各种结构类型的碳原子含量。

氢原子在核磁共振谱图上的归属 表 1-5

符号	δ 范围(ppm)	δ 中心(ppm)	质子类型	
			主要	次要
H_m	0.5～1.4	0.95	芳香环上 β 位和 β 位以远的 CH_3 质子	—
H_γ	0.9～1.8	1.35	芳香环上 β 位和 β 位以远的 CH_2 质子	环烷环上 CH_2 质子
H_α	1.4～2.2	1.80	环烷环或芳香环上 β 位的 CH_3 质子	β-CH_3 质子
H_β	1.7～3.4	2.35	脂肪族 α-CH_3、α-CH_2、α-CH 质子	
H_A	6.3～8.5	7.40	芳香环上氢原子的质子	OH 上的质子

注:δ 表示化学位移。

由于化学环境不同,波谱上的共振吸收峰会发生化学位移。化学位移的大小与 ^1H 所处化学环境有密切关系,因此可以根据化学位移的大小来了解 ^1H 所处的化学环境,即有机化合物的分子结构。化学位移可以指明氢原子在分子中存在的形式,例如,CH_3、CH_2、CH 或芳香环上氢原子等都有不同的化学位移。对于沥青这样结构复杂的物质,只用红外光谱往往较难确定其化学结构,特别是侧链的长短及结构。此时,采用红外光谱法结合核磁共振波谱法则比较容易确定沥青中不同结构状态的氢原子。

(2)应用

基于对沥青化学结构的表征,核磁共振波谱法在沥青中的应用主要有以下两个方面。

①结构分析。

核磁共振波谱法可以根据分子量和密度、折射率或碳氢化合物百分比来表征沥青成分的结构。化学元素可以通过测化学位移来识别;峰的数量显示了分子中存在的质子类型;峰的相对高度代表每种质子的数量;峰分裂的数量代表相邻原子的质子数。^1H-NMR 在结构分析方面比 ^{13}C-NMR 更灵敏,然而,^1H-NMR 的一大缺点是所有碳骨架结构都是从不同类型的氢结构中间接获得的,这不可避免地会导致一些误差。因此,^1H-NMR 和 ^{13}C-NMR 相结合能提高分析的准确性。大量研究表明,核磁共振波谱法可用于预测复杂的有机分子结构。与其他结构分析方法相比,核磁共振波谱法具有快速、简便以及可以定量测定沥青结合料中脂肪族和芳香族氢的优点。

②老化分析。

沥青老化在一定程度上可以通过核磁共振研究推断出来。研究发现,沥青在老化过程中会发生异构化和脱氢类型的反应,对应着沥青中的芳香烃转化为树脂和进一步转化为沥青质,所以核磁共振测量可以间接表征沥青的老化现象。目前,便携式核磁共振设备已经出现在市面上,它可以直接在现场对路面老化进行无损测量,这为原位沥青老化评价和性能预测提供了可能。

四、沥青的胶体结构

现代胶体理论研究发现,由于沥青的苯溶液具有丁达尔现象,故沥青溶液也是一种胶体溶液。用超级显微镜对沥青溶液进行观察,发现沥青是由相对分子质量很大、芳香性很高的沥青质分散在相对分子质量较低的可溶性介质中形成的胶体体系。当沥青中不含沥青质,只有单纯的可溶质时,沥青只具有黏性液体的特征,而不成为胶体体系。沥青质分子因对极性强大的胶质有很强的吸附力而形成了以沥青质为中心的胶团核心,而极性相当的胶质吸附在沥青质周围形成中间相。胶团弥散和溶解于分子量较低、极性较弱的芳香分和饱和分组成的分散介质中,形成稳固的胶体。

1.结构分类

根据胶团粒子大小、数量及在连续相中的分散状态,沥青的胶体结构可分为以下三种类型。

(1)溶胶型沥青

当沥青质的含量不高(小于10%),相对分子质量不是很大,或分子尺寸较小,与胶质的相对分子质量相近时,饱和分和芳香分的溶解能力很强,分散相和分散介质的化学组成比较接近,这样的沥青分散度很高,胶团可以在连续相中自由移动,近似真溶液,具有牛顿流体特性,黏度与剪应力成比例,称为溶胶型沥青。这类沥青对温度的变化敏感,高温时黏度很小,低温时由于黏度增大,流动性变差,冷却时变为脆性固体。溶胶型沥青结构示意图见图1-8。

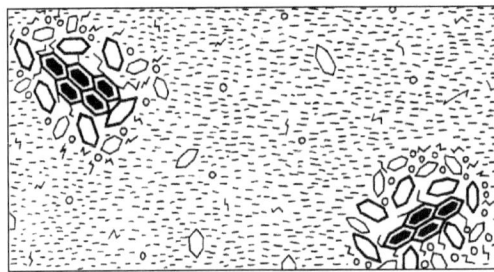

图1-8　溶胶型沥青结构示意图

(2)凝胶型沥青

当沥青质含量很高(大于或等于25%)时,胶质的数量不足,使其无法包裹在所有沥青质周围形成胶溶,部分沥青质胶团会相互连接,形成三维网状结构,胶团在连续相中移动比较困难,此时就形成了凝胶型沥青,见图1-9。这类沥青在常温下呈现非牛顿流体特性,并具有黏弹性和较好的温度稳定性。随着温度的升高,连续相的溶解能力增强,沥青质胶团可逐渐解缔,或胶质从沥青质吸附中心脱附下来。当温度足够高时,沥青的分散度加大,沥青则又可近似真溶液而具有牛顿流体特性。

(3)溶-凝胶型沥青

当沥青或沥青质中含有较多的烷基侧链时,生成的胶团结构比较松散,可能含有一些开式网状结构。网状结构的形成与温度密切相关,常温时,在变形的最初阶段表现出明显的弹性效应,但在变形增大至一定程度时,则表现为牛顿流体状态。

一般来说,直馏沥青多为溶胶型,氧化沥青多为凝胶型或溶-凝胶型。

从化学角度分析沥青的胶体结构是困难的,但是根据胶体的流变性质来评判则方便得多。按针入度指数PI值,沥青胶体结构可分为以下三种:PI < -2,为溶胶型结构;PI = -2~2,为溶-凝胶型结构;PI > 2,为凝胶型结构。

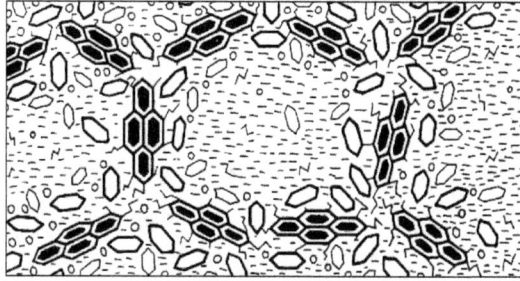

图 1-9　凝胶型沥青结构示意图

有些学者认为,采用溶液的胶体理论尚不能很好地解释沥青的各种现象,而应采用高分子溶液理论进行研究。该理论将沥青作为高分子溶液看待,认为沥青是以沥青质为分散相,软沥青质(油分＋胶质)为分散介质,两者亲和而形成的高分子溶液。这种高分子溶液的特点是对电解质稳定性较好,而且是可逆的。也就是说,在沥青的高分子溶液中加入电解质并不能破坏沥青的结构。当软沥青质减少、沥青质增多时,为浓溶液即凝胶型沥青;反之,沥青质较少、软沥青质较多时,为稀溶液即溶胶型沥青;溶-凝胶型沥青则介于两者之间。

2. 结构观测

现在常通过先进的仪器对沥青进行直接观测,以获得沥青的微观表面形貌和结构。

(1)原子力显微镜

原子力显微镜(AFM)用于在微米和纳米水平上对样品进行材料特性和微观结构表面分析。AFM 悬臂末端有一个纳米大小的针尖,可以探测材料的高度,悬臂将根据胡克定律移动,如图 1-10 所示。随着探针的移动,照射在悬臂背面的激光源反射信号发生变化,经计算机处理后可获得表面形貌。

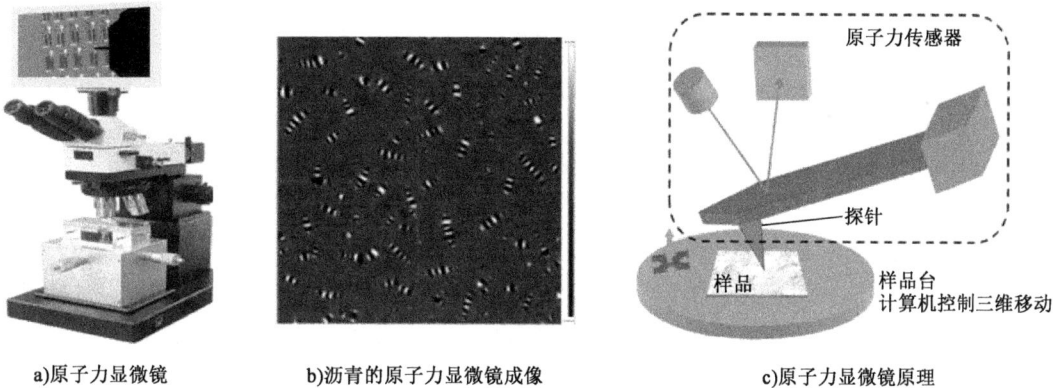

a)原子力显微镜　　b)沥青的原子力显微镜成像　　c)原子力显微镜原理

图 1-10　原子力显微镜及其原理

基于对沥青微观结构的表征,原子力显微镜在沥青中的应用主要有以下三个方面。

①微观形貌表征。

Loeber 等第一次使用原子力显微镜定义了沥青中的"蜜蜂(bee)结构",并根据微结构的不同尺寸与形貌,将 AFM 观测结果定义为几种不同的相。常用的定义准则将 AFM 观测结果分为蜜蜂相、蜂壳相以及连续相。这三种相具有不同的弹性模量、附着力和折射率。蜜蜂相是沥青表面不规则的柔软部分,包围蜜蜂相的蜂壳相相对较硬,连续相比蜜蜂相更平、更软。目前,"蜜蜂结构"的化学成分仍然存在争议。

②老化分析。

沥青结合料老化后的表面特征会发生变化。AFM 是一种能够获取表面微观结构和微观物理参数的无损测量方法,可作为研究不同老化过程中沥青微观结构的有效工具。对比不同的沥青结合料,发现经压力老化后,沥青表面"蜜蜂结构"变得更大,这是由于随着老化的进行,沥青中组分极性增大,趋向聚集和交联。沥青纳米级的参数(如"蜜蜂结构"的面积比、粗糙度和最大振幅)在老化过程中呈现逐渐增大的趋势,但增大的速率逐渐减小。

③性能评价。

沥青的宏观力学性能(例如刚度、黏弹性、塑性)和流变性能也可以与 AFM 结果进行关联。此外,由于蜡晶的形状和大小因沥青类型和温度历史而异,通过 AFM 检测沥青中的蜡晶还有助于更好地预测沥青结合料的中低温性能。

(2)荧光显微镜

特别对于改性沥青,还可以通过荧光显微镜(FM)进行观测,如图 1-11 所示。FM 通常以紫外线为光源照射被检物体,使之发出荧光,然后在显微镜下观察物体的形状及所在位置。聚合物高分子的荧光原理其实是一个相对简单易懂的物理现象:当一个分子吸收某个波长的入射光之后进入激发态,而在退激发的过程中会将能量以荧光形式发射出并回到之前的稳定态。荧光的强度和波谱会受分子周围纳米级的环境的影响。

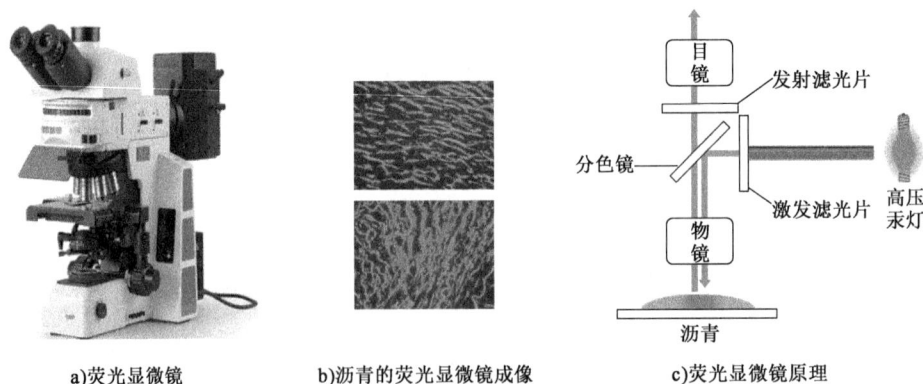

a)荧光显微镜　　　　b)沥青的荧光显微镜成像　　　　c)荧光显微镜原理

图 1-11　荧光显微镜及其原理

一般而言,道路石油沥青在荧光显微镜下主要呈现黑色。因不同型号显微镜的滤光系统有差异,亦有报告显示沥青在一些荧光显微设备中呈现暗橙色或者黑褐色。而对于常见路用改性剂,会因材料的不同而呈现出不同的荧光效果,如常见的 SBS 改性剂呈现黄绿色,硫磺改性剂呈现红色,等等。

第三节　沥青流变特性

一、流变学基本原理

万物皆流,一切皆变。沥青材料流变学是研究沥青流动和变形的一门科学。一般来讲,流动与变形是两个相对独立的概念。流动是液体材料的属性,而变形则是固体材料的属性。液体的流动通常遵循牛顿流动定律,即材料所承受的剪应力与剪切变形速率成正比,且材料流动具有时间依赖特性,是一个过程量。因此液体流动时表现出黏性行为,产生不可恢复的变形(永久变形)的同时耗散掉部分能量。固体的变形通常遵循胡克定律,即材料所承受的应力与应变成正比,且应力与应变之间的响应与时间无关,是一个瞬时响应。因此固体变形时表现出弹性,发生弹性变形的同时存储能量,外力撤除后变形恢复的同时释放能量。遵循牛顿流动定律的液体一般称为牛顿流体,而遵循胡克定律的固体一般称为胡克弹性体。牛顿流体与胡克弹性体实际上是两种被简化而抽象出的材料。实际中的很多材料既能黏性流动,又表现出一定的弹性变形能力,这就是材料的流变特性。因此,沥青材料流变学实际上是研究沥青材料的弹性、黏性等性质进而解析其流动变形行为的科学。

1.流变性质

(1)弹性

物体受力后产生变形,外力除去后立即恢复原来的形状,这种性质称为弹性。完全的弹性体是服从胡克定律的固态物体,在弹性限度内其应力与应变呈线性关系,弹性模量为常数,即

$$E = \frac{\sigma}{\varepsilon} \tag{1-1}$$

式中:E——弹性模量;

σ——拉伸或压缩应力;

ε——拉伸或压缩应变。

当弹性体受到剪切应力作用时,则

$$G = \frac{\tau}{\gamma} \tag{1-2}$$

式中:G——剪切模量;

τ——剪应力;

γ——剪应变。

对于不可压缩的材料,其泊松系数 $\mu \approx 0.5$,故

$$E = 2G(1+\mu) = 3G \tag{1-3}$$

式(1-3)即拉伸或压缩弹性模量与剪切模量的三倍法则。利用该法则可以建立两种不同试验方法所得结果之间的关系。

在低温下,沥青黏度增大,流动性降低,表现出较强的弹性性质。而从加载条件来看,在瞬间荷载作用下,沥青也表现出弹性性质。例如,快速交通对路面某一点的作用时间仅为0.01s,因而即使在夏季高温下,快车道上的沥青路面也接近弹性体。

(2)塑性、脆性与韧性

物体在外力作用下产生弹性变形,当外力超过材料的屈服极限时,即使应力不再增加,物体仍继续产生变形,并且在卸载后变形不能恢复,这种不能恢复的变形为物体的塑性变形。塑性变形是物体内部晶格产生滑移,但并不断裂。在某些情况下,塑性变形也是物体变形能力的一种表现。塑性材料在达到屈服强度时,会发生明显的塑性变形,即发生失效,所以应用时塑性材料的极限强度是它们的屈服强度。

脆性是物体在外力作用下直至破坏时只会出现很小的弹性变形,而不出现较大塑性变形的性质。脆性材料的破坏应力总是小于其弹性屈服极限。对工程材料而言,脆性是一种不好

的性质。脆性材料在达到抗拉强度后直接断裂,即发生失效,所以应用时脆性材料的极限强度是它们的抗拉强度。

韧性描述的是与脆性相反的一种性质,它表示材料在外力作用下产生塑性变形过程中吸收能量的能力,可理解为材料在破坏前单位体积内所消耗功的总量。材料吸收的能量越多,其韧性就越好,能经受更大的压力和冲击作用而不会发生破坏。

沥青材料在高温下具有明显的塑性性质,沥青路面的轮辙就是塑性变形的积累。沥青材料在低温下又表现出明显的脆性,沥青路面在冬季所出现的开裂就是脆性所致。而沥青在常温下会表现出良好的韧性,测力延度(force ductility)就是沥青韧性的一种度量方法。在沥青中添加聚合物改性剂有助于改善沥青韧性。

(3)黏性

黏性是物体抵抗剪切变形的能力。根据黏性与剪变率的关系不同,材料可分为牛顿流体和非牛顿流体。

英国科学家牛顿于1687年提出了关于物质黏性的假设,即牛顿黏性定律,其数学表达式为

$$\tau = \eta \gamma' \text{或} \eta = \tau/\gamma' \tag{1-4}$$

式中:η——黏性系数,通常称为黏度;

τ——剪应力;

γ'——剪变率。

符合牛顿黏性定律的流体也称为牛顿流体。由于黏度 η 与剪变率 γ' 无关,黏度为常数,故剪应力与剪变率的关系曲线为一直线(图1-12中a)。

如果是拉伸试验,其应变速率为 ε',拉伸应力为 σ,则物质的拉伸黏度 λ 为

$$\sigma = \lambda \varepsilon' \text{或} \lambda = \sigma/\varepsilon' \tag{1-5}$$

同样,假设物质是不可压缩的,其泊松系数 $\mu = 0.5$,则剪切黏度 η 与拉伸黏度 λ 之间也符合3倍法则,即

$$\lambda = 3\eta \tag{1-6}$$

而对于非牛顿流体,在温度不太高时,其黏度 η 随剪变率 γ' 的不同而变化,即剪应力 τ 与剪变率 γ' 不呈直线关系;如在恒定应力作用下,应变的变化与时间不呈直线关系,即剪变率在变化,液体表现出不同的黏性系数,这种流体称为非牛顿流体。

由于非牛顿流体的黏度随剪变率的变化而变化,所以在应用中以某一剪变率条件下的黏度为该液体的黏度,该黏度称为表观黏度。有些黏度计测定的就是在某一恒定剪变率条件下的黏度。非牛顿流体有以下几种情况。

①假塑性流体。

呈现假塑性(pseudo-plastic)的流体,其流变曲线通过原点,随着剪变率的增大,流动阻力增大的趋势逐渐减小,即表现为剪切稀化的性质。其流变曲线(图1-12中b)呈指数形式。

$$\eta = \frac{\tau}{(\gamma')^c} \tag{1-7}$$

式中:c——复合流动度,通常 $0 < c < 1$。

$c = 1$ 时,流体为牛顿流体。显然,c 偏离1越远,c 值越小,则液体的非牛顿流体性质越显著。因此,复合流动度可以定量地评定液体的流变性质。

沥青材料大多表现为假塑性性质,故研究沥青的流变性质,测定其复合流动度是有重要意义的。

②胀塑性流体。

胀塑性(dilatant)流体表观黏度随剪变率的增大而增大(图1-12中c)。其流变曲线也通过原点,流变方程与假塑性流体相同,见式(1-7)。其中复合流动度 $c>1$。

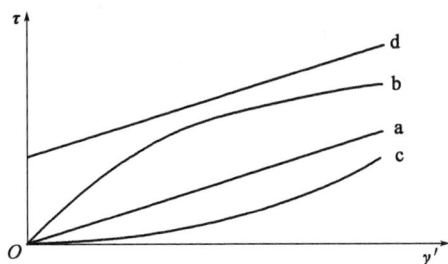

图1-12 几种流变曲线

胀塑性沥青较少见,黏土浆、湿砂、淀粉水溶液等物质常呈现胀塑性性质。

③宾汉姆流体。

宾汉姆流体(Bingham body)是宾汉姆在研究流体流变性质时发现的,有些塑性体在克服了屈服极限以后就成了牛顿黏性体(图1-12中d),它的流变方程为圣维南性和牛顿黏性之和,即

$$\eta_P = \frac{\tau - \tau_0}{\gamma'} \tag{1-8}$$

式中:τ_0——屈服应力。

④触变性流体。

某些流体在振动或强力搅拌的剪切作用下,黏度减小,流动性增强;而在外力去除后,静置一段时间又会恢复或部分恢复原来的状态,黏度显著增大,这种性质称为触变性。对于具有触变性的流体,只能测定其表观黏度。其表观黏度随测定时间的延长而减小,经过一定时间后达到平衡状态,对时间有很强的敏感性。通常,凝胶型沥青和在弹性阶段的沥青具有触变性,涂料、油墨等材料也具有触变性。

2.沥青黏流指标

沥青的针入度、软化点、延度、脆点以及黏度等指标,都直接或间接反映沥青的黏弹流变性质,因此,这些指标相互之间存在一定的内在联系。

(1)针入度与软化点的关系

针入度是条件黏度,软化点是等黏温度。一般来说,稠度低的沥青,其软化点也低;反之,稠度高的沥青,其软化点也高。对多个沥青样品的针入度和软化点数据进行分析,发现它们之间存在如下关系:

$$T_{R\&B} = \frac{145}{P^{0.243}} \tag{1-9}$$

式中:$T_{R\&B}$——软化点,℃;

　　　P——针入度,0.1mm。

（2）针入度与黏度的关系

针入度是经验指标，有其局限性。对于针入度相同的沥青，其黏度仍可能有较大差别，故美国又采用绝对黏度来划分沥青的标号。然而，黏度试验比较复杂，需要较为精密的仪器和熟练的操作技巧，而针入度试验则简单得多，其操作方便，仪器价格低廉，因而使用广泛。实际上，针入度和软化点一样，都是黏度的另一种表现形式，它们与黏度之间具有内在联系。通过对国内和国外几十个沥青样品的试验资料进行回归分析，得到如下针入度与黏度之间的关系：

$$\eta = \frac{2.06 \times 10^9}{P^{2.00}} \quad (\text{Pa} \cdot \text{s}) \tag{1-10}$$

式（1-10）既适用于牛顿沥青，也适用于非牛顿沥青。但国外一些学者曾针对不同沥青针入度与黏度之间的关系进行了分析研究。

R. N. J. Seal 认为，对于牛顿沥青存在如下关系：

$$\eta = \frac{1.58 \times 10^9}{P^{2.16}} \quad (\text{Pa} \cdot \text{s}) \tag{1-11}$$

可见，式（1-11）与式（1-10）基本上是一致的。

当沥青针入度 $P \geqslant 60(0.1\text{mm})$ 时，其针入度与黏度的关系式为

$$\eta = \frac{1.45 \times 10^9}{P^{2.15}} \quad (\text{Pa} \cdot \text{s}) \tag{1-12}$$

而当针入度 $P < 60(0.1\text{mm})$ 时，则为如下关系式：

$$\eta = \frac{9.5 \times 10^9}{P^{2.60}} \quad (\text{Pa} \cdot \text{s}) \tag{1-13}$$

在研究了具有不同针入度指数 PI 的沥青后，黏度与针入度的关系式为

$$\eta = \frac{10^{10.59 + 0.28\text{PI}}}{P^{2.22}} \quad (\text{Pa} \cdot \text{s}) \tag{1-14}$$

从上面几个关系式不难看出，黏度与针入度之间的确有很好的关系，而且这些关系式都是非常相似的。

（3）软化点与黏度的关系

沥青软化点是等黏温度，也是黏度的一种表示。多数沥青在软化点下的黏度约为 $1200\text{Pa} \cdot \text{s}$。而研究表明，软化点下沥青的黏度与其针入度指数有如下关系：

$$\lg\eta_{\text{sp}} = 3.15 + 0.035\text{PI} \tag{1-15}$$

当 PI 取值范围为 $-1 \sim 1$ 时，η_{sp} 为 $1298 \sim 1530\text{Pa} \cdot \text{s}$，可见式（1-15）描述的软化点与黏度的关系只是一种近似拟合。

（4）延度与黏度的关系

理论研究和试验都已证明，沥青延度对其胶体结构和流变性质有着较强依赖性。凝胶型沥青胶体结构发达，阻碍了沥青的流动，在进行拉伸试验时沥青中的拉应力随截面的减小而增大，使得沥青很快断裂，延度很小。溶胶型沥青易于拉动，拉应力随沥青截面的减小而减小，沥青可以被拉成长长的细丝而不断，延度很大。因此，沥青的延性与其黏流能力有密切关系。

从理论上讲，牛顿沥青具有最大的延度。由于复合流动度 c 值直接反映沥青的流变性质，故沥青的延度与复合流动度之间也有密切关系。沥青黏度太小，易于流淌，难以保持一定的形状，以致无法拉伸；沥青黏度太大，弹性效应显著，流动性降低，以致难以拉伸。只有当沥青的黏度在适当的范围时，沥青才能被拉成细丝。

（5）脆点与黏度的关系

弗拉斯脆点是沥青在温度降低过程中出现脆性破坏的温度，它在很大程度上反映沥青材料的低温性能。有些国家的沥青规范中，弗拉斯脆点是一个主要指标。脆点实际上也是一种条件黏度，根据学者范·德·波尔的研究，在弗拉斯脆点时，沥青的黏度约为 $4 \times 10^8 \mathrm{Pa \cdot s}$。

二、流变模型与本构方程

为了表征黏弹性材料的力学行为，如弹性、黏性、弹性后效、蠕变、松弛等，需要建立一定的力学模型，这些模型由弹性元件和黏性元件所组成。

1. 流变模型基本元件

（1）弹性元件

弹性元件通常用弹簧表示，并认为它是完全的弹性体，其本构方程就是胡克定律公式，即式（1-1）。

弹性元件在受到瞬间应力作用时产生应变，但不会出现蠕变、应力松弛或应变滞后等现象。

（2）黏性元件

黏性元件用黏壶表示，当施加拉伸应力 σ 时，活塞伸长的速率为 ε'，则

$$\sigma = \eta \varepsilon' \tag{1-16}$$

由于黏壶的应变随荷载作用时间的延长而增大，故对式（1-16）积分，得到的应变为

$$\varepsilon = \frac{\sigma}{\eta} t \tag{1-17}$$

2. 麦克斯韦（Maxwell）模型

麦克斯韦模型由一个弹性元件和一个黏性元件串联而成［图 1-13a）］。串联模型的特征是各元件的应力相等，而其总应变为各个元件应变之和。对于弹性元件，其应变 $\varepsilon_1 = \sigma/E$，或者应变速率 $\varepsilon_1' = \sigma'/E$；对于黏性元件，其应变速率 $\varepsilon_2' = \sigma/\eta$，则总应变速率 ε' 为

$$\varepsilon' = \varepsilon_1' + \varepsilon_2' = \frac{\sigma'}{E} + \frac{\sigma}{\eta} \tag{1-18}$$

式（1-18）即为麦克斯韦模型的本构方程。

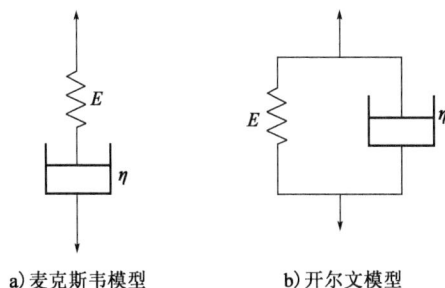

a)麦克斯韦模型　　b)开尔文模型

图 1-13 麦克斯韦模型和开尔文模型

（1）蠕变

蠕变试验时，应力为常数，即 $\sigma = \sigma_0$，由式（1-18）积分得

$$\varepsilon = \frac{\sigma_0}{E} + \frac{\sigma_0}{\eta}t \qquad (1-19)$$

由此可见，蠕变过程中总变形等于瞬时弹性变形 ε_1 和黏性流动变形 ε_2 之和，且随着时间的延长，黏性流动变形匀速增大（图1-14）。当应力卸载时，弹性变形立即恢复，而黏性流动变形将成为不可恢复的永久变形。

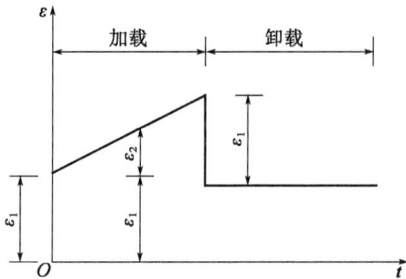

图1-14 麦克斯韦模型的蠕变试验

（2）松弛

如果在时间 $t_0 = 0$ 时，瞬间施加应力 σ_0，并产生应变 ε_0，维持应变 ε_0 不变，应力将出现松弛。由式（1-18）求解得

$$\sigma = \sigma_0 e^{\frac{-tE}{\eta}} = \sigma_0 e^{\frac{-t}{\tau_m}} \qquad (1-20)$$

式中，$\tau_m = \dfrac{\eta}{E}$，表示初始应力松弛到 σ_0 的 $1/e$ 所需的时间，称为松弛时间。

τ_m 值小，表明应力松弛快；τ_m 值大，表明应力松弛慢。因此，τ_m 是材料的一种属性，可以用来评定材料应力松弛的能力。所以，麦克斯韦模型是表征材料松弛特性的流变模型，也称为松弛模型。

在某些特定条件下，例如松弛时间 τ_m 非常小，那么即使对于像水一样的流体，也可以认为它的弹性比黏性强，从而表现出弹性性质。如果松弛时间 τ_m 非常大，那么如古老教堂里的彩色窗玻璃，上面薄而下面厚，也可以认为它的黏性比弹性强，从而表现出黏性流动的特性。所以，从流变学的角度来看，物体既有弹性，也有黏性，并没有明显的界限。

3. 开尔文（Kelvin）模型

开尔文模型由一个弹性元件和一个黏性元件并联而成［图1-13b)］。元件并联表示各个元件的应变是相同的，即 $\varepsilon_1 = \varepsilon_2$，总应力等于各个元件所受应力之和。其本构方程为

$$\sigma = \sigma_1 + \sigma_2 = E\varepsilon + \eta\varepsilon' \qquad (1-21)$$

（1）蠕变

若 $t = 0, \sigma = \sigma_0$，且 $\varepsilon = 0$，则其蠕变方程为

$$\varepsilon = \frac{\sigma_0}{E}\left(1 - e^{\frac{-tE}{\eta}}\right) = \frac{\sigma_0}{E}\left(1 - e^{\frac{-t}{\tau_k}}\right) \qquad (1-22)$$

式中：τ_k——蠕变时间常数。

开尔文模型在施加荷载的瞬间，由于黏性元件的制约，弹性元件不能立即产生变形，故没有瞬时应变。随着时间的延长，黏性元件逐渐产生黏性流动，弹性元件也随之产生相应变形。当变形继续增大至极限应变 σ_0/E 时，弹性元件反过来限制黏性元件变形的继续增大，这样总应变就有极限值（图1-15）。

由此可见，由于黏性元件的牵制，整个模型的变形

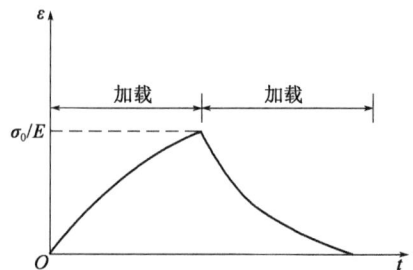

图1-15 开尔文模型的蠕变试验

延迟,故开尔文模型又称为延迟模型。在该模型中,$\tau_k = \eta/E$ 称为蠕变时间常数。这是材料的固有属性,它表示位移衰减的速度。卸载后,应变 ε 随时间的延长而逐渐减小。当时间延长至无限长时,应变全部恢复,故开尔文模型所产生的变形是能够全部恢复的,属于弹性变形。但由于黏性元件的黏滞作用,弹性恢复需要一个时间过程。这一现象称为弹性后效。

(2)松弛

对开尔文模型施加一恒定的应变 $\varepsilon = \varepsilon_0$,则式(1-21)中黏性元件的应力为0,该式就变成了弹性方程。故在开尔文模型中,应力是常数,不存在应力松弛。

4.伯格斯(Burgers)模型

麦克斯韦模型虽然能够描述材料的蠕变和松弛流变行为,但不能反映材料的弹性后效。开尔文模型虽然可以描述材料的弹性后效,但不能反映材料的应力松弛特性。因此,这两种二元模型不能全面表征材料的黏弹性性质。伯格斯将麦克斯韦模型和开尔文模型串联起来,组成了四元的伯格斯模型(图1-16)。

图 1-16　伯格斯模型

蠕变试验时,施加应力 σ_0,则总应变为麦克斯韦模型和开尔文模型的应变之和,即

$$\varepsilon(t) = \sigma_0\left[\frac{1}{E_1} + \frac{t}{\eta_1} + \frac{1}{E_2}\left(1 - \mathrm{e}^{\frac{-tE_2}{\eta_2}}\right)\right] \tag{1-23}$$

松弛试验时,施加应变 ε_0,应力随时间衰减的流变本构方程为

$$\sigma(t) = \frac{\varepsilon_0}{\sqrt{p_1^2 - 4p_2}}\left[(-q_1 + q_2\alpha)\mathrm{e}^{-\alpha t} + (q_1 - q_2\beta)\mathrm{e}^{-\beta t}\right] \tag{1-24}$$

式中:

$$p_1 = \frac{\eta_1}{E_1} + \frac{\eta_1 + \eta_2}{E_2}$$

$$p_2 = \frac{\eta_1\eta_2}{E_1E_2}$$

$$q_1 = \eta_1$$

$$q_2 = \frac{\eta_1\eta_2}{E_2}$$

$$\alpha = \frac{1}{2p_2}\left(p_1 + \sqrt{p_1^2 + 4p_2}\right)$$

$$\beta = \frac{1}{2p_2}\left(p_1 - \sqrt{p_1^2 + 4p_2}\right)$$

为了更确切地描述黏弹性材料的流变性质,许多学者还提出了十分复杂的流变模型,但是模型越复杂,求解也就越困难。对于分析沥青材料一般黏弹性力学行为,采用四元模型已基本上可满足要求。

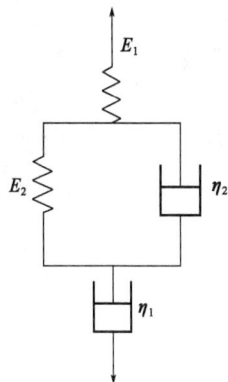

图1-17　动态剪切流变仪

三、沥青流变性能表征

1.动态剪切流变试验

沥青的流变性质取决于温度和时间。美国从塑料工业的测试仪具中得到启发,开发了一种动态剪切流变仪(DSR),如图1-17所示。通过测定沥青材料的动态剪切模量($|G^*|$)和相位角(δ),来表征沥青材料的黏性和弹性性质。

图1-18列出了目前常用的沥青材料试验动态剪切流变仪模具类型。其中,同轴圆筒模具适用于高温环境下的液态沥青的流变性能测试,锥形板和平行板模具适用于路面服役温度区域内的固态沥青流变学测量,其中平行板模具是目前道路沥青路用性能流变学测试中普遍采用的试验模具类型,而扭摆模具目前主要应用于沥青砂浆的流变性能测试。对于平行板模具,根据试验温度的不同,其直径有两种尺寸。当试验温度大于或等于35℃时,采用直径为25mm的平行板,其沥青膜的厚度为1mm;当试验温度小于35℃时,采用直径为8mm的平行板,其沥青膜的厚度为2mm。

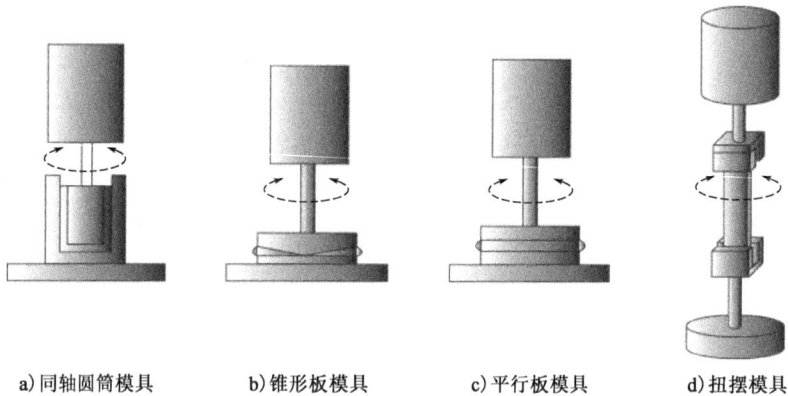

a)同轴圆筒模具　　　b)锥形板模具　　　c)平行板模具　　　d)扭摆模具

图1-18　常用动态剪切流变仪模具类型

如图1-19所示,对沥青样品在恒定温度和加载频率(f)条件下施加一个剪切应变振幅为γ_0的正弦波荷载输入,可以测得振幅为τ_0的剪切应力正弦波力学响应,按照式(1-25)可计算此温度和频率工况下的沥青动态剪切模量($|G^*|$)指标;同时,根据输入端剪切应变波形和响应端剪切应力波形之间的时间延迟(Δt),按照式(1-26)可计算此工况下沥青的相位角(δ)指标。对于纯弹性体,荷载输入端与响应端没有时间上的延迟,因此相位角为0°;对于纯黏性体,相位角为90°;而对于具有黏弹性的沥青而言,相位角位于0°~90°之间。为了保证荷载输入端剪切应变振幅(γ_0)处于沥青的线性黏弹区内,可在动态剪切流变试验之前先行完成相同温度和频率工况下的振幅扫描试验,以确定沥青的线性黏弹区临界荷载水平。

$$|G^*| = \frac{\tau_0}{\gamma_0} \tag{1-25}$$

$$\delta = 2\pi f \Delta t \tag{1-26}$$

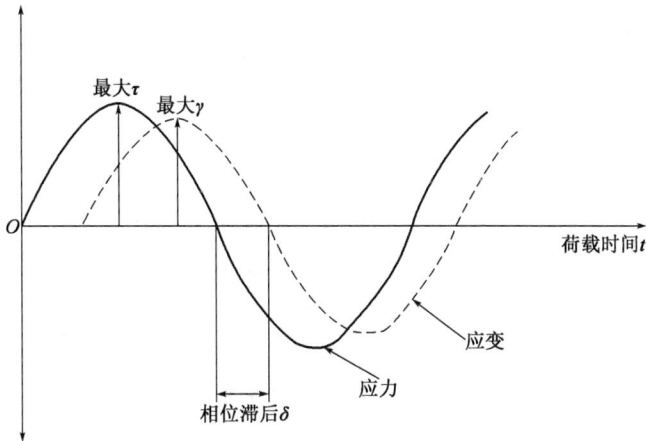

图 1-19　动态剪切流变仪应力应变波形

沥青的动态剪切模量和相位角指标综合反映了道路沥青在特定温度和频率工况下的线性黏弹性力学性能。沥青的黏弹行为也可以通过复数剪切模量（G^*）进行表征，如图 1-20 所示。沥青的复数剪切模量可表示为实部为储能模量 G'（弹性模量）、虚部为损耗模量 G''（黏性模量）的一个向量形式，如式（1-27）所示。储能模量 G' 代表着沥青的弹性行为，按式（1-28）计算；损耗模量 G'' 代表着沥青的黏性行为，按式（1-29）计算。可以看出，动态剪切模量 $|G^*|$ 与复数剪切模量 G^* 在概念上有着本质区别，动态剪切模量是复数剪切模量向量计算中模的概念。

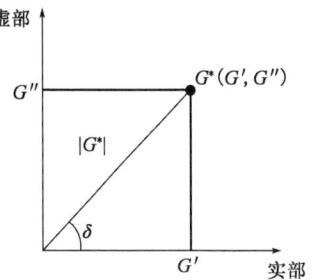

图 1-20　复数剪切模量示意

$$G^* = G' + iG'' \tag{1-27}$$

$$G' = |G^*|\cos\delta \tag{1-28}$$

$$G'' = |G^*|\sin\delta \tag{1-29}$$

动态剪切流变试验的加载方式主要包括温度扫描试验、频率扫描试验、振幅扫描试验和时间扫描试验，如表 1-6 所示。

动态剪切流变试验常用加载方式　　　　　　　　　　　　　　　　表 1-6

试验名称	加载方法	主要评价指标
温度扫描试验	振幅、频率恒定	动态剪切模量、相位角
频率扫描试验	振幅、温度恒定	动态剪切模量、相位角
振幅扫描试验	温度、频率恒定	动态剪切模量、相位角
时间扫描试验	温度、频率、振幅恒定	动态剪切模量、相位角

（1）温度扫描试验

沥青作为典型的黏弹性材料，其力学行为具有显著的温度依赖性。温度扫描试验采用相同振幅、频率，对沥青样品在不同温度下进行动态剪切流变试验，以评价黏弹性力学指标对试验温度的敏感性。美国战略性公路研究计划（Strategic Highway Research Program，SHRP）的沥青轮辙因子和疲劳因子指标便是通过高温和中温条件下温度扫描试验获得的。

（2）频率扫描试验

除了温度外,道路沥青的力学行为同样会受到加载速率(加载时间)的影响。频率扫描试验通过连续改变单一温度下恒定振幅的正弦波荷载加载频率(周期),以获取黏弹性力学指标对加载速率的依赖性,如图 1-21 所示。

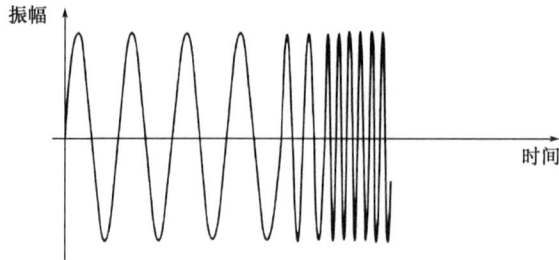

图 1-21　频率扫描试验

（3）振幅扫描试验

温度扫描试验和频率扫描试验一般均采用恒定小振幅水平对沥青样品进行无损测试,以确保试验过程中沥青始终处于线性黏弹区范围内,即沥青的黏弹性力学指标不受加载振幅变化的影响。为了更好地明确线性黏弹区的振幅水平界限,可进行应变或应力控制的振幅扫描试验,如图 1-22 所示。在恒定温度和加载频率条件下,如果逐渐递增的振幅水平依然处于线性黏弹区,测得沥青的动态模量等指标将保持不变,即沥青始终具有线性黏弹性力学响应;当所施加的振幅超过线性黏弹区,沥青的模量将发生衰减。一般将动态模量衰减至线性黏弹性动态模量的 95% 或 90% 水平所对应的振幅数值作为该沥青在此特定温度和频率条件下的线性黏弹区临界振幅水平。

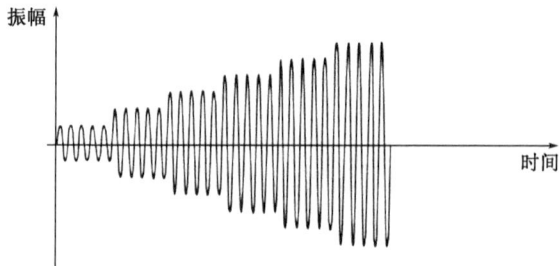

图 1-22　振幅扫描试验

（4）时间扫描试验

该试验方法为在恒定的温度、振幅及加载频率条件下,观测沥青的黏弹性力学指标随着试验时间的累积而发生的变化,如图 1-23 所示。时间扫描(time sweep,TS)是传统沥青材料疲劳试验所采取的加载方法。试验中将振幅设置为沥青材料所预期承受的疲劳荷载水平(一般处于非线性黏弹区),即可对沥青在疲劳荷载作用下的动态力学性能进行评价。

2.弯曲梁流变试验

动态剪切流变试验更多关注的是沥青样品在中高温下的流变性能,为了更好地评价沥青的低温流变性能,美国 SHRP 研究者开发了一种能准确评价低温下沥青劲度和蠕变速率的方法,这就是弯曲梁流变试验。弯曲梁流变试验在弯曲梁流变仪(BBR)上进行。弯曲梁流变仪是应用工程上梁的理论来量测沥青小梁试件在蠕变荷载作用下的劲度,用蠕变荷载模拟温度下降时路面中所产生的应力。通过试验,可获得两个评价参数:蠕变劲度,即沥青抵抗永久变形的能力;m 值,即荷载作用下沥青劲度的变化率。

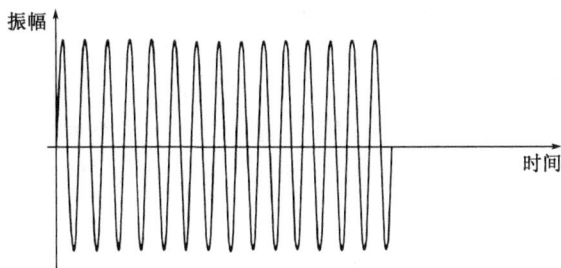

图 1-23　时间扫描试验

如图 1-24 所示,沥青小梁在一个矩形铝模中成型,其尺寸为 125mm × 12.5mm × 6.25mm。试验前,将沥青小梁放入浴槽中恒温 60min。温度浴液体由乙二醇、甲醇和水混合而成。液体在试验恒温槽和调温槽之间循环,温度精度控制在 ±0.1℃,液体循环不扰动试件,以免影响试验结果。试验时,小心地将沥青小梁放在两个支撑上,人工加 3～4g 预载,以保证沥青小梁与支撑紧密接触。通过计算机对试件施加 100g 荷载,作用 1s,使试件定位。然后卸载至预载,并让其恢复 20s。在 20s 结束时施加 100g 荷载,保持 240s,记录沥青小梁的挠度,由计算机绘出挠度与时间关系曲线,并计算出蠕变劲度和 m 值。

图 1-24　弯曲梁流变仪

应用经典的梁分析理论计算蠕变劲度 $S(t)$:

$$S(t) = \frac{PL^3}{4bh^3\delta(t)} \qquad (1\text{-}30)$$

式中:$S(t)$——时间等于 60s 时的蠕变劲度;

　　P——荷载,100g;

　　L——梁的间距,102mm;

　　b——梁的宽度,12.5mm;

　　h——梁的高度,6.25mm;

　$\delta(t)$——时间等于 60s 时的挠度。

由式(1-30)可以计算得出 t = 60s 时沥青的劲度模量。蠕变劲度原是在路面最低温度下加载 2h 测定的,但 SHRP 研究者应用时温等效原理将温度提高 10℃,加荷时间缩短为 60s,其所测蠕变劲度与前者是相等的,却可大大节省试验时间。

m 值是双对数坐标图上蠕变劲度与时间关系曲线中某一时间所对应的斜率(图1-25)。沥青在低温下为弹性体,在高温下为流体,沥青路面所处温度通常介于上述两个临界温度之间。弯曲梁试验方法是一种判断沥青弹性和黏性的方法,但其测试温度比较低。如果沥青材料的蠕变劲度太大,则呈现脆性,路面容易开裂。因此,为防止路面开裂破坏,需要限制沥青材料的蠕变劲度,SHRP规定不大于300MPa。SHRP研究者认为,表征沥青低温蠕变劲度随时间的变化率 m 值越大越好。这意味着当温度下降而路面出现收缩时,沥青结合料具有更强的应力松弛能力,低温开裂的可能性也随之减小。SHRP要求量测时间为60s时,其 m 值应大于或等于0.30。

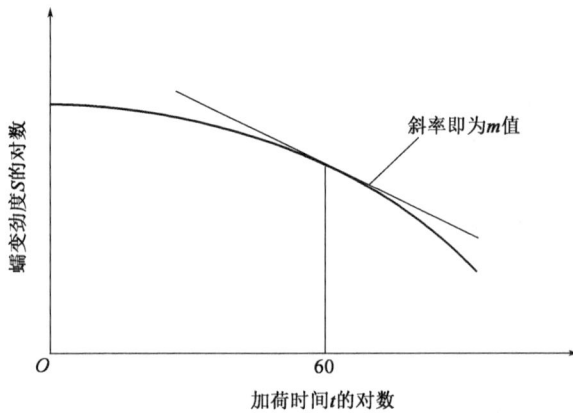

图1-25　m 值的确定方法

3. 直接拉伸试验

当路面温度下降时,因收缩而产生应力累积。当累积应力超过材料的抗拉强度时,路面发生开裂。研究表明,当沥青收缩时,如沥青伸长超过沥青原始长度的1%,路面则很少发生开裂。因此,为测试沥青的拉伸性能,SHRP又开发了直接拉伸试验,用以测试沥青在低温时的极限拉伸应变。试验温度为 $-36 \sim 0℃$,这时沥青呈脆性特征。

试验时,沥青成形后呈哑铃状,试件重约2g,包括端模在内长约100mm。每个端模长30mm。试件长40mm,试件截面尺寸为6mm×6mm。端模用聚丙烯或与沥青有类似线膨胀系数($0.00006K^{-1}$)的材料制成,且能与沥青牢固地黏结,而不需要其他黏结剂。

直接拉伸试验仪包括三个组成部分:拉伸试验机、伸长测量系统、环境系统。拉伸试验机的加载速率为0.1mm/min。总荷载可达 $400 \sim 500N$。荷载传感器的分辨率为 $\pm 0.5N$,由计算机采集数据并进行计算。

由于直接拉伸试验是在很低的温度下进行的,破坏应变很小。传统量测应变的方法是不适用的,因此,采用激光测微计。激光发生器产生的激光,通过试件端模上的小孔射向装置在试件背后的接收器。接收器可以通过监视上下两束激光的运动来测量试件的伸长。

环境系统由环境箱和机械冷冻机组成。环境箱温度可以降至 $-40℃ \pm 0.2℃$。

试验时将试件装在球座上,对试件施加拉伸荷载直至破坏。整个试验过程不超过1min。当试件在中部断裂,试验才算成功,否则应重新试验。

4.沥青流变学指标

在美国 SHRP 之前,软化点和黏度等物理指标是评价沥青结合料高温性能的主要指标。SHRP 将流变学试验引入沥青性能分级的体系中,以 DSR 为评价沥青流变性能的主要试验设备,并基于此建立了 Superpave 沥青结合料试验规范。

SHRP 基于道路沥青的动态力学试验结果,针对不同老化程度的沥青样品提出了基于动态剪切模量与相位角、低温蠕变劲度模量与蠕变速率的道路沥青 PG(performance grade)分级指标体系。SHRP 沥青路用性能指标见表 1-7。

SHRP 沥青路用性能指标　　　　　　　　　　　　　　　　表 1-7

老化水平	试验方法	试验工况	规范要求阈值
原样沥青	DSR 高温扫描试验	应变 12%,频率 10rad/s	轮辙因子 $|G^*|/\sin\delta \geqslant 1.0$kPa
短期老化沥青(RTFO)	DSR 高温扫描试验	应变 10%,频率 10rad/s	轮辙因子 $|G^*|/\sin\delta \geqslant 2.2$kPa
长期老化沥青(PAV)	DSR 中温扫描试验	应变 1%,频率 10rad/s	疲劳因子 $|G^*|\sin\delta \leqslant 5000$kPa
	BBR 低温蠕变试验	蠕变荷载 980mN	60s 蠕变劲度模量 $S \leqslant 500$MPa 60s 蠕变速率 $m_m \geqslant 0.3$

起初,SHRP 将 $|G^*|/\sin\delta$ 的计算值作为轮辙因子指标来评价和控制沥青的高温抗轮辙性能。同时,沥青高温 PG 分级也是根据原样沥青和短期老化沥青的轮辙因子数值来确定的。然而,很多学者发现轮辙因子指标与沥青混合料及最终沥青路面的抗轮辙性能的关联度很小,轮辙因子指标很难成为沥青混合料高温抗轮辙性能的有效评价指标。究其原因,$|G^*|/\sin\delta$ 是线性黏弹区范围内的材料参数,反映的是材料在无损伤状态下的力学特征。而高温条件下沥青材料的永久变形,是在材料损伤状态下发生和逐步积累的。因此,需要发展能够表征材料高温损伤特性的力学指标作为沥青材料高温抗轮辙性能的控制指标。

美国国家公路合作研究计划(National Cooperative Highway Research Program,NCHRP)9-10课题提出使用重复蠕变恢复(以下简称 RCR)试验来评价沥青的高温抗轮辙性能。RCR 试验同样基于 DSR 进行,只是加载方式为控制剪切应力的蠕变加载。与之前振荡动态加载方式相比,RCR 试验可以进行沥青不可恢复蠕变变形的积累,可以更好考量沥青损伤效应。RCR 试验的评价指标为黏性蠕变柔量 J_v 的倒数、黏性蠕变劲度 G_v,它们可以作为沥青的高温抗轮辙性能评价指标。

美国联邦公路局(Federal Highway Administration,FHWA)Angelo 等人在 RCR 试验的基础上提出了更加简单、快速的多重应力蠕变恢复(以下简称 MSCR)试验方法。该方法在研发过程中选用了不同的蠕变应力水平,最终确定以 0.1kPa 和 3.2kPa 两种应力水平进行连续测试。首先在 0.1kPa 的蠕变应力下施加 10 个加载周期,然后在 3.2kPa 的蠕变应力下施加 10 个加载周期。每个加载周期加载 1s,然后恢复 9s,试验总时间为 200s。最终的评价指标为应变恢复率 R 和不可恢复蠕变柔量 J_{nr},如式(1-31)和式(1-32)所示。与轮辙因子相比,不可恢复蠕变柔量 J_{nr} 与沥青路面轮辙深度的关联性大幅提高。

$$R = \frac{\varepsilon_p - \varepsilon_u}{\varepsilon_p} \times 100\% \qquad (1\text{-}31)$$

$$J_{nr} = \frac{\varepsilon_u}{\sigma} \qquad (1\text{-}32)$$

式中:R——蠕变应力下的应变恢复率,%;

ε_p——峰值应变;

ε_u——未恢复应变;

σ——蠕变应力;

J_{nr}——蠕变应力下的不可恢复蠕变柔量,kPa^{-1}。

美国国家公路与运输协会(American Association of State Highway and Transportation Officials,AASHTO)标准中的沥青高温路用性能分级方法进一步整合了 SHRP 轮辙因子评价指标和 MSCR 试验的沥青柔量评价指标。同时,增加了"交通量分级"这一新的高温 PG 分级内容。首先,对原样沥青进行测试,仅以 SHRP 中 $|G^*|/\sin\delta \geqslant 1.0kPa$ 为标准,确定沥青的高温 PG 分级温度。然后,在已确定的高温 PG 分级温度下,对经旋转薄膜烘箱试验(rolling thin-film oven test,RTFOT)短期老化后的沥青样品进行 MSCR 试验。根据测试分析得到 $J_{nr3.2}$ 指标数值,对交通量进行分级,共分为 S、H、V 和 E 四个等级,如表 1-8 所示,可分别对应我国轻交通、中交通、重交通和特重交通四种交通量水平。

基于 MSCR 试验的沥青高温 PG 交通量分级标准 表 1-8

试验温度(℃)	$J_{nr3.2}$(kPa^{-1})	交通量分级	国内交通量分级
沥青高温 PG 分级温度	$2 < J_{nr3.2} \leqslant 4$	standard traffic(S)	轻交通
	$1 < J_{nr3.2} \leqslant 2$	heavy traffic(H)	中交通
	$0.5 < J_{nr3.2} \leqslant 1$	very heavy traffic(V)	重交通
	$0 < J_{nr3.2} \leqslant 0.5$	extremely heavy traffic(E)	特重交通

新版沥青高温 PG 分级的表述包括两部分内容:高温 PG 分级温度和交通量分级。可以发现,高温 PG 分级温度相同的两种改性沥青,其 $J_{nr3.2}$ 指标可能会具有明显差异,确定的交通量分级也可能不同。因此,具有相同针入度等级的沥青,其高温 PG 分级温度未必相同;而相同高温 PG 分级温度的沥青,其交通量分级也未必相同,仍有可能体现出差异化的路用抗轮辙性能。针入度、高温 PG 分级温度等指标并不能完全而真实地反映出沥青高温抗轮辙性能的优劣,需要进一步通过对沥青高温蠕变及恢复特性的测试进行综合测评。

四、沥青流变主曲线

1. 时温等效原理

大量学者经过研究发现,沥青温度和频率(或温度和加载次数)之间存在着一种特定的内在关系,即时温等效原理。通过时温转移因子的转换,可以将不同温度下的测试数据转变成一条在参考温度下更宽广频率范围(缩减频率)的连续曲线,这条连续曲线就叫作主曲线,而通过时温等效原理能得到连续、平滑主曲线的材料则被命名为热流变简单材料。Chailleux 等学者认为,主曲线的构建需满足两个条件,一是随着时间和温度变化,材料没有显著的结构重组,如相变、相分离等;二是流变学测试在材料的线性黏弹性范围内。不满足条件一的材料会出现主曲线不连续、间断的情况,这种材料被命名为热流变复杂材料。

为通过时温等效原理构建沥青的流变主曲线,需要在不同温度(如 15~75℃)和频率范围(如 0.1~30Hz)内对沥青进行流变学测试,获取流变学参数($|G^*|$ 和 δ)。然后,选定一个参考温度 T_{ref},并确定参考温度下的流变学参数。其余温度下的流变学参数应该向参考温度移动,

直至获取光滑、连续的流变主曲线。将不同温度下流变学参数向参考温度移动的距离命名为转移因子 a_T，其表达式如式（1-33）所示。在参考温度 T_{ref} 下，沥青的转移因子 a_T 为 1。

$$a_T = \frac{f_r}{f} \tag{1-33}$$

式中：a_T——转移因子；

f——试验频率，Hz；

f_r——缩减频率，Hz。

目前，国内外学者为了获取沥青光滑、连续的复数模量主曲线和相位角主曲线，对转移因子模型进行了大量研究。转移因子模型可分为受限移动和自由移动两类。在受限移动方式下，不同温度下的转移因子必须符合预设的转移因子方程，如 Williams，Landel and Ferry（WLF）方程，Modified Kaelble（MK）方程，Arrhenius 方程，Log-Linear（LL）方程，Viscosity Temperature Susceptibility（VTS）方程，等等。在自由移动方式下，不同温度下的转移因子不需符合相应的方程，只需要保证经过时温等效原理移动后的流变主曲线连续、光滑即可，这种移动方式又称非线性最小二乘法移动。

2. 复数模量主曲线模型

自 20 世纪 50 年代开始，国内外学者开始使用各种模型来构建沥青的流变主曲线。这些模型的构建都依赖于沥青的流变学参数（复数模量、相位角）和沥青的时温等效原理（转移因子）。目前，应用比较广泛的流变主曲线构建方法主要包括经验代数（数学）方法和力学元素方法。在经验代数（数学）方法中，主要是采用合适的数学公式来拟合流变试验数据、构建流变主曲线，进而达到预测试验条件以外沥青结合料流变性质的目的。目前常见的经验代数模型包括 Christensen-Anderson（CA）模型、Christensen-Anderson-Marasteanu（CAM）模型、改性 CAM 模型、Sigmoid 模型、广义 Sigmoid 模型、双逻辑（DL）模型等。在力学元素方法中，沥青结合料的线性黏弹性能主要由一系列弹性元件和黏性元件的串联和并联组合进行表征，其中最为简单的为 Maxwell 模型和 Kelvin-Voigt（开尔文-沃伊特）模型。Maxwell 模型由一个弹性元件和一个黏性元件串联组成，而 Kelvin-Voigt 模型由一个弹性元件和一个黏性元件并联组成。目前常见的力学元素模型包括广义 Maxwell 模型、广义 Kelvin 模型、Huet 模型、Huet-Sayegh 模型、2S2P1D 模型等。

相较于力学元素模型，经验代数模型的参数更少、公式更简洁，更便于计算与操作，已成为目前构建沥青结合料主曲线的主要方法。

常见的沥青复数模量主曲线模型如下。

（1）CA 模型

Christensen 和 Anderson 在 SHRP A-002A 研究中通过对八种 SHRP 沥青进行动态力学分析构建了一个数学模型，即 CA 模型。CA 模型包含三个参数：玻璃态模量（G_g）、交叉频率（f_c）和流变指数（R）。其中，复数模量主曲线 CA 模型如式（1-34）所示。

$$|G^*| = G_g \left[1 + \left(\frac{f_c}{f_r} \right)^{\frac{\lg 2}{R}} \right]^{-\frac{R}{\lg 2}} \tag{1-34}$$

式中：$|G^*|$——复数模量，Pa；

G_g——玻璃态模量，一般取 1×10^9 Pa；

f_c——交叉频率,Hz;

R——流变指数,表示玻璃态模量 G_g 与交叉频率处模量 G_c^* 的差值;

f_r——缩减频率,Hz。

(2)CAM 模型

Marasteanu 和 Anderson 通过改变 CA 模型的部分参数构建了一个新的模型,即 CAM 模型。CAM 模型可以更加准确地描述基质沥青和聚合物改性沥青在低频和高频段的流变行为。其中,复数模量主曲线 CAM 模型如式(1-35)所示。

$$| G^* | = G_g \left[1 + \left(\frac{f_c}{f_r} \right)^\nu \right]^{-\frac{\lambda}{\nu}} \tag{1-35}$$

式中:$\nu = \lg 2 / R$;

λ——当频率接近 0 或正无穷时,主曲线接近 2 条渐近线(45°渐近线和 G_g 渐近线)的速率;

其余参数含义同式(1-34)。

(3)改性 CAM 模型

Zeng 等学者基于广义 CAM 模型和广义 LAW 模型构建了用于表征改性沥青流变学性质的改性 CAM 模型,该模型可以用来模拟黏弹性液态沥青和黏弹性固态沥青的流变学性质。其中,复数模量主曲线改性 CAM 模型如式(1-36)所示。

$$| G^* | = G_e^* + (G_g^* - G_e^*) \Big/ \left[1 + \left(\frac{f_c}{f_r} \right)^k \right]^{\frac{m_e}{k}} \tag{1-36}$$

式中:G_e^*——平衡模量,对于沥青结合料 $G_e^* = 0$;

G_g^*——玻璃态复数剪切模量,Pa;

m_e、k——形状参数;

其余参数含义同式(1-34)。

(4)Sigmoid 模型

NCHRP 项目 A-37A 制定的力学经验法路面设计指南(MEPDG)中引入了一种新的模量方程,即 Sigmoid 模型。Sigmoid 模型只构建了复数模量主曲线,并没有考虑相位角主曲线的构建,如式(1-37)所示。

$$\lg | G^* | = \delta + \frac{\alpha}{1 + e^{[\beta + \gamma (\lg f_r)]}} \tag{1-37}$$

式中:δ——低频渐近线;

α——高频渐近线和低频渐近线的差值;

β、γ——形状参数,β 表示曲线转折点的水平位置,γ 表示中频渐近线的斜率;

其余参数含义同式(1-34)。

(5)广义 Sigmoid 模型

Rowe 等学者对 Sigmoid 模型进行了进一步推广,构建了广义 Sigmoid 模型,如式(1-38)所示。在广义 Sigmoid 模型中,Rowe 等学者通过引入形状参数 λ 来描述主曲线的非对称形状。当 $\lambda = 1$ 时,广义 Sigmoid 模型的表达式与 Sigmoid 模型相同。

$$\lg|G^*| = \delta + \frac{\alpha}{\left\{1 + \lambda \cdot e^{[\beta + \gamma(\lg f_r)]}\right\}^{\frac{1}{\lambda}}} \tag{1-38}$$

式中:λ——形状参数;

其余参数含义同式(1-37)。

3. 相位角主曲线模型

常见的沥青相位角主曲线模型如下。

(1)CA 模型

相位角主曲线 CA 模型如式(1-39)所示。CA 模型更加适用于呈简单 S 形的相位角主曲线,但无法描述聚合物改性沥青的相位角平台区。

$$\delta = \frac{90}{1 + \left(\frac{f_r}{f_c}\right)^{\frac{\lg 2}{R}}} \tag{1-39}$$

(2)CAM 模型

相位角主曲线 CAM 模型如式(1-40)所示。与 CA 模型相比,该模型可以更加准确地构建沥青结合料的相位角主曲线,尤其是低温、高频下的相位角主曲线。

$$\delta = \frac{90\lambda}{1 + \left(\frac{f_c}{f_r}\right)^{\nu}} \tag{1-40}$$

(3)改性 CAM 模型(M-CAM)

相位角主曲线改性 CAM 模型如式(1-41)和式(1-42)所示。改性 CAM 模型既可以描述基质沥青的简单 S 形相位角主曲线,也可以描述聚合物改性沥青的相位角平台区。

$$\delta = 90I - (90I - \delta_m)\left\{1 + \left[\frac{\lg\left(\frac{f_d}{f_r}\right)}{R_d}\right]^2\right\}^{\frac{-m_d}{2}} \tag{1-41}$$

$$I = \begin{cases} 0 & (f_r > f_d) \\ 1 & (f_r \le f_d) \end{cases} \tag{1-42}$$

式中:δ_m——相位角参数;

f_d——位置参数;

m_d、R_d——形状参数。

(4)DL 模型

Asgharzadeh 等学者于 2013 年基于双逻辑数学函数的一般形式提出了更加适合描述聚合物改性沥青相位角主曲线的双逻辑模型,如式(1-43)~式(1-48)所示。该模型既可以描述聚合物改性沥青在中低频段的相位角平台区,也可以描述其在高频段的相位角渐进行为。

$$\delta = \delta_p - \delta_p H(f_r - f_p)\left\{1 - e^{-S_R[\lg(f_r/f_p)]^2}\right\} + \delta_L H(f_p - f_r)\left\{1 - e^{-S_L[\lg(f_p/f_r)]^2}\right\} \tag{1-43}$$

$$H(f_r - f_p) = \begin{cases} 0 & (f_r < f_p) \\ 1 & (f_r \ge f_p) \end{cases} \tag{1-44}$$

$$H(f_p - f_r) = \begin{cases} 0 & (f_r > f_p) \\ 1 & (f_r \le f_p) \end{cases} \tag{1-45}$$

$$0 < \delta_p \leq 90 \qquad (1\text{-}46)$$

$$0 < \delta_p + \delta_L \leq 90 \qquad (1\text{-}47)$$

$$S_L, S_R > 0 \qquad (1\text{-}48)$$

式中: δ——相位角,(°);

         f_r——缩减频率,Hz;

         f_p——相位角达到平台区的频率,Hz;

         δ_p——平台区相位角,(°);

         S_R、S_L、δ_L——形状参数,S_R 控制着高频处接近渐近线的速率,S_L 控制着低频处接近渐近线的速率,δ_L 控制着低频处相位角变化的幅度;

$H(f_r - f_p)$,$H(f_p - f_r)$——赫维赛德(Heaviside)阶跃函数。

第四节　道路沥青技术性质

一、道路沥青物理性质

1. 密度

沥青密度是指沥青在规定温度(15℃)下单位体积的质量,以 kg/m³ 或 g/cm³ 计。密度是沥青在质量与体积之间互相换算以及沥青混合料配合比设计时必不可少的重要参数,也是在使用、储存、运输、销售沥青和设计沥青容器时不可或缺的数据。

有时沥青密度也用相对密度表示,它是在规定温度下沥青密度与水密度的比值。沥青相对密度与沥青的化学组成有密切的关系,它取决于沥青各组分的比例及其排列的紧密程度。沥青中硫含量高、沥青质含量高,则相对密度较大;芳香族含量高、蜡含量较高,则相对密度较小。

沥青密度一般在 1.00g/cm³ 左右,但是由于化学成分不同又会有所差别。我国《公路工程沥青及沥青混合料试验规程》(JTG E20—2011)T 0603 中规定,沥青密度与相对密度的测试应在15℃或25℃下借助比重瓶完成。沥青密度大体有以下规律:

①沥青密度与其芳香族含量有关,芳香族含量越高,沥青密度越小。

②沥青密度与其沥青质含量有关,沥青质含量越高,沥青密度越大。

③沥青密度与蜡含量有关,蜡含量越高,沥青密度越小。

④沥青密度与硫含量有关,硫含量越高,沥青密度越大。

此外,沥青密度还与其稠度有关,稠度高的沥青密度也大。直馏沥青的针入度在 40 ~ 100 (0.1mm)范围内,其密度基本上都在 1.025 ~ 1.035g/cm³ 之间。沥青密度与其各组分之间有良好的相关性:

$$\rho_{沥青} = (1.06 + 8.5 \times 10^{-4} A_s - 7.2 \times 10^{-4} R - 8.7 \times 10^{-5} A_r - 1.6 \times 10^{-3} S) \times \rho_水 \qquad (1\text{-}49)$$

式中: $\rho_{沥青}$——沥青的密度;

     $\rho_水$——水的密度;

     A_s——沥青质的百分数;

  R——胶质的百分数；

  A_r——芳香分的百分数；

  S——饱和分的百分数。

  一般黏稠沥青的相对密度在0.97～1.04范围内,见表1-9。通常密度大的沥青性能较好,这是沥青质含量充足的缘故。由环烷基原油炼制的进口沥青和国产优质沥青的密度都比较大,而用中间基原油和石蜡基原油炼制的沥青,蜡含量高,密度低,性能也差。当然,由于沥青化学组成的复杂性,其密度与路用性能之间并不存在绝对的相关性。正如前文所述,新疆克拉玛依所产的沥青,其密度小于1.00g/cm³,但路用性能却很好。

黏稠沥青的相对密度 表1-9

沥青品种	中国新疆 克拉玛依90号	中国辽宁盘锦 欢喜岭90号	新加坡壳牌70号	伊朗70号
相对密度	0.973	1.004	1.034	1.030

2. 体膨胀系数

  沥青材料在温度升高时,体积将发生膨胀。温度上升1℃,沥青单位体积或单位长度几何尺寸的增大称为体膨胀系数或线膨胀系数。体膨胀系数对于沥青储罐的设计以及沥青作为填缝和密封材料的应用来说,是一项十分重要的数据。

  沥青的体膨胀系数并非常数,随品种不同有所变化,大体在$(2～6)×10^{-4}℃^{-1}$范围内波动。沥青的体膨胀系数与沥青的路用性能密切相关,体膨胀系数越大,则夏季沥青路面越容易泛油,冬季沥青路面越容易收缩开裂。

  沥青的体膨胀系数可以通过测定沥青在不同温度下的密度按式(1-50)求得：

$$\alpha = \frac{d_{T_2} - d_{T_1}}{d_{T_1}(T_1 - T_2)} \tag{1-50}$$

式中：α——沥青的体膨胀系数,1/K；

d_{T_1}、d_{T_2}——分别为高温和低温下沥青的密度,g/cm³；

 T_1、T_2——温度,℃。

  沥青的体膨胀系数约为线膨胀系数的3倍。所以,在求得沥青的体膨胀系数后,即可换算出沥青的线膨胀系数。

3. 表面张力

  表面张力是指液体表面层由于分子引力不均衡而产生的沿表面作用于任一界线上的张力。沥青的表面张力与温度等因素有关。

  通常液体的表面张力可采用毛细管法或滴重法测定,但由于沥青的黏度大,其必须在较高的温度(如100℃以上)下测定。沥青的表面张力随温度上升而减小,两者之间有良好的线性关系。因此,当测得高温下沥青的表面张力时,可以通过沥青的表面张力与温度间的线性关系求得常温下的表面张力。

  对于氧化沥青而言,可采用式(1-51)计算沥青-空气的表面张力：

$$\sigma = 25 + 0.187(T_{R\&B} - 70) - (10^{-7}T_{R\&B}^4 + 0.25)(T - 100) × 10^{-2} \tag{1-51}$$

式中：σ——氧化沥青的表面张力,10^{-3}N/m；

$T_{R\&B}$——沥青的软化点,℃;

T——测定表面张力时的温度,℃。

一般认为,沥青-水的表面张力为$(25\sim40)\times10^{-3}$N/m。如在沥青或水中加入磺酸盐或含有—COOH、—OH之类的化合物,表面张力会下降至5×10^{-3}N/m。

4.介电常数

沥青的介电常数可表征沥青的电性质,描述沥青在电场中响应的物理性质。其值按式(1-52)确定:

$$\varepsilon = C_m/C_0 \tag{1-52}$$

式中:ε——沥青的介电常数;

C_m——沥青作为介质时电容器的电容;

C_0——电容器介质为真空时的电容。

研究认为,沥青在紫外线、氧气、雨水和车辆油滴的影响下,其耐久性与沥青的介电常数有关。同时认为,路面的抗滑性也与沥青的介电常数有关,由此推断,沥青的介电常数应大于2.650。

根据介电常数可以判别高分子材料的极性大小。通常,介电常数大于3.6为极性物质;介电常数介于2.8~3.6之间为弱极性物质;介电常数小于2.8为非极性物质。沥青材料的介电常数一般为2.6~3.0,但与温度有一定关系,随着温度的升高,介电常数增大。一般沥青在25℃时的介电常数为2.7,而在100℃时增大到3.0,故沥青属于非极性或弱极性材料。在配制改性沥青时,还可以根据沥青和聚合物改性剂的介电常数初步判断两者是否相容。例如,配制环氧沥青时,双酚A型环氧树脂的介电常数为3.9,属于极性材料,而沥青是非极性或弱极性材料,两者不相容。因此,要解决环氧树脂与沥青的相容性问题,必须采取添加中间介质的方法。

此外,基于沥青的介电特性来划分沥青组分、确定沥青的老化机理、描述和预测沥青的性能是可行的。一些研究指出,介电常数与沥青的温度敏感性、黏弹性、抗老化性和微观结构有一定联系。

当前,沥青介电特性最广泛的应用是基于三维探地雷达的道路无损检测。三维探地雷达无损检测的原理为发射的电磁波在不同介质中的传播速度不同,所反映出来的波形也不同,从而达到检测道路结构完整度的目的。而介质的介电常数是电磁波传播速度的影响因素,三维探地雷达可以高速、连续和全断面地测定沥青路面的相对介电常数,而沥青路面相对介电常数又与其体积指标有较高的关联度。

5.比热容

沥青的比热容与它的稠度及温度有关。在0℃时,沥青的比热容约为$1.675\times10^3\sim1.800\times10^3$J/(kg·K)。沥青温度每升高1℃,其比热容将增加1.675~2.512J/(kg·K)。

沥青结合料是一种温度敏感性材料,具有低温弹性和高温黏性的特点。温度变化引起的应力循环会使沥青变硬,这将大大加速沥青老化并缩短其使用寿命。近年来,研究人员开发了许多有效的技术来缓解温度引起的路面病害。相变调温路面利用相变材料(PCM)在发生相态转变时储存或释放大量潜热且保持自身温度不变的特点对路面温度进行调节。从某种角度来讲,相变材料的掺入提高了沥青路面材料的比热容,从而降低夏季高温时段沥青路面的升温速率和高温峰值。

相变材料的掺入方式主要有以下几种。

①直掺法。

按照不同质量比将相变材料加入基质沥青中,通过低速搅拌制得相变沥青,并制备相变沥青混合料。对相变沥青与基质沥青的温度变化速率进行测试后发现,相变沥青混合料的升温速率较基质沥青混合料明显降低,在温度下降的过程中 PCM 由液态转化为固态并释放热量,使相变沥青混合料的降温速率小于基质沥青混合料。在保证掺量的情况下,相变材料的掺入会降低沥青及沥青混合料的敏感性,对沥青路面的温度有一定的调节效果。

②微胶囊法。

以相变材料为内核、TiO_2 为囊壁制备相变微胶囊,并按等体积法替代沥青混合料中的部分细集料制备相变沥青混合料。相变沥青混合料的峰值温度较基质沥青混合料下降了2.2℃,相变微胶囊的掺入可对沥青混合料温度的调节起到一定的作用。

③复合定形法。

复合定形相变材料由相变材料和载体组成,其中载体多为聚合物及无机多孔材料。作为相变材料支撑材料的聚合物种类很多,其中常见的有聚丙烯酸酯、聚丙烯、苯乙烯嵌段共聚物等;常用的无机多孔材料有膨胀石墨、膨胀黏土、硅藻土和膨胀珍珠岩等。

6. 导热系数

沥青的导热系数可表示在温度平衡过程中热传导的速率。它与沥青的导热性成正比,而与沥青的比热容和密度成反比。不同品种的沥青,其导热系数有所差别,一般在 0.035 ~ 0.174W/(m·K)范围内。

导热系数对沥青性能的影响表现在以下多个方面。

①温度调节能力。

导热系数影响沥青的温度调节能力。较低的导热系数意味着材料传导热量的能力较差,这可能有助于夏季减缓路面温度的升高。相反,较高的导热系数可能导致沥青更容易升温。

②结构稳定性。

导热系数与沥青混合物的结构稳定性相关。在高温条件下,较低的导热系数可能减缓沥青混合物的软化,有助于维持路面的结构稳定性。

③耐寒性能。

在寒冷条件下,导热系数较低的沥青可能更容易保持温暖,减少冰冻和结冰的风险。这有助于提高路面的耐寒性能,减少冰雪对路面的不利影响。

④能效性能。

较低的导热系数可能有助于提高路面的能效性能,因为它可以减少热天吸收太阳辐射所导致的过度升温。这对于城市热岛效应的缓解和能源效率的提高都有益处。

⑤工程设计。

导热系数是工程设计中的一个关键参数,特别是在考虑路面材料在不同温度条件下的性能时。导热系数对于选择适当的路面材料和结构设计至关重要。

二、道路沥青路用性能

1. 黏滞性

（1）黏滞性的定义

沥青黏滞性是指沥青内部粒子在外力作用下相对运动产生抵抗剪切变形的能力，通常用

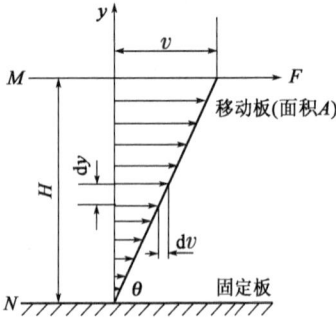

图 1-26　沥青的黏度参数

黏度表示。沥青路面是以沥青为结合料，将松散砂石料黏结起来形成的具有一定强度的结构物，故沥青的黏结性能非常重要。

如图 1-26 所示，设在两个平行的平面 M 与 N 之间填满沥青材料，当平面 M 在外力作用下相对于平面 N 产生速度为 v 的平行位移时，将会带动沥青一起运动，使沥青受到剪切作用。但距离平面 M 近的沥青移动要比距离远的快得多，于是在沥青层内形成不同的位移速度。在单位距离内沥青移动速度的变化称为速度梯度，即剪变率 $\mathrm{d}v/\mathrm{d}y$ 或简单以 γ' 表示：

$$\gamma' = v/d \tag{1-53}$$

式中：d——平面 M 与平面 N 之间的距离。

沥青受到的剪应力为

$$\tau = F/A \tag{1-54}$$

式中：F——剪力，N；

A——面积，m^2。

将剪应力 τ 与剪变率 γ' 之比定义为黏度，以符号 η 表示，即

$$\eta = \frac{\tau}{\gamma'} \tag{1-55}$$

当剪应力为 $1\mathrm{Pa}(\mathrm{N/m}^2)$、剪变率为 $1\mathrm{s}^{-1}$ 时，黏度为 $1\mathrm{Pa}\cdot\mathrm{s}$。

通常，溶胶型沥青的剪应力与剪变率之比为常数，黏度与剪变率的大小无关，沥青表现为纯黏性流动性质。溶-凝胶和凝胶型沥青的剪应力与剪变率之比不为常数，黏度随剪变率的大小而变化，在不同的剪变率下沥青表现为不同的黏度，它们之间的关系可表示为

$$\eta_{\mathrm{a}} = \frac{\tau}{(\gamma')^c} \tag{1-56}$$

式中：η_{a}——表观黏度，即在某一剪变率 γ' 下的黏度；

c——复合流动度，与沥青的黏流性质有关，也称牛顿流动反常系数或流变指数。

这种黏度为沥青的绝对黏度，又称动力黏度。黏度还可以以运动黏度表示，运动黏度 υ 为动力黏度 $\eta(\mathrm{Pa}\cdot\mathrm{s})$ 与材料密度 $\rho(\mathrm{g/cm}^3)$ 之比，即 $\upsilon = \eta/\rho$。

（2）沥青黏度的测试方法

沥青的黏度与温度直接相关。拌制沥青混合料时，沥青温度可达 $160\sim180\,℃$，而在严寒的冬天，沥青路面温度又能低至负温，因而沥青的黏度变化范围非常大。根据所处的温度段，

需要使用不同黏度测试方法来测定沥青的黏度。为了对应沥青工作时的温度,确定沥青在60℃时的黏度分级,国际上普遍采用真空减压毛细管法测定其动力黏度（Pa·s）;而为对应施工温度,一般在135℃时采用毛细管法测定其运动黏度（mm²/s）;采用布洛克菲尔德黏度计法测定表观黏度,或采用动态剪切流变仪法测定其剪切黏度（Pa·s）。

①毛细管法。

毛细管法是测定沥青运动黏度的一种方法[《公路工程沥青及沥青混合料试验规程》（JTG E20—2011）T 0619]。该法是将沥青试样置于严密控温条件下,保持恒定的温度（通常为135℃）使试样通过选定型号的毛细管黏度计。通常采用坎芬式逆流毛细管黏度计,如图1-27所示,记录流经规定体积所需的时间（以 s 计）,并按式（1-57）计算运动黏度:

$$v_T = ct \tag{1-57}$$

式中:v_T——温度为T℃时测定的沥青运动黏度,mm²/s;

　　c——黏度计标定常数,mm²/s²;

　　t——沥青流经规定体积所需时间,s。

②真空减压毛细管法。

真空减压毛细管法是测定沥青动力黏度的一种方法[《公路工程沥青及沥青混合料试验规程》（JTG E20—2011）T 0620]。该法是将沥青试样置于严密控制的真空装置内,保持恒定的温度（通常为60℃）,使试样通过规定型号的真空减压毛细管黏度计（通常采用的有美国沥青学会式,即 AI 式,如图 1-28 所示）,记录流经规定的体积所需要的时间（以 s 计）,按式（1-58）计算动力黏度。

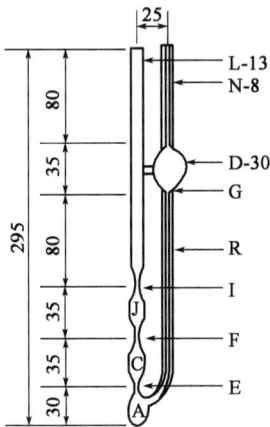

图 1-27　坎芬式逆流毛细管黏度计
（尺寸单位:mm）

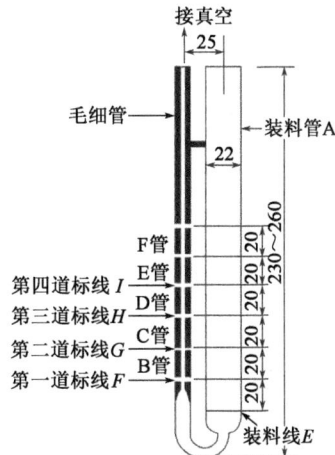

图 1-28　美国沥青学会式真空减压毛细管黏度计
（尺寸单位:mm）

$$\eta_T = kt \tag{1-58}$$

式中:η_T——温度为T℃时测定的动力黏度,Pa·s;

　　k——黏度计常数,Pa·s/s;

　　t——沥青流经规定体积所需的时间,s。

真空减压毛细管法测定的 60℃沥青黏度直接关联沥青路面的抗轮辙能力,在各国得到较广泛采用。当测定沥青软化点附近的黏度时常采用双筒旋转黏度计和锥板旋转黏度计;而在常温条件下,较多采用滑板式黏度计。

③布洛克菲尔德黏度计法。

SHRP 在沥青结合料路用性能规范中采用布洛克菲尔德(Brookfield)黏度计法测量道路沥青在45℃以上温度范围内的表观黏度,以 Pa·s 计。布洛克菲尔德黏度计可以看成简化的双筒旋转黏度计(图1-29)。该法用于测定牛顿流体或非牛顿流体的剪应力与剪应变之比。试验时,将少量沥青样品盛于恒温控制的试样筒中,转子在沥青试样中转动,测定由相应的转动阻力所反映出来的扭矩。扭矩计读数乘仪器参数即可得到以 Pa·s 表示的沥青的黏度。我国《公路工程沥青及沥青混合料试验规程》(JTG E20—2011)T 0625 规定该方法适用于道路沥青在45℃以上温度范围内的表观黏度测定。

④动态剪切流变仪法。

流体力学认为,流体可分为牛顿流体和非牛顿流体。牛顿流体的黏度不受剪切速率影响,而非牛顿流体的黏度则会受到剪切速率的影响(图1-30)。沥青在道路工作温度下是一种伪塑性非牛顿流体。在剪切速率达到特定值后,沥青的黏度会随着剪切速率的增大而减小,即剪切变稀特性。动态剪切流变仪法可用于测定沥青在60℃时的零剪切黏度,以 Pa·s 计。剪切速率扫描范围为$1.0 \times 10^{-4} \sim 1.0 \mathrm{s}^{-1}$。试验时,先将沥青试样固定于剪切试验仪上,置于水浴中保温至60℃,再通过剪切试验仪测定黏度与相应的剪切速率。取剪切速率$1.0 \times 10^{-2} \mathrm{s}^{-1}$对应的黏度作为试样的零剪切黏度,以三个平行试样试验结果的算术平均值为零剪切黏度的测定值。

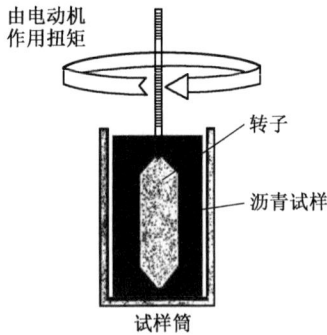

图1-29 布洛克菲尔德黏度计

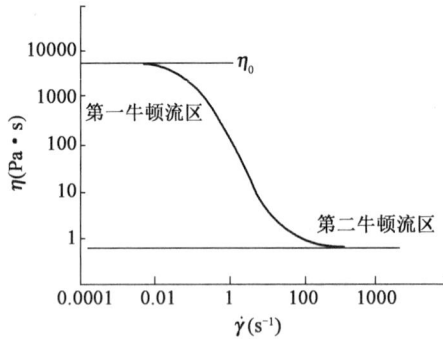

图1-30 沥青黏度与剪切速率的关系曲线

上述测定黏度的方法,都是采用仪器为绝对黏度单位的黏度计,也可以称为绝对黏度法。另一类则采用一些经验的方法测定沥青单位黏度,如恩格拉黏度计法、赛波特黏度计法、沥青标准黏度计法等。此外,针入度或软化点也可用于间接表征沥青的相对黏度。对沥青标准黏度、针入度和软化点等试验介绍如下。

⑤沥青标准黏度试验。

我国《公路工程沥青及沥青混合料试验规程》(JTG E20—2011)T 0621 规定:测定液体石油沥青、煤沥青和乳化沥青等材料流动状态时的黏度,采用沥青标准黏度计法,试验模式见图1-31。试验方法是:液体状态的沥青材料,在标准黏度计中,在规定的温度条件下,通过规定直径的流孔,记录流出50mL 体积所需的时间,以 s 计。黏度以$C_{T,d}$表示,其中 C 表示黏度,脚标表示试验条件,T 表示试验温度,d 表示流孔直径。试验温度和流孔直径根据液体状态沥青的黏度选择,常用的孔径有 3mm、4mm、5mm、10mm 四种。按上述方法,在相同温度和相同流孔直径条件下,流出时间越长,表示沥青黏度越大。

与我国相比,其他国家多采用恩格拉黏度计法或赛波特黏度计法。

⑥针入度试验。

针入度试验是国际上普遍采用的测定黏稠沥青稠度的一种方法,也是多国划分沥青标号采用的一项重要指标。针入度试验模式见图1-32。试验方法是:沥青材料在规定的温度条件下,以规定质量的标准针经过规定时间贯入沥青试样的深度,以0.1mm计。针入度以$P_{T,m,t}$表示,P表示针入度,脚标表示试验条件,其中T为试验温度,m为标准针

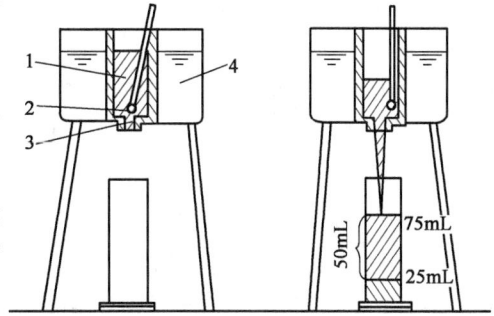

图1-31 沥青标准黏度试验
1-流孔;2-钢球;3-试样;4-恒温浴

(包括连杆及砝码)的质量,t为贯入时间。我国《公路工程沥青及沥青混合料试验规程》(JTG E20—2011)T 0604规定:常用的试验条件为25℃,100g,5s。此外,在计算针入度指数时,针入度试验温度为5℃、15℃、25℃、35℃等,但标准针质量和贯入时间仍分别为100g和5s。

按上述方法测定的针入度值越大,表示沥青越软(稠度越小)。针入度实质上也是表征沥青黏度的一种指标。通常稠度高的沥青,其黏度亦高。但是,由于沥青胶体结构的复杂性,目前将针入度换算为黏度的一些方法,均不能获得良好的相关关系。

⑦软化点试验。

沥青材料是一种非晶质高分子材料,它由液态凝结为固态,或由固态熔化为液态时,没有明确的固化点或液化点,通常采用条件硬化点和滴落点来表示,沥青材料在硬化点至滴落点之间的温度阶段时,是一种黏滞流动状态。在工程实际中,为避免沥青因温度升高而处于流动的状态,取滴落点和硬化点之间温度间隔的87.21%作为软化点。

软化点的数值随所采用的仪器不同而变化,我国《公路工程沥青及沥青混合料试验规程》(JTG E20—2011)T 0606是采用环球法测软化点,见图1-33。试验方法是:将沥青试样注入内径为18.9mm的铜环中,环上置一重3.5g的钢球,在规定的加热速度(5℃/min)下进行加热,沥青试样逐渐软化,直至在钢球荷重作用下产生25.4mm垂度(即接触底板),此时的温度称为软化点,以℃计。

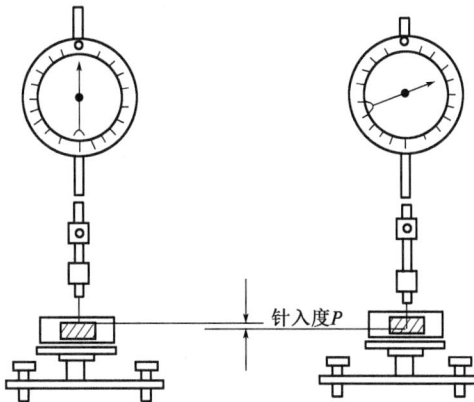

图1-32 沥青针入度试验

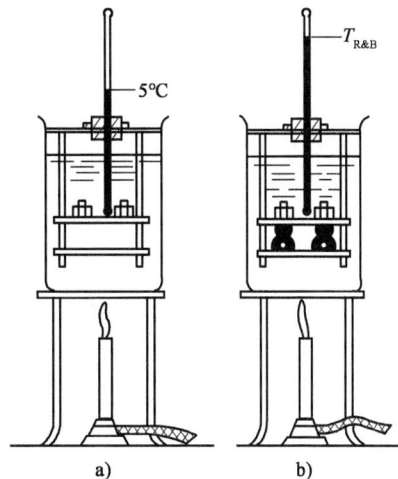

图1-33 沥青软化点试验

沥青与沥青混合料

软化点试验实际上是测量沥青在一定外力(钢球)作用下开始产生流动并达到一定变形时的温度,可以认为软化点是一种"等黏温度"。由此可见,针入度是在规定温度下测定沥青的条件黏度,而软化点则是沥青达到规定黏度时的条件温度。所以软化点既是反映沥青材料热稳定性的一个指标,也是沥青条件黏度的一种量度。

2.感温性

沥青的感温性是指沥青对温度变化的敏感性,它对沥青路面的使用性能有很大的影响。人们希望沥青材料在夏季高温下不致过分软化,而保持足够的黏滞性;在冬季不致过分脆化,而保持足够的柔韧性。不同品种、不同标号的沥青对温度变化的敏感性往往有很大的差别。

(1)黏温指数

沥青黏度与温度在半对数坐标图中大多为直线关系,不同沥青由于化学组成的差别在图中表现为不同的斜率,这表明它们的温度敏感性是不同的。斜率越大,温度敏感性越强,其温度稳定性也就越差。

沥青的温度敏感性可用黏温指数 VTI_1(viscosity temperature index)表示:

$$VTI_1 = \frac{\lg\eta_1 - \lg\eta_2}{T_2 - T_1} \tag{1-59}$$

黏温关系实际上就是黏温关系线的斜率。因此,对于道路沥青来说,其 VTI_1 值越小,表明温度稳定性越好。

当黏温关系线在半对数坐标图中不为直线,而在双对数坐标图中可成为直线,则其黏温指数为

$$VTI_2 = \frac{\lg\eta_1 - \lg\eta_2}{\lg T_2 - \lg T_1} \tag{1-60}$$

沥青的黏温关系与黏温曲线是沥青流变学的基本内容,许多学者对此进行了研究,并提出了各种形式的黏温关系表达式。

①安德拉得(Andrada)纯理论方程式。

$$\eta = Ae^{U/(RT)} = Ae^{B/T} \tag{1-61}$$

式中:η——黏度,Pa·s;

A、B——常数;

R——摩尔气体常数,取8.3144J/(mol·K);

U——流动活化能,$U = BR$,kJ/mol;

T——热力学温度,K。

式(1-61)表明,黏度与温度成负相关,温度越高,黏度越小。同时,黏度对材料的活化能也有依赖关系,活化能越大,黏度也越大;而活化能随温度的升高而降低。式(1-61)如用对数形式表示,则可写成

$$\ln\eta = \ln A + B/T \tag{1-62}$$

式中的常数 B 实际上是黏温关系线的斜率。中国石油大学对沥青的活化能进行过测试,在温度为50~130℃时,100号直馏沥青活化能为83.9kJ/mol,半氧化沥青为85.6kJ/mol。

②李(Lee)和萧维伊(Sohweyer)试验关系式。

李式:

$$\lg\eta = n_1 - m_1\lg T \tag{1-63}$$

46

式中:T——热力学温度,K;

n_1、m_1——与沥青性质相关的常数。

萧维伊式:

$$\lg\eta = n_2 - m_2 T \tag{1-64}$$

式中:T——摄氏温度,℃;

n_2、m_2——与沥青性质相关的常数。

该式在软化点以下较窄温度域(15~35℃)或沥青混合料施工黏度范围(0.1~0.5Pa·s)内为近线性关系。

③柯诺里森(Cornelissen)关系式。

$$\lg\eta = n + \frac{m}{T^x} \tag{1-65}$$

式中:T——热力学温度,K;

x——指数,一般取 $x=4$;

n、m——与沥青性质相关的常数。

上述公式中的常数 m 是黏温关系线的斜率,它反映沥青的感温性,m 值越小,表示沥青的感温性越小,m 值即为黏温指数。

(2)针入度温度敏感性系数

在不同温度下测定沥青的针入度,可知在半对数坐标图中针入度与温度为直线关系,则可通过回归建立如下关系方程式:

$$\lg P = AT + B \tag{1-66}$$

式中:P——沥青针入度,0.1mm;

T——温度,℃;

A——针入度温度敏感性系数;

B——回归系数。

普费等人根据对多种沥青的研究,认为沥青在软化点温度时,针入度为 600~1000(0.1mm),假定为 800(0.1mm)。由此针入度温度敏感性系数 A 可由式(1-67)表示。

$$A = \frac{\lg 800 - \lg P_{25℃,100g,5s}}{T_{R\&B} - 25} \tag{1-67}$$

式中:$P_{25℃,100g,5s}$——在 25℃,100g,5s 条件下测定的针入值,0.1mm;

$T_{R\&B}$——环球法测定的软化点温度,℃。

一般来说,针入度温度敏感性系数 A 值越大,表示沥青对温度的变化越敏感,其性能则不好。如果以针入度温度敏感性系数 A 来评价沥青的热稳定性,那么可以大致划分如下:$A \leqslant 0.045$,性能优;$0.045 < A < 0.055$,性能一般;$A \geqslant 0.055$,性能劣。

根据特定温度下沥青的针入度来表征其温度敏感性,通常采用针入度温度敏感性系数,即根据在 0℃、25℃、46.1℃温度下的针入度,按以下公式计算其温度敏感性系数:

$$\begin{aligned} \text{PTI} &= (P_{46.1℃,50g,5s} - P_{0℃,200g,60s})/P_{25℃,100g,5s} \\ \text{PR}_1 &= P_{46.1℃,50g,5s}/P_{25℃,100g,5s} \\ \text{PR}_2 &= P_{25℃,100g,5s}/P_{0℃,200g,60s} \end{aligned} \tag{1-68}$$

式中:PTI——温度敏感性系数;

PR$_1$——高于常温的温度敏感性系数；

PR$_2$——低于常温的温度敏感性系数。

按以上公式计算得到的值越小，表示沥青的温度稳定性越好，其中 PR$_1$ 表征高于常温的感温性，而 PR$_2$ 表征低于常温的感温性。

（3）针入度指数

普费等人应用针入度和软化点的试验结果，提出一种能表征沥青感温性和胶体结构类型的针入度指数（PI）。研究认为，沥青的针入度与黏度一样，理论上均以对沥青的剪切作用为基础。针入度与旋转同轴黏度计有相似的原理，而环球法软化点球的下落与落差式同轴黏度计也有相似之处。若以对数坐标表示针入度，而以横坐标表示温度，则可得到如下关系式：

$$\lg P = AT + B$$

由前文可知，式中 A 即为针入度温度敏感性系数。经对许多沥青的测试，发现由上述关系式推算，当温度为沥青的软化点时，其针入度基本上都等于 $800(0.1\text{mm})$。由此斜率 A 可用下式表示：

$$A = (\lg 800 - \lg P_{25℃,100g,5s})/(T_{R\&B} - 25)$$

普费假定感温性最小的沥青其针入度指数 PI 为 20，感温性最大的沥青为 -10，如图 1-34 所示，将软化点坐标 25 与针入度坐标 800 连成一斜线，将斜线划分成 30 等份，软化点与针入度的连线同斜线交点定为 PI 值。

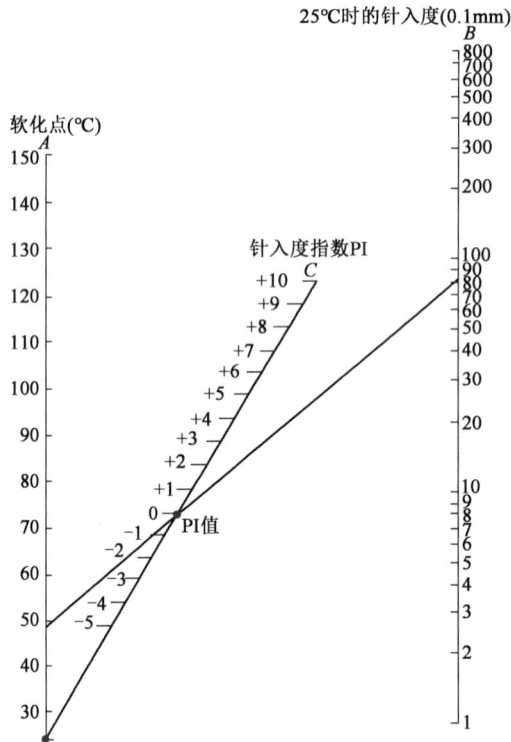

图 1-34　由针入度和软化点求取针入度指数 PI

此 PI 值将斜线分成两段,上式的长度比,即为斜率 A。由于 A 值很小,为使 PI 值在 $-10 \sim +20$ 之间,A 值乘 50 得

$$\frac{20 - PI}{10 + PI} = 50A, A = \frac{20 - PI}{10 + PI} \times \frac{1}{50} \tag{1-69}$$

由此,计算得针入度指数:

$$PI = \frac{30}{1 + 50A} - 10 \tag{1-70}$$

按针入度指数可将沥青划分为三种胶体结构类型:$PI < -2$,为溶胶型沥青;$PI > 2$,为凝胶型沥青;$-2 \leqslant PI \leqslant 2$,为溶-凝胶型沥青。

当 $PI < -2$ 时,沥青的温度敏感性强;当 $PI > 2$ 时,沥青有明显的凝胶特征,耐久性差。一般认为 $-1 \leqslant PI \leqslant 1$ 的溶-凝胶型沥青适合修筑沥青路面。表 1-10 列出了几种沥青采用三个温度下的针入度测定 PI 的计算结果。

几种沥青的 PI 值　　　　　　　　　　　　　　　　　　表 1-10

沥青品种	不同温度的针入度(0.1mm)			PI 值	A	针入度温度相关系数 R
	15℃	25℃	35℃			
克拉玛依	42	90	213	+0.86	+0.86	0.9994
胜利	28	96	298	-1.59	-1.59	0.9997
兰炼	32	88	208	-0.11	-0.11	0.9989
茂名	30	72	198	-0.16	-0.16	0.9991

由于含蜡沥青在软化点温度时针入度并不一定等于 800(0.1mm),因此有些学者提出用针入度等于 800(0.1mm)时沥青的温度作为沥青的软化点,即所谓沥青的当量软化点,并用符号 T_{800} 表示。"八五"国家科技攻关项目研究认为,当量软化点可以根据 15℃、25℃ 和 30℃ 温度下针入度用直线回归方程式 $\lg P = AT + B$ 求得,其计算式为

$$T_{800} = \frac{\lg 800 - B}{A} = \frac{2.9031 - B}{A} \tag{1-71}$$

式中:A、B——回归方程拟合参数。

环球法软化点常用来评价沥青的高温稳定性,所以当量软化点也可以作为评价沥青高温稳定性的一种指标。

针入度指数 PI 是评价沥青感温性应用最广泛的指标。PI 值越小,表示沥青的温度敏感性越强。大多数沥青的 PI 值一般为 $-2.6 \sim +8$,而适合铺筑路面的道路沥青其 PI 值必须符合一定的要求。有些国家对沥青的 PI 值要求如下:西班牙、瑞士,$-1.0 \leqslant PI \leqslant +1.0$;荷兰,$-1.2 \leqslant PI \leqslant +1.0$。

《公路沥青路面施工技术规范》(JTG F40—2004)将针入度指数作为一项重要技术指标列在沥青技术要求中,规定对于 A 级沥青 PI 值应为 $-1.5 \sim +1.0$,B 级沥青应为 $-1.8 \sim +1.0$。但是许多试验表明,由于针入度指数是根据不同温度下的针入度测试值经计算而得到的,测试累积误差往往会造成 PI 值出现很大的偏差,用它评判沥青性能有可能得出不正确的结论,因此应注意测试的规范性。

（4）针入度黏度指数

针入度指数通常仅能表征低于软化点温度的沥青感温性，而沥青在道路使用中或在施工时，还需要了解高于软化点温度时的沥青的感温性。麦克里奥德（Mcleod）提出以25℃针入度和135℃运动黏度确定针入度黏度指数 $PVN_{25\text{-}135}$（penetration viscosity number），其计算式为

$$PVN_{25\text{-}135} = \frac{\lg L - \lg B}{\lg L - \lg M} \times (-1.5) \tag{1-72}$$

式中：$\lg L = 4.25800 - 0.79674\lg P_{25}$；

$\lg M = 3.46289 - 0.61094 P_{25}$；

B——沥青135℃黏度，以 mm^2/s 计。

同样，用25℃针入度和60℃动力黏度计算 $PVN_{25\text{-}60}$：

$$PVN_{25\text{-}60} = \frac{X}{Y} \times (-1.5) \tag{1-73}$$

式中：$X = 6.489 - 1.5\lg P_{25} - \lg \eta_{60}$；

$Y = 1.050 - 0.223\lg P_{25}$。

此外，麦克里奥德还提出了划分沥青温度敏感性等级的标准和适用场合，见表1-11。

按 PVN 评价沥青的感温性   表 1-11

组别	PVN	温度敏感性等级	适用场合
A	$-0.5 \sim 0$	低	重交通道路
B	$-1.0 \sim -0.5$	中	中交通道路
C	$-1.5 \sim -1.0$	高	轻交通道路

（5）塑性温度范围

由于软化点可以近似地看作沥青由可塑性状态转换成液态的温度，软化点高，表明沥青高温稳定性好；而脆点则是沥青由可塑性状态转换成脆性状态的温度。软化点与脆点之间的温度差越大，表明沥青的塑性温度范围越大，其温度稳定性也就越好。因此，有些学者采用软化点与脆点的温度差，即塑性温度范围来评价沥青的温度稳定性。

测定沥青的弗拉斯脆点不仅非常麻烦，而且难以准确掌握。壳牌公司的学者研究认为，针入度为1.2时的温度相当于沥青的脆化温度，该温度称为沥青的当量脆点，并用 $T_{1.2}$ 表示。鉴于针入度与温度的半对数直线关系，沥青当量脆点采用式（1-74）计算：

$$T_{1.2} = \frac{\lg 1.2 - B}{A} = \frac{0.0792 - B}{A} \tag{1-74}$$

式中：A、B——针入度与温度回归方程式 $\lg P = AT + B$ 中的回归系数。

上述当量软化点和当量脆点是根据针入度与温度回归方程式 $\lg P = AT + B$ 中的回归系数计算得到的。实际上，由于沥青性质不同，在如此宽的温度范围内，针入度与温度的直线关系也会有所变化。

3. 黏附性

沥青的黏附性是指沥青与集料之间相互作用所产生的物理吸附和化学吸附，而黏结力则是指沥青本身内部的黏结能力。通常，黏结性好的沥青黏附能力也强。沥青与集料间黏附性的优劣，对沥青路面强度、水稳定性以及耐久性都有很大影响，故黏附性是沥青的重要性质之一。

在干燥状态下，沥青与集料间的黏附是不成问题的；但在潮湿状态下，由于水比沥青更容

易浸润集料,集料表面的沥青就可能被水取代,导致沥青从集料表面剥离下来。当集料失去沥青的黏结作用,路面就出现松散。这就是雨季沥青路面经常出现松散、坑洞的原因。

(1)黏附机理

沥青与集料之间的黏附强度与其本身的成分有密切的关系。沥青中的极性组分和芳香分结构,特别是其中的表面活性物质,如沥青酸和酸酐等与碱性集料接触时,会产生很强的化学吸附作用,黏附力很大,黏附牢固。而当沥青与酸性集料接触时较难产生化学吸附作用,分子间的作用力以物理吸附的范德华力为主,比化学吸附力小得多。因此沥青中表面活性物质的存在及含量与其黏附性有重要关系。而集料的矿物组成、表面纹理、孔隙率、含尘量、表面积、吸收性能、含水率、形状和风化程度等也都会对沥青与集料间的黏附效果产生不同程度的影响。

沥青以薄膜形式包覆于集料的表面,在干燥条件下,一般具有足够的黏附强度。但在水的作用下沥青与集料间的黏附性会降低。由于交通荷载的反复作用使路面变形,沥青混合料空隙加大,集料会变得松散,若此时水分浸入,会使沥青膜与集料发生剥离,最终导致沥青路面的破坏。因此沥青剥落的机理可以通过表面张力理论来说明,在有水的条件下,沥青对集料的黏附,可用沥青-水-集料三相体系来讨论。

由图1-35可见,三相间的接触角为θ,集料-沥青、水-集料、沥青-水多相界面的表面张力分别为σ_{ab}、σ_{wa}、σ_{bw},表面张力平衡状态由式(1-75)表示,接触角θ与各项表面张力之间的关系由式(1-76)表示。

$$\sigma_{wa} = \sigma_{ab} + \sigma_{bw}\cos\theta \tag{1-75}$$

$$\cos\theta = \frac{\sigma_{wa} - \sigma_{ab}}{\sigma_{bw}} \tag{1-76}$$

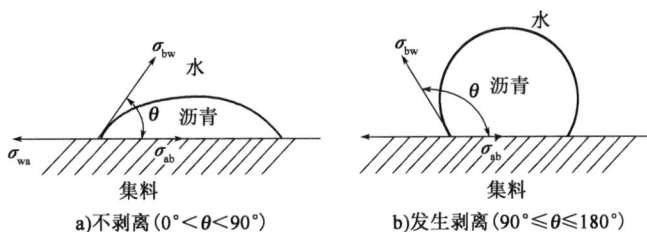

a)不剥离($0° < \theta < 90°$)   b)发生剥离($90° \leqslant \theta \leqslant 180°$)

图1-35　用表面张力理论说明沥青剥离机理

θ-接触角;σ_{wa}-水与集料的表面张力;σ_{ab}-集料与沥青的表面张力;σ_{bw}-沥青与水的表面张力

当$\cos\theta > 0$,即$0° < \theta < 90°$时,不会发生剥离;当$\cos\theta \leqslant 0$,即$90° \leqslant \theta \leqslant 180°$时,将会发生剥离。或者从能量的角度解释,集料-沥青、水-集料、沥青-水各界面的能量分别为γ_{ab}、γ_{wa}、γ_{bw},那么水从集料表面取代沥青时单位面积上所做的功可按式(1-77)计算。

$$W = \gamma_{ab} + \gamma_{wa} - \gamma_{bw} \tag{1-77}$$

为了达到平衡,必须符合Young和Dupre方程式(1-75),将式(1-78)代入式(1-75),得到式(1-79)。

$$W = \gamma_{wa} + \gamma_{bw}\cos\theta \tag{1-78}$$

$$W = \gamma_{bw}(1 + \cos\theta) \tag{1-79}$$

由式(1-79)可知,W取决于γ_{bw},$W = f(\theta)$,即W与沥青和水的界面能及接触角有关。对于沥青而言,θ总是小于90°,由此$(1 + \cos\theta)$永远大于1,所以沥青与水的界面张力γ_{bw}和沥青与水的接触角有关。在集料确定的条件下,γ_{bw}和θ均取决于沥青的性质。

（2）影响沥青黏附性的主要因素

沥青与集料的黏附过程是一个复杂的物理、化学过程。黏附力的产生不仅与沥青本身的性质有关，而且与集料的性质、表面结构及状态有关，此外还与沥青混合料拌制工艺条件有关。

①沥青品种。

沥青中所含的表面活性物质（如沥青酸、酸酐）的含量将影响沥青的黏附性。这些表面活性物质的含量以酸值表示，酸值大于或等于 $0.7\mu g\ KOH$ 的沥青为活性沥青，这种沥青对碱性岩石的干燥表面有良好的黏附性，但与酸性集料却黏附不好；酸值小于 $0.7\mu g\ KOH$ 的非活性沥青，与大多数集料的表面都不能形成牢固的黏附，容易被水剥落。沥青中的这些表面活性物质实际上也是一些阴离子表面活性物质。

②沥青温度。

当沥青的温度升高时，沥青的黏度降低，流动度增大，便于沥青在集料表面自由地展开，促进浸润，提高沥青与集料间的黏附性。

③集料岩性。

集料有火成岩、沉积岩和变质岩。按照集料中 SiO_2 的含量又可分为酸性、碱性和中性。SiO_2 含量大于 65%，为酸性集料；SiO_2 含量小于 52%，为碱性集料；SiO_2 含量为 $52\%\sim 65\%$，为中性集料。表 1-12 列出了各种岩石的 SiO_2 含量与酸碱性质。

岩石的 SiO_2 含量和酸碱性质 表 1-12

岩石类别	岩石名称	SiO_2 含量（%）	酸碱性质
火成岩	花岗岩	68.3	酸性
	正长岩	64.7	中性
	流纹岩	74.3	酸性
	安山岩	61.4	中性
	玄武岩	51.7	碱性
	辉绿岩	48.9	碱性
沉积岩	砂岩	76.1	酸性
	石灰岩	3.8	碱性
	白云岩	0.1	碱性
	页岩	53.3	中性
变质岩	石英岩	74.2	酸性
	片麻岩	70.2	酸性
	片岩	59.3	中性
	板岩	61.6	中性

根据酸碱理论，沥青与碱性集料之间有良好的黏附性，而与酸性集料间的黏附性较差，在水的侵蚀作用下易发生剥落。

④集料表面纹理构造。

光滑的集料（如河卵石、砾石）表面使沥青易于浸润，但在遇水后却容易脱落，黏结不牢。粗糙的集料表面，不仅增加了表面积，使集料与沥青有更大的接触面积，而且沥青可嵌入凹穴之中,固化后能形成牢固的机械嵌锁力,使沥青与集料牢固黏结。

⑤集料表面清洁程度。

集料在运输、堆放过程中易沾染泥浆,干燥后牢固地裹覆在碎石表面上,这样在碎石与沥青界面之间就形成了隔离层。与沥青拌和时,虽然集料表面全被沥青裹覆,但一旦遇到水浸湿泥浆层,沥青就很快被剥离下来。

(3)沥青黏附性的评定

评定沥青与碎石材料的黏附性,主要有以下几种方法。

①水煮法。

水煮法是用 15～25mm 的碎石,经约 150℃ 的沥青浸润,取出,冷却后在沸水中煮 3min,观察碎石表面沥青膜被水移动剥落的程度,分五个等级评定其黏附性。

水煮法的试验方法简单,操作方便,碎石表面沥青被沸水剥落的情况比较直观,可以较快地确定沥青对集料的黏附性,因而目前无论是在研究工作中还是在工程实践中使用都比较广泛。但由于该方法评定结果受人为因素的影响,需要评测人员有一定的经验。

②浸水法。

浸水法是采用 5～10mm 的碎石,与沥青拌和成混合料,待冷却后在常温水中浸泡 16～18h,剔除已被水剥落的集料颗粒,以完全被沥青裹覆集料颗粒占原试样的质量百分率表示其黏附性。如果在水中浸泡时水是静置的,则为静态浸水法;如果在水中浸泡时水是振动摇晃的,则为动态浸水法。

③净吸附法。

净吸附法是美国 SHRP 中开发的一种评价沥青与集料间黏附性的试验方法。该方法是将集料装在圆柱形容器中,用沥青的甲苯溶液来进行循环,待温度稳定后,取出 4mL 溶液试样用光谱仪测定沥青吸收量,然后加入 50g 粒径小于 4.75mm 的集料,继续循环 6.5h 后,再次取样测定沥青吸收量,最后加入一定量的水,用来置换吸附在集料表面的沥青。在此过程中,沥青甲苯溶液的浓度发生变化,通过测定溶液浓度的变化,即可计算出集料对沥青的吸附量和加水后沥青的剥落量,并计算出集料表面沥青剥落率。

净吸附法克服了水煮法与浸水法的缺点,可以定量地分析沥青黏附性。但是整个试验过程比较麻烦,且由于受到试验条件的限制,实际应用较少。

④示踪盐法和光电分光光度法。

示踪盐法和光电分光光度法是用化学试剂来显示沥青的剥落情况。示踪盐法是先将粗集料用示踪盐溶液浸渍处理,再经沥青包裹,然后浸于蒸馏水中限定时间,最后用火焰光度计测定示踪盐在水中的浓度,与未经沥青包裹的空白集料试样浸水后示踪盐的浓度比较,以二者的浓度比值为剥落度的评价指标。

光电分光光度法则是应用染料的示踪作用,将裹覆沥青的集料浸于有染料的水中,当染料跟随水进入沥青与集料的界面时,即吸附于集料的表面。在指定时间内,沥青膜受水的置换作用从集料表面剥落的程度,可以通过染料在集料表面的吸附量来表征。

基于松散沥青混合料试验的评价方法相对简单方便,能比较直观地反映沥青与集料间的黏附性。但是也存在一些问题,如水煮法、浸水法主要根据操作人员的主观经验来判断;松散的混合料并不能表现混合料在路面处的真实状态和受力状况等。因此,此类方法不能单独作为评价沥青混合料水稳定性的方法。

⑤拉拔试验(BBS)。

拉拔试验是 AASHTO TP 91-15 规范中提出的一种评价沥青与集料间黏结性和黏附性的试验方法。拉拔试验所用加载试验机一般为 PosiTest AT-A 全自动数显拉拔式附着力测试仪。它由两部分组成，即数显屏幕和加载压头。试验加载由液压泵实现，力系统均经过美国国家标准与技术研究院(National Institute of Standards and Technology, NIST)校准，精度能够达到 ±1%。拉拔试验的加载速率一般为 0.7MPa/s，拔头凹槽深度一般为 0.2mm 或 0.5mm。在实际测试过程中，对该规范中部分试验步骤进行了修正。最终形成的测试步骤如下：

首先，将沥青在 150℃ 下至少加热 1h，将拉拔头在 100℃ 下保温 1h，并用超声波清洗机清洗集料基板，然后在 170℃ 下干燥至少 1h，排出集料基板内水分，避免水分影响沥青-集料基板间的黏附。

随后，在集料基板上预先准备直径为 21mm 的硅胶环，将一小滴加热的沥青滴入硅胶环中，然后用加热的拉拔头压紧，保证沥青膜厚度为 0.2mm 或 0.5mm。

最后，将所有试样在室温下至少冷却 1h。然后，将试样在水浴环境下养生一定时间，并于测试前在 20℃±1℃ 环境条件下养生 1h，再测试沥青在不同浸水条件下的拉拔强度。在浸水条件下，沥青-集料界面一般会发生黏附破坏。因此，测试得到的拉拔强度便可以用来评价沥青与集料间的黏附性。

⑥集料-沥青黏附性试验(旋转瓶试验)。

旋转瓶试验是欧洲 EN 12697-11—2020 规范中提出的评价沥青-集料间黏附性的试验方法，主要是对旋转瓶中未压实的沥青包裹矿物集料实施机械搅拌之后，通过肉眼观察沥青结合料的附着程度来评价沥青-集料间黏附性。旋转瓶试验是一个简单且主观性较强的试验，适用于常规试验检测。旋转瓶试验的步骤如下：

集料准备：使用试验筛筛出至少 600g 的 8～11mm 或 6～10mm 待测集料，放入 105℃±5℃ 的通风烘箱中干燥至恒重，然后将部分集料(510g)放入搅拌碗中。

混合集料和沥青：将搅拌碗中集料和沥青置于混合温度下保温至少 3h，然后向搅拌碗中加入 3.0% 含量沥青，用抹刀将集料和沥青结合料混合，确保沥青结合料在集料表面形成均匀的涂层，确保集料表面被沥青完全覆盖。将混合好的试样立即铺在平坦的金属盖子或聚硅氧烷涂层纸上，确保集料作为单个颗粒松散地分布，避免覆盖沥青的集料颗粒出现结块。

调节：将混合好的试样分成三份，每份质量为 150g±2g，并加入试验瓶中。然后，用 5℃±2℃ 的蒸馏水或去离子水填充瓶子到瓶肩高。将玻璃棒放入每个试验瓶中，并用螺母密封瓶子，确保带橡胶管的玻璃棒被牢固地固定在瓶底和螺母之间。为避免集料结块，应尽快将瓶子放置在旋转机上。

旋转瓶试验：试验时，将旋转机调整到规定转速。经过 6h±15min 的滚动旋转后，试验停止。将瓶子中的水倒入烧杯中，将集料颗粒从试验瓶倒入试验碗中，将试验碗放在白色背景板前。将新鲜的蒸馏水或去离子水注入碗中，水平面与颗粒物上表面平齐。通过目测法(使用灯来辅助观察和评估)来评估并记录集料颗粒上沥青膜裹覆的平均比例，可以使用低放大倍数的放大镜来辅助统计。重复上述步骤，在额外的滚动时间(总计 24h 的滚动时间)后停止试验。在 48h±1h 和 72h±1h 的总旋转时间之后另外进行观察。如果需要，可在延长试验期间暂停旋转过程，以允许该过程遵循正常工作时间。对于每个旋转时间，计算三个试验瓶上得到的沥青膜覆盖程度平均值，四舍五入后以 5% 为单位进行记录和报告。

⑦表面能法。

表面能法近年来也被广泛用于沥青-集料间黏附性的研究。表面能理论是普遍性的能量方法,提供了能够测量的宏观参数以量化黏附力以及黏附功和剥落功,进而判断沥青与集料之间的黏附状态。表面能与沥青的种类、集料矿物成分和表面性质、水以及分子间的作用力都有关系。虽然表面能和表面张力都涉及液体分子间的相互作用,但它们是不同的概念。表面能是一种能量,而表面张力是一种力。表面张力描述的是沥青表面的分子之间存在一种拉力,使得沥青表面呈现出收缩的趋势,以减小表面积。而表面能是沥青分子和接触体分子之间相互作用力的一种度量。高表面能说明沥青分子和固体分子之间的相互作用力强,液体更容易湿润固体表面。

采用表面能理论研究沥青-集料之间的黏附性时,需要对材料的表面能进行测定。常用的表面能测定方法如表 1-13 所示。

常用表面能测定方法 表 1-13

测定方法	理论基础	主要参数	测量对象	特点
座滴法	湿润特征	接触角 α、β、θ	沥青、集料	经济,设备简单,结果相对准确;高温下沥青液滴的尺寸难以控制;沥青试样表面难以达到均匀、光滑的要求;不适用于小接触角
核磁共振成像			沥青	数据较为可靠,但测试周期长;试件制备较为复杂,设备昂贵
威廉米平板法			沥青、集料	可测量动态接触角,测量值不受线性张力作用;样品的各向同性和尺寸要求较高,需保证板的湿润长度和体积恒定
柱状灯芯法			集料	成本低、易操作、复现性较好;仅用于粉体或小粒径填料,浸渍时间和浸渍高度读数、粉体的均匀性等受人为操作影响而有一定误差;探针液体的黏度或接触角不能过大
通用吸附装置	吸附特征	扩散压力 π_e 保留时间 t_r	集料	测试结果准确但测试时间较长;设备昂贵,操作复杂;对待测集料粒径有要求
反气相色谱			沥青、集料	测试速度快但设备昂贵;色谱柱制备技术复杂
微热量计法	浸没特征	浸入焓 ΔH_{imm}	集料	测量相对快速,结果较为准确,测试前必须确定集料的比表面积;对熵贡献的假设会导致一定误差
杜诺伊环法	表面张力	表面张力 γ_a	沥青	技术成熟、设备简单;测量快速,结果相对准确,但需要人工标定

在基于表面能理论的沥青-集料间黏附性能评价研究中,有多个能量参数可作为定量评价指标,以评价沥青-集料体系的黏附、剥落发生的趋势,进而分析沥青混合料相关路用性能,如表 1-14 所示。

基于表面能理论的评价指标 表1-14

评价指标		计算公式	含义	与水稳定性的关系
黏聚功 W_A		$W_A = 2\gamma_A$	干燥条件下沥青自身分离的难易程度	正相关
黏附功 W_{AS}		$W_{AS} = \gamma_A + \gamma_S - \gamma_{AS}$	干燥条件下沥青-集料黏附的牢固程度	正相关
剥落功 W_{AWS}		$W_{AWS} = \gamma_{AS} - \gamma_{AW} - \gamma_{SW}$	有水条件下沥青-集料分离的难易程度	负相关
扩散系数 SC		$SC = W_{AS} - W_A$	沥青胶结料润湿集料表面的能力	正相关
能量比	ER_1	$ER_1 = \left\| W_{AS}/W_{AWS} \right\|$	黏附功与剥落功的相对值	正相关
	ER_2	$ER_2 = \left\| (W_{AS} - W_A)/W_{AWS} \right\|$	在 ER_1 的基础上考虑了沥青胶结料的黏聚功	正相关
	ER_3	$ER_3 = \left\| \dfrac{\min(W_{AS}, W_A)}{W_{AWS}} \right\|$	黏附功与黏聚功两者最小值与剥落功的相对值	正相关
	$ER_1 \times A$	$ER_1 \times A = \left\| W_{AS}/W_{AWS} \right\| \times A$	在 ER_1 的基础上考虑了集料的比表面积	正相关
	$ER_2 \times A$	$ER_2 \times A = \left\| (W_{AS} - W_A)/W_{AWS} \right\| \times A$	在 ER_2 的基础上考虑了集料的比表面积	正相关
综合能量比 CER		$CER = \dfrac{\sum\limits_{i=1}^{n} p_i W_{AS}}{\left\| \sum\limits_{i=1}^{n} p_i W_{AWS} \right\|}$ p_i 为第 i 种集料的质量占比	在 ER_1 的基础上考虑了集料种类，可用于 RAP 料	正相关
能量参数	EP_1	$EP_1 = \left\| W_{AS}/W_{AWS} \right\| / W_{AS}$	沥青-集料界面与水-集料界面黏附功的相对差值	负相关
	EP_2	$EP_2 = \dfrac{W_{AS}}{W_{AS} - W_{AWS}}$	沥青-集料界面黏附功与水作用下释放能量的比值	正相关
	EP_4	$EP_4 = \gamma_{AS} \times A$	单位质量集料剥落需要的力值	正相关

其中，W_{AS} 为沥青-集料界面的黏附功；γ_S 为集料的表面能；γ_{AW} 为水的表面能；γ_{AS} 为沥青与集料的界面能；W_{AWS}、W_A 分别为有水状态下沥青与集料的剥落功和沥青的黏聚功；γ_A 为沥青的表面能；γ_{SW} 为集料与水的界面能；A 代表集料的比表面积。

表1-15 给出了部分沥青与不同集料的表面能指标。

部分沥青与不同集料的表面能指标 表1-15

集料	指标	70号基质沥青（70A）	90号基质沥青（90A）	SBS改性沥青（SBS）	90号基质沥青+10%水泥（90C）	90号基质沥青+10%消石灰（90H）	90号基质沥青+5%水泥+5%消石灰（90HC）	90号基质沥青+0.4%PA-1型抗剥落剂（90PA）	70号基质沥青-RTFOT老化（70R）	90号基质沥青-RTFOT老化（90R）
花岗岩	W_{AS}	60.82	55.96	64.19	62.41	62.19	62.97	63.71	54.07	52.91
	W_{AWS}	114.04	112.05	115.72	118.11	117.79	117.95	118.41	111.75	111.68
	ER	0.533	0.499	0.555	0.528	0.529	0.534	0.538	0.484	0.474

续上表

集料	指标	70 号基质沥青（70A）	90 号基质沥青（90A）	SBS 改性沥青（SBS）	90 号基质沥青+10% 水泥（90C）	90 号基质沥青+10% 消石灰（90H）	90 号基质沥青+5% 水泥+5% 消石灰（90HC）	90 号基质沥青+0.4% PA-1 型抗剥落剂（90PA）	70 号基质沥青-RTFOT 老化（70R）	90 号基质沥青-RTFOT 老化（90R）
石灰岩	W_{AS}	66.0	61.17	69.24	66.49	66.35	67.17	67.86	59.14	57.86
	W_{AWS}	109.69	107.65	111.49	114.84	114.45	114.56	115.08	107.49	107.55
	ER	0.602	0.568	0.621	0.579	0.580	0.586	0.590	0.550	0.538
辉绿岩	W_{AS}	64.39	59.52	67.70	65.31	65.14	65.94	66.66	57.53	56.29
	W_{AWS}	111.63	109.63	113.36	116.36	116.00	116.12	116.61	109.44	112.09
	ER	0.577	0.543	0.597	0.561	0.562	0.568	0.572	0.526	0.520

通过表面能试验，掺入改性剂后的 90 号基质沥青表面能总量减小了 2.5%～6.2%，沥青极性变大，使沥青-集料之间的润湿性增强，增大了两者之间的黏结力；沥青老化后总表面能减小，极性减小，黏附性减弱。采用水稳定性指标 ER 定量评价沥青-集料间的黏附性强弱，结果表明集料相同时掺改性剂的 90 号基质沥青黏附性大小排序为 90PA＞90HC＞90C≈90H＞90A，沥青相同时黏附性大小排序为沥青-石灰岩＞沥青-辉绿岩＞沥青-花岗岩。该评价方法相对于水煮法更为准确、客观，能够有效减小试验过程中主观因素的影响。

表面能理论以热力学为基础，通过沥青和集料的物理化学性质解释两者之间的黏附和黏聚。由于通用吸附方法可以考虑集料的表面构造，说明表面能理论参数同样能够反映物理黏结提供的吸附。此外，表面能方法可以给出黏附力和黏聚力分别在界面黏附中的贡献，并反映在相应表面能参数中，使得对诸如愈合或衰老等现象的解释更容易理解。表面能作为一种手段，还能够弥合沥青和集料的物理化学性质与混合料断裂力学之间的差异。常规室内试验评价方法的宏观指标与表面能指标存在不同形式的相关性，这表明表面能理论与宏观尺度之间的水损害存在一定内在联系。由此，可以借助表面能理论的上述优势，通过两相材料表面能的变化更好地解释试件在浸水、冻融及老化后的水损害现象。

（4）沥青黏附性的改善

为改善沥青对集料的黏附性，提高沥青混合料的抗水性，通常可采取以下措施。

①添加抗剥落剂。

在沥青中添加抗剥落剂是比较方便而有效的方法。抗剥落剂是表面活性物质，由于沥青与酸性集料黏附性大多不好，故常在沥青中添加阳离子表面活性剂。典型的阳离子表面活性剂有烷基胺、季铵盐、酰胺、环氧乙烷二胺等。但有些胺类的表面活性剂在高温下会分解失效，故选择表面活性剂时应注意它的耐热性。为此，近来有些学者提出对掺加抗剥落剂的沥青进行热老化试验后，再来评价抗剥落剂的效果。不同类别的抗剥落剂如表 1-16 所示。

常见的抗剥落剂　　　　　　　　　　　　　　　　　　表 1-16

项目	无机类	金属皂化物	表面活性剂	有机高分子
代表物	消石灰、水泥	皂角铁	季铵盐	非胺、胺类聚合物
改性对象	集料	沥青	沥青	沥青

续上表

项目	无机类	金属皂化物	表面活性剂	有机高分子
优点	性能较好、成本低	使用方便、成本低	使用方便	成本低
缺点	使用工艺复杂	与沥青密度相差大,易离析	性能一般,热稳定性差	成本高
目前状况	仍在使用	较少使用	较少使用	较多使用

用消石灰粉或水泥取代部分矿粉拌制沥青混合料,能有效地提高其水稳定性,但一般添加的剂量不超过矿粉总量的 40%。

②选用碱性集料。

根据工程性质可分别选用石灰岩、玄武岩、辉绿岩等碱性岩石破碎的集料作为沥青混合料的集料。必须使用酸性集料时,如铺筑抗滑表层,则细集料可采用碱性集料。即使是全部使用碱性集料拌制的沥青混合料,其水稳定性是否满足要求仍必须通过试验加以检验。因为在有些情况下,即使是采用碱性集料,尤其是一些弱碱性碎石,其水稳定性并不一定符合要求,还需要采取抗剥落措施。

③保证集料表面的清洁度。

清洁的集料表面有利于沥青的浸润而形成良好的黏结。如集料表面裹覆有泥浆或很厚的粉尘,沥青裹覆在泥浆或粉尘的表面,当遇水侵蚀,沥青就很容易被剥离下来。集料在破碎加工之前宜加以清洗,并在运输中注意防止污染。

4.耐久性

(1)影响耐久性的因素

沥青在运输、施工和使用过程中,经温度、光照、雨水以及交通荷载等各种因素的作用,会发生一系列物理、化学变化,如蒸发、氧化、脱氢、缩合等,使沥青的化学组成发生变化,造成沥青老化、路面脆硬、开裂。沥青性质随时间而变化的现象,通常为沥青的老化,对光照、温度、雨水等综合环境因素的耐受能力为沥青的耐久性。沥青老化最显著的特征是针入度变小、软化点提高、延度减小、脆点上升。沥青性状的变化,可由室内的老化试验,或旧沥青路面的回收沥青清楚地看到。

经受老化的沥青,其化学组分发生了变化,沥青质明显增加,胶质含量有所降低。由于沥青组分化学性质的复杂性,即使是同样的组分,其表现出来的耐久性也有很大的差异。有些沥青的饱和分、芳香分含量在老化前后变化不大,而有些沥青的芳香分在老化后会发生较大的变化。一些带有侧链的芳环和烷环极易被氧化而生成氢和氧化物,一部分氧化物转化成胶质。因此,有些沥青老化后芳香分减少,胶质增加,或胶质又转化成沥青质。

沥青在老化过程中组分发生变化引起胶体结构的变化,表现为胶体结构由溶胶向溶-凝胶转化,溶-凝胶向凝胶转化。老化沥青胶体结构的变化,最终引起了流变性质的变化,表现为沥青的黏度和复合流动度有很大的变化。

引起沥青老化的原因很多,其中氧化反应是主要原因。沥青氧化反应与温度有直接关系。在一定温度下,沥青各组分与空气中的氧发生作用而被氧化。温度越高,氧分子越易与沥青发生化合反应,留在沥青中的氧气越少,沥青发生脱氢生成了水和二氧化碳;但当温度较低时,氧化反应较为缓慢,则生成极性含氧基团,所吸收的氧存在于沥青中。氧和沥青的反应几乎可以在全温度范围内进行,但低温下其氧化速度缓慢,100℃以上氧化速度加快,温度每升高10℃

氧化速度提高 1 倍,至 135℃以上,几分钟就会引起显著硬化。

在沥青混合料生产过程中,集料与沥青都处于高温状态,这时会引起沥青剧烈老化。有学者经研究估计,沥青在 160 ~ 170℃高温下以薄膜状态与集料接触,其老化速度几乎相当于沥青路面 19 年的自然老化。因此,温度越高,沥青的氧化越剧烈,老化越严重。测定沥青在不同温度下老化后羰基在 1700cm^{-1}处吸收系数的变化,可以看出温度对氧化的影响。

光还会加速氧化,日光特别是紫外线的作用会使沥青的氧化加速,使沥青中的羰基和羧基进一步加速形成更大的分子。水在光、氧和热共同作用下,也会起催化剂的作用。

沥青在隔绝空气、阳光的条件下长期存放于常温下也会发生某种程度的硬化,称为自然硬化,也称物理硬化或结构硬化。这是由于沥青分子相互作用倾向增强,分子重新定位,导致内部结构发生变化,这种变化多数是可逆的,有时又称为可逆老化,这类老化沥青在重新加热后又可恢复原有的性能;与此相对应,沥青与氧作用而产生的老化又称为不可逆老化。

(2)沥青老化模拟方法

现行评价沥青老化性能的试验方法分为模拟沥青在拌和过程中的热老化条件和模拟沥青在使用过程中的老化条件。目前采用的方法主要有以下几种。

①薄膜烘箱试验。

薄膜烘箱试验(thin-film oven test)模拟在热拌和过程中沥青的老化,见图 1-36。《公路工程沥青及沥青混合料试验规程》(JTG E20—2011)T 0609 中规定的薄膜加热试验方法是将 50g 沥青试样放入直径为 140mm、深 9.5mm 的不锈钢盛样皿中,沥青膜的厚度约为 3.2mm,在 163℃通风烘箱的条件下以 5.5r/min 的速度旋转 5h。最后计算沥青试样的质量损失,并测试针入度等指标的变化。

②旋转薄膜烘箱试验。

旋转薄膜烘箱试验(rolling thin-film oven test)是将 35g 沥青试样装入高 140mm、直径为 64mm 的开口旋转瓶中,将旋转瓶插入旋转烘箱中,一边接收以 4000mL/min 流量吹入的热空气,一边在 163℃的高温下以 15r/min 的速度旋转,经过 75min 的老化后,测定沥青的质量损失及针入度、黏度等各种性能指标的变化,见图 1-37。

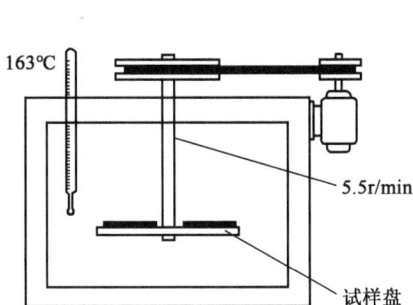

图 1-36　沥青薄膜烘箱试验

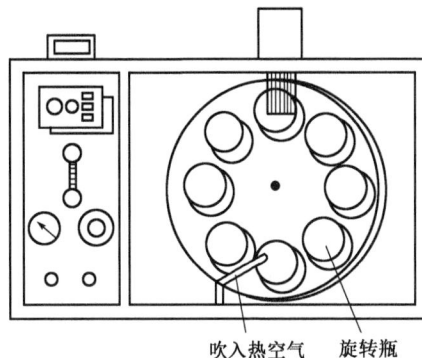

图 1-37　沥青旋转薄膜烘箱试验

③压力老化容器试验。

美国 SHRP 为模拟沥青路面长期使用过程中的老化,开发了压力老化容器(PAV)试验法,

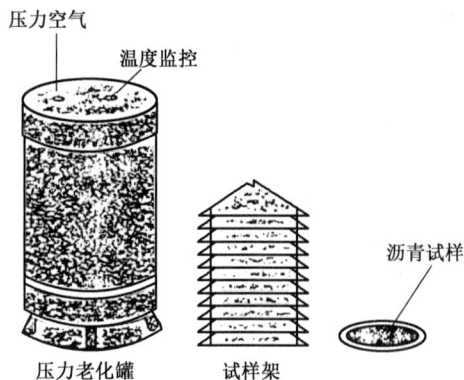

图 1-38　压力老化容器试验

如图 1-38 所示。压力老化设备包括一个压力老化容器和一个环境箱。气体的压力由一个清洁、干燥的压缩气体缸提供。环境箱是具有特殊设计的烘箱,温度可控制在 ±0.2℃ 误差范围以内。试验时,将经过旋转薄膜烘箱试验后的沥青残渣倒入盛样盘中,每盘试样重 50g,再放入压力老化容器中老化 20h,容器中的压力为 2070kPa。温度由道路所在地区的气候条件决定,一般地区为 90 ~ 100℃,沙漠性气候地区为 110℃。研究成果表明,PAV 试验中的沥青老化相当于使用期间路面表层沥青老化 5 年的情况。

④加速多源环境耦合老化试验。

加速多源环境耦合老化试验主要采用加速气候老化试验箱模拟沥青的老化,如图 1-39 所示。该试验可以加速模拟太阳辐射、高温、降雨等复杂的气候条件,同时可通过程序编定实现周期性变化的多重复杂气候条件的模拟。老化箱中一般布设有温度传感器、湿度传感器和辐射强度传感器,以精确感知和控制环境箱中的温度、湿度和太阳辐射强度。老化箱的温度控制范围因仪器不同而有所差异,湿度可由蒸馏水加热产生的水蒸气含量进行调控,其控制范围一般为 50% ~ 99% RH。老化箱顶部为光源室,其中一般放置氙灯、汞灯以及其他光源作为环境老化的光源。其中,氙灯光源应用最为普遍,因为其光谱分布与太阳光谱相似。氙灯光源的全光谱辐射强度范围一般为 0 ~ 1000W/m²。由于太阳辐射老化深度有限,因此加速多源环境耦合老化试验中的沥青试样沥青膜厚度一般不得超过 1000μm。在实际应用中,可根据道路所在地区的气候条件,独立地对每个环境参数进行调节与组合,更加准确地模拟沥青在目标真实环境作用下的老化行为。

图 1-39　加速气候老化试验箱

加速多源环境耦合老化试验的环境参数与路域环境参数更加接近。除了温度作用外,还额外考虑了太阳辐射、降雨、氧气等其他气候参数的影响,是目前较为流行的一种新型老化试验方法,尤其适用于模拟大空隙沥青路面及其沥青结合料的长期老化行为。

（3）沥青老化评价方法

沥青老化性能主要采用老化前后宏观性能指标衰减、化学组成结构和微观形貌变化来评价，但沥青是一个多相复杂体系，老化过程中各相组成、结构与性能均发生了复杂的变化，且无明确的规律性，因此老化存在不确定性，较难采用某一个性能或结构特征指标准确评价。因此，针对沥青老化的复杂性和不确定性，评价沥青老化的关键是选择合适的评价方法和性能指标。

沥青老化是指在环境因素和荷载长期作用下，沥青的组成、结构和性能发生复杂的物理化学变化的过程，现有研究大多是通过测试沥青老化前后宏观性能或表征化学组成与结构、微观形貌的变化，获得某一个性能或微观特征指标来对沥青老化性能进行评价，研究角度比较单一，微观性能表征更多停留在定性分析层面，缺少宏观与微观结合的全面、系统、深入的定量研究，化学组成与结构、宏观性能及微观形貌特征三者间尚未建立统一、有效的联系，老化性能各项指标间相互作用机理仍然不明晰。

表1-17和表1-18分别总结了宏观和微观的沥青老化测试方法与评价指标。

沥青老化宏观性能测试方法与评价指标　　　　　　　　　　　表1-17

宏观性能		测试方法	测试内容	老化评价指标	描述
物理性能	质量损失	沥青蒸发损失试验	测试沥青试样老化前后蒸发损失质量	质量损失率 MLR（%）：$MLR = (m - m_0)/m_0 \times 100\%$	MLR 主要是沥青中轻质油分挥发，一般为负值，有时为正值
	三大指标	针入度	沥青针入度试验	测试沥青试样老化前后针入度（25℃，100g，5s）及不同温度的针入度（计算针入度指数 PI）	残留针入度比 PRR(%)：$PRR = P/P_0 \times 100\%$ 针入度指数 PI $PI = \dfrac{30}{1+50A} - 10$ $A = \dfrac{\lg 800 - \lg 25}{T_{R\&B} - 25}$	PRR 越小，沥青的老化程度越深。PI 随老化时间增加、老化温度升高而逐渐增大，老化后沥青感温性降低
		延度	沥青延度试验	测试沥青试样老化前后延度（10℃，5cm/min）	延度保留率 DRR（%）：$DRR = D/D_0 \times 100\%$	DRR 越大，沥青老化程度越小，抗老化性能越好
		软化点	沥青软化点试验	测试沥青试样老化前后软化点	软化点增量 SPI（℃）：$SPI = SP - SP_0$	SPI 越大，沥青老化程度越深，抗老化性能越差
	黏度		沥青动力黏度试验（T 0620）/沥青旋转黏度试验（T 0625）	测试沥青试样老化前后60℃动力黏度（T 0620）/135℃表观黏度（T 0625）	残留黏度比 AI：$AI = \eta/\eta_0$ 黏度老化指数 VAI：$VAI = (\nu - \nu_0)/\nu_0 \times 100\%$	AI 越大，沥青老化程度越深。VAI 越小，沥青的抗老化性能越好

宏观性能		测试方法	测试内容	老化评价指标	描述
流变性能	高温流变性能	沥青流变性质试验——DSR 试验	采用动态剪切流变仪测试沥青老化前后复数模量 G^* 与相位角 δ	复数模量老化指数：$CMAI = G^*/G_0^*$ 相位角老化指数：$PAAI = \delta/\delta_0$ 车辙因子 $G^*/\sin\delta$	CMAI 越大，PAAI 越小，沥青老化程度越深。G^* 随老化程度增加而增大，δ 减小
	中温流变性能	沥青流变性质试验——DSR 试验	采用动态剪切流变仪测试老化后沥青试样 10℃ 疲劳性能，DSR 重复剪切疲劳试验	疲劳因子 $G^*\sin\delta$ 残余疲劳寿命	$G^*\sin\delta$ 随老化程度增加而增大。老化程度越深，疲劳性能越差，残余疲劳寿命缩短
	低温流变性能	沥青弯曲蠕变劲度试验——BBR 试验	采用弯曲梁流变仪测试沥青老化前后弯曲蠕变劲度模量 S 和蠕变速率 m 值	蠕变劲度模量 S 蠕变速率 m	沥青老化后 S 增大，m 减小，低温流变性能变差

注：1. T 0620、T 0625 见《公路工程沥青及沥青混合料试验规程》(JTG E20—2011)。

2. P 为沥青老化后针入度；P_0 为老化前针入度；SP 为老化后软化点；SP_0 为老化前软化点；v 为老化后表观黏度；v_0 为老化前表观黏度；η 为老化后动力黏度；η_0 为老化前动力黏度。

沥青老化微观性能测试方法与评价指标 　　　表 1-18

项目	表征方法	表征内容	老化评价指标	描述
微观性能	四组分法(T 0618)	测试沥青老化前后饱和分、芳香分、胶质和沥青质的含量变化	饱和分含量 芳香分含量 胶质含量 沥青质含量	芳香分、胶质含量减少，沥青质含量增加，可以快速、高效获取大量沥青组分
	凝胶渗透色谱(GPC)法	测试沥青老化前后分子量和分子量分布	数均分子量 M_n 重均分子量 M_w 多分散性指数 PDI：$PDI = M_w/M_n$	分子量随老化程度加深而不断增加。PDI 为老化前后重均分子量与数均分子量的比值
	傅里叶变换红外光谱(FTIR)法	表征沥青老化前后主要官能团变化，计算主要官能团吸收峰面积	羰基指数 CI：$CI = A_{C=O}/A_{C-H}$ 亚砜基指数 SI：$SI = A_{S=O}/A_{C-H}$	CI、SI 增加幅度越大，沥青老化越严重
	核磁共振波谱(NMR)法	表征沥青老化前后 NMR 谱图，计算 H、C 原子含量	H 原子含量 C 原子含量	根据沥青老化前后 NMR 谱图中 H、C 原子含量变化推断可能在老化过程中出现聚合、裂解等化学反应
	元素分析法	确定沥青老化前后 C、H、N、S 和 O 元素含量（质量分数）	氢碳摩尔比 $M_{H/C}$ 芳碳率 环结构综合指数 CI	C、N 含量减少，H、S 含量增加，H/C 摩尔比增大，芳碳率减小。$M_{H/C}$ 越大，沥青中饱和烃成分越多，$M_{H/C}$ 越小，沥青中芳香环结构越多

续上表

项目	表征方法	表征内容	老化评价指标	描述
微观形貌	扫描电子显微镜/环境扫描电子显微镜(SEM/ESEM)分析	观察沥青老化前后微观结构和表面形貌的变化	表面形貌粗糙度	沥青老化后微观表面形貌粗糙度增大
	原子力显微镜(AFM)分析	表征沥青微观表面形貌、表面粗糙度,相态模量与黏附力,精度可达纳米尺度	"蜜蜂结构"数量 表面粗糙度 纳米观模量 纳米观黏附力	沥青老化后"蜜蜂结构"数量减少,表面粗糙度增大;纳米观模量增大,纳米观黏附力降低

注:1. T 0618 见《公路工程沥青及沥青混合料试验规程》(JTG E20—2011)。

2. 表中 C＝O 为羰基,$A_{C=O}$ 为羰基峰面积;S＝O 为亚砜基,$A_{S=O}$ 为亚砜基峰面积;C—H 为烷基,A_{C-H} 为烷基峰面积。

将宏观测试方法与微观表征技术联用,全面深入研究沥青老化后化学组成与结构变化对宏观性能和微观形貌特征的影响规律,从多角度分析老化沥青的化学组分、分子量、特征官能团、化学结构、元素组成等变化,对沥青老化过程中的物理化学性质变化有更准确的认识,建立起沥青化学组成与结构、宏观性能及微观形貌特征三者间定量相关性,明确各老化指标相互作用影响机理,有助于提出更科学有效的评价方法,为沥青抗老化研究提供理论指导。

5. 黏弹性

物体在外力作用下既产生弹性变形又产生黏性流动变形的性质,称为黏弹性性质(viscoelasticity)。沥青是一种典型的黏弹性材料。在低温或瞬间荷载作用下,沥青表现为明显的弹性性质;而在高温或长时间荷载作用下,沥青又表现为较强的黏性性质。在常温下,沥青既非完全的胡克弹性体,也非完全的黏性体,而是表现为复杂的黏弹性性质。黏弹性材料在受力状态下有其特殊的应变特性,这就是蠕变和松弛。

(1)蠕变

物体在应力保持不变的情况下,应变随时间的延长而增大的现象称为蠕变。

蠕变是不可恢复的变形,其变形大小与荷载作用时间的长短有关。这部分变形主要是材料的黏性流动所引起的塑性变形;另一种变形虽然可以恢复,但恢复迟缓,这是材料的弹性后效现象。通常,将沥青黏性流动和弹性后效变形称为沥青的蠕变现象。

由图 1-40 所示蠕变曲线可以看出,在恒定的应力作用下,应变是随时间变化的。因此,要表示该物体的应力与应变关系就存在困难。如果按传统的表达方式,则必须注明该应变所对应的时间,即

$$E(t) = \sigma/\varepsilon(t) \qquad (1-80)$$

式中:$E(t)$——某一时间的模量,此为蠕变模量;

σ——应力;

$\varepsilon(t)$——某一时刻的应变。

在路面力学中,常用蠕变模量估算沥青路面的轮辙变形。沥青混合料的蠕变模量与沥青的蠕变模量之间是有密切关系的,根据沥青的蠕变模量可以预估沥青混合料的蠕变模量。

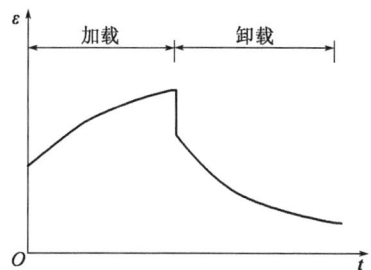

图 1-40 加载和卸载过程的蠕变曲线

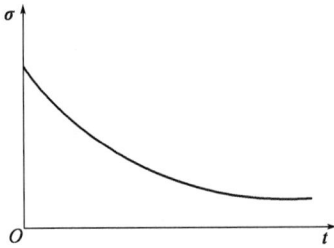

图1-41 应力松弛曲线

（2）松弛

松弛是物体在恒定的应变条件下,应力随时间延长逐渐减小的力学行为(图1-41)。

沥青路面在冬季温度降低时,由于收缩变形会产生温度应力,但由于沥青混合料有应力松弛能力,温度应力会逐渐衰减甚至消失。这也就是沥青路面一般不设伸缩缝的主要原因。

（3）沥青的劲度模量

沥青的黏弹性性质不仅与温度有关,也与荷载作用时间有关。在温度较高而荷载作用时间较长的情况下,沥青的黏性性质较为明显;而在温度较低而荷载作用时间较短的情况下,则弹性性质较为明显。在一般情况下,沥青的弹性和黏性是难以明确区分的。为了表征沥青在某一温度和某一荷载作用时间下的应力与应变关系,范·德·波尔于1954年提出了劲度模量(stiffness modulus)的概念。他仍采用弹性模量的表达方式,但引入温度 T 和时间 t 的因素,使应力与应变的关系表达式成为

$$S_{T,t} = \left(\frac{\sigma}{\varepsilon}\right)_{T,t} \tag{1-81}$$

式(1-81)虽然在形式上与胡克定律没有很大区别,但它却反映了黏弹性材料应变与温度和时间的关系,解决了黏弹性材料应力与应变关系描述的问题。这种表达方式概念清楚,形式简单,为各国学者所接受。沥青的劲度模量可以采用微膜滑板黏度计或微弹性仪等仪器来测定,也可通过图表确定。范·德·波尔等学者根据荷载作用时间(t)或频率(ω)、路面温度差(T)、沥青的针入度指数(PI)等参数绘制出实用的沥青劲度模量诺谟图,见图1-42。

由此可见,沥青材料的劲度模量是随温度和时间而改变的,受沥青品种、试验方法、环境条件以及边界条件的影响。

（4）沥青劲度模量的计算

①由沥青黏度计算劲度模量。

当温度较高或荷载作用时间较长时,沥青的弹性效应不明显,可以近似地认为沥青为纯黏性材料,则有

$$\varepsilon' = \frac{\sigma}{\lambda} \text{或} \lambda = \frac{\sigma}{\varepsilon'} \tag{1-82}$$

式中:λ——沥青的拉伸黏度;

σ——拉应力;

ε'——应变速率。

由于沥青可以看作不可压缩的液体,则拉伸黏度与剪切黏度之间的关系见式(1-6)。

对于静载试验,将式(1-82)代入式(1-6),积分得

$$\varepsilon = \frac{\sigma}{3\eta}t \tag{1-83}$$

故根据式(1-6)和式(1-83)得

$$S = \frac{3\eta}{t} \tag{1-84}$$

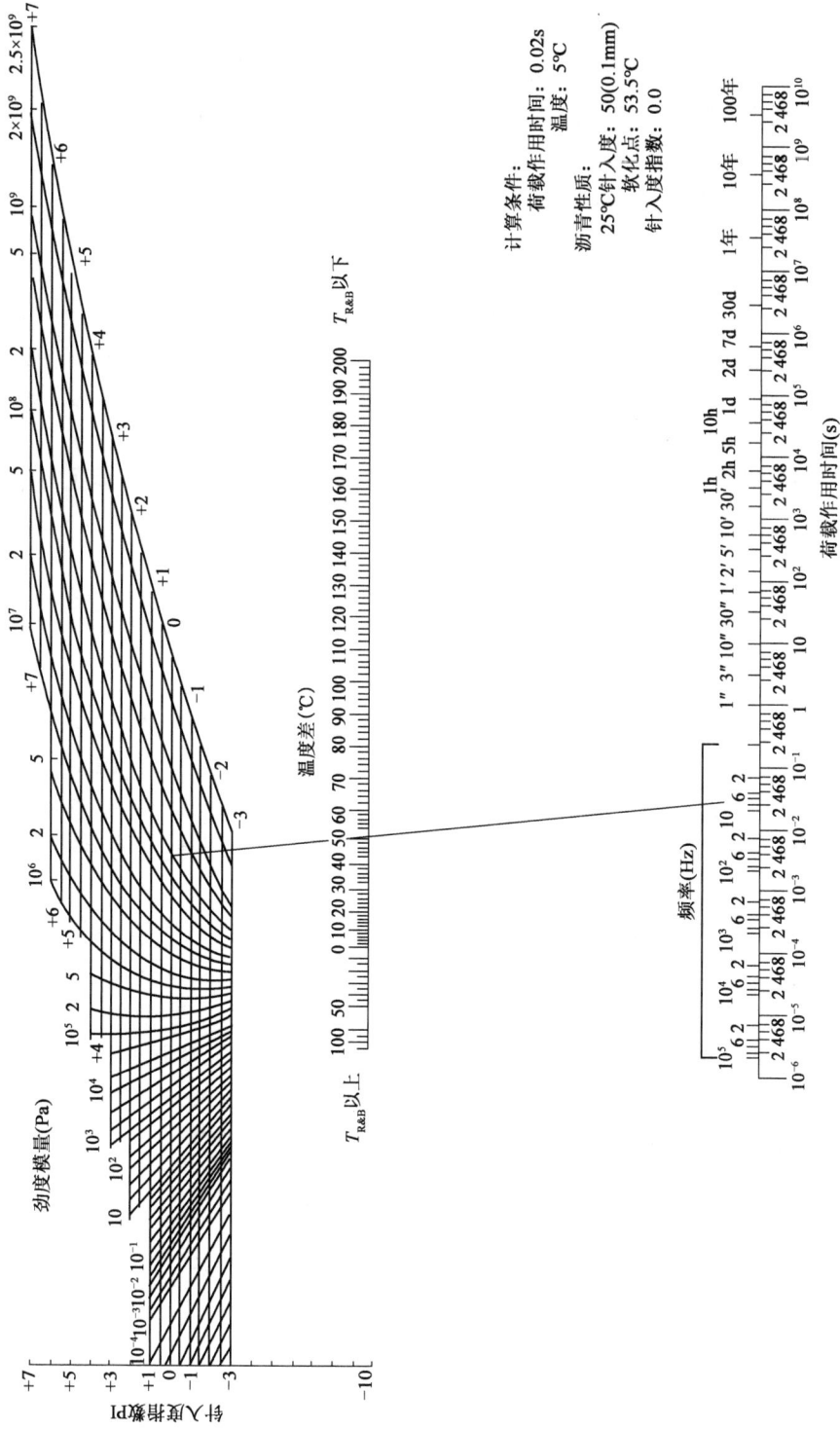

图 1-42 沥青劲度模量诺谟图

由此可见,纯黏性材料的劲度模量与加载时间成反比。

对于动载试验,其所加的应力为

$$\sigma(t) = \sigma\sin\omega t \tag{1-85}$$

此时,材料表现为相同频率变化的应变:

$$\varepsilon(t) = \varepsilon\sin(\omega t - \phi) \tag{1-86}$$

将式(1-82)和式(1-86)代入式(1-85),则

$$\lambda\varepsilon\omega\cos(\omega t - \phi) = \sigma\sin\omega t \tag{1-87}$$

对于纯黏性液体,$\phi = \pi/2$,$\lambda\varepsilon\omega = \sigma$,故

$$S = 3\eta\omega \tag{1-88}$$

式中:ω——动载的角频率($\omega = 2\pi f$,f 为频率),当用 $1/\omega$ 代替加荷时间 t 时,则动态劲度模量与静态劲度模量相等。

②由经验公式计算劲度模量。

虽然由范·德·波尔诺谟图可以查得沥青的劲度模量,但误差较大。为了计算方便,Pettic 和 Ullidtz 对范·德·波尔诺谟图作了简化,并提出了以下计算公式:

$$S_b = \frac{1.57 \times 10^{-7} \times t^{-0.360} \times e^{-\pi(T_{R\&B} - T)}}{5} \tag{1-89}$$

式中:t——荷载作用时间,$t = 1/f$,f 为频率,Hz。

6. 疲劳与愈合

沥青的疲劳性能和愈合性能是与其黏弹性以及其他材料特性密切相关的两个重要方面。沥青作为道路材料,在实际使用中会受到交通荷载周期性变化和气候条件的影响。这些交变荷载可能导致沥青发生疲劳损伤,表现为裂缝和变形。沥青的疲劳性能用于表征沥青在反复的荷载下能够保持结构完整性的能力。黏弹性是沥青表现出良好疲劳性能的关键特性之一,使沥青能够吸收和分散交变荷载引起的能量。

沥青在面对裂缝或表面缺陷时,还有一定的愈合性能。这意味着在适当的条件下,沥青可以通过自身的流动性或其他机制进行自我修复,填充或关闭裂缝,从而恢复其结构的完整性。这对于延长道路材料的寿命和降低维护成本非常重要。沥青的愈合性能可以通过添加特定的添加剂或改变混合设计来增强。综合来说,沥青的黏弹性对于疲劳性能和愈合性能都具有重要意义,这些性质直接关系道路结构的耐久性。在道路工程中,工程师会综合考虑这些特性,选择适当的沥青类型和混合料进行设计,以满足特定道路条件和负荷要求。

(1)沥青疲劳性能测试方法及评价指标

沥青路面材料在中等环境温度区间往往表现出很好的弹性,永久变形(轮辙)并不一定是路面破坏的主要形式,反而车辆荷载反复作用引起的疲劳开裂是影响路面优良使用性能的重要原因,严重影响着道路基础设施的服务水平。本节以道路沥青的疲劳性能为研究对象,介绍了常用的沥青疲劳性能测试方法和评价指标。

①SHRP 疲劳因子。

美国 SHRP 提出以疲劳因子($|G^*|\sin\delta$)为沥青抗疲劳性能的控制性指标,测量试样为经过长期老化的沥青试样。$|G^*|\sin\delta$ 代表着动态剪切模量的黏性成分,直接影响着耗散能大小。试验中耗散掉的能量越多,材料的抗疲劳性能越差。然而,与轮辙因子面临的问题类似,疲劳因子也是在沥青线性黏弹性范围内测试得到的指标,并不能准确表征沥青所有阶段的疲

劳损伤特性。因此,根据图 1-43 可知,沥青疲劳因子与沥青混合料疲劳寿命的关联性较差。

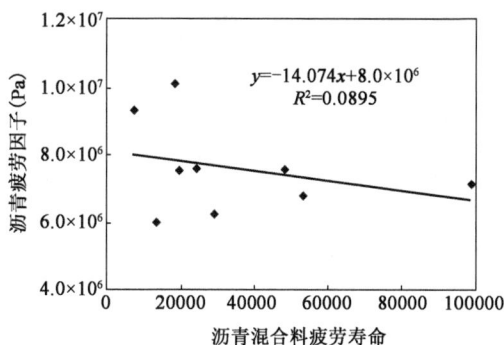

$$y=-14.074x+8.0\times10^6$$
$$R^2=0.0895$$

图 1-43　沥青疲劳因子与沥青混合料疲劳寿命相关性

②时间扫描疲劳试验。

时间扫描疲劳试验是根据材料在疲劳荷载重复作用下发生疲劳损伤且不断累积而定义的传统疲劳试验方法,与目前沥青混合料疲劳试验方法一致。时间扫描疲劳试验的加载频率一般为 10Hz,试验温度一般为 15~35℃,加载模式一般分为应力控制模式和应变控制模式。

目前,时间扫描疲劳试验的评价方法主要可分为表象法和能量法。表象法是通过分析重复加载过程中沥青动态剪切模量、相位角等宏观技术指标衰变规律,进而确定疲劳寿命的方法。NCHRP 9-10 课题以沥青动态剪切模量衰减至初始值 50% 水平对应的加载次数为疲劳寿命(N_{f50})。其因简单直观,易于确定,且与沥青混合料疲劳判定(模量降低至初始值 50%)相对应,成为被广泛采用的评价沥青结合料疲劳性能的经验性指标。此外,动态剪切模量作为沥青材料的一种材料力学参数,其变化必定与沥青的内部性能相关。沥青疲劳过程呈现三阶段变化:第一阶段,$|G^*|$ 处于基本不变的平稳状态,此时沥青还未出现疲劳损伤;第二阶段,$|G^*|$ 开始缓慢下降,沥青内部微裂纹萌生,缓慢地发展;第三阶段,$|G^*|$ 出现急剧下降,主要是沥青从微裂纹发展成宏观裂纹造成,此时沥青因宏观裂纹扩张而发生疲劳破坏。裂纹的发展速率与动态剪切模量的衰减速率相关。因此,可以以加载过程中沥青动态剪切模量变化率曲线拐点所对应的加载次数定义沥青疲劳寿命(N_{fG^*})。然而,目前表象法面临的主要问题是缺乏理论依据,造成所求的疲劳寿命没有明确物理意义。

在 DSR 加载周期内,沥青应变峰值滞后于应力峰值,应力-应变关系不再是直线而是形成滞后环,其面积即为每次加载过程中的耗散能。基于耗散能理论,通过判断加载过程中沥青耗散能变化,也可以确定沥青的疲劳寿命。目前,能量法疲劳性能指标主要包括累计耗散能比 DER 和耗散能变化率 RDEC。

a. 累计耗散能比 DER。

根据式(1-90)和式(1-91)计算得到沥青在疲劳过程中的累计耗散能比 DER,其变化曲线如图 1-44 所示。在疲劳试验初期,每次加载的耗散能基本相同,即 DER 与 n 呈现斜率为 1 的线性关系,这表明沥青并未产生疲劳损伤。在重复加载至一定次数后,每次加载的耗散能开始变大,DER 与 n 的关系逐渐偏离线性,这表明沥青已经萌生了微裂纹。随后,DER 随 n 的变化曲线出现一个明显拐点,这表明沥青进入了裂纹扩散阶段。累计耗散能疲劳分析法以 DER 与加载次数关系曲线偏离 DER = n 直线 20% 所对应的加载次数为疲劳寿命(N_{p20})。

$$\text{DER} = \frac{\sum\limits_{i=1}^{n} W_i}{W_n} \tag{1-90}$$

$$W_i = \pi \cdot \sigma_i \cdot \varepsilon_i \cdot \sin\theta_i \tag{1-91}$$

式中：W_i——第 i 次加载周期的耗散能；

$\sum\limits_{i=1}^{n} W_i$——从第 1 次到第 n 次加载周期的累计耗散能；

W_n——第 n 次加载周期的耗散能；

σ_i、ε_i、θ_i——分别为第 i 次加载周期的加载应力、应变和滞后角。

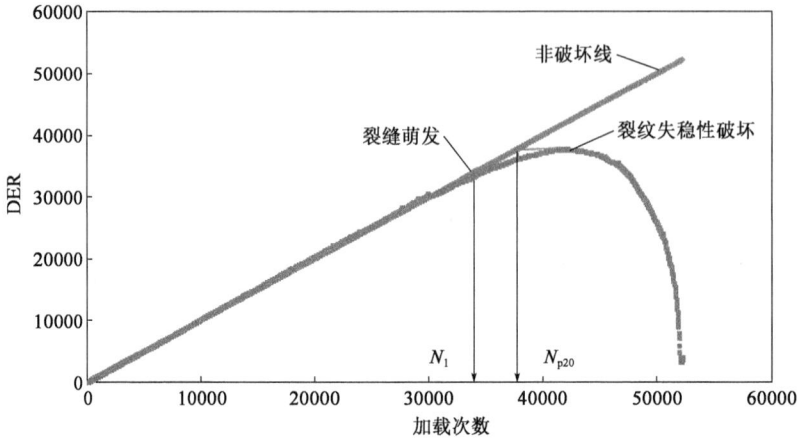

图 1-44　沥青疲劳过程累计耗散能比变化曲线

b. 耗散能变化率 RDEC。

沥青疲劳试验后期，疲劳损伤将造成沥青裂纹从初生阶段向扩展阶段转变，耗散能则表现出从平稳增加转变为急剧变大。为此，可用耗散能变化率来描述沥青疲劳过程，根据式（1-92）计算沥青疲劳过程中耗散能变化率，并以耗散能变化率拐点为沥青产生疲劳破坏的判定依据，如图 1-45 所示，对应的疲劳寿命记作 N_{fm}。

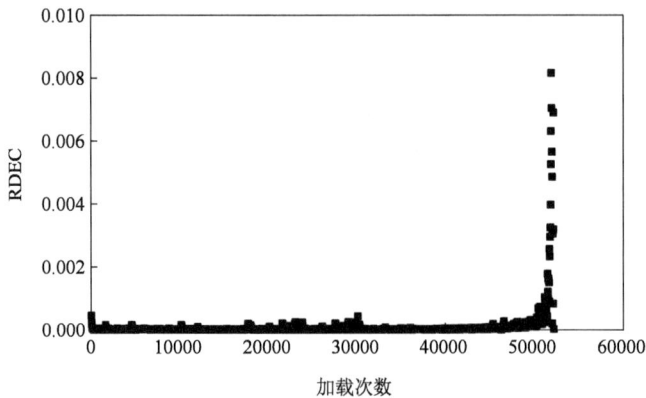

图 1-45　沥青疲劳过程耗散能变化率曲线

$$\text{RDEC}_a = \frac{|\text{DE}_a - \text{DE}_b|}{\text{DE}_a(b-a)} \tag{1-92}$$

式中：$RDEC_a$——第 a 次加载周期相对于第 b 次加载周期的平均耗散能变化率；

DE_a、DE_b——分别为第 a 次和第 b 次加载周期对应的耗散能。

③加速疲劳试验。

时间扫描疲劳试验的时间变异性较大，给试验操作带来了不确定性。为了节省疲劳试验的时间，Johnson 等研究人员于 2010 年提出了基于 DSR 的沥青加速疲劳试验——线性振幅扫描（LAS）试验。LAS 试验基于黏弹性连续损伤理论来预测沥青的疲劳性能，AASHTO 规范《利用线性振幅扫描估算沥青胶结料的损伤容限》（AASHTO TP 101-14）中对 LAS 试验的试验方法进行了详细的介绍。LAS 试验采用 8mm 转子和 2mm 间隙，温度一般设定为 $15 \sim 35℃$。首先，在 0.1% 应变水平下进行 $0.1 \sim 30Hz$ 的频率扫描试验，获得沥青的未损伤特性。然后，在 10Hz 下进行 $0.1\% \sim 30\%$ 的应变扫描试验，通过式（1-93）计算沥青的损伤累计曲线。最后，基于式（1-93）~ 式（1-96）预测沥青在不同应变水平下的疲劳寿命。根据 Bahia 等学者的研究，采用 2.5% 和 5.0% 应变水平下的疲劳寿命（$N_{f2.5\%}$，$N_{f5.0\%}$）对沥青的疲劳性能进行定量评价。

$$D(t) \cong \sum_{i=1}^{N} \left[\pi \gamma_0^2 (C_{i-1} - C_i) \right]^{\frac{\alpha}{1+\alpha}} (t_i - t_{i-1})^{\frac{1}{1+\alpha}} \tag{1-93}$$

$$A = \frac{f(D_f)^k}{k(\pi C_1 C_2)^{\alpha}} \tag{1-94}$$

$$B = 2\alpha \tag{1-95}$$

$$N_f = A(\gamma_p)^B \tag{1-96}$$

式中：$D(t)$——损伤累计；

f——加载频率，Hz；

k——$k = 1 + (1 - C_2)\alpha$；

D_f——疲劳失效点的损伤累计；

α——损伤元素；

t——加载时间；

γ_0——应变；

γ_p——最大允许应变；

C_1、C_2——规划求解得到的最佳拟合参数；

A、B——疲劳模型参数；

N_f——预测疲劳寿命。

LAS 试验简单而快速，且试验时间完全可控。根据得到的沥青应力、应变力学响应，将"黏弹连续介质损伤力学"应用于沥青疲劳损伤过程的分析和建模，可以对任意疲劳荷载条件下的沥青疲劳寿命进行预测和分析。目前，LAS 试验已成为美国评价沥青疲劳性能的主流试验方法，在 FHWA 加速加载试验道（FHWA-ALF）以及多个州的路面科研项目中开始得到应用、验证和推广，也是美国 NCHRP 9-59 课题重点评估的沥青疲劳性能试验方法之一。

（2）沥青愈合性能测试方法及评价指标

①基于时间扫描疲劳试验的沥青愈合性能评价方法及评价指标。

沥青的愈合性能指的是其在受到损伤或产生裂缝后自我修复的能力。沥青的愈合性能对于路面的耐久性非常重要。沥青的愈合性能可以通过基于 DSR 时间扫描的"疲劳—愈合—疲劳"试验进行测试。一般而言，"疲劳—愈合—疲劳"试验的加载频率为 10Hz、试验温度为

15~35℃。损伤度 HI 定义为疲劳加载后沥青试件复数剪切模量占初始复数剪切模量的比例，损伤度的大小直接影响沥青的自愈合能力高低。已有研究表明，复数剪切模量降至70%后进行愈合试验可较好地反映出沥青材料的自愈合性能。因此，为减小研究工作量，一般多采用30%损伤度进行沥青自愈合研究。试验时，当沥青试件的复数剪切模量降低到设定的损伤度值时，立即终止剪切加载，让沥青在设置的自愈间歇期进行愈合，此阶段会观察到复数剪切模量有一定程度的恢复，如图1-46所示。

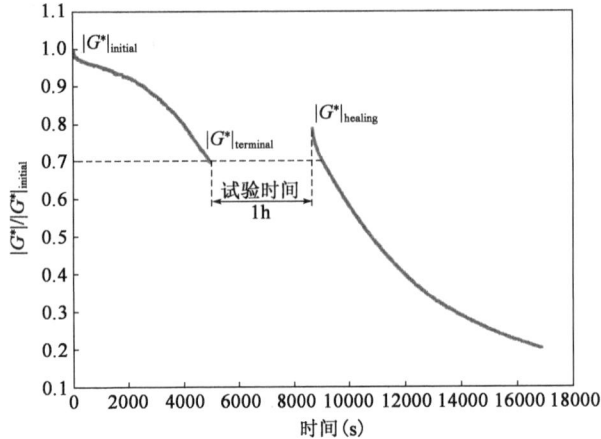

图1-46 "疲劳—愈合—疲劳"试验典型曲线

目前，研究者对沥青材料自愈合性能的评价主要有两类方法：

a. 表象法：根据沥青材料愈合前后的复数剪切模量$|G^*|$、相位角、疲劳加载次数等参数的变化来评价沥青材料的自愈合能力。

b. 能量法：通过计算加载过程中沥青材料耗散能的变化情况来评价沥青的自愈合性能。

基于表象法和能量法，常见的沥青自愈合能力评价指标如式(1-97)~式(1-100)所示。

$$HI_G = \frac{G_{healing} - G_{terminal}}{G_{initial} - G_{terminal}} \qquad (1\text{-}97)$$

$$HI_\delta = \frac{\delta_{terminal} - \delta_{healing}}{\delta_{initial} - \delta_{terminal}} \qquad (1\text{-}98)$$

$$HI_W = \frac{W_{healing} - W_{terminal}}{W_{initial} - W_{terminal}} \qquad (1\text{-}99)$$

$$HI_{DER} = \frac{DER_{healing} - DER_{terminal}}{N_{initial} - DER_{terminal}} \qquad (1\text{-}100)$$

式中：$G_{initial}$、$G_{terminal}$、$G_{healing}$、$\delta_{initial}$、$\delta_{terminal}$、$\delta_{healing}$——分别为间歇前后沥青不同点对应的复数剪切模量和相位角；

$W_{initial}$、$W_{terminal}$、$W_{healing}$——分别为间歇前后沥青不同点对应的加载耗散能；

$DER_{terminal}$、$DER_{healing}$——分别为间歇前后沥青各点的累计耗散能；

$N_{initial}$——间歇前沥青的疲劳加载次数。

②基于 LAS 试验的沥青愈合性能评价方法及评价指标。

除了在时间扫描疲劳试验中引入间歇时间外，在 LAS 试验中引入间歇时间，同样也可以对沥青的愈合性能进行研究。LAS 试验中沥青的疲劳损伤特性可以通过疲劳损伤特征曲线进行唯一的表达,且无须考虑材料黏弹性的影响。图 1-47 中的曲线终点即沥青的疲劳失效点,所对应的横、纵坐标即发生疲劳失效时沥青的内在损伤变量(S_f)和虚模量(C_f)。

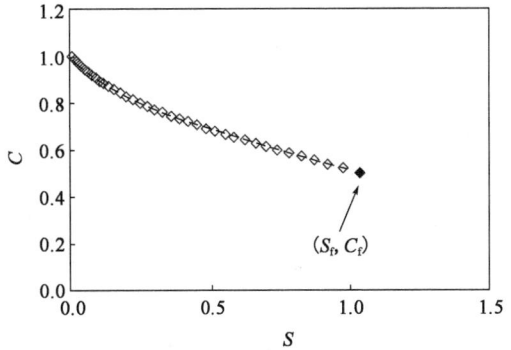

图 1-47　基于 LAS 试验的沥青疲劳损伤特征曲线

通常在 LAS 试验加载程序中引入自愈间歇期,从而建立基于 LAS 试验的愈合性能测试方法(LASH 试验)。具体实施步骤如下:

a. 完成连续加载 LAS 试验,获得疲劳损伤特征曲线。

b. 更换试样进行 LASH 试验。首先加载至所选损伤状态对应的剪切应变时停止加载,完成所设置的自愈间歇期。损伤状态一般设置为 25% S_f、50% S_f、75% S_f 和 125% S_f,自愈间歇期一般设置为 1min、5min、10min、15min 和 30min。

c. 从第二步停止加载时所对应的剪切应变值重新开始加载,直至材料发生疲劳失效而结束。

LASH 试验所测得的沥青疲劳损伤特征曲线如图 1-48 所示。其中,实线曲线为连续加载 LAS 试验所测的疲劳损伤特征曲线,而数据点曲线则为引入自愈间歇期后的 LASH 试验所测的疲劳损伤特征曲线。根据该曲线,可选取基于损伤变量指标的损伤-自愈百分比(H_s)来表征沥青的愈合性能,如式(1-101)所示。

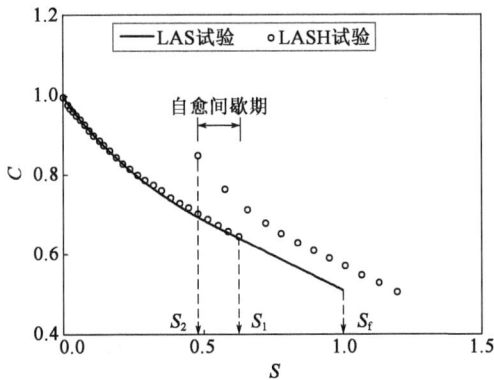

图 1-48　损伤-自愈百分比指标的表征方法

$$H_s = \frac{S_1 - S_2}{S_1} \qquad (1-101)$$

式中:S_1——自愈间歇期开始时沥青的损伤变量数值;

S_2——自愈间歇期结束时沥青的损伤变量数值。

第五节　道路沥青分级体系和技术要求

一、沥青分级

沥青作为一种化工产品,必须按照某个技术指标将沥青等级进行划分以形成不同的标号,以满足不同地区和工程的需要。目前,世界范围内具有代表性的道路沥青分级体系有三种:针入度分级体系、黏度分级体系和性能分级体系。

1. 沥青针入度分级体系

1918 年,FHWA 率先制定了以沥青针入度指标为分级依据的沥青标准,后该标准逐渐被多个国家借鉴并作为沥青分级依据。目前,即使针入度分级体系中许多指标是经验性的和条件性的,但由于该方法和所使用的仪器相对简单,易于普及,在一定程度上可以满足对沥青质量控制的要求,美国、欧盟、澳大利亚、日本和中国等的现行标准仍保留针入度分级体系。我国的道路沥青分级体系,是在以上针入度分级体系的基础上根据我国的具体情况制定的,基本能够满足对沥青质量的控制要求,特别是15℃的延度大于100cm和蜡含量小于3%的技术指标,有效地实现了对生产沥青的原油的限制,保证了沥青的潜在品质。

针入度分级,指以沥青25℃针入度大小来划分沥青的标号。针入度分级体系历史最长,使用的国家也最多。按针入度划分标号时,标号对应的针入度值可以是连续的,也可以是不连续的,并以针入度中值或区间值命名。我国的道路沥青基本是按针入度划分等级,如《重交通道路石油沥青》(GB/T 15180—2010)是按连续针入度[20~140(0.1mm)]分为6个标号,每个标号对应的针入度区间值为20(0.1mm),以中值命名,如针入度40~60(0.1mm)的沥青命名为AH-50。沥青针入度分级体系中,除基本的针入度,还会辅以多个指标对沥青质量进行控制,常采用的指标有如下几个。

(1)针入度

针入度是评估沥青软硬程度和黏度的一种常用的最简便方法,根据针入度的数值,沥青可以分为不同等级,用于指导在不同用途下的沥青选择。一般而言,软沥青针入度较高,沥青软化程度较大,适用于低温地区,有助于提高道路柔韧性。中硬沥青针入度介于软沥青和硬沥青之间,常用于一般气候条件下。硬沥青针入度较低,适用于高温地区,有助于提高道路的高温稳定性。选择合适的针入度等级有助于确保沥青在不同的气候和负载条件下表现出理想的工程性能。

(2)软化点

软化点是衡量沥青在高温条件下变形和流动的一个指标。软化点低的沥青在高温条件下更容易软化和流动,这可能导致路面变形,出现轮辙和损坏。在炎热的气候中,选择具有适当软化点的沥青可以提高路面的高温稳定性,减少变形的风险。此外,在高温地区,使用软化点适中的沥青可以减小路面沉陷和损坏的可能性,延长路面的使用寿命。在高速公路上,需要具有较高软化点的沥青以保证路面的高温稳定性。总体而言,软化点是衡量沥青在高温条件下性能的一个关键指标,直接影响着道路的稳定性和耐久性。

(3)延度

延度试验方法是将沥青试样制成8字形标准试件(最小断面面积为1cm²),测量其在规定拉伸速率和温度下拉断时的长度,以cm计,称为延度,见图1-49。沥青的延度采用延度仪来测量。《重交通道路石油沥青》(GB/T 15180—2010)规定重交通道路石油沥青延度试验的温度采用15℃,拉伸速率$v=5cm/min\pm0.25cm/min$。《公路沥青路面施工技术规范》(JTG F40—2004)规定聚合物改性沥青(modified asphalt)延度试验的温度一般采用5℃。

延度主要反映沥青的柔韧性,延度越大,沥青的柔韧性越好。低温下延度大,则沥青的抗裂性好。沥青的延度与其黏度和组分有密切关系。一般来说,延度大的沥青蜡含量低,黏结性和耐久性都好;反之,蜡含量高,黏结性和耐久性也差。因此,延度是表征沥青性质的重要指标。

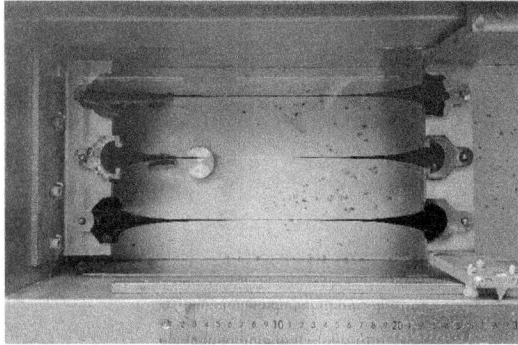

图 1-49　沥青延度试验

(4)溶解度

沥青在溶剂中的溶解度表明了沥青的有效成分。《公路工程沥青及沥青混合料试验规程》(JTG E20—2011)T 0607 中规定沥青溶解度试验采用三氯乙烯作为溶剂。我国道路石油沥青技术要求溶解度不小于 99.5%。

(5)闪点

沥青在加热过程中,其挥发油分与空气混合气体在高温下极易发生闪火,闪火时的温度称为闪点。为了保证生产施工安全,必须进行沥青闪点测试。闪点与沥青中轻质油分的含量有关。为保证施工安全,需要明确沥青的闪点,控制沥青材料的加热温度。沥青闪点测试是试样在规定的克利夫兰开口杯(简称 COC)盛样器内,在指定的升温速率下加热后蒸发的气体与试样接触,第一次出现瞬间即灭蓝色火焰时的温度,以℃表示。

(6)(旋转)薄膜烘箱加热试验

薄膜烘箱加热试验(thin-film oven test)和旋转薄膜烘箱加热试验(rolling thin-film oven test)是模拟沥青在与集料拌和过程中沥青老化的试验方法。

《公路工程沥青及沥青混合料试验规程》(JTG E20—2011)T 0609 中规定的薄膜烘箱加热试验方法是将 50g 沥青试样放入直径 140mm、深 9.5mm 的不锈钢盛样皿中,沥青膜的厚度约为 3.2mm,并置于 163℃通风烘箱的条件下,以 5.5r/min 的速率旋转,经过 5h 后计算沥青试样的质量损失,并测试针入度等指标的变化。旋转薄膜加热试验是将沥青试样 35g 装入高140mm、直径 64mm 的开口玻璃瓶中,盛样瓶插入旋转烘箱中,一边接收以 4000mL/min 流量吹入的热空气,一边在 163℃的高温下以 15r/min 的速度旋转,经过 75min 的老化后测定沥青的质量损失及针入度、黏度等各种性能指标的变化。

(7)压力老化试验

薄膜烘箱加热试验和旋转薄膜烘箱加热试验是模拟沥青混合料在拌和过程中的老化条件,为短期老化。而在路面使用过程中沥青的老化,是长期的老化。美国 Superpave 成果提出压力老化试验(pressurized aging vessel,PAV)。标准的老化温度视沥青标号不同规定为 90 ~ 110℃,老化时间为 20h,容器内的充气压力为 2.1MPa。研究成果表明,PAV 试验对沥青老化的影响相当于使用期路面表层沥青老化 5 年的情况。老化后的沥青试样可通过 DSR、BBR 和DDT 试验评价其长期的抗老化性能。

(8)蜡含量

测定蜡含量的方法有蒸馏法、吸附法、磺化法等,不同方法所测的蜡含量会有所差别。蜡含量对沥青热稳定性和黏结性等性质有很大影响。我国《公路工程沥青及沥青混合料试验规程》(JTG E20—2011)T 0615 推荐采用蒸馏法进行测试。蒸馏法主要有以下两大步骤:

第一步:蒸馏脱蜡。称取约50g的沥青,放入裂解蒸馏瓶内,根据一定试验条件加热,使沥青裂解得到油蜡组分。

第二步:冷冻脱蜡。取一定量的馏出油试样,按步骤加入乙醇和乙醚(1∶1)混合溶剂溶解,注入由试样冷却筒、砂芯过滤漏斗、吸滤瓶和柱塞棒等组成的冷冻过滤组件中,在−20℃±0.5℃下冷却,经结晶、过滤、洗涤、再过滤得到蜡,将冷冻所得蜡用石油醚溶解过滤到恒重锥形瓶中,再将锥形瓶中的石油醚溶剂蒸馏出,经干燥、冷却、称量,按规定方法计算得出蜡含量。

由于蜡含量测定方法步骤繁多,操作复杂,精度要求高,且影响测定准确性的因素又较多,因此测定工作存在一定的难度。

(9)脆点

沥青材料在低温下受到瞬时荷载作用时,常表现为脆性破坏。沥青脆性的测定极为复杂,通常采用弗拉斯脆点试验方法进行测试,该方法以沥青达到临界硬度发生开裂时的温度为条件脆性指标。

脆点试验的方法[《公路工程沥青及沥青混合料试验规程》(JTG E20—2011)T 0613]是将0.4g沥青试样在一个标准的金属片上摊成薄层,将此金属片置于有冷却设备的脆点仪内,摇动脆点仪的曲柄,使涂有沥青薄膜的金属片产生弯曲。随着冷却设备中制冷剂温度以1℃/min的速度降低,沥青薄膜的温度亦逐渐降低,当降低至某一温度时,沥青薄膜在规定弯曲条件下产生断裂,此时的温度即为沥青的脆点。脆点是沥青在低温下引起破坏时的温度,实质上是反映沥青由黏弹性体转变为弹脆体(玻璃态)的温度,即达到临界硬度时发生脆裂的温度,也意味着沥青达到等劲度时的温度,沥青出现脆裂时的劲度约为 $2.1 \times 10^9 Pa$。

2.沥青黏度分级体系

针入度分级有许多局限性,在25℃下,针入度相同的两种沥青,其黏度往往会有很大的差别。而黏度是表征沥青黏结性的重要指标,它反映沥青在中温和高温下的力学性质。因此,比针入度指标更进一步,有些国家开始采用黏度指标对沥青进行分级。沥青黏度分级是根据沥青在一定温度下的流动性能将其分为不同等级。这一分级体系旨在帮助工程师和相关人员选择适合不同应用场景的沥青。沥青黏度分级体系通常以沥青的黏度值为主要依据,结合其他性能指标来细分和归类。

长期的实践表明,石油沥青在60℃下的黏度与夏季路面最高温度下沥青混合料的强度、抗轮辙能力有良好的相关性。按沥青60℃黏度大小划分沥青标号,能更好地体现相应标号沥青的高温性能,方便用户选用。如美国《道路沥青黏度分级标准》[ASTM D3381/D3381M-18(2024)]采用了黏度分级体系,即按照沥青60℃黏度,将沥青分为AC-2.5(60℃黏度为25 Pa·s±5Pa·s)、AC-5(60℃黏度为50Pa·s±10Pa·s)、AC-10(60℃黏度为100Pa·s±20 Pa·s)、AC-20(60℃黏度为200Pa·s±40Pa·s)、AC-30(60℃黏度为300Pa·s±60Pa·s)和AC-40(60℃黏度为400Pa·s±80Pa·s)六个等级。为了控制沥青路面轮辙问题,日本也制定了60℃黏度分级的重交通沥青的技术标准。

表 1-19 和表 1-20 分别为美国 ASTM D3381 标准中以原样沥青黏度和老化沥青黏度为基准的道路沥青技术标准。

道路沥青黏度分级标准(以原样沥青黏度为基准分级) 表 1-19

试验项目	单位	黏度等级					
		AC-2.5	AC-5	AC-10	AC-20	AC-30	AC-40
黏度(60℃)	Pa·s	25±5	50±10	100±20	200±40	300±60	400±80
黏度(135℃),最小	Pa·s	80	110	150	210	250	300
针入度(25℃,100g,5s),最小	0.1mm	200	120	70	40	30	20
闪点(克利夫兰开口杯),最小	℃	165	175	220	230	230	230
溶解度(三氯乙烯),最小	%	99.0	99.0	99.0	99.0	99.0	99.0
薄膜烘箱试验残留物试验							
黏度(60℃),最大	Pa·s	125	250	500	1000	1500	2000
延度(25℃,5cm/min),最小	cm	100	100	50	20	15	10
斑点试验*							
标准石脑油溶剂	%	阴性					
石脑油-二甲苯溶剂,二甲苯	%	阴性					
庚烷-二甲苯溶剂,二甲苯	%	阴性					

注:*如果 25℃延度小于 100cm,而 15.6℃延度大于 100cm,则也认为合格。斑点试验属选择性项目,当需要试验时,工程师应指明在测定时是使用标准石脑油溶剂,还是使用石脑油-二甲苯溶剂或庚烷-二甲苯溶剂。当使用二甲苯溶剂时,应指明二甲苯的百分含量。

道路沥青黏度分级标准(以 RTFOT 老化沥青黏度为基准分级) 表 1-20

试验项目	单位	黏度等级				
		AR-1000	AR-2000	AR-4000	AR-8000	AR-16000
黏度(60℃)	Pa·s	100±25	200±50	400±100	800±200	1600±400
黏度(135℃),最小	mm²/s	140	200	275	400	550
针入度(25℃,100g,5s),最小	0.1mm	65	40	25	20	20
与原样沥青的针入度比(25℃),最小	%	—	40	45	50	52
延度(25℃,5cm/min),最小	cm	100	100	75	75	75
原样沥青试验						
闪点(克利夫兰开口杯),最小	℃	205	220	225	230	240
溶解度(三氯乙烯),最小	%	99	99	99	99	99

3.沥青性能分级体系

1987 年,美国国会通过了一项重大公路科研项目,即 SHRP,其耗资 5000 万美元用于沥青和沥青混合料的研究,目的在于建立沥青技术指标与室外路面性能之间的关系。该研究历时 5 年,最终提出了以沥青性能为依据的沥青规范,即沥青的 PG 分级体系。PG 分级体系是一种用于标明沥青在不同温度下性能的系统。PG 分级体系主要由美国采用,其标准由 FHWA 和美国沥青协会(American Asphalt Pavement Association,AAPA)共同制定。PG 分级体系使用两个温度参数,即道路沥青的最高使用温度和最低使用温度。这两个温度参数分别表示沥青在高温和低温条件下的性能等级。例如,PG 64-22 表示该沥青在最高使用温度 64℃ 和最低使用温度 –22℃ 时具有满足要求的性能。PG 分级体系涵盖了广泛的气温范围,以确保沥青在各种气候条件下都能够提供良好的性能。这些温度参数通过一系列试验和测试来确定,包括动态剪切流变测试、弯曲梁流变测试等。PG 分级体系的引入旨在提高沥青材料的性能一致性,以适应不同气候和交通条件下的要求。

性能分级是以沥青在相应的使用环境条件下应具备的性能特征为分级依据。这个概念是 SHRP 提出来的,并形成了以沥青所能适用的环境最高温度和最低温度所限定的温度区间来划分沥青标号的标准体系(标号以字母 PG 和温度的区间数值来表示)。由于性能分级方法在沥青材料的选择和评价方面更为科学、合理,所以 AASHTO 和 ASTM 均采用此种方法制定并颁布了各自的性能分级规范标准《沥青结合料性能分级标准》(AASHTO M 320)和《沥青结合料性能分级标准规范》(ASTM D6373)。各分级标号所要求的性能指标是一样的,不同之处在于满足相同指标要求所采用的试验温度不同。例如,标号为 PG 64-22 的沥青,表示其符合高温性能指标要求的最低试验温度不低于 64℃,符合低温性能指标要求的最高试验温度不高于 –22℃。简而言之,分级标号的温度区间的高温边界值越高,表示沥青结合料抗高温轮辙能力越强;低温边界值越低,表示沥青结合料抗低温开裂的性能越好。相邻标号之间的高温边界值及低温边界值均以 6℃ 为间隔。ASTM D6373 中制定了 7 组共 37 个标号产品规格,供不同地理环境区域的道路工程选用。

二、我国沥青的技术要求

1.道路石油沥青的技术要求

我国道路石油沥青采用针入度划分等级。《重交通道路石油沥青》(GB/T 15180—2010)按照针入度指标分为五个等级,其技术要求见表 1-21。

重交通道路石油沥青的技术要求　　　　　　　　　　表 1-21

项目	质量指标					
	AH-130	AH-110	AH-90	AH-70	AH-50	AH-30
针入度(25℃,100g,5s)(0.1mm)	120 ~ 140	100 ~ 120	80 ~ 100	60 ~ 80	40 ~ 60	20 ~ 40
延度(15℃)(cm),≥	100	100	100	100	80	报告
软化点(℃)	38 ~ 51	40 ~ 53	42 ~ 55	44 ~ 57	45 ~ 58	50 ~ 65
溶解度(三氯乙烯)(%),≥	99.0					
闪点(℃),≥	230					260
密度(15℃)(kg/m³)	报告					
蜡含量(%),≤	3.0					
薄膜烘箱试验(163℃,5h)						
质量变化(%),≤	1.3	1.2	1.0	0.8	0.6	0.5
针入度比(%),≥	45	48	50	55	58	60
延度(15℃)(cm),≥	100	50	40	30	报告	报告

注:"报告"应为实测值。

在《公路沥青路面施工技术规范》(JTG F40—2004)中,修订了沥青等级划分方法,并增补了沥青的技术指标,以全面、充分地反映沥青技术性能。在这个标准中,沥青等级划分以沥青路面的气候条件为依据,在同一个气候分区内根据道路等级和交通特点再将沥青分为 1～3 个不同的针入度等级;在技术指标中增加了反映沥青感温性的指标针入度指数 PI、沥青高温性能指标 60℃动力黏度,并选择 10℃延度指标评价沥青的低温性能,相关的技术要求见表 1-22。

道路石油沥青技术要求　　　　　　表 1-22

指标	等级	160号④	130号④	110号 2-1	2-2	2-3	90号 1-1	1-2	1-3	2-2	2-3	70号 1-3	1-4	2-2	2-3	2-4	50号⑤ 1-4	30号⑥ 注⑥
适用的气候分区①	—	注④	注④	2-1	2-2	2-3	1-1	1-2	1-3	2-2	2-3	1-3	1-4	2-2	2-3	2-4	1-4	注⑥
针入度 (25℃,100g,5s) (0.1mm)	—	140～200	120～140	100～120			80～100					60～80					40～60	20～40
针入度指数 PI②③	A	-1.5～+1.0																
	B	-1.8～+1.0																
软化点 $T_{R\&B}$(℃),≥	A	38	40	43			45			44		46		45			49	55
	B	36	39	42			43			42		44		43			46	53
	C	35	37	41			42					43					45	50
60℃动力黏度③ (Pa·s),≥	A	—	60	120			160			140		180		160			200	260
10℃延度③ (cm),≥	A	50	50	40			45	30	20	30	20	20	15	25	20	15	15	10
	B	30	30	30			30	20	15	20	15	15	10	15	10	10	10	8
15℃延度 (cm),≥	A、B	100															80	50
	C	80	80	60			50					40					30	20
闪点(℃),≥		230					245					260						
蜡含量(蒸馏法) (%),≤	A	2.2																
	B	3.0																
	C	4.5																
溶解度(%),≥		99.5																
密度(15℃) (g/cm³)		实测记录																
薄膜烘箱试验(或旋转薄膜烘箱试验)残留物																		
质量变化(%),≤		±0.8																
残留针入度比 (%),≥	A	48	54	55			57					61					63	65
	B	45	50	52			54					58					60	62
	C	40	45	48			50					54					58	60

指标	等级	160号④	130号④	110号	90号	70号⑤	50号⑤	30号⑥
残留延度(10℃)(cm),≥	A	12	12	10	8	6	4	—
	B	10	10	8	6	4	2	—
残留延度(15℃)(cm),≥	C	40	35	30	20	15	10	—

注:①沥青路面气候分区见《公路沥青路面施工技术规范》(JTG F40—2004)。
②用于仲裁试验时,求取针入度指数 PI 的五个温度与针入度回归关系的相关系数不得小于0.997。
③经主管部门同意,该表中的针入度指数 PI、60℃动力黏度及10℃延度可作为选择性指标。
④160号沥青和130号沥青除了在寒冷地区可直接用于中低级公路外,通常用作乳化沥青、稀释沥青及改性沥青的基质沥青。
⑤70号沥青可根据需要要求供应商提供针入度范围为60~70或70~80的沥青;50号沥青可要求提供针入度范围为40~50或50~60的沥青。
⑥30号沥青仅适用于沥青稳定基层。

2. 道路用液体石油沥青的技术要求

《公路沥青路面施工技术规范》(JTG F40—2004)中按照液体石油沥青的凝结速度分为快凝 AL(R)、中凝 AL(M)和慢凝 AL(S)三个标号。液体石油沥青的黏度采用道路沥青标准黏度计测定。除黏度的要求外,对不同温度的蒸馏馏分含量及残留物的性质、闪点和含水量等亦提出相应的要求。液体石油沥青的技术要求见表1-23。

道路用液体石油沥青技术要求 表1-23

试验项目		单位	快凝		中凝						慢凝					
			AL(R)-1	AL(R)-2	AL(M)-1	AL(M)-2	AL(M)-3	AL(M)-4	AL(M)-5	AL(M)-6	AL(S)-1	AL(S)-2	AL(S)-3	AL(S)-4	AL(S)-5	AL(S)-6
黏度	$C_{25,5}$	—	<20	—	<20	—	—	—	—	—	<20	—	—	—	—	—
	$C_{60,5}$	s	—	5~15	—	5~15	16~25	26~40	41~100	101~200	—	5~15	16~25	26~40	41~100	101~200
蒸馏体积	225℃前	%	>20	>15	<10	<7	<3	<2	0	0	—	—	—	—	—	—
	315℃前	%	>35	>30	<35	<25	<17	<14	<8	<5	—	—	—	—	—	—
	360℃前	%	>45	>35	<50	<35	<30	<25	<20	<15	<40	<35	<25	<20	<15	<5
蒸馏后残留物	针入度(25℃)	0.1mm	60~200	60~200	100~300	100~300	100~300	100~300	100~300	100~300	—	—	—	—	—	—
	延度(25℃)	cm	>60	>60	>60	>60	>60	>60	>60	>60	—	—	—	—	—	—
	浮漂度(5℃)	s	—	—	—	—	—	—	—	—	<20	<20	<30	<40	<45	<50
闪点(TOC法)		℃	>30	>30	>65	>65	>65	>65	>65	>65	>70	>70	>100	>100	>120	>120
含水量,≤		%	0.2	0.2	0.2	0.2	0.2	0.2	0.2	0.2	2.0	2.0	2.0	2.0	2.0	2.0

3. 道路用煤沥青的技术要求

道路用煤沥青的标号根据气候条件、施工温度、使用目的选用,其技术要求应符合表 1-24 的规定。

道路用煤沥青技术要求 表 1-24

试验项目		T-1	T-2	T-3	T-4	T-5	T-6	T-7	T-8	T-9
黏度(s)	$C_{30,5}$	5~25	26~70							
	$C_{30,10}$			5~25	26~50	51~120	121~200			
	$C_{50,10}$							10~75	76~200	
	$C_{60,10}$									35~65
蒸馏试验,馏出量(%)	170℃前,≤	3	3	3	2	1.5	1.5	1.0	1.0	1.0
	270℃前,≤	20	20	20	15	15	15	10	10	10
	300℃前,≤	15~35	15~35	30	30	25	25	20	20	15
300℃蒸馏残留物软化点(环球法)(℃)		30~45	30~45	35~65	35~65	35~65	35~65	40~70	40~70	40~70
水分(%),≤		1.0	1.0	1.0	1.0	1.0	0.5	0.5	0.5	0.5
甲苯不溶物(%),≤		20	20	20	20	20	20	20	20	20
萘含量(%),≤		5	5	5	4	4	3.5	3	2	2
焦油酸含量(%),≤		4	4	3	3	2.5	2.5	1.5	1.5	1.5

道路用煤沥青适用于下列情况:各种等级公路的各种基层上的透层,宜采用 T-1 或 T-2 级,其他等级不符合喷洒要求时可适当稀释使用;三级及三级以下的公路铺筑表面处治或贯入式沥青路面,宜采用 T-5、T-6 或 T-7 级;与道路石油沥青、乳化沥青混合使用,以改善渗透性。道路用煤沥青严禁用于热拌热铺的沥青混合料,作其他用途时的储存温度宜为 70~90℃,且不得长时间储存。

三、美国 Superpave 沥青结合料的技术要求

1. Superpave 沥青结合料规范

Superpave 沥青结合料规范的显著特点在于:

①Superpave 沥青结合料规范对道路沥青三个老化阶段性能进行控制,即第一阶段是沥青运输、储存和装卸过程,用原样沥青进行试验;第二阶段是沥青拌和、铺筑过程,采用旋转薄膜烘箱残留物进行试验;第三阶段是沥青路面的服务期,采用压力老化后的沥青残留物进行试验,检验沥青路面服务若干年后的性能。

②Superpave 沥青结合料规范改变了在固定温度下进行试验的要求,而是采取规定性能的要求值,试验温度则根据需要变化。

③Superpave 沥青结合料规范中采用了很多创新性指标来控制和评价沥青结合料的性能,如采用轮辙因子控制高温性能,采用低温蠕变劲度及其变化率控制低温性能,等等。

Superpave 沥青结合料规范的主要技术指标、试验仪器和试验目的详见表1-25。

Superpave 沥青结合料规范主要技术指标 表1-25

技术指标	符号	试验仪器	试验目的	指标释义
轮辙因子	$G^*/\sin\delta$	动态剪切流变仪	测试结合料的高温性能	G^* 为复数剪切模量，δ 为相位角；$G^*/\sin\delta$ 能较好地反映道路沥青抗轮辙能力；规范中规定了原样沥青和经旋转薄膜烘箱老化后沥青轮辙因子分别大于 1.0kPa 和 2.2kPa 时所对应的最高试验温度，以此作为性能分级的高温等级
黏度	η	毛细管黏度计或旋转黏度计	测试结合料的施工和易性	沥青高温黏度过大，可能造成沥青无法泵送、无法与集料拌和均匀，规范中控制沥青135℃黏度不大于3Pa·s
蠕变劲度	S	弯曲梁流变仪	测试结合料的低温性能	对经过压力老化的沥青进行沥青弯曲梁流变试验，以测试其 S（蠕变劲度）≤300MPa，m（蠕变劲度变化率）≥0.300 时的最低试验温度，以此作为其性能分级的低温等级
拉伸应变	ε	直接拉伸试验机	测试结合料的低温性能	此项试验是沥青弯曲梁流变试验的补充。当蠕变试验的 S 为 300～600MPa，$m\geq0.300$ 时，需采用蠕变试验温度进行直接拉伸试验，如果破坏形变≥1%，可以将蠕变试验温度作为其性能分级的低温等级
疲劳因子	$G^*\cdot\sin\delta$	动态剪切流变仪	测试结合料的抗疲劳性能	对经过压力老化的沥青进行动态剪切试验，以测试其 $G^*\cdot\sin\delta\leq5.00$MPa 时的最低试验温度，确定其抗疲劳能力

2. Superpave 沥青结合料等级确定方法

美国 SHRP 成果中的 Superpave 沥青结合料分级体系中，沥青等级以 PG$_{x-y}$ 表示，PG 是 peformance grade 的词首，表示路用性能等级，脚标 x 代表最高路面设计温度（7d 平均最高路面温度），脚标 y 代表最低路面设计温度（年极端最低温度）。

最高路面设计温度和最低路面设计温度按照式（1-102）和式（1-103）计算。

$$T_{20\text{mm}} = (T_{\text{air,max}} - 0.00618L_a^2 + 0.2289L_a + 42.2) \times 0.9545 - 17.78 \qquad (1\text{-}102)$$

$$T_{\min} = 0.859T_{\text{air,min}} + 1.7 \qquad (1\text{-}103)$$

式中：$T_{20\text{mm}}$——位于 20mm 深处的最高路面设计温度，℃；

$T_{\text{air,max}}$——7d 平均最高气温，℃；

L_a——地理纬度，(°)；

$T_{\min}$——最低路面设计温度，℃；

$T_{\text{air,min}}$——年平均最低气温，℃。

按照路面的设计温度，将沥青分为七个高温等级以及相应的低温等级，高温等级的温度范围为 46～82℃，每 6℃ 为一级；低温等级温度范围为 -46～-10℃，每 -6℃ 为一级，详见表1-26。例如 PG$_{58\text{-}22}$，表示该级沥青适用于最高路面设计温度不超过 58℃，最低路面设计温度不低于 -22℃ 的地区。

Superpave 沥青结合料 PG 等级的性能要求

表 1-26

沥青使用性能等级	PG46	PG52	PG58	PG64	PG70	PG76	PG82
7d 平均最高设计温度（℃）[①]	<46	<52	<58	<64	<70	<76	<82
最低设计温度（℃）	>−34 >−40 >−46	>−10 >−16 >−22 >−28 >−34 >−40 >−46	>−16 >−22 >−28 >−34 >−40 >−46	>−10 >−16 >−22 >−28 >−34 >−40	>−10 >−16 >−22 >−28 >−34 >−40	>−10 >−16 >−22 >−28 >−34	>−10 >−16 >−22 >−28 >−34
原样沥青							
闪点（ASTM D92）（℃）	230						
黏度[②]（ASTM D4402），最大值 3Pa·s，试验温度（℃）	135						
动态剪切（TP5）$G'/\sin\delta$，最小值 1.0kPa，10rad/s，试验温度（℃）	46	52	58	64	70	76	82

续上表

沥青使用性能等级	PG46			PG52							PG58					PG64						PG70						PG76					PG82				
	-34	-40	-46	-10	-16	-22	-28	-34	-40	-46	-16	-22	-28	-34	-40	-10	-16	-22	-28	-34	-40	-10	-16	-22	-28	-34	-40	-10	-16	-22	-28	-34	-10	-16	-22	-28	-34
质量损失（%），≤	旋转薄膜烘箱试验 RTFOT（ASTM D2872）残留沥青																																				
	1.0																																				
动态剪切（TP5）G*/sinδ，最小值 2.2kPa，10rad/s，试验温度（℃）	46			52							58					64						70						76					82				
PAV 残留沥青（ASTM D6521—00）																																					
PAV 老化温度（℃）	90			90							100					100						100（110）						100（110）					100（110）				
动态剪切（TP5）G*·sinδ，最大值 5.0MPa，10rad/s，试验温度（℃）	10	7	4	25	22	19	16	13	10	7	25	22	19	16	13	31	28	25	22	19	16	34	31	28	25	22	19	37	34	31	28	25	40	37	34	31	28

续上表

沥青使用性能等级	PG46			PG52							PG58					PG64						PG70						PG76					PG82				
	PG46			PG52							PG58					PG64						PG70						PG76					PG82				
性能等级	−34	−40	−46	−10	−16	−22	−28	−34	−40	−46	−16	−22	−28	−34	−40	−10	−16	−22	−28	−34	−40	−10	−16	−22	−28	−34	−40	−10	−16	−22	−28	−34	−10	−16	−22	−28	−34
蠕变劲度（TP1） S 最大值 300MPa； m 最小值 0.300，60s， 试验温度（℃）	−24	−30	−36	0	−6	−12	−18	−24	−30	−36	−6	−12	−18	−24	−30	0	−6	−12	−18	−24	−30	0	−6	−12	−18	−24	−30	0	−6	−12	−18	−24	0	−6	−12	−18	−24
直接拉伸（TP3） 破坏应变，最小值 1.0%， 1.0mm/min， 试验温度（℃）	−24	−30	−36	0	−6	−12	−18	−24	−30	−36	−6	−12	−18	−24	−30	0	−6	−12	−18	−24	−30	0	−6	−12	−18	−24	−30	0	−6	−12	−18	−24	0	−6	−12	−18	−24

注：①设计温度由大气温度按式（1-102）和式（1-103）计算，也可由指定的机构提供。

②如果供应商能保证在所有温度的质量，在试验温度下，沥青结合料都能很好地泵送或拌和，此要求可由指定的机构确定放弃。

1. 为了控制非改性沥青结合料的质量，包括毛细管黏度计或旋转黏度计（AASHTO T 201 或 T 202）测定黏度的标准试验方法均可使用，在试验温度下测定原样沥青结合料黏度，可以取代原样沥青旋转动态剪切的 $G^*/\sin\delta$。在此温度下，沥青多处于牛顿流体状态，任何温度下应满足要求。

2. PAV 老化温度为模拟气候条件温度，从 90℃、100℃、110℃ 中选择一个温度，高于 PG64 时为 100℃，在沙漠条件下为 110℃。

3. 如果蠕变劲度小于 300MPa，直接拉伸试验应变可不满足要求；如果蠕变劲度为 300~600MPa，直接拉伸试验的破坏应变应满足要求，m 值在两种情况下都应满足要求。

四、欧盟沥青技术要求

欧盟沥青技术规范采用针入度和黏度作为分级标准,并采用软化点、黏度、闪点等传统的技术指标来控制沥青产品质量。2009年颁布的道路沥青标准《沥青和沥青黏合剂——铺路级沥青规范》(EN 12591)见表1-27。该标准以针入度将沥青分为十二个标号,并以针入度区间值命名,分别为20/30、30/45、35/50、40/60、50/70、70/100、100/150、160/220(以上采用25℃针入度分级),以及250/330、330/430、500/650、650/900(以上采用15℃针入度分级)。在低针入度标号区间,针入度有重叠,如30/45、35/50、40/60、50/70共四个标号的针入度是重叠的;而在高针入度标号区间,针入度却有间断,如330/430、500/650。相比于我国相应技术标准,欧盟沥青技术规范中包含了160号以上的软质沥青。另外,该标准采用运动黏度(60℃)作为软沥青(soft bitumens)分级指标,将软沥青分为V1500(1000～2000mm²/s)、V3000(2000～4000mm²/s)、V6000(4000～8000mm²/s)、V12000(8000～16000mm²/s)四个标号。

欧盟道路沥青标准　　　　　　　　　　　表1-27

技术指标	单位	测试方法	20/30	30/45	35/50	40/60	50/70	70/100	100/150	160/220
强制性指标										
针入度(25℃)	0.1mm	EN 1426	20～30	30～45	35～50	40～60	50～70	70～100	100～150	160～220
软化点	℃	EN 1427	55～63	52～60	50～58	48～56	46～54	43～51	39～47	35～43
RTFOT(163℃)老化残留物		EN 12607-1	—	—	—	—	—	—	—	—
残留针入度比,最小	%		55	53	53	50	50	46	43	37
软化点升高,最大-程度1	℃		8	8	8	9	9	9	10	11
软化点升高,最大-程度2*	℃		10	11	11	11	11	11	12	12
质量变化,最大,±	%		0.5	0.5	0.5	0.5	0.5	0.8	0.8	1.0
闪点,最小	℃	EN ISO 2592	240	240	240	230	230	230	230	220
溶解度,最小	%	EN 12592	99	99	99	99	99	99	99	99
选择性指标										
针入度指数	—	EN 12591	-1.5～0.7	-1.5～0.7	-1.5～0.7	-1.5～0.7	-1.5～0.7	-1.5～0.7	-1.5～0.7	-1.5～0.7
动力黏度(60℃),最小	Pa·s	EN 12596	440	260	225	175	145	90	55	30
脆点,最大	℃	EN 12593		-5	-5	-7	-8	-10	-12	-15
运动黏度(135℃),最小	mm²/s	EN 12595	530	400	370	325	295	230	175	135

注:＊当选择程度2时,脆点或针入度指数或两者需满足选择性指标中的要求。

由于欧盟各国气候条件存在差异,欧盟沥青标准对不同的指标规定为强制性的质量指标和选择性的质量指标。EN 12591 为欧盟各国强制执行标准,它没有考虑各国的地理环境、气候条件、交通状况等因素,因此该标准中只是提出了各个标号道路沥青的基本要求,而没有提出较高的技术要求。欧盟各国可以在此基础上,根据具体情况提出一些特殊要求。值得注意的是,整个标准中(包括强制性指标和选择性指标)均无延度指标要求。

【思考题】

1-1　沥青有哪些种类?在元素组成、化学组分以及胶体结构方面,石油沥青与天然沥青有何差异?

1-2　优质道路石油沥青应该具备何种胶体结构?在老化过程中,沥青胶体结构、特征官能团、四组分等方面将发生哪些变化?

1-3　思考国内外沥青分级体系及其优缺点;针对道路石油沥青,查阅相关标准,讨论我国国家、行业、地方等标准的差异并分析原因。

1-4　沥青短期和长期老化试验方法主要有哪些?如果要开展紫外线老化、热-水-光全气候老化研究,应该如何设计测试方法?

1-5　道路沥青的黏度是如何定义的?讨论随着剪应力的增大,道路沥青黏度的变化规律。

1-6　沥青流变主曲线有何作用?如何建立沥青流变主曲线?

1-7　如何构建沥青平均分子结构?

1-8　思考沥青疲劳测试方法和判断标准,分析各种方法的优缺点。

【小组讨论】

1-1　讨论分子动力学模拟(molecular dynamic simulation)的基本原理和方法,探讨分子动力学模拟在道路沥青研究中的作用、进展和存在的问题。

1-2　讨论沥青自愈合行为机理、测试方法、表征指标,探讨增强沥青自愈合能力的技术措施。

【拓展阅读】

1-1　郑强. 高分子流变学[M]. 北京:科学出版社,2020.

1-2 苑世领.分子模拟[M].2版.北京:化学工业出版社,2022.

1-3 李颖.仪器分析[M].北京:中国纺织出版社有限公司,2021.

1-4 柴志杰,任满年.沥青生产与应用技术问答[M].3版.北京:中国石化出版社,2023.

1-5 HUNTER R N,SELF A,REA D J. The shell bitumen handbook[M]. 6th ed. London:ICE Publishing,2015.

1-6 王超.道路沥青流变学[M].北京:人民交通出版社股份有限公司,2019.

第二章

改性沥青

【内容提要】

本章介绍了改性沥青的种类和改性效果,重点论述了聚合物改性沥青、乳化沥青和泡沫沥青的技术性质、评价方法和技术标准,总结了生物沥青、橡胶沥青、彩色沥青、温拌沥青、环氧沥青的材料组成、制备方法、改性机理和技术指标。

现代道路交通车流量大、轴载重、车速快,要求路面在高温下不出现轮辙变形,又能够经受低温、冰雪雨水的侵蚀而不松散,并能长期保持良好状态而不用频繁地维修。因此,要求路面所用的沥青材料具有良好的性能。同时,为了提高路面的使用性能,保证行车舒适、安全,构造深度大、抗滑性能好、交通噪声低的路面结构,如沥青玛碲脂碎石路面、排水沥青路面以及超薄沥青路面,也得到广泛应用。修建这些路面都必须使用改性沥青。相对于普通沥青,改性沥青可提高沥青路面的抗轮辙性能、抗低温和抗疲劳开裂性能、与石料的黏附性能以及抗老化能力。

第一节　聚合物改性沥青

一、聚合物改性沥青的种类

改性沥青是通过向沥青中添加特定的改性剂来改善其性能和特性的一种沥青类型。这些改性剂通常是聚合物或其他化学物质，它们能够使沥青在不同的环境条件下具有更优越的性能。从广义上讲，凡是可以改善沥青路用性能的材料如聚合物、纤维、抗剥落剂、岩沥青、填料（如硫磺、炭黑等）都可以称为改性剂。Bahia 等人对沥青改性剂的种类及改性效果作了归纳，"＋"表示有此改性效果，见表 2-1。

沥青改性剂的分类及改性效果　　　　　　表 2-1

改性剂品种	种类	改性效果				
		永久变形	疲劳开裂	低温开裂	水稳定性	氧化老化
填料	炭黑	＋				＋
	熟石灰	＋				
	粉煤灰	＋				
	水泥	＋				
	飞尘灰	＋				
	硫磺	＋	＋	＋		
	木质素				＋	
聚合物弹性体	SB	＋		＋	＋	
	SBS	＋	＋	＋		
	SIS	＋				
	SE/BS	＋				
	SBR	＋		＋		
	CR	＋				
	NR	＋				
	EPDM	＋				
聚合物塑性体	EVA	＋	＋			
	EA	＋				
	PB	＋				
	PP	＋				
橡胶粉	—	＋	＋	＋		
氧化剂	锰化合物	＋				
烃类	芳香油			＋		
	岩沥青	＋	＋	＋	＋	

改性剂品种	种类	改性效果				
		永久变形	疲劳开裂	低温开裂	水稳定性	氧化老化
抗剥落剂	胺类				+	
	聚胺类				+	
	聚多胺类				+	
	熟石灰				+	
纤维	PP	+	+	+		
	聚酯类	+		+		
	玻璃纤维					
	钢纤维	+	+	+		
	矿物纤维	+				
抗氧化剂	铅			+		+
	锌			+		+
	炭黑	+				+
	熟石灰				+	+
	胺类				+	+

实际上,表2-1中所列各种材料未必都是严格意义上的沥青改性剂,如粉煤灰、纤维等材料。此外,除表2-1中所列材料以外,还有其他一些改性物质,如多聚磷酸、环氧树脂、聚氨酯等,近些年也在作为改性剂方面取得了显著效果。一般来说,大部分改性剂都可以改善沥青的高温性能,但对于低温抗裂性能、抗水损害性能,以及抗疲劳开裂性能等方面的改善效果则各有不同。从狭义上讲,道路改性沥青所用的改性剂一般是指高分子聚合物,它们主要有以下三类。

①热塑性弹性体类。如苯乙烯-丁二烯-苯乙烯嵌段共聚物(SBS)、苯乙烯-异戊二烯-苯乙烯-嵌段共聚物(SIS)、苯乙烯-聚乙烯/丁基-聚乙烯(SE/BS)等。

②橡胶类。如丁苯橡胶(SBR)、天然橡胶(NR)、氯丁橡胶(CR)、丁二烯橡胶(BR)等。

③树脂类。如聚乙烯(PE)、聚丙烯(PP)、乙烯-醋酸乙烯酯共聚物(EVA)、聚氨酯等。

各类改性剂的作用效果各异,一般认为,树脂类改性沥青具有良好的高温稳定性和抗轮辙能力,但对于沥青路面的低温抗裂性能无明显改善;橡胶类改性沥青具有较好的低温抗裂性能和黏结性能;热塑性弹性体类改性沥青具有良好的温度稳定性,能明显提高基质沥青的高低温性能,降低温度敏感性,增强耐老化、耐疲劳性能。当前,针对不同的使用需求,常用于沥青改性的聚合物主要有热塑性弹性体类(如SBS)、橡胶类(如SBR)和树脂类(如PE、EVA),下面分别对其进行介绍。

1. 热塑性弹性体类改性沥青

热塑性弹性体(thermoplastic elastomer,TPE)是由橡胶类弹性体热塑化和弹性体与树脂熔融共混热塑化而产生的热塑性弹性体材料,品种、牌号繁多,性能优异,其中苯乙烯-二烯烃嵌段共聚物广泛用于沥青改性。共聚物中二烯烃称为软段,苯乙烯称为硬段。当二烯烃采用丁二烯时,所得产品即为SBS。中国石油化工行业标准《热塑性弹性体 苯乙烯-丁二烯嵌段共聚物(SBS)》(SH/T 1610—2011)给出了用于改性沥青的 SBS 技术要求、试验方法。其他还有 SE/BS、SIS 等系列产品,都可用于沥青改性。SBS 高分子链具有串联结构的不同嵌段,即塑性段和橡胶段,形成类似合金的组织结构,按聚合物的结构可分为线形和星形。SBS 的改性效果与 SBS 的品种、分子量密切相关,星形 SBS 对沥青的改性效果优于线形 SBS。SBS 的分子量越大,改性效果越明显,但难以加工为改性沥青。沥青中芳香分含量高则较易加工。各种型号的 SBS 中,苯乙烯含量高的能显著提高改性沥青的黏度、韧度和韧性。

热塑性弹性体对沥青的改性机理除了一般的混合、溶解、溶胀等物理作用外,很重要的是通过一定条件下的交联作用,形成不可逆的化学键,从而形成立体网状结构,使沥青获得弹性和强度。而在沥青拌和温度的条件下,网状结构消失,呈现热塑性状态,便于施工;在路面使用温度条件下为固态,具有高抗拉强度。

表 2-2 列出了对埃索石油公司 70 号沥青加入 5% 星形和线形 SBS 经高速剪切搅拌为改性沥青的性能试验结果。从表 2-2 中可以看出,SBS 改性沥青在改善温度敏感性、提高低温韧性等方面均获得显著的效果,数据说明星形 SBS 在提高热稳定性和低温延性等方面的改性效果均优于线形 SBS。

SBS 改性沥青的技术性质

表 2-2

技术性质	基质沥青	+5% SBS 的改性沥青		技术性质		基质沥青	+5% SBS 的改性沥青	
		星形	线形				星形	线形
针入度(25℃)(0.1mm)	64	38	40	针入度指数 PI		−1.36	+0.96	+0.16
软化点(℃)	48	92	55	测力延度(10℃)	抗拉强度(MPa)	0.73	0.52	0.62
延度(15℃)(cm)	200	100	54		黏韧性(N·m)	2.99	21.5	19.6
当量软化点(℃)	47.2	63.1	58.3	薄膜烘箱试验(163℃,5h)	质量损失(%)	0.07	0.07	0.02
当量脆点(℃)	−8.6	−16.7	−11.4		针入度比(%)	78.3	88.9	88.9
弹性恢复(15℃)(%)	14	78	65		延度(10℃)(cm)	0.9	68	42

2. 橡胶类改性沥青

橡胶类改性材料用得最多的是 SBR 和 CR。这类改性剂常以胶乳的形式加入沥青中,以提高沥青的黏度、韧性、软化点,降低脆点,使沥青的延度和感温性得到改善。这是由于橡胶吸收沥青中的油分产生溶胀,改变了沥青的胶体结构,从而使沥青的胶体结构得到改善,黏度得以提高。

SBR 是较早开发的沥青改性剂,SBR 的性能与结构随苯乙烯与丁二烯的比例和聚合工艺的变化而变化,选择沥青改性剂时应通过试验加以确定。目前常采用 SBR 胶乳或 SBR 沥青母体作为改性剂。表 2-3 列出了采用 SBR 胶乳改性胜利 100 号道路沥青的试验结果。

用 SBR 胶乳改性胜利 100 号道路沥青效果 表 2-3

性质		基质沥青	SBR 掺量(占改性沥青的质量分数)(%)			
			2	3	4	5
软化点(℃)		47	49	51	51	53
针入度 (0.1mm)	25℃	101	83	77	78	76
	15℃	24	30	26	26	28
	5℃	4	10	10	8	8
针入度指数 PI		0.0701	0.0459	0.0443	0.0494	0.0481
延度(cm)	25℃	110	40	58	53	61
	15℃	69	150 +	150 +	150 +	150 +
	7℃	4	150 +	150 +	150 +	150 +
	5℃	0.25	117	125	150 +	150 +
黏度(60℃)(Pa·s)		88.2	128.6	158.4	192.6	254.4
黏度(135℃)(mm²/s)		429.6	569.4	669.4	777.9	878.0
薄膜烘箱试验后						
残留针入度比(%)		52.5	68.7	74.0	72.4	77.6
延度(cm)	25℃	88	60	68	53	50
	15℃	13	73	71	86	121
黏韧性(N·m)		3.6	4.4	4.9	5.6	6.3
韧性(N·m)		0.7	1.2	1.5	1.9	2.3

由表 2-3 可见,随着 SBR 掺量的增加,改性沥青的黏度和软化点升高,说明抗变形能力得到改善;25℃针入度下降,说明沥青的感温性得到改善;低温延度得到大幅度提高,黏韧性和韧性增强,耐老化性能有很大改善,说明改性沥青的高温流动性、黏弹性、低温抗裂性、耐久性等使用性能都得到改善。此外,还用 SBR 胶乳与沥青乳液制成水乳型建筑用防水涂料和改性乳化沥青,用于道路路面工程。

3. 树脂类改性沥青

热塑性树脂(thermoplastic resin)是聚烯烃类高分子聚合物,多数是线状结晶物,加热时变软,冷却后变硬,因而能使沥青结合料的常温黏度增大,从而使高温稳定性增强,有利于提高沥青的强度和劲度,但其与沥青调和时需注意树脂品种的选择,因为树脂与沥青调和热储存时分层较快,其中分散的聚合物在熔点之下容易成团。因此,选择合适的树脂品种与沥青进行匹配,能够有效提高沥青的高温性能,从而增加树脂在沥青改性中的应用。常采用的树脂品种有低密度聚乙烯(LDPE)、EVA 及 APAO 等。

(1)LDPE 改性沥青

LDPE 的柔软性、伸长率和耐冲击性比高密度聚乙烯好,而且其密度小,熔点较低,结晶度小,溶解度参数范围较宽,在溶解分解区呈液态,易与沥青共混。在沥青处于160℃以上温度区间时,通过剪切、挤压、碾磨等机械作用,LDPE 可被粉碎成直径 5~7μm 的细微颗粒,均匀地分散、混溶在沥青中。

聚乙烯改性可提高沥青的黏度和软化点,使沥青的高温性能得到改善,沥青混合料的强度提高,抗流动变形和抗轮辙的能力增强,抗永久变形能力有所改善,但其低温延性较差。

(2)EVA改性沥青

EVA是应用较普遍的热塑性树脂,在常温下为透明颗粒状,品种繁多,其性能取决于醋酸乙烯(VA)含量、相对分子质量和熔融指数(MI)。乙烯支链上引入了醋酸基团,使EVA较PE更富有弹性和柔韧性,与沥青的相容性好。表2-4列出了采用不同型号EVA,以及PE和SBR对胜利100号沥青进行改性的对比试验结果,由表中数据可以看到,各种改性剂对基质沥青的性能都有不同程度的改善,总体来讲,针入度下降,软化点上升,黏度增大,低温延度升高。不同型号EVA的改性效果是,随着MI和VA的降低,改性沥青的黏度和软化点上升,而低温延度下降;PE对黏度的提高幅度最大,而低温延度比基质沥青还差;SBR对黏度的提高有限,而低温延度得到很大改善。因此EVA使沥青的高温强度、低温柔性和弹性以及耐老化性能得到比较全面的改善,获得较好的施工性能,可以通过选用不同型号的EVA对改性效果加以调整。

不同型号EVA改性沥青试验结果(EVA掺量5%)　　　　表2-4

性质	基质沥青	EVA,VA(%)(MI,g/10min)			PE	SBR
		30(30)	30(5)	35(40)		
针入度(25℃)(0.1mm)	86	54	47	57	52	68
软化点(℃)	45.5	60	64	52	52	50
延度(10℃)(cm)	4.5	8	6.5	12	4	70
针入度指数	-1.8	-0.35	0.13	-0.45	-0.82	-0.73
薄膜烘箱试验后						
针入度比(%)	58.1	71.2	70.0	67.7	62.9	75.4
延度(10℃)(cm)	3.0	4	2.5	5	2	52

除PE和EVA外,还开发了由乙烯、丙烯和丁烯-1共聚生成的APAO,其为乳白色鸡蛋状固体,有一定韧性,与沥青的相容性很好,只需一般的机械搅拌即可与沥青混合均匀,对沥青改性的效果与PE相似,掺量可以更少。

热固性树脂品种有聚氨酯(PU)、环氧树脂(EP)、不饱和聚酯树脂(UPR)等类,其中环氧树脂已应用于沥青改性。环氧树脂是指含有两个或两个以上环氧或环氧基团的醚或酚的低聚物或聚合物。我国生产的环氧树脂大部分是双酚A型。配制环氧改性沥青的关键在于选择合适的混合沥青作为基料,且需选择适合此类环氧树脂的固化剂,比较便宜的固化剂以芳香胺类为主。环氧树脂改性沥青的延伸性不好,但其强度很高,具有优越的抗永久变形能力,并具有特别高的耐燃料油和润滑油的能力,适用于公共汽车停靠站、加油站路面等。

二、聚合物改性沥青的评价方法

除沥青的针入度、软化点、延度、黏度等常规技术指标外,改性沥青还采用了几项特殊技术指标来评价性能,如软化点差(聚合物改性沥青离析试验)、弹性恢复率(沥青弹性恢复试验)、黏韧性和韧性(沥青黏韧性试验)以及测力延度比(沥青测力延度试验)等。

1.聚合物分散性试验

聚合物分散性试验主要用来评价聚合物改性沥青中改性剂的分散性。聚合物改性剂需要在沥青中足够分散而不团聚,使沥青在较长的使用寿命内保持完整结构。改性剂的相容性、分子量和极性以及外界能量输入等因素在一定时间内保持均匀。聚合物相的分散水平对黏合剂体系的物理性质具有重要影响。

一般使用荧光显微镜对改性剂的分布情况进行观察。根据粒径大小和分布选择显微镜的放大倍数,通常 25~500 倍最为合适。分析至少三个独立表面,扫描整个表面并收集典型图片。大多数聚合物产生黄绿色荧光,而沥青保持黑暗状态。然后在不同的放大倍数下评估聚合物的粒度或分布。图 2-1 为显微镜下聚合物相的典型图片。

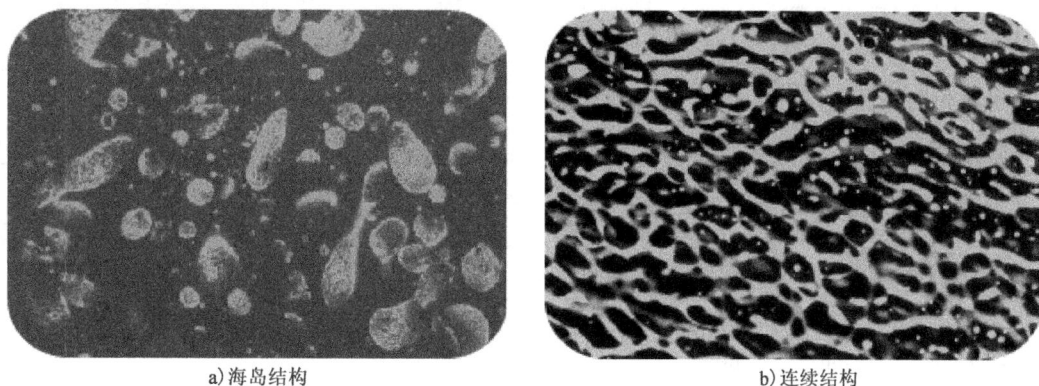

a)海岛结构　　　　　　　　　　　　　　b)连续结构

图 2-1　聚合物相态结构典型分布

2. 聚合物改性沥青离析试验

聚合物改性沥青在停止搅拌以及后续冷却过程中,聚合物可能从沥青中离析,当聚合物改性沥青在生产后不能立即使用,而需经过储运再加热等过程后使用时,应进行离析试验。不同的改性沥青离析的状况有所不同,SBR、SBS 类改性沥青,离析时表现为聚合物上浮。我国采用的聚合物改性沥青离析试验[《公路工程沥青及沥青混合料试验规程》(JTG E20—2011)T 0661]是将试样置于规定条件下的盛样管中,并在 163℃烘箱中放置 48h 后,从聚合物改性沥青的顶部和底部分别取样,测定其环球法软化点之差来判定离析状况;对 PE、EVA 类聚合物改性沥青,根据其在 135℃下存放 24h 的过程中是否结皮,或凝聚在容器表面四壁的情况来判定离析状况。

3. 沥青弹性恢复试验

SBS 等热塑性弹性体类改性沥青,其显著的特点是弹性恢复能力强。在路面使用过程中,对于荷载作用下产生的变形,它展现出良好的自愈合性。

我国沥青弹性恢复试验参照 ASTM 试验方法(ASTM D6084/D6084M-21)中的弹性恢复试验方法,试验温度采用 25℃。采用延度试验所用试模,但中间部分换为直线侧模,如图 2-2 所示,试件截面面积为 1cm²。试件拉伸 10cm 后停止,立即剪断,保持 1h,测量恢复率。

4. 沥青黏韧性试验

沥青黏韧性试验是评价改性沥青性能的一种较好的方法,已被列入我国《公路工程沥青及沥青混合料试验规程》(JTG E20—2011)。沥青黏韧性试验是测定沥青在规定温度条件下高速拉伸时与金属半球的黏韧性(toughness)和韧性(tenacity)。非经注明,试验温度为 25℃,拉伸速度为 500mm/min。图 2-3 中的荷重-变形曲线 *ABCE* 及 *CDFE* 所包围的面积分别表示所测试样的黏韧性和韧性。

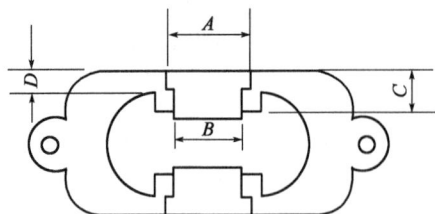

$A = 36.5\,mm \pm 0.1\,mm$；$B = 30\,mm \pm 0.1\,mm$；
$C = 17\,mm \pm 0.1\,mm$；$D = 10\,mm \pm 0.1$

图 2-2　沥青弹性恢复试验用直线延度试模

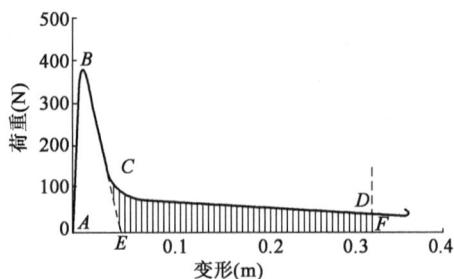

图 2-3　沥青黏韧性试验荷重-变形曲线

5. 沥青测力延度试验

沥青测力延度试验是在普通的延度仪上附加测力传感器，试验用的试模与沥青弹性恢复试验相同。试验温度通常采用 5℃，拉伸速度 5cm/min，传感器最大负荷 ≥100kg 即可。可由 X-Y 函数记录仪记录拉力-变形(延度)曲线，并通过计算测力延度比来评价沥青的内聚力。沥青测力延度试验得到的参数主要有拉伸柔度和黏韧性。拉伸柔度考虑了低温状态下拉力和变形双重因素，而且是影响沥青混合料低温弯曲蠕变速率和弯曲应变能密度的最显著因素，可较好地反映改性沥青的低温变形能力。

三、聚合物改性沥青的技术标准

我国《公路沥青路面施工技术规范》(JTG F40—2004)中的聚合物改性沥青性能评价方法基本沿用了道路石油沥青质量标准体系，但增加了一些评价聚合物性能的指标，如弹性恢复、黏韧性和离析(软化点差)等。首先根据聚合物类型将改性沥青分为Ⅰ类、Ⅱ类、Ⅲ类，按照软化点的不同，又将每类聚合物改性沥青分为 A、B、C、D 四个等级，其中Ⅱ类分为 A、B、C 三个等级，以适应不同的气候条件。同一类型中的 A、B、C、D 主要反映基质沥青标号及改性剂含量的不同，A～D 表示改性沥青针入度减小，黏度增大，即高温性能提高，但低温性能下降。等级划分以改性沥青的针入度为主要依据。聚合物改性沥青的技术要求见表 2-5。

聚合物改性沥青技术要求　　　　　　　　　　　　　　表 2-5

指标	SBS 类(Ⅰ类)				SBR 类(Ⅱ类)			EVA、PE 类(Ⅲ类)				试验方法
	Ⅰ-A	Ⅰ-B	Ⅰ-C	Ⅰ-D	Ⅱ-A	Ⅱ-B	Ⅱ-C	Ⅲ-A	Ⅲ-B	Ⅲ-C	Ⅲ-D	
针入度(25℃,100g,5s)(0.1mm)	>100	80～100	60～80	30～60	>100	80～100	60～80	>80	60～80	40～60	30～40	T 0604
针入度指数 PI，≥	−1.2	−0.8	−0.4	0	−1.0	−0.8	−0.6	−1.0	−0.8	−0.6	−0.4	T 0604
延度(5℃,5cm/min)(cm)，≥	50	40	30	20	60	50	40	—				T 0605
软化点 $T_{R\&B}$(℃)，≥	45	50	55	60	45	48	50	48	52	56	60	T 0606
运动黏度①(135℃)(Pa·s)，≤	3											T 0625 T 0619

指标	SBS类（Ⅰ类）				SBR类（Ⅱ类）			EVA、PE类（Ⅲ类）				试验方法
	Ⅰ-A	Ⅰ-B	Ⅰ-C	Ⅰ-D	Ⅱ-A	Ⅱ-B	Ⅱ-C	Ⅲ-A	Ⅲ-B	Ⅲ-C	Ⅲ-D	
闪点（℃），≥	230				230			230				T 0611
溶解度（%），≥	99				99			—				T 0607
25℃弹性恢复（%），≥	55	60	65	75	—							T 0662
黏韧性（N·m），≥	—				5							T 0624
韧性（N·m），≥	—				2.5							T 0624
储存稳定性②												
离析（48h软化点差）（℃），≤	2.5				—			无改性剂明显析出、凝聚				T 0661
TFOT(或RTFOT)后残留物												
质量变化（%），≤	1.0											T 0610 或 T 0609
针入度比（25℃）（%），≥	50	55	60	65	50	55	60	50	55	58	60	T 0604
延度（5℃）（cm），≥	30	25	20	15	30	20	10	—				T 0605

注：①表中135℃运动黏度可采用《公路工程沥青及沥青混合料试验规程》(JTJ 052—2000)中的"沥青布氏旋转黏度试验方法(布洛克菲尔德黏度计法)"进行测定。若在不改变改性沥青物理力学性质并符合安全条件的温度下易于泵送和拌和，或经证明适当提高泵送和拌和温度时能保证改性沥青的质量，容易施工，可不要求测定。
②储存稳定性指标适用于工厂生产的成品改性沥青。现场制作的改性沥青对储存稳定性指标可不作要求，但必须在制作后，保持不间断搅拌或泵送循环，保证使用前没有明显的离析。

第二节 乳化沥青和泡沫沥青

一、乳化沥青

乳化沥青(emulsified asphalt)是黏稠沥青经热融和机械作用以微滴状态分散于含有乳化剂-稳定剂的水中，形成水包油(O/W)型的沥青乳液，这种乳液在常温下呈液态。

乳化沥青最早用于喷洒除尘，后逐渐用于道路建筑。由于阳离子乳化剂的采用，乳化沥青得到更为广泛的应用。乳化沥青不仅可用于路面的维修与养护，也可用于铺筑表面处治、贯入式、沥青碎石、乳化沥青混凝土等各种结构形式的路面，还可用于旧沥青路面的冷再生和防尘处理。

乳化沥青的优越性主要体现在以下几点：①可冷态施工，节约能源，减少环境污染，改善施工环境；②常温下具有较好的流动性，能保证洒布的均匀性，可提高路面修筑质量；③采用乳化沥青，拓展了沥青路面的类型，如稀浆封层等；④乳化沥青与矿料表面具有良好的工作性和黏附性，可节约沥青并保证施工质量;⑤可延长施工季节,乳化沥青施工受低温、多雨季节影响较小。

1.组成、分类与制备

1)乳化沥青的组成

乳化沥青由沥青、水和乳化剂组成,需要时可加入少量添加剂(如稳定剂)。

(1)沥青

生产乳化沥青所用沥青应适合乳化。一般采用针入度大于100(0.1mm)的较软沥青;石油沥青是复杂的高分子碳氢化合物,由于油源和生产方法的不同,其组分的化学结构和特性有很大差异,乳化的难易程度不同,应通过试验加以选择;根据工程需要,也可以采用改性沥青进行乳化。

(2)水

水是沥青分散的介质,水的硬度和水中存在的离子对乳化沥青具有一定的影响,水中存在的镁、钙或碳酸氢根离子分别对阴离子乳化剂或阳离子乳化剂有不同影响。应根据乳化剂类型的不同,确定对水质的要求。

(3)乳化剂

乳化剂在乳化沥青中用量很小,但对乳化沥青的形成、应用及储存稳定性都有很大的影响。乳化剂是表面活性剂的一种。表面活性剂分子的化学结构具有不对称性,由极性部分和非极性部分组成。极性部分(如—COONa,—OSO_3Na,—SO_3Na)是亲水性的;非极性部分,如 $C_{12} \sim C_{16}$ 的烷基链或碳氢基是憎水的亲油部分。由于乳化剂是根据亲水基的结构而划分的,极性的亲水基团结构差异较大,所以以各类乳化剂具有不同的特点。图2-4所示为沥青乳化剂分子模型示意图。

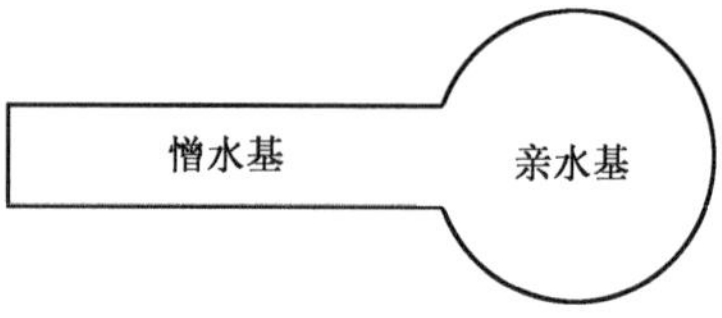

图2-4 沥青乳化剂分子模型图

(4)稳定剂

稳定剂主要采用无机盐类和高分子化合物,用以改善沥青乳液的稳定性。稳定效果最好的无机盐类是氯化铵和氯化钙,常与各类阳离子乳化剂配合使用,加入量通常为0.2% ~ 0.6%,可节省乳化剂用量20% ~40%。高分子稳定剂如淀粉、明胶、聚乙二醇等,在沥青微粒表面可形成保护膜,有利于微粒的分散,可与各类阳离子和非离子乳化剂配合使用,加入量为0.1% ~0.15%。

2)乳化沥青的分类

能在溶液中解离生成离子或离子胶束的乳化剂称为离子型乳化剂,凡不能电离成离子胶束的乳化剂称为非离子型乳化剂,具体分类及示例如表2-6所示。

乳化剂的分类及示例 表2-6

按离子类型分类		示例	化学式	
			亲油基	亲水基
离子型	阴离子型	羧酸盐	$CH_3(CH_2)_n^-$	$COO—Na^+$
	阳离子型	季铵盐	$CH_3(CH_2)_n^-$	$N^+H_3 \cdot Br^-$ (CH_3, CH_3)
	两性离子型	氨基酸型	$CH_3(CH_2)_n^-$	$NH—CH_2—CH_2COONa$

按离子类型分类	示例	化学式	
		亲油基	亲水基
非离子型	多元醇型	$CH_3(CH_2)_n^-$	$\begin{array}{c} CH_2OH \\ COOCH_2C-CH_2OH \\ CH_2OH \end{array}$

（1）阴离子型乳化剂

阴离子型乳化剂是指在水中溶解后其极性部分倾向解离成阴（负）离子的表面活性物质。其特征表现在它具有一个大的有机阴离子，能与碱作用形成盐。属于阴离子型乳化剂的表面活性物质很多，常用的有：

有机羧酸盐：RCOONa，如硬脂酸钠 $C_{17}H_{35}COONa$、石油副产品环烷酸盐等。

有机硫酸盐（或酯）：如烷基硫钠 $ROSO_3Na$。

有机磺酸盐：如烷基磺酸钠 RSO_3Na 或烷基苯磺酸钠 R—〇—SO_3Na 等。

亲油基团的烷基链长度要适中，烷基链太长不易溶于水，太短则对沥青亲和力差，通常选用 $C_{12} \sim C_{16}$ 碳链。

阴离子型乳化剂模型如图 2-5 所示，油酸钠（$C_{17}H_{33}COO—Na$），其亲油基为 $CH_3(CH_2)_{14}^-$，其溶解在水中时则电离为带负电荷的 $CH_3(CH_2)_{14}COO^-$ 和带正电荷的 Na^+。

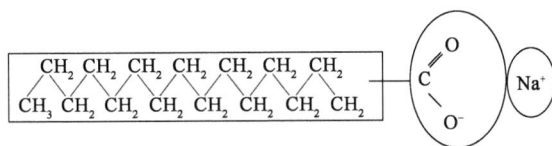

图 2-5 阴离子型乳化剂

（2）阳离子型乳化剂

阳离子型乳化剂是指在水中溶解后其极性部分倾向解离成阳（正）离子的表面活性物质。由于其能较好地被带有负电荷的湿润集料表面吸附，因而得到广泛的应用。常用的阳离子型乳化剂有烷基二胺或酰胺类、季铵盐类、胺化木质素类等。以十六烷基三甲基氯化铵为例，见

图 2-6。它的非极性端为 $CH_3(CH_2)_{15}$，极性端为 $-\overset{\overset{\displaystyle CH_3}{|}}{\underset{\underset{\displaystyle CH_3}{|}}{N^+}}-CH_3Cl$。当其溶解在水中时，其极性端

则电离为带正电荷的 $-\overset{\overset{\displaystyle CH_3}{|}}{\underset{\underset{\displaystyle CH_3}{|}}{N^+}}-CH_3$ 和带负电荷的 Cl^-。

阳离子型乳化剂是当前应用最广泛的乳化剂，我国生产较多、使用效果较好的阳离子型乳化剂见表 2-7。

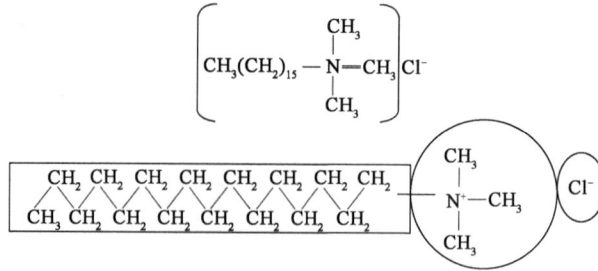

图 2-6　阳离子型乳化剂

我国阳离子型乳化剂　　　　　表 2-7

类型	化合物名称	分子式	商品代号	破乳速度
烷基二胺	N-烷基丙二胺	$RNH(CH_2)_3NH$	ASF	中裂型
酰胺	硬脂酸胺基多胺	$C_{17}H_{35}\overset{\displaystyle O}{\overset{\|}{C}}-NH-[(CH_2)_2NH]_n(CH_2)_2NH_2$	JSA-1	慢裂型
	牛脂酰胺基多胺	$R-\overset{\displaystyle O}{\overset{\|}{C}}-NH-[(CH_2)_2NH]_n(CH_2)_2NH_2$	JSA-2	中裂型
	烷基羟基酰胺基多胺	$R-N-CH_2CH_2CH_2-N-(CH_2CH_2CH_2N)_zH$ 中 $(CH_2CH_2CH_2N)_yH$ 与 $(CH_2CH_2CH_2N)_xH$	JSA-3	快裂型
季铵盐	烷基二甲基羟乙氯化铵	$\left(C_{14\sim18}H_{29\sim37}-\overset{\displaystyle CH_3}{\underset{\displaystyle CH_3}{N}}-CH_2-CH_2-CH_2OH\right)Cl$	1621	快裂型
	十六烷基三甲基溴化铵	$\left(C_{16}H_{33}-\overset{\displaystyle CH_3}{\underset{\displaystyle CH_3}{N}}-CH_3\right)Br$	1631	快裂型
	烷基三甲基氯化铵	$\left(C_{16\sim19}H_{33\sim39}-\overset{\displaystyle CH_3}{\underset{\displaystyle CH_3}{N}}-CH_3\right)Cl$	NOT 或 1831	中裂型
	烷基双季铵盐	$\left(R-NH_2-CH_2-\underset{\displaystyle OH}{CH}-CH_2-\overset{\displaystyle CH_3}{\underset{\displaystyle CH_3}{N}}-CH_3\right)Cl$	HY	慢裂型
胺化木质素	木质素胺	$CH_2O-\!\!\!\bigcirc\!\!\!-O-CH_2-\overset{\displaystyle CH_3}{\underset{\displaystyle CH_3}{N}}$	RH-COL	慢裂型

（3）两性离子型乳化剂

两性离子型乳化剂是指在水中溶解后其极性部分（亲水基团）既带有正电荷又带有负电荷的表面活性物质。主要化合物结构式如下：

氨基酸型：$R—NH—CH_2—CH_2COONa$

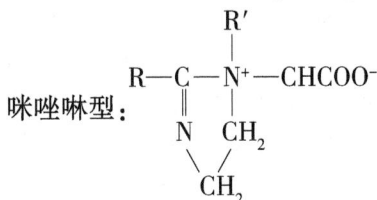

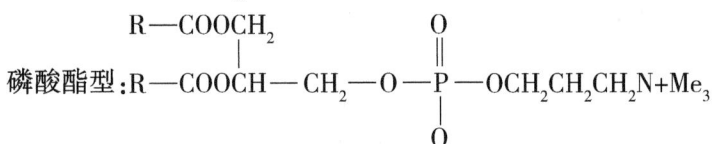

$$
\begin{array}{c}
\quad\quad\quad R' \\
\quad\quad\quad | \\
R—C—N^+—CHCOO^- \\
\parallel\quad | \\
N\quad CH_2 \\
\quad\; | \\
\quad CH_2
\end{array}
$$

咪唑啉型：

$$
\begin{array}{c}
R—COOCH_2\quad\quad\quad O \\
\quad\quad\quad\quad\quad\quad\quad \parallel \\
磷酸酯型：R—COOCH—CH_2—O—P—OCH_2CH_2CH_2N+Me_3 \\
\quad\quad\quad\quad\quad\quad\quad | \\
\quad\quad\quad\quad\quad\quad\quad O
\end{array}
$$

甜菜碱型：$R—N^+(CH_3)_2CH_2COO^-$

两性离子型乳化剂可以吸附在带负电荷或正电荷的物质表面，有良好的乳化性和分散性，但合成原料较难获取，价格较高，目前在乳化沥青中的应用较少。

（4）非离子型乳化剂

这类乳化剂是指在水中不解离成离子状态而又具有亲油和亲水结构的化合物。亲水结构主要来源于羟基或醚基，按化合物类型可分为聚氧乙烯衍生物、多元醇酯、聚醚等。常用 OP 系列烷基苯酚环氧乙烷加成物，结构简式为

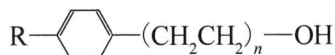

$$R—⟨\bigcirc⟩—(CH_2CH_2)_n—OH$$

非离子型表面活性剂在水介质中不会解离成水合离子，由于无电荷，当形成沥青乳液时与集料的结合力较弱，是靠水分蒸发破乳后，才能使沥青附着在集料表面。其单独作为沥青乳化剂的应用不多，而主要是与阳离子型、阴离子型乳化剂配合用于制造乳化沥青，有以下作用：可以延长乳液与石料接触时的破乳时间；用于稀浆封层时，可以改善混合料的和易性；可以提高乳化力；等等。

3）乳化沥青的制备

乳化沥青的制备应根据道路工程所需的乳化沥青品种和技术要求确定。具体制备工艺包括原材料准备、沥青加热、沥青乳化、添加稳定剂等。

（1）制备工艺

①原材料（沥青、乳化剂、稳定剂等）品种和剂量的确定。

②乳化工艺的确定。

a.沥青温度、流量的确定，应根据沥青品种、标号、季节而定。

b.乳化剂水溶液的配制和温度的确定，乳化剂水溶液流量的控制，应根据乳化剂和沥青的属性确定。

c.乳化工艺流程的确定，根据工程需要确定是分批作业还是连续作业。

③乳化设备的确定。

乳化机是乳化设备的核心。通过对沥青进行剪切研磨机械作用等，使沥青形成均细化颗

粒,稳定而均匀地分散在乳化剂水溶液中,成为水包油型的沥青乳液。常用的乳化机有均化器、胶体磨类乳化机等。

a. 均化器。均化器主要由增压泵和均化头组成。适用于沥青乳化的主要是柱塞式均化器,这种乳化机结构简单,制造容易,粒度均匀,但不耐用,易磨损,产量少,一般用于试验室。

b. 胶体磨类乳化机。乳化沥青大多采用胶体磨制造,胶体磨有高速的转子,在定子中以 1000~6000r/min 的转速旋转。转子和定子之间的空隙一般为 0.25~0.5mm,间隙可以调节。将热沥青和乳化剂溶液同时注入胶体磨,两者的温度根据沥青的级别、乳化液中沥青含量百分比、乳化剂品种等确定。进入胶体磨的沥青黏度不应超过 0.2Pa·s,要达到此黏度,沥青的温度应控制在 100~140℃。调整水的温度,使所产生的乳液温度低于 90℃。乳化剂溶液和沥青进入胶体磨后受到强大的剪切作用,沥青破裂形成很小的球状微粒,乳化剂裹覆微粒并使微粒表面带有电荷,产生的静电力可防止微粒互相聚合。

④乳液的储存。

乳液存放较长时间,会有分层现象,为减缓分层的速度,应采用密封容器,减少水分蒸发,或在容器上加装搅拌设备,定期进行搅拌。长期储存的乳液应定期取样检验。

图 2-7 所示为连续式乳化沥青生产流程图。

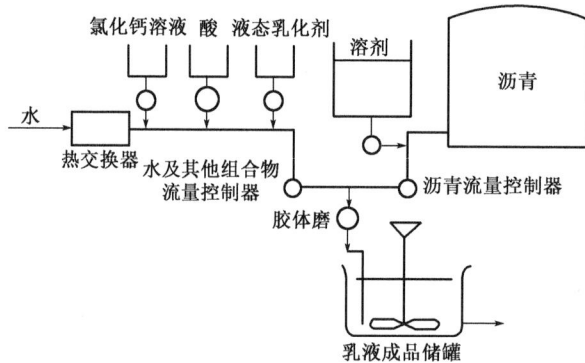

图 2-7　连续式乳化沥青生产流程图

(2)制备步骤

总体而言,乳化沥青可按下述步骤制备:

①材料准备:准备所需的原材料,包括沥青、水和乳化剂。沥青应选用适合乳化的类型,一般为中高温沥青。水应干净、无杂质,乳化剂应按照配方比例准备好。

②沥青加热:将沥青加热至一定温度,通常在 135~165℃ 之间。加热的目的是使沥青流动,便于与乳化剂充分混合。

③混合乳化:将加热后的沥青与水和乳化剂进行混合。通常使用乳化设备,如乳化罐或乳化机械设备。在混合过程中乳化剂会使沥青表面生成胶体颗粒,并与水分子结合形成乳状液体。

④添加辅助剂:根据需要,可添加一些辅助剂来改善乳化沥青的性能,如增稠剂、改性剂等。这些辅助剂的添加应按照确定的比例和工艺要求进行。

⑤储存和运输:将制备好的乳化沥青储存在适当的容器中,通常为罐装或桶装。在储存和运输过程中,需注意防止乳化沥青分离或结块。

需要注意的是,不同类型的乳化沥青可能有不同的制备工艺,具体工艺应根据所需的乳化沥青类型和应用要求进行调整。

对于改性乳化沥青而言,其实质是以乳化沥青为基料,以高分子聚合物(一般为橡胶胶乳)为改性材料,同时掺入适量的分散稳定剂或其他微量配合剂,在一定的工艺条件下,经过掺配、混溶制备成具有某种特性的稳定沥青橡胶混合乳液,这种混合乳液被称为橡胶改性乳化沥青。随着我国高速公路里程的增加和使用年限的延长,高速公路路面的维修工作量增加,随着沥青稀浆封层的大量使用,改性乳化沥青的用量将不断增加。改性乳化沥青的制备方法大致如下:

①二次热混合法。将改性剂与热乳化剂水溶液(60~70℃)经乳化机混合,用此混合液对热熔沥青(120~130℃)再次进行乳化。

②一次热混合法。将热橡胶胶乳与热乳化沥青(90~100℃)直接混合。

③一次混合法。将橡胶胶乳(常温)与乳化沥青(常温)直接混合制作改性沥青。

2. 作用机理

1)乳化沥青的形成机理

(1)乳化剂的降低界面能作用

沥青乳化剂是通过机械作用将沥青颗粒分散在水中,形成以沥青为分散相、水为分散介质的分散系。由于沥青被分散为细微的液滴,高度分散在水中,沥青的表面积大幅增加,从而大大增加了体系的界面能,所以必须对体系做功,减小其界面能,使体系的自由能降低,以保持体系的平衡和稳定,否则沥青将集聚。沥青乳液体系的表面自由能由式(2-1)计算。

$$\Delta G = \sigma_{aw} \cdot \Delta S \tag{2-1}$$

式中:ΔG——沥青乳液体系的表面自由能;

σ_{aw}——沥青与水的界面张力;

ΔS——沥青的表面积。

为保证沥青乳液中沥青液滴的高度分散性和稳定性,如果不减小沥青的表面积 ΔS,则必须降低沥青与水的界面张力 σ_{aw},掺加表面活性剂是最有效的方法。

乳化剂的化学结构既有亲油端又有亲水端,从而降低了沥青与水的界面张力。在80℃时,水的界面张力为62.6mN/m,沥青的界面张力为24mN/m,水中加入0.30%十八烷基三甲基氯化铵后,界面张力降为37.16mN/m。

(2)界面膜的保护作用

分散在沥青中的饱和分倾向于聚集在沥青颗粒的表面。具有较长烷基链的乳化剂与沥青有较好的吸附作用,因此容易形成紧密排列,从而增大了界面膜的强度,保护沥青微粒不致由于碰撞而聚集。所形成的界面膜的强度和紧密程度取决于乳化剂的分子结构和浓度,沥青乳液中乳化剂达到一定浓度时,定向排列的分子密集排列组成界面膜,膜的强度较大,界面张力减小,乳液稳定。

(3)界面电荷的稳定作用

乳化剂的作用使沥青与水的界面上形成双电层结构。这是由于沥青微粒带电荷的分子膜外层形成反向电荷的扩散层,分子膜和扩散层界面上存在电位差 ξ,ξ 越大,微粒之间的排斥力越大,因此在沥青液滴相互碰撞时,其间的排斥作用阻止了沥青液滴的聚集,保证了沥青乳液

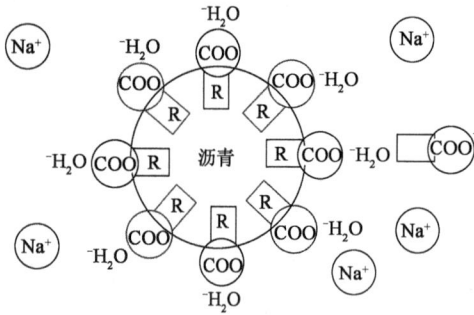

图 2-8 阴离子型乳化沥青颗粒带电情况

体系的稳定。双电层电位差的大小决定了扩散层的厚度,双电层厚度越大,乳液的稳定性越强。阴离子型乳化沥青颗粒带电情况如图 2-8 所示。

2)乳化沥青的分裂

为使沥青发挥其黏结功能,必须使沥青从乳液中分离出来,使沥青液滴相互聚集,在集料表面形成连续的覆盖薄膜,这就是乳化沥青的分裂。沥青乳液得以分裂的原因如下。

(1)电荷吸附作用

沥青乳液与集料接触后,乳液中沥青微粒所带电荷与集料表面所带电荷的相互吸附作用,是乳液破乳的主要原因。阴离子沥青乳液与表面带正电荷的碱性集料(如石灰石、白云石)有较好的吸附作用,阳离子沥青乳液与表面带负电荷的酸性集料(如硅质岩石、花岗岩等)有较好的吸附作用。在潮湿状态下,集料表面普遍带负电荷,因此阳离子沥青乳液易与潮湿的集料相结合。

(2)水分蒸发

乳液中的水分由于蒸发被集料吸收而发生分解、破乳,多孔、粗糙、干燥的集料易吸收水分,破坏乳液的平衡,加速破乳。

(3)酸碱中和

阳离子沥青乳液有一定的游离酸,pH 值小,游离酸与碱性集料发生反应,生成氯化钙和带负电荷的碳酸根离子,它与裹覆在沥青微粒周围的阳离子中和,因此沥青微粒能与集料表面紧密相连,形成牢固的沥青膜,乳液中的水分很快分离出来。

乳液的破乳可在颜色、黏结性及稠度等方面发生明显变化,待破乳全部完成后,沥青又恢复其原有性能。乳液破乳随着所接触材料和气候的不同,分离速度不同,影响破乳速度的因素有以下六个方面。

①乳化剂的种类与用量。乳化剂本身就有快裂型、中裂型、慢裂型三种。制备的乳液也相应地分为快裂型、中裂型、慢裂型。这些乳液与相同集料接触就有不同的破乳速度。同时用相同的乳化剂制备沥青乳液,由于所用乳化剂用量不同,破乳速度也在一定程度上受到影响,当乳化剂用量多时,可以减缓破乳速度。

②施工气候。气候是影响乳液破乳速度的重要因素,如气温、湿度、风速等。气温高、湿度小、风速大将加速破乳,与此相反,就会减缓破乳速度。

③离子电荷的吸附作用。沥青乳液中所带电荷与集料或路面所带电荷,即离子电荷的吸附作用也影响乳液破乳的速度。目前,我国常用集料为硅酸盐和碳酸盐,在湿润状态下,集料表面普遍带有负电荷,所以阳离子沥青乳液与这些集料表面接触时,阴阳离子立即产生吸附作用,即使是潮湿状态,也不影响这种离子的吸附作用。这种离子的吸附作用,使乳液立即发生破乳。

④集料表面性状。集料表面的粗糙度与湿度直接影响其吸收乳液中水分的能力,也影响破乳速度。例如,孔隙多、表面粗糙的集料,很快吸收乳液中的水分,破坏乳液的平衡,加快破乳;相反,如果集料表面致密、有光泽,吸水性不强,则将减缓乳液的破乳速度。当然,集料自身

的含水率也必然影响破乳速度。

⑤公称最大粒径。公称最大粒径越小,比表面积越大。此外,集料颗粒的级配及矿物成分也直接影响公称最大粒径和比表面积。一般比表面积越大,乳液与集料接触面越大,乳液的破乳速度越快,相反,当公称最大粒径大,比表面积小时,破乳速度就会变慢。

⑥机械力的作用。乳化沥青与集料接触破乳后,机械的冲击和压力作用(例如,轮胎压路机与行车碾压的作用)可以加速乳化沥青的破乳与缩短凝固成形时间。

综上所述,影响乳化沥青破乳速度的因素很多,它们之间的关系错综复杂,但只要掌握其变化规律,就一定能生产出破乳速度合格的沥青乳液。

3. 技术指标

1)乳化剂的技术指标

表面活性剂亲水基团和亲油基团的强弱,影响乳化剂的表面活性作用,对如何选择乳化剂是十分重要的。通常用亲水-亲油平衡(hydrophilic-lipophile balance,HLB)值来表示乳化剂亲油、亲水能力的相对大小,HLB 值越小越亲油,越大越亲水。通常以石蜡的 HLB 值为 0,油酸钾的 HLB 值为 20,烷基硫酸钠的 HLB 值为 40 为标准。HLB 值与表面活性剂的化学结构有密切关系,可以通过乳化试验的乳化效果来确定,也可用有关公式计算出来。表面活性剂的 HLB 值大小还与其水溶性有关,通过 HLB 值可以初步确定表面活性剂的作用范围,如表 2-8 所示。非离子型表面活性剂的 HLB 值为 1 ~ 20,阴离子型和阳离子型表面活性剂的 HLB 值为 1 ~ 40。

沥青乳化剂 HLB 值与其水溶性的关系 表 2-8

HLB 值	表面活性剂的水溶性
1 ~ 3	在水中基本不能分散
3 ~ 6	在水中分散不完全
6 ~ 8	加以搅拌即能分散
8 ~ 10	分散液稳定
10 ~ 13	具有透明感的分散
>13	透明溶液

2)乳化沥青的技术指标

乳化沥青的主要检测指标与试验方法有:外观、黏度、筛分试验、黏附性试验、分类拌和稳定度试验、破乳试验、储存稳定性、蒸发残留物含量及性质试验等。

(1)筛上残留物占比

乳液中沥青微粒的均匀程度是确定乳化沥青质量的重要指标。检测方法为:待乳液完全冷却或基本消泡后,将乳液过 1.18mm 筛,求出筛上残留物占过筛乳液质量的百分比。此项检验的标准是,所测乳液的筛上残留物占比小于 0.1% 为合格。

(2)蒸发残留物含量及性质

蒸发残留物含量是指将一定量的乳液脱水后,其蒸发残留物占乳液质量的百分比,用以检验乳液中实际的沥青含量。乳液中沥青含量过高,会使乳液黏度变大,储存稳定性不好,且不利于施工。乳液中沥青含量过低,会使乳液黏度较低,施工时容易流失,不能保证要求的沥青用量,同时提高乳液的运输成本,增加乳化剂用量。根据乳化沥青的不同用途,蒸发残留物的含量有不同规定、要求。常用的喷洒型乳化沥青蒸发残留物含量不低于 50% ,拌和型乳化沥青蒸发残留物含量不低于55%,拌和型改性乳化沥青蒸发残留物含量不低于60%。

蒸发残留物的性质以针入度、延度和软化点表征,用以比较沥青乳化后与原沥青在技术性能上的差别。

(3)黏度

不同的施工方法、施工季节和路面结构层次,对沥青乳液的黏度要求不同。沥青乳液黏度不当,可能造成路面的过早损坏。我国采用道路沥青标准黏度计或恩氏黏度计测定乳液的黏度。恩氏黏度计:在25℃条件下,让乳液从直径为2.9mm的流孔中流出50mL或100mL所需的秒数与同样温度下流出同量蒸馏水所需的秒数的比值即为乳液的黏度。标准黏度计:温度为25℃、流孔直径为3mm时,流出50mL乳液所需秒数为乳液的黏度。

(4)黏附性

阳离子型乳化沥青的黏附性测试:将干净的集料在水中浸泡1min后,放入乳液中浸泡1min,取出后置于空气中存放20min,再于水中摆洗3min,然后观察集料颗粒表面沥青膜的裹覆面积。

阴离子型乳化沥青的黏附性测试:将干净的13.2~31.5mm碎石50g排列在滤筛上,将滤筛连同集料一起浸入阴离子沥青乳液中1min后,取出在室温下放置24h,然后在40℃温水中浸泡5min,观察乳液与集料表面的黏附情况。

此项检验的标准:用肉眼观察摆洗或温水浸泡后的集料,如集料上乳液黏附的面积大于2/3即为合格。一般用石灰石、花岗石和石英石这三种集料进行检验。在ASTM标准中,以优、良、差来评价黏附性试验。"优"即乳液把集料表面完全裹覆,"良"即黏附的面积大于脱落的面积,"差"即脱落的面积大于黏附面积。

(5)储存稳定性

储存稳定性用来检验乳液的存放稳定性。测定方法:将乳液在容器中放置规定的储存时间后,检测容器中上、下层乳液的浓度变化。检验储存稳定性一般用放置5d的乳液,如时间紧迫也可用1d的。

检验标准:乳液在特制的量筒中静置5d(或1d)后,上、下层蒸发残留物含量之差小于5%(或1%)为合格。在ASTM标准中,储存稳定性合格的标准是乳液在量筒中静置24h以后,上、下层沥青含量之差小于1%。

(6)低温储存稳定性

低温储存稳定性是检测乳液经受冰冻后,其状态发生的变化。测量方法:将乳液加热到25℃,然后在-5℃的温度下放置30min,再在25℃下放置10min,循环2次后,将试样过1.18mm筛,如果筛上没有结块等残留物,则低温储存稳定性合格。

(7)微粒离子电荷性

微粒离子电荷性用于确定乳液是阳离子型还是阴离子型。具体方法:在乳液中放入两块电极板,通入6V直流电,3min后观察电极板上沥青微粒的黏附量。如果负极板上吸附大量沥青微粒,表明沥青微粒带正电荷,则该乳液为阳离子型,反之则为阴离子型。

(8)破乳速度

破乳速度试验是将乳液与规定级配的集料拌和后,由集料表面被乳液薄膜裹覆的均匀程度,判断乳液的拌和效果,并鉴别乳液属于快裂、中裂或慢裂类型。乳化沥青的破乳速度按照表2-9的标准分级。

乳化沥青的破乳速度分级 表2-9

代号	破乳速度	A组集料拌和结果	B组集料拌和结果
RS	快裂	混合料呈松散状态,一部分集料颗粒未裹覆沥青,沥青分布不够均匀,并有些凝聚成块	乳液中的沥青在拌和后立即凝聚成团块,不能拌和均匀
MS	中裂	混合料混合均匀	混合料呈松散状态,沥青分布不匀,并可见凝聚的团块
SS	慢裂	——	混合料呈糊状,沥青乳液分布均匀

(9)乳液凝结

通常采用水泥拌和试验评定在慢裂型乳液与水泥的拌和过程中乳液的凝结情况,该试验可用于评价加固稳定砂石土基层、稀浆封层等施工中所用乳化沥青的性能。将50g水泥与50g乳液试样拌和均匀后,加入150mL蒸馏水拌匀,然后过1.18mm筛,结果用筛上残留物占水泥和沥青总质量的百分比表示。拌和试验是乳液试样与规定级配的混合料在室温下拌和后,以集料裹覆乳液均匀状态来判断乳液类型的另一种试验方法,也是检验乳化沥青拌和稳定性的方法。

基于上述试验,工程上按照施工方法,将阳离子型乳化沥青(代号C)、阴离子型乳化沥青(代号A)及非离子型乳化沥青(代号N)分为两大类:第一类是喷洒型乳化沥青,代号P,主要用于透层、黏层、表面处治或贯入式沥青碎石路面;第二类是拌和型乳化沥青,代号B,主要用于沥青碎石或沥青混合料路面。我国《公路沥青路面施工技术规范》(JTG F40—2004)对道路用乳化沥青的技术要求见表2-10。

道路用乳化沥青技术要求 表2-10

试验项目		单位	品种及代号										试验方法
			阳离子				阴离子				非离子		
			喷洒用		拌和用		喷洒用			拌和用	喷洒用	拌和用	
			PC-1	PC-2	PC-3	BC-1	PA-1	PA-2	PA-3	BA-1	PN-2	BN-1	
破乳速度			快裂	慢裂	快裂或中裂	慢裂或中裂	快裂	慢裂	快裂或中裂	慢裂或中裂	慢裂	慢裂	T 0658
粒子电荷			阳离子(+)				阴离子(−)				非离子		T 0653
筛上残留物(1.18mm筛),不大于		%	0.1				0.1				0.1		T 0652
黏度	恩格拉黏度计 E_{25}		2~10	1~6	1~6	2~30	2~10	1~6	1~6	2~30	1~6	2~30	T 0622
	道路标准黏度计 $C_{25,3}$	s	10~25	8~20	8~20	10~60	10~25	8~20	8~20	10~60	8~20	10~60	T 0621
蒸发残留物	残留分含量,不小于	%	50	50	50	55	50	50	50	55	50	55	T 0651
	溶解度,不小于	%	97.5				97.5				97.5		T 0607
	针入度(25℃)	0.1mm	50~200	50~300	45~150		50~200	50~300	45~150		50~300	60~300	T 0604
	延度(15℃),不小于	cm	40				40				40		T 0605

试验项目	单位	品种及代号										试验方法
		阳离子				阴离子				非离子		
		喷洒用			拌和用	喷洒用			拌和用	喷洒用	拌和用	
		PC-1	PC-2	PC-3	BC-1	PA-1	PA-2	PA-3	BA-1	PN-2	BN-1	
与粗集料的黏附性,裹覆面积,不小于		2/3			—	2/3			—	2/3	—	T 0654
与粗、细粒式集料拌和试验		—			均匀	—			均匀	—	—	T 0659
水泥拌和试验的筛上剩余量,不大于	%	—			—	—			—	—	3	T 0657
常温储存稳定性: 1d,不大于 5d,不大于	%	1 5				1 5				1 5		T 0655

3)改性乳化沥青的技术要求

我国《公路沥青路面施工技术规范》(JTG F40—2004)对改性乳化沥青的技术要求见表2-11。

改性乳化沥青技术要求　　　　　　　　　　　　　　　表2-11

试验项目		单位	品种及代号		试验方法
			PCR	BCR	
破乳速度			快裂或中裂	慢裂	T 0658
粒子电荷			阳离子(+)	阳离子(+)	T 0653
筛上剩余量(1.18mm),不大于		%	0.1		T 0652
黏度	恩格拉黏度 E_{25}		1～10	3～30	T 0622
	沥青标准黏度 $C_{25,3}$	s	8～25	12～60	T 0621
蒸发残留物	含量,不小于	%	50	60	T 0651
	针入度(100g,25℃,5s)	0.1mm	40～120	40～100	T 0604
	软化点,不小于	℃	50	53	T 0606
	延度(5℃),不小于	cm	20	20	T 0605
	溶解度(三氯乙烯),不小于	%	97.5		T 0607
与矿料的黏附性,裹覆面积,不小于			2/3	—	T 0654
储存稳定性	1d,不大于	%	1	1	T 0655
	5d,不大于	%	5	5	T 0655

面向改性乳化沥青的不同用途,美国 *Standard Specification for Polymer-Modified Asphalt*(AASHTO M 316-23)也提出了相应的要求,见表2-12 和表2-13。

稀浆封层聚合物改性乳化沥青的要求 表2-12

试验项目		技术要求							
		快凝型						中凝型	
		CRS-2hP	CRS-2P	CRS-2sP	CHFRS-2hP	CHFRS-2P	CHFRS-2sP	HFRS-2P	HFMS-2P
粒子电荷		正电(+)	正电(+)	正电(+)	正电(+)	正电(+)	正电(+)	—	—
筛分试验(%)①②		≤0.10	≤0.10	≤0.10	≤0.10	≤0.10	≤0.10	≤0.10	≤0.10
黏度	50℃赛波特黏度(s)①②	100~400	100~400	100~400	100~400	100~400	100~400	75~400	100~400
	50℃旋转黏度(mPa·s)①②	200~800	200~800	200~800	200~800	200~800	200~800	150~800	200~900
蒸发残留物	含量(%)③	≥65	≥65	≥65	≥65	≥65	≥65	≥65	≥65
	石油馏分(按乳化沥青体积计,%)	—	—	—	—	—	—	≤3	≤3
	25℃针入度(0.1mm)	40~90	90~150	150~250	40~90	90~150	150~250	100~200	100~200
	25℃弹性恢复率(%)	≥50	≥60	≥60	≥50	≥60	≥60	≥60	≥60
	60℃浮子试验(s)	—	—	—	≥1800	≥1800	≥1800	≥1200	≥1200
	灰分含量(%)	≤1	≤1	≤1	≤1	≤1	≤1	≤1	≤1
储存稳定性	24h(%)①②	≤1	≤1	≤1	≤1	≤1	≤1	≤1	≤1
抗乳化性	35mL,0.8%磺基琥珀酸钠二辛酯(%)①	≥40	≥40	≥40	≥40	≥40	≥40	—	—
	35mL,0.02N④氯化钙(%)①	—	—	—	—	—	—	≥50	—
	50mL,0.10N④氯化钙(%)①	—	—	—	—	—	—	—	≥40

注:①对于稀释后的乳化沥青产品,可以免除此测试要求和相关的规格限制。
　②如果该材料已在现场成功应用,则可以免除对代表性样品的测试要求。
　③对于稀释的乳液,必须相应调整残留物含量要求。
　④N 表示摩尔/升。
1. CRS 表示阳离子快凝喷洒级乳化沥青;CHFRS 表示阳离子高漂浮快凝喷洒级乳化沥青;HFRS 表示高漂浮中凝喷洒级乳化沥青;HFMS 表示高漂浮中凝乳化沥青。
2. "2"表示黏度等级,通常为较高的黏度,适合在厚层铺装中提供良好的黏结性;"h"表示 high viscosity(高黏度),进一步强调其高黏度特性,适合于需要增强耐久性和黏结性的应用;"P"表示 polymer modified(聚合物改性),表明乳化沥青中添加了聚合物,提高了耐久性和抗裂性。

微表处聚合物改性乳化沥青的要求 表2-13

试验项目		技术要求	
		CQS-1hP④	CQS-1P④
粒子电荷		正电(+)	正电(+)
筛分试验(%)①②		≤0.10	≤0.10
黏度	50℃赛波特黏度(s)①②	20~100	20~100
	50℃旋转黏度(mPa·s)①②	40~200	40~200
蒸发残留物	含量(%)③	≥62	≥62
	25℃针入度(0.1mm)	40~90	90~200
	25℃弹性恢复率(%)	≥50	≥60
	软化点(℉)	≥135	≥128
	灰分含量(%)	≤1	≤1

注:①对于稀释后的乳化沥青产品,可以免除此测试要求和相关的规格限制。
　　②如果该材料已在现场成功应用,则可以免除对代表性样品的测试要求。
　　③对于稀释的乳液,必须相应调整残留物含量要求。
　　④CQS-1hP表示阳离子速凝高黏聚合物改性沥青乳液;CQS-1P表示阳离子速凝聚合物改性沥青乳液。

二、泡沫沥青

泡沫沥青(foamed asphalt)是在高温沥青中加水滴形成蒸气泡,产生连锁反应,显著提高胶合性能的新材料,泡沫沥青黏聚性强且稳定,是一种常用的冷再生稳定剂。

1.组成与制备

(1)泡沫沥青的组成

泡沫沥青的组成较为简单,一般为高温沥青加水,实际使用中为了改善发泡性能,也常在沥青中掺加表面活性类发泡剂,常用的发泡剂有十六烷基三甲基溴化铵(CTAB)、十二烷基硫酸钠(K12)和十二烷基苯磺酸钠(SDBS)。其中,CTAB属于阳离子型表面活性剂,为白色微晶形粉末,可与沥青中含有的大量阴离子酸根吸附,有利于沥青发泡并起到抗剥离作用;K12属于阴离子型表面活性剂,为白色或乳白色片状结晶或粉末;SDBS也属于阴离子型表面活性剂,为白色或浅黄色粉末或颗粒,热敏感性低,与热沥青混合使用效果好。

(2)泡沫沥青的制备

泡沫沥青制备过程较为简单,将基质沥青放到加热至140℃以上的沥青罐中循环加热,注入冷水(室温)的同时加入压缩空气,使之发生一系列物理变化,从而产生泡沫沥青,如图2-9所示。

2.作用机理

在发泡机的膨胀腔内,在高温沥青中喷入压缩空气和常温水后,沥青的体积急剧膨胀,然后迅速衰减。在这个过程中,水首先在气压的作用下分散为数量众多的细微水体(近似于水雾状态),当这些分散的细微水体遇到热沥青时,两者发生的热交换作用使得水体温度升高。由于水体微粒细小,故在极短时间内完成的热交换使水体微粒达到汽化温度,再加上同时注入的压缩空气,热沥青内部即形成众多蜂巢状的膨胀空气室。此时,汽化水体微粒表面张力、沥青薄膜表面张力、汽化水体及压缩空气共同形成的内部气压达到了相对平衡。沥青发泡、体积膨胀的过程如图2-10所示。

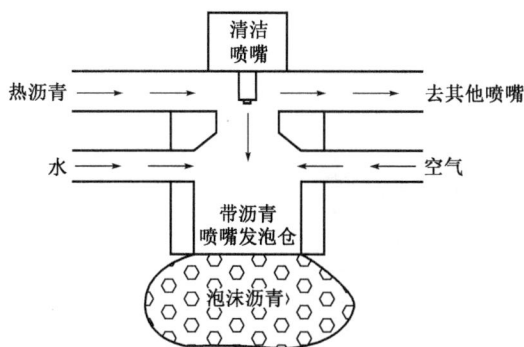

图 2-9 泡沫沥青制备过程

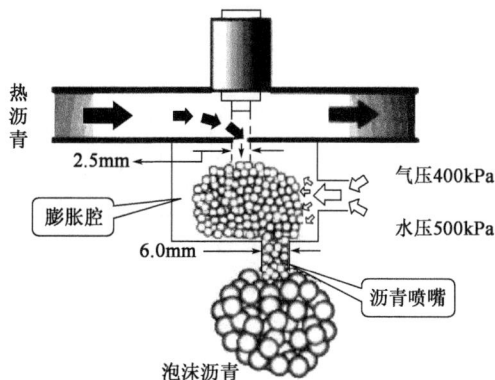

图 2-10 泡沫沥青的形成过程示意图

由于热沥青内部所分散的水体微粒大小不一,分布不均,形成的蜂巢状膨胀空气室大小、表面沥青膜厚度不一,所形成的平衡状态极不稳定,沥青在达到最大膨胀体积后会很快衰减,迅速恢复至原有体积,通常在 1min 内就可完成体积的膨胀和衰减过程。

(1)发泡效果影响因素

泡沫沥青的膨胀率和半衰期受以下因素影响:

①加水量。增加注入沥青的发泡用水量可以有效增加泡沫的体积,使得膨胀率增大。然而单个泡沫体积的增大减小了周围沥青薄膜的厚度,使得泡沫不稳定,从而导致半衰期减小。因此膨胀率与发泡用水量呈正相关,半衰期与发泡用水量呈负相关。

②沥青类型。研究表明,通常使用针入度为 $80 \sim 150(0.1mm)$ 的沥青来发泡。使用较硬的沥青会产生质量较差的泡沫,从而导致沥青分散效果较差,但是考虑实际应用的情况,也时常会使用能够满足最低发泡要求的针入度较低的沥青。此外,不同的沥青由于微观组成不同,其发泡效果也会产生差异。

③沥青温度及水压力。一方面,由于在发泡过程中水需要从沥青中吸收热量,所以要获得满意的发泡效果,沥青发泡前的温度应当超过 160℃,且温度越高,沥青的黏度越低,形成的泡沫也就越大;另一方面,沥青和水通过小直径的通口注入发泡室,增加输送管道的压力可以使流经这些通口的液体分散呈雾状,从而改善泡沫的均匀性。

④发泡剂。发泡剂都具有较好的表面活性和较强的亲水性,有助于沥青发泡及提升泡沫稳定性,且随着发泡剂质量分数的增加,泡沫沥青膨胀率、半衰期和发泡指数均呈现先增大后减小的趋势,表明掺加适量的发泡剂可以显著提升沥青发泡性能,尤其是有利于延长半衰期。

(2)最佳发泡条件的确定方法

从沥青发泡机理角度分析,最佳发泡条件实际上是一种微观平衡状态:在沥青温度等条件相对固定时,在某个发泡用水量下,分散到热沥青内部的细微水体汽化形成的空气室内部压力和稍微冷却的沥青膜表面张力恰好达到平衡状态,这样沥青泡沫才能在达到较大膨胀倍数的同时维持较长的时间——这就是最佳发泡条件的微观本质。

宏观上,最佳发泡条件是指某种沥青达到最佳发泡效果时对应的发泡条件,包括沥青温度、发泡水温度、发泡用水量等,发泡用水量是最为关键的条件。目前,沥青最佳发泡条件的确定方法如图 2-11 所示,首先在一定的沥青温度和水温下,得到沥青膨胀率和半衰期与发泡用水量的关系曲线,然后根据可接受的最低膨胀比和半衰期要求,确定沥青的最佳发泡用水量。在不同的沥青温度下,重复这个过程,进而选择最佳发泡条件。

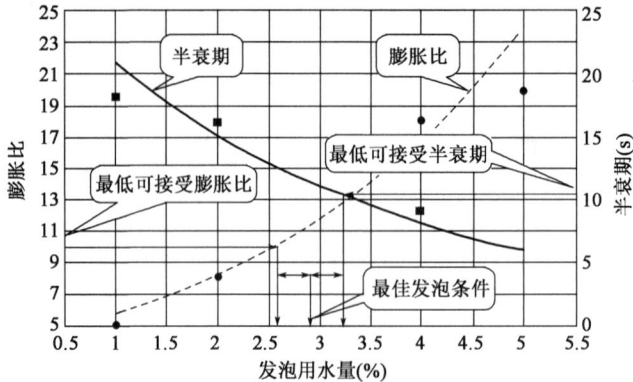

图2-11 确定某温度下最佳发泡条件的方法

3.技术指标

目前,评价沥青发泡效果的主要技术指标为膨胀比和半衰期。膨胀比是指沥青发泡时能够达到的最大体积与沥青原体积的比值(无量纲)。沥青的体积膨胀倍数越大,施工和易性越好,在最终成形的混合料中泡沫沥青的分散均匀性越高。半衰期是指沥青发泡状态达到最大体积的时刻至泡沫消散至最大体积一半时所需的时间(以 s 计)。半衰期越长,沥青泡沫衰减越慢,施工中能提供的有效拌和时间越长,同样能带来较好的混合料性能。我国《公路沥青路面再生技术规范》(JTG/T 5521—2019)中给出了泡沫沥青技术要求,见表2-14。

泡沫沥青技术要求   表2-14

技术指标	技术要求	技术指标	技术要求
膨胀率(倍)	≥10	半衰期(s)	≥8

第三节　其他改性沥青

一、生物沥青

为了响应可持续发展战略,可再生能源进入了许多研究人员的视野,例如太阳能、风能、水能、生物质能、地热能和海洋能等。其中,生物质能因其环保、储容量大、价格低等特点而引起了众多研究者的关注。通常,生物质是指来自植物或动物中无法作为食物或饲料的废物,例如来自水稻秸秆的废物、玉米棒等食物残渣、猪粪等动物排泄物、动植物的尸体以及污水处理厂的人类排泄物。生物质能是指可以从生物质中提取的能量,其中包括生物汽油、生物柴油、溶剂和氢气等轻成分,以及重成分(主要是生物油)。

生物沥青(bio-asphalt)是一种可再生的新型材料,具备成为水泥、石油沥青以外的第三类道路铺面材料的潜质。美国等国家率先开展了路用生物沥青的研究及应用,爱荷华州立大学联合美国的 Avello 公司已铺筑了试验路段。生物沥青作为石油沥青的可替代产品,其主要有三种替代方案,如表 2-15 所示。

生物沥青替代方案

表 2-15

应用类别	替代百分比	应用成熟度
完全替代	100% 替代	由于生物沥青性能的局限性,尚未实现
作为添加剂替代	25% ~75% 替代	一般
作为改性剂替代	<10% 替代	成熟

相比石油沥青,生物沥青的优越性主要体现在以下四点:①减少生产过程中温室气体的排放;②减少生产及压实过程中的能源消耗;③降低建设费用;④在寒冷地区具有良好的道路性能。

1.组成与制备

1)生物沥青的组成

凡是以生物质为原料,最终能转化为具备沥青功能的材料,都可以称为生物沥青。从化学组分的角度来看,生物沥青是指经过加工与改性可制得具有结合料性能的高分子碳氢化合物,其可分为以下三类:①秸秆、木屑、草屑等木质纤维类;②猪粪等动物粪便类;③废弃食用油脂、煎炸废油等地沟油类。此外,生物油还可以通过微藻、橡木分解、棉籽和大豆炼油的下脚油以及咖啡渣等生产。

2)生物沥青的制备工艺

生物沥青制备过程可分为以下两个阶段。

(1)生物油的制备

生物油是通过将生物质进行酸解、醇解、热解、高压液化等方式得到的。生物质快速热裂解技术是指在热解温度下生产作为生物黏结剂的生物油,其方法主要有物理方法(提取和挤压)和化学方法,包括催化裂化、酸解、醇解和热解。其中,热解是最有效的也是当前应用最广的一类方法。热解产物包括液体产物(生物油)、固体产物(焦炭)和燃气。根据热解温度、升温速率和持续时间的差异,热解技术又可分为缓慢热解、传统热解、快速热解和瞬时热解四种类型,热解过程如图 2-12 所示。在这些热解技术中,缓慢热解和传统热解的主要产物是碳,而快速热解和瞬时热解产生更多的生物油。相关研究表明,在加热速率 1000 ~ 10000℃／s、反应温度 500℃ 左右和产物的保留时间小于 2s 的情况下,可以获得最佳的生物油收率。在此条件下,秸秆和锯末的热解生物油收率分别不低于 50% 和 60% 。因此,快速热解被广泛用于制备生物油。而瞬时热解加热速率非常高,反应时间仅数秒或更短,通常需要特殊的反应器。

(2)生物沥青的制备

生物沥青的制备过程相对简单,主要由生物油和石油沥青采用调和法制备,生物油作为改性剂或添加剂部分替代石油沥青。大致操作为,先将生物油和沥青分别加热到一定温度,然后用搅拌机、高速剪切机混合一定时间,便可以制备出生物沥青。由于生物油的来源和特性不同,制备参数也不同,需要进行试验与生产验证。生物沥青制备工艺流程如图 2-13 所示。

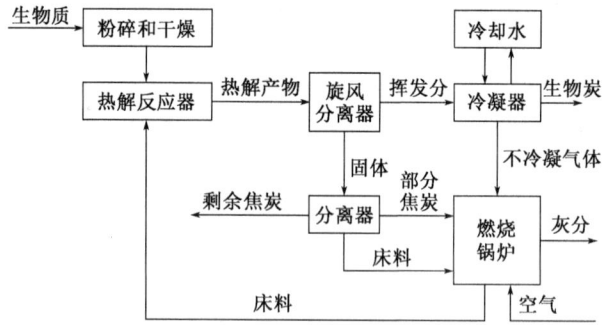

图 2-12　生物质热解处理示意图

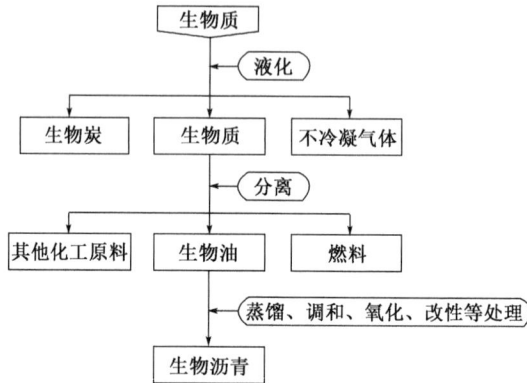

图 2-13　生物沥青制备工艺流程

需指出,在掺入石油沥青之前,必须对生物油进行预处理,因为生物油可能含有一定量的水而与沥青不相容。在室温下,生物油是自由流动的有机液体。由于生物油含有许多有机酸,因此生物油的 pH 值通常在 2.5 ~ 3.5 之间。生物油的水分含量在 15% ~ 30% 之间,其黏度值因原材料和热解条件而异,在 40℃时为 35 ~ 1000cP。而在化学元素组成上,生物沥青与石油沥青的元素是不同的。与石油沥青黏结剂相比,生物沥青的氧(O)元素更多,碳(C)元素更少,这导致了生物油容易老化。当然,生物油中的元素含量因生物质来源而异。元素的含量会影响生物沥青中的官能团和极性基团,导致不同生物沥青的物理和化学特性存在差异。

在当前的较多研究中,生物油与沥青混合时,剪切温度在 105 ~ 180℃ 之间变化;剪切速率的差异也很大,低至 200r/min,最高则能达到 5000r/min;剪切时间也不同,从 10 ~ 60min 不等。大多数学者在生物沥青的制备过程中采用了 135℃ 的剪切温度、3000 ~ 5000r/min 的浓缩剪切速率和 30min 的剪切时间。由于生物沥青在高温下易老化,温度较高时生物油中的轻质组分易挥发,因此在制备时最好控制加工温度低于 170℃。但植物基生物油由较高含量的木质素、半纤维素和纤维素组成,这使得剪切过程较为困难,因此往往会采用比动物基生物油更高的温度。目前市场上生物油的价格低于石油沥青的价格。如果在道路工程中使用生物油代替沥青,将大大降低道路工程的成本。

2. 作用机理

生物油是复杂的有机成分混合物,包含成百上千种从属于数个化学族类的物质,目前为止尚无一种分析方法可以完整地给出生物油的成分分布。与石油沥青相比,生物油是高含氧量的复杂有机成分混合物,包括酸、醛、酮、呋喃等有机物,主要由 C、H、O 及少量的 N、S 元素组成。生物油和石油的主要元素组成与性质比较如表 2-16 所示。

生物油和石油主要元素组成与性质比较　　　表 2-16

试样	含水率（%）	密度（g·cm⁻³）	135℃黏度（Pa·s）	热值（MJ·kg⁻¹）	元素分析(%)					灰分（%）
					C	H	O	N	S	
生物油	15~30	1.05~1.25	0.04~0.1	16~19	55~65	5~7	10~40	<0.4	<0.05	<0.2
石油	0.1	0.86	0.18	44	83~86	11~14	<1	<1.0	<4	0.1

生物沥青是指将生物质液化处理后的生物油与石油沥青经剪切搅拌后得到的混合物。生物油的化学组成和性能与石油沥青相似,两者具备良好的相容性,混合后能够形成性能均一的稳定均相体系。

道路工程领域中,生物沥青在沥青性能提升、再生老化沥青和温拌作用方面显示出巨大潜力。研究表明,生物沥青能明显提高沥青路面的低温抗裂性能、水稳定性和抗老化性能,同时可用于老化沥青路用性能的恢复,降低道路沥青摊铺温度,具有广泛的应用前景。对于生物沥青作用机理的阐述,同样可从以下三方面进行。

(1)生物沥青改性机理

针对生物沥青的改性作用,不同掺量的生物油改性沥青的高低温性能、耐疲劳性能被广泛研究。当前研究结果表明,连续热裂解工艺制备的废植物油对基质沥青具有一定改性作用,观察到 2%~10% 掺量的废植物油降低了基质沥青的轮辙因子,但明显改善其低温性能。也有部分研究使用木质素油改性基质沥青后却观察到相反的性能变化,发现生物沥青的高温性能得到了提升,而低温性能发生劣化。秸秆油和蓖麻油改性沥青中也观察到抗轮辙性能和抗疲劳性能的提升。针对猪粪油改性沥青的研究则表明,其兼顾了高温抗轮辙性能和低温抗裂性能,采用 5%~10% 的猪粪油改性基质沥青后在提高轮辙因子的同时,还降低了临界开裂温度,最高降幅达 4.6℃。红外光谱、原子力显微镜等微观表征方法表明生物沥青制备过程中生物油与石油沥青发生了化学反应,因此改变生物沥青力学性能的同时确保了其储存稳定性。采用汉堡轮载试验、修正罗特曼试验和半圆弯曲试验进一步测试了生物沥青混合料的力学性能,结果其同样表现出优异的低温抗裂性、水敏感性和耐疲劳性。针对生物沥青高温性能较差的缺陷,有学者研究了聚乙烯对生物沥青黏度的影响。尝试将橡胶颗粒加入生物沥青后表现出良好的相容性。此外,采用纳米黏土和纳米硅复合改性生物沥青也获得了良好的高温和抗老化性能。

(2)生物沥青抗老化机理

生物沥青的抗老化性能同样备受关注。部分学者研究发现废植物油掺量为 7% 的生物沥青经过热氧老化后观察不到明显变化,证明生物沥青具有较好的抗热氧老化性能。采用猪粪油与石油沥青制备抗老化生物沥青,通过红外光谱发现这类生物沥青的羰基和亚砜基官能团相比石油沥青降低了 44%。对生物油抗热氧老化性能进行多尺度表征发现,生物油中存在的大量低极性分子不易参与沥青的老化反应,同时存在的少量高极性生育酚则替代部分沥青质成为热氧老化反应的主要靶点,两者共同作用提高了生物沥青的抗热氧老化性能;并结合 LAMMPS、Materials Studio 等软件对微观机理进行了讨论。采用生物沥青制备了抗紫外老化雾封层,结果其表现出更高的不可恢复蠕变柔量。通过研究不同生物沥青的抗紫外老化性能,发现抗紫外老化性能与碳质颗粒含量以及分子极化率有关,碳质颗粒能够有效吸附紫外光的同时,低极化率的生物沥青分子不易发生紫外老化,从而减少了紫外光对生物沥青性能的影响。

(3)生物沥青再生机理

与其他再生剂一样,生物油再生老化沥青的过程中没有化学键的断裂或新的化学键的形成,没有发生化学反应,因此仅是物理过程。生物油再生剂对老化沥青性能改善的作用机理主要可以从沥青四组分(沥青质、胶质、饱和分和芳香分)比例的变化角度来解释。图2-14为基质沥青、老化沥青及生物油再生沥青的四组分测试结果。可以发现热氧老化后代表沥青四组分的四个峰的位置以及面积发生非常显著的变化,主要原因是热氧老化过程中发生了显著的氧化反应以及轻质组分的挥发。此外,氧化反应过程中部分芳香分转化为胶质和沥青质,而轻质组分的挥发减小了饱和分的比例。在加入生物油再生剂后,四组分的比例发生变化,主要表现为饱和分的增加。由于沥青的流变性能与沥青的四组分比例密切相关,因此生物油再生剂的作用机理可以简单归结为生物油再生剂的加入恢复了老化沥青的四组分比例。

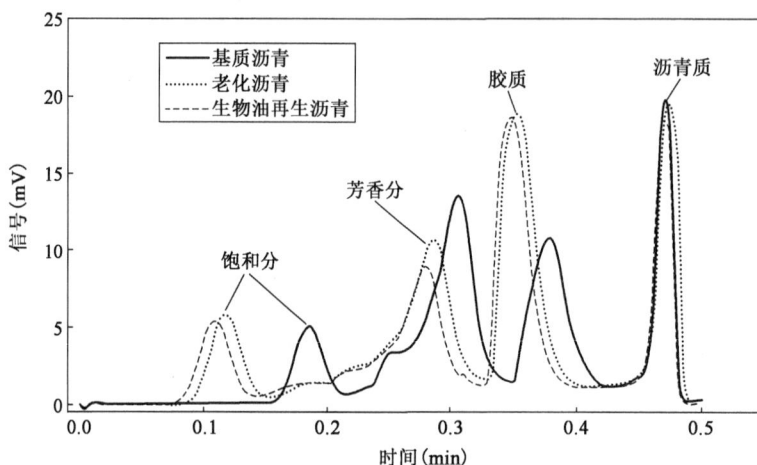

图2-14 基质沥青、老化沥青及生物油再生沥青的四组分测试结果

此外,还可以从沥青胶体结构变化的角度进一步理解生物油再生剂的作用过程。胶体结构理论将沥青描述为小分子包裹的沥青质颗粒分散在软沥青质中形成的一种稳定的胶体结构。因此沥青质和软沥青质的比例决定了沥青的胶体结构状态和流变性能。通常将沥青质含量较低(小于10%)的沥青定义为溶胶型沥青,沥青质含量较高(25%~30%)的沥青定义为凝胶型沥青,沥青质含量介于两者之间的沥青定义为溶-凝胶型沥青。溶胶型沥青具有延展性高、触变性低、温度敏感性高和位阻硬化率低等特性,而凝胶型沥青具有延展性低、触变性高、温度敏感性低和位阻硬化率高等特性。

沥青路面中常用的沥青一般为溶-凝胶型沥青,其在服役初期一般表现出较好的黏弹性,然而随着老化程度的加深,沥青质含量逐渐增加,胶体结构逐渐发生转变。如图2-14所示,老化导致沥青中极性沥青质的比例逐渐增加,增加的沥青质进一步相互絮凝,最终导致沥青胶体结构转变为凝胶型结构。生物油再生剂的加入会改变沥青质/软沥青质的比例,同时分散沥青质聚集体,使再生沥青逐渐恢复至溶-凝胶型结构。值得注意的是,过量的生物油再生剂会使再生沥青转变为溶胶型结构,造成沥青的过度软化。因此,所谓生物油再生剂掺量,从沥青的胶体结构理论角度来说就是刚好将沥青的胶体结构恢复至溶-凝胶型结构对应的掺量。随着纳米显微技术的发展,越来越多的研究人员从生物油再生沥青微观结构变化的角度对生物油再生剂的作用机理给出了更为直观的解释。值得注意的是,除了生物油再生剂的掺量,生物油再生剂的来源与组成以及老化沥青的老化程度对其再生效果同样有着重要影响。

二、橡胶沥青

据统计,全世界每年有 15 亿条左右的轮胎报废,每天都要产生 400 多万条的废旧轮胎。2022 年,我国产生废旧轮胎约 3.5 亿条,折合重量约 1228 万 t。我国每年产生的废旧轮胎以 8%～10% 的比例递增,但回收利用率仅为 50% 左右。废旧轮胎属于工业有害固体废物,它是破坏植被生长、影响人类健康、恶化自然环境、危及生态环境的有害垃圾之一,所以废旧轮胎被称为"黑色污染",其回收和处理技术是世界性难题。目前,对废旧轮胎进行资源回收利用的主要途径有轮胎翻新、热能利用、热分解以及用于土木工程建设等。其中,将废旧轮胎磨细成橡胶粉(也称胶粉)应用于道路工程建设得到了广泛的关注,这也是大量处理废旧轮胎的较佳途径之一。将胶粉应用于沥青改性既可以回收废旧橡胶,又可以提升沥青路用性能,成为当前研究热点。

1. 组成与制备

橡胶沥青的质量取决于废旧橡胶粉质量、基质沥青质量和橡胶改性沥青的制备工艺。

1) 橡胶沥青的组成

(1) 胶粉

为保证橡胶沥青的技术性能,选择合适的胶粉是十分关键的。在选择胶粉时,应重点考虑其加工工艺、物理性质及化学成分对橡胶沥青性能的影响。

①胶粉加工工艺。

胶粉加工主要有两种方法,即常温研磨法和低温粉碎法。生产工艺主要影响胶粉颗粒大小、形状及表面状况。常温研磨法一般采用光辊或沟辊粉碎机,依靠剪切力将橡胶颗粒破碎。常温研磨法生产的胶粉颗粒形状不规则,表面凹凸,呈毛刺状。低温粉碎法是利用液氮或空气涡轮膨胀式冷冻,使橡胶制品冷却至玻璃化温度以下,然后用锤式粉碎机或盘式粉碎机粉碎。低温粉碎法生产的胶粉形状规则,表面光滑,呈锐角状。一般认为,表面凹凸、毛刺多、呈羽状的胶粉比较适合生产橡胶沥青。

②胶粉技术要求。

汽车轮胎主要由橡胶、钢丝及纤维组成,其中橡胶含量为 50%～60%。在生产胶粉时需要分离纤维与钢丝。影响胶粉对沥青改性效果的物理性质主要是胶粉的细度与级配、纤维与金属含量等。常用的胶粉目数有 30 目、40 目、80 目、120 目,胶粉掺量有 10%、20%、30%,添加工艺有人工添加法和机械添加法。我国交通运输部发布的《路用废胎橡胶粉》(JT/T 797—2019)对胶粉材料提出了相关技术要求,将胶粉规格主要分为 Ⅰ 类(粒度在 30 目及以下)、Ⅱ类[粒度在 30～80 目(含)之间]、Ⅲ类[粒度在 80～200 目(含)之间],未对胶粉的级配提出要求,但对胶粉的物理性能(表 2-17)和化学性能(表 2-18)指标作出要求。

废胎胶粉的物理性能指标 表 2-17

性能	筛余物(%)	相对密度	含水率(%)	铁含量(%)	纤维含量(%)
指标要求	<10	1.10～1.30	<1	<0.03	<1

废胎胶粉的化学性能指标 表 2-18

性能	灰分	丙酮抽出物	炭黑含量	橡胶烃含量	溶解度
指标要求(%)	≤8	≤16	≥28	≥48	≥16

（2）基质沥青

在一定程度上,基质沥青的选择取决于当地气候条件和橡胶沥青的用途。我国北方地区宜采用针入度较大的沥青,如 A-110、A-90 沥青;而南方地区可采用针入度相对较小的沥青,如 A-90 和 A-70 沥青,甚至 A-50 沥青。

2）橡胶沥青的制备工艺

橡胶沥青的制备一般采用高温拌和的方法,使胶粉在沥青中充分溶胀和均匀分散,形成橡胶改性沥青。橡胶沥青的生产采用具有搅拌功能的专用设备,该设备一般由搅拌罐与发育罐组成。在搅拌罐中将胶粉、沥青以及添加剂按比例混合均匀,经过高速搅拌后泵送到发育罐;在发育罐中完成胶粉与沥青的充分反应而得到最终产品。在橡胶沥青制备工艺中,搅拌时间、反应温度是主要控制参数,其中反应温度尤为关键。美国加利福尼亚州要求橡胶沥青加热温度为204～226℃,反应温度为 190～218℃,反应时间至少 45min;得克萨斯州规定橡胶沥青加热温度为 175～215℃,反应温度不低于 163℃,反应时间不少于 30min。我国规定橡胶沥青加热温度为 175～210℃,反应温度为 180～190℃,反应时间为 45～60min。各地在生产橡胶沥青时反应温度不尽相同,反应温度主要与胶粉细度、性质、掺量有关。胶粉的脱硫温度为 160～180℃,为保证胶粉在沥青中充分溶胀、反应,一般要求制备温度控制在 180～190℃。

2.作用机理

按照《橡胶沥青黏结剂标准规范》(ASTM D6114/D6114M-19)的定义,橡胶沥青是指含量 15% 以上的胶粉在高温条件下(180℃以上)与沥青均匀拌和而得到的改性沥青结合料。在高温条件下,胶粉在沥青中充分溶胀并发生较为复杂的物质交换与化学反应。一方面,胶粉发生脱硫、降解,部分橡胶成分进入沥青中,对沥青起到改性的作用;另一方面,胶粉充分溶胀后体积可占沥青的 30%～50%,胶粉在沥青中形成三维空间网络结构,对沥青起到加筋的作用。因此,橡胶沥青表现出高黏度、高弹性的优良性能。

为研究沥青与胶粉在高温搅拌过程中的相互作用,对搅拌过程中胶粉-沥青混合体系的黏度进行了测试。在高温搅拌过程中,橡胶沥青的黏度与延度变化规律见图 2-15。由图 2-15 可见,随着搅拌时间的增加,橡胶沥青的延度不断增大,而黏度则呈现先增大后减小的变化趋势。分析其原因,可能是胶粉与沥青接触后随即发生溶胀,胶粉体积变大,增加了胶粉位移的阻力,因此橡胶-沥青体系黏度增大;胶粉的溶胀增加了沥青与胶粉的界面厚度,提高了沥青与胶粉的亲和力,因此橡胶沥青的延度不断提高。同时,在 160～180℃条件下,硫化橡胶发生脱硫与降解反应,结果使胶粉表面部分组分溶入沥青中,这有利于提高沥青的延展性,但是减小了胶粉的体积,使其对沥青黏度的提高作用减弱。可见胶粉的溶胀与脱硫过程是同时发生的,当胶粉溶胀过程处于主导地位时,黏度将不断增大。当溶胀引起的胶粉体积增加与脱硫、降解导致的胶粉体积减小处于平衡状态时,黏度可能处于稳定状态;否则,将出现黏度降低现象。为保证胶粉的充分溶胀,应选择黏度达到最大并将要降低时对应的搅拌时间和温度,作为选择橡胶沥青制备最佳搅拌时间和温度的依据。

在不同搅拌温度下,橡胶沥青黏度变化规律见图 2-16。在 175℃条件下,需要 100min 左右的搅拌时间,黏度才能达到最大值;而在 200℃条件下,搅拌时间可缩短至 60min 左右。其原因主要是高温条件有利于胶粉的溶胀,温度越高溶胀速度越快。同时,在 200℃条件下,橡胶沥青的最大黏度大于在 175℃条件下橡胶沥青的最大黏度。这主要是因为在 200℃条件下达到最大黏度所需时间少,胶粉脱硫、降解的组分较少。而在更高温度(225℃)条件下,胶粉发生脱硫、降解的速度更快,在搅拌初期脱硫、降解处于优势,因此黏度下降;随着易于分解的成分消耗殆尽,脱硫、降解与溶胀处于平衡状态,黏度也趋于稳定。

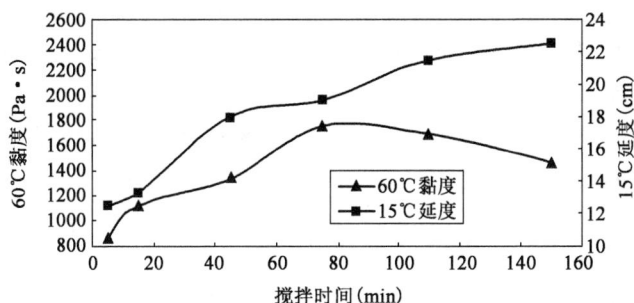

图 2-15　搅拌过程中橡胶沥青性能变化规律(175℃)

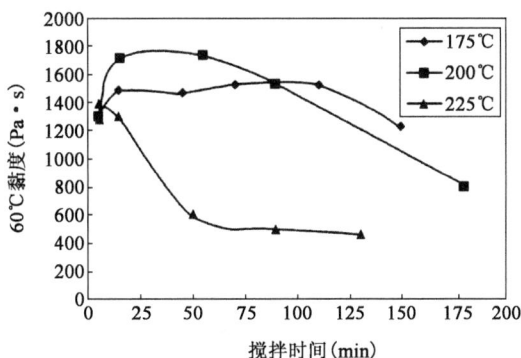

图 2-16　搅拌温度与时间对橡胶沥青黏度的影响

由图 2-17 可知,不同细度的胶粉对沥青黏度的影响是不同的。对于较细的胶粉(100目),延长搅拌时间对沥青黏度影响不显著,其原因可能是较细胶粉很快就可完成溶胀,而后进入溶胀与裂解的平衡阶段;而对于较粗的胶粉(15目),随着搅拌时间的增加,沥青黏度一直增大,这是因为较粗的胶粉需要较长的溶胀时间;而对于 30 目和 60 目的胶粉,在搅拌过程中沥青黏度出现最大值,这可能是由胶粉完成溶胀后进入了以裂解为主导的阶段,胶粉数量和体积减小所致。

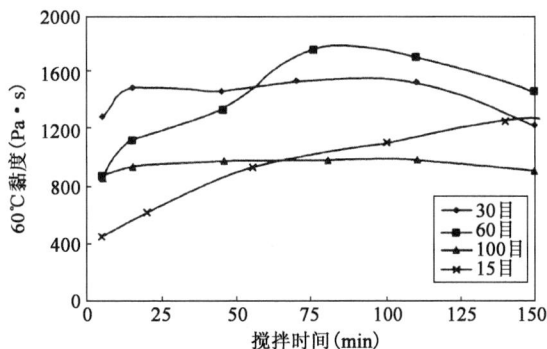

图 2-17　搅拌时间对不同粒径橡胶沥青黏度的影响

117

通过以上研究可以推断,胶粉与沥青在高温条件下搅拌的过程中,胶粉主要发生溶胀、脱硫与降解两种变化。溶胀是一种物理变化过程,即胶粉吸收沥青中轻质油分而使体积变大。脱硫与降解属于化学反应过程,脱硫是指胶粉中 C—S 发生断裂,造成胶粉失去部分硫化橡胶的弹性而恢复部分天然橡胶的柔韧性;降解是指胶粉中 C—C 发生断裂,导致橡胶分子链断裂,分子量降低。因此,在制备橡胶沥青时,既要保证胶粉充分溶胀,又要避免胶粉发生严重脱硫与降解,应寻求两者的平衡点。所以,搅拌温度与时间是生产橡胶沥青的关键技术参数。对于胶粉细度,也并不是越小越好。图 2-17 表明,随着胶粉目数的减小,橡胶沥青的黏度出现先增大后减小的变化规律。一般选择 30~60 目胶粉即可满足要求。研究表明,胶粉中天然橡胶含量越高,对沥青的改性效果越好。斜交轮胎中天然橡胶含量高于子午线轮胎,因此在选择胶粉时,应尽量采用斜交轮胎中胎面胶磨细的胶粉。

由于橡胶与沥青都是惰性物质,可掺加一些添加剂促进胶粉与沥青之间的反应,如苯酚二硫化物、芳香烃油、硫磺粉等。另外,为提高橡胶沥青的某方面性能,也可掺加一些聚合物,如SBS、SBR 等。

3. 技术指标

橡胶沥青的技术标准是橡胶沥青生产与应用的重要依据。各国橡胶沥青技术标准差异较大,但主要指标大多为黏度、针入度、软化点、弹性恢复等。ASTM 橡胶沥青技术标准(ASTM D6114/D6114M-19)将橡胶沥青分为 Ⅰ 型、Ⅱ 型和Ⅲ型三档,分别适用于不同气候分区。ASTM 技术标准以针入度为标准进行分级,具体指标见表 2-19。

ASTM 橡胶沥青技术标准 表 2-19

技术指标	Ⅰ 型	Ⅱ 型	Ⅲ 型
黏度(175℃)(Pa·s)	1.5~5.0	1.5~5.0	1.5~5.0
针入度(25℃,100g,5s)(0.1mm)	25~75	25~75	50~100
针入度(4℃,200g,60s)(0.1mm)	>10	>15	>25
软化点(℃)	>57	>54	>52
弹性恢复(25℃)(%)	>25	>20	>10
闪点(℃)	>232	>232	>232
TFOT 针入度比(4℃)(%)	>75	>75	>75

与普通沥青相比,橡胶沥青的技术指标比较简单,测试方法与指标要求也有显著不同。一方面,基质沥青质量要求中已经包含了一些指标,如蜡含量、闪点等;另一方面,针入度、延度、溶解度等指标不适用于橡胶沥青这种存在大颗粒的复合材料。对于橡胶沥青,其核心指标为黏度。黏度指标与基质沥青性质、胶粉掺量、生产工艺有密切相关性,这也是很多标准都对橡胶沥青的黏度进行规定的原因。另外,SHRP 的高温性能指标对橡胶沥青也是有效的。

《橡胶沥青路面技术标准》(CJJ/T 273—2019)对橡胶沥青提出了明确的技术要求,如表 2-20 和表 2-21 所示。

均质型橡胶改性沥青技术要求 表 2-20

技术指标	技术要求		
	寒区	温区	热区
针入度(25℃,100g,5s)(0.1mm)	60~80	50~70	40~60

续上表

技术指标	技术要求		
	寒区	温区	热区
针入度指数 PI	≥ -0.8	≥ -0.4	≥0
软化点 $T_{R\&B}$(℃)	≥50	≥55	≥60
延度(5℃,5cm/min)(cm)	≥20	≥15	≥10
弹性恢复(25℃)(%)	≥60	≥60	≥60
闪点(℃)	≥230	≥230	≥230
溶解度(%)	≥97.5	≥97.5	≥97.5
旋转黏度(135℃)(Pa·s)	≤3	≤3	≤3
储存稳定性,离析,48h软化点差异(℃)	≤3	≤3	≤3
TFOT(或 RTFOT)后残留物			
质量变化范围(%)	≤ ±1	≤ ±1	≤ ±1
针入度比(25℃)(%)	≥55	≥60	≥65
延度(5℃)(cm)	≥15	≥10	≥5

注:1.若在不改变橡胶改性沥青物理力学性质并符合安全条件的温度下易于泵送和拌和,或经证明适当提高泵送和拌和温度时能确保橡胶改性沥青的质量,容易施工,可不要求测定135℃黏度。

2.气候分区按最低月平均气温确定:寒区小于 -10℃;温区为 -10 ~ 0℃;热区大于0℃。

亚均质型橡胶改性沥青技术要求 表2-21

技术指标	技术要求		
	寒区	温区	热区
针入度(25℃,100g,5s)(0.1mm)	40 ~ 70	35 ~ 65	30 ~ 60
针入度指数 PI	≥ -0.8	≥ -0.4	≥0
软化点 $T_{R\&B}$(℃)	≥50	≥55	≥60
弹性恢复(25℃)(%)	≥50	≥55	≥60
闪点(℃)	≥230	≥230	≥230
溶解度(%)	实测	实测	实测
旋转黏度(177℃)(Pa·s)	≥1	≥1	≥1
储存稳定性,离析,48h软化点差异(℃)	实测	实测	实测
TFOT(或 RTFOT)后残留物			
质量变化范围(%)	≤ ±1	≤ ±1	≤ ±1
针入度比(25℃)(%)	≥55	≥60	≥65

注:1.亚均质型橡胶改性沥青由于部分橡胶屑未能消融于沥青中,通常在使用前需要重新搅拌使顶部与底部的结合料混合均匀,但在采用某些添加剂的场合,如能使储存稳定性达到软化点变化小于3℃,也可不采用重新搅拌的工艺。

2.气候分区按最低月平均气温确定:寒区小于 -10℃;温区为 -10 ~ 0℃;热区大于0℃。

三、彩色沥青

彩色沥青又名彩色结合料,是通过浅色胶结料添加色粉调配而成的。作为彩色路面的结合料,彩色沥青的发展经历了一个长期摸索的过程。最初,并未使用彩色沥青对路面进行着色,而是采用红色的碎石与普通石油沥青拌和铺筑红色路面,但是随着行车的磨耗,碎石的红色才慢慢显露出来,且颜色比较暗淡。后来,人们以红色颜料替代矿粉加入普通沥青混合料中。由于颜料可覆盖在沥青表面,一定程度上遮蔽了沥青的黑色,在摊铺后就可以显示出红色。但由于普通沥青的黑色较深,加入的颜料难以完全遮蔽,导致其色彩较暗且不鲜艳。同时这种工艺颜料用量大,铺装成本高,而且颜色效果不明显。因此,人们开始寻求专门配制彩色结合料代替上述工艺,彩色沥青应运而生。

彩色沥青分为人工合成和天然获取两类。由于天然浅色沥青资源少,因此人们常通过人工合成的方法生产彩色沥青。目前,国内外彩色沥青的生产方法可分为两类:一类是脱色沥青,即采用化学方法将化学溶剂融入石油沥青中,将沥青组分中的黑色沥青质脱去,而留下颜色较淡的饱和分、芳香分和胶质组分,再根据设计要求,通过适当添加改性材料以及具有一定色泽的特殊颜料,将其配置成不同颜色的彩色沥青。但此生产工艺以化学方法为主,较为复杂,且前期造价较高,对于环境存在一定的污染,不利于推广及应用。另一类是利用现代石油化工产品,采用物理方法调配出与沥青性能相似的浅色结合料,然后根据实际需求掺配颜料及改性材料,制备出所需要的彩色沥青。采用此技术生产的彩色沥青,其黏结性、弹性和韧性等性能均优于普通沥青。相比之下,脱色沥青由于工艺复杂,目前基本被浅色结合料取代。

1.组成与制备

(1)彩色沥青的组成

彩色沥青由浅色结合料和颜料组成,需要时可加入少量添加剂(如稳定剂、抗老化剂)。

①浅色结合料。通常,浅色结合料绝大部分是采用现代石油化工产品(如芳香油、聚合物、树脂等)通过调配得到的一种与普通沥青性能相似的结合料,因此也称浅色沥青。浅色结合料可分为热塑性和热固性两类。热固性浅色结合料是由材料加热固化后形成的,强度较高,一般通过添加环氧树脂和固化剂的方法制备。但是热固性浅色结合料制备工艺复杂、成本高,且施工技术难度大。热塑性浅色结合料与普通沥青在路用性能与施工工艺上类似,而且价格相对较低,因此应用较多。

②颜料。彩色沥青所用颜料主要有无机颜料和有机颜料两种。有机颜料色彩鲜艳,但是价格昂贵、耐久性差。无机颜料价格便宜,在日光照射下不易褪色和分解,同时具有分散性好、高温稳定性强等优点。因此,无机颜料是彩色沥青用颜料的最佳选择。

(2)彩色沥青的制备工艺

彩色沥青的制备工艺与改性沥青类似,先将浅色结合料加热到一定温度,然后掺入提前准备好的颜料,最后用高速剪切搅拌机混合一定时间,便可以制备出彩色沥青。此外,在制备过程中,也可加入一些改性剂,制备符合实际需求的改性彩色沥青。

2.技术指标

(1)颜料的技术指标

颜料是彩色沥青色彩的来源,因此颜料的技术性能特别重要。我国《城市道路彩色沥青混凝土路面技术规程》(CJJ/T 218—2014)对彩色沥青的颜料进行了相关规定,技术要求见表2-22。此外,在众多无机颜料中,氧化铁红颜料价格最低,同时具有耐高温、耐酸碱、着色力强、色彩稳定性好、分散性好等优势,是彩色沥青应用最多的颜料。氧化铁红颜料技术指标可参考国家标准《氧化铁颜料》(GB/T 1863—2008),见表2-23。

彩色沥青颜料技术要求 表 2-22

指标	技术要求	试验方法
外观	粉末	—
色光	近似~微似	—
水溶物含量（%）	≤1.0	GB/T 5211.1
着色率	98~102	GB/T 5211.19
吸油量（%）	≤22	GB/T 5211.15
筛余量（0.075mm 筛孔）（%）	≤0.1	—
耐光性（级）	≥7	GB/T 1710

氧化铁红颜料技术要求 表 2-23

指标	技术要求	指标	技术要求
总铁量的质量分数（以 Fe_2O_3 表示，在105℃干燥后测定）（%）	≥95	筛余物（0.045mm 筛孔）（%）	≤0.01
相对着色力	商定	水悬浮液 pH 值	商定
颜色	商定	吸油量（g/100g）	商定
105℃挥发物（%）	≤1.0	水溶物（%）	≤0.3

（2）彩色沥青的技术指标

评价彩色沥青性能的技术指标整体上与普通沥青类似。唯一的区别是，由于彩色沥青自身颜色的特点，需额外评价其颜色等级以及短期老化后颜色的变化。我国于2016年颁布的《彩色沥青混凝土》（GB/T 32984—2016）对彩色沥青结合料性能要求作了明确规定，如表2-24所示。同时，还对改性彩色沥青结合料提出了相应的要求，见表2-25。

彩色沥青结合料性能指标 表 2-24

指标			技术要求		
			C-90	C-70	C-50
针入度（25℃,100g,5s）（0.1mm）			80~100	60~80	40~60
软化点（环球法）（℃）		机动车道	≥50	≥55	≥60
		其他	≥45	≥46	≥49
延度（cm）		机动车道（10℃）	≥45	≥30	≥20
		其他（15℃）	≥100		≥80
闪点（℃）			≥230	≥240	≥250
密度（15℃）（g·cm⁻³）			实测记录		
60℃动力黏度（Pa·s）		机动车道	≥160	≥180	≥200
		其他	≥140	≥160	≥180
135℃运动黏度（Pa·s）			≤3		
颜色等级（铁钴比色法）（档）			≤17		
TFOT（或 RTFOT）后残留物	质量变化（%）		≤±1.5		
	残留针入度比（%）		≥55		
	残留延度（cm）	机动车道（10℃）	≥8	≥6	≥4
		其他（15℃）	≥20	≥15	≥10
	颜色		无明显变化		

改性彩色沥青结合料性能指标

表2-25

指标		技术要求		
		I-B	I-C	I-D
针入度(25℃,100g,5s)(0.1mm)		80~100	60~80	40~60
延度(5℃,5cm/min)(cm)		≥40	≥30	≥20
软化点(环球法)(℃)		≥58	≥60	≥63
闪点(℃)		≥230		
135℃运动黏度(Pa·s)		≤3		
颜色等级(铁钴比色法)(档)		≤17		
TFOT(或RTFOT)后残留物	质量变化(%)	≤±1.8		
	残留针入度比(%)	≥55	≥60	≥65
	残留延度(5℃)(cm)	≥25	≥20	≥15
	颜色	无明显变化		

3. 色彩影响因素

彩色沥青的应用不仅能够美化环境,给人良好的视觉感受,还能诱导交通,使城市交通更加人性化。然而,彩色沥青受环境中紫外线、雨水、荷载等影响,不可避免地会出现一定程度的褪色。因此,了解彩色沥青色彩影响因素将有助于提升其色彩稳定性和可持续性。

(1)颜料类型

如前所述,彩色沥青的颜料多采用无机颜料。常用的无机颜料有铬系(如铬黄、铬橙、铬绿)、镉系(如镉黄、镉橙)以及铁系(如铁红、铁黄、铁蓝)等。这些颜料主要性能比较见表2-26。对于应用于彩色沥青的颜料,其耐热性、耐光性、耐氧化性、耐水性以及着色力是十分重要的指标。根据表2-26的分析结果,黄色系颜料可选择铁黄;红色系颜料可选择铁红;蓝色系颜料可选择钴蓝;绿色系颜料可选择铬绿。

主要无机颜料性能比较

表2-26

颜色	黄			红		蓝			绿
颜料	铬黄	镉黄	铁黄	镉红	铁红	群青	铁蓝	钴蓝	铬绿
耐酸性		×		×		×	×		
耐碱性	×						×		
耐氧化性	○								
耐还原性	×					○	×		
耐水性							×		
耐溶剂性									
耐热性	○		×						
耐光性	○								
着色力								×	○

注:空格——好;×——差;○——一般。

(2)颜料的掺量

彩色沥青的颜色来源于颜料。为研究不同颜料掺量对沥青色彩的影响,有学者对比了颜料掺量为 2% ~10% 的彩色沥青。发现最初颜料掺量的增加,会显著提升沥青的色调。随着颜料掺量继续增加,色调变化逐渐减小,色彩基本饱和。因此,考虑到成本因素,通常颜料掺量为结合料用量的 5% ~8% 。

(3)拌和温度

由于彩色沥青用于沥青混合料时需要在高温条件下拌和、摊铺,这些过程中高温可能会对彩色沥青的色彩产生影响。浅色结合料主要成分为聚合物、溶剂油和一些添加剂,在高温条件下,一些成分可能老化,宏观表现为浅色结合料颜色变深。研究表明,温度对彩色沥青的色彩影响十分显著。在高温条件下,彩色沥青颜色容易变黑。因此,在彩色沥青混合料生产过程中应严格控制加热温度和拌和时间。特别是不同批次的彩色沥青混合料,尤其应加强拌和温度和拌和时间的控制,否则彩色沥青混合料的颜色会出现明显差异,造成不同路段出现色差,影响铺装的效果。

四、温拌沥青

温拌剂指的是通过物理化学作用,能显著降低沥青高温黏度,改善施工和易性的添加材料。与常规热拌技术相比,温拌沥青技术在保证性能要求的基础上,具有降低沥青混合料拌和和压实温度的功能,从而降低生产成本和减少有害气体排放。

1.组成和制备

(1)温拌沥青的组成

温拌沥青由温拌剂与基质沥青或改性沥青组成。通过添加不同的温拌剂,能够使沥青混合料的拌和、压实温度相较于同类热拌沥青混合料降低 20℃ 以上。当前的温拌剂主要有三类:有机降黏型温拌剂、表面活性型温拌剂和发泡型温拌剂。

①有机降黏型温拌剂。有机降黏型温拌剂是一种能显著降低沥青高温黏度的低熔点有机添加材料。有机降黏型温拌剂常温下为粉末状或片状,常用有机降黏型温拌剂的成分以及对应的性能指标如表 2-27 所示。在高温拌和时,有机降黏型温拌剂可提高沥青胶体中分子之间的分散度,增强其流动性。当低于拌和温度时,有机降黏型温拌剂的结晶作用可以有效提高沥青的高温性能。

有机降黏型温拌剂成分及对应性能   表 2-27

温拌剂类型	L 型有机蜡	D 型有机蜡	EC-120	SASOBIT	FT 蜡
成分	聚乙烯蜡类	聚乙烯蜡类	直链脂肪族	直链脂肪族	亚甲基聚合物
熔点(℃)	115 ~120	130	100 ~105	100 ~110	110 ~115
掺量(对应总沥青质量外掺)(%)	4.0	4.0	3.5	3.0	4.0
降温幅度(℃)	20 ~30	20 ~30	15 ~25	20 ~40	20 ~30
对比热拌沥青混合料(HMA)的路用性能变化	提高高温抗轮辙性能	提高高温性能,不利于低温性能	提高高低温性能,水稳定性变化不大	改善了高温抗轮辙性能、水稳定性和抗疲劳性能,低温抗裂性能下降	提高高温抗轮辙性能

②表面活性型温拌剂。表面活性型温拌剂是一种能显著降低沥青高温黏度的表面活性添加材料。常用表面活性型温拌剂的成分以及对应的性能指标如表 2-28 所示。表面活性型温拌剂通过增加沥青与集料的界面摩擦来降低高温黏度,从而达到温拌的效果。

表面活性型温拌剂成分及对应性能 表 2-28

温拌剂类型	Evotherm-DAT	Evotherm-3G	Rediset	Et-3100
成分	多化学成分组合	多化学成分组合	多化学成分组合	多化学成分组合
掺量(对应总沥青质量外掺)(%)	5.0	0.4~0.5	0.5	0.2~0.8
降温幅度(℃)	30~40	25	25	30
对比 HMA 的路用性能变化	高低温性能和水稳定性达到 HMA 的要求,疲劳寿命显著提高	低温性能随掺量的增加而降低	提高了高低温性能,水稳定性变化不大	改善了高温抗轮辙性能、水稳定性和抗疲劳性能

③发泡型温拌剂。发泡型温拌剂是一种通过释放水分,使沥青微发泡,显著降低沥青高温黏度的多孔含水矿物或多孔含水矿物的添加剂。常用发泡型温拌剂的成分以及对应的性能指标如表 2-29 所示。发泡型温拌剂发泡类型包括添加含水助剂和机械发泡。两者关键均是将水变成蒸汽,并分散在沥青中,从而在不需要额外添加剂的情况下,提供暂时性降低黏度的功能。

发泡型温拌剂成分及对应性能 表 2-29

温拌剂类型	Aspha-min	Advera	LEA(低能量沥青)
成分	合成沸石	合成沸石	—
发泡类型	添加含水助剂	添加含水助剂	机械发泡
掺量(对应总沥青质量外掺)(%)	0.3	4~7	0.5~2
降温幅度(℃)	15	10	70
对比 HMA 的路用性能变化	高温性能和水稳定性下降,改善了低温性能	改善了高温性能,低温性能下降	不使用掺加剂,更加环保

（2）温拌沥青制备

《温拌沥青混凝土》(GB/T 30596—2014)并没有描述温拌剂的制备过程。结合《温拌沥青路面施工技术规范》(DB 61/T 1007—2016)对温拌沥青的制备流程进行如下描述:

①将基质沥青加热至 140~150℃,将改性沥青加热至 150~160℃。

②依据室内试验或者温拌公司推荐获得的最佳掺量,将称好的温拌剂加入基质沥青中,用玻璃棒搅拌均匀,再用搅拌机以 1500r/min 的剪切速率持续剪切 20min,得到不同类型的温拌沥青。(试验室制备沥青小样时,掺入温拌剂后搅拌时间不应少于 20min;工地制备沥青小样时,掺入温拌剂后搅拌时间不应少于 120min。)

2. 温拌机理

有机降黏型温拌剂、表面活性型温拌剂和发泡型温拌剂的温拌降黏机理有所不同,下面分别进行阐述。

（1）有机降黏型温拌剂温拌机理

有机降黏型温拌剂熔点远小于 170℃，这使有机降黏型温拌剂能够在低于热拌温度时完全溶于沥青，从而吸附沥青中与其结构相似的饱和组分（蜡基或油基分子中的一部分），并溶解于该饱和组分中，进而形成稳定的溶液而不离析。当温度高于 110℃时，饱和分对温拌沥青结合料降黏效果贡献最大。有机降黏型温拌剂可以溶解部分饱和分，从而降黏。随着温度的升高，吸附溶解作用越显著，从而引起运动黏度的急剧下降，使拌和温度降低，达到温拌的效果。

（2）表面活性型温拌剂温拌机理

表面活性型温拌剂分散在一定浓度的水溶液中，温拌剂分子亲油尾部发生聚集，亲水头部向水中发散，形成球形胶团。温拌过程中，胶团周围的水分迅速蒸发，导致胶团反转，形成具有润滑作用的特殊膜结构，水膜润滑作用能够很大程度抵消沥青黏度增大的作用，以此来降低高温黏度。但是，如果压实后混合料未完全干燥，会导致路面早期出现水损害。

（3）发泡型温拌剂温拌机理

发泡型温拌剂可以分为添加含水助剂以及机械发泡两种。

以合成沸石为主的含水助剂在加热到 85～180℃时，会释放出自身质量 20% 左右的水分，使沥青发泡，从而包裹集料。高温下呈液体的发泡沥青具有增大沥青体积和润滑作用，使得沥青能够快速包裹集料，并在低于热拌沥青混合料温度下实现拌和与压实。

机械发泡主要将热沥青（170℃）与干燥粗集料（140～150℃）均匀混合，热沥青包裹粗集料并在其表面形成厚的沥青膜，然后在环境温度下掺加湿冷的细集料，细集料中的水分与粗集料上的热沥青接触使得沥青发泡，沥青体积膨胀增大数倍，从而包裹未裹覆沥青的细集料，实现低温下拌和和压实。

除此之外还有一些特殊的温拌技术，同样也能降低拌和温度，在此对其机理进行简要介绍。

（1）乳化沥青温拌技术。乳化沥青温拌技术作用机理是采用一种特殊的高浓度乳化沥青替代普通热沥青进行混合料拌和，其与热集料拌和过程中，乳液中的蒸汽释放出来，使得沥青能够快速包裹集料，降低施工时沥青的黏度。

（2）软-硬复配沥青结合料。软-硬复配沥青结合料是指以软质沥青和岩沥青为原料配制的沥青结合料。其作用机理是利用软质沥青的低熔点实现沥青与集料在较低温度下的拌和，利用岩沥青的高黏度和耐老化性能来保证沥青结合料的耐久性，且软质沥青和岩沥青之间随着时间的推移会发生互融，从而提高软质沥青与集料的黏结性，进一步提高沥青混合料的强度。

（3）地聚合物。地聚合物是一种由 AlO_4 和 SiO_4 四面体结构单元组成三维立体网状结构的无机聚合物，可以形成丰富的水-孔结构。其作用机理为以地聚合物为含水载体，在地聚合反应过程中，大量孔隙中的水分释放使沥青发泡。同时，地聚合物的多孔结构又可以有效吸附沥青在拌和过程中产生的挥发性有机化合物和颗粒物等有害物质。

3. 技术指标

（1）温拌剂

《温拌沥青混凝土》（GB/T 30596—2014）分别提出了有机降黏型温拌剂、表面活性型温拌剂和矿物发泡型温拌剂的基本性能指标，见表2-30～表2-32。

有机降黏型温拌剂基本性能指标　　　　表 2-30

项目	技术要求
闪点(℃)	≥250
熔点(℃)	90 ~ 110
密度(g/cm³)	0.85 ~ 1.05

表面活性型温拌剂基本性能指标　　　　表 2-31

项目	技术要求
pH 值,25℃	9.5 ± 1.0
胺值(mg/g)	400 ~ 560

矿物发泡型温拌剂基本性能指标　　　　表 2-32

项目	技术要求
含水量(%)	≥18
pH 值	7 ~ 12
密度(g/cm³)	≤0.8

（2）温拌沥青

国家标准《温拌沥青混凝土》（GB/T 30596—2014）并没有对温拌沥青的性能指标提出技术要求。而地方标准《温拌沥青路面施工技术规范》（DB 61/T 1007—2016）分别对道路石油温拌沥青和改性温拌沥青提出技术要求,分别见表 2-33 和表 2-34。

温拌沥青(道路石油沥青)技术要求　　　　表 2-33

试验项目		技术指标		试验方法
		A 级	B 级	
针入度(25℃,5s,100g)(0.1mm)		≥40		JTJ 052(T 0604)
针入度指数		− 1.5 ~ +1.0	− 1.8 ~ +1.0	JTJ 052(T 0604)
软化点 $T_{R\&B}$(℃)		≥45	≥43	JTJ 052(T 0606)
延度(10℃)(cm)		≥15	≥10	JTJ 052(T 0605)
旋转黏度(135℃)(Pa·s)		≤1.0		JTJ 052(T 0625)
蜡含量(%)		≤2.2	≤3.0	JTJ 052(T 0615)
闪点(℃)		≥245	≥260	JTJ 052(T 0611)
软化点差(储存稳定性离析,48h)(℃)		≤2.5		JTJ 052(T 0641)
溶解度(%)		≥99.0		JTJ 052(T 0607)
密度(15℃)(g/cm³)		—		JTJ 052(T 0603)
TFOT(或 RTFOT)后残留物	质量变化(%)	± 1.0		JTJ 052(T 0610)或 JTJ 052(T 0609)
	针入度比(25℃)(%)	≥60		JTJ 052(T 0604)
	延度(10℃)(cm)	≥6	≥4	JTJ 052(T 0605)

温拌沥青［SBS(I-C)改性沥青］技术要求 表2-34

试验项目		技术指标	试验方法
针入度(25℃,5s,100g)(0.1mm)		≥40	JTJ 052(T 0604)
针入度指数 PI		≥ −0.4	JTJ 052(T 0604)
软化点 $T_{R\&B}$(℃)		≥55	JTJ 052(T 0606)
延度(5℃,5cm/min)(cm)		—	JTJ 052(T 0605)
旋转黏度(135℃)(Pa·s)		≤3.0	JTJ 052(T 0625)
闪点(℃)		≥230	JTJ 052(T 0611)
软化点差(储存稳定性离析,48h)(℃)		≤2.5	JTJ 052(T 0641)
弹性恢复(25℃)(%)		≥65	JTJ 052(T 0662)
溶解度(%)		≥99.0	JTJ 052(T 0607)
密度(15℃)(g/cm³)		—	JTJ 052(T 0603)
TFOT(或 RTFOT)后残留物	质量损失(%)	≤ ±1.0	JTJ 052(T 0610) 或 JTJ 052(T 0609)
	针入度比(25℃)(%)	≥60	JTJ 052(T 0604)
	延度(5℃)(cm)	—	JTJ 052(T 0605)

五、环氧沥青

环氧沥青是指在基质沥青中加入环氧树脂、固化剂及其他改性剂后生成的多相聚合物高分子材料。环氧沥青的物理力学性质主要取决于环氧树脂和固化剂的种类与性质,以及它们与沥青的配合比。

1.组成和制备

环氧沥青的构成和制备工艺如图2-18所示。环氧沥青的质量取决于环氧树脂的质量、固化剂的质量、环氧树脂与固化剂的交联程度以及环氧树脂和沥青的相容性。

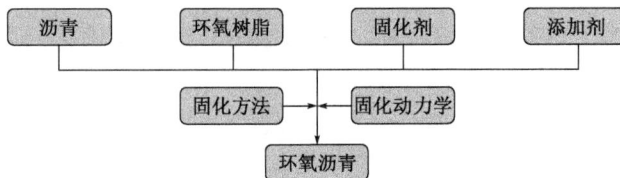

图2-18 环氧沥青的构成和制备工艺

(1)环氧树脂

①环氧树脂的组成。

环氧树脂是指含有两个以上环氧基的化合物,其聚合度不高,可作为胶黏材料。环氧树脂可根据其用途、状态及化学结构等进行分类。环氧树脂按化学结构可分为缩水甘油醚型环氧树脂、缩水甘油酯型环氧树脂、缩水甘油胺型环氧树脂、脂环族环氧树脂及线状脂肪族环氧树脂。虽然环氧树脂种类繁多,但我国目前大规模工业生产的主要是缩水甘油醚型环氧树脂,通常称之为双酚 A 型环氧树脂,约占环氧树脂总产量的 90%。其分子组成如图 2-19 所示。

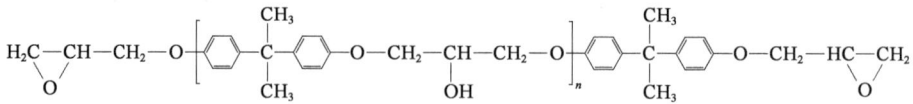

图 2-19　双酚 A 型环氧树脂分子组成

②环氧树脂的合成方式。

环氧树脂本身是热塑性的低分子线性聚合物,通常有两种合成方式,分别为多元酚、多元醇、多元酸和多元胺等含活泼氢原子的化合物与环氧氯丙烷等含环氧基的化合物经缩聚或者链状或环状双烯类化合物的双键与过氧酸经环氧化而成。环氧树脂在沥青中的制备,必须加入固化剂将环氧树脂中的环氧基打开,发生交联反应,形成网状立体结构的大分子,才能形成不溶于水且不再熔化的固化物。在固化过程中,树脂内部产生一定的内聚力,对被胶结物产生较强的黏结力,从而将胶结物联结成整体,形成结构强度。

③环氧树脂分子量影响。

不同种类的环氧树脂有着不同分子量,相关研究表明环氧树脂的分子量会影响固化物的性能,其中固化物指的就是固化后的环氧树脂。

环氧树脂的分子量与固化物的强度间存在负相关关系。但是,分子量高的环氧树脂强度虽然要低一些,但由于分子量高,交联性能好,故固化物的韧性比较好。从成本角度考虑,低分子量的环氧树脂纯度高,价格也比较高,而高分子量的环氧树脂纯度低,透明度低,其价格就低得多。低分子量的环氧树脂,如 E-51 型,在常温下呈流动状态,加工使用比较方便,且固化后形成的强度也高,但其价格比较高;而高分子量的环氧树脂,如 E-42 型,成本较低,但在常温下流动性差,使用时必须加热或用溶剂加以稀释,因而比较麻烦,同时固化后形成的强度也比较低。

(2)固化剂

环氧树脂是线性低分子热塑性聚合物,必须依靠固化剂将环氧树脂中的环氧基打开,发生交联反应,才能形成黏结强度。固化剂的性质对环氧树脂固化物的黏结强度和物理性质有很大的影响。

①固化剂的分类。

根据《酚醛胺(PAA)环氧树脂固化剂》(HG/T 3875—2006),固化剂可以按照分子结构和固化反应的温度进行分类。

固化剂按分子结构可以分为三类:碱性固化剂,如多元胺、改性脂肪胺、胺类加成物、双氰胺、低分子聚酰胺等;酸性固化剂,如酸酐、BF3 及其络合物等;合成树脂类固化剂,如含活性基团的聚酰胺、聚酯树脂、酚醛树脂、三聚氰胺树脂、脲醛树脂、糠醛等。不同固化剂发生固化反应的机理是不同的,主要包括亲核加成、阴离子催化、加成聚合等。

固化剂按固化反应的温度可以分为:①低温固化剂;②常温固化剂;③中温固化剂;④高温固化剂。配制冷拌环氧沥青混合料需要采用常温固化剂。乙二胺、三乙烯四胺、低分子聚酰胺、间苯二甲胺都是常用的胺类常温固化剂。表 2-35 列举了一些胺类常温固化剂。

胺类常温固化剂 表2-35

化学名称	简称	用量 （g/100g 环氧树脂）	使用期 （25℃）（min）	特性
乙二胺	EDA	6~8	—	20℃蒸汽压1210Pa
乙二烯三胺	DETA	10~11	25	20℃蒸汽压13.3Pa
三乙烯四胺	TETA	11~12	26	20℃蒸汽压1.33Pa
四乙烯五胺	TEPA	12~13	27	20℃蒸汽压<1.33Pa
多乙烯多胺	PEPA	14~15	—	
己二胺	HDA	15	—	固体粉末,韧性好
二乙基氨基丙胺	DEAPA	5~8	120	使用期长,放热小
间苯二甲胺	HZDA	18~22	50	黏度低,毒性小

常温固化剂使环氧树脂在常温下固化,反应较慢,其固化速度根据固化剂的活性不同而有所区别,一般至少1d以上才能基本固化,47d才能完全固化。在不同的气温下,即使是同一种固化剂,其固化速度也是有差别的,温度较高时,固化速度快;温度较低时,固化反应较慢。

中温固化剂是指在80~120℃的温度条件下才能与环氧树脂发生交联反应的固化剂,如表2-36所示。中温固化剂与环氧树脂发生固化反应后,其机械性能与耐热性都比常温固化剂好。换言之,热法配制的环氧沥青的性能好于冷法配制的沥青。

常用中温固化剂 表2-36

化学名称	简称	用量 （g/100g 环氧树脂）	固化条件 （℃/h）	特性
三乙醇胺	TEA	14	80/4	使用时间4h
六氢吡啶	PIPD	15	60/4	使用时间8h,有气味
2-甲基咪唑	2-MI	4~8	60~80/6~8	熔点136℃
2-乙基咪唑	2-EI	2~5	60~80/6~8	熔点61~66℃
2-乙基-4-甲基咪唑	EMI-2,4	2~10	60~80/6~8	黄色黏稠液体
2-甲基咪唑与丁基缩水甘油醚反应物	704	10	60~80/6~8	棕黑色黏稠液体
2-甲基咪唑与异辛缩水甘油醚反应物	705	15	60~80/6~8	棕黑色黏稠液体

配制耐高温的环氧沥青,需要用到高温固化剂,主要有芳香胺、酸酐以及酚醛树脂等,其代表性固化剂见表2-37。

高温固化剂 表2-37

化学名称	简称	熔点（℃）	用量 （g/100g 环氧树脂）	固化条件 （℃/h）	热变形温度 （℃）
间苯二胺	MPDA	63	14~16	80/2+150/4	150
改性间苯二胺	MPDA-M	65	15~20	80/2+150/4	—
4,4'-二氨基二苯甲烷	DDM	85	30	80/2+150/4	155
邻苯二甲酸酐	PA	128	30~45	130/5+150/4	150
顺丁烯二酸酐	MA	53	30~35	160/4	—
六氢邻苯二甲酸酐	HHPA	35	78~85	90/2+130/4	143
甲基内次甲基四氢苯二甲酸酐	MNA	12	90	120/3+150/4	144

②固化剂的选择。

固化剂的品种很多,选择固化剂是决定环氧沥青性能优劣的技术关键。选择固化剂应考虑下列因素:a. 固化剂与环氧树脂发生化学反应后,其固化物能够满足力学强度的要求;b. 固化剂与环氧树脂反应后,其固化物应具有良好的韧性,不易在工作状态下发生脆裂破坏;c. 固化剂反应条件能够适应沥青混合料拌和、摊铺、碾压工艺的过程;d. 固化剂来源广泛,采购方便;e. 固化剂应无毒或基本无毒,不影响操作人员的健康。

对于热拌环氧沥青混合料,控制拌和温度是非常重要的,同时拌和温度与所选用的固化剂必须匹配。因为有的固化剂虽然完全固化需要比较高的温度和比较长的时间,但初凝时间很短,在短短几分钟的拌和过程中就已经固化,失去可操作性。

③固化方法。

除环氧树脂及其固化剂外,固化方法对环氧树脂的性能也有显著影响。环氧树脂固化方法控制环氧基团与固化剂之间的化学反应,从而控制环氧沥青的后续性能。主要固化方法有化学固化(在室温或升高温度下)和热固化。

化学固化:环氧树脂的环境温度固化可以使用各种固化剂来实现。例如,改性芳香胺、脂环族多胺、低分子聚酰胺和脂肪族多胺可用于激活环氧树脂在环境温度下的固化。室温固化的环氧化物通常具有低玻璃化转变温度、高柔韧性和出色的抗冲击性。

热固化:环氧树脂在高温下的固化通常称为热固化。根据以往的研究,固化过程一般分为低温预固化和高温后固化两个阶段。它具有更高的交联度和更高的玻璃化转变温度,因此比室温固化的性能更好。许多研究人员将注意力集中在加热方法上,包括感应加热固化、微波加热固化和辐射固化。感应加热固化是指在沥青混合料中添加一些金属。当这些金属暴露在路面系统的感应线圈产生的高频交变磁场中时,它们会通过焦耳效应产生热量,从而加热沥青。微波加热固化是采用微波加热材料内部,实现材料加热。微波加热固化可以大幅缩短固化时间,非常便于大规模商业应用。辐射固化或光固化是指使用电子束、紫外线或红外线以及光引发剂来固化环氧树脂。在高能电子的作用下,环氧树脂的聚合和交联也大大加速。与其他固化方法相比,辐射固化提供了更加一致和受控的过程。

(3)环氧沥青的制备工艺

环氧沥青制备的关键是将环氧树脂与固化剂混合,使两者发生反应。搅拌时间和反应温度是主要控制参数。环氧沥青对于搅拌时间的要求尤为严格,因为随时间增加,固化体系的黏度是逐渐增大的,这导致环氧沥青的制备与其他改性沥青有所不同,环氧沥青需现配现用。通常自制环氧沥青的制备工艺如下:

①将复配环氧树脂和固化剂分别加热至 50~60℃,基质沥青加热至 140℃。

②在容器中将环氧树脂与固化剂按一定比例混合,搅拌 1min,使之混合均匀。

③加入一定量的基质沥青,放入磁力搅拌子,在 120℃的油浴中搅拌 3~4min,当量较多时可采用机械搅拌。

其中对于不同类型的固化剂,会采用不同的固化温度以及不同的环氧树脂。所以,环氧沥青的制备工艺需要根据不同的性能以及效益考虑选用不同的固化剂。

2. 环氧树脂与沥青的相容性

高分子材料的相容性与它们的极性有关。一般认为,高分子材料与溶剂的溶解度参数越接近，它们的相容性越好。其判别式如下：

$$|\delta_1 - \delta_2| \leqslant 2 \tag{2-2}$$

式中：δ_1、δ_2——高分子材料与溶剂的溶解度参数，$(kJ/m^3)^{1/2}$。

将环氧树脂加入沥青中，沥青即为溶剂。环氧树脂能否溶于沥青，取决于环氧树脂和沥青的溶解度参数是否匹配。一般沥青的溶解度参数无现成资料可查，但可以通过试验并按式(2-3)求得。

$$\delta = \left(\frac{\Delta H - RT}{M/D}\right)^{1/2} \tag{2-3}$$

式中：δ——溶解度参数；

ΔH——蒸发潜热，kJ/mol；

R——气体常数，$J/(mol \cdot K)$；

T——温度，$^\circ C$；

M——分子量，D；

D——密度，kg/m^3。

由于高分子聚合物未经分解不能蒸发，故不能从蒸发潜热的数据获得溶解度参数。斯莫尔(Small)将试样浸入一系列已知 δ 值的溶剂中，并观察溶解最好的溶剂的 δ 值，以此作为该聚合物的溶解度参数。斯莫尔收集了一个分子的各部分摩尔引力常数(已列有专门表格)，并用式(2-4)计算溶解度参数 δ 值：

$$\delta = \frac{D\sum G}{M} \tag{2-4}$$

式中：G——摩尔引力常数，$N \cdot m^2$；

D——密度，kg/m^3；

M——分子量，D。

环氧树脂的溶解度参数为 $19.8(kJ/m^3)^{1/2}$，而沥青的溶解度参数为 $17 \sim 18(kJ/m^3)^{1/2}$，两者的差值接近或大于 $2(kJ/m^3)^{1/2}$，故相容性较差。

在沥青中加入环氧树脂后，环氧树脂和沥青中的极性组分相溶。此时，沥青的多组分溶解平衡被打破，非极性物质被析出，从而引起了固化后的环氧沥青固化不均匀、分层离析等问题。由此也说明环氧树脂不能直接与沥青产生良好的胶结作用，所以环氧树脂要在沥青中充分发挥其黏结性，必须改善沥青与环氧树脂的相容性。

目前，改善环氧树脂与沥青相容性的方法主要包括沥青改性、环氧树脂改性、掺加极性介质、掺加相容剂、掺加增容固化剂等。

①在沥青改性方面，部分研究采用顺丁烯二酸酐对沥青进行改性，通过沥青与顺丁烯二酸酐发生反应，打开沥青中的双键，让顺丁烯二酸酐接枝到沥青的双键上，改变沥青的极性，从而改善其与环氧树脂的相容性。虽然顺酐化改性沥青能解决与环氧树脂的相容性问题，但经过顺酐化改性后，沥青分子质量增大，会导致沥青黏度剧增甚至结块，给顺酐化改性沥青与环氧树脂的混合过程带来一些潜在的困难。

②在环氧树脂改性方面，部分研究通过在环氧树脂分子的主链中接枝极性较低的基团以

减小极性,使得其与沥青之间具有较好的相容性。

③在掺加极性介质方面,极性介质可以提高沥青的极性,使其与环氧树脂极性物质形成良好的黏结。极性介质的溶解度参数宜在 $18 \sim 19 (kJ/m^3)^{1/2}$ 范围内,介电常数应略大于3.6。黑褐色的富芳香分油是环氧树脂很好的介质,与沥青合适的配合比约为30%。在配制环氧沥青用于铺筑表处型抗滑磨耗层时,沥青与介质的配合比有很大的变化幅度(表2-38)。由表2-38可见,介质与沥青的配合比,或沥青占60%~80%,或介质占60%~80%,这说明沥青与介质相混合能够形成稳定的溶液,必须以其中一种成分为主体。

沥青与介质的配合比(英国丹宁) 表2-38

环氧沥青编号	A	B	C	D	E	F	G
沥青(%)	23	35	78	75	73	32	32
介质(%)	77	65	22	25	27	68	68
环氧树脂剂量(%)	48	48	14.8	10.7	7.5	7.4	5.8

④在掺加相容剂方面,部分研究表明可通过使用煤焦油作为增容剂来改善环氧沥青的相容性,但因煤焦油是致癌物,不符合环保、健康要求,不宜采用。除此之外,部分学者以环氧树脂、长链脂肪酸和多元醇为原料,合成出一端含羟基和环氧基团,另一端含脂肪族长链的相容剂,经测试发现其相容效果良好。随后,又用蔗糖聚醚接枝 $C_{12} \sim C_{14}$ 烷基缩水甘油醚,合成的接枝共聚物对环氧树脂和沥青具有两亲性,能够增加共混物中环氧树脂相和沥青相的界面层厚度,能改善环氧沥青的力学性能和减小环氧固化体系的尺寸。通过加入该专用增容剂,无须对沥青和环氧树脂进行改性,配合常规的环氧树脂-固化剂固化体系便可制得热固性环氧沥青材料。目前利用这类表面活性剂的结构特点,即一端具有能够亲和沥青的非极性结构,另一端具有能够亲和环氧树脂的极性结构,使得其在环氧树脂-沥青共混体系中起到乳化作用,形成胶束,将沥青分散到环氧树脂固化体系基体中,形成热固性环氧沥青。

⑤在掺加增容固化剂方面,多采用长链脂肪族的酸或酸酐作为固化剂,其原因是这些固化剂一端具有脂肪族的非极性长碳链,使得其与沥青的相容性好;另一端具有羧基等极性基团,使得其也容易和环氧树脂混合均匀,便于将环氧树脂带入沥青体系。

3.作用机理

环氧沥青的作用机理主要分为环氧树脂与固化剂之间的固化机理以及环氧树脂对基质沥青的物理改性机理。环氧树脂与固化剂间的相互作用是同时包含化学反应与物理作用的综合过程,而环氧树脂与沥青间的相互作用则是物理改性过程。

(1)固化机理

环氧树脂与固化剂间的交联作用可分为化学交联和物理交联。化学交联过程本质上是羟基和环氧基与多种活性官能团发生固化反应的过程。环氧树脂包含的羟基和环氧基提供反应活性,而固化剂则提供反应所需的活性官能团。这种固化反应不是自发反应,需要加热作为前置条件,反应在环氧树脂与固化剂混合交融后逐渐开始。环氧树脂中的环氧基与固化剂中的活性官能团发生开环加成反应,生成成分复杂的中间产物(环氧基裂解产物、氧化物、羟基化合物、活性中间体等)。这些中间产物带有羟基等活性官能团,能够与其他环氧基或活性官能团进一步发生反应,形成更复杂的化学结构。当大量环氧基和活性官能团发生反应时,多条聚合物链之间也会产生交联作用,最终形成坚固的三维空间网络结构。化学交联反应的速率主要受温度影响,较高的温度有助于反应快速进行。与物理交联相比,化学交联是主要的交联方式,提供了大多数连接键。

物理交联是一种不形成共价键的交联方式,主要由分子间的物理相互作用(如氢键、范德华力等)推动。在混合交融的过程中,环氧树脂微粒和固化剂的高分子之间通过氢键或范德华力相互吸引,形成临时交联,这种交联有助于提升体系的稳定性和耐久性。水分子也可能参与到这一过程中,水分子与环氧树脂或固化剂中的活性官能团之间产生氢键,从而促进交联的形成。通过化学与物理层面的交联作用,环氧树脂和固化剂最终形成具备三维空间网络结构的固化物(图 2-20),为环氧沥青赋予较高的强度以及热固性这一关键属性。

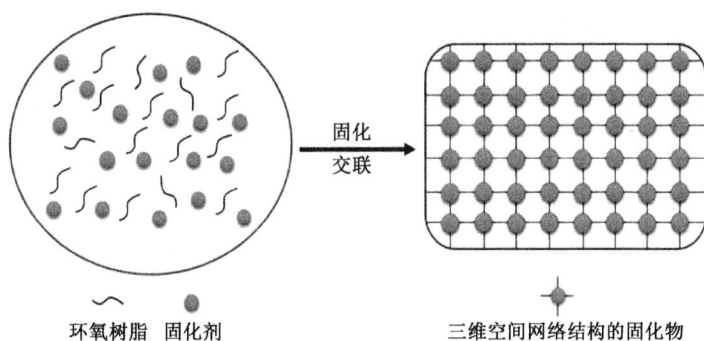

图 2-20　环氧树脂固化示意图

(2)环氧树脂对基质沥青的物理改性机理

基质沥青并没有参与环氧树脂与固化剂的交联聚合反应,而是以颗粒状的形态被环氧树脂和固化剂组成的交联结构(即固化物)固定。交联结构对基质沥青的物理改性机理可总结为四个方面:填充效应、支撑作用、界面相互作用、遮蔽作用。就填充效应而言,基质沥青的颗粒状结构可以填充环氧树脂和固化剂间的空隙,增强体系的密实性,进而提升环氧沥青的强度和抗变形能力。就支撑作用而言,基质沥青为环氧树脂和固化剂提供了支撑结构,使两者在交联反应过程中得以均匀分布,避免这两种原料在局部区域出现聚集或缺失。这有利于提升环氧沥青的稳定性和均匀性。就界面相互作用而言,基质沥青与固化剂在界面处存在一定的物理吸附作用,使得固化剂与沥青这两种不同的材料能够共同承受部分荷载。就遮蔽作用而言,交联结构能够覆盖基质沥青的部分表面区域,减小沥青与氧气的接触面积,从而增强环氧沥青的抗老化性能。

4.技术指标

(1)环氧树脂

目前,使用最广泛的环氧树脂类型是双酚 A 型环氧树脂。双酚 A 型环氧树脂由环氧氯丙烷缩聚而成,分子结构中含有羟基和醚键,为淡黄色至棕色的透明黏性液体或固体,平均分子量在 350~7000 范围内。分子量越高,黏度越大,其环氧值却越小,颜色也越深;分子量越低,其颜色越淡,流动性越好。双酚 A 型环氧树脂性能稳定,即使加热到 200℃也不会发生变化。根据《公路桥面环氧沥青混凝土铺装施工技术规程》(DB 13/T 1789—2013),对于道路用环氧树脂,通常的技术指标见表 2-39。南京长江二桥桥面铺装采用美国某公司的环氧树脂,其技术要求见表 2-40。

道路用环氧树脂（EAD-A）指标要求 表2-39

技术指标	技术要求	试验方法
外观（20℃）	淡黄色黏稠液体	目测
黏度（120℃）（mPa·s）	100~160	GB/T 22314
环氧当量（含1g环氧当量的材料质量）（g）	185~210	GB/T 4612
色度，APHA，Cardner	≤4	GB/T 22295
含水量（%）	≤0.05	JTJ 052（T 0612）
闪点（开口杯法）（℃）	≥200	JTJ 052（T 0611）
密度（23℃）（g/cm³）	1.16~1.17	GB/T 15223

南京长江二桥采用的环氧树脂组分A技术要求 表2-40

技术指标	技术要求	试验方法
黏度（23℃）（Pa·s）	110~150	ASTM D445
环氧当量	185~192	ASTM D1652
颜色（Gardner环氧树脂）	≤4	ASTM D1544
含水量（%）	≤0.05	ASTM D1744
闪点（开口杯法）（℃）	≥200	ASTM D92
相对密度（23℃）	1.16~1.17	ASTM D1475
外观	透明琥珀	目视

（2）环氧沥青

美国、日本和中国的环氧沥青技术指标及要求存在一定的差异，根据国外及我国各部、省发布的环氧沥青混合料相关规范，热拌和温拌环氧沥青技术指标及要求分别见表2-41和表2-42。比较发现：①针对热拌环氧沥青，日本通过抗拉强度、断裂伸长率、针入度、软化点等技术指标进行控制，同我国基本一致，差别在于我国还对吸水率、抗拉强度等指标作了相应规定。在相同技术指标中，对于热固性、针入度、软化点等指标，我国和日本要求一致；而在其余技术指标对比中，对于拉伸强度，我国要求低于日本要求；对于断裂伸长率，日本仅要求不低于100%，而我国江苏地方规范要求则比其提高了100%。②针对温拌环氧沥青，美国通过最小伸长率、硬度、凝结时间等技术指标进行控制，我国对拉伸强度和断裂伸长率有严格要求，对黏度上升1.0Pa·s（120℃）的时间作了规定，要求不短于50min。此外，河北地方规范还对拉拔、抗剪强度作了更详细的规定。

国内外热拌环氧沥青技术指标 表2-41

技术指标	热拌环氧沥青			
	日本标准：《桥面铺装设计与施工》（JSA 8704—2）	中国行业推荐性准：《公路钢桥面铺装设计与施工技术规范》（JTG/T 3364-02—2019）	中国河北地方标准：《公路桥面环氧沥青混凝土铺装施工技术规程》（DB 13/T 1789—2013）	中国江苏地方标准：《大跨径桥梁钢桥面环氧沥青混凝土铺装养护技术规程》（DB 32/T 3292—2017）
拉伸强度（23℃）（MPa）	≥2.5	≥2.0	≥2.0	≥2.0

续上表

技术指标	热拌环氧沥青			
	日本标准:《桥面铺装设计与施工》(JSA 8704—2)	中国行业推荐性标准:《公路钢桥面铺装设计与施工技术规范》(JTG/T 3364-02—2019)	中国河北地方标准:《公路桥面环氧沥青混凝土铺装施工技术规程》(DB 13/T 1789—2013)	中国江苏地方标准:《大跨径桥梁钢桥面环氧沥青混凝土铺装养护技术规程》(DB 32/T 3292—2017)
断裂伸长率(23℃)(%)	≥100	≥100	≥100	≥200
热固性(℃)	≥300	—	—	—
吸水率(7d,25℃)(%)	—	≤0.3	—	—
针入度(25℃,100g,5s)(0.1mm)	5~20	—	5~20	—
软化点(T)(℃)	>100	—	≥100	—
抗拉强度(23℃)(MPa)	—	—	—	≥8
抗拉强度(70℃)(MPa)	—	—	—	≥3

国内外温拌环氧沥青技术指标   表 2-42

技术指标	温拌环氧沥青			
	美国标准:《环氧保护层标准规范》(AASHTO M200-73—2007)	中国行业推荐性标准:《公路钢桥面铺装设计与施工技术规范》(JTG/T 3364-02—2019)	中国河北地方标准:《公路桥面环氧沥青混凝土铺装施工技术规程》(DB 13/T 1789—2013)	中国国家标准:《道路与桥梁铺装用环氧沥青材料通用技术条件》(GB/T 30598—2014)
拉伸强度(23℃)(MPa)	—	≥1.5	—	≥1.5
断裂伸长率(23℃)(%)	—	≥200	≥200	≥200
最小伸长率(%)	35	—	—	—
热固性(℃)	—	—	≥300	≥300
吸水率(7d,25℃)(%)	≤0.3	≤0.3	—	≤0.3
拉拔强度(23℃)(MPa)	—	—	≥1.5	—
抗剪强度(23℃)(MPa)	—	—	≥1.0	—

续上表

技术指标	温拌环氧沥青			
	美国标准:《环氧保护层标准规范》(AASHTO M200-73—2007)	中国行业推荐性标准:《公路钢桥面铺装设计与施工技术规范》(JTG/T 3364-02—2019)	中国河北地方标准:《公路桥面环氧沥青混凝土铺装施工技术规程》(DB 13/T 1789—2013)	中国国家标准:《道路与桥梁铺装用环氧沥青材料通用技术条件》(GB/T 30598—2014)
肖氏 D 硬度(25℃) (77℉)	35 ~ 65	—	—	—
黏度上升1.0Pa·s 时间 (120℃)(min)	—	≥50	—	—
凝结时间 (min)	25 ~ 50	—	—	—

【思考题】

2-1 哪些聚合物可作为沥青改性剂?为什么苯乙烯-丁二烯嵌段共聚物常用于沥青改性?

2-2 乳化沥青与泡沫沥青在材料组成、制备方法、技术指标等方面有何差异?

2-3 比较聚合物改性沥青与石油沥青技术标准,分析聚合物改性沥青增加了哪些技术指标,这些技术指标用于评价聚合物改性沥青哪些技术性质?

2-4 如何评价沥青发泡效果?思考发泡温度、发泡用水量对发泡效果的影响。

2-5 聚合物掺量是影响改性沥青的关键因素之一,思考如何定量测定改性沥青中聚合物的含量。

【小组讨论】

2-1 综述不同生物质来源的生物沥青制备方法及性能。

2-2 总结用于大跨径钢桥桥面铺装层的改性沥青种类和技术要求。

【拓展阅读】

2-1 胡昌斌,张峰.聚合物复合改性沥青[M].北京:科学出版社,2021.

2-2 吕伟民. 橡胶沥青路面技术[M]. 北京：人民交通出版社,2011.

2-3 黄明. 环氧沥青的研究与开发[M]. 北京：中国建筑工业出版社,2020.

2-4 WANG H P,LIU X Y,APOSTOLIDIS P,et al. Review of warm mix rubberized asphalt concrete:towards a sustainable paving technology[J]. Journal of Cleaner Production,2018,177:302-314.

2-5 MOHD HASAN M R,YOU Z P,YANG X. A comprehensive review of theory,development, and implementation of warm mix asphalt using foaming techniques[J]. Construction and Building Materials,2017,152:115-133.

第三章
集料

【内容提要】

本章介绍了集料的种类及其性质,重点论述了沥青混合料常用集料的物理性质、路用性能及其测试方法和评价指标,总结了富勒级配理论、泰波级配理论、多级嵌挤密级配理论、粒子干涉级配理论、分形级配理论、主集料空隙填充级配理论等的基本思想和方法,给出了常用矿质混合料配合比设计方法。

集料(aggregate)又称骨料,是在沥青混合料中起骨架和填充作用的粒料,包括碎石、砾石、砂、石屑等。集料的选取和质量直接影响着沥青混合料的强度、耐久性和其他性能。

第一节 集料种类及其性质

用于沥青混合料的粗集料、细集料主要由天然岩石破碎而成。天然岩石按其形成的条件可分为火成岩、沉积岩和变质岩,每个类型又由于所含矿物成分的差异而形成多种多样的岩石。

一、火成岩

火成岩是岩浆从地壳或地表面流出凝固而成的,故又称岩浆岩。由于岩浆的成分以及火成岩在生成时环境条件的不同,不同火成岩具有不同的矿物组成和结构、构造。在沥青路面工程中常用的火成岩主要有花岗岩、辉绿岩、玄武岩、安山岩,如图3-1所示。

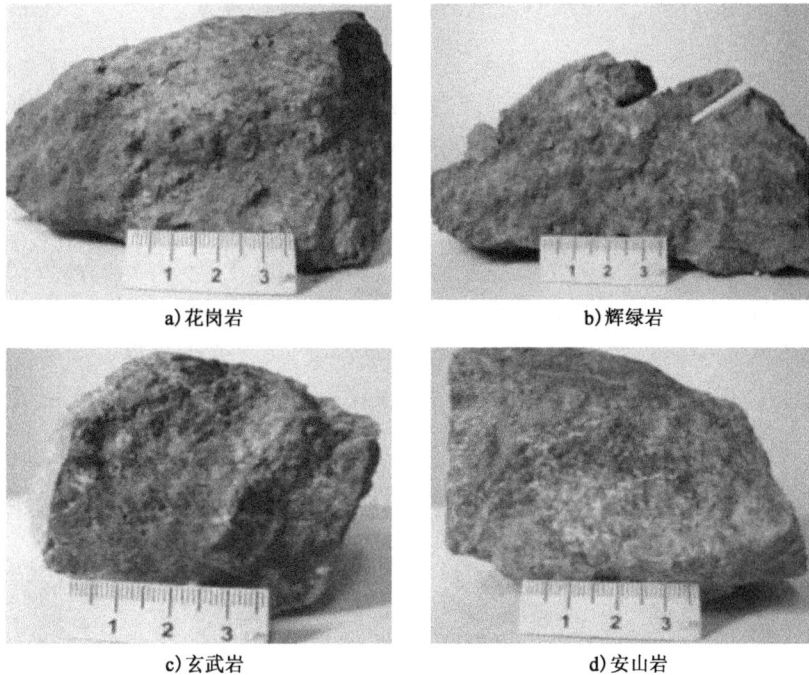

a)花岗岩　　　　　　　　　　　　b)辉绿岩

c)玄武岩　　　　　　　　　　　　d)安山岩

图3-1　典型火成岩

1.花岗岩

花岗岩是在地壳深处结晶而成的侵入岩,其矿物成分主要为石英、正长石、黑云母及角闪石,呈灰色、深灰色、淡红色、粉红色等。由于所含矿物颗粒粒径的不同,花岗岩又分为细粒花岗岩(颗粒粒径小于2mm)、中粒花岗岩(颗粒粒径2~5mm)、粗粒花岗岩(颗粒粒径大于5mm)。花岗岩中有色矿物呈层状分布时称花岗片麻岩。

花岗岩组织均匀致密,密度平均为2.61~2.75g/cm^3,空隙率为0.4%~1.0%。花岗岩的力学强度与颗粒结构有关,细粒花岗岩的力学强度相比其他花岗岩较高,同时花岗岩中云母的含量对其力学强度有很大影响。一般花岗岩有较高的抗压强度(100~250MPa)。花岗岩性质坚硬、分布广泛,是很好的建筑材料,但花岗岩为酸性岩石,与沥青黏结性较差。

2.辉绿岩

辉绿岩大多是浅成层侵入岩,主要由基性斜长石与普通辉石组成,也有的含橄榄石、角闪石及黑云母。辉绿岩多呈深灰色,具有针状结构,断面不齐平。辉绿岩的密度为2.75~3.05g/cm^3,空隙率为0.5%~0.8%,吸水率为0.1%~0.4%。它具有较高的力学强度,极限抗压强度可达200~300MPa,磨耗率不超过3%。由于它的力学强度比较高,开采和轧制加工比较困难。辉绿岩为弱碱性石料,是修建沥青路面的优良材料。

3. 玄武岩

玄武岩是一种基性喷出岩,其矿物成分主要为斜长石与辉石,呈暗灰色或黑色。玄武岩结构致密,呈柱状或球状节理。玄武岩的物理力学性质与辉绿岩相似,其密度为 $2.95 \sim 3.0 \text{g/cm}^3$,吸水率小于 0.5%,极限抗压强度高达 400MPa。玄武岩开采和轧制加工困难,故一般碎石料价格较高。玄武岩为弱碱性石料,是拌制沥青混合料的理想材料。但也有的地方所产玄武岩空隙率很高,可见明显的气孔,其吸水率大于 3%,选矿时应予以注意。

4. 安山岩

安山岩也为基性喷出岩,其成分和性质与玄武岩相近,呈灰色、灰紫色。安山岩的密度为 $2.65 \sim 2.75 \text{g/cm}^3$,极限抗压强度为 $120 \sim 200 \text{MPa}$,低于玄武岩。安山岩属中性岩石。

二、沉积岩

沉积岩是在地表常温常压条件下,先成岩经风化、生物以及火山作用的产物在原地或经过外力的搬运形成沉积层,后经成岩作用而成的岩石。这些沉积物的矿物成分取决于原生岩,根据形成方式可分为河流沉积岩、冰川沉积岩、海洋沉积岩、风积岩和岩屑堆积岩。沉积岩在地壳表层分布十分广泛,具代表性的沉积岩有石灰岩、白云岩、砂岩等,如图 3-2 所示。

a)石灰岩　　b)白云岩　　c)粗砂岩　　d)细砂岩

图 3-2　典型沉积岩

1. 石灰岩

石灰岩的主要成分为碳酸钙,因含有氧化硅、氧化镁与氧化铁而呈灰色、淡红色,含有有机碳的石灰岩则呈深灰色或黑色。石灰岩的物理力学性质随其结构、构造及混合物成分与含量而变化的范围很大,其密度为 $1.50 \sim 2.75 \text{g/cm}^3$,空隙率为 $2\% \sim 40\%$,因此石灰岩的力学性质变化范围也很大。例如,贝壳石灰岩的抗压强度仅为 $0.5 \sim 5 \text{MPa}$,而泥质石灰岩则可高达 25 ～

50MPa,密实板状石灰岩可达 80MPa,硅质石灰岩与大理岩状的结晶石灰岩可高达 100 ～ 200MPa。因此,选择石灰岩时应予注意。石灰岩是典型的强碱性岩石,与沥青有很好的黏结性,但一般石灰岩质地较软,耐磨抗滑性差,不适用于道路沥青路面的上面层。

2. 白云岩

白云岩的主要成分为碳酸钙和碳酸镁。白云岩的外观、成分、物理力学性质与石灰岩相似。白云岩的密度为 2.8 ～ 2.9g/cm³,极限抗压强度达 100MPa,是良好的建筑材料。白云岩多形成于气候热、干旱、海水盐度较高的环境,通过化学沉淀或微生物的生物化学沉淀而形成。白云岩在建筑、雕塑和装饰方面都有广泛的应用。由于白云岩质地柔软,容易被雕刻和加工,因此其常被用来雕刻雕像、建造建筑物和制作装饰品。同时,白云岩也用作建筑材料,用于制造石灰水泥、石膏和作其他建筑用途。

3. 砂岩

砂岩属于碎屑岩。大部分砂岩主要由石英组成,称为石英砂岩;少数砂岩由长石的碎屑胶结而成,称为长石砂岩。砂岩的颜色和力学性质与它的矿物成分及砂粒大小有关,也与岩石中胶结物的性质和数量有关。砂岩的密度为 1.8 ～ 2.7g/cm³,空隙率为 2% ～ 30%,吸水率为 0.8% ～ 17%,极限抗压强度为 5 ～ 200MPa。由于石英砂岩坚硬而耐磨,可用于沥青路面磨耗层,但它属酸性岩石,与沥青的黏附性较差,使用时必须考虑采取抗剥落措施。

三、变质岩

变质岩是火成岩或沉积岩因受环境条件变化的影响,改变了原来岩石的矿物成分及构造,从而具有新的不同性质的岩石,其中包括角页岩、片麻岩、石英岩、结晶片岩、板岩等致密硬质岩石,如图 3-3 所示。

a)片麻岩

b)石英岩

c)片岩

d)大理岩

图 3-3 典型变质岩

1. 片麻岩

片麻岩由花岗岩变质而成,其矿物成分与花岗岩相近,主要是石英和长石,其次有云母、辉石等,不同之处是片麻岩为板状结构或条状结构,且晶粒粗大。片麻岩的密度为 $2.4 \sim 2.9 \text{g/cm}^3$。这种岩石的力学强度很高,抗压强度可达 $100 \sim 200 \text{MPa}$。片麻岩易劈成板形,但加工成碎石时易产生扁平状颗粒,因此不适用于沥青路面。

2. 石英岩

石英岩由石英砂岩变质而成,主要成分为二氧化硅,石质致密而坚硬。石英岩的密度为 $2.65 \sim 2.75 \text{g/cm}^3$,吸水率不超过 0.5%,极限抗压强度可达 300MPa 或更高,硬度等级为 7 级,有良好的抗风化性能和耐冻性。石英岩加工破碎困难。石英岩为酸性石料,因此不适用于拌制沥青混合料。

3. 片岩

片岩具有片状构造,变晶结构,其矿物成分主要是云母、滑石、绿泥石等片状矿物,以及少量石榴子石等变质矿物。一般片岩的节理比较发达,片状矿物含量高,强度低,抗风化的能力比较差,因而容易风化剥落,质地较差,不适用于拌制沥青混合料。

第二节　集料物理性质

一、集料密度

集料是在混合料中起骨架和填充作用的粒料,其体积组成除了包括矿物及矿物孔隙外,还包括矿质颗粒之间的空间,称为空隙。图 3-4 所示为集料组成的质量与体积关系示意图。

在工程中常用的集料密度包括表观密度、毛体积密度、表干密度及堆积密度等。

1. 表观密度

表观密度(apparent particle density)是指在规定条件下,单位体积(含材料的实体矿物成分、闭口和开口孔隙中尚未完全被水填充的孔隙体积)物质颗粒的干质量,按式(3-1)计算。测定集料表观体积时,需将已知质量的干燥集料浸水,使其开口孔隙吸饱水,然后称出饱水后集料在水中的质量,集料烘干质量与集料饱水后水中质量之差与水密度的乘积即包括闭口孔隙在内的集料表观体积($V_s + V_n$)。

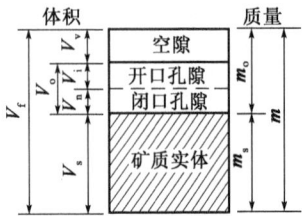

图 3-4　集料组成的质量与体积关系

$$\rho_a = \frac{m_s}{V_s + V_n} \tag{3-1}$$

式中:ρ_a——集料的表观密度,g/cm^3;

m_s——集料矿质实体的质量,g;

V_s——集料矿质实体的体积,cm^3;

V_n——集料矿质实体中闭口孔隙的体积,cm^3。

2. 毛体积密度

毛体积密度(bulk particle density)是指在规定条件下,单位体积(含材料的实体矿物成分及其闭口孔隙、开口孔隙等颗粒表面轮廓线所包围的全部毛体积)物质颗粒的干质量,按式(3-2)计算。工程中,毛体积密度的测定方法是将已知质量的干燥岩石试样,经饱水后,擦干表面,求得饱和面干质量,再用排水法求得试样在水中的质量,饱和面干质量与水中质量之差与水密度的乘积为试样的毛体积 V_h ($V_h = V_s + V_n + V_i$)。

$$\rho_h = \frac{m_s}{V_s + V_n + V_i} \tag{3-2}$$

式中:ρ_h——集料的毛体积密度,g/cm^3;

V_i——集料矿质实体中开口孔隙的体积,cm^3;

其他符号意义同式(3-1)。

3. 表干密度

集料的表干密度(saturated and surface-dry particle density)亦称作饱和面干毛体积密度,为单位体积(含材料的实体矿物成分及其闭口孔隙、开口孔隙等颗粒表面轮廓线所包围的全部毛体积)物质颗粒的饱和面干质量。它的计算体积与毛体积相同,但计算质量以表干质量(饱和面干状态,包括吸入开口孔隙中的水的质量)为准,按式(3-3)计算。

$$\rho_s = \frac{m_a}{V_s + V_n + V_i} \tag{3-3}$$

式中:ρ_s——集料的表干密度,g/cm^3;

m_a——集料颗粒的表干质量(矿质实体质量与吸入开口孔隙中水的质量之和),g;

其他符号意义同前。

4. 堆积密度

集料的堆积密度(bulk density)是指单位堆积体积(含材料的实体矿物成分及其闭口、开口孔隙体积及颗粒间空隙体积)的物质颗粒的质量,按式(3-4)计算。

$$\rho = \frac{m_s}{V_s + V_n + V_i + V_v} \tag{3-4}$$

式中:ρ——矿质集料的堆积密度,g/cm^3;

m_s——集料矿质实体的质量,g;

V_v——集料颗粒之间的空隙体积,cm^3;

其他符号意义同前。

集料是没有固定形状的混合物,其形状取决于装填容器,其堆积密度取决于堆积方式。集料的堆积体积 V_f ($V_f = V_s + V_n + V_i + V_v$)是通过将干燥的散粒集料试样装入规定尺寸的容器中来测定的,堆积密度的大小取决于颗粒排列的松紧程度,即取决于堆积方式。

根据装样方法的不同,集料的堆积密度包括松散堆积状态、振实状态、捣实状态下的堆积密度。松散堆积密度是指以自由落入方式装填集料所测得的密度;振实密度是将集料分层装入容器筒中,在容器筒底部放置一根圆钢筋,每装一层集料后,将容器筒左右交替颠击地面25次所测得的密度;捣实密度是将集料分三层装入容器中,每层用捣棒捣实25次后所测得的密度。

松散堆积密度亦称松装密度,振实密度和捣实密度统称紧装密度。粗集料与细集料堆积密度的测试方法不尽相同,应根据集料的工程应用情况和集料尺寸,按照《公路工程集料试验规程》(JTG 3432—2024)中的规定来选择相应的测试方法。

5. 集料的相对密度

上述密度公式为理论上的计算公式,而其中直接测量集料的矿质实体体积、孔隙体积和空隙体积难以实现。此外,在测试集料表观密度、毛体积密度和表干密度时,水的密度会受温度的影响。故实际检测时一般采用相对密度,其定义为密度与同温度水的密度的比值。在进行沥青混合料配合比设计时,一般采用集料的表观相对密度和毛体积相对密度。以下介绍集料相对密度的试验室计算方法。

将测试集料洗净,在105℃±5℃下烘至恒重,称其质量为 m_a。将干燥的集料放在金属吊篮中浸水24h,使开口孔隙吸饱水。然后称取饱水集料在水中的质量 m_w,用湿布擦干集料表面的水并称取饱和面干质量 m_f。

按式(3-5)计算集料的表观相对密度 γ_a:

$$\gamma_a = \frac{m_a}{m_a - m_w} \tag{3-5}$$

按式(3-6)计算集料的毛体积相对密度 γ_b:

$$\gamma_b = \frac{m_a}{m_f - m_w} \tag{3-6}$$

按式(3-7)计算集料的表干相对密度 γ_s:

$$\gamma_s = \frac{m_f}{m_f - m_w} \tag{3-7}$$

集料密度、相对密度以及同温度水的密度的关系见式(3-8),可根据该式求出某一温度下的集料密度。

$$\rho = \gamma \cdot \rho_T \tag{3-8}$$

式中:ρ——集料的密度,g/cm³;

γ——集料的相对密度;

ρ_T——试验温度为 T 时水的密度,g/cm³,见表3-1。

不同水温时水的密度 ρ_T 及水温修正系数 α_T 表3-1

水温(℃)	15	16	17	18	19	20
水的密度 ρ_T(g/cm³)	0.99913	0.99897	0.99880	0.99862	0.99843	0.99822
α_T	0.002	0.003	0.003	0.004	0.004	0.005
水温(℃)	21	22	23	24	25	—
水的密度 ρ_T(g/cm³)	0.99802	0.99779	0.99756	0.99733	0.99702	—
α_T	0.005	0.006	0.006	0.007	0.007	—

二、空隙率

集料的空隙率(voids in aggregate)是指集料颗粒之间的空隙体积占集料总体积的百分比,它反映了集料颗粒间相互填充的致密程度。集料的空隙率无法通过测试得到,通常根据集料的密度计算得到。一般情况下,集料的空隙率按式(3-9)计算。

$$n = \left(1 - \frac{\rho}{\rho_a}\right) \times 100 \tag{3-9}$$

式中:n——集料的空隙率,%;

    ρ_a——集料的表观密度,kg/m³;

    ρ——集料的堆积密度或紧装密度,kg/m³。

粗集料空隙率或粗集料间隙率(voids in coarse aggregate)的定义为粗集料部分以外的体积占试件总体积的百分比。在沥青混合料组成设计中,为了判断所用粗集料是否形成骨架结构,并分析混合料中细集料含量、结合料含量是否合理,需要计算粗集料间隙率 VCA_{DRC}。VCA_{DRC}采用粗集料在捣实状态下的堆积密度,按式(3-10)计算。该指标主要用于 SMA 混合料或OGFC混合料的组成设计。

$$VCA_{DRC} = \left(1 - \frac{\rho}{\rho_b}\right) \times 100 \tag{3-10}$$

式中:VCA_{DRC}——捣实状态下粗集料间隙率,%;

    ρ——按捣实法测定的粗集料的堆积密度,kg/m³;

    ρ_b——粗集料的毛体积密度,kg/m³。

试验结果表明,常用岩石集料在自然堆积状态下,粗集料空隙率范围为43%~48%,细集料空隙率范围为35%~50%;在振实状态或捣实状态下,粗集料空隙率范围为37%~42%,细集料空隙率范围为30%~40%。

三、颗粒形状与表面特征

集料特别是粗集料的颗粒形状和表面特征对集料颗粒间的内摩阻力、集料颗粒与结合料间的黏附性等有着显著的影响。

1. 颗粒形状

从实用角度出发,集料的颗粒形状(particles shape)可按表3-2分为四种类型,比较理想的颗粒形状是接近球体或立方体。当集料中扁平、薄片、细长状的颗粒含量较高时,集料之间的空隙率会增大,不仅有损于集料的施工和易性,而且会不同程度地降低沥青及水泥混凝土的强度。

集料颗粒形状的基本类型

表3-2

类型	颗粒形状的特点	集料品种
蛋圆形	具有较光滑的表面,无明显棱角,颗粒浑圆	天然砂及各种砾石、陶粒
棱角形	具有粗糙的表面及明显的棱边	碎石、石屑、破碎矿渣
针状	因长度方向尺寸远大于其他方向尺寸而呈细条形	砾石、碎石中均存在
片状	因厚度方向尺寸远小于其他方向尺寸而呈薄片形	砾石、碎石中均存在

《公路工程集料试验规程》(JTG 3432—2024)中规定,针片状颗粒是指用游标卡尺测定的粗集料颗粒的最大长度(或宽度)方向与最小厚度(或直径)方向的尺寸之比大于 3 的颗粒。

《建设用卵石、碎石》(GB/T 14685—2022)中规定,卵石、碎石颗粒的最大一维尺寸大于该颗粒所属粒级的平均粒径的 2.4 倍者为针状颗粒;最小一维尺寸小于平均粒径 40% 者为片状颗粒。

碎石中针片状颗粒含量在很大程度上取决于被加工岩石特性、破碎机械设备以及碎石的生产工艺。一般来讲,硬而脆的岩石在破碎时易产生针片状颗粒;以挤压破碎为主的破碎机(如颚式破碎机)等生产的碎石中的针片状颗粒含量比较高,而利用冲击方法破碎岩石所生产的碎石中的针片状颗粒比较少,如反击破碎机、冲击式制砂机等。因此需要确定合理的破碎筛分工艺流程。

2. 表面特征

集料的表面特征(surface features)主要是指集料表面的粗糙程度及孔隙特征等,它与集料的材质、岩石结构、矿物组成及集料受冲刷、受腐蚀程度有关。一般来说,集料的表面特征主要影响集料与结合料之间的黏结性能,从而影响混合料的强度。在外力作用下,表面粗糙的集料颗粒之间的移动较为困难,其摩阻力较表面光滑、无棱角颗粒要大,会影响集料的施工和易性。此外,表面粗糙,具有能够吸收沥青中轻质组分的孔隙的集料与结合料的黏结能力较强,而表面光滑的集料与结合料的黏结能力一般较弱。

天然砂、人工砂和石屑等细集料的表面特征状态对沥青混合料的内摩擦角和抗流动性变形能力有着显著的影响。细集料表面特征状态采用棱角性指标来表征,棱角性可以采用间隙率法或流动时间法进行评定。

①间隙率法。

间隙率法是按照标准方法测试细集料的松装密度和毛体积密度,再采用式(3-11)计算细集料的空隙率。当空隙率较大时,意味着细集料中球状颗粒少,表面构造粗糙,有着较大的内摩擦角。

$$U = \left(1 - \frac{\rho_C}{\rho_S}\right) \times 100 \qquad (3\text{-}11)$$

式中:U——细集料的间隙率,即棱角性,%;

ρ_C——细集料的松装密度,g/cm^3;

ρ_S——细集料的毛体积密度,g/cm^3。

细集料的松装密度和毛体积密度可按照《公路工程集料试验规程》(JTG 3432—2024)中规定的方法进行测试。

②流动时间法。

流动时间法是按照标准方法准备细集料试样,测试规定体积的细集料流出规定的漏斗开口所需要的时间,以 s 为单位。流出时间越长,表示细集料越粗糙。

当工程中同时使用不同品种的细集料时,如将天然砂与机制砂和石屑混合使用,应以实际配合比组成的混合细集料进行试验。

四、含泥量与泥块含量

存在于集料中或包裹在集料颗粒表面的泥土会妨碍集料与水泥或沥青间的黏结,显著影响混合料的整体强度与耐久性,应对其含量加以限制。

1. 含泥量与石粉含量

含泥量(clay content)是指天然砂、碎石或卵石中粒径小于 0.075mm 的颗粒含量;石粉含量(fine content)是指机制砂中粒径小于 0.075mm 的颗粒含量。两者均可以按式(3-12)计算。

$$Q_a = \frac{m_0 - m_1}{m_0} \times 100 \tag{3-12}$$

式中：Q_a——含泥量或石粉含量，%；

$\quad m_0$——试验前烘干试样的质量，g；

$\quad m_1$——经筛洗后，0.075mm 筛上烘干试样的质量，g。

严格地讲，含泥量应是集料中的泥土含量，而采用筛洗法得到的粒径小于 0.075mm 的颗粒中实际上包含了矿粉、细砂与泥土等粉料，由于很难将这些成分加以区别，故将通过 0.075mm 筛的颗粒部分全都当作"泥土"的做法欠妥。

目前，采用"砂当量"指标或"亚甲蓝 MB 值"指标对集料中粒径小于 0.075mm 的矿粉、细砂与"泥土"加以区别。砂当量用于测定细集料中所含黏性土和杂质的含量，以判定细集料的洁净程度，砂当量值越大，表明细集料中粒径小于 0.075mm 部分所含的矿粉和细砂比例越高。亚甲蓝 MB 值是用于判定机制砂中粒径小于 0.075mm 颗粒吸附性能的指标，亚甲蓝 MB 值较小时，表明机制砂中粒径小于 0.075mm 的颗粒主要是与母岩化学成分相同的石粉，膨胀性黏土矿物较少。

2. 泥块含量

泥块含量（clay lumps and friable particles content）是指卵石、碎石中原粒径大于 4.75mm（砂中大于 1.18mm），但经水浸洗、手捏后粒径小于 2.36mm（砂中小于 0.6mm）的颗粒含量，按式(3-13)计算。集料中的泥块主要以三种类型存在：由纯泥土组成的团块，由砂、石屑与泥土组成的团块，包裹在集料颗粒表面上的泥。

$$Q_b = \frac{m_2 - m_3}{m_2} \times 100 \tag{3-13}$$

式中：Q_b——集料的泥块含量，%；

$\quad m_2$——粗集料为 4.75mm（细集料为 1.18mm）筛上试样的质量，g；

$\quad m_3$——试验后烘干试样的质量，g。

第三节　集料技术要求

天然岩石经人工破碎，成为粒径大小不等的碎石材料，称为轧制集料。工业生产残留的砂砾料、钢渣、矿渣等副产品，也可以用作集料。用于高速公路、一级公路、城市快速路、主干路沥青路面表面层的粗集料应该选用坚硬、耐磨、抗冲击性好的碎石或破碎砾石，不得使用筛选砾石、矿渣及软质集料。

集料按其粒径大小分为粗集料和细集料。按照《公路工程集料试验规程》（JTG 3432—2024）规定，在沥青混合料中，粗集料是指粒径大于 2.36mm 的碎石、破碎砾石、筛选砾石和矿渣等，细集料是指粒径小于 2.36mm 的天然砂、人工砂（包括机制砂）及石屑。在水泥混凝土中，粗集料是指粒径大于 4.75mm 的碎石、砾石和破碎砾石，细集料是指粒径小于 4.75mm 的天然砂、机制砂。我国长期以来习惯将粒径为 4.75mm 以上集料称为粗集料，将粒径为 4.75mm 以下集料称为细集料。直到 1994 年版《公路沥青路面施工技术规范》实施后，才将沥青混合料的粗、细集料分界粒径界定为 2.36mm。

一、粗集料的力学性能

在混合料中,粗集料起骨架作用,应具备一定的强度、耐磨性、抗磨耗和抗冲击性能等,这些性能用压碎值、磨光值、磨耗值和冲击值等指标表示。

1. 压碎值

压碎值(crush stone value)用于衡量集料在逐渐增大的荷载作用下抵抗压碎的能力,也是集料强度的相对指标,用以鉴定集料品质,判断其在道路工程中的适用性。

《公路工程集料试验规程》(JTG 3432—2024)中规定了粗集料压碎值的测试方法,如图3-5所示。在压碎值试验中,将粒径为9.5~13.2mm的集料试样装模,均匀施加荷载,在10min左右的时间内加载至400kN,稳压5s后卸载。取出试样,以2.36mm标准筛对试样进行筛分,然后称取2.36mm筛上集料质量(m_1)和通过2.36mm筛孔的全部细料质量(m_2)。粗集料的压碎值ACV按式(3-14)计算。

$$ACV = \frac{m_2}{m_1 + m_2} \times 100 \qquad (3-14)$$

式中:ACV——集料压碎值,%;

m_1——试样的2.36mm筛上质量,g;

图3-5 粗集料压碎值试验

m_2——试样通过2.36mm筛孔的质量,g。

2. 磨耗值

磨耗值是评价粗集料使用性能的重要指标之一,与沥青路面的抗轮辙能力、耐磨性、耐久性密切相关。集料的磨耗性可采用磨耗损失和磨耗值表征,磨耗损失用于评定粗集料抵抗摩擦、撞击的能力,磨耗值用于评定道路路面表层所用粗集料抵抗车轮磨耗作用的能力。

磨耗损失试验采用洛杉矶磨耗试验机进行,如图3-6所示。首先根据粗集料的粒级组成,按照规定准备试样和钢球,将一定质量且有一定级配的集料试样和钢球置于磨耗试验机中,开动磨耗试验机,以30~33r/min的转速转动,直至达到要求的回转次数为止。取出钢球,将试样过筛、水洗、烘干、称量。按式(3-15)计算集料的磨耗损失:

图3-6 洛杉矶磨耗试验机

$$LA = \frac{m_1 - m_2}{m_1} \times 100 \qquad (3-15)$$

式中:LA——磨耗损失,%;

m_1——装入试验机圆筒中的试样质量,g;

m_2——试验后在1.7mm筛上烘干的试样质量,g。

磨耗值试验采用道瑞磨耗试验机进行,如图 3-7 所示。试验时将粒径为 9.5～13.2mm 的集料颗粒以单层紧密排列在试模中,集料颗粒不得少于 24 粒,用环氧树脂砂浆填模成型,经养护后脱模制成试件。同种集料以 2 个试件为一组,固定于道瑞磨耗试验机的圆平板上,以28～30r/min 转速磨 100 转,磨的同时连续不断地向磨盘上均匀地撒布规定细度的石英砂。停机后取下试件,观察有无异常现象,然后按相同方法再磨 400 转,可分为 4 个 100 转、重复 4 次磨完,也可连续 1 次磨完,停机后,称取试件质量,集料的道瑞磨耗值按式(3-16)计算。

$$AAV = 3\frac{m_1 - m_2}{\rho_s} \tag{3-16}$$

式中：AAV——集料的道瑞磨耗值;

m_1——磨耗前试样的质量,g;

m_2——磨耗后试样的质量,g;

ρ_s——集料的表干密度,g/cm³。

3. 磨光值

磨光值(polished stone value)是反映集料抵抗轮胎磨光作用的能力的指标,集料磨光值是决定某种集料能否用于沥青路面抗滑磨耗层的关键性指标。用高磨光值的集料铺筑道路路面表层,可以提高路表的抗滑能力,保障车辆安全行驶。

磨光值试验采用路用加速磨光机进行,如图 3-8 所示。基本方法是将粒径为 9.5～13.2mm 的干净集料颗粒以单层紧密地排列在试模之中,并用环氧树脂砂浆固定,经养护后拆模制成试件。将同种集料的 2 个试件、其他集料试件与标准集料试件依顺序安装在路用加速磨光机上,先用 30 号金刚砂对试件磨蚀 3h,再用 280 号金刚砂磨蚀 3h 后停机。取出试件后,用摆式摩擦系数测定仪测定试件的磨光值读数(摩擦系数),集料的磨光值按式(3-17)计算。

$$PSV = PSV_{ra} + 49 - PSV_{br} \tag{3-17}$$

式中：PSV——集料的磨光值,BPN(British Pendulum Number);

PSV_{ra}——试验集料试件磨光值读数(摩擦系数)平均值;

PSV_{br}——标准集料试件磨光值读数(摩擦系数)平均值。

图 3-7　道瑞磨耗试验机　　　　图 3-8　路用加速磨光机

4. 冲击值

集料的冲击值(aggregate impact value)反映粗集料抵抗冲击荷载的能力。由于路表集料

图 3-9　集料冲击试验仪

直接承受车轮荷载的冲击作用,这一指标对道路表层用集料非常重要。

《公路工程集料试验规程》(JTG 3432—2024)规定,集料的冲击值试验采用粒径为 9.5 ~ 13.2mm 的干燥集料,按标准方法分三层装入量筒中,称取集料试样质量。将称好质量的集料装入圆形钢筒后置于冲击试验仪上,如图 3-9 所示,用捣实杆单独捣实 25 次。调整锤击高度,让锤从 380mm ± 5mm 处自由落下,连续锤击集料 15 次,每次间隔不少于 1s。将经冲击试验后的集料用 2.36mm 筛筛分,称取通过 2.36mm 筛的石屑质量。集料的冲击值按式(3-18)计算。

$$AIV = \frac{m_1}{m} \times 100 \tag{3-18}$$

式中:AIV——集料的冲击值,%;

　　m——试样的总质量,g;

　　m_1——冲击破碎后,通过 2.36mm 筛的石屑质量,g。

二、粗集料的技术要求

用于沥青路面的粗集料应清洁、干燥、无风化、无杂质,具有足够的强度和耐磨性。粗集料的颗粒应为近似立方体,且富有棱角。在路面中粗集料起着提供强度的作用,其质量,尤其是针片状颗粒含量、风化石含量,对路面使用性能有很大的影响。欧美国家特别重视集料的质量,尤其关注集料的颗粒形状。例如,美国 SHRP 要求粒径大于 5mm 的粗集料的针片状颗粒(最大尺寸与最小尺寸之比大于 5)含量在任何交通量下均不大于 10%。针片状颗粒含量高的混合料的空隙率较大,其中的集料颗粒在车辆荷载作用下非常容易被压碎。集料中针片状颗粒含量既与岩石的品质有关,也与加工工艺、所用机械设备以及质量管理水平有关。因此,要严格限制针片状颗粒含量,除选择质地好的岩石外,选择合适的设备并严格管理也是很重要的。

我国《公路沥青路面施工技术规范》(JTG F40—2004)对粗集料的技术要求见表 3-3。

沥青混合料用粗集料质量技术要求　　　　　　　　　　　表 3-3

指标	高速公路及一级公路		其他等级公路	试验方法
	表面层	其他层次		
石料压碎值(%),不大于	26	28	30	T 0316
洛杉矶磨耗损失(%),不大于	28	30	35	T 0317
表观相对密度,不小于	2.60	2.50	2.45	T 0304
吸水率(%),不大于	2.0	3.0	3.0	T 0304
坚固性(%),不大于	12	12	—	T 0314
针片状颗粒含量(混合料)(%),不大于	15	18	20	T 0312
其中粒径大于 9.5mm(%),不大于	12	15		
其中粒径小于 9.5mm(%),不大于	18	20	—	
水洗法 <0.075mm 颗粒含量(%),不大于	1	1	1	T 0310
软石含量(%),不大于	3	5	5	T 0320

注:1. 坚固性试验可根据需要进行。

　　2. 用于高速公路、一级公路时,多孔玄武岩的视密度可放宽至 2.45t/m³,吸水率可放宽至 3%,但必须得到建设单位的批准,且不得用于 SMA 路面。

　　3. 对 S14 即 3 ~ 5 规格的粗集料,针片状颗粒含量可不予要求,<0.075mm 含量可放宽到 3%。

控制碎石材料含泥量的关键是采石场在生产过程中必须彻底清除泥土覆盖层及泥土夹层,同时轧制碎石用的块石不得含有土块、杂物。集料成品要堆放在经过硬化处理的地坪上,而不要直接堆放在泥地上。这类措施虽然增加了工作量,但可较好地保证碎石料表面的清洁度。试验和实践都已证明,碎石表面的严重污染将影响其与沥青的有效黏附,当遇水时沥青很容易剥落,使混合料失去黏结力而松散。所以,绝不能忽视碎石料被泥土、粉尘污染的危害性。

用于高速公路、一级公路及其他等级公路的粗集料,其磨光值应符合表3-4的要求。但如果当地磨光值高的岩石比较缺乏,也可取硬质碎石料与质地较软的碎石料按一定比例配合后使用。

粗集料与沥青的黏附性、磨光值的技术要求　　　　　　　　　　　表3-4

雨量气候区	1(潮湿区)	2(湿润区)	3(半干区)	4(干旱区)	试验方法
年降雨量(mm)	>1000	500～1000	250～500	<250	
粗集料磨光值(PSV),不小于 高速公路、一级公路表面层	42	40	38	36	T 0321
粗集料与沥青黏附性,不小于 高速公路、一级公路表面层 其他层次及其他等级公路的各个层次	5 4	4 4	4 3	3 3	T 0616 T 0663

粗集料与沥青的黏附性应符合表3-4的要求。当粗集料与沥青的黏附性不符合要求时,可以在混合料中掺加消石灰(或水泥),也可在沥青中掺加液体抗剥落剂,必要时甚至可同时使用消石灰(或水泥)与抗剥落剂,使沥青混合料的水稳定性满足要求。添加消石灰(或水泥)之所以能起到提高黏附性的作用,是因为沥青含有少量羧酸与亚砜,使其呈现弱酸性。羧酸与亚砜易附着在粒料的表面,当遇到水时,因水分子是极性物质,更易与粒料的极性分子结合,结果使沥青从粒料表面脱落。而消石灰是氢氧化钙,为强碱性物质($pH > 12$),当氢氧化钙与沥青中的羧酸接触时,即发生化学反应,生成碱土盐。碱土盐具有很强的吸附性能,能牢固地黏附在粒料表面而不剥落,因此沥青就不会从粒料上剥落。

消石灰可以矿粉的形式直接加入拌缸中使用,或者以稀浆形式与集料预混后使用。稀浆形式的使用效果较优,但是工艺比较复杂。若简单地将消石灰加入冷料斗或喷洒在碎石料堆上,则必然很不均匀,而且会造成场地和设备的污染。将消石灰替代部分矿粉使用,目前来说是比较现实可行的措施,这种措施需要额外增加上粉装置和计量装置。对于掺加的剂量,可根据已有的工程经验或由沥青混合料的水稳定性试验确定。一般消石灰(或水泥)的剂量为集料质量的1.5%～2%,液体抗剥落剂的剂量约为0.4%。

碎石颗粒的表面纹理构造是集料的又一重要特性,它对集料颗粒间的摩阻力有重要影响。应选粒径大于50mm、含泥量不大于1%的大块砾石进行轧制破碎,且其破碎面应符合表3-5的要求。然而,为保证高速公路沥青路面的高温稳定性,用于沥青面层的沥青混合料应尽量避免采用破碎砾石作为集料。

粗集料对破碎面的要求　　　　表 3-5

路面部位或混合料类型	具有一定数量破碎面颗粒的含量(%)		试验方法
	1 个破碎面	2 个或 2 个以上破碎面	
沥青路面表面层 高速公路、一级公路 其他等级公路	 100 80	 90 60	T 0361
沥青路面中下面层、基层 高速公路、一级公路 其他等级公路	 90 70	 80 50	
SMA 混合料	100	90	
贯入式路面	80	60	

经过破碎且存放期超过 6 个月的钢渣可作为粗集料使用。除吸水率允许适当放宽外,粗集料各项质量指标应符合表 3-3 的要求。钢渣在使用前应进行活性检验,要求钢渣中的游离氧化钙含量不大于 3%,浸水膨胀率不大于 2%。一般来说,钢渣轧制的碎石材料只适用于二级及二级以下道路的沥青路面。

粗集料应符合一定的级配要求(表 3-6),以便在沥青混合料生产时能保证集料级配始终符合设计要求而不致偏差过大。对于粒径分布不均衡的碎石料,应进行过筛处理。最有效的做法是避免集料颗粒尺寸分档过宽。以粒径 5~15mm 的碎石料为例,其粒径分布往往不均衡,有时 5~10mm 部分偏多,有时则 10~15mm 部分偏多,如能将这部分料筛分成两档,分别将 5~10mm 和 10~15mm 碎石料送入拌和机的拌缸,就能保证混合料级配的准确性。

沥青混合料用粗集料规格　　　　表 3-6

规格名称	公称粒径（mm）	通过下列筛孔(mm)的质量百分率(%)												
		106	75	63	53	37.5	31.5	26.5	19.0	13.2	9.5	4.75	2.36	0.6
S1	40~75	100	90~100	—		0~15		0~5						
S2	40~60		100	90~100		0~15		0~5						
S3	30~60		100	90~100	—	—	0~15	—	0~5					
S4	25~50			100	90~100	—	—	0~15	—	0~5				
S5	20~40				100	90~100		0~15	—	0~5				
S6	15~30					100	90~100	—	—	0~15	—	0~5		
S7	10~30					100	90~100			0~15	0~5			
S8	10~25						100	90~100	—	0~15		0~5		
S9	10~20							100	90~100	0~15	0~5			
S10	10~15								100	90~100	0~15	0~5		
S11	5~15								100	90~100	40~70	0~15	0~5	
S12	5~10									100	90~100	0~15	0~5	
S13	3~10									100	90~100	40~70	0~20	0~5
S14	3~5										100	90~100	0~15	0~3

三、细集料的技术要求

细集料通常指石屑、天然砂、人工砂(包括机制砂)。目前,工程中石屑应用较多,但石屑的质量往往容易被忽视,从而影响混合料的品质。

细集料应洁净、干燥、无风化、无杂质,并有适当的颗粒级配,其质量应符合表3-7的要求。细集料颗粒形状宜呈立方体,且富有棱角。细集料的棱角性对于确保混合料具备高的内摩擦力和抗轮辙性能至关重要。我国《公路沥青路面施工技术规范》(JTG F40—2004)对细集料的棱角性已提出要求,但其试验方法与国外不同。美国SHRP将细集料的棱角性定义为通过2.36mm筛孔集料的未压实(松方)空隙率。这是因为较高的空隙率意味着更多的破碎面。其试验方法是将细集料通过标准漏斗倒入一个经标定的小圆筒内,测试充满已知体积(V)圆筒的细集料质量(W),根据圆筒体积与圆筒中细集料体积之差,即可算出细集料空隙率,而细集料体积用细集料的毛体积密度(G_{sb})计算出。

沥青混合料用细集料质量要求   表3-7

项目	高速公路、一级公路	其他等级公路	试验方法
表观相对密度,不小于	2.50	2.45	T 0328
坚固性(>0.3mm部分)(%)*,不小于	12	—	T 0340
含泥量(<0.075mm含量)(%),不大于	3	5	T 0333
砂当量(%),不小于	60	50	T 0334
亚甲蓝值(g/kg),不大于	2.5	—	T 0346
棱角性(流动时间)(s),不小于	30	—	T 0345

注:*坚固性试验可根据需要进行。

从细集料的棱角性考虑,宜尽可能采用机制砂。机制砂采用专用的制砂机制造,生产时要选取优质石料,其级配符合表3-9中S16的要求。

天然砂可采用河砂或海砂,通常宜采用粗、中砂,其规格应符合表3-8的要求。然而,使用天然砂时,应注意其用量不能过多,这是因为天然砂在自然作用下经过搬运棱角已被磨去,用量过多会对混合料高温稳定性和水稳定性不利,因此在高速公路、一级公路中一般不使用天然砂,而使用机制砂和石屑较多。经验和试验表明,天然砂的用量一般不宜超过集料总质量的15%。

沥青混合料用天然砂规格   表3-8

筛孔尺寸(mm)	通过各孔筛的质量百分率(%)		
	粗砂	中砂	细砂
9.5	100	100	100
4.75	90~100	90~100	90~100
2.36	65~95	75~90	85~100
1.18	35~65	50~90	75~100
0.6	15~30	30~60	60~84
0.3	5~20	8~30	15~45
0.15	0~10	0~10	0~10
0.075	0~5	0~5	0~5

砂的含泥量超过规定时经水洗后才能使用。海砂中应不含贝壳等杂质。

石屑是采石场破碎石料时通过 4.75mm 或 2.36mm 筛的部分,其规格应符合表 3-9 的要求。但目前许多采石场所供应的石屑都是石料轧制过程中剥落下来的碎屑,片状居多且粉尘较多,这是不符合要求的。对于石屑来说,其洁净程度,也就是石屑中粉尘、碎土等其他软弱成分的含量是影响其性能的关键。例如,在进行棱角性试验时发现,含粉尘较多的石屑粗糙度甚至不如天然砂。因此,采石场在生产石屑过程中应装备抽吸设备及水洗设备,高速公路、一级公路、城市快速路及主干路的沥青混合料,宜将 S14 与 S16 组合使用,S15 可在沥青稳定碎石基层或其他等级公路中使用。

沥青混合料用机制砂或石屑规格　　　　表 3-9

规格	公称粒径(mm)	水洗法通过各筛孔(mm)的质量百分率(%)							
		9.5	4.75	2.36	1.18	0.6	0.3	0.15	0.075
S15	0~5	100	90~100	60~90	40~75	20~55	7~40	2~20	0~10
S16	0~3	—	100	80~100	50~80	25~60	8~45	0~25	0~15

注:当生产石屑过程中采用喷水抑制扬尘工艺时,应注意含粉量不得超过表中要求。

四、矿粉的技术要求

在沥青混合料中,矿粉与沥青形成胶浆,它对混合料的强度有很大影响。用于沥青混合料的矿粉必须使用碱性集料如石灰石、白云石磨细的粉料。矿粉必须干燥、洁净,能自由地从矿粉仓流出。矿粉质量要求见表 3-10。

沥青混合料用矿粉质量要求　　　　表 3-10

项目		高速公路、一级公路	其他等级公路	试验方法
表观密度(t/m³),不小于		2.50	2.45	T 0352
含水率(%),不大于		1	1	T 0103 烘干法
粒度范围(%)	<0.6mm	100	100	T 0351
	<0.15mm	90~100	90~100	
	<0.075mm	75~100	70~100	
外观		无团粒结块		
亲水系数,小于		1		T 0353
塑性指数(%),小于		4		T 0354
加热安定性		实测记录		T 0355

在拌制沥青混合料过程中产生的吸尘灰,能否应用于沥青混合料中,过去对此有不同的看法。其实能否应用,主要取决于回收粉尘的性质,若其中含有较多的黏土成分而影响混合料的水稳定性,则不应使用;而如果其质量基本符合表 3-10 的技术要求,则应充分加以利用,这不仅有利于保护环境,而且有利于保护自然资源,节约建设成本。但其用量一般不宜超过矿粉总量的 25%。

有的国家规定,采用火成岩磨细的矿粉,其质量应符合表 3-11 的技术要求。

日本火成岩矿粉的技术要求 表 3-11

指标	技术标准	备注
PI	<6	
加热变质	无	加热至200℃观察
流性试验	<50%	在水中加入矿粉使其呈糊状,以水泥砂浆用的流动性试验台进行15次落下试验,所示直径为200mm时的水与矿粉的质量比
浸水膨胀	<3%	
剥落试验	合格	

为了提高沥青混合料的水稳定性,采用消石灰粉或水泥代替部分矿粉有很好的效果,但用量一般不宜超过矿粉总量的50%。

磨细的高钙粉煤灰可用于取代矿粉拌制沥青混合料,以节约成本。上海城建道路工程有限公司沥青混凝土二厂曾对上海电厂所用东胜煤作燃料的粉煤灰进行试验研究,证明高钙粉煤灰适合用作矿粉填料,室内试验和工程使用效果良好。高钙粉煤灰的性质如表 3-12 所示。

高钙粉煤灰的性质 表 3-12

技术性质	高钙粉煤灰	石灰石矿粉
密度(g/cm^3)	2.40	2.72
pH 值	9	7
亲水系数	0.82	0.89
比表面积(cm^2/g)	3580	2620
滴 HCL	起泡反应大	起泡反应小

一般粉煤灰作为填料使用时,用量不得超过填料总量的50%,粉煤灰的烧失量应小于12%,与矿粉混合后的塑性指数应小于4%,其余质量要求与矿粉相同。高速公路、一级公路的沥青面层不宜采用粉煤灰作填料。

第四节 集料级配与配合比设计方法

沥青混合料中的矿料是由粒径大小不等的集料按照一定比例配合而成的,这种组成配合称为级配。级配通常以不同粒径粒料的质量比表示。级配的差异,使得沥青混合料具备了不同的物理力学性质,进而具有不同的用途。

沥青混合料所用集料颗粒的粒径范围较大,而天然集料或人工轧制的一档集料通常是由几个粒径的颗粒组成的,难以满足工程对某一混合料设计级配组成的要求。因此,需要将两种或两种以上不同粒径档次的集料进行掺配,构成矿质混合料(简称矿料)。

矿质混合料组成设计的目的是根据设计级配范围的要求,确定不同粒径的各档集料在矿质混合料中的合理比例。要进行矿质混合料的组成设计,必备的已知条件是各档集料的级配组成和矿质混合料的设计级配范围。集料级配对混凝土的和易性、经济性有很大的影响,直接影响混凝土的强度、抗渗性、抗冻性、抗腐蚀性、耐久性,图3-10展示了不同级配的沥青混合料。

a) PAC-13　　　　　　b) SMA-13　　　　　　c) AC-13

图3-10　不同级配的沥青混合料

一、集料的级配

1. 级配的表示方法

集料的级配(gradation)采用筛分试验确定,其方法是取一定数量的集料试样,在标准套筛上按照筛孔大小排序逐个将集料过筛。

(1)标准套筛

标准套筛是指形状和尺寸规格符合要求的系列样品筛。标准套筛为方孔筛,筛孔边长依次为70mm、63mm、53mm、37.5mm、31.5mm、26.5mm、19mm、16mm、13.2mm、9.5mm、4.75mm、2.36mm、1.18mm、0.6mm、0.3mm、0.15mm和0.075mm。由于粗、细集料的粒径范围不同,筛分试验中采用的标准套筛尺寸范围及试样质量有所不同。

(2)级配参数

在筛分试验中,分别称量集料试样存留在各筛上的筛余质量,然后计算反映该集料试样级配的有关参数:分计筛余百分率 a_i、累计筛余百分率 A_i 和通过百分率 p_i。

分计筛余百分率 a_i 是指某号筛上的筛余质量占试样总质量的百分率,按式(3-19)计算。

$$a_i = \frac{m_i}{m} \times 100 \tag{3-19}$$

式中：m_i——存留在某号筛上的试样质量,g;

m——集料烘干试样的总质量,g。

累计筛余百分率 A_i 是指某号筛及以上各号筛的分计筛余百分率的总和,可按式(3-20)求得：

$$A_i = a_1 + a_2 + \cdots + a_i \tag{3-20}$$

式中：$a_1, a_2, \cdots, a_i$——各号筛的分计筛余百分率,%。

通过百分率 p_i 是指通过某号筛的试样质量占试样总质量的百分率,即100减去某号筛累计筛余百分率,可按式(3-21)求得：

$$p_i = 100 - A_i \tag{3-21}$$

式中：A_i——某号筛累计筛余百分率,%。

(3)级配曲线的绘制

集料的筛分试验结果以各筛的通过百分率表示,还可以采用级配曲线表示。在级配曲线图中,通常用纵坐标表示通过百分率(或累计筛余百分率),横坐标表示某号筛的筛孔尺寸,如图 3-11、图 3-12 所示。

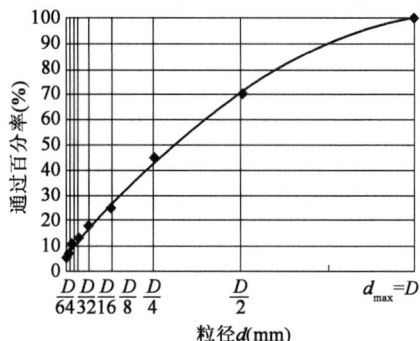

图 3-11　集料级配曲线(常数坐标)　　　　图 3-12　集料级配曲线(半对数坐标)

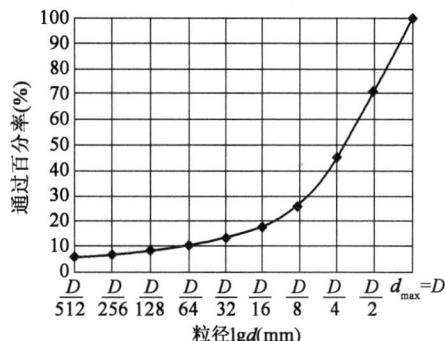

在标准套筛中,筛孔尺寸大致是以 1/2 递减的,如果级配曲线的纵、横坐标均以常数坐标表示,横坐标上的筛孔尺寸位置呈左密右疏排列,如图 3-11 所示。为了便于绘制和查阅,横坐标通常采用对数坐标,这样可使大部分筛孔尺寸在横坐标上以等距排列,如图 3-12 所示。绘制级配曲线时,首先在横坐标上标出筛孔尺寸的对数坐标位置,在纵坐标上标出通过百分率(或累计筛余百分率)的常数坐标位置;然后将筛分试验计算结果点绘于坐标图上;最后将各点连成级配曲线。在同一张图中可以同时绘制 2 条以上级配曲线,但须注明每条曲线所代表的集料类型。

(4)细度模数的计算

细度模数(fineness module)是评价天然砂粗细程度的指标,为天然砂筛分试验中各号筛的累计筛余百分率之和,按式(3-22)计算。

$$M_f = \frac{(A_{2.36} + A_{1.18} + A_{0.60} + A_{0.30} + A_{0.15}) - 5A_{4.75}}{100 - A_{4.75}} \tag{3-22}$$

式中:　　　　　M_f——砂的细度模数;

$A_{4.75}, A_{2.36}, \cdots, A_{0.15}$—— 4.75mm、2.36mm、…、0.15mm 各筛的累计筛余百分率,%。

细度模数越大,表示砂越粗。根据《建设用砂》(GB/T 14684—2022),砂按细度模数分为粗、中、细和特细四种规格,相应的细度模数分别为:粗砂,$M_f = 3.7 \sim 3.1$;中砂,$M_f = 3.0 \sim 2.3$;细砂,$M_f = 2.2 \sim 1.6$;特细砂,$M_f = 1.5 \sim 0.7$。

2. 级配组成对矿料性能的影响

(1)级配曲线类型

根据矿质混合料级配曲线的形状,将其划分为连续级配和间断级配。在连续级配类型的矿料中,由大到小且各级粒径的颗粒都有,各级颗粒按照一定的比例搭配,绘制出的级配曲线平顺、圆滑、不间断,如图 3-13 中曲线 A 所示。在间断级配类型的矿料中,缺少一个或几个粒级的颗粒,大颗粒与小颗粒之间有较大的"空档",所绘制的级配曲线是非连续的、中间间断的,如图 3-13 中曲线 B 所示。

(2)级配组成与矿料空隙率和内摩擦力的关系

矿质混合料的级配组成与其密实度、颗粒间内摩擦力关系密切,从而对水泥混凝土或沥青混合料的强度、耐久性及施工和易性有着显著的影响。通常,连续级配矿料的空隙率随着其中粗集料的增加而显著增大,间断级配矿料能较好地发挥粗集料的骨架作用,但在施工过程中易离析。表3-13为某种细集料的级配组成与松装状态下空隙率的关系。由表3-13可见,当级配组成变化时,在松装状态下空隙率的变化范围为38.7%～42.0%。

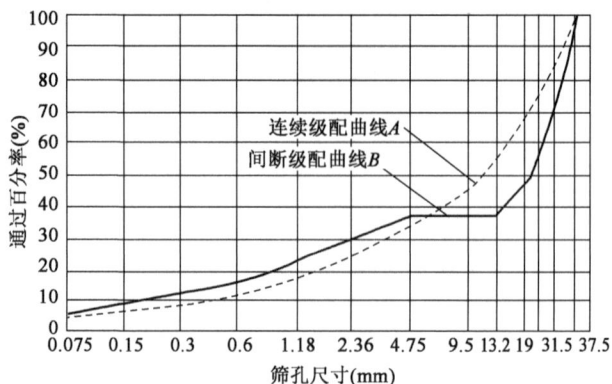

图3-13　连续级配与间断级配曲线

某种细集料级配组成与松装状态下空隙率的关系　　　　表3-13

级配编号	下列筛孔(mm)的分计筛余百分率(%)						空隙率(%)
	<0.075	0.075	0.15	0.3	0.6	1.18	
1	6.7	14.7	12.0	15.6	20	31.1	38.7
2	7.9	10.5	13.2	15.8	23.7	28.9	39.4
3	3.1	6.5	9.7	25.8	22.6	32.3	42.0
4	9.8	17.1	22	19.5	17.1	14.6	37.4
5	7.3	16.1	13.2	17.1	22.0	24.4	39.0
6	4.9	7.3	9.8	14.6	24.4	39.0	41.5

在沥青混合料中,沥青结合料填充集料空隙并包裹集料。所以,集料空隙越大,填充集料颗粒空隙所需的结合料越多;集料的总表面积越大,包裹集料颗粒所需的结合料越多。从节约结合料的角度考虑,最好采用空隙较小、总表面积也较小的集料。此外,若各粒级集料颗粒在排列时,能够互相嵌锁又不互相干涉,形成紧密、多级嵌挤的空间骨架结构,则集料颗粒间将具有较大的内摩擦力。

二、经典连续级配设计理论

许多学者对连续级配理论进行了研究,试图找到一种级配方法使所组合的集料获得最大密度与最小空隙率,其中,以富勒(W. B. Fuller)级配理论、泰波(A. N. Talbal)级配理论和多级嵌挤密级配理论(也称贝雷级配理论)最具代表性。

1.富勒级配理论

富勒在大量试验的基础上提出,集料在某筛孔上的通过百分率和筛孔尺寸的关系曲线越接近抛物线,该集料的密实度越大,空隙率越小,这种关系可以由式(3-23)表示。

$$P^2 = k \cdot d \tag{3-23}$$

式中:P——集料颗粒在筛孔尺寸 d 上的通过百分率,%;

　　d——集料中某种颗粒的筛孔尺寸,mm;

　　k——统计参数。

当筛孔尺寸 d 等于集料最大粒径 D 时,其筛孔通过百分率为 100%,将此关系代入式(3-23)中,得到式(3-24)。按照式(3-24)可计算连续密级配集料的颗粒在任何一级筛孔上的通过百分率。

$$P = 100 \times \sqrt{\frac{d}{D}} \tag{3-24}$$

式中:D——集料的最大粒径,mm;

　　其他符号意义同前。

2. 泰波级配理论

泰波认为根据富勒公式绘制的曲线是一种理想的级配曲线,实际上要获得最大密度曲线要有一定波动范围,于是他将富勒公式改成以下表达式:

$$P = \left(\frac{d}{D}\right)^n \tag{3-25}$$

式中:n——幂指数;

　　其他符号意义同前。

泰波根据理论分析和试验认为,当 $n = 0.25 \sim 0.35$ 时,集料可以得到最大密度。日本的研究认为,当 $n = 0.35 \sim 0.45$ 时,集料级配最好,故在其沥青路面纲要中采用该 n 值范围。20 世纪 60 年代初,FHWA 根据富勒级配理论提出公式中的 $n = 0.45$,并给出了级配图,后来推出的 Superpave 混合料设计规范也采用 $n = 0.45$。从图 3-14 中左下角的原点到公称最大粒径的实际通过百分率(图中为 98%)连一直线,即为集料的最大密度线。

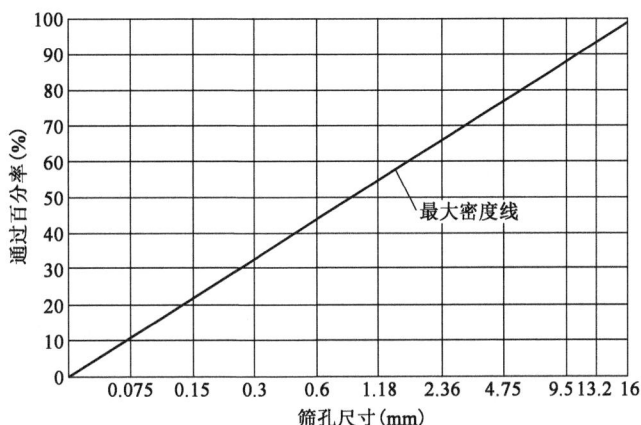

图 3-14　集料最大密度线

3. 多级嵌挤密级配理论

多级嵌挤密级配理论最初由美国伊利诺伊州交通局的贝雷(Bailey)提出,后来经由 Bill Varik 与 Bill Pine 等人修正完善,成为多级嵌挤密级配沥青混合料级配设计的主要方法之一,又称贝雷级配分析法。贝雷级配分析法考虑了粗、细集料的分界尺寸,集料的装填特性等。

（1）集料的分界尺寸

①粗、细集料的分界尺寸 d_k。

在贝雷级配分析法中，将粗集料和细集料作为相对的概念，用式（3-26）计算集料的控制粒径 d_k，它是集料公称最大粒径的函数，是形成嵌挤结构的第一级分界点，并定义大于 d_k 的集料为粗集料，小于 d_k 的集料为细集料。

$$d_k = d_n \times 0.22 \approx d_n/4 \tag{3-26}$$

式中：d_k——集料的控制粒径，mm；

d_n——集料的公称最大粒径，mm。

标准筛孔所对应 0.22 比的尺寸及相应的控制筛孔尺寸见表 3-14。

标准筛孔尺寸与相应控制筛孔尺寸

表 3-14

颗粒尺寸（mm）	0.22 对应的尺寸（mm）	主要控制筛孔尺寸（mm）
37.5	8.25	9.5
25	5.5	4.75
19	4.18	4.75
12.5	2.75	2.36
9.5	2.09	2.36
4.75	1.05	1.18
2.36	0.52	0.6

②细集料的分界尺寸 d_1 和 d_2。

在集料中，小于控制粒径 d_k 的细集料颗粒主要起填隙作用，为更好地控制细集料的组成，对细集料再进行两次尺寸划分，分别由式（3-27）和式（3-28）定义。

$$d_1 = d_k \times 0.22 \approx d_n/16 \tag{3-27}$$

$$d_2 = d_1 \times 0.22 \approx d_n/64 \tag{3-28}$$

式中：d_1——细集料的第一分界尺寸，mm；

d_2——细集料的第二分界尺寸，mm；

其他符号意义同前。

以上分界尺寸的定义见图 3-15。

（2）多级嵌挤密级配的评价

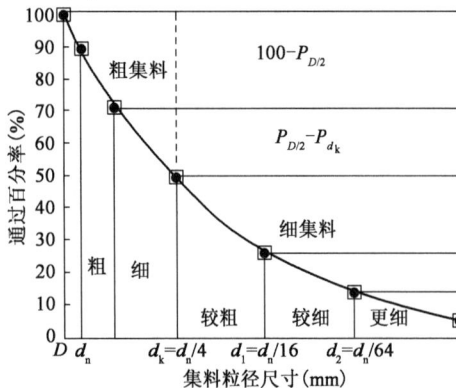

图 3-15 贝雷级配分析法集料分界尺寸定义

从理论上来说，混合料集料应以体积比例进行配合，而不能以质量比例进行配合。为了评定混合料的嵌锁状态，需要测定粗集料的松装密度和捣实密度，而对细集料只需测定捣实密度。可以认为松装密度是粗集料嵌锁的下限，而捣实密度则是细集料嵌锁的上限。

多级嵌挤设计混合料的基本原理是捣实的细集料填充粗集料的空隙，且细集料的捣实体积等于粗集料所构成的空隙体积。最大粒径与 d_k 之间的集料是第一部分粗集料；填充粗集料空隙的部分又分成粗、细两部分,其分界点称为第二控制筛孔,第二控制筛孔的尺寸为 d_1,则 $d_1 = 0.22d_k$;细料部分同样再被分成粗、细两部分,其分界点称为第三控制筛孔,第三控制筛孔的尺寸为 d_2,同样,$d_2 = 0.22d_1$。

①粗集料比 CA。

贝雷级配分析法对筛孔尺寸 $D/2$ 大于控制粒径 d_k 的粗集料进一步划分为较细部分与较粗部分,如图 3-15 所示,粗集料比按式(3-29)计算。

$$CA = \frac{P_{D/2} - P_{d_k}}{100 - P_{D/2}} \tag{3-29}$$

式中:CA——粗集料比;

   D——集料的最大粒径,mm;

   $P_{D/2}$——集料在筛孔尺寸 $D/2$ 上的通过百分率,%;

   P_{d_k}——集料在第一控制筛孔上的通过百分率,%。

改变粗集料中较细部分与较粗部分的比例,能够改变集料的空隙率,从而影响粗集料的骨架结构。CA 值反映粗集料粒径与 $D/2 \sim$ PCS(D 为公称最大粒径;PCS 为 0.22 对应公称最大粒径最接近的筛孔)粒径之间的比例关系,是对粗集料进一步的约束。CA 值越大,混合料的空隙率越大。当 CA 值较小,即粗集料中的较细部分($P_{D/2} - P_{d_k}$)较少时,集料容易产生离析。美国的经验已经证明,若 CA 值大于 1,则混合料不能形成良好的骨架结构;若 CA 值小于 0.4,则混合料容易产生离析并且压实性也较差。随着 CA 值的增加,粗集料中的较细部分将较粗部分的骨架推开,产生干涉作用,此时混合料虽不易离析,但是难于压实,在压路机作用下有移动的趋势。根据工程实践,密级配混合料的 CA 值为 0.4 ~ 0.8 比较合适。

②细集料比 FAC 和 FAF。

根据细集料的分界尺寸,将细集料看成由粗颗粒与细颗粒组成的一种混合料,其中的细颗粒用来填充粗颗粒形成的空隙,所以细颗粒的体积不能超过粗颗粒骨架形成的空隙,否则会干涉粗颗粒的骨架特性。FAC 反映了细集料中粗料部分与细料部分的嵌挤、填充情况,而 FAF 反映了合成集料中最细一级的嵌挤情况。分别由式(3-30)和式(3-31)计算细集料比 FAC 和 FAF。

$$FAC = \frac{P_{d_1}}{P_{d_k}} \tag{3-30}$$

$$FAF = \frac{P_{d_2}}{P_{d_1}} \tag{3-31}$$

式中:FAC、FAF——细集料比;

   P_{d_1}——细集料第一分界尺寸的通过百分率,%;

   P_{d_2}——细集料第二分界尺寸的通过百分率,%;

   P_{d_k}——集料控制粒径的通过百分率,%。

当 FAC 值较小时,混合料不均匀,难以压实到规定密实程度。随着 FAC 值增大,整个混合料中的细集料部分压实得更加紧密。但较大的 FAC 值意味着细集料过细,细集料较粗部分产生的空隙较多,需要更多的较细部分来填充,导致混合料稳定性不足。对于大多数密级配混合料来说,FAC 值为 0.35 ~ 0.50 比较合适。

细集料中小于第一分界尺寸 d_1 的较细部分所产生的空隙应该被更细的集料填充。但是更细部分集料的体积不能超过较细部分产生的空隙,否则较细部分会干涉较粗部分集料形成的骨架。随着 FAF 值的增大,混合料的空隙将逐步减少,但较高的 FAF 值在级配曲线上可能表现出"驼峰状"。对于大多数密级配混合料来说,FAF 值为 0.35 ~ 0.50 比较合适。

贝雷对常用的混合料在嵌挤状态下的级配比例参数关系进行了评价,见表 3-15。然而,上述比值真正合理的范围还有待进一步验证与分析。

集料级配评价比例参数　　　　　　　　　　　　表 3-15

公称尺寸(mm)	25	19	12.5	9.5	要求值
主要控制筛孔(mm)	4.75	4.75	2.36	2.36	
粗集料 1/2 筛孔(mm)	12.5	9.5	6.25	4.75	—
第二控制筛孔(mm)	1.18	1.18	0.6	0.6	
第三控制筛孔(mm)	0.3	0.3	0.15	0.15	
CA 值	$\dfrac{P_{12.5}-P_{4.75}}{100-P_{12.5}}$	$\dfrac{P_{9.5}-P_{4.75}}{100-P_{9.5}}$	$\dfrac{P_{6.25}-P_{2.36}}{100-P_{6.25}}$	$\dfrac{P_{4.75}-P_{2.36}}{100-P_{4.75}}$	0.4 ~ 0.8
细集料中较粗颗粒的 FA(FAC)	$\dfrac{P_{1.18}}{P_{4.75}}$	$\dfrac{P_{1.18}}{P_{4.75}}$	$\dfrac{P_{0.6}}{P_{2.36}}$	$\dfrac{P_{0.6}}{P_{2.36}}$	<0.5
细集料中较细颗粒的 FA(FAF)	$\dfrac{P_{0.3}}{P_{1.18}}$	$\dfrac{P_{0.3}}{P_{1.18}}$	$\dfrac{P_{0.15}}{P_{0.6}}$	$\dfrac{P_{0.15}}{P_{0.6}}$	<0.5

不难发现,按贝雷级配分析法确定级配实际上将非常复杂和困难,如果没有相应的计算程序很难完成级配设计。实际上,贝雷级配分析法还是按现行筛孔控制级配,而不是按照公称最大粒径(D) ×0.22 确定的筛孔所通过的集料质量进行有关参数如 CA(FAC 与 FAF)值的计算。所以,现在贝雷级配分析法也只是用作级配研究时的某些验算,实际工程中并不用它进行级配设计。

三、间断级配理论

间断级配是将连续级配中的某一级或几级去除,形成一种不连续而呈折断状的级配曲线。一般间断级配中的粗集料能够互相靠拢,不被细集料推开,从而提高了嵌挤力,使集料之间的摩阻力增大;而细集料部分则仍按连续级配保持密实结构,具有较高的内聚力。细集料填充在粗集料的空隙之中,形成骨架密实结构。

理论上,骨架密实结构中粗集料充分发挥了嵌挤作用,细集料又具有最大密实性和内聚力,整个结构能够形成较高的强度,是一种比连续级配更为理想的组成结构。日本的沥青路面纲要中的间断级配如表 3-16 所示。

日本沥青路面纲要中的间断级配　　　　　　　　　　　　表 3-16

混合料类型	路面厚度 (cm)	下列筛孔(mm)通过率(%)						
		13	5	2.5	0.6	0.3	0.15	0.075
间断密级配(13)	3 ~ 4	90 ~ 100	35 ~ 55	30 ~ 45	20 ~ 40	15 ~ 30	5 ~ 15	4 ~ 10
间断细级配	3 ~ 4	95 ~ 100	60 ~ 80	45 ~ 65	20 ~ 45	10 ~ 25	8 ~ 13	6 ~ 8
间断密级配(13F)	3 ~ 4	95 ~ 100	45 ~ 65	30 ~ 45	25 ~ 40	20 ~ 40	10 ~ 25	8 ~ 12

沥青玛蹄脂碎石混合料的集料级配可采用间断级配,粗集料含量高,便于形成石-石接触,粗集料颗粒之间的空隙由沥青、矿粉和纤维所形成的玛蹄脂填充,构成空隙率较低的沥青混合料,这样就形成了骨架密实结构。

在路面工程中广泛应用的沥青碎石,主要由粗集料组成,其空隙率一般都在10%以上。沥青碎石的集料级配即为间断级配,在结构上属于骨架空隙结构。

多孔性排水沥青混合料的集料级配也可采用间断级配,但其空隙率高达15%~20%。由于雨水能通过空隙从路面内部排走,路面表面不致产生很厚的水膜,很大程度上避免了高速行车所产生的溅水和喷雾现象,从而增强路面的抗滑能力,提高道路的交通安全性。这种混合料属于骨架空隙结构。

我国沙庆林院士就粗集料间断级配提出了一种设计方法,将混合料集料分成三部分:粗集料(粒径为4.75mm以上颗粒)、细集料(粒径为0.075~4.75mm颗粒)以及填料(能通过0.075mm筛孔的粉料)。粗集料与细集料可以分别用与泰波公式相似的公式表示,如有需要还可以将细集料部分再分成两段级配。沙庆林院士认为粗集料应在整个混合料中占65%~70%的比例,才能够形成良好的骨架。当设计级配时,按以下方法进行计算。例如,对于公称最大粒径 $D_{max,n} = 20mm$ 的中粒式混合料,19mm筛孔的通过率为97.5%,其最大粒径 D_{max} 为26.5mm,同时设定4.75mm筛孔的通过率为30%,则可建立如下两个方程:

$$97.5 = A\left(\frac{19}{26.5}\right)^B \tag{3-32}$$

$$30 = A\left(\frac{4.75}{26.5}\right)^B \tag{3-33}$$

解此联立方程得到系数 $A = 129.38$,$B = 0.8502$。这样即可按式(3-34)计算粗集料部分的级配:

$$P_{d_i} = 129.38\left(\frac{d_i}{26.5}\right)^{0.8502} \tag{3-34}$$

计算得到粗集料各筛孔通过率,见表3-17。

各筛孔通过率   表3-17

粗集料部分	筛孔(mm)	26.5	19	16	13.2	9.5	4.75
	通过率(%)	100	97.5	84.2	71.5	54.1	30
细集料部分	筛孔(mm)	2.36	1.18	0.6	0.3	0.15	0.075
	通过率(%)	22.2	16.4	12.3	9.1	6.7	5

对于细集料,其计算方法与粗集料相同,只要令 $D_{max} = 4.75mm$,并且4.75mm筛孔通过率应与粗集料级配计算时相同,已确定为30%,而矿粉的用量也已事先确定,如为5%,这样就可以建立两个方程:

$$30 = A\left(\frac{4.75}{4.75}\right)^B \tag{3-35}$$

$$5 = A\left(\frac{0.075}{4.75}\right)^B \tag{3-36}$$

解此联立方程得到系数 $A = 30$,$B = 0.4319$。细集料的级配计算方程则为

$$P_{d_i} = 30\left(\frac{d_i}{4.75}\right)^{0.4319} \tag{3-37}$$

按式(3-37)计算可得到细集料各筛孔的通过率,见表3-17。当然,如果4.75mm筛孔通过率不是30%,或者矿粉用量不是5%,则上述公式的系数也会改变。

按照沙庆林院士提出的上述设计级配的方法,能够通过计算确定各个筛孔的通过率,有一定规律可以遵循,但要求设计人员具有一定的工程经验,以便合理地确定粗集料的恰当比例和矿粉合适的用量。至于所设计的级配是否构成混合料的骨架结构,还需要通过必要的检验才能判断。

四、其他级配理论

1. 粒子干涉级配理论

粒子干涉级配理论最早由魏茅斯(Weymouth)提出,该理论认为要达到最大密实度,前一级颗粒之间的空隙应由次一级颗粒填充,剩余空隙再由更次一级颗粒填充。但填隙的颗粒粒径不得大于其间隙的距离,否则大小颗粒之间势必发生干涉现象。这种填充与干涉的关系受大小粒子之间一定数量分布状况的影响,当次一级粒径的颗粒不超过一定含量时,主要起到填充空隙的作用,其对上一级颗粒的干涉作用较小,称为偶然干涉;随着次一级颗粒含量的增加,上一级颗粒所形成的骨架嵌挤结构逐渐膨胀,反而导致矿料级配的空隙率进一步增大,称为必然干涉。该关系为多级嵌挤密实结构级配的计算提供了理论依据。

根据临界干涉条件推导前一粒级的颗粒之间的距离,具体计算方法见式(3-38):

$$t = \left[\left(\frac{\varphi_0}{\varphi_a} \right)^{\frac{1}{3}} - 1 \right] D \tag{3-38}$$

式中:t——上一粒级颗粒之间的空隙距离,mm;

D——前一粒级的粒径,mm;

φ_0——下一粒级的理论实积率,实积率是堆积密度与表观密度的比值;

φ_a——下一粒级的实际实积率。

根据干涉发生的临界条件,即次一级填充颗粒的粒径与上一级颗粒间的空隙距离相等,可推导出粒子干涉的理论公式:

$$\varphi_a = \frac{\varphi_0}{\left(\frac{d}{D} + 1 \right)^3} \tag{3-39}$$

式中:d——前一粒级的空隙距离(即等于次一粒级的粒径),mm;

其他符号意义同式(3-38)。

魏茅斯粒子干涉级配理论以获得最大密实度为目的,考虑了颗粒之间的干涉行为,其所形成的骨架嵌挤结构更加密实,内摩擦力和稳定性得到改善,有助于提高沥青混合料的路用性能,为密实理论奠定了理论基础,既可用于计算连续级配,也可用于计算间断级配。但由于间断级配混合料在实际应用时易产生粗、细料分离的问题,所以我国常采用其计算连续级配。

2. 分形级配理论

分形理论是定量描述几何形体复杂程度及空间填充能力的一门新兴边缘科学。目前,分形理论已经被广泛运用于研究自然界中常见的、不稳定的、不规则的现象。对于材料科学试验中经常出现的那些凹凸而不圆润、破碎而不连续、粗糙而不光滑的形状(即无序系统),传统的几何语言常难以描述,而分形理论却能揭示它们的无标度性(自相似性),给出了自然界中复杂几何形态的一种定量描述。沥青混合料具有复杂的微观结构,是一种多级、多层次的复合材料体系,尤其是其集料的级配具有突出的自相似性,因此可以采用分形理论分析评价沥青混合料的机理。

对于任何一种有着分形特征的沥青混合料级配,都可以用其各个筛孔的通过率数据得到集料粒径分布的分形维数进行表征。反之,若知道分形维数,也可以运用集料的分形级配模型,计算得到各个筛孔的通过率。因此,无论是连续级配还是间断级配,均可用分形级配理论进行计算。

对于连续级配,其粒径分布分形特征函数如下:

$$P(r) = \frac{r_{\min}^{3-D} - r^{3-D}}{r_{\min}^{3-D} - r_{\max}^{3-D}} \tag{3-40}$$

式中:$r_{\min}$——最小粒径,mm;

    D——连续集料粒径分布分形维数;

    r——集料中某种颗粒的筛孔尺寸,mm;

    $r_{\max}$——最大粒径,mm。

若知道分形维数 D,便可通过公式计算各筛孔的通过率。由于最大粒径处的通过率为100%,是一个已知量,而公称最大粒径 r_{NMPS} 处的通过率一般为 90% ~ 100%,为了更好地控制 r_{NMPS} 处的通过率,用 r_{NMPS} 取代 $r_{\max}$,则式(3-40)转变为

$$P(r) = \frac{r_{\min}^{3-D} - r^{3-D}}{r_{\min}^{3-D} - r_{\mathrm{NMPS}}^{3-D}} P_0 \tag{3-41}$$

式中:P_0——公称最大粒径处的通过率,取 90% ~ 100%。

相应的 D 的计算方法为:在 $\lg(r/r_{\mathrm{NMPS}})$ 和 $\lg[P(r)]$ 的双对数坐标图上,利用最小二乘法对级配曲线进行最佳曲线拟合,求得斜率 λ,再利用 $3 - D = \lambda$,求得沥青混合料集料粒径分布的分形维数 D。

将 D 代入式(3-41),即可得到不同粒径筛孔的通过率。由于连续级配的分形特征和间断级配的分形特征是不一样的,连续级配用一个分形维数即可表征其级配特点,因此式(3-40)仅适用于连续级配的计算。

对于间断级配,由于在粗细集料分界点 DCF(seive of dividing coarse and fine)处呈二维分形,因此要用 2 个分形维数才能表征。因此,间断级配需要分段计算。粒径范围为 $(r_{\min}, r_{\mathrm{DCF}})$ 的为细集料段;粒径范围为 $(r_{\mathrm{DCF}}, r_{\mathrm{NMPS}})$ 的为粗集料段。其中,r_{DCF} 为粗细集料分界点 DCF 处的粒径,单位为 mm;r_{NMPS} 为公称最大粒径,单位为 mm。两段分别用式(3-40)进行求解,并使其在粗细集料分界点处的值保持连续,在此条件下得到间断级配集料的分形级配模型,如式(3-42)所示:

$$\left. \begin{aligned} P &= \frac{r_{\min}^{3-D_{\mathrm{c}}} - r^{3-D_{\mathrm{c}}}}{r_{\min}^{3-D_{\mathrm{c}}} - r_{\mathrm{NMPS}}^{3-D_{\mathrm{c}}}} P_0 & [r \in (r_{\mathrm{DCF}}, r_{\mathrm{NMPS}})] \\ P &= \frac{P_0 \dfrac{r_{\min}^{3-D_{\mathrm{f}}} - r^{3-D_{\mathrm{f}}}}{r_{\min}^{3-D_{\mathrm{f}}} - r_{\mathrm{NMPS}}^{3-D_{\mathrm{f}}}} \cdot \dfrac{r_{\min}^{3-D_{\mathrm{c}}} - r_{\mathrm{DCF}}^{3-D_{\mathrm{c}}}}{r_{\min}^{3-D_{\mathrm{c}}} - r_{\mathrm{NMPS}}^{3-D_{\mathrm{c}}}}}{\dfrac{r_{\min}^{3-D_{\mathrm{f}}} - r_{\mathrm{DCF}}^{3-D_{\mathrm{f}}}}{r_{\min}^{3-D_{\mathrm{f}}} - r_{\mathrm{NMPS}}^{3-D_{\mathrm{c}}}}} & [r \in (r_{\min}, r_{\mathrm{DCF}})] \end{aligned} \right\} \tag{3-42}$$

式中:P——集料在筛孔尺寸为 r 时的通过百分率,%;

    D_{c}——粗集料分形维数;

    D_{f}——细集料分形维数。

由于 $r_{\min}^{3-D_c} \to 0$，为简化公式，将上式中的 $r_{\min}^{3-D_c}$ 项舍去，得到的简化公式如式(3-43)所示：

$$
\left.\begin{aligned}
P &= \left(\frac{r}{r_{\text{NMPS}}}\right)^{3-D_c} P_0 & \left[r \in (r_{\text{DCF}}, r_{\text{NMPS}})\right] \\
P &= \left(\frac{r}{r_{\text{DCF}}}\right)^{3-D_f} \left(\frac{r_{\text{DCF}}}{r_{\text{NMPS}}}\right)^{3-D_c} P_0 & \left[r \in (r_{\min}, r_{\text{DCF}})\right]
\end{aligned}\right\} \tag{3-43}
$$

当 $D_f = D_c = D$ 时，间断级配集料的分形级配模型和连续级配集料的分形级配模型是统一的。因此，式(3-43)是沥青混合料集料分形级配模型的通用公式，将式(3-43)称为分形级配理论的级配计算公式。无论是连续级配还是间断级配，均可采用 D_c、D_f 表征其级配的分形特征，均可采用式(3-43)进行级配计算。

3. 主集料空隙填充级配理论

沥青混合料的干涉可以分为两类：一类是颗粒干涉，主骨架的粒料被较小的粒料挤开，从而使主骨架颗粒不能很好地嵌挤；另一类是沥青胶浆干涉，当细集料和沥青用量太大时，沥青混合料将发生胶浆干涉，形成密实悬浮结构。根据以上分析，华南理工大学张肖宁团队结合多种集料级配设计理论，提出了主集料空隙填充级配理论，也称"体积法"。

体积法的基本思路是实测主骨架矿料的空隙率，计算其空隙体积，使细集料体积、沥青体积、矿粉体积及沥青混合料最终设计空隙体积之和等于主骨架空隙体积，即细集料和沥青所组成的胶浆是作为填充料来填充主骨架的空隙，因此不会发生胶浆干涉。为了避免颗粒的干涉，细集料颗粒不能太大，据此一般间断 2.36 ~ 4.75mm 或 1.18 ~ 4.75mm 档细集料，以利于主集料充分嵌挤。体积法既强调主骨架的充分嵌挤作用，又充分利用细集料的填充、黏结作用，把嵌挤原则和填充原则有机地结合起来。

该方法首先根据泰波公式或经验确定主骨架的级配组成。

其次，测定集料的密度，从而得出主骨架的空隙率 V_{vc}，计算方法为

$$
V_{\text{vc}} = \left(1 - \frac{\rho_{f(s)c}}{\rho_{tc}}\right) \times 100 \tag{3-44}
$$

式中：V_{vc}——粗集料骨架的空隙率，%；

  $\rho_{f(s)c}$——粗集料骨架的松装(紧装)密度，g/cm^3；

  ρ_{tc}——粗集料的表观密度，g/cm^3。

然后，根据经验确定矿粉、沥青用量，并根据需求确定目标空隙率。

最后，根据体积总和求出粗细集料用量，见式(3-45)：

$$
\left.\begin{aligned}
q_c + q_f + q_p &= 100 \\
\frac{q_c}{100 \times \rho} \times (V_{\text{vc}} - V_{\text{vs}}) &= \frac{q_f}{\rho_{tf}} + \frac{q_p}{\rho_{tp}} + \frac{q_a}{\rho_m}
\end{aligned}\right\} \tag{3-45}
$$

式中：q_c——粗集料质量百分数，%；

  q_f——细集料质量百分数，%；

  q_p——矿粉质量百分数，%；

  q_a——沥青质量百分数，%；

  V_{vs}——沥青混合料目标空隙率，%；

  ρ——粗集料的堆积密度，g/cm^3；

ρ_{tf}——细集料的表观密度，g/cm^3；

ρ_{tp}——矿粉的表观密度，g/cm^3；

ρ_{m}——沥青的密度，g/cm^3。

本质上，主集料空隙填充是一种半经验、半理论的，结合多种级配理论的集料级配设计方法。该方法需要根据经验得出多种参数，如粗集料级配、沥青用量和矿粉用量等，并非从零开始设计级配。该方法常用于对空隙率有特殊要求的沥青混合料，如排水沥青混合料、灌注式半柔性路面材料等。

五、配合比设计方法

矿质混合料的配合比设计方法有数解法和图解法两大类，两类设计方法均需要在两个已知条件的基础上使用，第一个已知条件是各种集料的级配参数；第二个已知条件是矿质混合料目标级配范围，其可根据设计要求、技术规范或理论计算确定。本节介绍数解法中的试算法、规划求解法以及图解法中的修正平衡面积法。

1. 数解法

数解法的基本原理是将几种已知级配的集料 j 配制成满足目标级配要求的矿质混合料 M。混合料 M 在某一筛孔 i 上的颗粒是由这几种集料提供的，混合料的级配参数由式（3-46）或式（3-47）确定。

$$a_M(i) = a_j(i) \cdot X_j(i) \tag{3-46}$$
$$P_M(i) = P_j(i) \cdot X_j(i) \tag{3-47}$$

式中：$a_j(i)$——某一集料 j 在筛孔 i 上的分计筛余百分率，%；

$P_M(i)$——矿质混合料 M 在筛孔 i 上的通过百分率，%；

$a_M(i)$——矿质混合料在筛孔 i 上的分计筛余百分率，%；

$P_j(i)$——某一集料 j 在筛孔 i 上的通过百分率，%；

$X_j(i)$——某一集料 j 在矿质混合料中的质量百分率，%。

将已知的集料的级配参数和矿质混合料的目标级配参数代入式（3-46）或式（3-47），可以建立数个方程，方程的个数等于标准筛的个数，然后可以用正则方程法求解，也可以用试算法或规划求解法确定各集料的用量。

（1）试算法

采用试算法求解，需要已知各种集料和矿质混合料的分计筛余百分率。下面以三种集料为例，介绍试算法的求解步骤。

①基本计算方程的建立。

设 A、B、C 三种集料在某一筛孔 i 上的分计筛余百分率分别为 $a_A(i)$、$a_B(i)$、$a_C(i)$，欲配制成矿质混合料 M，矿质混合料 M 在相应筛孔 i 上的分计筛余百分率设计值为 $a_M(i)$。假设 A、B、C 三种集料在矿质混合料中的比例分别为 x、y、z，由此得式（3-48）和式（3-49）：

$$x + y + z = 100 \tag{3-48}$$
$$x \cdot a_A(i) + y \cdot a_B(i) + z \cdot a_C(i) = a_M(i) \tag{3-49}$$

②基本假定。

在矿质混合料中，某一粒径的颗粒是由一种集料提供的，其他集料中不含这一粒径的颗粒。在具体计算时,所选择的粒径的含量应在该集料中占有较大的优势。将这一假定作为补充条件,可以简化式(3-49),从而求出 A、B、C 三种集料在矿质混合料中的用量。

③各个集料在矿质混合料中的用量计算。

首先确定在某种集料中含量占优势的某一粒径,忽略其他集料中此粒径的含量。

例如,若在集料 A 中所选择的粒径为 i,该粒径的分计筛余百分率为 $a_A(i)$,并令集料 B 和集料 C 此粒径的含量 $a_B(i)$、$a_C(i)$ 均等于零,代入式(3-49)计算出集料 A 在矿质混合料中的用量 x。

同理,在计算集料 C 或集料 B 的用量时,先确定这种集料中含量占优势的某一粒径,而忽略另两种集料中同一粒径的含量,根据上述相同方法,计算集料 C 或集料 B 的用量。可以根据集料的级配情况,选择先求解集料 B 的用量,还是先求解集料 C 的用量。

当集料规格超过三种时,式(3-49)中的未知数将增加,可按照上述原理重复进行计算。

④合成级配的计算、校核和调整。

由于试算法中各种集料用量比例是根据几个筛孔确定的,不能控制所有筛孔,所以应对合成级配进行校核。先按照式(3-47)计算矿质混合料的合成通过百分率 $P_M(i)$,计算出的矿质混合料的合成级配应在设计要求级配范围内,并尽可能接近设计级配范围的中值。当合成级配不满足要求时,应调整各集料的用量比例。调整配合比后还应重新进行校核,直至符合要求为止。如经计算后合成级配确实不能满足要求,可掺加单粒级集料或调换成其他集料。

(2)规划求解法

规划求解法是采用 Microsoft Office 软件 Excel 电子表格中的规划求解分析工具,通过设置规划求解中的约束条件,较为准确地计算出各种集料的用量。

2.图解法

通常采用修正平衡面积法确定矿质混合料的合成级配。在修正平衡面积法中,将设计级配中值曲线绘制成一条直线,纵坐标和横坐标分别代表通过百分率和筛孔尺寸,这样,当纵坐标仍为算术坐标时,横坐标的位置将由设计级配中值确定。

(1)绘制级配曲线坐标图

按照一定的尺寸绘制矩形图框,将对角线 OO' 作为设计级配中值曲线,见图3-16。

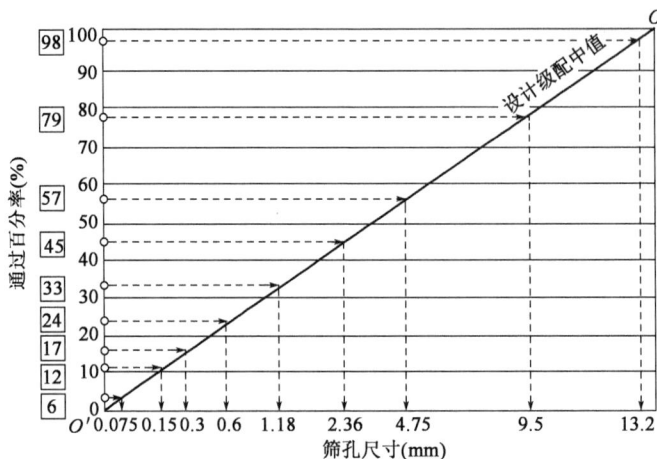

图3-16 设计级配中值曲线

按常数标尺在纵坐标上标出通过百分率位置,然后将设计级配中值(见表3-18中数据)对应的各筛孔通过百分率标于纵坐标上,并从纵坐标引水平线与对角线相交,再从交点作垂线与横坐标相交,该交点即为各相应筛孔尺寸的位置。

矿质混合料的设计级配范围

表3-18

筛孔尺寸(mm)	16.0	13.2	9.5	4.75	2.36	1.18	0.6	0.3	0.15	0.075
设计级配范围(%)	100	95~100	70~88	48~68	36~53	24~41	18~30	12~22	8~16	4~8
设计级配中值(%)	100	98	79	57	45	33	24	17	12	6

(2)确定各种集料用量

以图3-16为基础,将各种集料的级配曲线绘于图上,结果见图3-17,然后根据两条级配曲线之间的关系确定各种集料的用量。

由图3-17可见,任意两条相邻集料级配曲线之间的关系只可能是下列三种情况之一。

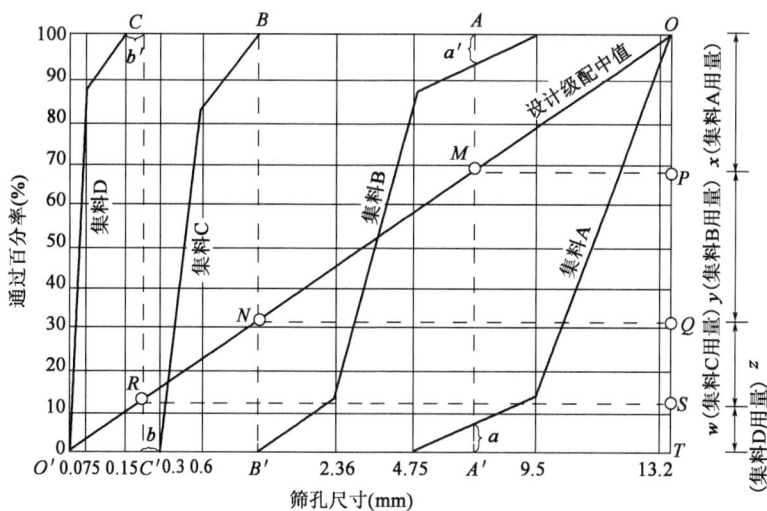

图3-17　图解法

①曲线重叠。

两条相邻级配曲线相互重叠,在图3-17中表现为集料A的级配曲线下部与集料B的级配曲线上部搭接。此时,在两级配曲线之间引一根垂线 AA',使其与集料A、B的级配曲线截距相等,即 $a = a'$。垂线 AA' 与对角线 OO' 交于点M,通过点M作一水平线与纵坐标交于点P,OP 即为集料A的用量。

②曲线相接。

两条相邻级配曲线相接,在图3-17中表现为集料B的级配曲线末端与集料C的级配曲线首端正好在同一垂直线上。对于这种情况,仅需将集料B的级配曲线末端与集料C的级配曲线首端直接相连,得垂线 BB'。垂线 BB' 与对角线 OO' 交于点N,过点N作一水平线与纵坐标交于点Q,PQ 即为集料B的用量。

③曲线相离。

两相邻级配曲线相离,表现为集料C的级配曲线末端与集料D的级配曲线首端在水平方向彼此分离。此时,作一条垂线 CC' 平分这段水平距离,使 $b = b'$。垂线 CC' 与对角线 OO' 交于点R,通过点R作一水平线与纵坐标交于点S,QS 即为集料C的用量。剩余 ST 即为集料D的用量。

（3）合成级配的计算与校核

与试算法相同，在图解法求解过程中，各种集料用量比例也是根据部分筛孔确定的，所以需要对矿质混合料的合成级配进行校核，当超出设计级配范围时，应调整各集料的用量。合成级配的计算和校核方法与试算法相同。

第五节　再　生　集　料

我国工业领域每年新增的固体废弃物有 100 多亿吨，历史堆存总量高达 600 亿~700 亿 t，存在着严重的环境污染和安全隐患。其中，建筑固体废弃物、钢渣、焚烧炉渣、废橡胶、粉煤灰等是道路工程领域当前被研究较多的且未来有望成为再生环保集料的。道路工程建设对矿物资源的消耗巨大，具备对固体废弃物消纳量大和材料化率高等产业和技术上的优势，因此逐步成了大宗工业废弃物再利用的主战场。然而，工业固体废弃物经分选和稳定化处置后，取代集料、矿粉等天然原材料用于道路工程中，存在性能波动大和环境潜在危害等问题。为此，国内外针对工业固体废弃物在道路工程中再利用的基础科学问题和重大关键技术问题，开展了深入的研究。本节将重点介绍再生混凝土、钢渣和炉渣等用作道路工程再生集料的研究现状。

一、再生混凝土（RCA）集料

在城市基础设施建设中，涉及新建、改建、拆除等过程，在此过程中会产生一系列的固体废料，诸如土石块、混凝土块、碎砖块、钢筋、玻璃等。这些材料往往成分复杂，在自然环境中难降解，常以露天堆放或填埋的方式处理（图 3-18），资源化利用率严重不足。因此，在交通可持续发展的背景下，如何合理利用这些建筑废弃物显得尤为重要。目前，我国 95% 以上的高速公路路面都是沥青混凝土路面，需要耗用大量的玄武岩、花岗岩、石灰岩等优质岩石。然而，这些天然集料作为不可再生资源，多地的供应量已经不能满足建设需求。如果能实现建筑废弃物替代天然集料在道路工程中应用，就能在一定程度上缓解我国公路高速发展对基础建筑材料的需求压力，同时降低建筑废弃物处理成本及对环境的影响。

图 3-18　堆积的建筑废弃物

建筑废弃物最为广泛的应用就是再生混凝土（recycled concrete aggregate，RCA），混凝土中的砂、石等集料，以及未水化的凝胶材料，都存在再生利用的可能。再生混凝土集料是指建筑废弃混凝土经过分拣去杂、破碎筛分和集料处理后，得到的粒径小于 40mm、满足不同工况需求的混凝土集料，一般包括附着砂浆型再生集料、砂浆块型再生集料和砂浆完全剥离型的原生集料。按照粒径的不同，也可将其分为再生粗集料和再生细集料。

目前再生混凝土集料的生产工艺大体上相差不大，即将不同的杂质分拣设备、破碎设备、传送装置、筛分设备等通过一定的方式组合。直接破碎得到的再生混凝土集料表面通常附着有砂浆层,导致其可能存在物理化学性质上的不足。为提高再生混凝土集料的质量,强化处理成为再生混凝土集料性能提升的重要措施,通常包括物理强化、化学强化和其他强化方法。物理强化包括机械研磨法、加热研磨法等,通过不同机械设备对破碎的集料进行预处理,目的是使集料间相互研磨,去除表面附着的砂浆层。化学强化主要是通过化学试剂对再生混凝土集料表面的微细裂缝和孔隙进行填充,或者直接淋洗、浸渍处理经破碎得到的集料。此外,还有湿处理、超声波处理等其他集料强化方法,通过清除废弃混凝土中裹挟的泥屑、有机物等,来改善再生混凝土集料的基本性质。

我国各地已陆续开展了再生材料在沥青混凝土面层、无机结合料稳定类基层和路基中的应用研究,论证了废弃混凝土再生材料代替天然集料的技术可行性。2017年,上海市颁布了《上海市建筑垃圾处理管理规定》(上海市人民政府令第57号),鼓励"高等院校、科研机构、建筑垃圾资源化利用企业等单位开展相关科学研究和技术合作,推广建筑垃圾资源化利用新技术、新材料、新工艺、新设备"。2018年末,上海市住房城乡建设管理委等部门联合印发《上海市建筑废弃混凝土回收利用管理办法》,规定了从2019年起的再生废弃集料的强制使用制度。C25及以下强度等级混凝土再生集料取代率不得低于15%,交通基础设施工程使用再生集料取代率不得低于30%。这一管理办法的颁布也进一步促进了上海市对于建筑废弃物再生材料的资源化回收和利用。

1. 化学组成

RCA主要来自建筑废弃物中的水泥混凝土块、碎砖块与水泥砂浆。水泥混凝土块的主要成分包含氧化钙、二氧化硅、铝氧化物、硅酸盐等。其中,氧化钙主要来自水泥混凝土中的石灰岩集料与水泥,二氧化硅主要来自玄武岩集料,铝氧化物与硅酸盐主要来自水泥。碎砖块的主要成分则是硅酸盐与氧化铁。此外,RCA中还含有少量的杂质,如玻璃、金属、塑料、陶瓷等,图3-19为一组RCA的组成成分及含量。

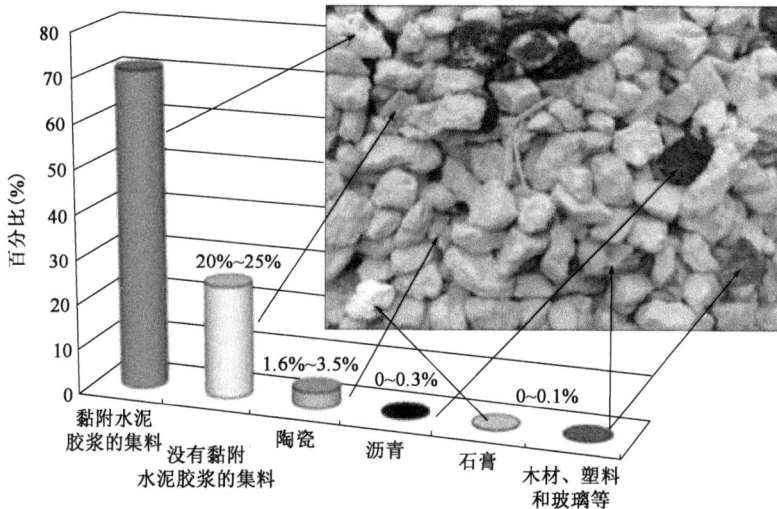

图3-19　RCA的组成

RCA的化学组成通常用600℃烧失量(LOI600℃)来评价,这一指标主要用于评估废弃物的焚烧程度,具体指未燃烧有机质、某些矿物失去的结晶水和元素碳的燃烧程度;950℃烧失量

（LOI950℃）还包括了无机化合物的分解质量,特别是碳酸盐。计算烧失量公式见式(3-50)。

$$LOI(\%) = \frac{m - (m_2 - m_1)}{m} \times 100 \tag{3-50}$$

式中: m——烘干土质量,g;

m_1——空坩埚质量,g;

m_2——灼烧后土样和坩埚总质量,g。

编者对湖州南浔区几处建筑废弃区进行了研究,将废弃混凝土以4.75mm为界分为粗RCA和细RCA两类,并用石灰岩和玄武岩两种常用的道路集料作为对照,其烧失量计算结果如表3-19所示。由表3-19可知,无论是粗RCA还是细RCA,其600℃烧失量都高于玄武岩和石灰岩,这说明建筑废弃混凝土在产生和堆放的过程中积累了较多的有机质。此外,RCA的LOI950℃－LOI600℃高于玄武岩,说明RCA中也存在较多的碳酸盐,这可能与废弃混凝土中含大量水泥砂浆有关,且细RCA的水泥砂浆含量比粗RCA要高。

烧失量计算结果 表3-19

烧失量	粗RCA	细RCA	玄武岩	石灰岩
LOI600℃（%）	4.24	4.37	0.17	0.16
LOI950℃（%）	11.44	14.81	3.19	30.62
LOI950℃－LOI600℃（%）	7.19	10.45	3.02	30.46

X射线荧光分析是另一种用于研究RCA化学组成的方法,其分析范围广泛,能够分析原子序数从9至92的所有元素,包括样品中的次要元素和微量杂质。X射线荧光分析通常分为定性分析、半定量分析和定量分析三种不同类型。定性分析是指识别样品中元素的组成;半定量分析是在没有标准样的情况下大致得出样品中元素的含量;定量分析则是在有部分或完备的标准样的情况下,精确得出样品中感兴趣元素的含量。如表3-20所示,通过X射线荧光分析可知,RCA中主要是Ca、Si、Al的氧化物。此外,还存在少量的其他金属氧化物,如Na_2O、MgO、K_2O、TiO_2、Fe_2O_3等。

RCA、玄武岩和石灰岩的X射线荧光分析结果 表3-20

组成		Na_2O	MgO	Al_2O_3	SiO_2	P_2O_5	SO_3	K_2O	CaO	TiO_2	Fe_2O_3
含量(%)	细RCA	0.6	1.78	11.9	47.9	0.23	0.6	1.88	21.8	0.64	4.12
	粗RCA	0.54	2.02	12.1	50.9	0.2	2.05	2.16	19.5	0.55	3.83
	玄武岩	2.91	8.34	14.5	48.6	0.84	0.22	1.77	10.8	1.65	9.95
	石灰岩	0.09	6.16	2.18	7.88	0.05	0.02	0.15	60.3	0.14	1.23

2. 物理力学性质

RCA的密度通常比天然集料低,且吸水率高于天然集料。研究表明,粗RCA的吸水率一般为4%～9%,细RCA的吸水率则能达到5%～15%。这是因为RCA上附着的水泥砂浆是一种多孔材料,由于其发达孔隙的存在,RCA不仅密度小,而且吸水率高。RCA的密度和吸水率与其表面的水泥胶浆含量有关,黏附的水泥胶浆越多,RCA密度越小、吸水率越大。

RCA的洛杉矶磨耗值比天然集料要高,且变异性较大。主要原因是在破碎过程中,RCA中的天然集料会连带其黏附的水泥胶浆一起剥落,造成质量损失较多,从而导致RCA的洛杉矶磨耗值偏高。而洛杉矶磨耗值变异性大是因为废弃混凝土往往来自不同地区、不同构筑物种类,其原材料的组成通常存在诸多差异。

RCA 通常比天然集料具有更强的棱角性,针片状颗粒含量一般为 5% ~ 9% ,这与废弃物的组成和 RCA 特殊的破碎工艺有关。RCA 易于破碎加工,其颗粒表面的水泥胶浆会增加颗粒的厚度和不规则程度,因此棱角性更强。在用作沥青混合料集料时,应注意 RCA 的针片状颗粒含量以及破碎面比例是否满足规范要求。

在压碎值方面,RCA 的压碎值要比天然集料高很多。这是因为废弃混凝土在通过机械或人工破碎至粒状的过程中,由于外力的作用,其表面会出现很多细微的裂纹。此外,废弃混凝土的材料组成与天然集料存在差异,这也是 RCA 压碎值相对较高的原因。RCA 的压碎值与其粒径大小有关,通常粒径越小的 RCA,其表面的水泥胶浆含量就越高,从而导致整体强度下降,压碎值也会下降。

在形貌特征方面,RCA 表面空隙更多,而天然集料表面更加密实。图 3-20 为 RCA 表面形貌的 SEM(扫描电子显微镜)照片,由图可见,RCA 表面更为粗糙,能够提供更大的内摩擦力,有助于提高力学性能,但同时也增加了混合料施工阶段的压实难度。

a)RCA   b)石灰岩

图 3-20 RCA 及石灰岩的 SEM 照片(×2000)

总的来说,建筑废弃物再生集料在物理性质、力学性能以及形貌特征上与天然集料差异明显,详见表 3-21 。与天然集料相比,RCA 具有孔隙结构较为发达、表面粗糙、棱角多、力学性能较差等特点。

建筑废弃物集料与天然集料的差异 表 3-21

类型	吸水率	孔隙结构	力学性能	棱角性	表面形貌
建筑废弃物集料	较高	较为发达	较差	不规则,棱角较多且多样化	集料破碎而成,粗糙不平,有微小裂纹
天然集料	较低	相对较少	较好	较为均质统一,棱角相对较少	受水流长时间磨蚀的天然集料表面光滑

3. 技术要求

对于应用在道路工程中的再生混凝土集料,其性能总体上应与普通集料相近,应符合《公路沥青路面施工技术规范》(JTG F40—2004)和《公路沥青路面设计规范》(JTG D50—2017)的有关规定,并建议用于二级及二级以下的公路、次干路或支路以下道路。

广东省地方标准《建筑废弃物再生集料应用技术规范》(DBJ/T 15-159—2019)针对公路工程中建筑废弃物再生集料适用的工程部位给出了规定,如表 3-22 所示。

各类再生集料适用的工程部位   表 3-22

工程部位	混凝土再生集料	砖混再生集料			砖再生集料
	砖集料含量≤5%	砖集料含量 5%~20%	砖集料含量 20%~40%	砖集料含量 40%~50%	砖集料含量≥50%
管腔回填	√	√	√	√	√
路基回填、路基改善层、地基处理	√	√	√	√	√
粒料层	√	√	—	×	×
水泥稳定底基层	√	—	×	×	×
水泥稳定基层	√	×	×	×	×
水泥混凝土面层*	√	×	×	×	×

注：* 再生集料用于水泥混凝土面层时，可用于人行道和广场的面层，暂不考虑应用于机动车道的面层。
1. "√"表示适用于该工程部位，"—"表示可用于该工程部位，"×"表示不得用于该工程部位。
2. 砖集料含量为砖集料质量与总质量的比值。

规范中还指出，建筑废弃物再生集料应用于公路工程中时粒径小于 0.075mm 的颗粒含量不宜大于 5%，并对砖集料的含量作出规定，用于道路基层时不大于 5%，用于道路底基层时不大于 20%。对于再生集料的公称最大粒径，用于一级公路和主干路的基层时不宜超过 26.5mm，底基层不宜超过 31.5mm；用于二级及二级以下公路的基层时不宜超过 31.5mm，底基层不宜超过 37.5mm。

4. RCA 对沥青混合料性能的影响

在高温性能方面，掺配 RCA 通常会降低沥青混合料的高温稳定性，这是集料强度下降以及沥青用量增加导致的。粗 RCA 表面尚存在水泥砂浆的残留，会导致集料之间嵌挤界面处强度不足引起损坏，相当于降低了集料的强度。此外，RCA 表面附着的水泥砂浆，造成沥青吸收率显著增大（图 3-21），使得集料表面沥青膜厚度下降。为保证混合料具有足够的沥青膜厚度，通常要增大沥青用量，二者共同作用导致混合料的高温稳定性下降。

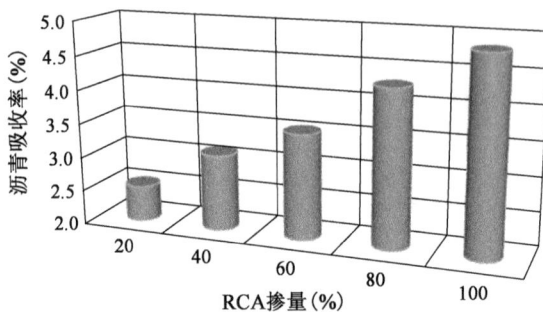

图 3-21 RCA 掺量对沥青吸收率的影响

在水稳定性方面，RCA 会使沥青混合料水稳定性有所降低。其原因主要是黏附在 RCA 上的水泥胶浆的吸水率较高且易与 RCA 分离。在油石比设计阶段，可通过适当增加沥青用量，并添加消石灰、水泥以增强混合料抗水损坏能力，从而使 RCA 沥青混合料的水稳定性仍能满足规范要求。

RCA 对沥青混合料模量的影响存在一定争议，这可能与废弃混凝土的来源、组成以及处理方式等因素有关。编者对20%~60%不同粗RCA掺量的沥青混合料的动态模量进行了研究,发现随着RCA掺量的增加,模量逐渐减小。而且,模量测试结果表明,随着RCA掺量的增加,变异性增大。可见,掺入RCA后,沥青混合料的刚度下降,且稳定程度降低。

二、钢渣集料

钢渣(steel slag)是炼钢过程中产生的工业废渣。根据中国废钢铁应用协会(CAMD)数据,2021年我国钢渣年产量1.2亿t,累计堆放尚未利用的钢渣达10亿t,资源化利用率较低。将钢渣变废为宝,不仅有利于钢铁行业可持续发展,也是建设低碳经济社会的必然要求。

钢渣具有密度大、强度高、抗磨耗能力强等优点,具备作为集料应用于道路工程的技术基础。发达国家较早就开展了钢渣在沥青混凝土中的应用研究,相继验证了钢渣应用于沥青混凝土的技术可行性,并开展了更为深入的研究。我国最初将钢渣应用于道路工程中仅仅作为结构回填或基层材料。2009年,北京长安街进行大修工程,钢渣被应用为沥青混凝土面层集料,对钢渣及钢渣沥青混凝土的路用性能进行了试验研究,验证了钢渣沥青混凝土在沥青面层中应用的可行性。

然而,我国道路建设中的钢渣使用频率较低。这是因为钢渣沥青混凝土的应用面临许多问题:①钢渣体积稳定性不良,导致钢渣沥青混凝土的耐久性有待改善。②多孔结构导致沥青用量大、热耗大,增加工程成本。目前,我国在多省均有大量钢渣沥青路面应用的成功案例,并形成了道路工程钢渣集料和钢渣沥青混凝土的相关设计标准,包括《道路用钢渣》(GB/T 25824—2010)和《耐磨沥青路面用钢渣》(GB/T 24765—2009)等国标。

1. 钢渣的化学组成

钢渣主要由钙、铁、硅、镁和少量铝、锰、磷等的氧化物组成,主要矿物相为硅酸三钙、硅酸二钙、钙镁橄榄石、钙镁蔷薇辉石、铁铝酸钙以及硅、镁、铁、锰、磷的氧化物形成的固熔体,还含有少量游离氧化钙以及金属铁、氟磷灰石等。其中,各种成分的含量因炼钢炉型、钢种以及每炉钢冶炼阶段的不同,存在着较大差异。

编者曾通过X射线能谱(EDS)检测三种不同粒径的钢渣和石灰岩的元素组成,检测结果如表3-23所示。经过对比发现,三种不同粒径的钢渣及石灰岩的元素组成差异不大,说明钢渣与石灰岩的组成成分具有相似性。

钢渣的 EDS 检测结果(单位:wt%)　　　　　　　　　　表3-23

元素种类	不同粒径(mm)的钢渣			石灰岩
	0~3	3~5	5~15	
C	12.47	11.85	13.05	12.69
O	58.29	59.53	57.38	54.09
Ca	17.76	21.23	22.74	28.82
Si	5.02	3.03	3.57	2.96
Fe	2.96	1.61	2.01	—
Mg	2.61	1.50	1.25	0.67
Al	—	1.25	—	0.76
P	0.94	—	—	—

钢渣相比于天然集料,氧化钙、二氧化硅以及镁和铁元素的含量尤为突出,这导致了其内部易发生分解反应,从而使钢渣的化学组成发生变化。钢渣中的铁和锰容易以低化合价离子与硫构成化合物,遇水后转变为氢氧化物,导致钢渣的膨胀和碎裂。钢渣中处于游离态的氧化钙和氧化镁,也会发生水解反应,在此过程中内部应力逐渐增大直至超过钢渣的结合力,使之粉碎。可见,钢渣的化学组分在自然界中会发生一定的变化,并会对其宏观性能产生影响。所以为了达到稳定性的要求,可在使用之前将钢渣放置在环境中令其与空气和水发生反应,也就是钢渣的陈化。

2. 钢渣集料的物理力学性质

钢渣集料通常比天然集料具有更高的密度,其毛体积密度一般为 $3.0 \sim 3.5g/cm^3$。这是因为钢渣集料在微观结构上具有较为致密的颗粒状形态。此外,相比于普通集料,钢渣集料中含有较多铁的氧化物,这些因素都可能导致钢渣的密度较高。

钢渣集料比天然集料具有更高的吸水率。例如转炉钢渣的吸水率为花岗岩的 $4 \sim 6$ 倍,仅有小部分优质的转炉钢渣吸水率与石灰岩相当,并且小粒径的钢渣吸水率相对更高。钢渣集料表面的孔隙结构决定着集料的吸水率,由于其表面开口孔隙的数量较多,钢渣集料吸水率偏高,优质的钢渣集料的吸水率应控制在较低的水平。编者曾对宝钢钢渣的物理性质进行了测试,结果如表3-24所示。通过测试发现,钢渣吸水率可达到 2.85%,说明钢渣属于多孔性材料。

宝钢钢渣物理性质 表3-24

试验项目		试验结果	质量技术要求
压碎值		20.12%	≤28%
洛杉矶磨耗值	粒径 5～15mm	20.14%	≤30%
	粒径 3～5mm	25.72%	≤30%
表观相对密度	粒径 5～15mm	3.58	≥2.50
	粒径 3～5mm	3.60	≥2.50
吸水率	粒径 5～15mm	1.58%	≤3%
	粒径 3～5mm	2.85%	≤3%
针片状颗粒含量		10.00%	≤18%
水洗 <0.075mm 颗粒含量		0.90%	≤1%
软石含量		3.72%	≤5%

钢渣集料的力学性能普遍优于天然集料,其洛杉矶磨耗值在20%～26%区间,这表明钢渣集料比天然集料具有更好的抗磨损、抗破碎性能。也有不少学者对钢渣的硬度、抗破碎能力、磨光值以及坚固性进行了研究,这些试验结果均不同程度地优于天然集料,这也为钢渣集料用作沥青混凝土中天然集料的替代品提供了理论支撑。

钢渣集料的保温能力和冷却速度也是两个比较重要的物理指标,影响着道路沥青混合料运输和铺设过程中的温度损失速率。通常,钢渣集料具有较低的导热系数,保温时间要比天然集料更长。这可能是因为钢渣中存在的大量气孔阻碍了传热,导致其导热系数和热扩散速率降低。这种特性使得钢渣沥青混合料在运输、摊铺和压实过程中的温度损失速率变小,保障了路面的施工质量,但也使得钢渣沥青混合料在加热制备过程中的能耗更高。

3.钢渣集料的技术要求

我国《道路用钢渣》（GB/T 25824—2010）针对沥青混合料中使用的钢渣粗集料的粒径提出了要求,见表3-25。

沥青混合料用钢渣粗集料粒度要求   表3-25

规格名称	公称粒径（mm）	通过方孔筛(mm)的质量分数(%)								
		37.5	31.5	26.5	19.0	13.2	9.5	4.75	2.36	0.6
S6	15~30	100	90~100	—	—	0~15	—	0~5		
S7	10~30	100	90~100	—	—		0~15	0~5		
S8	10~25		100	90~100	—		0~15	0~5		
S9	10~20			100	90~100	—	0~15	0~5		
S10	10~15				100	90~100	0~15	0~5		
S11	5~15				100	90~100	40~70	0~15	0~5	
S12	5~10					100	90~100	0~15	0~5	
S13	3~10					100	90~100	40~70	0~20	0~5
S14	3~5						100	90~100	0~15	0~3

我国《耐磨沥青路面用钢渣》（GB/T 24765—2009）和《透水沥青路面用钢渣》（GB/T 24766—2009）还对在沥青路面中应用的钢渣细集料粒径规格给出了要求,见表3-26。

钢渣细集料的粒径规格   表3-26

规格名称	公称粒径（mm）	通过下列筛孔(mm)的质量分数(%)							
		9.5	4.75	2.36	1.18	0.6	0.3	0.15	0.075
S15	0~5	100	90~100	60~90	40~75	20~55	7~40	2~20	0~10
S16	0~3	—	100	80~100	50~80	25~60	8~45	0~25	0~15

钢渣能否用作道路集料,主要取决于钢渣本身性能指标的测试结果能否满足规范要求。我国《道路用钢渣》（GB/T 25824—2010）针对钢渣粗集料的技术要求如表3-27 所示。

沥青混合料用钢渣粗集料技术要求   表3-27

指标	高等级公路		其他等级道路
	表面层	其他层次	
压碎值(%),≤	26	28	30
洛杉矶磨耗损失(%),≤	26	28	30
表观相对密度,≥	2.90	2.90	2.90
吸水率(%),≤	3.0	3.0	3.0
坚固性(%),≤	12	12	—
针片状颗粒含量(混合料)(%),≤ 其中粒径大于9.5mm(%),≤ 其中粒径小于9.5mm(%),≤	12 12 12	12 12 12	—
软弱颗粒含量(%),≤	3	5	5

续上表

指标	高等级公路		其他等级道路
	表面层	其他层次	
磨光值(PSV),≥	42	42	42
与沥青黏附性(级),≥	4	4	4
浸水膨胀率(%),≤	2.0	2.0	2.0

对于耐磨沥青路面和透水沥青路面中使用的钢渣细集料,其技术要求应满足表 3-28 中的规定。

钢渣细集料技术要求　　　　　　表 3-28

项目	技术指标
表观相对密度,≥	2.90
坚固性(>0.3mm 部分)(%),≤	12
<0.075mm 颗粒含量(%),≤	3
棱角性(流动时间)(s),≥	40

4. 钢渣对沥青混合料性能的影响

一般来说,钢渣能够改善沥青混合料的高温性能。钢渣表面多孔的特点不仅能有效增强与沥青间的黏附性,还能够吸收多余沥青来抵抗轮辙变形,从而使沥青混凝土的高温性能得到增强。钢渣沥青混凝土的高温性能与钢渣的种类和掺量有关。通常情况下,全钢渣沥青混合料高温性能最好,全石灰岩沥青混合料高温性能较差,而粗钢细石沥青混合料高温性能则介于两者之间。这是因为钢渣颗粒形状接近立方体,经捣实碾压后集料间嵌挤良好,并且破碎面粗糙。

在低温性能方面,钢渣能够提升沥青混合料的低温性能。由于其能够很好地吸附沥青,会增加沥青的用量,使得混合料的变形能力有所提高。相比于粗钢细石沥青混凝土,钢渣沥青混凝土和石灰岩沥青混凝土的弯拉应变都比较大,两者都具有较为卓越的柔韧性能。由于沥青混合料的变形能力与低温劲度模量呈负相关关系,粗钢细石沥青混合料表现出良好的力学性能,低温劲度模量也相对较高,表现为较高的脆性,在破坏时最大弯拉应变较小。

在水稳定性方面,使用钢渣集料部分替代天然集料能使沥青混合料水稳定性有所提高。由于钢渣表面粗糙多孔,且多表现为强碱性,而沥青呈弱酸性,二者之间具有良好的黏附性。此外,当沥青与碱性集料接触时,沥青中环烷酸的羧基会与钢渣集料表面的碳氢键相互吸引,从而使集料表面发生改性,增大吸附力。这些因素都导致了沥青与钢渣集料间黏附性的提升,从而增强了沥青混合料整体的水稳定性,能够有效抵抗路面服役过程中的水损害。

钢渣可提升沥青混合料的强度和耐久性。前文提到,钢渣颗粒形状不规则且多棱角,在集料堆积模型中能够表现出更大的内摩擦力,更容易形成相互嵌挤的骨架支撑结构,提高了沥青混合料的抗剪强度。而且,钢渣有着比天然集料更低的洛杉矶磨耗值和压碎值,意味着钢渣自身的强度优于天然集料,进一步提升了沥青混合料的强度和耐久性。

此外,钢渣的掺入还可以不同程度地提高沥青混合料的间接拉伸强度、回弹模量和抗疲劳性能。

值得注意的是,目前绝大多数对钢渣沥青混凝土的研究都是针对钢渣粗集料开展的,即用粗钢渣取代天然粗集料。这是由多方面的原因决定的:细钢渣质量不稳定,与沥青间的作用不如天然细集料。若采用全粒度钢渣代替天然集料,可能因钢渣棱角丰富而产生过多空隙,造成沥青用量偏大,路面容易出现泛油等病害。此外,细钢渣对沥青吸收能力更好,并且吸收是持续行为,钢渣表面沥青膜逐渐变薄可能会对钢渣沥青混凝土的耐久性产生不利影响。因此,不推荐使用全粒度钢渣代替普通集料的方案,将钢渣粗集料和细集料分开使用是比较合适的选择。

三、炉渣集料

随着城市化进程的加快,生活垃圾和建筑垃圾废弃物已经成为城市两大主要废弃物。在生活垃圾废弃物处理方面,通常利用高温焚烧法,而焚烧法会产生两种主要的固体副产物——焚烧炉渣和飞灰。其中,炉渣是占比最大的副产物,约占 80%。焚烧炉渣的安全处理和再利用问题已经成为亟待解决的社会和环境问题。

生活垃圾焚烧炉渣具有一定的强度和硬度,经过筛分、破碎、磁选、分选等工艺处理后,可形成具有连续级配和一定力学强度的焚烧炉渣集料,能替代天然集料应用在道路路基、基层和下面层中。同时,焚烧炉渣集料在我国属于一般固体废弃物,对环境影响较小,这也为其在道路工程中的资源化利用提供了一定的技术保障。

国外对于炉渣集料资源化利用技术的研究起步较早,且欧洲多国已形成较为成熟的炉渣集料资源化利用技术方案(或规范),至今在该领域保持领先地位。挪威、丹麦、瑞典和芬兰等国炉渣集料在道路建设中的资源化利用率已普遍达到 80% 以上,美国炉渣集料的实际资源化利用率尽管只有 10% 左右,但研究成果丰硕。美国 FHWA 中一项关于炉渣集料资源化用作沥青混合料集料的研究开创了炉渣沥青混合料的先河,表明经磁选后制成的炉渣集料非常适合用作沥青混合料集料。目前,国外炉渣集料在道路建设中资源化利用方式主要有两种:一种是将炉渣集料应用于混凝土,另一种是将炉渣集料应用于传统的密级配沥青混合料。

我国对炉渣及其资源化利用的研究起步相对较晚,发展速度也较为缓慢,实际工程中应用较少,但现阶段的研究路线基本与国外保持一致,主要将炉渣用于道路基层和少部分道路面层。2019 年 1 月,国务院办公厅颁发了《"无废城市"建设试点工作方案》,提出了包括炉渣在内的固体废弃物资源化利用的解决方案,将废弃物经过处理应用于工程项目中,以起到"一举三得"的作用。结合我国生活垃圾焚烧炉渣的处置现状,将炉渣经预处理后制成炉渣集料,应用于沥青混合料中,既缓解了炉渣的处理压力,也为道路工程建设提供了原材料,具有显著的社会和经济效益。

1. 炉渣集料的化学组成

根据国内外大量文献,炉渣集料主要含有陶瓷、金属、熔渣、砖石、玻璃以及一些未燃物质,主要元素组成为 Si、Ca、Na、Al、Fe、Mg、K、P、S 等,微量元素为 Cu、Mn、Ba、Zn、Pb、Cr、Sr、Sn、Ni、Co、Mo 及 Cd 等,主要矿物成分为方解石、石英、硫酸钙、水化硫酸钙、Friedel 盐及氯化盐,组成成分与天然集料类似,这在化学组成层面上保证了炉渣集料替代天然集料的可能性。此外,炉渣集料中含有的水泥熟料矿物 C_3S、C_2S 等和活性氧化物 SiO_2、Al_2O_3 等,使其具有一定的胶凝活性。

不同垃圾焚烧厂、不同批次的炉渣集料在化学组分上相差不大,但各组分的比例可能有一定的差异,即存在着较大的变异性。在化学元素组成方面,经湿法处理的炉渣集料相比未经处理的原生炉渣,其变异系数更小,湿法处理使得不同产地的炉渣集料化学组成比例更为接近。

炉渣集料中有机质含量的变异性也比较大,但碳酸盐含量相差不大,变异性较小。这主要与炉渣集料的湿法处理工艺有关,其中通过流化床焚烧工艺得到的炉渣集料有机物含量的变异系数最小。在酸碱性方面,炉渣集料通常呈碱性,然而由于湿法处理过程中炉渣中碱性组分被空气中二氧化碳酸化的程度不同,其酸碱度也表现出一定的变异性。

2.炉渣集料的物理力学性质

表3-29列举了有关炉渣集料粒径与主要技术指标的试验结果,并与常用的玄武岩集料做了比较,通过表中数据可以得出炉渣集料具有以下特点。

炉渣集料粒径与主要技术指标　　　　　　表3-29

集料类型		粒径(mm)	表观密度(g/cm³)	含水率(%)	压碎值(%)	坚固性(%)
玄武岩集料	1	0~2.36	2.911	1.93	22	6.3
		2.36~4.75	2.996	2.65	21	6.1
		4.75~9.5	2.985	2.52	22	5.8
	2	0~2.36	2.433	—	—	—
		2.36~4.75	2.410	8.55	32	—
		4.75~9.5	2.429	6.74	40	—
	3	0~2.36	—	—	—	—
		2.36~4.75	2.412	6.93	30.6	—
		4.75~9.5	2.458	6.81	32.5	—
炉渣集料	1	0~2.36	2.331	10.80	30.4	—
		2.36~4.75	2.431	7.60	38.7	—
		4.75~9.5	2.443	4.90	42.1	—
	2	0~2.36	2.667	—	32.2	—
		2.36~4.75	2.410	8.18	38.7	—
		4.75~9.5	2.198	7.60	42.1	—
	3	0.075~9.5	2.830	15.80	37	—
		0.075~2.36	2.300	11.30	—	5.4
		2.36~4.75	2.330	8.00	—	5.4

炉渣集料的表观密度要普遍低于玄武岩集料,大部分介于2.3~2.8g/cm³之间。炉渣集料的含水率要显著高于同一粒径范围的玄武岩集料,且细粒径的炉渣集料含水率更高,这也反映出炉渣集料具有孔隙结构发达、表面多开孔的结构特点。然而,不同组别炉渣集料的含水率表现出较为明显的变异性。这是因为炉渣由生活垃圾焚烧得到,其内部组分自然水解不够充分,仍含有较多易吸水的矿物成分和土颗粒,导致含水率的波动性较大。

炉渣集料的压碎值要显著高于玄武岩集料,其中4.75~9.5mm粒径范围的炉渣集料压碎值已经超过40%。由于炉渣集料中玻璃、陶瓷等组分的存在,这些杂质的力学性能远不如天然集料,从而导致炉渣集料整体力学强度的下降。炉渣集料的压碎值还与粒径有关,随着炉渣集料粒径的增大,集料中强度较低的如陶瓷、砖块等颗粒含量增加,使得压碎值增大。

在形貌特征方面,编者团队采用SEM扫描,放大500倍后,观察了不同产地炉渣集料的微观结构。如图3-22所示,炉渣集料表面粗糙且凹凸不平,孔隙明显且孔隙直径较大,部分孔隙内部的颜色较深,表明其可能具有较大的纵向深度。由此可见,炉渣集料结构松散,整体连通性较好,但密实程度较低。

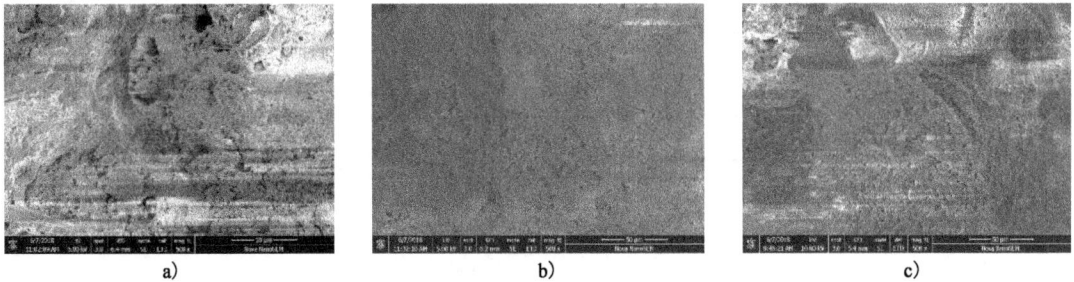

图 3-22　炉渣集料 SEM 扫描结果

综上,炉渣集料密度低于天然集料,含水率高,力学性能相对较差,各项指标均处于相对较低的水平。因此,炉渣集料仅可替代部分天然集料用于道路工程中,这些因素也在一定程度上限制了其应用范围。

3. 炉渣集料的技术要求

我国《生活垃圾焚烧炉渣集料》(GB/T 25032—2010)中对于在道路工程中应用的炉渣集料粒径提出了一些基本要求,见表 3-30。

焚烧炉渣粗细集料粒径①要求　　　　　　　　　表 3-30

方孔筛 (mm)	各号方孔筛的累计筛余(%)	
	粗集料	细集料
2.36	—	≥45
16	≥90	≤5
19	≥75	≤1
63	≤5	—

注:①以干基质量计。

对于不同来源的焚烧炉渣,其内部铁及其他金属物杂质的含量不尽相同,这可能会带来化学和物理力学性质上的差异,导致较大的变异性。焚烧炉渣粗细集料的含杂量应符合表 3-31中的要求。其中,轻漂物是指集料在密度为 1.1kg/L 的溶液中漂浮的固体物质。

焚烧炉渣粗细集料含杂量①要求　　　　　　　　　表 3-31

项目	粗集料	细集料
含铁量(%)	—	<2
金属物(%)	<1	—
轻漂物(%)	≤0.2	≤0.2

注:①以干基质量计。

对于焚烧炉渣集料的含水率,《生活垃圾焚烧炉渣集料》(GB/T 25032—2010)中规定:粗集料含水率应小于或等于 10%(以质量计),细集料含水率应小于或等于 18%(以质量计)。

此外,在进行焚烧炉渣集料各项指标试验时,应按表 3-32 中的规定进行取样,单项试验的最少取样数量应不小于表中要求数量。

炉渣集料试验最少取样数量(单位:kg)　　　　　表 3-32

序号	试验项目	粗集料	细集料
1	粒径	60	15
2	含铁量	—	15
3	金属物	20	—
4	轻漂物	20	15
5	含水率	5	
6	筒压试验	10	

4. 炉渣对沥青混合料性能的影响

炉渣沥青混合料的高温性能与设计沥青用量和混合料的结构嵌挤作用有关。在掺加炉渣集料后,由于炉渣集料自身较大的压碎值和较高的吸水率,混合料的设计沥青用量增加,结构嵌挤作用变差。例如对于 SMA 结构,掺入炉渣后混合料的高温性能呈降低的趋势;而对于 AC 结构,掺入炉渣后混合料的高温性能则可能提高。随着炉渣集料掺量的增加,炉渣沥青混合料的设计沥青用量总体上呈增大的趋势。原因是炉渣集料中含有一定量发达的孔隙结构,吸附沥青的能力要明显高于天然集料,因此炉渣沥青混合料的设计沥青用量大于基准沥青混合料。此外,干法炉渣和湿法炉渣的掺入对混合料高温性能的影响也不尽相同,湿法炉渣沥青混合料的设计沥青用量要普遍大于干法炉渣,这可能与沥青混合料的级配差异和炉渣的物质组成有关。因此通常干法炉渣沥青混合料的高温性能略强于湿法炉渣。

在低温性能方面,炉渣沥青混合料的低温性能不如普通沥青混合料,这主要与设计沥青用量、炉渣集料的组成及沥青与炉渣的黏附性有关。炉渣集料与沥青间的黏附力明显低于天然集料与沥青间的黏附力,这是大部分炉渣沥青混合料低温性能不如普通沥青混合料的主要原因,玻璃、陶瓷等含量高的炉渣,与沥青的黏附性进一步下降。此时需要适当增加设计沥青用量,以在一定程度上弥补低温性能的损失。

在水稳定性方面,掺炉渣后沥青混合料的水稳定性有一定的提升,这主要和沥青-炉渣集料界面间的黏附性有关。炉渣的孔隙结构较为发达,沥青进入孔隙中后,较难被水剥落。此外,炉渣集料中碳酸盐含量较高,呈现出明显的碱性,这会导致沥青与炉渣集料之间的黏附性增强,集料表面的沥青膜更厚,水不易进入沥青-炉渣集料界面处。因此,炉渣沥青混合料的水稳定性要优于基准沥青混合料。

【思考题】

3-1　目前有哪些级配理论?思考并对比不同级配理论的基本思想和方法。

3-2　沥青混合料宜采用压碎值高、吸水率大、密度小的粗集料。你认为这句话正确吗?

3-3　为什么同步碎石封层不选择间断级配和连续级配的集料,而是选择单一粒径集料?

3-4　对于同一集料,思考其毛体积密度、表观密度、松装密度、捣实密度的大小排序。

3-5　调研一条高速公路沥青路面,分析不同层位(如上面层、中下面层)采用的集料种类及其技术要求,并思考这样设计的原因。

3-6 建筑垃圾是城市大宗固体废弃物之一,钢渣是炼钢过程中的副产品。试分析建筑垃圾、钢渣的主要成分,并思考将其加工制成集料的技术性质,以及其在道路工程中应用的技术可行性。

3-7 在沥青混合料中,不同的级配会影响材料的物理力学性质。如何通过优化级配设计来提高沥青混合料的强度、抗渗性、抗冻性和耐久性?

3-8 工业固体废弃物再利用可能带来环境风险。对于不同类型的工业固体废弃物(如钢渣、焚烧炉渣、废橡胶等),在道路工程应用中,如何有效评估和降低其潜在的环境危害?

【小组讨论】

3-1 讨论内置传感器的智能集料在沥青混合料研究中的价值、研究进展和亟待解决的问题。

3-2 讨论钢渣、建筑垃圾、生活垃圾焚烧炉渣等固体废弃物用于沥青混合料集料的可行性、技术难题和解决方案。

3-3 讨论不同集料级配对沥青混合料物理力学性质的影响,并探讨如何在实际工程中选择或调整级配以满足特定的施工要求。

3-4 讨论工业固体废弃物在替代天然集料过程中面临的主要技术挑战和潜在的应用机遇,并从不同角度(如技术、经济、环境)分析如何应对这些挑战。

【拓展阅读】

3-1 中华人民共和国交通运输部.公路工程集料试验规程:JTG 3432—2024[S].北京:人民交通出版社,2024.

3-2 TAM V W Y, SOOMRO M, EVANGELISTA A C J. A review of recycled aggregate in concrete applications (2000—2017)[J]. Construction and Building Materials, 2018, 172: 272-292.

3-3 刘涛,杨东来,黄维蓉.沥青路面集料特性与加工技术[M].北京:人民交通出版社,2013.

3-4 杜晓蒙.建筑垃圾及工业固废筑路材料[M].北京:中国建材工业出版社,2019.

3-5 罗立峰,莫石秀.力学-体积两阶段矿料级配设计原理及实践[M].北京:人民交通出版社股份有限公司,2023.

3-6 过震文.城市固废路用材料资源化[M].上海:上海科学技术出版社,2021.

3-7 中国地质大学(北京).国家岩矿化石标本资源共享平台[DB/OL]. http://www.nim-rf. net. cn/.

PART 2 | 第二篇

沥青混合料设计方法

第四章

沥青混合料技术性质

【内容提要】

本章介绍了沥青混合料的类型和基础知识,重点阐述了沥青混合料的组成结构、强度理论、强度影响因素,总结了沥青混合料路用性能的基本要求,较为详细地讲述了沥青混合料高温稳定性、低温抗裂性、水稳定性以及抗老化、抗疲劳、抗滑、降噪等性能评价方法。

第一节 沥青混合料类型

沥青混合料是将一定级配的矿质集料与适量的沥青结合料在适当条件下充分拌和而形成的一种混合物。沥青混合料经摊铺、压实后形成不同类型的沥青路面。根据沥青混合料在组成结构、生产工艺以及用途等方面的差异可将其分成不同类型。

一、按集料公称最大粒径分类

长期以来,我国的道路工程界习惯按矿质集料的公称最大粒径将沥青混合料分成粗粒式、中粒式和细粒式。此外,还有特粗式和砂粒式沥青混合料。这些沥青混合料的公称最大粒径与最大粒径见表4-1。

不同类型沥青混合料的公称最大粒径与最大粒径　　　　表4-1

混合料类型	公称最大粒径（mm）	最大粒径（mm）
特粗式沥青混合料	37.5	53.0
粗粒式沥青混合料	26.5～31.5	31.5～37.5
中粒式沥青混合料	16.0～19.0	19.0～26.5
细粒式沥青混合料	9.5～13.2	13.2～16.0
砂粒式沥青混合料	4.75	9.5

沥青混合料最大粒径是集料能够100%通过的最小筛孔尺寸。公称最大粒径是小于或等于10%的少量集料不可通过，其余集料能通过的最小筛孔尺寸。

通常，粗粒式沥青混合料用于铺筑沥青路面的中面层和下面层或作为沥青路面的基层；中粒式沥青混合料用于铺筑沥青路面的中面层或上面层；细粒式沥青混合料用于铺筑沥青路面的上面层；砂粒式沥青混合料主要用于城市道路的表面薄层维修。当然，在实际工程中也视具体情况进行选择。例如，为了增强沥青路面的抗轮辙能力，增大路面的构造深度以提高抗滑性能，现在很多高速公路或城市道路的上面层常采用中粒式沥青混合料。在热带地区，为了保证路面的高温稳定性，也有在表面层直接铺筑粗粒式沥青混合料的案例。

特粗式沥青混合料也称大粒径沥青混合料（large-stone asphalt mixes，LSAM），因为其沥青用量较少且成本低，混合料颗粒较大，在提供强度和稳定性方面具有优势，通常用来铺筑沥青路面的下面层或柔性基层。

二、按沥青混合料密实性分类

由于矿质集料级配的不同，沥青混合料在压实后的剩余空隙率有很大的差别。根据剩余空隙率可将沥青混合料分成连续密级配、半开级配、开级配和间断级配沥青混合料。

（1）连续密级配沥青混合料（dense-graded asphalt mixture）

连续密级配沥青混合料是指以连续级配为矿料级配所形成的空隙率较低、密实度较高的沥青混合料。连续级配是指矿料的质量占比随粒径增大而连续变化的级配类型。其典型类型有：设计空隙率为3%～6%的密实式沥青混凝土混合料，以AC（asphalt concrete mixture）表示；设计空隙率为3%～6%的沥青稳定基层混合料，以ATB（asphalt-treated base）表示。按关键性筛孔通过率的不同，密级配沥青混合料又分为细型、粗型密级配沥青混合料。

（2）半开级配沥青混合料（half open-graded asphalt mixture）

半开级配是介于连续级配和开级配之间的级配类型。在半开级配和开级配沥青混合料中，矿料主要由相互嵌挤的粗集料构成，细集料和填料的比例较低，有时不加填料。其典型类型有设计空隙率为6%～12%的半开级配沥青稳定碎石混合料，以AM（asphalt-treated mixture）表示。

（3）开级配沥青混合料（open-graded asphalt mixture）

开级配沥青混合料的矿料主要由粗集料组成，细集料及填料较少。因为细集料、填料和沥青不足以填充粗集料骨架的间隙，所以该种混合料具备较高的空隙率（设计空隙率为18%～25%），其内部发达的连通空隙可供水和空气流动，具有排水、降噪功能。其典型类型有：设计空隙率为18% ~25%的开级配沥青磨耗层混合料,以OGFC(open-graded friction course)表示;设计空隙率大于18%的沥青稳定透水基层混合料,以ATPB(asphalt-treated permeable base)表示。

(4)间断级配沥青混合料(gap-graded asphalt mixture)

间断级配是指矿料组成中缺少一个或几个粒径档次(或用量很少)的级配类型。其典型代表是沥青玛蹄脂碎石混合料,以SMA(stone matrix asphalt)表示。SMA的骨架结构由粗集料相互嵌挤形成,骨架间的空隙由沥青结合料与少量纤维稳定剂、细集料以及较多填料(矿粉)组成的沥青玛蹄脂填充。

三、按沥青混合料拌和与摊铺温度分类

(1)热拌热铺沥青混合料

热拌热铺沥青混合料一般简称热拌沥青混合料。热拌热铺沥青混合料是由加热至150 ~170℃的沥青与加热至170 ~190℃的矿质集料在不低于150℃的温度下拌和而成,经运输后在不低于120℃的温度下摊铺、压实形成沥青路面的沥青混合料。热拌热铺沥青混合料中的沥青结合料一般为黏稠沥青或聚合物改性沥青,在高温条件下可与集料较好地黏结。因此热拌热铺沥青混合料具有较高的强度与良好的耐久性,被广泛应用于高等级公路和城市道路中。通常情况下,如没有专门说明,沥青混合料指热拌热铺沥青混合料。

(2)冷拌冷铺沥青混合料

冷拌冷铺沥青混合料是指沥青与集料在常温下直接拌和而成,在常温下摊铺、压实形成沥青路面的沥青混合料。冷拌冷铺沥青混合料采用的结合料包括乳化沥青、泡沫沥青、液体沥青、稀释回配沥青等低黏度的沥青材料。由于沥青材料的黏度低,且与集料的裹覆性不良,黏结性差,这种沥青混合料的路面成型时间长,且强度低,一般主要用于乡村道路或路面坑洞维修。目前,伴随外掺剂的发展,冷拌冷铺沥青混合料的强度得到有效提高,乳化沥青混合料和泡沫沥青混合料也成为用于沥青路面基层或再生混合料的主要类型。

(3)温拌沥青混合料

温拌沥青混合料是采用特定的技术或添加剂,使拌和、摊铺和压实温度介于热拌热铺沥青混合料和冷拌冷铺沥青混合料之间的沥青混合料。这是一种节能环保的新型沥青混合料,其生产技术可以在降低沥青混合料施工温度、减少有害气体排放的同时,保证沥青混合料具有与热拌热铺沥青混合料基本相同的路用性能和施工和易性。

(4)半温拌沥青混合料

半温拌沥青混合料是一种新兴的沥青拌和技术,最初由西班牙提出,用于解决由道路施工温度造成的环境污染问题。半温拌沥青混合料的施工温度介于冷拌冷铺沥青混合料和温拌沥青混合料之间(通常在60 ~100℃),其强度和路用性能相较冷拌冷铺沥青混合料更好,同时在能源消耗上又比温拌沥青混合料更少。然而,由于半温拌沥青混合料的结合料一般采用乳化沥青和泡沫沥青,可能会出现早期强度低、强度形成时间长以及水稳定性差等情况。这也是半温拌沥青混合料在发展和应用过程中所面临的挑战。

四、按沥青混合料组成结构分类

沥青混合料是由粗集料、细集料、矿粉、沥青以及外加剂等组成的一种复合材料。粗集料

分布在沥青、细集料与矿粉构成的沥青砂浆中,细集料又分布在沥青与矿粉构成的沥青胶浆中,形成具有一定内摩擦力和黏结力的多级网络结构。由于不同沥青混合料的组成材料占比不同,压实后其内部的矿料颗粒分布状态、空隙构造呈现出显著的差异,从而形成不同的组成结构,最终在使用时表现出不同的性能。按照矿料级配组成特点,可将沥青混合料分为悬浮密实结构、骨架空隙结构及骨架密实结构沥青混合料。

(1)悬浮密实结构沥青混合料

一般来说,连续级配的密实型沥青混合料,其空隙率为3% ~5% 。这种混合料中粗集料含量相对较少,如果将压实的混合料切开观察,可见粗集料被粒径较小的集料挤开,不能直接接触形成嵌挤骨架结构,而是彼此分离悬浮于细集料和沥青胶浆之间,而细集料与沥青胶浆较为密实。因此,这种沥青混合料的结构称为悬浮密实结构,如图 4-1a)所示。

采用连续级配拌制的悬浮密实结构沥青混合料,其内部包含各个粒径的集料,由于粗集料相对较少,不能形成支撑骨架,因而热稳定性较差。但细集料、矿粉与沥青结合料构成的玛碲脂黏滞性强,使混合料形成较高的整体强度,尤其是抗拉强度较高。它因密实而不透水,所以具有较好的水稳定性。在施工时,这种结构的细粒式和中粒式沥青混合料基本上不会发生粗细集料离析的现象,但公称最大粒径较大的粗粒式沥青混合料会有粗细集料离析现象。目前,在国内外大量的道路工程中,这种类型的沥青混合料应用最为广泛。为了改善其性能,道路工程界对这种类型的沥青混合料进行了大量的研究,如对级配加以调整,使粗集料的比例适当增加。

(2)骨架空隙结构沥青混合料

该类沥青混合料主要由粗集料含量较多、细集料含量较少的连续开级配矿料与沥青结合料拌和而成。粗集料之间彼此接触,形成互相嵌挤的骨架,而细集料数量较少,不足以充分填充骨架空隙,导致压实后沥青混合料中的空隙较大,进而形成骨架空隙结构。在骨架空隙结构沥青混合料中,粗集料之间的嵌挤力对沥青混合料的强度和稳定性起着重要作用,结构强度受沥青性质和物理状态的影响较小,因而高温稳定性较好。但由于压实后的沥青混合料中剩余空隙率较大,渗透性较大,在使用过程中,气体和水易进入沥青混合料内部,引发沥青老化,并且降低沥青与集料间的黏附性,最终加速沥青混合料耐久性的衰变。因此,骨架空隙结构沥青混合料一般用于联结层或上基层,如果用于沥青面层,则需要使用具有较高黏度的改性沥青以保障其强度和耐久性。半开级配沥青稳定碎石混合料和开级配沥青磨耗层混合料的结构是典型的骨架空隙结构,如图 4-1b)所示。

(3)骨架密实结构沥青混合料

当采用间断级配矿料时,在沥青混合料中既有足够数量的粗集料形成骨架,又根据粗集料骨架空隙的大小填入了足够的细集料和沥青胶浆,以填满骨架空隙,形成较高密实度的骨架结构。沥青玛碲脂碎石混合料的结构是一种典型的骨架密实结构(skeleton dense structure),如图 4-1c)所示。

a)悬浮密实结构   b)骨架空隙结构   c)骨架密实结构

图 4-1　沥青混合料组成结构图

从理论上讲,骨架密实结构兼具上述两种结构的优点,是一种较为理想的结构类型。骨架密实结构沥青混合料因形成骨架而具有良好的温度稳定性,因密实而具有较好的水稳定性。但这种间断级配的沥青混合料粗细集料容易离析,为防止这种离析现象,通常采用较高黏度的沥青或添加聚合物改性剂,为防止沥青流淌一般还会添加植物纤维。由于施工控制比较困难,因而在工程中应用较少。然而,在有些国家,如日本的沥青铺装纲要中,则推荐采用间断级配。又如,法国的机场沥青道面设计规范也推荐采用间断级配,其颗粒公称最大粒径为 10mm,最佳铺筑厚度为 3～4cm,最小厚度为 3cm,且认为铺筑薄层沥青层,采用连续级配难以保证达到最大的密实度。

五、按沥青混合料功能分类

随着经济和科学技术的发展,为了提高沥青路面的路用性能、改善行车条件和道路环境及适应各类用途,人们开发出具有不同功能的沥青混凝土材料。通常的热拌沥青混合料用于铺筑公路和城市道路,故称其为路用沥青混合料;如果用于铺筑机场沥青道面,则称其为机场道面沥青混合料;如果用于大桥桥面铺装则称其为桥面铺装沥青混合料。这些不同的名称反映了它们在功能上的差异,而在组成上它们也有相应的差别,主要有以下若干种类。

(1)沥青玛蹄脂碎石混合料

沥青玛蹄脂碎石混合料由高含量的粗集料、矿粉和沥青结合料拌和而成,一般需要添加纤维材料作沥青稳定剂。它具有良好的高温稳定性、低温抗裂性、抗滑性以及耐久性,因此主要应用于高交通流量或重载道路,例如高速公路、主干道和机场跑道等路面表层铺设。

(2)多孔沥青混合料

为了使路面表面的雨水迅速排走,以避免或减少高速行车而引起的喷雾、溅水,提高雨天行车的安全性,常铺筑多孔沥青混合料。由于这种多孔性沥青路面具有一定的降噪功能,故又称其为低噪声沥青路面。排水性沥青混合料常用作路面的联结层,使来自路面裂缝的雨水能够透过联结层而从横向排走,因而这种混合料又称为透水性沥青混合料。这种多孔沥青混合料还用于铺筑高速公路或城市干道沥青路面的磨耗层,以提高路面的抗滑性。

(3)浇注式沥青混合料

浇注式沥青混合料由高比例细集料、高比例矿粉和高比例沥青,在220℃以上的高温下经过较长时间的拌和而成,是一种具有半流动性的黏流态沥青混合料,摊铺后不用压路机碾压,冷却即可成型,且能够达到强度要求。由于在高温下操作,故又称其为高温摊铺式沥青混合料。浇注式沥青混合料施工快速,因成型后无空隙而能防止水盐的侵蚀破坏,常用于铺筑大桥桥面、街道人行道以及防水地坪。

(4)环氧沥青混合料

环氧沥青混合料是指采用环氧沥青、固化剂与集料拌和而成的沥青混合料,压实固化后具有很高的强度和良好的抗油性,常用于铺筑大桥桥面、机场道面和停机坪。同时其因具有极优良的黏结性能,也应用于路面磨耗层,特别是需要较高抗磨耗性的寒冷地区路面和多孔性沥青路面。因为环氧沥青混合料强度很高,故也称其为高强沥青混合料。

(5)彩色沥青混合料

彩色沥青混合料是指采用浅色结合料与集料(或专门烧制的彩色集料)外加颜料拌和而成的混合料,用于铺筑彩色路面。由于浅色结合料具有与沥青相同的工程性质和技术指标,故也将其归类为沥青混合料。彩色沥青混合料常用于提升道路美观度、道路方向引导或分区,为道路安全提供辅助。

（6）储存式沥青混合料

储存式沥青混合料是指将适当的沥青结合料与集料拌和后储存起来,使用时直接在常温下摊铺压实的沥青混合料。储存式沥青混合料由于具备使用方便、随时随量供给的特点,通常作为路面修补的养护材料。

（7）再生沥青混合料

将老化废弃的旧沥青路面材料,经过破碎处理,必要时添加再生剂、新集料和沥青,重新拌和成混合料,使其恢复性能再用于铺筑路面,这种混合料称为再生沥青混合料。

（8）乳化沥青混合料

使用乳化沥青与集料在常温下拌和而成的混合料,称为乳化沥青混合料。由于拌和过程不用加热,因此其也属于冷拌沥青混合料。

（9）稀浆封层沥青混合料

利用乳化沥青与集料、粉料拌和而成的稀浆状混合料,称为稀浆封层沥青混合料,用于铺筑路面封层或作为基层表面的封层。如采用由改性沥青制备的乳化沥青作为稀浆封层,则称为微表处（micro-surfacing）。

（10）其他沥青混合料

为了提高沥青混合料的路用性能并满足不同的使用功能要求,其他类型混合料如纤维沥青混合料、超薄沥青磨耗层混合料、橡胶沥青混合料等也被大量应用。

第二节　沥青混合料强度理论

一、莫尔-库仑强度理论

沥青混合料的力学强度是由矿质集料颗粒之间的嵌挤力（内摩擦力）、沥青与集料之间的黏结力以及沥青的内聚力构成的。

通常情况下,连续级配的沥青混合料属于悬浮结构,强度主要依赖于沥青与集料之间的黏结力以及沥青本身的内聚力。尽管该结构具有较高的强度,但其高温稳定性较差。与此不同,骨架密实结构沥青混合料主要依靠粗集料之间的嵌挤力来提供强度,粗集料的相互接触能够有效增大结构强度,同时,细集料、沥青及矿粉组成的沥青砂浆填充空隙,形成了强大的黏结力。因此,骨架密实结构沥青混合料不仅具备优良的强度,还具有较好的高温稳定性,常被用于承受重载交通的道路。骨架空隙结构沥青混合料则主要依赖于集料之间的嵌挤力,辅以沥青的内聚力来形成其结构强度。除了集料的组成结构以外,沥青结合料的影响也不可忽视,以空隙率很大的多孔性沥青路面为例,当采用高黏度沥青作为结合料时,该类路面同样可以获得足够高的强度。

无论沥青混合料属于哪一种类型,其力学强度都可以按莫尔-库仑（Mohr-Coulomb）强度理论予以表征。莫尔-库仑强度理论是基于莫尔-库仑定律建立的,认为材料的破坏是沿着一定的平面滑移发生的。同时考虑了滑移面的黏聚力和该面上法向力产生的摩擦。根据该理论的

定义,在外力作用下材料不发生剪切滑移时应满足条件式(4-1):

$$\tau \leq c + \sigma \tan\varphi \tag{4-1}$$

式中:τ——剪应力;

　c——材料黏结力;

　σ——正应力(正压力);

　φ——内摩擦角。

根据平衡关系,主应力 σ_1 和 σ_3 与破裂面上正应力 σ 和剪应力 τ 之间的关系为

$$\left. \begin{array}{l} \sigma = \dfrac{1}{2}(\sigma_1 + \sigma_3) - \dfrac{1}{2}(\sigma_1 - \sigma_3)\sin\varphi \\[2mm] \tau = \dfrac{1}{2}(\sigma_1 - \sigma_3)\cos\varphi \end{array} \right\} \tag{4-2}$$

沥青混合料的 c、φ 值可通过三轴剪切试验求得。但三轴剪切试验设备复杂,操作比较麻烦,更主要的是三轴剪切试验的结果对不同组成结构的沥青混合料不甚敏感,c、φ 值区别不大,因而难以分辨,故实际应用不多。

当需要沥青混合料的 c、φ 值时,也可通过抗压强度试验和拉伸试验求得。当沥青混合料圆柱体试件单轴受压时,即 $\sigma_3 = 0$,$\sigma_1 = R$,抗压强度 R 为

$$R = 2c\tan\left(\dfrac{\pi}{4} + \dfrac{\varphi}{2}\right) \tag{4-3}$$

当沥青混合料圆柱体试件单轴受拉时,即 $-\sigma_3 = +\tau$,$\sigma_1 = 0$,剪应力 τ 为

$$\tau = \dfrac{2c}{\tan\left(\dfrac{\pi}{4} + \dfrac{\varphi}{2}\right)} \tag{4-4}$$

将上面两式联立,求解得

$$c = \dfrac{\sqrt{R\tau}}{2} \tag{4-5}$$

$$\tan\varphi = \dfrac{R\tau}{2\sqrt{R\tau}} \text{或 } \sin\varphi = \dfrac{R - \tau}{R + \tau} \tag{4-6}$$

测试沥青混合料的抗拉强度实际上也比较困难,方便起见,可以用间接抗拉强度代替。

二、沥青混合料强度的影响因素

(1)沥青结合料的黏度

沥青结合料的黏度反映沥青自身的内聚力。沥青的黏度越大,则沥青混合料黏结力越大,在保持矿料颗粒间相对稳定的嵌锁作用前提下,沥青混合料的强度也越大,抗变形能力越强。因此,在实际工程应用中,对于道路等级较高的沥青路面,常采用黏度大、标号高的沥青。尤其是对于重载交通道路的沥青路面,为了提高其抗轮辙性能,多采用高黏度沥青,如50号沥青,或者在沥青中添加增黏剂,以提高其黏结强度,以上方法都能得到良好的效果。

排水沥青路面是一种国际上公认的安全、舒适、环保的功能性路面,在抑制溅水、起雾,增加路面与轮胎之间的粘连,降低噪声等方面具有重要作用,其实质是一种典型的热拌沥青混合料,组成结构为骨架空隙结构,它主要依靠沥青的黏结性和粗集料的嵌挤作用而形成强度,故常用高黏度沥青或改性沥青作为沥青结合料。日本铺筑排水沥青路面要求其沥青结合料

60℃动力黏度不小于 $2 \times 10^4 Pa \cdot s$，而我国 2020 年颁布的《排水沥青路面设计与施工技术规范》（JTG/T 3350-03）中规定沥青结合料60℃动力黏度不小于 $5 \times 10^4 Pa \cdot s$，足以说明沥青黏度对沥青混合料强度的重要性。

（2）集料岩石的种类

集料岩石的岩性会影响其与沥青的黏附性。沥青充分浸润集料的表面，形成良好的黏附，是混合料获得良好黏结力的重要条件。沥青与酸性集料如花岗岩、石英岩的黏附性较差，而如果在沥青中添加抗剥落剂，则可提高沥青与集料的黏附性，有利于提高沥青混合料的强度。对于酸性集料，还可以向沥青中加入消石灰等碱性活化剂来改善集料表面化学性质，这也能够提高其与沥青间的黏附性。此外，不同种类的岩石集料往往具有不同的表面粗糙度，若岩石集料表面较为粗糙，或存在较多的微孔裂隙，对沥青的吸附能力也就较强。

（3）集料的颗粒性状

集料颗粒表面的粗糙度和颗粒形状，对沥青混合料的强度有很大影响。集料表面越粗糙，经过压实后，颗粒之间越能形成良好的啮合嵌锁，从而使沥青混合料具有较大的内摩擦力，故集料都要求采用轧制碎石。如采用表面较为光滑的河卵石，则要求将河卵石加以破碎，卵石颗粒至少有两个破碎面。采用棱角非常丰富的集料拌制的沥青混合料，往往拌和与压实比较困难，这主要是因为内摩擦力大，但压实后能形成较高的强度。有时为了改善沥青混合料的施工和易性，常添加天然砂以取代部分石屑，这是因为天然砂表面比较光滑而使沥青混合料内摩擦力降低。

集料颗粒的形状宜接近立方体，呈多棱角，以承受荷载而不折断破碎，嵌挤后能产生较大的内摩擦力；而表面光滑的颗粒，则易引起滑移而导致路面产生变形。针片状的集料颗粒在荷载作用下极易断裂破碎，造成沥青路面的内部损伤和缺陷。同时，针片状颗粒含量过高会导致沥青混合料内部空隙率过大，而为降低空隙率不得不增大沥青用量，最终导致沥青混合料的强度和稳定性降低。

（4）集料的级配

集料的级配组成对沥青混合料的嵌锁力或内摩擦角影响较大。一般来说，连续密级配沥青混合料是悬浮密实结构，其结构强度主要依靠沥青与集料的黏结力和沥青的内聚力，而依靠集料颗粒间的内摩擦力相对较小。骨架空隙结构沥青混合料以嵌锁力为主、沥青内聚力为辅形成结构强度。而在以嵌挤原则设计的骨架密实结构中，既有以粗集料为主的嵌锁骨架，又有细集料和沥青胶浆填充空隙形成很大的黏结力，故该结构的沥青混合料整体强度高、稳定性好。

（5）矿粉的品种与用量

沥青混合料中的胶结物质实际上是沥青和矿粉所形成的沥青胶浆。一般来说，由石灰石等碱性岩石磨制的矿粉与沥青具有良好的亲和性，能形成较强的黏结性，而由酸性集料磨成的矿粉则与沥青黏结不良。故矿粉的品种对沥青混合料的强度有所影响。我国在《公路沥青路面施工技术规范》（JTG F40—2004）中规定，沥青混合料的矿粉必须采用石灰岩或岩浆岩中的强基性岩石等憎水性石料经磨细得到的矿粉，通常为碱性。

在沥青用量一定的情况下，适当增加矿粉用量，可提高沥青胶浆的黏度，使胶浆的软化点明显上升，有利于混合料强度的提高。然而，如果矿粉用量过多，则又会使混合料过于干涩，影响沥青与集料的裹覆和黏附，必须通过增加沥青用量的方式才能使混合料拌和均匀，结果反倒影响沥青混合料的强度和稳定性。矿粉与沥青的体积之比（粉胶比）宜控制为 0.8～1.2，美国

（高性能沥青路面 Superpave）混合料规范中粉胶比的范围较宽，为 0.6~1.6。

（6）沥青与集料在界面上的交互作用

沥青混合料黏结力除了与沥青材料自身的内聚力有关外，还取决于沥青与集料的交互作用。集料颗粒对于包裹在其表面的沥青分子具有一定的化学吸附作用，这种化学吸附比集料与沥青间的分子力吸附（即物理吸附）要强得多，并使集料表面吸附沥青组分重新分布，形成一层吸附溶化膜。这层吸附溶化膜亦称为"结构沥青"，膜层较薄，黏度较高，与集料之间有着较大的黏结力。在"结构沥青"层之外未与集料发生交互作用的是"自由沥青"，保持着沥青的初始内聚力。

由于集料颗粒表面对沥青的化学吸附是有选择性的，所以沥青与集料表面交互作用程度还取决于集料的岩石学特征。试验结果表明，沥青在不同矿物组成的集料颗粒表面形成不同成分和不同厚度的吸附溶化膜，碱性集料（如石灰石）对石油沥青的吸附性强，而酸性集料（如石英石等）对石油沥青的吸附性弱。

（7）沥青结合料的用量

当沥青用量过少时，混合料干涩，混合料内聚力较差；适当增加沥青用量，将会改善混合料的胶结性能，便于拌和，使集料表面充分裹覆沥青薄膜，以形成良好的黏结。与此同时，由于混合料的和易性得到改善，施工时易于压实，有助于提高路面的密度和强度。当沥青用量进一步增加时，集料颗粒表面的沥青膜增厚，多余的沥青相当于润滑剂，以致在高温时形成推挤滑移，出现塑性变形。因此，混合料存在最佳沥青用量。

（8）环境温度与行车荷载

环境温度和荷载条件是影响沥青混合料强度的主要外界因素。随着温度的升高，沥青的黏度降低，沥青混合料的黏结力也随之降低。内摩擦角同时也受温度变化的影响，但影响程度较低。在其他条件相同的情况下，沥青混合料的黏结力与荷载作用时间或变形速率关系密切。由于沥青的黏度随着变形速率增大而呈现降低趋势，沥青混合料的黏结力也随变形速率的增大而减小，但沥青混合料的内摩擦角对变形速率的依赖性较低。

第三节　沥青混合料路用性能

沥青混合料作为沥青路面的面层材料，在使用过程中将承受车辆荷载反复作用以及环境因素的作用。因此，沥青混合料除了应具备一定的强度外，还需要具有足够的高温稳定性、低温抗裂性、水稳定性、抗老化性、抗疲劳性能、抗滑性能、降噪性能等技术性质，以保证沥青路面优良的服务性能。

一、高温稳定性

高温稳定性是指沥青混合料在高温条件下，能够抵抗车辆荷载的反复作用，不发生显著永久变形，保证路面平整度的特性。沥青混合料是典型的黏-弹-塑性材料，在高温条件或长时间荷载作用下会产生显著的变形，其中不能恢复的部分称为永久变形，这种特性是导致沥青路面产生轮辙、推挤、泛油及拥包等病害的主要原因。在交通量大、重车比例高和经常变速路段的沥青路面上，轮辙是最严重、最具危害性的破坏形式之一。

沥青混合料的高温稳定性与多种因素有关,如沥青的品种、标号、蜡含量,集料的岩性、集料的级配组成、混合料中的沥青用量等。为了提高沥青混合料高温稳定性,在混合料设计时,可采取各种技术措施,如采用黏度较高的沥青,必要时可采用改性沥青;选用颗粒形状好而富有棱角的集料;适当增加粗集料用量,降低细集料比例或不用砂;使用坚硬石料破碎的机制砂,以增大内摩擦力;混合料结构采用骨架密实结构;选用最佳油石比;等等。

二、低温抗裂性

当冬季气温降低时,沥青面层将产生体积收缩。在基层结构与周围材料的约束作用下,沥青混合料不能自由收缩,因此将在结构层中产生温度应力。由于沥青混合料具有一定的应力松弛能力,若降温速率较小,所产生的温度应力会随着时间增加逐渐松弛减小,不会对沥青路面产生较大的危害。但若气温骤降,所产生的温度应力来不及松弛,当温度应力超过沥青混合料的容许应力时,沥青混合料就会被拉裂,导致沥青路面出现裂缝,造成路面的损坏。因此要求沥青混合料具备一定的低温抗裂性。

为防止或减少沥青路面的低温开裂,可选用黏度相对较低的沥青或采用橡胶类的改性沥青,同时适当增加沥青用量,以降低沥青混合料的低温劲度模量,增强柔韧性。此外,还可以通过优化沥青混合料的级配,提高整体密实度;或向其中掺入纤维来改善其低温抗裂性。

三、水稳定性

水稳定性指的是沥青路面抵抗水损害(由水的侵蚀逐渐引起沥青膜剥离、掉粒、松散、坑槽而造成破坏的现象)的能力。水分的存在一方面降低了沥青本身的内聚力,另一方面也破坏了沥青路面中沥青与集料间的黏结力,从而加速了剥落现象发生,造成了道路的水损害。

沥青混合料的水稳定性不足表现为:由于水或水汽的作用,沥青从集料颗粒表面剥离,沥青混合料的黏结强度降低,松散的集料颗粒被滚动的车轮带走,在路表面形成独立的、大小不等的坑槽,即沥青路面发生水损坏。当沥青混合料的压实空隙率较大、沥青路面排水系统不完善时,滞留于路面结构中的水长期浸泡沥青混合料,加上行车引起的动水压力对沥青产生剥离作用,将加深沥青路面的水损坏程度。

四、抗老化性

沥青混合料在使用过程中,受到空气中的氧气、水、紫外线等介质的作用,其中的沥青发生诸多复杂的物理化学变化,并逐渐老化或硬化,致使沥青混合料变脆易裂,从而导致沥青路面出现各种与沥青老化有关的裂纹或裂缝。沥青混合料的老化程度取决于沥青的老化程度,与外界环境因素和压实空隙率有关。在气候温暖、日照时间较长的地区,沥青的老化速率大,而在气温较低、日照时间短的地区,沥青的老化速率相对较小。沥青混合料的空隙率越大,环境介质对沥青的作用就越强烈,相同环境下其老化程度也越高。

在沥青路面工程中,为了降低沥青的老化速度和程度,除了选择耐老化的沥青外,还应使沥青混合料含有足量的沥青。在沥青混合料的施工过程中,应控制拌和加热温度,并保证沥青路面的压实度,以降低沥青在施工和使用过程中的老化速率。仅从耐久性方面考虑,可选用细粒密级配的沥青混合料,并增加沥青用量,降低沥青混合料的空隙率,以防止水分渗入并减弱阳光对沥青材料的老化作用。

五、抗疲劳性能

沥青路面在使用过程中,受到车辆荷载的反复作用,或者受到环境温度交替变化所产生的温度应力作用,长期处于应力应变反复变化的状态。随着荷载作用次数的增加,材料内部缺陷、微裂纹不断扩展,路面结构强度逐渐衰减,直至发生疲劳破坏,路面出现裂缝。

影响沥青路面抗疲劳性能的因素主要包括沥青混合料的劲度模量、材料组成特性及疲劳试验条件等。

(1)沥青混合料的劲度模量

在相同的荷载级位下,混合料的劲度模量对材料内部的应力和应变水平产生决定性的影响,其影响程度与试验控制模式有关。在应力控制模式的疲劳试验中,劲度模量大的混合料,应变增长速度缓慢,裂隙扩展的速度慢,疲劳寿命长。在应变控制模式的疲劳试验中,混合料的劲度模量越小,保持相同应变所需要施加的应力就越小,裂隙的扩展可能会延续很长的时间,因此,劲度模量越小的材料,疲劳寿命越长。

(2)沥青混合料的材料组成特性

影响沥青混合料抗疲劳性能的主要参数有沥青种类、沥青用量、空隙率、集料类型、级配类型以及混合料空隙率等。一方面,这些材料组成因素影响着沥青混合料的劲度模量,因而在不同加载控制模式的疲劳试验中对沥青混合料的疲劳寿命产生不同的影响;另一方面,材料组成因素影响着沥青混合料试件的组成结构和内部缺陷,从而在不同加载控制模式的疲劳试验中对沥青混合料的疲劳寿命产生一致的影响。如试件空隙率增大,会降低沥青混合料的劲度模量,同时也会增大沥青混合料试件的内部缺陷,因此在应力控制模式和应变控制模式的疲劳试验中,空隙率增大均可能导致沥青混合料试件疲劳寿命的缩短。

(3)疲劳试验条件

室内疲劳试验条件主要模拟沥青路面现场环境和荷载状态,因此试验条件的不同反映了环境因素和荷载参数对沥青路面抗疲劳性能的影响。疲劳试验的应力或应变水平、试验温度、试验频率、加载波形等均会对沥青混合料的疲劳寿命产生重要影响。例如,应力或应变的增加会导致疲劳寿命显著缩短,加载温度的上升通常会延长疲劳寿命。因此,在评价沥青混合料的抗疲劳性能前,应通过预试验确定合理的荷载水平、加载温度、加载频率与波形。

六、抗滑性能

抗滑性能是沥青路面的一个重要安全指标。现代交通车速不断提高,对路面的抗滑能力也提出更高的要求。沥青路面应该具有足够的抗滑能力,以保证在最不利的情况下(路面潮湿时),车辆能够高速安全行驶,而且在外界因素作用下其抗滑能力不致很快降低。而沥青路面的抗滑性能必须通过合理选择沥青混合料组成材料、正确设计与施工来保证。目前沥青混合料抗滑性能主要通过其表面构造情况来评价,如表面构造深度和摩擦系数等。

沥青路面的抗滑性能与所用集料的表面构造深度、颗粒形状与尺寸、抗磨光性有着密切的关系。集料的表面构造深度取决于集料的矿物组成、化学成分及风化程度;颗粒形状与尺寸既受矿物组成的影响,也与集料的加工方法有关;抗磨光性则受到上述所有因素加上矿物成分硬度的影响。因此,用于沥青路面表层的粗集料应选用表面粗糙、坚硬、耐磨、抗冲击性好、磨光值大的碎石或破碎砾石集料。但坚硬耐磨的集料多为酸性集料,与沥青的黏附性较差,故为了保证沥青混合料的水稳定性,应采取有效的抗剥落措施。

沥青路面的抗滑性能除了取决于集料自身的表面构造外,还取决于由集料级配确定的表面构造深度。前者通常称为微观构造,用集料的磨光值表征;后者称为宏观构造,由表面构造深度试验评价。增加沥青混合料中的粗集料含量有助于增加沥青路面的宏观构造深度。为了使沥青路面形成较大的宏观构造深度,可选用开级配或半开级配的沥青混合料,但这类混合料的空隙率较大、耐久性较差,在使用时应特别注意。此外,应严格控制沥青混合料中的沥青含量,特别是应选用蜡含量低的沥青,以免沥青表层出现滑溜现象。为提高沥青混合料的抗滑性能,也可以采用分异型沥青混合料,即集料的种类不单一,当分异配合比在 30% 时,发现沥青路面的抗滑性能可以长久保持。

七、降噪性能

轮胎路面噪声作为交通噪声的主要来源,对人体健康构成了严重威胁。近年来减小轮胎路面噪声对人们生活的影响引起了越来越多的关注。低噪声沥青路面为降低轮胎路面噪声提供了一种有效的方法,具有显著的经济和环境效益。相关研究结果证明,多孔性沥青路面比普通沥青路面能降低 3~5dB 的轮胎路面噪声,橡胶沥青路面比普通沥青路面能降低 2~4dB 的轮胎路面噪声。

影响沥青路面降噪性能的因素较为复杂,主要包括材料特性、路面纹理、车辆和交通状况以及环境因素。

(1)沥青混合料的类型和特性:汽车轮胎在公称最大粒径大的沥青路面上易产生更显著的振动噪声。因此,粗粒式沥青混合料通常会比细粒式沥青混合料产生更多的噪声。

(2)路面纹理:路面的纹理特征会直接影响车辆行驶时轮胎与路面之间的摩擦噪声产生。光滑的路面通常会产生较少的噪声,而粗糙或凹凸不平的路面则可能产生更多的噪声。

(3)轮胎类型和轮胎路面接触面:不同类型的车辆轮胎会产生不同水平的噪声。此外,轮胎与路面之间的接触面积也会影响噪声的产生。例如,宽轮胎通常会比窄轮胎产生更多的噪声。

(4)车速:车辆行驶速度的增大通常会导致噪声水平的上升。

(5)路面的刚度:刚度小的沥青路面可减少轮胎路面噪声。

(6)路面平整度:平整的路面通常会产生较少的噪声,而存在裂缝或坑洼的路面则可能产生较多的噪声。

(7)环境因素:如湿度、温度和风速等也可能影响沥青路面的噪声特性。

第四节　沥青混合料性能评价方法

一、沥青混合料高温稳定性评价方法

评价沥青混合料高温稳定性的试验方法较多,如圆柱体试件的单轴(或三轴)静载、动载、重复荷载试验以及单轴贯入试验,简单剪切的静载、动载、重复荷载试验,以轮辙试验为代表的反复碾压模拟试验,沥青路面分析仪轮辙试验和蠕变试验。此外还有马歇尔稳定度、维姆稳定

度和哈费氏稳定度等工程试验。

1. 轮辙试验

(1)轮辙试验的原理与方法

轮辙试验是一种模拟车辆轮胎在路面上滚动形成轮辙的试验方法。室内小型往复式轮辙试验、大型环道试验以及直道行走试验等都属于轮辙试验。小型往复式轮辙试验尽管并不能给出材料的力学参数,也不能精确预测沥青混合料轮辙变形的发展,但由于设备简单,试验方便,原理直观,易于被人们理解和接受。同时,轮辙试验的结果与实际沥青路面的轮辙之间有良好的相关性,因而在国内外应用广泛,见图4-2。

轮辙试验最早由英国运输与道路研究试验所(TRRL)研发,经过各国道路工作者的改进与完善,已成为世界大多数国家评价沥青混合料高温性能的通用试验。

目前我国的轮辙试验是采用标准方法成型沥青混合料板块状试件,在60℃条件下,规定的试验轮以42次/min±1次/min(21次往返/min)的频率,沿着试件表面同一轨迹往返行走约1h或最大变形达到25mm时为止。记录试件表面在试验轮反复作用下所产生的轮辙深度,见图4-3。对于炎热地区或特重及以上交通荷载等级道路,可根据气候条件和交通状况适当提高轮辙试验的温度或荷载。

图4-2　轮辙试验

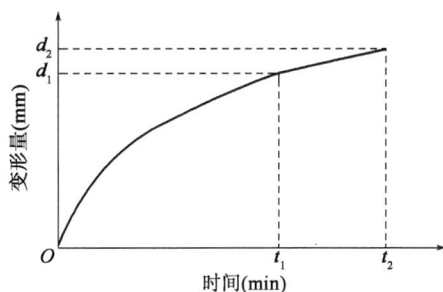

图4-3　沥青混合料轮辙深度

轮辙试验的评价指标为动稳定度DS(dynamic stability),定义为试件表面产生1mm的轮辙深度时试验轮的行走次数。动稳定度DS由式(4-7)计算。

$$DS = \frac{(t_2 - t_1) \cdot N}{d_2 - d_1} \cdot C_1 \cdot C_2 \tag{4-7}$$

式中:DS——沥青混合料的动稳定度,次/mm;

t_1、t_2——试验时间,通常为45min和60min;

d_1、d_2——与试验时间t_1和t_2对应的试件表面的变形量,mm;

N——试验轮往返行走速度,通常为42次/min;

C_1——试验机类型系数,曲柄连杆驱动加载轮往返运动方式为1.0;

C_2——试件系数,试验室制备宽300mm的试件为1.0。

轮辙试验既可用于测定沥青混合料的高温抗轮辙能力,以及沥青混合料配合比设计时的高温稳定性检验,也可用于现场沥青混合料的高温稳定性检验。

（2）动稳定度影响因素

沥青混合料的结构类型对动稳定度有很大影响。许多试验表明，级配类型为连续级配，结构类型为悬浮密实结构的沥青混合料的动稳定度都不高；而对以粗集料为主体形成骨架结构的混合料而言，无论是开级配的多孔性混合料，还是密实结构的沥青玛蹄脂碎石混合料，由于粗集料骨架的支撑，均具有较高的动稳定度（表4-2）。

不同类型混合料的动稳定度 表4-2

混合料种类	混合料类型	沥青品种	沥青用量(%)	空隙率(%)	动稳定度(次/mm)
悬浮密实结构	LH-20I	胜利60	5	5.5	352
	AC-16I	克拉玛依90	4.6	—	923
	AC-16I	辽河130	4.6	—	213
	AC-16I	茂名70	4.6	—	680
骨架空隙结构	OGFC-13	改性沥青	4.7	20.0	3470
骨架密实结构	SMA-16	ESSO-70	6	2.6	3600
	SMA-16	ESSO-70	5.5	4.6	4200

沥青用量对混合料动稳定度有显著影响，如AC-13混合料动稳定度随着沥青用量的增加而降低，两者有很好的线性关系。对于中粒式和粗粒式沥青混合料，其动稳定度与沥青用量的关系的规律性较差，这是因为大粒径集料在混合料中有一定的支撑作用，对沥青黏结作用的依赖性有所降低。即使如此，增加沥青用量，仍然会使动稳定度降低。

动稳定度受温度的影响很大，随着试验温度的提高，沥青混合料的轮辙变形明显增加，动稳定度降低。动稳定度DS与温度T大体上呈如下关系：

$$DS = A \cdot B^T \tag{4-8}$$

式中：A、B——回归系数。

日本建设省土木研究所在60℃下对不同荷载压力下混合料的动稳定度进行了研究，发现轮载应力每增加0.1MPa，动稳定度约降低40%，且大致呈如下关系：

$$\lg DS = 4.399 - 2.285P \tag{4-9}$$

式中：P——试验轮接地压强，MPa。

中国山西交通科学研究院集团有限公司曾经对沥青混合料施加不同荷载以测试其动稳定度，也证明随着接地压强的增加，动稳定度降低。其试验结果见表4-3。

接地压强对动稳定度的影响 表4-3

接地压强(MPa)	动稳定度(次/mm)	
	沥青AH-90	沥青A-100
0.5	3640	1359
0.7	2362	942
0.9	1828	530

接地压强的增加，使得沥青路面的轮辙变形增大。因此，当重型车辆增加，尤其是超载车辆的比例增大时，沥青路面出现轮辙的风险增大。同时，以行驶小车为主的道路，如机场专用道、城市高架道路等，虽然交通量大，但由于荷载小，几乎不存在轮辙的威胁。

有研究表明，板块的厚度必须与混合料公称最大粒径相匹配，板厚至少应为公称最大粒径的2.5倍,以便得到充分的压实,否则会对动稳定度产生显著影响。因此,对于中粒式和粗粒式沥青混合料,应采用板厚7~10cm进行试验。

轮辙板试件的成型对动稳定度也会产生影响,成型时沥青混合料的温度尤为关键。如果温度偏低,沥青混合料将较难压实。即使压实,沥青的黏结力也会降低,导致沥青混合料发散,动稳定度降低。如使用AC-16型改性沥青混合料在不同温度下成型轮辙板进行对比试验,发现160℃下成型的试件比130℃下成型的试件动稳定度高1倍左右。此外,成型时的压实度也会有影响,轮辙板毛体积密度必须达到马歇尔试件毛体积密度的100%±1%,如果偏小,轮辙试验相当于对其进行了二次碾压,轮辙深度加大,会导致得到的动稳定度降低。

(3)动稳定度技术要求

《公路沥青路面施工技术规范》(JTG F40—2004)中就各种沥青混合料的动稳定度提出了具体要求,详见表4-4。

沥青混合料轮辙试验动稳定度技术要求　　　　表4-4

气候条件与技术指标	相应于下列气候分区所要求的动稳定度(次/mm)									试验方法
7月平均最高气温(℃)及气候分区	>30				20~30				<20	
	1.夏炎热区				2.夏热区				3.夏凉区	
	1-1	1-2	1-3	1-4	2-1	2-2	2-3	2-4	3-2	
普通沥青混合料,不小于	800		1000		600		800		600	T 0719
改性沥青混合料,不小于	2400		2800		2000		2400		1800	
SMA混合料 非改性,不小于	1500									
改性,不小于	3000									
OGFC混合料	1500(一般交通路段)、3000(重交通量路段)									

注:1. 如果其他月份的平均最高气温高于7月时,可使用该月平均最高气温。

2. 在特殊情况下,如钢桥面铺装、重载车特别多或纵坡较大的长距离上坡路段、厂矿专用道路,可酌情提高动稳定度的要求。

3. 对因气候寒冷确需使用针入度很大的沥青(如大于100),动稳定度难以达到要求,或因采用石灰岩等不很坚硬的石料,改性沥青混合料的动稳定度难以达到要求等特殊情况,可酌情降低要求。

4. 为满足炎热地区及重载车要求,在配合比设计时采用减少最佳沥青用量的技术措施时,可适当提高试验温度或增加试验荷载进行试验,同时增加试件的碾压成型密度和施工压实度要求。

5. 轮辙试验不得采用二次加热的混合料,试验必须检验其密度是否符合试验规程的要求。

6. 如需要对公称最大粒径≥26.5m的混合料进行轮辙试验,可适当增加试件的厚度,但不宜作为评定合格与否的依据。

日本改性沥青协会提出以下方法确定沥青混合料动稳定度的要求值:

$$DS = 0.679\left(Y \cdot L \cdot W \cdot V \cdot \frac{T}{D}\right) \tag{4-10}$$

式中:DS——动稳定度要求值,次/mm;

Y——路面使用的天数,d;

L——大型车单向交通量,辆/d;

W——轮重修正系数,见表4-5;

V——行驶速度修正系数,见表4-5;

T——温度修正系数,根据所在地区在$(5~45)\times10^{-3}$范围内变化,寒冷地区取低值,炎热地区取高值;

D——容许轮辙量,mm。

轮重与行驶速度修正系数			表4-5
轮重修正系数 W		行驶速度修正系数 V	
重车少	1.0	一般道路	0.4
重车多	2.0	交叉口部位	0.9
重车非常多	3.0		

例如,某道路大型车单向交通量为1800辆/d,重车较多($W=2.0$),在交叉路口车辆行驶速度较慢($V=0.9$),气候温和($T=20\times10^{-3}$),轮辙容许最大深度为25mm,期望路面能用6年(2190d),采用改性沥青铺筑路面,要求动稳定度应达到:

$$DS=0.679\times(2190\times1800\times2.0\times0.9\times20\times10^{-3}/25)=3854(次/mm)$$

2.沥青路面分析仪轮辙试验

沥青路面分析仪(asphalt pavement analyzer,APA)是美国在SHRP之后研发的沥青混合料试验设备,是一种以混合料轮辙深度为主要测评指标的试验室加速加载测试(laboratory accelerated load)装置。第一台APA由美国路面技术有限公司于1996年制造,该仪器的前身为美国佐治亚轮辙测试仪(Georgia loaded wheel tester,GLWT)。APA的外观以及轮载与试件的作用方式分别如图4-4及图4-5所示。

图4-4 沥青路面分析仪(APA)

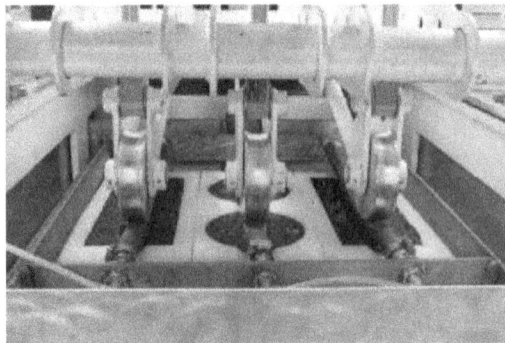

图4-5 APA加载轮与混合料试件

APA可测试干燥和浸水条件下沥青混合料的永久变形性能和抗疲劳性能,并可根据水作用前后试件轮辙深度的差异评价混合料的水稳定性。用于APA轮辙测试的混合料试件可以是圆柱体试件,也可以是长方体试件。对于圆柱体试件,其直径和高度分别为150mm和75mm,可由旋转压实仪成型;对于长方体试件,其长、宽、高分别为300mm、125mm、75mm,可由轮碾压实仪成型。

APA具有左、中、右三个平行加载轮,可同时测试三组试件。当进行轮辙测试时,每组试件分别置于一条具有一定气压的充气软管下,并与之直接接触。测试轮前后往返运行,轮载通过作用于该充气软管将荷载间接施加于混合料试件的顶面,如此作用方式可模拟车辆与路面间的相互作用。测试混合料的轮辙深度时,APA的轮压和软管气压分别为445N和690kPa。

此外,为满足实际测试需要,轮压和软管气压也可作相应调节。APA 利用自动数据采集系统记录混合料试件轮辙深度的累计增加过程,对于圆柱体试件,每一次加载循环,数据采集系统可在各试件顶面沿轮载走行方向同时采集两个轮辙深度数据,因此,每一轮道可同时采集四个数据并由数据采集系统自动计算四点平均值。一次完整的 APA 轮辙测试,通常包括 8000 次循环轮载作用。试验最终以 8000 次轮载作用后,三个轮道轮辙深度平均值为最终轮辙深度的测试结果。图 4-6 所示为 APA 轮辙深度测试曲线,其中每根曲线代表一个轮道下混合料永久变形的累计增长过程,即混合料轮辙深度随荷载作用次数增加而变化的过程。

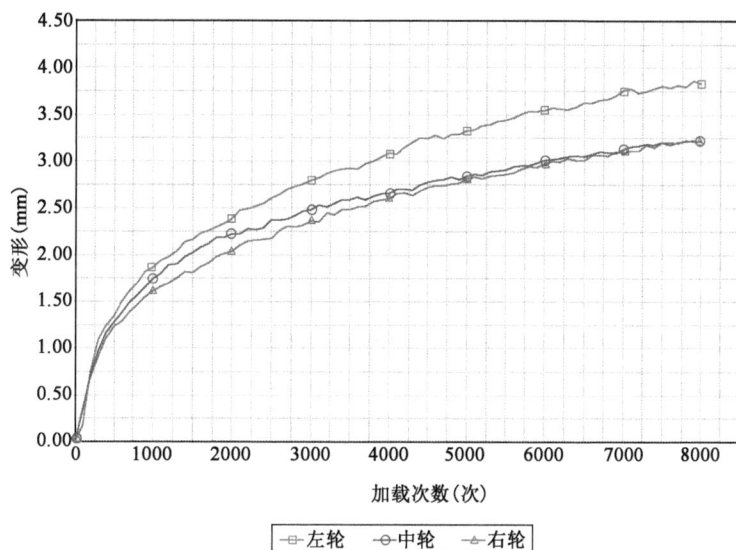

图 4-6　APA 轮辙深度测试曲线图

3. 蠕变试验

(1)蠕变试验的方法

沥青混合料是典型的黏弹性材料,其黏性和弹性可由蠕变试验表征。蠕变试验包含轴向压缩蠕变、轴向重复压缩蠕变、剪切蠕变、弯曲蠕变、劈裂蠕变等试验。加载的方式可以是静载,也可以是动载。蠕变试验花费的时间较长,尤其是试验时必须保持试件恒定的温度和稳定的应力水平,试验要求比较严格。由于单轴静载压缩蠕变试验加载方式比较简单,同时静载试验与动载试验的结果有很好的相关性,所以常采取单轴静载压缩蠕变试验。

试件的尺寸为 $\phi7cm \times 4cm$ 或 $\phi10cm \times 20cm$,也可根据需要确定。蠕变试验的温度多数选择 35℃ 或 40℃。试验可以在 MTS(material test system)机上进行,也可以采用简单的杠杆式加载装置。对于普通沥青混合料,施加的荷载一般为 0.1MPa,但也可根据沥青混合料的品种施加不同荷载。如研究环氧沥青混凝土的蠕变行为,由于这种材料在固化后黏性性质已不明显,故蠕变试验时就要增大所施加的荷载,可采用 0.2MPa 或 0.4MPa。加载和卸载的时间可各取 60min,但应以应变基本趋于恒定为准。

(2)蠕变试验的影响因素

沥青混合料的劲度模量受蠕变试验过程中许多因素的影响,根据研究主要有以下几方面。

①试验温度的影响。

沥青混合料是黏弹性材料,当其他试验条件不变时,温度越高,蠕变变形越大,劲度模量也就越小。但蠕变劲度模量与温度并不呈线性关系,在较低温度段,蠕变劲度模量随温度升高而降低的幅度比在较高温度段蠕变劲度模量的降低幅度要大得多。以 20~35℃ 和 35~50℃ 两个温度段为例,虽然温差都是 15℃,但 20~35℃ 温度段蠕变劲度模量平均降低 22MPa,而在 35~50℃ 温度段蠕变劲度模量仅降低 7MPa。实际上,因为混合料中沥青黏度的对数与温度呈线性关系,且砂石料的存在又使混合料整体的温度依赖性复杂化,所以混合料自身的劲度模量与温度间的关联不能用简单的线性关系或半对数关系表示。

②应力水平的影响。

在不同的应力水平下,黏弹性体的变形与劲度模量是不同的。在小应力作用下,材料的弹性性质较为显著,因而劲度模量较大;然而在大应力作用下,材料的黏性性质较为明显,故变形增大,劲度模量降低。研究表明,随着应力水平的提高,蠕变劲度模量降低,降低的幅度与沥青品种、级配类型以及试件尺寸有关。

③试件尺寸的影响。

在完全约束的情况下,蠕变变形随试件的高度增大而减小,蠕变劲度模量随试件高度的增大而增大。表4-6是德国和中国(招商局重庆交通科研设计院有限公司)分别对不同高度的试件测试的蠕变劲度模量。

试件高度对蠕变劲度模量的影响 表4-6

试验单位	试件尺寸 (mm)	加载应力 (MPa)	试验温度 (℃)	蠕变时间 (s)	蠕变劲度模量 (MPa)
德国	$\phi40\times40$	0.1	40	3600	6.7 ± 0.3
	$\phi40\times60$				6.8 ± 1.0
	$\phi40\times80$				6.5 ± 0.7
	$\phi40\times100$				7.6 ± 0.5
	$\phi40\times120$				8.0 ± 1.3
中国(招商局重庆 交通科研设计院有限公司)	$\phi100\times60$	0.1	40	3600	19.0
	$\phi100\times80$				22.4

试件尺寸对试验结果是有影响的,但影响的程度目前尚无明确的结论,甚至有的还得出相反的结果,即试件高度增大,蠕变劲度模量降低,故其间关系尚待进一步研究。

④试件端面的影响。

试件端面平整、光洁的程度对测试结果有较大的影响。试件端面磨光,能保证良好接触,不存在虚假变形,因而测得的变形较小,劲度模量大;反之,试件表面不够平整、光洁,就会出现由接触面凸起(而非试件本身)产生的虚假变形,使劲度模量偏小。

(3)单轴静载压缩蠕变试验劲度的计算与分析

单轴静载压缩蠕变试验后可获得蠕变曲线。计算混合料的蠕变劲度时,从实用的角度出发,一般并不用四元流变模型(伯格斯模型)来分析,而是分别将蠕变曲线加载段和卸载段按式(4-11)进行回归:

$$S_{(T,t)}=Bt^m \tag{4-11}$$

根据式(4-11),可以计算沥青混合料在温度 T、时间 t 的蠕变劲度模量。对于加载段,其劲度模量为形变模量;对于卸载段,其劲度模量则为回弹模量。

在路面设计中,需要有路面材料的弹性模量,那么根据式(4-11)可以求得回弹瞬时劲度模量,通常以行车速度为 60km/h 时车轮对路面作用时间 0.02s,代入式(4-11)中计算蠕变模量。同样,如要求混合料在长时间荷载累积作用下的劲度模量,则将累积时间代入式(4-11)计算。例如,某种沥青混合料在 40℃下卸载时蠕变曲线的回归方程为 $S = 257.6t^{-0.166}$,如果将瞬时荷载作用时间 $t = 0.02$s 代入,则得回弹模量 $S = 493$MPa;如果将荷载作用累积时间 $t = 3600$s 代入,则得蠕变劲度模量 $S = 66$MPa。

根据蠕变试验获得的曲线,应用伯格斯模型可以写出如下蠕变方程:

$$\varepsilon(t) = \sigma_0 \left[\frac{1}{E_1} + \frac{1}{\eta_1} + \frac{1}{E_2}(1 - e^{\frac{-tE_2}{\eta_2}}) \right] \tag{4-12}$$

式中:$\varepsilon(t)$——蠕变至时间 t 的应变;

σ_0——常应力;

E_1、η_1——分别为麦克斯韦模型中的弹性模量和黏性系数;

E_2、η_2——分别为开尔文模型中的弹性模量和黏性系数。

在伯格斯模型方程中,麦克斯韦模型的黏性系数 η_1 是整个伯格斯模型黏性流动不可恢复变形的主要原因,因此,沥青路面产生的轮辙与混合料的黏性系数 η_1 有关。编者经过推导证明,混合料动稳定度 DS 与伯格斯模型流变参数 η_1 存在如下关系:

$$DS = \frac{a}{h\sigma_0} \eta_1 \tag{4-13}$$

式中:h——沥青混合料层的厚度,mm;

σ_0——轮载的接地压强,MPa;

a——轮辙机系数,取 0.7 次/s。

例如,分别采用 100 号沥青和聚合物改性沥青配制沥青混合料,在 40℃下进行单轴静载蠕变试验,根据蠕变变形与时间的关系计算出伯格斯模型的四元参数,并将黏性系数 η_1 代入式(4-13)中,计算动稳定度。由于通常以 60℃动稳定度表示沥青混合料的抗轮辙能力,可将 40℃动稳定度折算成 60℃动稳定度。根据日本建设省土木研究所的统计研究,在接触条件不变的条件下,40℃动稳定度是 60℃动稳定度的 26 倍,据此可计算 60℃动稳定度,见表 4-7。

由伯格斯模型参数计算混合料动稳定度   表 4-7

技术参数	混合料所用沥青结合料	
	100 号沥青	改性沥青
弹性模量 E_1(10^6Pa)	285.9	651.4
弹性模量 E_2(10^6Pa)	117.2	193.0
黏性系数 η_1(10^8Pa·s)	6327	18140
黏性系数 η_2(10^8Pa·s)	12.9	52.2
40℃动稳定度(次/mm)	12654	36280
换算 60℃动稳定度(次/mm)	486	1395

4. 三轴试验

三轴试验是检验沥青混合料高温稳定性的一种方法。在沥青混合料中,集料之间的空隙被沥青填充,可以认为其抗变形能力是集料颗粒之间的内摩擦力和沥青结合料的黏结力之和。为此,一些学者用莫尔-库仑理论来解释沥青混合料对变形的抗力,并用式(4-14)表示:

$$\tau = c + \sigma \tan\varphi \tag{4-14}$$

式中:τ——抗剪强度;

c——初始黏结力;

σ——正应力;

φ——内摩擦角。

三轴试验一般采用的试件尺寸为 $\phi10cm \times 20cm$,试验温度为 60℃。试验可以设置多种加载模式,如蠕变加载、动态加载和重复加载等。通过对试验数据的整理,可以得到沥青混合料试件的蠕变劲度模量、动态模量,还能得到反映材料弹性性能的回弹模量和反映材料黏性特征的相位角,以及材料永久变形与荷载作用时间的关系等,这些数据能够较好地反映沥青路面的变形特征。相关研究表明,三轴试验得到的动态模量是评价沥青混合料抗轮辙性能的有效指标。

5. 简单剪切试验

简单剪切试验采用美国 SHRP 开发的高性能沥青路面(Superpave)剪切试验机。该仪器是一套液压伺服闭环试验系统,包括加载系统、试验控制系统、数据采集系统、环境控制箱和液压系统。

试验时,在保持沥青混合料试件高度不变的情况下,以控制应变的方式对试件施加正弦波形剪切荷载以测量沥青混合料的动态剪切特性。在试验过程中,测定并记录轴向荷载和剪切荷载,试件的垂直位移和水平位移,经计算后直接输出剪切应力、剪切应变、复数剪切模量、相位角、储存模量、损失正切等力学参数,试验结果能较好地反映沥青混合料的高温性能。

6. 单轴贯入试验

《公路沥青路面设计规范》(JTG D50—2017)中规定,按单轴贯入试验测试沥青混合料的贯入强度(抗剪强度),供沥青混合料配合比设计或施工后检验沥青混合料高温稳定性。我国道路工作者研究了不同气候条件、交通条件和路面结构状况下沥青混合料贯入强度与沥青混合料层永久变形的关系模型,进而提出了验算沥青混合料贯入强度的关系式。

《公路沥青路面设计规范》(JTG D50—2017)中规定的单轴贯入试验方法为,按标准方法成型圆柱体试件,试件空隙率为路面实际空隙率,也可以采用现场取芯试件。试验温度 60℃,按式(4-15)计算标准高度试件沥青混合料的贯入强度。

$$R_T = f_T \cdot \frac{P}{A} \tag{4-15}$$

式中:R_T——贯入强度,MPa;

P——试件破坏时的极限荷载,N;

A——压头横截面积,mm^2;

f_T——贯入应力系数,对直径 150mm 试件 $f_T = 0.35$,对直径 100mm 试件 $f_T = 0.34$。

二、沥青混合料低温抗裂性评价方法

1. 低温弯曲试验

沥青混合料的小梁弯曲试验(beam bending test, BBT)可检验沥青混合料的弯曲性能、变形适应能力,如悬臂弯曲、单点荷载小梁弯曲、多点荷载小梁弯曲和切口小梁弯曲等试验方法。按照我国《公路工程沥青及沥青混合料试验规程》(JTG E20—2011)中的小梁低温弯曲试验,通常将试件切割成 250mm×30mm×35mm 的棱柱体小梁,在 –10℃ 条件下,以 50mm/min 的速率在跨中加载直至试件断裂破坏,如图 4-7 所示。按式(4-16)~式(4-18)计算试件破坏时的抗弯拉强度 R_B、梁底最大弯拉应变 ε_B 及弯曲劲度模量 S_B。

$$R_B = \frac{3 \times L \times P_B}{2 \times b \times h^2} \tag{4-16}$$

$$\varepsilon_B = \frac{6 \times h \times d}{L^2} \tag{4-17}$$

$$S_B = \frac{R_B}{\varepsilon_B} \tag{4-18}$$

式中:R_B——试件破坏时的抗弯拉强度,MPa;

ε_B——试件破坏时的梁底最大弯拉应变,$\mu\varepsilon$;

S_B——试件破坏时的弯曲劲度模量,MPa;

b——跨中断面试件的宽度,mm;

h——跨中断面试件的高度,mm;

L——试件的跨径,mm;

P_B——试件破坏时的最大荷载,N;

d——试件破坏时的跨中挠度,mm。

a) 小梁试件
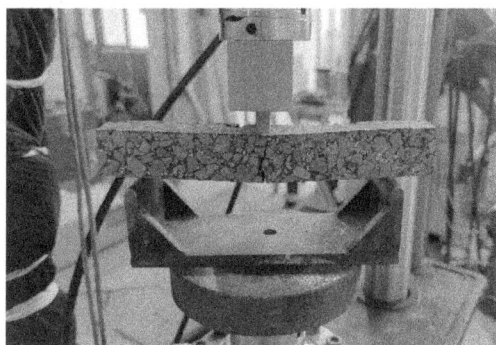
b) 测试过程

图 4-7 低温弯曲试验测试方法

《公路沥青路面施工技术规范》(JTG F40—2004)要求,沥青混合料弯曲试验破坏应变应满足表 4-8 的要求。

沥青混合料弯曲试验破坏应变技术要求(JTG F40—2004) 表 4-8

气候条件与技术指标	相应于下列气候分区所要求的破坏应变($\mu\varepsilon$)							
年极端最低气温(℃)	< –37.5 (1.冬严寒区)		–37.5 ~ –21.5 (2.冬寒区)			–21.5 ~ –9.0 (3.冬冷区)		> –9.0 (4.冬温区)
气候分区	1-1	2-1	1-2	2-2	3-2	1-3	2-3	1-4	2-4
普通沥青混合料,不小于	2600		2300			2000		
改性沥青混合料,不小于	3000		2800			2500		

低温弯曲试验虽然操作简单,但试件尺寸较大,常规评价指标单一,各指标的评价结果存在差异,不适用于现场取芯成型试件。由于材料在外力作用下发生开裂破坏,是一种能量消耗过程,所消耗的能量越多,表明材料的抗裂性越好。因此,采用弯曲应变能密度能更好地反映材料的低温性能,其表达式为

$$\frac{\mathrm{d}W}{\mathrm{d}V} = \int_0^{\varepsilon_{ij}} \sigma_{ij}\mathrm{d}\varepsilon_{ij} \tag{4-19}$$

式中:$\frac{\mathrm{d}W}{\mathrm{d}V}$——应变能密度函数,其临界值为试件断裂时应力应变关系曲线的面积,$\mathrm{kJ/m^3}$;

σ_{ij}、ε_{ij}——分别为应力、应变分量。

弯曲应变能密度函数之所以能恰当地反映材料的低温性能,是因为其综合反映了材料的强度与应变,实际上是材料韧性的一种度量,而在低温下具有良好韧性的材料,正体现了它良好的低温抗裂性。弯曲应变能密度越大,则沥青混合料在低温下破坏时所需要的能量就越多,其低温性能也就越好。

2. 低温弯曲蠕变试验

低温蠕变试验根据加载方式不同,可分为直接拉伸蠕变、间接拉伸蠕变和弯曲蠕变试验。我国《公路工程沥青及沥青混合料试验规程》(JTG E20—2011)中采用弯曲蠕变试验评价沥青混合料低温变形性能。该试验试件的尺寸为 $30\mathrm{mm} \times 35\mathrm{mm} \times 250\mathrm{mm}$,跨径为 $200\mathrm{mm}$,试验温度为 $0\,℃$,弯拉应力为 $1\mathrm{MPa}$。试验时对小梁中间施加恒定荷载,测试在恒载作用下跨中挠度随时间的变化情况。施加的恒定荷载为弯曲蠕变试验破坏荷载的 10%。该试验以弯曲蠕变速率为指标,蠕变速率反映了沥青混合料的低温变形能力。在同一条件下低温弯曲蠕变速率越多,其变形能力越强,韧性越好,抗低温开裂能力越好。

当在试验机环境箱中进行试验时,小梁的自重影响可忽略不计。按式(4-20)~式(4-24)计算蠕变弯拉应力 σ_0、梁底弯拉应变 $\varepsilon(t)$ 及弯曲蠕变劲度模量 $S(t)$、弯曲蠕变柔量 $J(t)$、弯曲蠕变速率 ε_s。

$$\sigma_0 = \frac{3 \times L \times F_0}{2 \times b \times h^2} \times 10^{-6} \tag{4-20}$$

$$\varepsilon(t) = \frac{6 \times h \times d(t)}{L^2} \tag{4-21}$$

$$S(t) = \frac{\sigma_0}{\varepsilon(t)} \tag{4-22}$$

$$J(t) = \frac{1}{S(t)} \tag{4-23}$$

$$\varepsilon_s = \frac{\frac{\varepsilon_2 - \varepsilon_1}{t_2 - t_1}}{\sigma_0} \tag{4-24}$$

式中:σ_0——试件的蠕变弯拉应力,MPa;

$\varepsilon(t)$——试件梁底的弯拉应变;

$S(t)$——试件的弯曲蠕变劲度模量,MPa;

$J(t)$——试件的弯曲蠕变柔量,$1/\mathrm{MPa}$;

ε_s——试件的弯曲蠕变速率,$1/(\mathrm{s} \cdot \mathrm{MPa})$;

t_1、t_2——分别为蠕变稳定期直线段起始点及终点的时间,s;

ε_1、ε_2——分别为对应于时间 t_1、t_2 的蠕变应变;

b——跨中断面试件的宽度,m;

h——跨中断面试件的高度,m;

L——试件的跨径,m;

F_0——试件在试验加载过程中承受的荷载,N;

$d(t)$——试件加载过程中随时间 t 变化的跨中挠度,m。

现行规范没有就沥青混合料的蠕变速率提出具体要求,表4-9为公路沥青混合料低温弯曲蠕变速率的建议值,可供参考。

公路沥青混合料低温弯曲蠕变速率建议值 表4-9

气候条件与技术指标	气候分区及相应的技术要求			
年极端最低气温(℃)	< -37 冬严寒区	$-37 \sim -21.5$ 冬寒区	$-21.5 \sim -9$ 冬冷区	> -9 冬温区
低温弯曲蠕变速率,0℃, 1MPa[1/(s·MPa)],不小于	1×10^{-6}	0.75×10^{-6}	0.5×10^{-6}	0.25×10^{-6}

3. 沥青混合料脆化试验

沥青混合料在某一低温下,呈现脆性状态,该温度为混合料的脆点。脆化温度越低,表明其低温性能越好。

俄罗斯学者Л·C.库贝奇建议在不同的低温条件下,以 3mm/min 的加载速率对沥青混合料进行压缩试验,记录应力随时间的增长,直至试件破坏。基于试验结果可绘制应力与时间的关系曲线,如图4-8所示。在温度不太低的情况下,应力与时间呈曲线关系,反映了材料的黏弹性性质;随着温度的降低,沥青混合料的弹性性质和脆性性质增强。当关系曲线由曲线变成直线时,该温度即为沥青混合料的脆化温度。由图4-8可见,对于 $-35℃$ 以下的低温,应力与时间呈直线关系,故该沥青混合料的脆化温度为 $-35℃$。

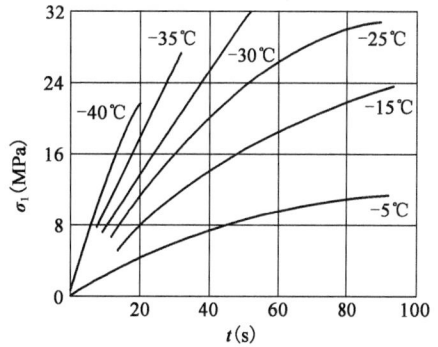

图4-8 低温下应力与时间的关系曲线

日本学者菅原照雄测得几种沥青混合料在降温过程中的收缩应力,发现温度由正温降至某一负温时,收缩应力随温度的降低呈曲线增大。这是因为温度不是很低时,存在一定的应力松弛。而当温度继续降低,收缩应力则随温度呈直线增大。由曲线转为直线的温度称为转折点温度,以 T.P 表示。T.P 与沥青的性质有很好的相关关系,硬沥青的转折点温度高,软沥青的转折点温度低。

美国SHRP对于寒冷条件下沥青混合料的断裂强度和断裂温度推荐了一种新的测试方法。沥青混合料用搓揉压实或压路机压实后切割成尺寸为 50mm×50mm×250mm 的试件。试件的两端与夹具用环氧树脂黏结。试验时,以 10℃/h 降温速率从 +5℃ 开始冷却,记录试件在降温过程中的应力,直至破坏。由试验结果得到温度应力与温度的关系曲线,并获得四个指标:①断裂温度;②破坏强度;③温度应力曲线的斜率;④曲线转为直线的转折点温度。曲线部分反映材料存在应力松弛,直线部分则表明材料已处于完全的脆性状态。

4. J 积分试验

近年来,断裂力学方法在道路工程中的应用日趋广泛,自 K. Majidzadah 首次用断裂力学方法研究沥青混合料疲劳破坏以来,不少学者对沥青混合料开裂问题也进行了大量研究。1991 年,美国 SHRP 提交的《沥青低温性研究》报告中,提出了以弹塑性断裂力学中的断裂判据 J 积分为沥青混合料的低温抗裂性能的评价指标之一。

断裂力学是应用弹性力学和塑性力学理论来研究材料中存在的微裂缝,其认为路面产生的开裂(低温缩裂、疲劳开裂等)是由混合料内部潜在的微裂缝扩展开始的。这些微裂缝来自路面结构内部,在荷载或温度应力的作用下,在裂纹尖端会产生高达数倍的应力集中,从而使裂纹扩展。裂纹在扩展时应变能得到释放,但同时需要形成和异化新裂纹面的能量,在释放的应变能超过形成新裂纹面所需能量后,裂纹会继续传播直至被一个不可穿越的障碍阻挡,例如一个较大的集料颗粒。J 积分的临界值就是用来评价断裂能或应变能释放率的一个指标,能够反映沥青混合料的抗裂能力。

试件采用切口小梁,进行三点弯曲试验,设一梁下缘开有切口,如图 4-9 所示。对于弯曲梁试验的荷载与挠度曲线,沥青混合料破坏时总的应变能由弹性应变能和塑性应变能两部分组成。当荷载达到极限值 P_s 时,试件发生破坏,裂纹开始扩展,裂纹上端产生应力松弛。此时,一部分弹性应变能 U_e 释放出来,另一部分保留的为塑性应变能 U_p。由此,J 积分为弹性部分 J_e 和塑性部分 J_p 之和,即 $J = J_e + J_p$。

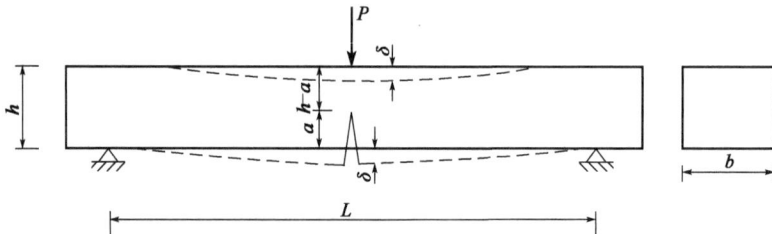

图 4-9 刻槽的梁试件

按照 J 的定义,在线性条件下:

$$J_e = \frac{(1 - \mu^2)(Y\sigma a)^2}{E}$$

$$J = J_e = \frac{1 - \mu^2}{E}\left(\frac{YP_s}{bh}\right)^2 \tag{4-25}$$

式中:μ——泊松比;

E——劲度模量;

σ——裂纹承受应力;

a——裂纹长度;

b——试件宽度;

h——试件高度;

Y——裂纹形状因子,刻槽深度和试件高度的函数,即 $Y = f(a/h)$,a/h 为 $0.5 \sim 0.7$。

按照弹塑性体的滑移线场理论,塑性部分的 J 积分 J_p 为

$$J_p = \frac{2U_p}{b(h-a)} \tag{4-26}$$

当材料处于临界状态时的 J 积分值称为延性断裂韧度 J_{IC}。用 J_{IC} 可以评价材料的抗开裂能力,其值越大,表明材料的抗裂性越好。不同沥青混合料的 J_{IC} 是不同的,由表 4-10 可见,沥青 B 的抗裂性明显比沥青 A 要好。

沥青混合料的 J_{IC} 值 表 4-10

沥青	J	5℃	−5℃	−10℃	−20℃
沥青 A	J_e	27.64	58.49	81.78	86.10
	J_p	117.02	36.48	7.82	3.49
	J_{IC}	144.66	94.97	89.60	89.59
沥青 B	J_e	10.12	39.17	54.70	54.77
	J_p	256.86	133.36	65.27	40.06
	J_{IC}	266.98	172.53	119.97	94.83

5. 劈裂试验

劈裂试验亦称间接拉伸(indirect tensile,IDT)试验,由美国德州交通研究中心开发,常用于测定沥青混合料处于弹性阶段的力学性能及低温抗裂性能。IDT 试验方法较简单(图 4-10),通过室内成型或现场钻芯获得圆柱体试件,经一定宽度的圆弧形压条施加荷载,直至试件破坏后得到荷载-位移曲线。试验目的不同,其加载速率也就不同,且国内外存在差异。在评价沥青混合料低温性能时,部分国外学者认为加载速率采用 1.5mm/min 较合适,也有的人认为 1.27mm/min 更适宜。而我国《公路工程沥青及沥青混合料试验规程》(JTG E20—2011)建议采用 1mm/min 作为加载速率。由

图 4-10 IDT 试验

于各国气候特征存在较大差异,沥青混合料低温性能试验中加载速率可根据具体情况改变,以便更好地模拟并反映沥青混合料的实际低温性能。

IDT 试验的评价指标一般是力学指标,即抗拉强度、破坏应变及劲度模量。众多科研人员采用 IDT 试验对沥青混合料低温性能评价指标进行研究,认为破坏应变和劲度模量规律性更好,综合利用这两个指标评价沥青混合料低温性能更可靠。

近年来,一种新的 IDT 试验方法——沥青间接拉伸开裂试验(indirect tensile asphalt cracking test,IDEAL-CT)被引入,以研究沥青混合料的抗裂性。IDEAL-CT 常用尺寸参数有直径(100mm 或 150mm)、厚度(38mm、50mm、62mm 或 75mm)。科研人员根据典型荷载-位移曲线,提出新的沥青混合料开裂性能指标——抗裂指数(cracking test index,CT_{index}),该指标能更准确地反映沥青混合料开裂性能,其定义如下:

$$CT_{index} = \frac{t}{62} \times \frac{G_f}{|m_{75}|} \times \frac{l_{75}}{D} \tag{4-27}$$

式中:t——试件厚度;

G_f——断裂能,J·m^{-2};

m_{75}——荷载-位移曲线 75% 峰值力处斜率,kN·mm^{-1};

l_{75}——75% 峰值力处位移,mm;

D——试件的直径,mm。

目前,美国部分机构以 IDEAL-CT 为评价沥青混合料开裂性能的潜在工具,并将其作为混合料配合比设计和质量控制过程的一部分。

总之,IDT 试验简单、快速,试件制备容易,试验结果可程序化处理。但该试验试件压头区域的应力集中易导致局部被破坏,且内部受压缩、拉伸、剪切多种受力模式交织作用,应力响应复杂,致使试件极易出现多种破坏形式,不能充分体现试件受拉伸的状态。此外,常规的三指标都是间接指标,无法综合表征沥青混合料低温性能。新的 IDEAL-CT 延续了 IDT 试验的优点,在计算评价阶段更科学,是目前较为合理的方法。

6. 半圆弯曲试验

半圆弯曲(semi-circular bend,SCB)试验的首次提出可追溯到 1984 年,Chong 等用其测定岩石的断裂韧性。近些年,SCB 试验被研究人员逐渐广泛应用于评价沥青路面材料的性能。SCB 试验静载作用下多用于评价沥青混合料低温抗裂性能,动载作用下可用来评价沥青混合料抗疲劳开裂能力。SCB 试验所需半圆形试件的获取途径多样,如马歇尔试件、旋转压实试件及现场钻芯取样等,试件需预先开缝,而后沿裂缝方向进行加载(图 4-11)。该方法基于断裂力学原理,常用评价指标有断裂韧性(KIC)、断裂能(G_f)、J 积分(J_{IC})。大量学者通过 SCB 试验对比了断裂能、J 积分和断裂韧性三个评价指标,结果表明三个指标对沥青混合料的评价结果并非一致,其中断裂能更适合作为沥青混合料低温抗裂性能的评价指标。由于 SCB 试验测试结果稳定、可靠,断裂能作为评价指标是较合理的。

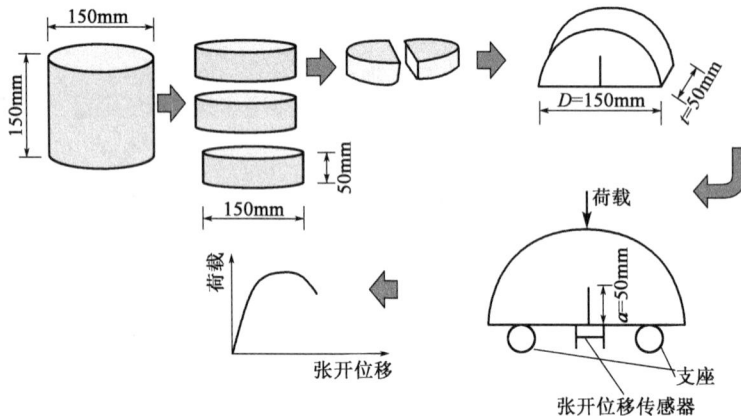

图 4-11 SCB 试验试件制备与试验过程示意图

SCB 试验参数(加载速率、试件几何尺寸、支撑条件)尚未形成统一的标准。常用尺寸参数包括直径(100mm、150mm)、厚度(25mm、50mm)。研究表明,在直径为 100mm 或 150mm,厚度在 25~75mm 范围内,试件尺寸对沥青混合料抗断裂性能的影响可以忽略,这种对厚度的不依赖性保证了沥青材料的平面应变断裂状态。厚度虽对断裂韧性无明显影响,但 50mm 的厚度更适合沥青混合料的断裂研究。

SCB 试验可用于模拟不同的断裂模式,试件制备容易、适用性强,试件可由室内成型或路面钻芯获取,应用空间广泛。SCB 试验的受力模式更加贴近路面实际受力状态,能够较好地模拟裂缝扩展行为,以综合反映沥青路面低温抗裂特性。目前,SCB 试验较成熟,但存在拱效应影响的不足。为了更深入理解沥青混合料的断裂特性,应系统考虑各参数与断裂性能的依赖关系,采用不等距、斜槽口和数值模拟等相结合的方法对混合模式裂纹进行深入研究。

三、沥青混合料水稳定性评价方法

沥青路面水损害是由水进入沥青路面中引起沥青剥落而造成损坏的现象,它主要与沥青黏附性有关。除了评价沥青与集料黏附性的试验之外,目前在规范中评价沥青混合料抗水损害性的试验方法,主要有浸水马歇尔残留稳定度试验、冻融劈裂试验。除此之外,国内外还研究了其他一些试验方法。

1. 浸水马歇尔残留稳定度试验

浸水马歇尔残留稳定度试验是用马歇尔试件在 60℃ 水中浸泡 48h 后测定的稳定度,与在 60℃ 水中浸泡 30min 的稳定度的比值,来表示沥青混合料的水稳定性,它间接反映沥青与石料的黏附性。《公路沥青路面施工技术规范》(JTG F40—2004)中规定的沥青混合料水稳定性检验技术要求见表 4-11。

沥青混合料水稳定性检验技术要求 表 4-11

气候条件与技术指标	相应于下列气候分区的技术要求(%)				试验方法
年降雨量(mm)及气候分区	>1000	500～1000	250～500	<250	试验方法
	1. 潮湿区	2. 湿润区	3. 半干旱	4. 干旱区	
浸水马歇尔试验残留稳定度(%),不小于					
普通沥青混合料	80		75		T 0709
改性沥青混合料	85		80		
SMA 混合料 / 普通沥青	75				
SMA 混合料 / 改性沥青	80				
冻融劈裂试验的残留强度比(%),不小于					
普通沥青混合料	75		70		T 0729
改性沥青混合料	80		75		
SMA 混合料 / 普通沥青	75				
SMA 混合料 / 改性沥青	80				

浸水马歇尔残留稳定度试验评价方法对密实型沥青混合料不太敏感,对空隙较大的开级配沥青混合料则能较好地反映其水稳定性。由于该方法操作比较方便,故实际应用较多。

为了提高浸水马歇尔残留稳定度试验评价的敏感性,可以将试验方法加以改进。例如,第 17 届世界道路会议推荐将试件浸入 25℃ 水中 7d 后进行马歇尔试验,但是该方法耗时较长。另一种改进方法是将试件浸泡在 0.2mol/L 的 Na_2CO_3 溶液中,然后进行对比试验。如要检验用消石灰来改善沥青混合料水稳定性的效果,消石灰的剂量分别为集料的 1% 和 2%,成型马歇尔试件,分别在 60℃ 的水溶液中与 60℃ 的 Na_2CO_3 溶液中进行浸水马歇尔残留稳定度试验。

此外,浸水抗压强度比、真空饱水抗压强度比等其他水稳定性指标的测试原理与马歇尔残留稳定度类似,也在一定范围内得到运用。

2.冻融劈裂试验

冻融劈裂试验名义上为冻融试验,但其实际上是检验沥青混合料的水稳定性,且试验条件较一般的浸水试验条件苛刻,是目前使用较为广泛的试验,如图4-12所示。按《公路工程沥青及沥青混合料试验规程》(JTG E20—2011)对沥青混合料冻融劈裂试验的规定,将沥青混合料试件分为两组:第一组试件在室温下保存备用;第二组试件首先按规定条件进行真空饱水,然后置于 -18℃ ±2℃条件下保持16h±1h,再在60℃±0.5℃水中保温24h。将两组试件全部浸入温度为25℃±0.5℃的恒温水浴中不少于2h,取出试件后即测试劈裂强度。在冻融过程中,集料颗粒表面的沥青膜经历了水的冻胀剥落作用,促使沥青从集料表面剥落,导致沥青混合料松散,劈裂强度降低。采用式(4-28)计算沥青混合料试件的冻融劈裂强度比。

$$TSR = \frac{\sigma_2}{\sigma_1} \times 100 \tag{4-28}$$

式中:TSR——沥青混合料试件的冻融劈裂强度比,%;

σ_1——未经冻融循环的第一组试件的劈裂强度平均值,MPa;

σ_2——经冻融循环后第二组试件的劈裂强度平均值,MPa。

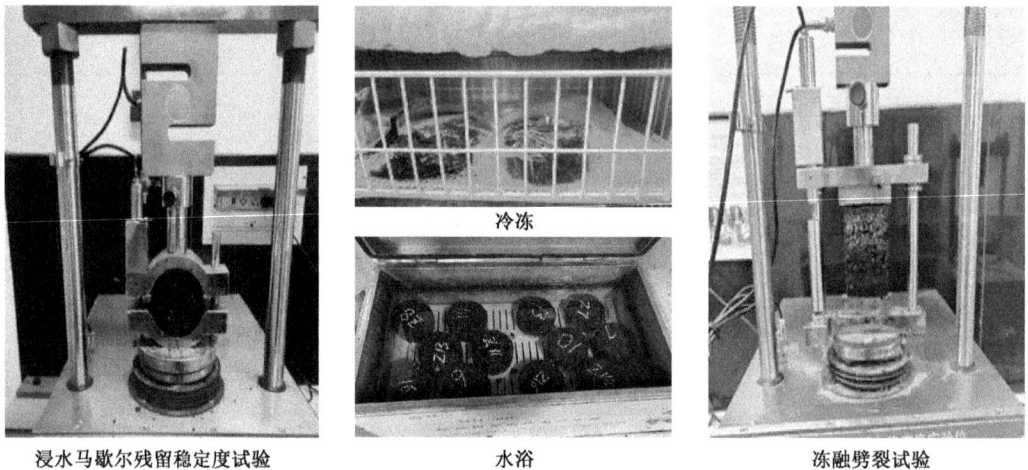

冷冻

浸水马歇尔残留稳定度试验　　　　水浴　　　　冻融劈裂试验

图4-12　浸水马歇尔残留稳定度试验和冻融劈裂试验测试方法

3.浸水轮辙试验

浸水轮辙试验是模拟沥青路面受到交通影响的试验方法。它是将三个实心橡胶轮在三个沥青混合料试样上以25Hz的频率往复移动,在每个轮上加载使试件受到约250N荷载,试样在水浴中保持水平状态,使水面恰好淹没试样表面,水浴温度为40℃,以出现破坏所需的时间为度量剥落的标准。事实证明,拥挤交通道路的剥落损坏和相同材料的浸水轮辙试验结果之间存在很好的对应关系。

APA就可以用于浸水轮辙试验,通过比较浸水前后的轮辙深度来评定混合料的水稳定性。

四、沥青混合料耐疲劳性能评价方法

疲劳破坏作为沥青路面的主要破坏形式之一,引起了国内外道路工作者的普遍关注。目前,沥青混合料的疲劳试验方法归纳起来可以分为三类:一是实际路面在真实行车荷载作用下的疲劳破坏试验,如交通运输部公路科学研究院环道(RIOHTRACK)、美国西部环道(West Track)等;二是足尺路面结构在模拟行车荷载作用下的疲劳试验,如同济大学交通学院室内APT试验;三是室内小型试件的疲劳试验。由于前两类试验方法耗资大、周期长,开展得并不普遍,国际上采用最多的是周期短、费用少的室内小型试件的疲劳试验。

目前,试验室内沥青混合料试件的疲劳试验方法众多,可以分为旋转法、扭转法、简支三点或四点弯曲法、悬臂梁弯曲法、弹性基础梁弯曲法、直接拉伸法、间接拉伸法、三轴压力法、拉-压法和剪切法等。而国际上开展较为普遍的试验方法为间接拉伸法、梯形悬臂梁弯曲法、矩形梁四点弯曲法。美国 SHRP A-003A 研究项目对这三种试验方法进行了影响因素敏感性、试验可靠性及合理性三个方面的评价与分析,并综合考虑试件制作和试验操作等方面的要求,最终确定将矩形梁四点弯曲法作为沥青混合料耐疲劳性能研究的标准试验。

1. 间接拉伸试验

间接拉伸试验是早期的沥青混合料疲劳试验研究中的常用方法,也叫劈裂试验,既可用于评价沥青混合料的耐疲劳性能,又可用于评价沥青混合料的低温抗裂性能。间接拉伸法的优势是试验流程简单,试验设备具备较强的通用性,可用于开展回弹模量、间接拉伸强度等其他试验,这使得该方法可以方便地评价路面芯样的耐疲劳性能。然而,采用间接拉伸法对圆柱形试件进行加载时,试件受力两端会产生明显的局部变形和离面位移,这不仅影响试件的受力模式,还使得试件的实际开裂位置与理论开裂位置不一致。

2. 梯形悬臂梁弯曲试验

法国梯形梁动态模量和疲劳试验仪(M2F)是法国 VECTRA 公司按照欧洲技术规范生产的梯形梁试验设备。M2F 设备(图4-13)加载方式为两点弯曲加载,其主要用于测量沥青混合料的动态回弹模量和疲劳寿命。由于其采用梯形试件,受力形式更加合理,其试件在加载条件下的受力情况与路面在服役下的很接近,可以很好地模拟车辆行驶对路面的加载。仪器的加载设备处于高低温环境控制箱中,在试验过程中可以对温度、频率和应变水平实行精确控制。目前主流的动态模量试验主要分为应力控制和应变控制两大类,M2F 梯形梁设备采用应变控制模式,试验台上的电机通过精密传动伺服机构对固定在试件基座上的梯形试件顶部施加恒定频率和恒定幅度的正弦(sinusoidal)力,并测量试件顶部产生的形变。最大应变不超过$500\mu\varepsilon$,应变的精度可控制在$1\mu\varepsilon$内,施加的应变水平通过调节转子的偏心度进行调整。

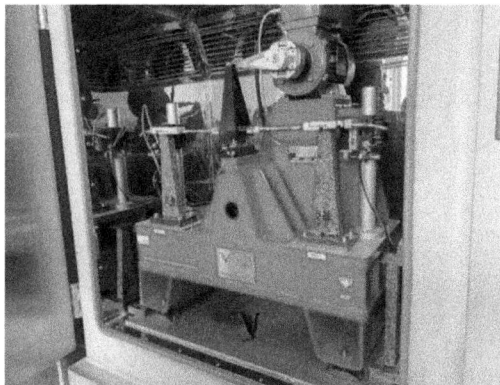

图4-13 梯形悬臂梁加载设备 M2F

本方法采用的试件形状为两端大小不一致的四棱台。棱台的长度为0.25m,其粗端的横截面面积为0.056m×0.025m,细端的横截面面积为0.025m×0.025m。在试验过程中,试件的粗端固定,荷载作用于试件细端,整个悬臂梁结构是静定的。在荷载作用下,试件内部产生弯矩和剪切力,此处主要考虑其弯矩作用,运用结构力学原理对试件内力进行计算。建立的坐标轴如图4-14所示。

设梯形梁顶部加载的力为f,梯形梁内部任意一个截面上的弯矩(图4-15)为

$$M = f(H - y) \tag{4-29}$$

式中:M——弯矩,N·m;

f——梯形梁顶部加载的力,N;

H——梯形梁高度,m;

y——梯形梁内部任意截面高度,m。

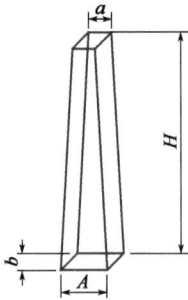

图4-14 梯形悬臂梁尺寸示意图及计算坐标图

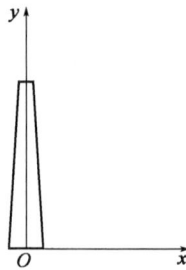

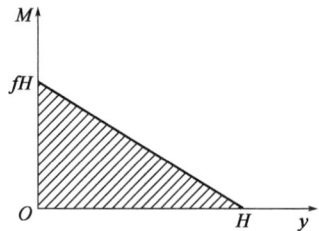

图4-15 梯形悬臂梁弯矩图

梯形梁试件的尺寸为:$A = 0.056\text{m}$,$a = 0.025\text{m}$,$b = 0.025\text{m}$,$H = 0.25\text{m}$;显然$0 \leqslant y \leqslant 0.25\text{m}$。

设梯形梁的截面尺寸为$b \times h$,其中h是y的函数:

$$h = A - \frac{A - a}{H}y \tag{4-30}$$

式中:h——梯形梁的截面长,m;

A——梯形梁下底面长,m;

a——梯形梁上底面边长,m;

H——梯形梁高度,m;

y——梯形梁内部任意截面高度,m。

截面上的最大拉应力位于受拉侧梁表面:

$$\sigma_{max} = \frac{M\left(\dfrac{h}{2}\right)}{I_z} = \frac{6M}{bh^2} \tag{4-31}$$

式中:σ_{max}——梯形梁内部任意截面上的最大拉应力,Pa;

M——弯矩,N·m;

h——梯形梁的截面长,m;

I_z——z轴面积惯性矩,m^4。

由式(4-29)、式(4-30)、式(4-31)计算得

$$\sigma_{max} = \frac{240f(0.25 - y)}{(0.056 - 0.124y)^2} \tag{4-32}$$

式中：σ_{max}——梯形梁内部任意截面上的最大拉应力，Pa；

　　　f——梯形梁顶部加载的力，N；

　　　y——梯形梁内部任意截面高度，m。

对上式求导，得 $\sigma'_{max} = 0$ 时，$y_1 = 0.45m$ 或 $y_2 = 0.048m$，且 $0 \leqslant y \leqslant 0.25m$。因此，取 $y = 0.048m$。

从计算结果可以看出，在距离底端48mm高度处（约1/5高度处）的截面试件内部正应力最大，因此，从力学理论上来说，梯形梁的强度破坏或疲劳开裂都应出现在此截面处。这一应力分布很好地将破坏截面与根部分割开来，可以准确地判别试验成功与否。此外，弯矩的大小与梁的截面高度成反比，试件内部应力分布均匀且合理。

3. 矩形梁四点弯曲试验

矩形梁四点弯曲试验又叫四点弯曲疲劳试验，最初发布于美国战略性公路研究计划（SHRP M-009）和《测定反复弯曲下压实热拌沥青（HMA）疲劳寿命的标准试验方法》（AASHTO TP 8），经过近三十年的发展成为现行的《测定反复弯曲下压实沥青混合料疲劳寿命》（AASHTO T 321-22），该试验方法也逐渐在全球得到推广。

目前，我国《公路工程沥青及沥青混合料试验规程》（JTG E20—2011）中采用沥青混合料四点弯曲疲劳试验评价沥青混合料抗疲劳性能，该试验的测试过程与《测定反复弯曲下压实沥青混合料疲劳寿命》（AASHTO T 321-22）类似。加载装置为气压或者液压加载装置（图4-16）。试件为试验室轮碾成型的沥青混合料板块试件或从现场路面切取的板块试件。不同来源的试件均需切割成长度为380mm ± 5mm、厚度为50mm ± 5mm、宽度为63.5mm ± 5mm 的小梁试件。

标准的试验条件为温度15℃ ± 0.5℃，加载频率10Hz ± 0.1Hz，采用恒应变控制的连续偏正弦加载模式。试验的终止条件为弯曲劲度模量降低到其初始值的50%。

图4-16　四点弯曲疲劳试验机

4. 疲劳试验数据的整理

疲劳试验结果的离散性较大，同一应力（或应变）级位下平行试验的疲劳寿命有时可相差10倍以上。因此，同一试验条件下至少需进行三次试验，取其平均值作为疲劳寿命。根据概率理论，疲劳试验的结果符合标准正态分布。为了取得概率密度分布函数的数据，至少要有7个平行试验的结果，以便计算出对应于某一疲劳破坏次数 N_t 的频率百分数，即概率密度，由此绘出密度函数的分布曲线。

式(4-33)为概率曲线方程。

$$P = \frac{1}{\sqrt{2\pi}} \int_{-t}^{\infty} e^{\frac{-t^2}{2}} dt \tag{4-33}$$

$$t = \frac{N_{\mathrm{a}} - N_{\mathrm{m}}}{C_{\mathrm{v}} N_{\mathrm{m}}} \qquad (4\text{-}34)$$

式中：N_{m}——平均疲劳次数，$N_{\mathrm{m}} = (N_1 + N_2 + \cdots + N_n)/n$；

$\quad\quad C_{\mathrm{v}}$——离差系数，$C_{\mathrm{v}} = E/N_{\mathrm{m}}$；

$\quad\quad N_{\mathrm{a}}$——疲劳寿命的代表值。

由标准正态分布理论可知，超过疲劳寿命 N_{a} 次数出现的概率为阴影面积 $F(a)$，小于 N_{a} 次数出现的概率即为保证率（或称可靠性）：

$$R = 1 - F(a) \qquad (4\text{-}35)$$

对于每个应力水平或应变水平，可从疲劳试验结果中按某一规定的保证率找到其相应的疲劳次数 N_{fa}。根据不同应力（或应变）水平及其相应的疲劳寿命，经过回归分析，即得到疲劳寿命与应力（或应变）的双对数曲线关系式：

$$N_{\mathrm{f}} = K \left(\frac{1}{\sigma} \right)^n \ 或 \ N_{\mathrm{f}} = K \left(\frac{1}{\varepsilon} \right)^n \qquad (4\text{-}36)$$

式中：N_{f}——试件破坏时荷载作用次数，次；

$\quad\quad \sigma$——对试件每次施加的常应力最大幅值，Pa；

$\quad\quad \varepsilon$——对试件每次施加的常应变最大幅值；

$\quad\quad K$——回归常数，与材料组成和性质有关；

$\quad\quad n$——回归常数，随试验条件和材料特性有所不同，对于弯曲试验 $n = 4 \sim 6$，对于间接拉伸试验 $n = 2.6 \sim 5.2$。

沥青混合料疲劳试验的结果与实际道路沥青路面的疲劳寿命有很大的差异，因而不能用它来预测路面的使用寿命。疲劳试验的实际意义在于了解沥青混合料疲劳性能的影响因素以及这些因素的影响程度，在此基础上改进沥青混合料的材料组成，以达到延长沥青路面使用寿命的目的。

五、沥青混合料抗滑性能评价方法

美国 FHWA 的研究表明，表面纹理对与轮胎/路面交互作用相关的路表使用性能影响较大，是影响路面抗滑与排水能力的关键因素。世界道路协会（PIARC）根据波长和波幅把表面纹理分为四种：微观构造、宏观构造、大构造、不平整构造（又称粗糙度）。

微观构造（microtexture）是指沥青路面中波长在 0 ~ 0.5mm 之间、波幅小于 0.2mm 的表面纹理，一般无法由肉眼直接观测到。其主要受到路面表面外露集料本身的颗粒形状、坚硬程度、棱角性以及沥青胶浆的表面纹理影响。良好的微观纹理能够为车辆提供较好的抗滑能力，对路面与轮胎之间的相互作用起着重要作用。

宏观构造（macrotexture）是指沥青路面中波长在 0.5 ~ 50mm 之间、波幅为 0.1 ~ 20mm 的表面纹理。其主要由路面裸露集料之间的空隙组成，所以受到沥青混合料中集料的公称最大粒径、间距、级配设计、形状及空隙率等因素影响。宏观构造可以为潮湿路面提供积水宣泄路径，抑制水漂现象发生，还在一定程度上反映了车辆行驶过程中路面对车辆的激振作用，对轮胎-路面噪声影响较大。

大构造（megatexture）是指沥青路面中波长在 50 ~ 500mm 之间、波幅为 0.5 ~ 50mm 的表面纹理。主要形成原因为施工质量控制不严格以及路面的不均匀沉降,受到路面材料、施工工艺、环境等因素的影响。轮辙、坑槽以及裂缝均可以被视为大构造。大构造会对行车质量、轮胎磨损以及抗滑性能产生影响,同时也会影响轮胎的振动,对车辆的内外部噪声有重要影响。

不平整构造(unevenness)是指沥青路面中波长在$0.5\sim50m$之间的表面纹理,反映路面偏离基准面的程度。同大构造类似,不平整构造也是施工质量控制不严格以及路面使用过程中受到损坏和不均匀沉降造成的,严重影响行车质量。不同表面纹理对路面性能影响如图4-17所示。

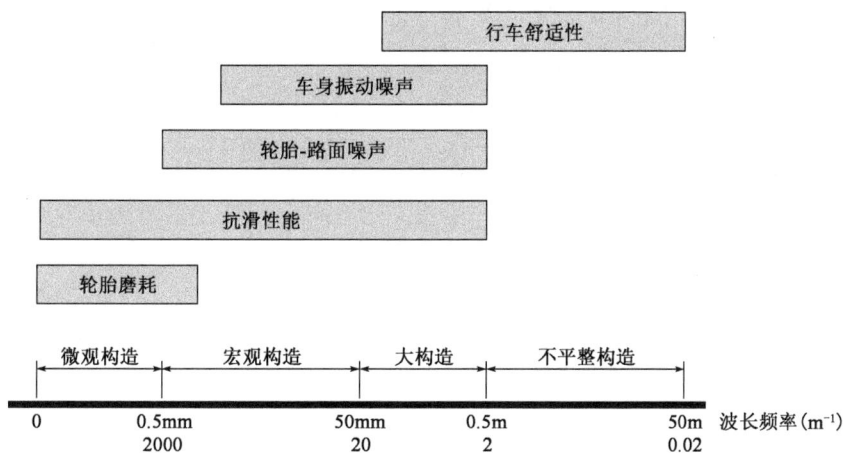

图4-17 表面纹理分类及其影响

沥青混合料的抗滑性能主要取决于轮胎与路表的摩擦(黏附摩擦和黏滞摩擦),还与轮胎和路面之间的附着特性有关。此外,路表潮湿或积水也会通过阻隔轮胎与路面间的接触对路面的抗滑性能造成影响。因此,在实际应用中沥青混合料抗滑性能的关键影响因素是宏观构造和微观构造,如图4-18所示。在低速干燥条件下,微观构造有助于提升抗滑性能;在高速潮湿条件下,宏观构造有助于提升抗滑性能。这是因为,微观构造能够增大胎路接触面积,在路表覆盖水膜时快速破坏水膜,提升抗滑性能;宏观构造则能提供快速排水渠道从而减少滑水现象发生。

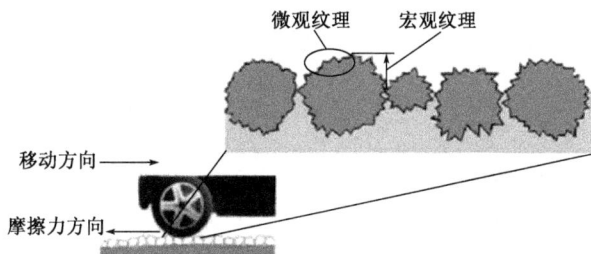

图4-18 宏微观纹理对沥青路面摩擦的影响

因此,在进行沥青混合料抗滑性能评价时,大多从表面纹理和摩擦两个方面考虑。

1.表面构造深度试验

(1)铺砂法

按《公路工程沥青及沥青混合料试验规程》(JTG E20—2011)中的规定,将粒径$0.15\sim$

0.3mm、干燥的25cm³匀质砂倒在试件表面,用底面粘有橡胶片的推平板(图4-19)由里向外重复做摊铺运动,使砂填入凹凸不平的试件表面空隙中,尽可能将砂摊铺成圆形,并不得在试件表面上留有浮动余砂。用钢尺量测所构成圆的两个垂直方向的直径,取其平均值,由式(4-37)计算沥青混合料的表面构造深度。按照《公路沥青路面设计规范》(JTG D50—2017),沥青路面的构造深度 TD 不小于 0.55mm。

$$TD = \frac{1000V}{\pi D^2/4} = \frac{31847}{D^2} \tag{4-37}$$

式中:TD——沥青混合料表面构造深度,mm;

V——砂的体积,为25cm³;

D——摊平砂的平均直径,mm。

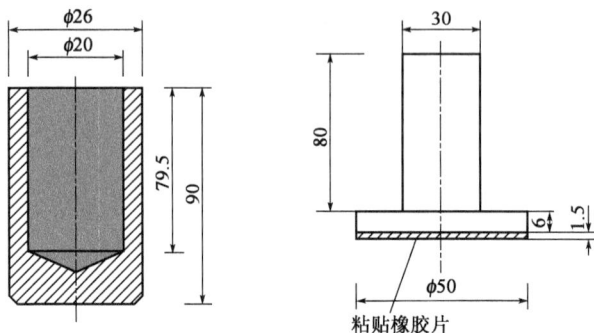

图 4-19　量砂筒与推平板(尺寸单位:mm)

(2)激光构造深度仪法

激光构造深度仪(图4-20)是利用激光测距的原理测量地面材料颗粒表面以及材料颗粒之间深度变化情况的仪器。其输出的测试结果是沿测线断面一定长度内的平均深度数据,因此与铺砂法中一定面积内的平均深度数据有所差别。该类设备的激光传感器一般安装在车轮位置,可用于在无严重破损病害及无积水、积雪、泥浆等正常行车条件下测定路面构造深度。但是由于通车时间较长的车道上轮迹带位置和其他位置的构造深度值差异很大,所以检测车必须严格按正常行车轨迹行驶。

图 4-20　激光构造深度仪

车载式激光构造深度仪常用于测定路面构造深度。根据《公路路基路面现场测试规程》（JTG 3450—2019）T 0966,测试系统基本参数的技术要求见表4-12,且需要将测试值与铺砂法构造深度值进行相关关系对比试验,并规定相关系数 R 不小于 0.97。

测试系统基本参数的技术要求 表4-12

基本参数	技术要求	基本参数	技术要求
最大测试速度	≥50km/h	距离标定误差	<0.1%
采样间隔	≤10mm	系统工作环境温度	0~60℃
传感器测试精度	0.1mm		

还可以通过激光扫描计算路面的平均断面深度（MPD）来间接评价沥青混合料的抗滑性能,具体计算方法如图4-21所示。将道路表面断面分成长度为 100mm±2mm 的多个分段,然后将每个分段再分为两个相等的分段,确定每个半段中高程的最大值,将这两个最大值取平均值后减去所有高程平均值,即得 MPD。通常使用纹理扫描仪进行测试,扫描仪通过发射激光束获取路面表面纹理高程数据,根据式(4-38)计算得到平均断面深度。

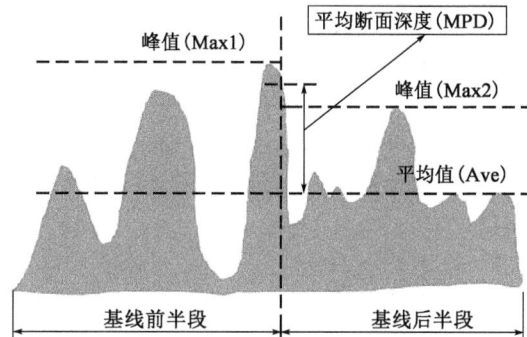

图 4-21　MPD 计算方法

$$MPD = (Max1 + Max2)/2 - Ave \tag{4-38}$$

2.摩擦系数试验

（1）摆式仪

摆式摩擦系数测定仪,简称摆式仪（图 4-22）,是一种测定路面、机场跑道、标线漆等摩擦系数的仪器,它是根据"摆的位能损失等于安装于摆臂末端橡胶片滑过路面时,克服路面等摩擦所做的功"这一基本原理研制而成的。摆式仪的摆锤底面装有一橡胶滑块,当摆锤从一定高度自由下摆时,滑动面同路表面接触。由于两者间的摩擦面损耗部分能量,故摆锤只能回摆到一定高度,表面摩阻力越大,回摆高度越低。通过量测回摆高度,可以评定表面的摩阻力。回摆高度直接从仪器上读得,以摆值摩擦系数（BPN）表示。相关研究表明,该方法适用于测量低速（10km/h）下路面的摩擦系数,对于高速时摩擦系数的测量不准确。此外,该方法只能在单一点位进行测量,测量范围小,代表性不足,并且对于高速公路等运营中道路的抗滑性检测,安全性也较低。值得注意的是,该方法的测试结果容易受到操作人员、水膜厚度及摆式仪橡胶滑块老化情况的影响。

（2）横向力系数测试车

英国 SCRIM 横向力系数测试车由 TRRL 于 20 世纪 60 年代研制。测试时将承受恒定荷载的车轮与地面进行接触并且与车辆的行驶方向形成一定的角度,从而产生一个横向阻力,横向阻力的大小由传感器测得,横向阻力与恒定竖向荷载之间的比值称为横向力系数(SFC),其可反映路面横向与纵向的摩擦。

图 4-22　摆式仪

(3)摩阻测试车

摩阻测试车可以模拟防抱死制动系统制动等状态下的车辆摩阻力,得到制动系数。该测试车后侧设置有两个纵向摩擦测试轮,同时设有气动装置模拟不同的荷载,车辆喷水装置可模拟 0～3mm 厚的水膜,可在锁轮、滑移率 15% 或变化滑移率下进行测试。

基于上述测试方法,我国与其他国家在确保行车安全的前提下对相关路面摩擦系数提出相应的评价指标,汇总结果见表 4-13 与表 4-14。

我国沥青路面摩擦系数评价指标

表 4-13

年平均降雨量(mm)	横向力系数 SFC	构造深度 TD(mm)
250～500	≥45	≥0.45
500～1000	≥50	≥0.50
>1000	≥54	≥0.55

国外摩擦系数评价指标

表 4-14

国家	指标	测试值		测试速度(km/h)
		最小值	最大值	
日本	横向力系数 SFC	45	54	60、80
英国	横向力系统 SFC	35	55	50
德国	制动系数 BFC	30	48	40、60、80
德国	横向力系数 SFC	39	53	40、60、80
美国	制动系数 BFC	39	64	64
美国	摆值摩擦系数 BPN	50	65	—

六、沥青混合料降噪性能评价方法

根据试验环境和条件的不同,胎路噪声测量方法可分为试验室测量方法和室外测量方法。针对沥青混合料降噪性能的试验室测量方法主要包括驻波管法、轮胎下落法和转鼓法。

1. 驻波管法

驻波管法可测量沥青混合料的吸声系数。吸声系数是指材料吸收的声能与入射到其表面的声能之比,可以反映材料的吸声能力。测试要求使用截面均匀、内壁光滑的圆管,圆管的一端有样品支架,另一端有面向样品的扬声器。两个麦克风插入管中扬声器的两边,如图 4-23 所示。由扬声器发出的入射声波,在到达测试样本处后被反射出来。入射波和反射波叠加,形成驻波。驻波管法要求探头麦克风沿着管移动,测量驻波的最大和最小声压幅值,利用驻波比计算材料的吸声系数。

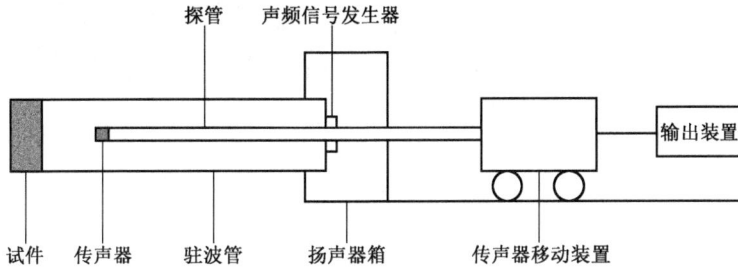

图 4-23 驻波管法

使用驻波管法测量路面材料的吸声系数,能有效地反映不同路面的降噪特性。研究人员基于驻波管法,以吸声系数为评价指标,对路面材料的降噪性能进行了大量的研究。结果表明,材料空隙率、路面厚度和其他材料体积参数的变化将影响材料的吸声性能。然而,使用驻波管法测试得到的吸声系数仅为法向吸声系数,而实际轮胎-路面噪声的传播是多角度、不规则的,因此用通过驻波管法测试的吸声系数来评价路面材料的降噪性能存在一定的局限性。

2. 轮胎下落法

轮胎垂直下落法是一种模拟轮胎撞击路面产生噪声的方法。它使用标准试验轮胎从一定高度自由落下,撞击路面产生噪声,采用积分噪声计测量声压级,分析路面材料的降噪特性。轮胎垂直下落法只能测试并表征轮胎与路面接触的振动噪声,考虑到轮胎垂直下落法的局限性,为了更好地模拟真实情况,长安大学开发了轮胎滚动下落法。如图 4-24 所示,预先设置一定角度的滚动轨道,将静止状态的轮胎从轨道顶部滚下来,以一定的速度撞击沥青试样(0.3m × 0.3m × 0.05m)表面。在沥青样品旁放置两个相距 10cm 麦克风,用来记录轮胎-路面噪声水平。为了避免其他声音的影响,测试需要在半消声室中进行。轮胎滚动下落法可以进行随机、多角度的胎路噪声测试,也可以测量路面材料的减振性能,更接近实际路面状况。这种方法的一个问题是轮胎下落的最终速度约为 20km/h,低于以轮胎-路面噪声为主导声源的速度,因此将试验数据用于轮胎-路面噪声模型存在很大的不确定性。

3. 转鼓法

①内旋转鼓由一定直径的固定鼓、试验路面和旋转轮胎组件组成。将试验路面粘贴在转鼓内侧,以模拟实际路面。滚筒上固定着旋转轮组件。在测试过程中,旋转轮组件中的汽车轮胎以转鼓的中心为旋转中心,在鼓内表面的路面上滚动,使用麦克风记录所产生的噪声。由于内旋转鼓充分利用了离心力,轮胎最高速度可以达到 280km/h,可以模拟各种条件下的噪声,

如图 4-25 所示。但这种方法也存在一个显著缺点:将测试路面铺设在转鼓内表面的操作十分复杂,而且非常耗时。

图 4-24 轮胎滚动下落法

图 4-25 内旋转鼓

②外旋转鼓由可旋转的轮胎和固定的转鼓组成。轮胎在转鼓的外表面滚动,麦克风按照近距离拖车法或者车载声强法的要求放置。大多数外旋转鼓的表面都是光滑的钢面,与实际路面完全不同,对测试结果也会产生很大影响。目前,格但斯克工业大学开发了一种可以在表面铺设路面的外旋转鼓,麦克风按照近距离拖车法要求设置,最高速度可以达到 100km/h,如图 4-26 所示。但其铺设的路面厚度过小,仅为 12mm,仍不能很好地模拟实际情况。

图 4-26 改进外旋转鼓

③外固定鼓由一定直径的固定鼓、测试路面和汽车轮胎组成。将测试路面粘贴在外固定鼓外侧,使汽车轮胎和鼓表面紧密相连。为了避免电源噪声对测量的影响,滚轮驱动装置需要安装在测试室外。在测试过程中,汽车轮胎在外固定鼓表面的试验路面上滚动,使用按照近距离拖车法或车载声强法要求放置的麦克风收集产生的轮胎-路面噪声。

外固定鼓的优点在于,它不仅可以模拟轮胎-路面噪声的真实情况,而且不受室外试验环境的影响,从而确保了测试的准确性。其缺点是设备复杂、笨重。与前两种鼓相比,轮胎速度也较低。格但斯克工业大学的外固定鼓最高速度仅为 50km/h 左右。最近,长安大学开发了一种外固定鼓,相比其他的外固定鼓设备,它的速度可以较好地模拟实际情况,目前最高速度可以达到 70km/h,并计划提高至 100km/h,如图 4-27 所示。

图 4-27　改进外固定鼓

④编者团队开发了可控环境胎路噪声室内测试系统(TPNS)，如图 4-28 所示。TPNS 由轮胎-路面接触系统、声学数据采集装置、压力控制系统、降雨系统等关键部分组成，车辆轴载模拟范围可达 0~300kg，最大行车速度可模拟至 100km/h。通过精准调控轮胎与转鼓之间的压力、接触面积以及转动速度，TPNS 能够较好地还原轮胎在实际路面行驶时的状态，从而实现对不同工况下轮胎-路面噪声的精确测量。TPNS 有效规避了小型转鼓设备因轮胎/转鼓界面高度弯曲而导致的无法准确反映现场路面状况的局限性，同时解决了大型转鼓法因占用空间大、造价高昂而带来的应用难题。TPNS 凭借其高效、灵活且经济的特点，或将为轮胎-路面噪声研究提供一种更为理想的实验平台。

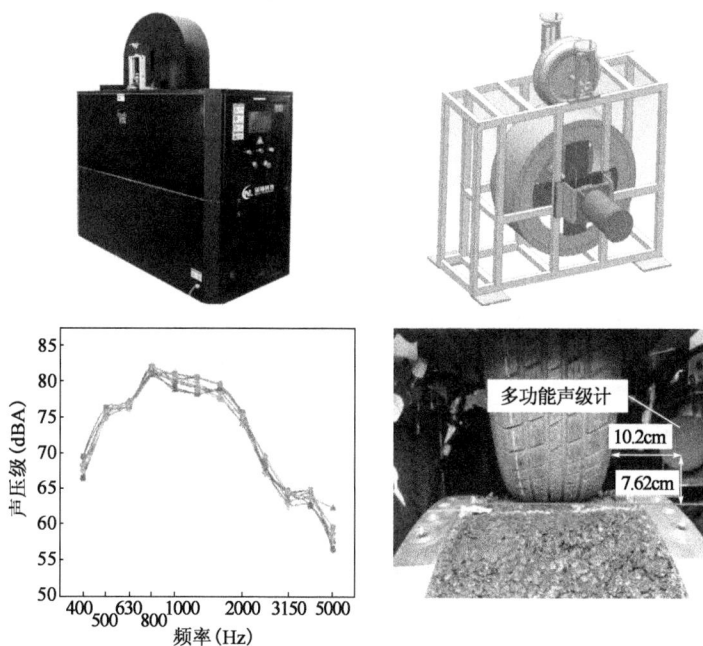

图 4-28　可控环境的胎路噪声室内测试系统

【思考题】

4-1 基于莫尔-库仑定律,解析沥青混合料强度形成机理,思考沥青用量、沥青黏度对沥青混合料强度的影响规律。

4-2 思考常用的沥青混合料抗疲劳性能测试方法及其优缺点。

4-3 总结沥青路面表面纹理测试和重构方法,分析表面纹理与抗滑、轮胎-路面噪声的关系。

4-4 总结常用沥青混合料高低温性能和水稳定性评价方法及其优缺点。

4-5 思考沥青混合料性能数值模拟方法。

4-6 在不同气候条件下(如热带地区),沥青混合料的类型选择应如何调整以保证路面长期稳定性?如何平衡高温稳定性与其他性能(如抗滑性能、耐久性)的需求?

4-7 在设计多孔性沥青路面时,高黏度沥青结合料如何影响其力学强度?在提高路面排水性和噪声减弱效果的同时,如何确保路面的结构强度?

4-8 不同的试验方法(如静载试验与动载试验、马歇尔稳定度试验与维姆稳定度试验)在评价沥青混合料的高温稳定性时,有哪些差异?在不同类型的道路工程中,哪种试验方法更具代表性和实用性?

【小组讨论】

4-1 探讨南方多雨地区重载沥青路面典型病害,并从混合料设计角度思考如何防治。

4-2 总结轮胎-路面噪声产生机理、测试方法,讨论如何降低轮胎-路面噪声。

【拓展阅读】

4-1 中华人民共和国交通运输部.公路工程沥青及沥青混合料试验规程:JTG E20—2011[S].北京:人民交通出版社,2011.

4-2 朱兴一.沥青混合料界面效应的多尺度分析[M].上海:同济大学出版社,2021.

4-3 黄维蓉,熊出华.沥青与沥青混合料[M].北京:人民交通出版社股份有限公司,2020.

第五章

沥青混合料马歇尔设计方法

【内容提要】

本章回顾了沥青混合料配合比设计发展历程,简要介绍了维姆设计方法、GTM 设计方法和平衡设计法的基本原理,重点讲述了沥青混合料马歇尔设计方法的设计流程、设计指标、最佳沥青用量计算方法和设计结果检验方法,并提供了沥青混合料马歇尔设计方法实例。

第一节 概 述

约在公元前 600 年,古巴比伦铺筑了第一条沥青路面,随后该技艺失传。直至 19 世纪,沥青混合料才再次被用于路面铺筑。1833 年,英国开始铺筑煤沥青碎石路面;1854 年,巴黎首次采用碾压法铺筑沥青路面;1870 年,伦敦、华盛顿、纽约等地采用沥青铺筑路面。20 世纪 20 年代,第一代沥青混合料拌和设备投入使用,彼时,美国加利福尼亚州公路局的驻地工程师费朗西斯·维姆(Francis Hveem)提出了维姆混合料设计方法;40 年代,美国工程师兵团提出了沿用至今的马歇尔设计方法;60 年代,美国工程师兵团发明了 GTM(gyratory testing machine)旋转试验机,并在此基础上形成了用于机场道面的 GTM 沥青混合料设计方法;90 年代,美国

SHRP 提出的 Superpave 沥青混合料设计方法,在当时开创了沥青和沥青混合料研究和应用的新纪元。进入 21 世纪,一种新的沥青混合料设计方法——平衡设计法,被提出并逐步完善,有望成为最合理的设计方法。下面将分别介绍这些方法的起源、发展、原理、主要步骤及优缺点。

一、维姆混合料设计方法

维姆混合料设计方法(简称维姆法)是由美国加利福尼亚州公路局的费朗西斯·维姆在 20 世纪 20 年代提出来的,之后经过改进,被列入《用 Hveem 装置测定沥青混合料抗变形性和黏结性的标准试验方法》(ASTM D1560)和《使用加利福尼亚揉搓压实机法制作沥青混合物试样的标准实施规程》(ASTM D1561/D1561M)中。维姆法旨在达成三个目标:优化集料表面裹覆沥青的厚度,强化承受荷载的稳定度,以及提升混合料的耐久性。根据维姆法的理论,混合料稳定度由集料颗粒间的内摩擦力与黏结力,即结合料的抗拉强度决定,而混合料的耐久性是沥青膜厚度的递增函数。

使用维姆法设计摊铺混合料的主要步骤是:选取并测试集料、沥青的技术参数,进而测定包含集料表面容量(吸油率)与最佳沥青含量预估的离心煤油当量(CKE);由加利福尼亚搓揉压实仪成型试件;测定维姆稳定度及维姆黏度。整个设计过程的核心为离心煤油当量试验。在进行 CKE 试验之前,要采用稳定计试验进行膨胀及密度空隙分析,进而通过比表面积(SSA)、空隙率、最佳沥青膜厚度及一系列室内试验来预估平均沥青含量。其中,SSA 是确定沥青膜厚度的前提,沥青膜厚度是未被集料颗粒吸收的沥青量与集料 SSA 之比。CKE 用来确定适用于集料的大致沥青含量。该步骤也规定了系数 K,用以表征基于空隙的相对粗糙度与表面容量(保留沥青裹覆的能力)。该系数由试验整合确定,并与 SSA 一并用于确定大致沥青含量。SSA 由表面积系数表确定,这些系数来自相关筛孔直径的集料直径。

维姆法有两个主要优点:一是试件成型过程运用加利福尼亚搓揉压实仪,此室内压实的搓揉方法较好地模拟了路面的密实过程;二是维姆稳定度对抗剪强度中的内摩擦力部分直接进行度量,它能测试在垂直荷载作用下试件抵抗侧向位移的能力。维姆法的缺点在于试验设备较为昂贵,而且不便于携带;同时维姆法确定沥青用量的方法较为经验化,混合料与耐久性相关的重要体积特性没有作为该方法的主要常规内容加以确定,导致耐久性低于实际工程需求。所以此方法的应用并不广泛。

二、马歇尔设计方法

马歇尔设计方法原是美国密西西比州公路局工程师布鲁斯·G. 马歇尔提出的。该方法在第二次世界大战期间,根据美国工程师兵团所做的调查被加以改进,从而被最终确认。当时主要是将其作为进行机场沥青道面混合料配合比设计和施工管理的一种试验方法。1958 年该方法被列入《用马歇尔试验仪测定沥青混合料抗塑性流动的实验方法》(ASTM D1599)。此后,公路和城市道路也采用这一方法设计沥青混合料,并一直沿用至今。现在世界上很多国家仍采用马歇尔设计方法,我国自 1970 年开始应用至今,并将其纳入了相关规范。

马歇尔设计方法是通过室内试验,根据稳定度与流值、密度与空隙率的分析,得到合适的沥青混合料配合比。该方法的优点是它注意到沥青混合料的密实度与空隙的特性,通过分析以确保所获得的沥青混合料拥有适当的空隙率。同时,由于马歇尔设计方法所用设备价格低廉,便于携带,无论设计单位、研究单位还是广大的施工单位都可以将其作为常备仪具。

对于马歇尔设计方法的应用,许多国家都曾根据自己的具体情况对其技术指标进行过多次修改和完善。然而,随着交通量的增加,路面出现了许多病害,尤其是轮辙日趋严重,这一设计方法也受到越来越多的质疑。许多学者认为,马歇尔设计方法的试件成型采用落锤冲击的方法不能模拟实际路面的压实;马歇尔稳定度不能确切地评估沥青混合料的抗剪强度。在某些情况下,尽管试件在60℃下的稳定度满足规范要求,但是路面高温稳定性仍可能不良,甚至出现轮辙。这说明马歇尔设计方法不能完全反映混合料的路用性能,不能确保沥青混合料的高温稳定性。因此,一些沥青技术专家认为马歇尔设计方法有它的不足之处。

然而,马歇尔设计方法之所以应用如此广泛,延续时间如此之长,是因为该方法十分简单,便于操作。同时,长期以来,人们已经积累了丰富的实践经验和资料,可以凭借这一方法获得基本的数据,并对沥青混合料的性能做出判断。虽然美国SHRP提出的新混合料设计方法有许多优点,但也存在缺点。因此,在今后一段时间里马歇尔设计方法仍将作为主要的方法得到应用,并可能吸取其他混合料设计方法的优点进行必要的改进。

三、GTM沥青混合料设计方法

20世纪60年代,美国工程师兵团以推理的方法发明了一种能够完成混合料成型压实、力学剪切与车辆模拟的路面材料试验机——GTM旋转试验机,后来美国空军为解决重型轰炸机跑道容易破损的问题,又专门组织人员对GTM进行了研究开发,形成了用于机场道面的GTM沥青混合料设计方法(简称GTM法)。

GTM法按力学原理进行设计,采用力学参数如旋转稳定系数GSI(gyratory stability index)、抗剪安全系数GSF(gyratory shear factor)确定最佳沥青用量,使得最佳油石比的确定与混合料力学性能联系起来。相对于马歇尔设计方法,GTM法的设计思想更为先进。GTM法确定沥青混合料最佳沥青用量的步骤如下:①根据相似交通状况路段的汽车轮胎接地压强测定结果,拟建公路汽车轮胎对路面的接触压强为设计压强;②根据路面力学公式计算出路面不同深度的压应力与剪应力,据此确定GTM的工作压力,调整GTM旋转试验机机械角到所需角度;③根据经验选取五个不同的用油量进行试件成型直到处于平衡状态;④根据不同用油量对应的GSI、GSF、毛体积相对密度画出图形,确定初步用油量范围及相应毛体积相对密度;⑤综合考虑工程所在地气候特点、渠化交通情况以及其他因素确定油石比范围,并取范围的中值作为最佳油石比,对应的毛体积相对密度为施工控制的标准密度;⑥对设计的沥青混合料进行高温稳定性及水稳定性等验证试验。

GTM旋转试验机能最大限度地模拟压路机在公路上行驶时钢轮与路面的相互作用,通过旋转压实沥青混合料,达到压路机钢轮实际作用于路面时产生的密实度,因此,该仪器在进行沥青混合料配合比设计时具有以下优点。

(1)GTM旋转试验机将混合料成型压实试验机、力学剪切试验机和车辆模拟机合并成一台试验机,一旦试件成型完毕,即可得到混合料的设计密度和沥青用量,所以具有设计周期短、设计成本较低的特点。

(2)采用搓揉压实成型方法,真实地模拟现场碾压工况,从而能准确预测与控制现场工程质量,并在成型过程中减少集料破碎。

(3)设计沥青混合料时,与公路实际情况联系更加紧密,考虑了行车荷载的实际状况,选择不同的设计压强,从而使设计方法更为合理。

(4)GTM 法设计的沥青混合料考虑了轮辙产生的因素,采用的垂直压强是汽车轮胎对路面的实际压强,并且试件在该压强下被压实至平衡状态,因此能显著减小进一步压实产生的变形。同时,GTM 法设计的沥青混合料满足了行车荷载作用下抗剪强度要求,因此也不会因抗剪强度不够而产生推移。

与马歇尔设计方法相比,GTM 法设计的沥青混合料具有设计油石比较小、混合料试件密度较大、空隙率小、矿料间隙率小及饱和度大等特点,且并未特别关注路面结构的耐久性、抗老化能力、施工和易性和抗疲劳开裂能力等,但在实际应用的过程中存在以下缺点。

(1)GTM 旋转试验机的成本比马歇尔试验仪器高得多,不利于推广应用。

(2)搓揉压实的过程中对操作的要求较高,且组织必须紧凑,应遵循"紧跟、慢压、强振"的原则,最好使用重型轮胎压路机进行碾压以提高搓揉密实效果。

(3)由于沥青用量较少,混合料的抗疲劳性能可能不足;在行车荷载作用的轮迹处易出现裂纹及细料被车轮带走的情况,影响路面的使用寿命。

因此,GTM 法在推广与应用过程中还需要进一步总结与完善。

四、Superpave 沥青混合料设计方法

Superpave 沥青混合料设计方法的相关内容将在第六章专门介绍。

五、平衡设计法

在现行的沥青混合料配合比设计方法中,最常用的为马歇尔设计方法和 Superpave 沥青混合料设计方法。马歇尔设计方法虽然抗裂性能表现良好,但无法较好地控制轮辙;Superpave 沥青混合料设计方法更注重提高道路的抗轮辙性能,但其计算得到的路面低温高于现场路面实际气温,这使得设计得到的沥青混合料在低温性能方面存在缺陷,虽然路面轮辙几乎被消除,但开裂现象严重,成为影响沥青路面寿命的主要因素。如何平衡好路面抗轮辙与抗开裂能力,成为沥青混合料设计中亟待解决的问题,因此,平衡设计法逐渐走入人们的视野。

2006 年,Fujie Zhou 和 Scullion 等首次提出了基于沥青混合料抗轮辙和抗开裂能力来确定最佳沥青含量的平衡设计法,这是最早关于沥青混合料平衡设计法的研究;2013 年,美国路易斯安那州的交通部门提议修改规范,对沥青混合料进行性能试验评估来补充体积设计标准,以此来平衡混合料的抗轮辙和抗疲劳开裂性能,这是最早的具有规范性质的平衡设计法;2015 年 9 月,美国 FHWA 成立了平衡配合比设计小组,专门设计开发平衡配合比设计方法;到 2018 年 9 月底,美国 NCHRP 完成开发平衡配合比设计框架的项目,此举肯定了平衡设计法在沥青混合料设计方面的重要意义。

FHWA 将平衡设计法(balanced mix design,BMD)定义为"对在适当的条件下得到的试样进行性能测试,解决多种病害,并且考虑了交通、气候、混合料的老化和它在路面结构中的位置"。简而言之,BMD 包含两个或更多力学试验,如轮辙试验和开裂试验,以评估混合料抵抗常见路面病害的表现。目前,有三种可应用的 BMD 方法:性能试验验证体积设计、性能试验改进体积设计和性能设计。实践表明,这三类 BMD 方法都能够有效地提高沥青混合料的性能,且第一类 BMD 方法使用最为便捷、广泛。

实际上,沥青混合料平衡设计法就是要在轮辙、开裂之间找到平衡点。以恰好满足轮辙标

准的沥青含量为最大值,以恰好满足开裂标准的沥青含量为最小值,介于最大值与最小值之间的沥青含量值即代表了两者的平衡。平衡设计法采用的性能试验广泛,不同的性能测试方法执行的标准不一,目前还没能形成统一的规范。但是多种性能试验评价方法的联合使用,能够使沥青混合料的性能更加可靠,对比中国现行的马歇尔设计方法,BMD 方法有着更大的优势,是未来沥青混合料设计研究应该重点关注的方法与方向。

第二节　沥青混合料马歇尔设计原理与方法

我国普遍采用马歇尔设计方法进行密级配沥青混合料的配合比设计,即通过马歇尔击实仪成型试件,根据沥青混合料马歇尔试件的各项体积参数指标,如试件毛体积密度、空隙率、沥青饱和度和矿料间隙率,以及稳定度、流值等指标,确定矿料级配组成和合适的沥青用量。所采用的马歇尔设计方法流程见图5-1。

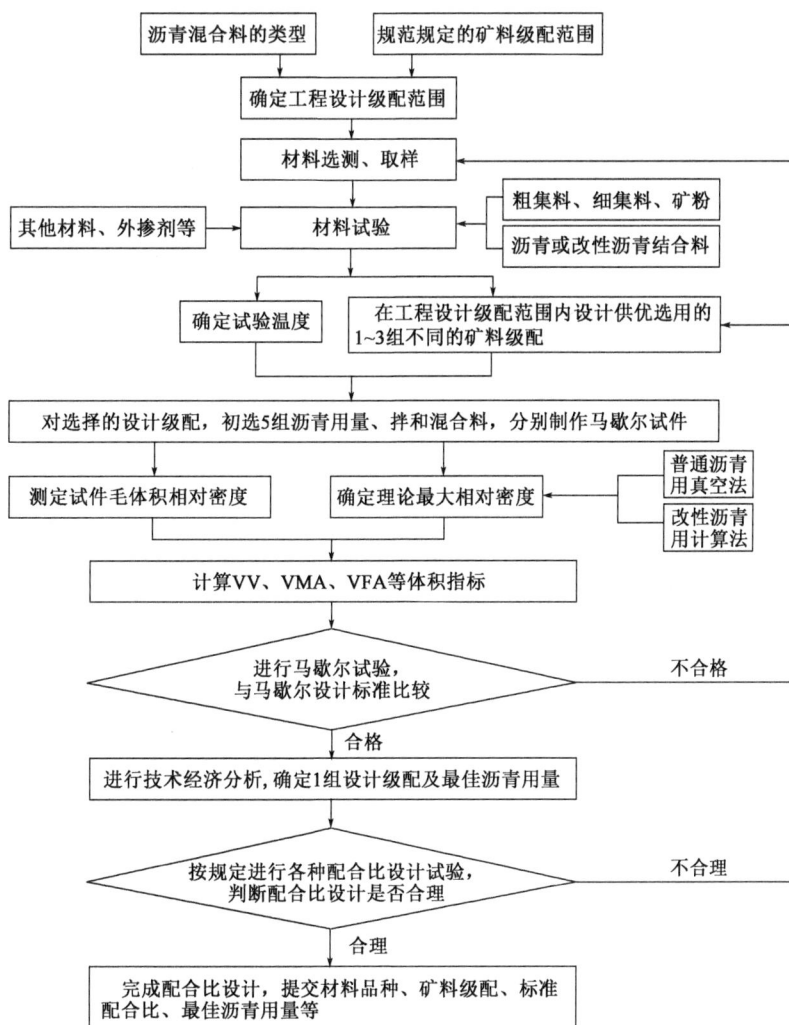

图5-1　沥青混合料马歇尔设计方法流程图

实际上,全过程的沥青混合料配合比设计包括三个阶段:目标配合比设计阶段、生产配合比设计阶段和生产配合比验证阶段。后两个阶段是在目标配合比设计的基础上进行的,借助施工单位的拌和设备、摊铺和碾压设备,在进行沥青混合料试拌试铺的基础上,完成对沥青混合料配合比的调整。本节所介绍的马歇尔设计方法属于目标配合比设计阶段。

一、沥青路面的使用条件

沥青混合料的物理力学性能与道路使用条件(如气候条件、交通荷载条件等)密切相关。因此,在选择沥青混合料组成材料、确定沥青混合料类型、开展沥青混合料配合比设计、检验沥青混合料的使用性能时,应综合考虑沥青路面的使用条件。

1. 沥青路面使用性能的气候分区

沥青路面的使用环境,如温度和湿度等对沥青混合料性能影响显著。应按照不同的气候分区特点对沥青混合料的技术性质提出相应要求。

(1)气候分区指标

采用工程所在地最近 30 年内年最热月的平均最高气温作为反映沥青路面在高温和重载条件下出现轮辙等流动变形的气候因子,并作为气候区划的一级指标,按照设计高温指标,将一级区划分为三个区。

采用工程所在地最近 30 年内的极端最低气温作为反映沥青路面温缩裂缝的气候因子,并作为气候区划的二级指标,按照设计低温指标,将二级区划分为四个区。

采用工程所在地最近 30 年内的年降雨量的平均值作为反映沥青路面受雨(雪)水影响的气候因子,并作为气候区划的三级指标,按照设计雨量指标,将三级区划分为四个区。

(2)气候分区的确定

《公路沥青路面施工技术规范》(JTG F40—2004)"附录 A 沥青路面使用性能气候分区"规定,沥青路面使用性能气候分区由一、二、三级区划组合而成,以综合反映该地区的气候特征,见表5-1。每个气候分区用三个数字表示:第一个数字代表高温分区,第二个数字代表低温分区,第三个数字代表雨量分区。数字越小,表示气候因素对沥青路面的影响越严重,如我国上海市属于 1-3-1 气候分区,为夏炎热冬冷潮湿区,对沥青混合料的高温稳定性和水稳定性要求较高。

沥青路面使用性能气候分区 表 5-1

气候分区指标		气候分区			
按照高温指标	高温气候区	1		2	3
	气候区名称	夏炎热区		夏热区	夏凉区
	最热月平均最高温度(℃)	>30		20 ~ 30	<20
按照低温指标	低温气候区	1	2	3	4
	气候区名称	冬严寒区	冬寒区	冬冷区	冬温区
	极端最低气温(℃)	< -37.0	-37.0 ~ -21.5	-21.5 ~ -9.0	> -9.0
按照雨量指标	雨量气候区	1	2	3	4
	气候区名称	潮湿区	湿润区	半干区	干旱区
	年降雨量(mm)	>1000	500 ~ 1000	250 ~ 500	<250

2.沥青路面交通荷载等级

在选择沥青混合料类型时,不仅应考虑环境因素,还应考虑道路的交通荷载条件。目前,我国《公路沥青路面设计规范》(JTG D50—2017)根据设计使用年限内设计车道累计大型客车和货车的交通量,将沥青路面所承受的交通荷载按表5-2分级。

沥青路面设计交通荷载等级 表5-2

交通量	设计交通荷载等级				
	极重	特重	重	中等	轻
$\times 10^6$辆	≥50.0	19.0~50.0	8.0~19.0	4.0~8.0	<4.0

二、沥青混合料类型和矿料级配范围

1.沥青混合料类型的选择

沥青混合料的种类很多,这在第三章已有论述。随着道路交通的迅速发展,路用性能更好的沥青混合料,例如用作表面层的沥青玛碲脂碎石(SMA)混合料、多孔性排水性路面开级配沥青磨耗层(OGFC)混合料等,已经被大量应用。然而在我国很多公路和城市道路中,目前采用最为广泛的仍是连续密级配的热拌沥青混合料(AC)。因此,下面所讨论的沥青混合料设计主要针对连续密级配的热拌沥青混合料。过去广泛使用的AM型抗滑沥青磨耗层,属于半开级配,现改称半开级配沥青稳定碎石混合料。至于其他种类的沥青混合料,由于与热拌沥青混合料有一定区别,有其本身的特殊性,将在其他有关章节中专门加以论述。

热拌沥青混合料组成设计的目的,是通过室内的一系列试验确定所用材料的品种和各种材料的配合比,使所设计的沥青混合料性能满足道路使用的要求。根据道路等级、所处路面结构的层次、气候条件等,按表5-3确定混合料的类型。

沥青混合料类型选择 表5-3

结构层次	高速公路、一级公路、城市快速路、主干道		其他等级公路	一般城市道路与其他道路工程
	三层式路面	两层式路面		
上面层	AC-13、AM-13、SMA-13 AC-16、AM-16、SMA-16	AC-13、AM-13、SMA-13 AC-16、AM-16、SMA-16	AC-13、AM-13 AC-16、AM-16	AC-13、AM-13、SMA-13 AC-16、AM-16、SMA-16
中面层	AC-20、AC-25	—	—	AC-20、AC-25
下面层	AC-25	AC-20、AC-25	AC-20、AM-25 AC-25、AM-30	AC-25、AM-25 AC-30、AM-30
基层	ATB-25、ATB-30 ATPB-25、ATPB-30	ATB-25、ATB-30 ATPB-25、ATPB-30	—	—

鉴于无机结合料稳定类基层在工程使用中的不足,沥青稳定碎石基层逐渐得到应用。在路面结构设计时,将沥青面层设为两层,增大原下面层的厚度至8~12cm,或者更厚一些,并将该层作为沥青稳定基层。

在高速公路、一级公路以及城市主干道上,为防止雨水渗入路面下面层,除表面层可以采用开级配防滑磨耗层外,其余沥青层均应采用密实式沥青混凝土混合料。对于其他等级的道路,至少应有一层采用密实式沥青混凝土混合料,以防止路面过早地出现水损害。

对于具体道路沥青结构层的设计,不应拘泥于表5-3所建议的沥青混合料类型,而应根据道路实际情况经过分析论证后确定。

一般来说,沥青路面的下面层,应采用粗粒式沥青混合料。在交通量大或天气炎热的地区,为了提高路面的抗轮辙能力,增强耐流动性,甚至采用更大的粒径。美国宾夕法尼亚州交通运输管理部门采用最大粒径为38~50mm的大粒径沥青混合料,压实后空隙率约为6%。

中面层是沥青路面结构中非常重要的层次,其强度、稳定性应是设计考虑的主要问题。中面层通常采用中粒式或粗粒式沥青混合料,并且设计成密实式结构。

上面层是车辆直接作用的结构层,设计时应着重从抗滑、降噪、防止眩光等方面考虑,以保证其良好的表面特性。上面层多采用细粒式沥青混合料,但随着交通量的增大、重车的增多和车速的提高,现在无论公路还是城市道路,都有采用较大粒径沥青混合料的趋向,如AC-16、SMA-16。在气候炎热的地区,采用中粒式乃至粗粒式沥青混合料作为上面层也是可以的。

混合料的公称最大粒径应与铺筑厚度相匹配,以便沥青混合料能得到充分的压实,而颗粒不被压碎。根据研究,铺筑厚度应大于或等于公称最大粒径的3倍,即$h \geqslant 3D_{max}$。有学者担心粒径小而层厚,易引发轮辙等病害,但西欧一些国家的看法并非如此。如法国最大粒径为14mm的沥青混合料,其铺筑厚度可达到8~10cm。但这也可能与这些国家的气候条件有关,要具体分析。

2. 沥青混合料的矿料级配范围

沥青混合料矿料的级配组成对其使用性能影响很大,也是配合比设计的重要内容之一。《公路沥青路面施工技术规范》(JTG F40—2004)规定了密级配沥青混凝土混合料(AC)矿料级配范围和密级配沥青碎石混合料(ATB)矿料级配范围,分别见表5-4和表5-5。根据关键性筛孔的通过率,可将AC型混合料分为细型、粗型密级配沥青混合料,见表5-6。细型和粗型都属于密级配混合料,粗型混合料中的粗集料含量较高,因而属于嵌挤型密级配沥青混合料。

密级配沥青混凝土混合料(AC)矿料级配范围 表5-4

级配类型		通过下列筛孔(mm)的质量百分率(%)												
		31.5	26.5	19.0	16.0	13.2	9.5	4.75	2.36	1.18	0.6	0.3	0.15	0.075
粗粒式	AC-25	100	90~100	75~90	65~83	57~76	45~65	24~52	16~42	12~33	8~24	5~17	4~13	3~7
中粒式	AC-20		100	90~100	78~92	62~80	50~72	26~56	16~44	12~33	8~24	5~17	4~13	3~7
	AC-16			100	90~100	76~92	60~80	34~62	20~48	13~36	9~26	7~18	5~14	4~8
细粒式	AC-13				100	90~100	68~85	38~68	24~50	15~38	10~28	7~20	5~15	4~8
	AC-10					100	90~100	45~75	30~58	20~44	13~32	9~23	6~16	4~8
砂粒式	AC-5						100	90~100	55~75	35~55	20~40	12~28	7~18	5~10

密级配沥青碎石混合料(ATB)矿料级配范围　　　　表 5-5

级配类型		通过下列筛孔(mm)的质量百分率(%)														
		53.0	37.5	31.5	26.5	19.0	16.0	13.2	9.5	4.75	2.36	1.18	0.6	0.3	0.15	0.075
特粗式	ATB-40	100	90~100	75~92	65~85	49~71	43~63	37~57	30~50	20~40	15~32	10~25	8~18	5~14	3~10	2~6
	ATB-30		100	90~100	70~90	53~72	44~66	39~60	31~51	20~40	15~32	10~25	8~18	5~14	3~10	2~6
粗粒式	ATB-25			100	90~100	60~80	48~68	42~62	32~52	20~40	15~32	10~25	8~18	5~14	3~10	2~6

粗型和细型密级配沥青混凝土的关键性筛孔通过率　　　　表 5-6

混合料类型	公称最大粒径(mm)	用以分类的关键性筛孔(mm)	粗型密级配		细型密级配	
			名称	关键性筛孔通过率(%)	名称	关键性筛孔通过率(%)
AC-25	26.5	4.75	AC-25C	<40	AC-25F	>40
AC-20	19	4.75	AC-20C	<45	AC-20F	>45
AC-16	16	2.36	AC-16C	<38	AC-16F	>38
AC-13	13.2	2.36	AC-13C	<40	AC-13F	>40
AC-10	9.5	2.36	AC-10C	<45	AC-10F	>45

表 5-4 中给出的级配范围适用于我国各地,以及不同道路等级、气候条件、交通条件、层位等情况。该表中的级配范围较大,在同一个级配范围内,可以配制出不同空隙率的 AC 型混合料,以满足各种需要。因此,在进行沥青混合料配合比设计时,设计者或使用者应根据沥青路面的使用条件、材料特征等,在表 5-4 给出的级配范围内选择一个合适的范围作为工程设计级配依据。当道路交通量较大、轴载较重时,可选择粗型混合料级配范围。

三、确定沥青用量

1. 确定沥青类型

根据《公路沥青路面施工技术规范》(JTG F40—2004),道路石油沥青被分为 A、B、C 三个等级,其适用范围见表 5-7。

道路石油沥青的适用范围　　　　表 5-7

沥青等级	适用范围
A 级沥青	各个等级的公路,适用于任何场合和层次
B 级沥青	1.高速公路、一级公路沥青下面层及以下的层次,二级及二级以下公路的各个层次; 2.用作改性沥青、乳化沥青、改性乳化沥青、稀释沥青的基质沥青
C 级沥青	三级及三级以下公路的各个层次

对于高速公路、一级公路、城市快速路和主干道,应采用等级较高的道路沥青。然而,从道路的使用要求来说,无论哪一等级的道路或层次都应该使用优质的沥青材料,并不是次要道路或下面层次一定要用低等级沥青,只是从经济合理性的角度出发才分别提出其适用范围。

沥青标号的选择,应考虑道路所在地区的气候条件、交通性质和交通量以及混合料的类型。在气温常年较高的地区,沥青路面的高温稳定性是设计必须考虑的因素,宜采用针入度较小、黏度较高的沥青;对于交通量较大、重车比例较高的道路,也宜采用更为黏稠的沥青,如英国、法国就采用50号沥青甚至30号沥青铺筑下面层或基层。虽然规范中对沥青等级的划分如此之细,但实际上影响沥青路面质量的因素很多,沥青并非唯一的决定性因素。目前,我国在选用沥青标号上基本上已有了一定的经验,即南方地区一般采用50号或70号沥青,长江流域采用70号沥青,黄河流域采用90号沥青,东北地区采用90号或110号沥青。

对于沥青路面上、下面层所用的沥青,一般宜采用同一标号,以便于工程采购和储存。在热区,上、中、下面层都应该采用较稠的沥青,以保证抗轮辙能力,而且中、下面层是承受车辆荷载的主要层次,更应该采用较稠的沥青。对于寒区和温区,为防止和减少路面开裂,应考虑当地可能出现的极端最低气温,面层宜采用针入度较大的沥青。

为了提高沥青路面的抗轮辙、抗低温开裂能力及耐久性,现在各地广泛使用聚合物改性沥青,甚至在某些特殊的场合还采用复合改性沥青,但这需要经过技术、经济论证。在有些地方,改性沥青只用于沥青路面的上面层,结果是在炎热的夏天仍然出现了轮辙,其原因是忽略了沥青路面的中面层仍是主要的承重层,如这一层高温稳定性不良,则依然会很快产生轮辙。因此,在资金容许的条件下,上、中面层均宜采用改性沥青,如限于资金只能在一层中使用改性沥青,则宜用于中面层,而不是用于上面层。

2. 成型马歇尔试件

(1)试件配料

成型马歇尔试件时,首先根据经验估计马歇尔试件的质量,并估算出所需集料的质量。一般来说,当碎石密度约为2.70g/cm³时,单个马歇尔试件需要集料约1150g。按照目标级配线确定各档集料的配合比例,称取相应的集料。根据经验估计混合料可能的沥青用量,按±0.3% ~ ±0.5%分级,取五种沥青用量,每种沥青用量成型3~5个试件,五组共15~25个试件。为计算方便,可按油石比计算沥青用量。

如缺乏经验,也可以先计算合成集料的毛体积相对密度,并预估油石比。合成集料的毛体积相对密度 γ_{sb}(或表观相对密度 γ_{sa})按式(5-1)计算:

$$\gamma_{sb} = \frac{100}{\dfrac{P_1}{\gamma_1} + \dfrac{P_2}{\gamma_2} + \cdots + \dfrac{P_n}{\gamma_n}} \tag{5-1}$$

式中:P_1、P_2、$\cdots$、P_n——各档碎石料的配合比例,其和为100;

$\quad\gamma_1$、γ_2、$\cdots$、γ_n——各档碎石料相应的毛体积相对密度(或表观相对密度)。

对于粗集料,毛体积相对密度按《公路工程集料试验规程》(JTG 3432—2024)T 0304方法测定;对于细集料如机制砂及石屑,可按《公路工程集料试验规程》(JTG 3432—2024)T 0330方法测定,也可以用其筛出的2.36~4.75mm部分的毛体积相对密度代替,矿粉(包括消石灰、水泥)以表观相对密度代替。

所谓相对密度,即碎石密度与同温度下水的密度之比。如在测试材料的密度时均采用体积相对密度(无量纲),则无须进行密度的水温修正。如采用毛体积密度,理论上应进行水温修正。不同温度时水的密度见表5-8。

不同温度时水的密度 表5-8

温度(℃)	4	15	16	17	18	19
密度(g/cm³)	1.00000	0.99913	0.99879	0.99880	0.99862	0.99843
温度(℃)	20	21	22	23	24	25
密度(g/cm³)	0.99822	0.99802	0.99779	0.99756	0.99733	0.99702

按式(5-2)估算混合料的油石比 P_a:

$$P_a = \frac{VMA - V_a}{1 - 0.01VMA} \cdot \frac{\gamma_{sb}}{\gamma_b} \tag{5-2}$$

式中:VMA——沥青混合料成型马歇尔试件的矿料间隙率,按规范取值;

V_a——沥青混合料设计空隙率,对于密级配混合料一般取4%;

γ_{sb}——合成集料的毛体积相对密度;

γ_b——沥青相对密度。

(2)试件制作

①混合料拌和温度。

制作试件前,先将集料在烘箱中预热,烘箱温度可比拌和温度高约10℃。拌和温度在理论上要按沥青的黏温曲线确定。ASTM规定拌和的适宜黏度为170cSt±20cSt(1cSt = 10^{-6}m²/s)或赛波特黏度为85s±10s,依此在黏温曲线上查得温度。但一般缺乏所用沥青的黏温曲线,只能按经验控制温度,通常拌和温度宜控制在150~165℃,也可以参考表5-9所推荐的温度进行操作。但表5-9中的温度是指混合料温度,并非拌和机的油浴温度,同时还应根据沥青的针入度、黏度确定操作时应控制的温度,并非一律取中值。使用改性沥青时,应将拌和温度提高10~20℃。

热拌沥青混合料试件制作温度(单位:℃) 表5-9

温度类型	石油沥青标号				
	50号	70号	90号	110号	130号
沥青加热温度	160~170	155~165	150~160	145~155	140~150
矿料加热温度	集料加热温度比沥青加热温度高10~30℃(填料不加热)				
沥青混合料 拌和温度	150~170	145~165	140~160	135~155	130~150
试件击实成型温度	140~160	135~155	130~150	125~145	120~140

注意混合料拌和时不能采用冷集料一边加热一边拌和的操作方式,而宜使用小型拌和机进行机械拌和。人工拌和时,其拌和时间同样宜控制为90~120s,以免沥青老化,影响马歇尔试验结果。

②试件击实成型。

混合料击实宜采用机械自动击实。同样,击实时沥青的黏度在理论上也应按黏温曲线确定,ASTM规定黏度为280cSt±30cSt或赛波特黏度为140s±15s,但通常按经验控制在约150℃。

试件成型后,令其在室温下自然冷却至次日脱模,以避免在高温下脱模致使试件产生变形。将热试件用水快速冷却虽可以缩短时间,但由于试件内外温度的差异,试验结果将受到影响,除特殊情况外,不应采用。

3. 测定试件的物理参数

为确定混合料的最佳沥青用量,控制其空隙率,需要测定试件的物理参数。

(1)试件毛体积相对密度

一般试件表面都会有小麻坑、吸水现象,按规定试验方法测定试件饱和面干质量,按式(5-3)计算毛体积相对密度 γ_b:

$$\gamma_b = \frac{m_a}{m_f - m_w} \tag{5-3}$$

式中：m_a——干燥试件在空气中质量；

$\quad m_w$——试件在水中质量；

$\quad m_f$——试件饱和面干质量。

对于表面粗糙、有较多大孔隙、吸水率在 2% 以上的试件,将试件蜡封。蜡封时注意不使蜡渗入孔隙中过多。称取蜡封试件在水中质量计算毛体积相对密度 γ_f:

$$\gamma_f = \frac{m_a}{m_{wf} - m_{ww} - \dfrac{m_{wf} - m_a}{d_w}} \tag{5-4}$$

式中：m_{wf}——蜡封试件总质量；

$\quad m_{ww}$——蜡封试件水中质量；

$\quad d_w$——蜡密度；

其他符号含义同前。

(2)试件的理论密度

对于松散的沥青混合料,用真空法测定不同油石比下的最大理论相对密度 γ_t。当只对不同油石比的混合料中的一种测试其最大理论相对密度时,可按式(5-5)计算其他油石比下混合料的最大理论相对密度 γ_{ti}:

$$\gamma_{ti} = \frac{100 + P_{ai}}{\dfrac{100}{\gamma_{se}} + \dfrac{P_{ai}}{\gamma_b}} \tag{5-5}$$

式中：γ_{ti}——相对于计算油石比为 P_{ai} 时沥青混合料的最大理论相对密度；

$\quad P_{ai}$——计算的沥青混合料的油石比,%；

$\quad \gamma_b$——沥青的相对密度(25℃/25℃)；

$\quad \gamma_{se}$——合成集料的有效相对密度,按式(5-6)计算：

$$\gamma_{se} = C \times \gamma_{sa} + (1 - C) \times \gamma_{sb} \tag{5-6}$$

式中：C——合成集料的沥青吸收系数,$C = 0.033 w_x^2 - 0.2936 w_x + 0.9339$；

$\quad w_x$——合成集料的吸水率,$w_x = \left(\dfrac{1}{\gamma_{sb}} - \dfrac{1}{\gamma_{sa}} \right) \times 100$；

$\quad \gamma_{sb}$——合成集料的毛体积相对密度；

$\quad \gamma_{sa}$——合成集料的表观相对密度。

（3）试件的体积参数

①空隙率 VV(%)。

空隙率 VV 是指试件除矿料实体与沥青实体以外的空隙的体积占试件总体积的百分比。

$$VV = \left(1 - \frac{\gamma_f}{\gamma_t}\right) \times 100 \qquad (5-7)$$

式中：γ_f——沥青混合料试件的毛体积相对密度；

γ_t——沥青混合料试件的最大理论相对密度。

②矿料间隙率 VMA(%)。

矿料间隙率 VMA 是指试件中除矿料实体以外的体积（包括空隙及有效沥青体积）占总体积的百分比。

$$VMA = \left(1 - \frac{\gamma_f}{\gamma_{sb}} \times \frac{P_s}{100}\right) \times 100 \qquad (5-8)$$

式中：γ_{sb}——合成集料毛体积相对密度；

P_s——各档集料占沥青混合料总质量的百分率之和，即 $P_s = 100 - P_b$，% ；

P_b——混合料中沥青含量，% ；

其他符号含义同前。

③试件有效沥青饱和度 VFA(%)。

试件有效沥青饱和度是指有效沥青含量占 VMA 的体积百分率，按式（5-9）计算：

$$VFA = \frac{VMA - VV}{VMA} \times 100 \qquad (5-9)$$

④集料吸收沥青所占的比例 P_{ba}。

$$P_{ba} = \frac{\gamma_{se} - \gamma_b}{\gamma_{se} \times \gamma_{sb}} \times \gamma_b \times 100 \qquad (5-10)$$

⑤试件有效沥青含量 P_{be}。

$$P_{be} = P_b - \frac{P_{ba} \times P_s}{100} \qquad (5-11)$$

⑥有效沥青体积百分率 V_{be}。

$$V_{be} = \frac{\gamma_f \times P_{be}}{\gamma_b} \qquad (5-12)$$

⑦试件集料体积百分率 V_g。

$$V_g = 100 - (V_{be} + VV) \qquad (5-13)$$

4. 确定最佳油石比

（1）测定马歇尔稳定度和流值

测定马歇尔稳定度和流值，宜采用具有自动记录功能的稳定度仪。若采用人工读取测力表和流值表，人为操作的因素容易影响测试值的准确性。

将试件置于已达规定温度的恒温水槽中保温，保温时间对标准马歇尔试件为 30~40min，对大型马歇尔试件为 45~60min。试件之间应有一定距离，底下应垫起，距水槽底部不小于 5cm。

在 X-Y 记录仪上自动绘出荷载(稳定度)与变形(流值)的关系曲线,曲线的峰值即为稳定度,与其对应的 X 坐标即为流值。由于试件表面往往不可能非常光洁,图像开始会形成一小段曲线,故需要对曲线的原点进行修正,然后计算流值,否则流值会出现虚假增大。

(2)沥青混合料技术指标

根据《公路沥青路面施工技术规范》(JTG F40—2004)的规定,对于公称最大粒径小于或等于26.5mm的密级配沥青混凝土混合料,其马歇尔试验技术指标应符合表5-10的要求。

密级配沥青混凝土混合料马歇尔试验技术标准 表5-10

试验指标		高速公路、一级公路				其他等级公路	行人道路
		夏炎热区(1-1、1-2、1-3、1-4 区)		夏热区及夏凉区(2-1、2-2、2-3、2-4、3-2 区)			
		中轻交通	重载交通	中轻交通	重载交通		
击实次数(双面)(次)		75				50	50
试件尺寸(mm)		$\phi 101.6 \times 63.5$					
空隙率 VV	深约90mm以内(%)	3~5	4~6	2~4	3~5	3~6	2~4
	深约90mm以下(%)	3~6		2~4	3~6	3~6	—
稳定度MS(kN),不小于		8				5	3
流值FL(mm)		2~4	1.5~4	2~4.5	2~4	2~4.5	2~5
矿料间隙率 VMA(%),不小于	设计空隙率(%)	相应于以下公称最大粒径(mm)的最小VMA及VFA技术要求(%)					
		26.5	19	16	13.2	9.5	4.75
	2	10	11	11.5	12	13	15
	3	11	12	12.5	13	14	16
	4	12	13	13.5	14	15	17
	5	13	14	14.5	15	16	18
	6	14	15	15.5	16	17	19
沥青饱和度VFA(%)		55~70	65~75			70~85	

虽然现行规范就沥青混合料的马歇尔试验技术指标作了上述规定,混合料设计有了基本的依据,但是也不能完全照搬照套。例如,对于高速公路与一级公路,根据交通量有中轻交通与重载交通之分,设计空隙率对于重载交通规定为4%～6%,则设计空隙率有可能为6%,即使施工时压实度达到97%,现场空隙率也可能达到9%,路面势必渗水。虽然行车压实可能导致空隙率降低,但至少在路面竣工初期渗水是不可避免的。实际上,无论中轻交通道路还是重载交通道路,设计空隙率还是尽可能控制在4%左右为宜。

(3)确定最佳沥青用量

沥青混合料最佳油石比的确定按以下步骤进行。

①绘制油石比(或沥青用量)与物理力学指标关系图。

以油石比为横坐标,以毛体积密度、稳定度、流值、沥青饱和度、空隙率、矿料间隙率等指标为纵坐标,分别绘成平滑的关系曲线图(图5-2),以确定各项指标均符合设计的沥青混合料技术标准的油石比范围 OAC_{min} ～ OAC_{max}。选择的油石比范围必须覆盖设计空隙率的全部范围,并尽可能涵盖沥青饱和度的要求范围,并使毛体积密度及稳定度曲线出现峰值。如果没有覆盖设计空隙率的全部范围,必须扩大油石比范围重新进行试验。虽然绘制的曲线也包括矿料间隙率指标,且该曲线为凹形曲线,但不用于确定 $OAC_{min} \sim OAC_{max}$。

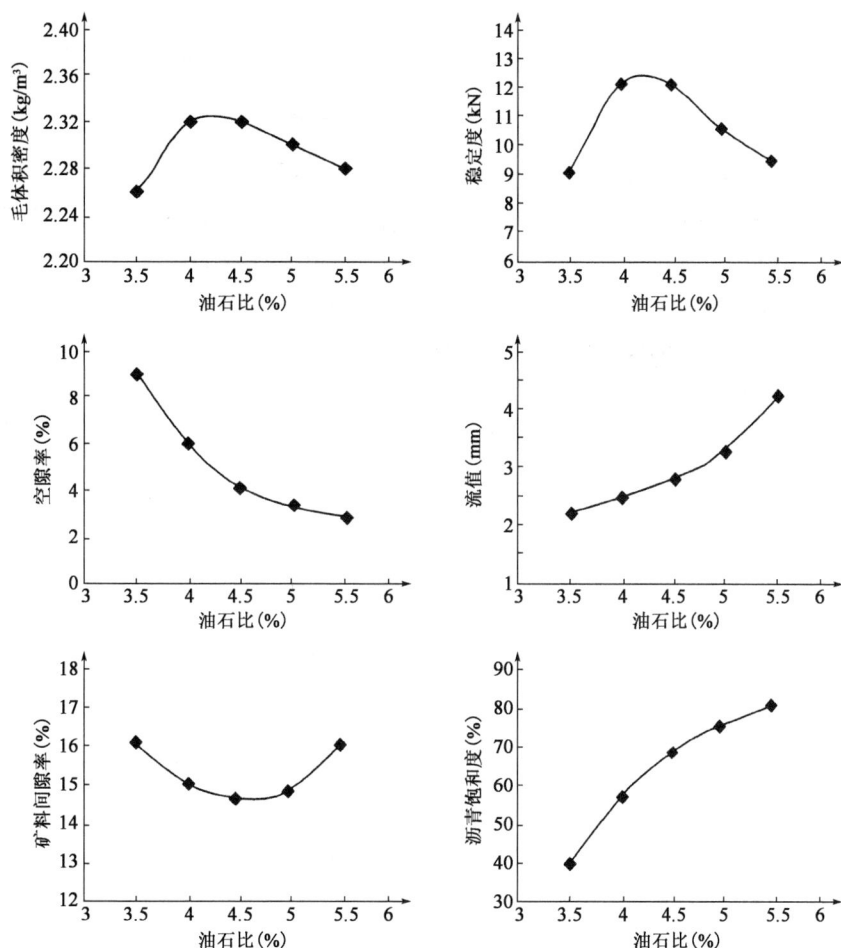

图5-2 马歇尔试验结果关系曲线图

②根据所绘的几组试验曲线,确定沥青混合料的最佳油石比 OAC_1。

在曲线图上分别求得相应于最大毛体积密度、最大稳定度、目标空隙率(或中值)、沥青饱和度范围的中值的油石比 a_1、a_2、a_3、a_4,按式(5-14)计算其平均值作为 OAC_1:

$$OAC_1 = \frac{a_1 + a_2 + a_3 + a_4}{4} \tag{5-14}$$

如果所选择的油石比范围未能覆盖沥青饱和度的要求范围,则按式(5-15)计算三者的平均值作为 OAC_1:

$$OAC_1 = \frac{a_1 + a_2 + a_3}{3} \tag{5-15}$$

毛体积密度或稳定度的最大值经常会出现在曲线的两端,如果在所试验的油石比范围内,毛体积密度或稳定度没有出现峰值,可直接以目标空隙率所对应的油石比 a_3 为 OAC_1,但 OAC_1 必须介于 $OAC_{min} \sim OAC_{max}$ 的范围内,否则必须重新进行配合比设计。

③以各项指标均符合技术标准(不包括矿料间隙率)的油石比范围 $OAC_{min} \sim OAC_{max}$ 的中

值为 OAC_2，即

$$OAC_2 = \frac{OAC_{min} + OAC_{max}}{2} \tag{5-16}$$

④一般情况下，以 OAC_1 与 OAC_2 的平均值为沥青混合料的最佳油石比 OAC，即

$$OAC = \frac{OAC_1 + OAC_2}{2} \tag{5-17}$$

根据按上述方法确定的最佳油石比 OAC，可从图 5-2 中得出所对应的空隙率和矿料间隙率值，检验其能否满足规范关于最小矿料间隙率值的要求。OAC 值宜位于矿料间隙率凹形曲线油石比小的一侧。当空隙率不是整数时，最小矿料间隙率按内插法确定。检查相应于该最佳油石比 OAC 的各项指标是否均符合马歇尔试验技术标准。

试验室确定最佳油石比后，还应该根据当地的实践经验和公路等级、气候条件、交通情况，对试验室所确定的最佳油石比进行必要的调整。要调查当地基本情况与之相近的工程，对比其沥青混合料设计资料与实际使用效果，论证适宜的最佳沥青用量。通过比较，检查试验所确定的最佳沥青用量是否与相近的工程接近，如相差甚远，应查明原因，必要时重新调整级配，进行配合比设计。

对于夏季炎热地区的公路以及高速公路、一级公路的重载交通路段，山区公路的长大坡度路段，如预计有可能产生较大轮辙，宜在空隙率符合要求的范围内将试验确定的最佳油石比减小 0.1% ~ 0.5% 作为设计油石比。在这种情况下，若除空隙率外，其他指标超出规范规定的技术标准范围，则必须在配合比设计报告或设计文件中予以说明。同时，在配合比设计报告中明确要求施工时采用重型轮胎压路机和振动压路机组合等方式加强碾压，以便使施工后路面的空隙率达到油石比调整前的水平，且渗水系数符合要求。如果试验段试拌试铺达不到此要求，宜调整油石比的减小幅度。

对于冬季寒冷区公路、旅游公路、交通量很小的公路，最佳油石比可以在 OAC 的基础上增加 0.1% ~ 0.3%，以适当减小设计空隙率，但施工时并不降低对压实度的要求。

四、矿料间隙率的调整

美国按马歇尔设计方法确定最佳油石比，是取三个主要指标的平均值，即 OAC_1；而日本则是以满足稳定度、流值、空隙率、饱和度等几个指标公共范围的中值为最佳油石比 OAC_2。我国现行方法则将两种情况都进行了考虑，而且规范中还增加了沥青饱和度的中值，比较严谨、全面。但是对于最佳油石比 OAC_2，在有些情况下得不到公共的油石比范围，或者公共范围非常狭窄，这主要是因为所用级配的矿料间隙率存在问题。矿料间隙率存在的问题大体有以下三种情况。

1. 矿料间隙率偏小

当矿料间隙率偏小时，混合料极易压实。在这种情况下，即使油石比不大，也能达到空隙率标准值的下限和饱和度标准值的上限，说明空隙率对油石比变化比较敏感。这样在油石比的范围内，有可能确定不了公共范围的下限值，即使求出下限值，其油石比也明显偏小。

2. 矿料间隙率偏大且难以压实

按照规范要求，矿料间隙率必须大于规定的最小值，但是矿料间隙率也不能太大，否则混合料难以压实。对于矿料间隙率大的情况，虽然是密级配沥青混合料，其矿料间隙率也可能达

18% ~ 19%。在这种情况下,即使增加沥青用量,空隙率仍然偏大,而饱和度还是不足,这样也不能确定公共范围,或者所确定的公共范围很窄。对这种混合料而言,即使沥青用量少,流值还是大。一般来说,矿料间隙率大于规定的最小值宜不超过2%。

3. 矿料间隙率偏大但不难压实

矿料间隙率偏大,但沥青混合料并不难压实,其原因主要是所用的集料吸水率大。在这种情况下,由于集料吸收沥青量大,有时即使增加沥青用量,空隙率仍然大,而饱和度还是偏小,但其流值不会太大,此时往往没有公共的油石比范围。

上述三种情况需要根据混合料的具体情况来调整集料的配合比,或者更换集料。调整的方法是改变矿料间隙率。具体的做法是改变集料的配合比,即在规定的级配范围内修正合成级配,使合成级配线往上移动或往下移动。当级配线向上移动时,一般矿料间隙率可减小;反之,矿料间隙率可增大。但也不尽然,还要视具体情况而定。例如,使用针片状颗粒含量较高的集料,其矿料间隙率就会明显增大,空隙率也难以降下来,这就需要更换材料,使用颗粒形状好的集料。同时在更换材料时,还要注意在粗集料中,棱角大的碎石比圆形的碎砾石更能增大矿料间隙率;而在细集料中,河砂有利于增大矿料间隙率,细的石屑(粒径小于2.5mm)则有利于减小矿料间隙率。增加矿粉用量可以达到减小矿料间隙率的目的。为便于更换材料,并了解混合料的特性,将这几种情况对应的变化列于表5-11中。

影响沥青混合料特性的因素　　　　表5-11

指标	最大粒径	有棱角的集料含量	细砂含量	矿粉用量	沥青针入度	集料吸水率
稳定度	+	+		+	-	-
流值	-	-		+	+	+
空隙率		+	+	-		+
饱和度		-	-	+		
集料孔隙		+	+			
施工难易	-	-		-	+	+

在表5-11中,若各变量因素增大、增加或提高,左边的指标特征值也随之增大、增加或提高,则用符号"+"表示;反之,则用符号"-"表示。这里符号的不同,只是表示特征值的变化方向,而不表示可否接受,或是优是劣。

五、沥青混合料性能检验

沥青混合料的最佳油石比确定后,其性能是否符合要求,需要进行检验。按照《公路沥青路面施工技术规范》(JTG F40—2004)的规定,需要对沥青混合料的若干性能,包括高温稳定性、水稳定性以及低温性能等进行检验。

1. 粉胶比检验

沥青混合料是依靠沥青与矿粉所形成的胶浆将碎石颗粒黏结在一起,经过压实而形成强度的。沥青中所含的矿粉多,胶浆就黏稠,黏结力高;反之,黏结力低。因此,适当地增加矿粉用量,有助于提高沥青混合料的强度。然而,矿粉的用量也有一定的限度,矿粉用量太多,胶浆变得干涩,反而使黏结力降低。所以,矿粉与沥青的比例应保持在一个适当的范围内,该范围大体为0.6~1.6,对于常用的公称最大粒径为13.2~19mm的密级配沥青混合料,粉胶比宜控制在0.8~1.2范围内。粉胶比可按式(5-18)计算:

$$FB = \frac{P_{0.075}}{P_{be}} \tag{5-18}$$

式中:FB——粉胶比,沥青混合料的集料中通过0.075mm筛孔的百分率与有效沥青含量的比值;

$P_{0.075}$——集料中0.075mm筛孔的通过率(水洗法),%;

P_{be}——有效沥青含量,%。

2. 高温稳定性检验

对于高速公路、一级公路的公称最大粒径等于或小于19mm的密级配沥青混合料,按规定方法进行轮辙试验。其动稳定度应符合表4-4所列要求。

如果当地的平均最高气温不在7月,而在8月,则也可按照8月的平均最高气温考虑。对公称最大粒径大于19mm的密级配沥青混合料或沥青稳定碎石混合料,由于轮辙试件原规定为5cm的尺寸偏小,故不适合用常规方法进行轮辙试验,必须采用增大厚度(如增厚至7~10cm)的试件进行试验。在某些特殊情况下,如钢桥面铺装、重载车辆特别多或纵坡较大且又是长距离上坡路段,或者工厂矿山专用道路,也可以酌情提高动稳定度的技术标准,或适当提高试验温度或增加试验荷载进行试验。同时,还可增加试件的碾压成型密度和施工压实度要求,不一定拘泥于表4-4的试验方法和要求。

如不能满足抗轮辙的要求,则应该采取适当技术措施,例如调整级配类型、适当增加粗集料或减少沥青用量等,必要时还可以改用较黏稠的沥青或改性沥青,或在沥青中添加天然硬质沥青。

进行轮辙试验时,要注意不要使用二次加热的混合料,否则会得出虚假提高的动稳定度。同时,试验时必须注意试件的密度是否符合设计要求,过分压密的试件同样会出现假象。

3. 水稳定性检验

按照规定的试验方法进行浸水马歇尔残留稳定度试验和冻融劈裂试验,以评价沥青混合料水稳定性。残留稳定度及冻融劈裂强度比均必须符合表4-11的规定。

当不能满足要求时,必须采取抗剥落措施,如添加消石灰、水泥或液体抗剥落剂。这对混合料的最佳油石比可能会有影响,尤其是添加消石灰或水泥,最好重新试验调整沥青用量。

4. 低温抗裂性能检验

《公路沥青路面施工技术规范》(JTG F40—2004)对沥青混合料的低温性能提出了要求。该规范规定,对于公称最大粒径等于或小于19mm的密级配沥青混合料,有条件的情况下应进行低温弯曲试验,其试验温度为-10℃、加载速率为50mm/min,测定试件破坏时的抗弯拉强度、梁底最大弯拉应变、弯曲劲度模量,并根据应力应变曲线的形状,综合评价沥青混合料的低温抗裂性能。其中,沥青混合料的破坏应变应符合表4-8的要求。

5. 渗水系数检验

对轮碾机成型的轮辙试件进行渗水试验,检验沥青混合料的渗水性,其渗水系数应符合表5-12的要求。试验研究表明,当现场的沥青混合料的空隙率不大于7%时,其基本上是不渗水的。

沥青混合料试件渗水系数技术要求 表5-12

级配类型	渗水系数要求（mL/min）	试验方法
密级配沥青混凝土,不大于	120	T 0730

6.有效沥青膜厚度与油石比检验

我国研究认为,沥青混合料集料表面沥青膜的厚度不应小于6μm,美国研究则认为沥青膜厚度为8μm是比较恰当的。因此,根据不同粒径集料的表面积系数（surface area factor,FA）和它的通过率,可计算得到该粒径颗粒的比表面积,再乘沥青膜厚度,就可以求得混合料沥青的体积,进而计算得到混合料的油石比。按式(5-19)计算集料的比表面积,并估算沥青混合料的沥青膜有效厚度。各种粒径集料的表面积系数见表5-13。其中,各种公称最大粒径混合料中大于4.75mm尺寸集料的表面积系数均取0.0041,且只计算一次。

$$SA = \sum (P_i \times FA_i) \tag{5-19}$$

$$P_{ae} = SA \times DA \times \gamma_b \times 1000 \tag{5-20}$$

式中:SA——集料的比表面积,m²/kg;

　　P_i——各种粒径的通过百分率,%;

　　FA_i——相应于各种粒径的集料的表面积系数,见表5-13;

　　DA——沥青膜有效厚度,μm;

　　P_{ae}——有效油石比,%;

　　γ_b——沥青的相对密度(25℃/25℃)。

集料表面积系数 表5-13

筛孔（mm）	表面积系数（m²/kg）	筛孔（mm）	表面积系数（m²/kg）
16	0.41	1.18	1.64
13.2	0.41	0.6	2.87
9.5	0.41	0.3	6.14
4.75	0.41	0.15	12.29
2.36	0.82	0.075	32.77

如果计算的油石比与设计结果偏离太大,则说明配合比设计不当,需要查验。

第三节　沥青混合料马歇尔设计案例

一、设计资料与要求

1.设计资料

(1)道路等级:某东南沿海高速公路交通繁重,设计年限内交通量超过1000万轴次。

(2)气候分区:根据沥青与沥青混合料气候分区,该地区最热月平均最高气温高于30℃,年极端最低气温不低于−9℃,年降雨量大于1000mm,属于夏炎热冬温潮湿气候分区1-4-1。

(3)供应材料:在调查材料供应情况的基础上,确定沥青采用AH-70,质量符合A等级要求;碎石有各种规格的玄武岩轧制的碎石料,其材性与加工性均符合规范要求;矿粉为石灰石专门加工磨细的石粉。

2.设计要求

(1)混合料类型:所设计沥青混合料用于高速公路某路段上面层的加铺施工,为防止渗水宜采用密级配混合料,公称最大粒径为13.2mm,但要求保证足够的抗滑性。据此,将沥青混合料类型定为 AC-13。

(2)设计内容:确定集料级配,并由此确定各档碎石材料的配合比;确定沥青用量(或油石比);进行沥青用量合理性检验;进行沥青混合料性能检验。

二、材料的密度测试

在配合比设计前,对工程所提供的 0~5mm、5~10mm、10~15mm 三种碎石材料,石灰石矿粉以及沥青材料进行密度测试。

对 5~10mm、10~15mm 两种碎石材料进行了表观密度和毛体积密度测试;对 0~5mm 石屑与矿粉而言,由于其毛体积密度的测试步骤比较麻烦,且不容易测试准确,故只测试表观密度,并以此代替毛体积密度。几种材料密度的测试结果见表5-14。

表 5-14

材料密度测试结果

材料	表观密度(g/cm³)	毛体积密度(g/cm³)
10~15mm 碎石	3.065	2.909
5~10mm 碎石	3.066	2.935
0~5mm 石屑	3.015	—
石灰石矿粉	2.712	—
沥青	1.026	—

三、矿质集料配合比设计

将上述几种碎石材料进行筛分,并计算得到通过率,试验结果见表5-15。

集料筛分与配合比

表 5-15

筛孔 (mm)	通过率(%)及配合比				合成级配 (%)	推荐级配 (%)	规范级配 (%)
	10~15mm 碎石	5~10mm 碎石	0~5mm 石屑	矿粉			
	25	28	41	6			
16	100	100			100	100	100
13.2	92.1	98.0			98.0	95~100	90~100
9.5	20.5	75.3	100		75.3	66~84	68~85
4.75	1.4	52.5	99.3		52.5	42~58	38~68
2.36		35.0	70.0		35.0	26~40	24~50
1.18		25.0	46.4		25.0	16~30	15~38

续上表

筛孔（mm）	通过率（%）及配合比				合成级配（%）	推荐级配（%）	规范级配（%）
	10～15mm 碎石	5～10mm 碎石	0～5mm 石屑	矿粉			
	25	28	41	6			
0.6		19.4	32.6		19.4	11～22	10～28
0.3		13.2	17.6		13.2	8～18	7～20
0.15		10.2	10.3	100	10.2	6～14	5～15
0.075		5.8	2.4	80	5.8	4～8	4～8

　　根据《公路沥青路面施工技术规范》(JTG F40—2004)，将 AC-13 型密级配沥青混合料级配范围也列于表 5-15 中。现行规范所列 AC-13 的级配范围较宽，因此在实际确定级配曲线时并不能简单地取中值，而应根据道路的具体要求确定目标级配曲线。

　　该高速公路交通繁重，属重交通道路，因此必须充分考虑其抗轮辙、抗滑等性能。根据规范要求，宜采用粗型密级配，并控制 2.36mm 筛孔通过率不大于 40%。在配合比设计过程中，对于矿粉用量一般可取 5%～6%，故此处确定为 6%。然后规划求解碎石材料的配合比例，并得到合成集料的级配曲线。为了获得粗型密级配，特别注意将 4.75mm、2.36mm 和 1.18mm 筛孔的通过率向下限移动，并通过反复给定几种碎石材料的配合比例，最后将级配曲线调整到满意的位置，由此得到各档碎石材料的配合比，见表 5-15。

　　集料合成级配曲线与所推荐的级配范围见图 5-3。

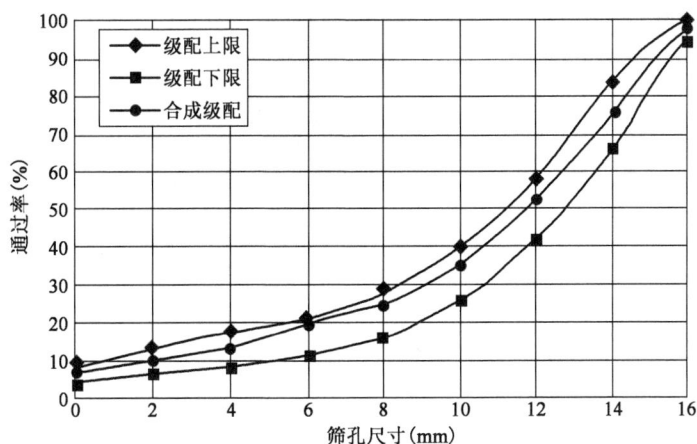

图 5-3　级配曲线

四、马歇尔试验

1. 成型马歇尔试件

　　根据经验，AC-13 的油石比大约为 5%，故分别按 4.2%、4.6%、5.0%、5.4%、5.8% 五种油石比，与上述配合比的合成集料成型马歇尔试件。沥青混合料拌和时，集料加热温度约 180℃，沥青加热温度为 160～165℃，混合料拌和温度约 165℃，试件击实温度约 150℃，模拟重载交通，试件两面各击实 75 次，试件成型后在试模内自然冷却至次日脱模。

2. 马歇尔试验流程

(1)测定试件体积参数

按照《公路工程沥青及沥青混合料试验规程》(JTG E20—2011)规定的方法测定试件的毛体积密度,并计算得到试件的体积参数。

①计算合成集料的毛体积相对密度 γ_{sb}。

$$\gamma_{sb} = \frac{100}{\dfrac{P_1}{\gamma_1} + \dfrac{P_2}{\gamma_2} + \cdots + \dfrac{P_n}{\gamma_n}} = \frac{100}{\dfrac{25}{2.909} + \dfrac{28}{2.935} + \dfrac{41}{3.015} + \dfrac{6}{2.712}} = 2.946$$

②计算合成集料的表观相对密度 γ_{sa}。

$$\gamma_{sa} = \frac{100}{\dfrac{P_1}{\gamma_1} + \dfrac{P_2}{\gamma_2} + \cdots + \dfrac{P_n}{\gamma_n}} = \frac{100}{\dfrac{25}{3.065} + \dfrac{28}{3.066} + \dfrac{41}{3.015} + \dfrac{6}{2.712}} = 3.021$$

③计算合成集料的吸水率 w_x。

$$w_x = \left(\frac{1}{\gamma_{sb}} - \frac{1}{\gamma_{sa}}\right) \times 100 = \left(\frac{1}{2.946} - \frac{1}{3.021}\right) \times 100 = 0.84\%$$

④计算合成集料有效相对密度 γ_{se}。

$$C = 0.033w_x^2 - 0.2936w_x + 0.9339 = 0.033 \times 0.84^2 - 0.2936 \times 0.84 + 0.9339 = 0.7106$$

$$\gamma_{se} = C \times \gamma_{sa} + (1 - C)\gamma_{sb} = 0.7106 \times 3.021 + (1 - 0.7106) \times 2.946 = 2.9993$$

⑤计算最大理论相对密度 γ_t。

将油石比 $P_a = 4.2\%$,矿质集料的有效相对密度 $\gamma_{se} = 2.9993$ 以及沥青的密度 $\gamma_b = 1.026$ 代入公式:

$$\gamma_t = \frac{100 + P_a}{\dfrac{100}{\gamma_{se}} + \dfrac{P_a}{\gamma_b}} = \frac{100 + 4.2}{\dfrac{100}{2.9993} + \dfrac{4.2}{1.026}} = 2.784$$

用同样方法计算得到油石比为 4.6%、5.0%、5.4% 和 5.8% 所对应的最大理论相对密度,并列于表 5-16 中。

⑥计算试件空隙率 VV。

由试验测得油石比 P_a 为 4.2% 的试件毛体积密度 $\gamma_f = 2.499$,由下式计算得试件空隙率:

$$VV = \left(1 - \frac{\gamma_f}{\gamma_t}\right) \times 100 = \left(1 - \frac{2.499}{2.784}\right) \times 100 = 10.2\%$$

用同样方法计算得到油石比为 4.6%、5.0%、5.4% 和 5.8% 所对应的试件空隙率,并列于表 5-16中。

⑦计算试件矿料间隙率 VMA。

由混合料的矿料合成毛体积相对密度 $\gamma_{sb} = 2.946$ 以及油石比 $P_a = 4.2\%$,计算试件矿料占沥青混合料总质量的百分率之和 P_s 及矿料间隙率 VMA:

$$P_s = \left(1 - \frac{P_a}{100 + P_a}\right) \times 100 = \left(1 - \frac{4.2}{100 + 4.2}\right) \times 100 = 96.0$$

$$VMA = \left(1 - \frac{\gamma_f}{\gamma_{sb}} \times \frac{P_s}{100}\right) \times 100 = \left(1 - \frac{2.499}{2.946} \times \frac{96.0}{100}\right) \times 100 = 18.6$$

用同样方法计算得到油石比为 4.6% 、5.0% 、5.4% 和 5.8% 所对应的试件矿料间隙率，也列于表 5-16 中。

⑧计算试件的有效沥青饱和度 VFA。

根据试件的矿料间隙率、空隙率按下式计算有效沥青饱和度。对于油石比 $P_a = 4.2\%$ ：

$$VFA = \frac{VMA - VV}{VMA} \times 100 = \frac{18.6 - 10.2}{18.6} \times 100 = 45.2\%$$

用同样方法计算得到油石比为 4.6% 、5.0% 、5.4% 和 5.8% 所对应的试件的有效沥青饱和度，也一并列于表 5-16 中。

马歇尔试件的体积参数　　　　　　表 5-16

油石比 （%）	沥青含量 （%）	最大理论 相对密度	毛体积 密度	空隙率 （%）	矿料间隙率 （%）	有效沥青饱和度 （%）
4.2	4.03	2.784	2.499	10.2	18.6	45.2
4.6	4.40	2.765	2.531	9.15	17.9	48.9
5.0	4.76	2.748	2.573	6.37	16.8	62.1
5.4	5.12	2.730	2.600	4.80	16.3	70.1
5.8	5.48	2.713	2.598	4.24	16.6	74.5

（2）马歇尔试验测试结果

进行马歇尔试验，测定马歇尔稳定度和流值，测试结果列于表 5-17 中。

稳定度与流值　　　　　　表 5-17

油石比（%）	稳定度（kN）	流值（0.1mm）	劲度模量（kN/mm）
4.2	9.2	25.5	23.46
4.6	10.8	30.7	33.16
5.0	11.9	31.7	37.72
5.4	11.1	32.0	35.52
5.8	10.0	33.5	33.50

3. 确定最佳油石比

（1）绘制体积参数与油石比关系曲线（图 5-4 ～ 图 5-8）

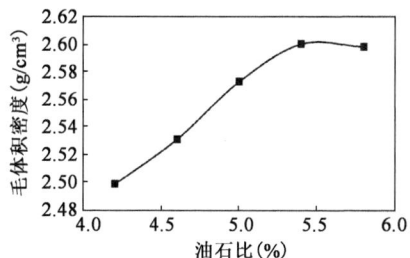

图 5-4　油石比-毛体积密度关系曲线　　图 5-5　油石比-矿料间隙率 VMA 关系曲线

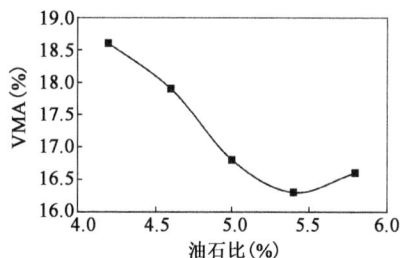

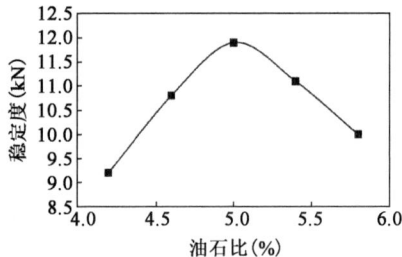

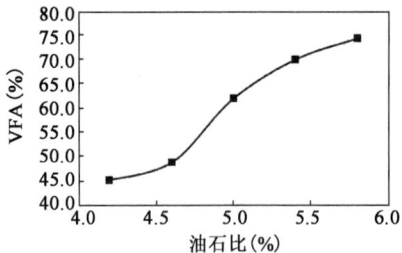

图 5-6　油石比-有效沥青饱和度 VFA 关系曲线　　　　图 5-7　油石比-稳定度关系曲线

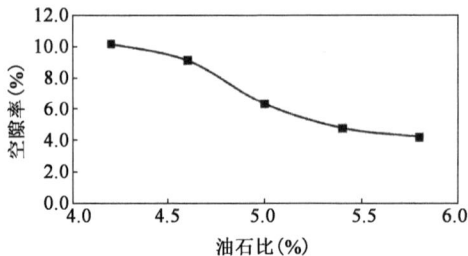

图 5-8　油石比-空隙率关系曲线

（2）计算最佳油石比

求算 OAC_1 ：

由图查得最大毛体积密度所对应的油石比 $a_1 = 5.4\%$ ，最大马歇尔稳定度所对应的油石比 $a_2 = 5.0\%$ ；根据《公路沥青路面施工技术规范》（JTG F40—2004）设计空隙率范围的中值 5% 所对应的油石比 $a_3 = 5.3\%$ ；按《公路沥青路面施工技术规范》（JTG F40—2004）规定沥青饱和度的中值 70% 所对应的油石比 $a_4 = 5.4\%$ 。其平均值为

$$OAC_1 = (a_1 + a_2 + a_3 + a_4)/4 = (5.4\% + 5.0\% + 5.3\% + 5.4\%)/4 = 5.3\%$$

求算 OAC_2 ：

根据试验结果，求满足稳定度、流值、沥青饱和度以及空隙率要求的油石比共同范围。显而易见，公共油石比范围为 4.2% ~ 5.8% ，其中值即为 $OAC_2 = 5.0\%$ 。

确定最佳油石比：

$$OAC = (OAC_1 + OAC_2)/2 = (5.3\% + 5.0\%)/2 = 5.2\%$$

由试验结果得，沥青混合料的最佳油石比为 5.20% ，也即沥青含量为 4.94% 。

4. 计算有效沥青含量 P_{be}

沥青混合料中，被集料吸收的沥青结合料所占比例为

$$P_{ba} = \frac{\gamma_{se} - \gamma_b}{\gamma_{se} \times \gamma_{sb}} \times \gamma_b \times 100 = \frac{2.9993 - 1.026}{2.9993 \times 2.946} \times 1.026 \times 100 = 22.9\%$$

$$P_{be} = P_b - \frac{P_{ba}}{100} \times P_s = 4.94 - \frac{22.9}{100} \times 0.96 = 4.7\%$$

有效沥青体积百分率按下式计算：

$$V_{be} = \frac{\gamma_f \times P_{be}}{\gamma_b} = \frac{2.499 \times 0.047}{1.026} = 11.4\%$$

5. 确定沥青混合料的粉胶比

对于所配制的沥青混合料,按下式计算其粉胶比:

$$\mathrm{FB} = \frac{P_{0.075}}{P_{\mathrm{be}}} = \frac{5.80}{4.7} = 1.23$$

一般来说,沥青混合料的粉胶比宜为 0.8 ~ 1.2,但如果在 0.6 ~ 1.6 范围内,也是可以的。因此,该沥青混合料的粉胶比 1.23 虽略偏高,但基本上是符合要求的。

6. 按集料表面积估算混合料油石比

按表 5-18 计算集料的表面积,SA 为 5.8438m²/kg。

集料表面积计算

表 5-18

筛孔(mm)	通过率(%)	表面积系数(m²/kg)	表面积(m²/kg)
16	100	0.41	0.41
13.2	98.0	0.41	0.41
9.5	75.3	0.41	0.41
4.75	52.5	0.41	0.2152
2.36	35.0	0.82	0.287
1.18	25.0	1.64	0.410
0.6	19.4	2.87	0.5568
0.3	13.2	6.14	0.8105
0.15	10.2	12.29	1.2536
0.075	5.8	32.77	1.9007
合计	—	—	5.8438

如果按沥青厚度 8μm 为最合适来计算,沥青密度以 1.026 计,则沥青混合料有效沥青的油石比估计为

$$P_{\mathrm{ae}} = \mathrm{SA} \times \mathrm{DA} \times \gamma_{\mathrm{b}} \times 1000 = 5.8438 \times 8 \times 10^{-6} \times 1.026 \times 1000 = 0.048$$

即有效油石比为 4.8% ,折合有效沥青含量为 4.6% ,与设计结果完全符合,说明混合料设计是合理的。

五、设计混合料路用性能检验

1. 高温稳定性检验

采用轮辙试验检验沥青混合料的高温稳定性,首先按照上述试验确定的矿料配合比和最佳油石比成型轮辙板试件。在温度 60℃、轮压 0.7MPa 条件下进行轮辙试验,测得动稳定度为 1943 次/mm,符合规范大于 1000 次/mm 的要求。

2. 抗水损害性能检验

按照上述试验所确定的集料配合比和最佳油石比,重新成型马歇尔试件,进行浸水马歇尔残留稳定度试验和冻融劈裂试验,以检验沥青混合料的抗水损害性能。对沥青混合料的抗水损害性能的检验结果见表 5-19 和表 5-20。试验结果表明,所设计的沥青混合料抗水损害性能满足规范要求。

浸水马歇尔残留稳定度试验　　　表 5-19

试件编号	试验条件	马歇尔稳定度（kN）		浸水残留稳定度（%）
		测试值	平均值	
1	60℃,0.5h	9.6	10.3	92.2
2		11.3		
3		10.1		
4	60℃,48h	9.1	9.5	
5		10.0		
6		9.4		

冻融劈裂试验　　　表 5-20

试件编号	试验条件	劈裂强度（MPa）		劈裂强度比（%）
		测试值	平均值	
1	冻融循环	1.13	1.15	82.9
2		1.25		
3		1.06		
4	未冻融	0.91	0.95	
5		0.87		
6		1.08		

六、目标配合比设计成果汇总

沥青混合料配合比设计结果汇总见表 5-21。

AC-13 型沥青混合料配合比设计成果　　　表 5-21

成果内容										
筛孔尺寸(mm)	16	13.2	9.5	4.75	2.36	1.18	0.6	0.3	0.15	0.075
集料级配(%)	100	98	75	52	35	24	17	13	10	6

集料配合比	0~5mm 石屑	41%
	5~10mm 碎石	28%
	10~15mm 碎石	25%
	矿粉	6%
最佳沥青用量	油石比	5.2%
	含油率	4.9%
马歇尔指标	稳定度	10.3kN
	流值	30×0.1mm
	空隙率	5.0%
	矿料间隙率	16.5%
	有效沥青饱和度	66%
	沥青混合料毛体积密度	2.587g/cm³

续上表

成果内容		
技术性能	马歇尔残留稳定度	92.2%
	冻融劈裂强度比	82.9%
	动稳定度	1943 次/mm

注:作为设计成果的级配已在合成级配的基础上略作调整。

【思考题】

5-1 沥青混合料有哪些体积参数? 思考这些体积参数与沥青混合料路用性能的相关性。

5-2 随着沥青用量的增加,通常沥青混合料试件的毛体积密度、马歇尔稳定度呈先增再减的变化,试分析原因。

5-3 请从设计原理、设计方法、试件成型方法、设计指标、设计流程、性能测试方法等方面,比较维姆混合料设计方法、GTM 沥青混合料设计方法、Superpave 混合料设计方法的差异和优缺点。

5-4 当沥青混合料的矿料间隙率小于设计要求时,应如何调整?

5-5 简述法国高模量沥青混合料设计方法的基本原理、设计指标和性能测试方法。

5-6 与马歇尔法相比,维姆混合料设计方法在优化集料表面裹覆沥青厚度、增强稳定度和提升耐久性方面的优势如何? 在实际工程中,维姆法与马歇尔法的适用场景有哪些不同?

5-7 在马歇尔试验中,试件的毛体积密度、空隙率、有效沥青饱和度和矿料间隙率等体积参数指标对沥青混合料的性能有何影响? 如何平衡这些参数以优化混合料的性能?

5-8 实际工程中,气候因子(如高温导致的轮辙、低温导致的裂缝、降雨导致的水损害)如何影响沥青路面的长期性能? 可以采取哪些措施预防或减轻这些影响?

【小组讨论】

5-1 马歇尔设计方法沿用至今已有80余年历史,请分析马歇尔设计方法的优点和不足。

5-2 讨论大数据、人工智能等在沥青混合料设计中的应用。

5-3 讨论在保持马歇尔设计方法简单、易用优点的同时,如何在不显著提高成本的情况下进行必要的技术改进和设备更新。

【拓展阅读】

5-1　SEBAALY H,VARMA S,MAINA J W. Optimizing asphalt mix design process using artificial neural network and genetic algorithm[J]. Construction and Building Materials,2018,168:660-670.

5-2　刘志杨,董泽蛟,周涛,等. 基于材料信息学的沥青混合料性能提升综述及展望[J]. 中国公路学报,2024,37(4):98-120.

5-3　曾国东,闫翔鹏,李浩. 全厚式长寿命沥青路面设计与施工[M]. 北京:人民交通出版社,2024.

5-4　王林,王晓燕. 国内外沥青混合料设计方法研究与工程应用[M]. 北京:人民交通出版社股份有限公司,2022.

5-5　张金升,郝秀红,张旭. 沥青混合料及其设计与应用[M]. 哈尔滨:哈尔滨工业大学出版社,2013.

5-6　WEST R,RODEZNO C,LEIVA F. Development of a frameworkfor balanced mix design [R]. Auburn:National Center for Asphalt Technology at Auburn University, 2018.

第六章

沥青混合料 Superpave 设计方法

【内容提要】

本章简单介绍了Superpave 设计方法发展历程,阐述了Superpave 设计方法的设计指标、设计流程,重点讲述了Superpave 设计方法设计水平 1 中的材料选择、集料级配的确定、沥青初始用量预估、各级配混合料试件成型、试拌级配压实特性评价、设计沥青用量的选择、沥青混合料水稳定性评价等步骤,并给出了沥青混合料Superpave 设计方法设计实例。

第一节 概 述

美国 SHRP 是美国国会 1987 年批准的为期 5 年、耗资 1.5 亿美元的研究计划,旨在改善全国的道路性能与提高耐久性,进一步保障养护工人和行驶者的安全。沥青研究项目是整个SHRP 计划的第一大课题,研究经费占整个 SHRP 研究计划的1/3。SHRP 沥青研究项目的主要任务是制定一个以路面性能为基础的沥青结合料规范、沥青混合料规范以及相配套的沥青混合料设计方法。其核心成果为两个规范、一个设计方法,即沥青胶结料性能 PG 分级规范、沥青混合料 Superpave 路用性能规范,以及沥青混合料 Superpave 设计方法。本章介绍沥青混合料 Superpave 设计方法。

沥青混合料 Superpave 设计方法根据项目所在地的气候和设计交通量,把材料选择与混合料设计集中在体积设计法中,适用于新拌沥青混合料、再生沥青混合料、密级配沥青混合料、改性或不改性沥青混合料及特殊混合料,如 SMA 等。该方法要求在设计沥青路面时,充分考虑服务期内温度对路面的影响,要求路面在最高设计温度时能满足高温性能的要求,不产生过量的轮辙;在最低设计温度时能满足低温性能的要求,避免或减少低温开裂;在常温范围内,尽量控制疲劳开裂。其特点包括:

①对于沥青结合料,采用旋转薄膜烘箱试验来模拟沥青混合料在拌和与摊铺过程中的老化,采用压力老化容器模拟沥青在路面使用过程中的老化。

②对于集料,在进行混合料级配设计时,采用控制点和限制区的概念来限定,优选试验级配设计。

③对于沥青混合料,在拌好后,采用短期老化来模拟沥青混合料在拌和、摊铺、压实过程中的老化,沥青混合料试件采用旋转压实仪制备。试件压实过程中,记录旋转压实次数与试件高度的关系,从而对沥青混合料体积特性进行评价。

沥青混合料 Superpave 设计方法根据道路交通量的不同,按表 6-1 分为三个设计水平,即设计水平 1、设计水平 2 和设计水平 3。

①设计水平 1 为混合料的体积设计,它是沥青混合料 Superpave 设计的基础。设计沥青用量通过分析压实沥青空隙率、沥青用量和集料特性等物理指标获得。

②设计水平 2 为中等路面性能水平的混合料设计,它是在体积设计基础上进行一套混合料性能试验,从而预测路面随时间产生的永久变形、疲劳开裂和低温开裂的程度。

③设计水平 3 为高级路面性能水平的混合料设计,它是在体积设计后进行一系列温度范围内的混合料性能试验,但不同于设计水平 2 仅采用单一有效温度来进行试验,因此该预测更为严格。

当前应用主要停留在设计水平 1 上,即仍然以体积法为设计的依据。

设计水平与相应的设计交通量 表 6-1

设计水平	1	2	3
设计交通量(EASLs,80kN)[①]	轻交通量,≤10^6	中等交通量,≤10^7	重交通量,>10^7
试验要求[②]	选择材料和体积配合比	水平 1 + 性能预测试验	水平 1 + 扩大的性能预测试验

注:①设计机构可对交通量范围进行调整。
    ②在所有情况下,水敏感性都用 AASHTO T 283 评价。

Superpave 设计方法为美国 SHRP 计划的重要研究成果,其核心理念是构建一种基于路用性能的沥青混合料设计体系。该方法提出了基于路用性能的沥青结合料 PG 分级体系,开发了旋转压实仪,同时建立了基于交通量的压实次数选取标准。但 Superpave 设计方法仍然是一种体积参数设计方法,核心思路仍是基于沥青混合料体积参数优化矿料级配和确定最佳沥青用量,可以被认为是马歇尔设计方法的改进版。Superpave 设计方法自问世以来持续发展,2004 年美国 AASHTO 颁布了《沥青混合料 Superpave 体积设计标准规程》(AASHTO R 35),并于 2009 年、2015 年、2022 年等更新完善。2005 年,Brown 指出 Super-pave 设计方法进入"modification era",标志着该方法开始朝更科学和实用的方向发展。2015 年,Hekmatfar 等人提出"Superpave 5.0 设计方法",其显著特点是将沥青混合料的室内设计空隙率与现场路面空隙率统一控制为 5.0% ,改变了传统设计中室内空隙率 4.0% 和现场空隙率 7% 的设定。这种改进使得路面在竣工时即可达到室内设计的密实状态,从而将路面的疲劳寿命提升 10% ~20% 。

第二节　沥青混合料 Superpave 设计要求

一、设计水平 1 混合料设计——体积设计

设计水平 1 混合料设计是基于经验与混合料性能建立的。该水平设计用于轻交通量,是各级设计的基础。

1. 材料选择

沥青混合料 Superpave 设计过程主要分为四个步骤:(a) 材料选择(集料、沥青结合料、改性剂等) ;(b) 设计集料级配;(c) 设计沥青结合料含量;(d) 沥青混合料水敏感性评估。

材料选择包括确定路面项目交通和环境因素,同时根据交通量水平和面层的厚度,选择这个项目所需沥青结合料的性能等级。此外,还要确定集料要求,材料选择要满足相关标准。

设计集料级配是一个反复试验的过程。此阶段包括对可用的矿料,采用不同百分比进行混合,以使级配符合 Superpave 的要求。通常要进行三种试拌合成级配,如果某种试拌合成级配在预估的沥青结合料含量下具有合适的体积特性(基于交通和气候条件),那么此种试拌合成级配就是最佳级配,从而成为设计集料级配。

设计沥青结合料含量,即在设计集料级配下,改变沥青结合料含量,同时对照沥青混合料标准,以获得可接受的体积参数和压实特性(基于交通和气候条件)。此阶段是对上一阶段所得结果的验证。在设计沥青结合料含量下,设计集料级配成了生产配合比。

用《压实沥青混合料抗水损害试验的标准方法》(AASHTO T 283-22) 试验评价设计沥青混合料水敏感性,以判断其抗水损害性能。

选择集料、沥青结合料和改性剂的基础是环境、交通量以及路面要求的性能。选择时,要求权衡性能要求和材料的经济性。

(1)集料

针对集料,应考虑以下技术指标,包括:(a) 粗集料棱角性;(b) 细集料棱角性;(c) 扁平细长颗粒含量;(d) 黏土含量。

路面结构层位置和交通量水平不同,集料的技术要求也不同。靠近路面表面层的结构受到较大的应力,故对相应结构层的材料要求更严格。除了上述特性外,还有一些集料技术指标也是至关重要的,如坚固性、安定性和杂质含量等。然而,由于料源的差异,这些指标的要求不是强制性的,可根据业主的要求协商确定。

粗集料(2.36mm 筛孔的筛余部分)和细集料(通过 2.36mm 筛孔的部分)的要求见表 6-2。填料为通过 0.075mm 筛孔的粉料。

Superpave 混合料集料设计要求 表6-2

交通量 （ESALs）	粗集料棱角性		细集料棱角性		坚固性	安定性	杂质含量	黏土含量 （砂当量） （%）	扁平细长 颗粒含量 （%）	矿粉与有效 沥青用量比
	在路面下深度 （mm）		在路面下深度 （mm）							
	<100	>100	<100	>100						
$<3\times10^5$	55/—	—/—	—	—				40	—	0.6~1.2
$<1\times10^6$	65/—	—/—	40	—				40	—	0.6~1.2
$<3\times10^6$	75/—	50/—	40	40				40	<10	0.6~1.2
$<1\times10^7$	85/80	60/—	—	—				45	<10	0.6~1.2
$<3\times10^7$	95/90	80/75	45	40				45	<10	0.6~1.2
$<1\times10^8$	100/100	95/90	45	45				50	<10	0.6~1.2
$>1\times10^8$	100/100	100/100	45	45				50	<10	0.6~1.2
备注	85/80 为 85% 有一个破碎面,80% 有两个破碎面		百分比为压缩细集料的间隙率		—			—		—

在表6-2中,扁平细长颗粒含量是指最大、最小尺寸比大于5的集料占粗集料的质量百分率。

（2）沥青结合料

沥青结合料的性能等级根据工程所在地的气候和交通条件进行选择,即根据路面的最高和最低设计温度和交通条件加以选择(表6-3)。

根据气候、交通速度和交通量选择沥清结合料性能等级 表6-3

荷载	最高路面设计温度(℃)						
停车	≥28~<34	≤34~<40	≤40~<46	≤46~<52	≤52~<58	≤58~<64	≤64~<70
慢速(50km/h)	≥34~40	≤40~<46	≤46~<52	≤52~<58	≤58~<64	≤64~<70	≤70~<76
快速(100km/h)	≥40~<46	≤46~<52	≤52~<58	≤58~<64	≤64~<70	≤70~<76	≤76~<82
最低路面设计温度(℃) > −10	PG 46-10	PG 52-10	PG 58-10	PG 64-10	PG 70-10	PG 76-10	PG 82-10
> −16~≤ −10	PG 46-16	PG 52-16	PG 58-16	PG 64-16	PG 70-16	PG 76-16	PG 82-16
> −22~≤ −16	PG 46-22	PG 52-22	PG 58-22	PG 64-22	PG 70-22	PG 76-22	PG 82-22
> −28~≤ −22	PG 46-28	PG 52-28	PG 58-28	PG 64-28	PG 70-28	PG 76-28	PG 82-28
> −34~≤ −28	PG 46-34	PG 52-34	PG 58-34	PG 64-34	PG 70-34	PG 76-34	PG 82-34
> −40~≤ −34	PG 46-40	PG 52-40	PG 58-40	PG 64-40	PG 70-40	—	—
> −46~≤ −40	PG 46-46	PG 52-46	PG 58-46	PG 64-46			
地区	美国阿拉斯加—加拿大、美国北部		加拿大、美国北部	美国南部	美国西部、沙漠慢速或重交通道路		

最高路面设计温度按式(6-1)计算:

$$T_{20mm} = (T_{air}^{max} - 0.00618L_{at}^2 + 0.2289 + 42.2) \times 0.9545 - 17.78 \tag{6-1}$$

式中:T_{20mm}——位于20mm深处的最高路面设计温度,℃;

T_{air}^{max}——7d平均最高气温,℃;

L_{at}——工程的地理纬度,(°)。

最低路面设计温度按式(6-2)计算：

$$T_{min} = 0.0859 T_{air}^{min} + 1.7 \qquad (6-2)$$

式中：T_{min}——最低路面设计温度，℃；

T_{air}^{min}——平均年最低气温，℃。

具体选择沥青结合料方法如下：

①选择荷载类型。

②水平移动到最高路面设计温度。

③向下移动到最低路面设计温度。

④确定结合料等级。

⑤若 $ESALs > 10^7$，考虑增加一个高温等级；若 $ESALs > 3 \times 10^7$，再增加一个高温等级。

例如，选择停车荷载，应根据最高路面设计温度 57℃，从表6-3中选取满足最高路面设计温度为57℃的温度范围，根据最低路面设计温度 −25℃，从表6-3中选取满足最低路面设计温度为 −25℃的温度范围。据此确定沥青结合料等级为 PG 70-28。

2. 集料级配的确定

沥青混合料 Superpave 设计的级配选择，必须注意在控制点以内不得通过限制区。为规范级配，用0.45次方级配图确定容许级配。该级配在图上为最大集料尺寸到原点的一条直线，图的纵坐标为通过百分率，横坐标为筛孔，其坐标值等于筛孔尺寸的 0.45 次方。最大公称尺寸为 25mm、19mm、12.5mm 的级配控制点范围见表6-4、表6-5 和表6-6。集料级配限制区见表6-7。

最大公称尺寸 25mm 的级配限制区　　　　　　　　表6-4

筛孔尺寸 (mm)	控制点(通过百分率,%)	
	最小	最大
0.075	1	7
2.36	19	45
19.0	—	90
最大公称尺寸 25mm	90	100
最大集料尺寸 37.5mm	100	—

最大公称尺寸 19mm 的级配限制区　　　　　　　　表6-5

筛孔尺寸 (mm)	控制点(通过百分率,%)	
	最小	最大
0.075	2	8
2.36	23	49
12.5	—	90
最大公称尺寸 19mm	90	100
最大集料尺寸 25mm	100	—

最大公称尺寸 **12.5mm** 的级配限制区　　　　　　　　　　　表6-6

筛孔尺寸	控制点(通过百分率,%)	
(mm)	最小	最大
0.075	2	10
2.36	28	58
9.5	—	90
最大公称尺寸 12.5mm	90	100
最大集料尺寸 19mm	100	—

集料级配限制区边界　　　　　　　　　　　表6-7

限制区内筛孔尺寸 (mm)	最大公称尺寸 (最小/最大通过百分率,%)				
	37.5mm	25.0mm	19.0mm	12.5mm	9.5mm
4.75	34.7/34.7	39.5/39.5	—	—	—
2.36	23.3/27.3	26.8/30.8	34.6/34.6	39.1	47.2/47.2
1.18	15.5/21.5	18.1/24.1	22.3/28.3	25.6/31.6	31.6/37.6
0.6	11.5/15.7	13.6/17.7	16.7/20.7	19.1/23.1	23.5/27.5
0.3	10.0/10.0	11.4/11.4	13.7/13.7	15.5/15.5	18.7/18.7

　　初试级配需要选择三个级配,以便进行比较。对于路面表面层、中面层和下面层,其最大公称尺寸的选择并无标准,可根据已有经验和集料在路面结构中的位置决定。建议集料公称尺寸见表6-8。

建议集料公称尺寸　　　　　　　　　　　表6-8

路面层位	表面层	中面层	下面层
集料公称尺寸(mm)	9.5~12.5	25.0~37.5	25.0~37.5

　　3.沥青初始用量预估

　　①计算试验级配混合料总的毛体积密度和表观密度 G:

$$G = \frac{P_1 + P_2 + \cdots + P_n}{\dfrac{P_1}{G_1} + \dfrac{P_2}{G_2} + \cdots + \dfrac{P_n}{G_n}} \tag{6-3}$$

式中:P_1、P_2、$\cdots$、P_n——各档集料占总集料的质量百分率,%;

　　　　G_1、G_2、$\cdots$、G_n——各档集料的毛体积密度或表观密度,g/cm³。

　　②估计全部集料的有效密度 G_{se}:

$$G_{se} = G_{sb} + 0.8(G_{sa} - G_{sb}) \tag{6-4}$$

式中:G_{sa}——全部集料的表观密度,g/cm³;

　　　　G_{sb}——全部集料的毛体积密度,g/cm³。

　　③估计吸入沥青体积 V_{ba}:

$$V_{ba} = W_s \times \left(\frac{1}{G_{sb}} - \frac{1}{G_{se}} \right) \tag{6-5}$$

式中：W_s——单位体积（如1cm^3）混合料中集料的质量，g。

$$W_s = \frac{P_s \times (1 - V_a)}{\dfrac{P_b}{G_b} + \dfrac{P_s}{G_{se}}} \tag{6-6}$$

式中：P_b——沥青质量百分率，假定5%；

$\quad\ P_s$——集料质量百分率，假定95%；

$\quad\ G_b$——沥青密度，g/cm^3，实测值或假定1.02g/cm^3；

$\quad\ V_a$——空隙率，固定为4%。

④根据经验回归方程估计有效沥青用量：

$$V_{be} = 0.176 - 0.0675 \lg S_n \tag{6-7}$$

式中：S_n——集料中最大公称尺寸，mm。

⑤用吸收沥青体积V_{ba}和有效沥青体积V_{be}计算初始试验沥青用量P_{bi}（以混合料总质量计）：

$$P_{bi} = \frac{G_b (V_{be} + V_{ba})}{G_b (V_{be} + V_{ba}) + W_s} \tag{6-8}$$

4.各级配混合料试件成型

有三种试验级配和计算出相应的初始试验沥青用量后，即可成型试件。根据交通量等级和平均设计气温选择压实力，即设计旋转压实次数N_d，其步骤如下。

①根据表6-9确定不同交通量水平和最高温度环境下初始旋转压实次数N_i、设计旋转压实次数N_d和最大旋转压实次数N_m。

设计旋转压实次数 表6-9

设计交通量（ESALs）	7d 最高平均气温（℃）											
	<39			39~41			41~43			43~45		
	N_i	N_d	N_m	N_i	N_d	N_m	N_i	N_d	N_m	N_i	N_d	N_m
$<3 \times 10^5$	7	68	104	7	74	114	7	78	121	7	82	127
$<1 \times 10^6$	7	76	117	7	83	129	7	88	138	8	93	146
$<3 \times 10^6$	7	86	134	8	95	150	8	100	158	8	105	167
$<1 \times 10^7$	8	96	152	8	106	169	8	113	181	9	119	192
$<3 \times 10^7$	8	109	174	9	121	195	9	128	208	9	135	220
$<1 \times 10^8$	9	126	204	9	139	228	9	146	240	10	153	253
$\geq 1 \times 10^8$	9	143	235	10	158	262	10	165	275	10	172	288

美国《沥青混合料Superpave体积设计标准规程》（AASHTO R 35-22）对表6-9进行了简化，考虑到7d最高平均气温大于39℃的情况几乎很少发生，同时交通量的预测也不可能十分准确，于是将交通量分级又做了简化。这样就提出了旋转压实次数与交通量的关系，见表6-10。

Superpave 旋转压实参数　　　　　　　　表 6-10

设计交通量 (10^6 ESALs)	压实参数			应用道路情况
	N_i	N_d	N_m	
<0.3	6	50	75	轻交通道路
0.3 ~ <3	7	75	115	中等交通道路
3 ~ <30	8	100	160	中等到重交通道路
≥30	9	125	205	重交通道路

N_d 是由设计沥青用量在空隙率 4% 条件下产生的,根据交通量和平均设计气温确定。

N_m 是混合料密度小于最大理论密度 98% 或空隙率大于 2% 时的最大旋转压实次数,可根据式(6-9)确定:

$$\lg N_m = 1.10 \lg N_d \tag{6-9}$$

混合料密度小于最大理论密度 89% 的最大旋转压实次数,可按式(6-10)确定:

$$\lg N_i = 0.451 \lg N_d \tag{6-10}$$

Superpave 混合料设计压实度要求见表 6-11。

Superpave 混合料设计压实度要求　　　　　　　　表 6-11

压实参数	N_i	N_d	N_m
密度(最大理论密度百分率,%)	$C_i < 89$	$C_d = 96$	$C_m < 98$

②根据《用 SHRP 旋转压实仪制备改性和未改性热拌沥青混合料试样的标准规程》(SHRP M-007),松散沥青混合料经短期老化后,再按照《用 Superpave 旋转压实仪制备和测定沥青混合料试样密度的标准试验方法》(AASHTO T 312-22),采用旋转压实仪压实成型试件。该仪器能自动采集试件旋转压实次数与试件密度。

③测定混合料最大理论密度。

5. 试拌级配压实特性评价

评价各试验级配压实特性,特别是要估计空隙率 4% 条件下的 N_d 和 VMA,同时也要评价 N_i 和 N_m 时密度是否满足 Superpave 标准。

由于初始试验沥青混合料的空隙率不可能正好为 4%,故必须对沥青用量进行调整。调整后,会引起 VMA 和 VFA 的变化,但这一调整是必要的。调整方法如下。

①根据集料最大公称尺寸按表 6-12 确定 VMA。

集料骨架空隙率标准　　　　　　　　表 6-12

公称尺寸(mm)	9.5	12.5	19.0	25.0	37.5	50.0
最小 VMA(%)	15	14	13	12	11	10.5

②根据旋转压实次数与密度的关系曲线,评价三个关键压实点 N_i、N_d 和 N_m 相应的密度 C_i、C_d 和 C_m。

③计算 N_d 时的 V_a 和 VMA,应先根据最大理论密度 G_{mm} 和压实度 C_d 计算 N_d 时的毛体积密度 G_{mb}:

$$G_{mb} = C_d \times G_{mm}$$

$$V_a = 100 \times \frac{G_{mm} - G_{mb}}{G_{mm}}$$

$$VMA = 100 - \frac{G_{mb}P_s}{G_{sb}}$$

$$(6-11)$$

④计算设计空隙率4%时的VMA，并与N_d时的VMA要求相比较。

a. 计算试验混合料空隙率与设计空隙率的差值：

$$\Delta V_a = 4 - V_a \tag{6-12}$$

式中：V_a——试验混合料在设计旋转压实次数N_d下的空隙率，%。

b. 将空隙率变成4%后，沥青用量的变化ΔP_b：

$$\Delta P_b = -4.0 \times \Delta V_a \tag{6-13}$$

c. 估计沥青用量变化ΔP_b引起VMA的变化ΔVMA：

$$\Delta VMA = 0.2\Delta V_a \qquad (V_a > 4\%)$$

$$\Delta VMA = -0.1 \times \Delta V_a \qquad (V_a < 4\%)$$

$$(6-14)$$

d. 计算设计空隙率4%的$VMA_{设计}$：

$$VMA_{设计} = VMA_{试验} + \Delta VMA \tag{6-15}$$

式中：$VMA_{设计}$——在设计空隙率4%下估计的VMA；

$VMA_{试验}$——在初始试验沥青用量下确定的VMA。

⑤确定设计空隙率为4%时的N_d，估计N_i和N_m时的密度：

$$C_i(设计) = C_i(试验) - \Delta V_a$$

$$C_m(设计) = C_m(试验) - \Delta V_a$$

$$(6-16)$$

⑥比较设计沥青用量下估计的体积参数是否满足设计空隙率4%，且应符合表6-12、表6-13的要求。

沥青饱和度标准　　　　表6-13

设计交通量（ESALs）	$< 3 \times 10^5$	$< 3 \times 10^6$	$< 1 \times 10^8$	$> 1 \times 10^8$
设计 VFA(%)	70~80	65~78	65~75	65~75

⑦试验级配不满足Superpave标准的补救措施如下。

一般来说，当VMA满足标准时，C_i和C_m也将会满足标准。当VMA不足时，有两种方法可以增大试验级配的VMA。

a. 在控制点范围内，调整各集料比例会增大VMA。通常，在0.45次方图上偏离最大密度线会增大VMA。

b. 改变集料破碎面或纹理特性可增大VMA。

如果级配已覆盖整个级配控制区域，则只能另选料源。

263

6. 设计沥青用量的选择

设计沥青用量是指在设计旋转压实次数条件下产生 4% 空隙率的沥青用量。因此,需要有几个不同压实度沥青试件,然后进行选择,其步骤如下。

①选择四个沥青用量。

在初始设计沥青用量 P_b 的基础上,以 $P_b - 0.5\%$、$P_b + 0.5\%$、$P_b + 1.0\%$ 及 P_b 四种沥青用量为评价基础。

②成型四种沥青用量的混合料试件。

根据表 6-10,选择 N_i、N_d 及 N_m。按《用 SHRP 旋转压实仪制备改性和未改性热拌沥青混合料试样的标准规程》(SHRP M-007)和《用 Superpave 旋转压实仪制备和测定沥青混合料试样密度的标准试验方法》(AASHTO T 312-22)成型试件,并测定试件的最大理论密度。

③选择相应于空隙率为 4% 的沥青用量。

a. 评价四种沥青用量的密度曲线,测量三个关键点 N_i、N_d 及 N_m 相应的密度 C_i、C_d 及 C_m。

b. 确定相应于 N_d 条件下的 V_a、VMA 及 VFA。

c. 画出不同沥青用量的 V_a、VMA、VFA 及 C_d 的关系曲线图,由关系曲线图确定空隙率为 4% 的设计沥青用量。

d. 验证在设计沥青用量时是否满足 Superpave 要求。

7. 沥青混合料水稳定性评价

水稳定性试验按《压实沥青混合料抗水损害试验的标准方法》(AASHTO T 283-22)进行,步骤如下:

①按设计级配和设计沥青用量,按《用 Superpave 旋转压实仪制备和测定沥青混合料试样密度的标准试验方法》(AASHTO T 312-22)用旋转压实仪成型六个试件,空隙率为 7%。

②将试件分成两组。第一组为非条件试件,试件放在塑料袋内封好,放入 25℃ 水中水浴至少 2h 后进行试验。第二组为条件试验,其条件为加蒸馏水淹没试件,水深 25.4mm,加真空 254 ~ 660mmHg,5 ~ 10min 后恢复常压,浸水 5 ~ 10min 后测试饱水率,饱水率 >80% 的试件剔除,饱水率 <55% 的试件则再浸水。将合格的试件放入塑料袋内,加水 10mL 后将塑料袋扎紧。将试件在 -18℃ ±3℃ 的环境中放置至少 16h,再将试件在 60℃ ±1℃ 的水中浸泡 24h。去掉塑料袋,将试件放入 25℃ ±0.5℃ 的水中水浴,2h 后试验。用 50mm/min 的加载速率进行劈裂强度试验,测定试验前后的劈裂强度比(TSR)。如果劈裂强度比小于 80%,则应加抗剥落剂再重新试验,直到 TSR 大于 80% 为止。

二、设计水平 2 混合料设计

设计水平 2 混合料设计是在设计水平 1 的基础上进行的。根据 2 级水平设计,可以预估路面随时间产生的永久变形、疲劳开裂和低温开裂程度。设计水平 2 试验包括在有效温度(T_{eff})完成的试验,但试验非常简化,导致这些结果对性能预测的精度还不够。由于永久变形和疲劳开裂是在不同温度下形成的,故采用两个有效温度,即 $T_{eff}(PD)$ 和 $T_{eff}(FC)$。$T_{eff}(PD)$ 为单一温度,在该温度下预测的永久变形与多个温度分析所预测的将相同;$T_{eff}(FC)$ 也为单一温度,在该温度下将形成与按一年各个季节分别测量相同的疲劳破坏次数。设计水平 2 的性能试验见表 6-14。

设计水平2混合料性能试验 表6-14

永久变形试验	疲劳开裂试验	低温开裂试验
恒应力比重复剪切(三轴蠕变); 有效温度时的恒高度简单剪切; 有效温度时频率扫描	有效温度时频率扫描; 有效温度时恒高度简单剪切; 有效温度时间接抗拉强度	0℃、−10℃及−20℃时间接拉伸蠕变; −10℃时间接抗拉强度; 结合料弯曲梁试验的蠕变劲度和斜率

三、设计水平3混合料设计

设计水平3混合料设计类似于设计水平2,使用一套更完整的试验代替有效温度,使预测更为精确。设计水平3以体积设计为基础,选择三个沥青用量,进行混合料性能试验。通过对试验结果的评价,预测路面性能。设计水平3混合料性能试验内容见表6-15。

设计水平3混合料性能试验 表6-15

永久变形	疲劳开裂	低温开裂
恒应力比重复剪切[T_{eff}(PD)]; 体积(4℃、20℃、40℃); 单轴应变(4℃、20℃、40℃); 恒高度频率扫描(4℃、20℃、40℃); 恒高度简单剪切(4℃、20℃、40℃)	恒高度频率扫描(4℃、20℃、40℃); 间接抗拉强度(50mm/min)(4℃、20℃、40℃)	间接拉伸蠕变(4℃、20℃、40℃); 间接抗拉强度(12.5mm/min)(−20℃、−10℃、0℃)

第三节 Superpave-13沥青混合料设计案例

一、设计任务

某东部高速公路拟修建沥青路面,其表层沥青混合料按Superpave-13设计,要求获得良好的抗轮辙和抗水损害性能。

二、材料选择与级配设计

1. 原材料

沥青结合料采用东海牌SBS改性沥青,技术指标符合I-D标准。粗集料采用辉绿岩,细集料采用石灰岩,矿粉为石灰石矿粉。集料主要技术指标见表6-16。

集料主要技术指标 表6-16

集料(mm)	10~15	5~10	0~5	矿粉
表观相对密度	2.757	2.761	2.714	2.712
表干相对密度	2.729	2.718	—	—
毛体积相对密度	2.713	2.693	—	—
吸水率(%)	0.59	0.92	—	—

2.集料级配设计

按 Superpave 沥青混合料体积设计方法对集料的最大公称尺寸、级配控制点及级配限制区等级配进行规定,在级配选择时避免通过 Superpave 限制区。表 6-17 和图 6-1 为三种初选 Superpave-13 沥青混合料级配组成和级配曲线。

三种沥青混合料级配组成 表 6-17

级配类型	通过以下筛孔(mm)累积通过率(%)									
	16.0	13.2	9.5	4.75	2.36	1.18	0.6	0.3	0.15	0.075
S-1	100	95	70	41.5	30	22.5	16.5	12.5	8.5	6
S-2	100	97.5	79	58	44.5	32.5	24	17	12	6
S-3	100	98	77	50	33	22	17	13.5	10.5	6
限制区 最大	—	—	—	—	34.6	28.3	20.7	13.7	—	—
限制区 最小	—	—	—	—	34.6	22.3	16.7	13.7	—	—

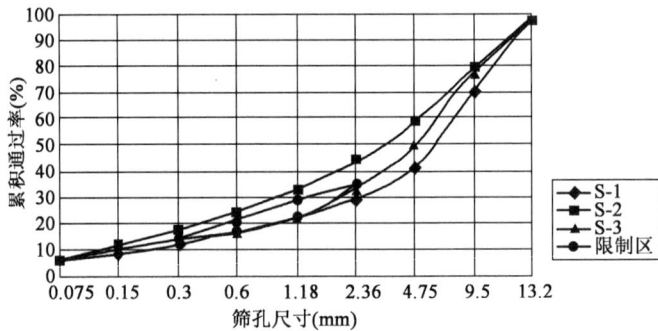

图 6-1 三种沥青混合料级配曲线

3.沥青混合料试件成型与评价

(1)初始沥青用量估算

根据集料的性质(密度、吸水率及各档集料组成),按照 Superpave 方法分别计算出三种级配的初始沥青用量(表 6-18)。确定初始沥青用量为 5.08%,油石比为 5.35%。

三种级配的初始沥青用量 表 6-18

级配	G_{sa}	G_{sb}	G_{se}	W_s	V_{ba}	V_{be}	P_{bi}
S-1	2.738	2.690	2.729	2.319	0.0122	0.110	0.0508
S-2	2.730	2.684	2.721	2.313	0.0117	0.110	0.0507
S-3	2.736	2.687	2.726	2.317	0.0124	0.110	0.0509

(2)旋转压实参数的确定

按照美国《沥青混合料 Superpave 体积设计标准规程》(AASHTO R 35-22)试验规程,沥青混合料旋转压实参数与设计交通量(ESALs)能力的对应关系见表 6-10。所设计的某高速公路交通期望值在 $30 \times 10^6 \sim 40 \times 10^6$ 之间,因而旋转压实次数采用 $N_i = 9$、$N_d = 125$、$N_m = 205$。

(3)试件旋转压实成型

用 Superpave 旋转压实仪,在上述计算得到的初始沥青用量和压实参数下,将每种试验级配混合料压实成型两个试件。为最大限度模拟实际沥青混合料拌和与压实情况,对于改性沥青(PG 70-22),先在165～170℃下拌和,再将混合料置于135℃烘箱中4h,对沥青混合料进行短期老化,然后在135℃条件下进行沥青混合料的旋转压实成型。

(4)三种级配沥青混合料试件的体积参数

旋转压实成型采用高度控制模式,压实压力为600kPa,压实角为1.25°,转速为30r/min。在压实过程中,旋转压实仪自动记录旋转压实次数和试件高度的关系。表6-19列出旋转压实9次、125次、205次情况下试件高度、密度以及压实度。

三种级配沥青混合料密度及压实度计算 表6-19

级配	旋转压实次数	试件1			试件2			平均值	
		高度(mm)	G_{mb}	压实度(%)	高度(mm)	G_{mb}	压实度(%)	压实度(%)	空隙率(%)
S-1	9	86.7	2.183	84.52	87.5	2.169	83.96	84.24	15.76
	125	78.2	2.420	93.70	78.3	2.423	93.83	93.77	6.23
	205	77.0	2.458	95.16	77.2	2.458	95.17	95.16	4.84
	最大理论相对密度为2.5078								
S-2	9	87.3	2.160	86.30	87.2	2.160	86.32	86.31	13.69
	125	78.6	2.399	95.85	78.4	2.403	96.01	95.93	4.07
	205	77.4	2.436	97.34	77.3	2.437	97.37	97.36	2.64
	最大理论相对密度为2.5028								
S-3	9	86.4	2.167	86.49	88	2.156	86.07	86.28	13.72
	125	77.4	2.419	96.55	79.2	2.396	95.64	96.10	3.90
	205	76.2	2.457	98.07	78.0	2.433	97.11	97.59	2.41
	最大理论相对密度为2.5052								

将三种级配沥青混合料的压实试验结果汇总于表6-20中。

三种级配沥青混合料的压实试验结果 表6-20

级配	油石比(%)	压实度(%)			V_a(%)	VMA(%)
		$N_i=9$	$N_m=205$	$N_d=125$	$N_d=125$	$N_d=125$
S-1	5.35	84.24	95.93	93.77	6.23	14.61
S-2	5.35	86.31	97.36	95.93	4.07	15.16
S-3	5.35	86.28	96.10	97.59	3.90	14.55

(5)级配选择

尽管初始沥青用量是按照空隙率为4%来估算的,但是实际空隙率不会恰好为4%。因此,需要改变沥青用量来获得4%的空隙率。修正沥青用量会引起VMA变化,这样可以在相同设计空隙率条件下,对各个试验级配的VMA和VFA进行对比分析评价。

按照Superpave设计方法,对三种级配混合料的空隙率进行修正。表6-21列出空隙率为4%时沥青混合料物理结构参数。根据表中数据,在4%空隙率下S-1级配不满足《Superpave沥青混合料体积设计规范》(AASHTO M 323-22)要求。尽管S-2满足《Superpave沥青混合料体积设计规范》(AASHTO M 323-22)要求,但是由于 S-2 是一种密实型级配,级配中粗集料较少而细集料较多,这样的级配虽然具有较为良好的密实性,但是抗轮辙和抗滑性能较差,不适合作为高速公路面层材料。S-3 各项指标均满足规范要求,同时 S-3 级配中粗集料比 S-2 级配多,抗轮辙和抗滑性能较为良好,因此,选择 S-3 级配类型。

三种级配沥青混合料在 4% 空隙率下物理结构参数   表 6-21

级配	沥青用量(%)	在 N_d 下 VMA(%)	在 N_d 下 VFA(%)	在 N_i 下压实度(%)	在 N_m 下压实度(%)
S-1	5.97	14.16	71.75	86.47	98.16
S-2	5.11	15.15	73.60	86.38	97.43
S-3	5.04	14.54	72.49	86.18	97.49
规范值(AASHTO M 323-22)	—	>14.0	65~75	<89	<98

4. 确定最佳沥青用量

Superpave 设计方法中最佳沥青用量是指在设计旋转压实条件下得到空隙率为 4% 的沥青用量。根据 Superpave 设计方法,一般选择四种沥青用量,分别为 P_b、P_b +0.5% 、P_b +1% 和 P_b -0.5% 。为此,油石比采用 4.8% 、5.3% 、5.8% 和 6.3% ,在不同沥青用量下压实 S-3 级配沥青混合料试件,根据压实曲线计算相关参数(表 6-22)。

S-3 级配混合料不同沥青用量下的压实结果   表 6-22

油石比(%)	在 N_d 下压实度(%)	在 N_d 下空隙率(%)	在 N_d 下 VMA(%)	在 N_d 下 VFA(%)
4.8	94.5	5.5	15.41	64.00
5.3	95.9	4.1	15.07	72.55
5.8	97.0	3.0	15.02	79.75
6.3	98.2	1.8	14.82	87.96

分析沥青混合料各项物理参数,并绘制密度、空隙率、VMA、VFA 与沥青用量关系曲线(油石比与空隙率关系曲线见图 6-2,其他略),并由此确定满足规范要求的最佳沥青用量。根据图 6-2,空隙率为 4% 时油石比为 5.4% 。因此,确定 S-3 级配沥青混合料的最佳油石比为 5.4% ,最佳沥青用量为 5.1% 。

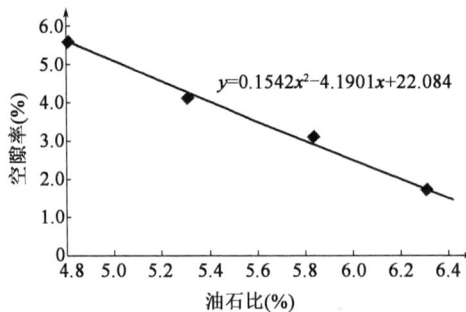

$$y=0.1542x^2-4.1901x+22.084$$

图 6-2   S-3 级配沥青混合料空隙率与油石比的关系

5.最佳用油量的验证

采用前述所确定的最佳沥青用量,采用最大旋转压实次数(205 次)旋转压实沥青混合料,并计算在初始旋转压实次数和设计旋转压实次数条件下沥青混合料的体积参数,见表6-23。表中各项指标均满足 Superpave 规范要求。

最佳用油量的验证结果 表 6-23

油石比 (%)	设计旋转压实次数条件下			初始压实度 (%)	最大压实度 (%)
	压实度(%)	VMA(%)	VFA(%)		
5.4	95.8	15.14	73.46	86.81	97.43
Superpave 规范要求	95~97	>14.0	65~75	<89	<98

三、沥青混合料性能评价

1.水稳定性

利用旋转压实仪成型空隙率为7%的试件,按《压实沥青混合料抗水损害试验的标准方法》(AASHTO T 283-22)进行冻融劈裂强度比试验,以评价 Superpave-13 沥青混合料的水稳定性。冻融前后三个试件劈裂强度比试验结果见表6-24。Superpave-13 沥青混合料劈裂强度比为90.6%,满足大于80%的规范要求,这表明 Superpave-13 沥青混合料具有良好的水稳定性。

冻融劈裂强度比试验 表 6-24

指标	试验结果	备注
冻融前劈裂强度	0.96MPa	空隙率为7%的三个试件平均值
冻融后劈裂强度	0.87MPa	空隙率为7%的三个试件平均值
劈裂强度比	90.6%	—
规范值	>80%	—

2.高温抗轮辙性能

按照《公路工程沥青及沥青混合料试验规程》(JTG E20—2011)中 T 0703 方法成型轮辙板,并按照 T 0719 方法进行沥青混合料轮辙试验,试验结果见表6-25。Superpave-13 沥青混合料动稳定度为3710 次/mm,满足《公路沥青路面施工技术规范》(JTG F40—2004)动稳定度大于3000 次/mm 的要求。

Superpave-13 沥青混合料轮辙试验 表 6-25

试件编号	指标	试验结果	平均值
1	60℃动稳定度 DS(次/mm)	3363	3710
2		3621	
3		4147	

【思考题】

6-1　Superpave 沥青混合料设计方法的基本步骤和流程是什么？

6-2　根据项目的气候条件和交通量，如何选择适合的沥青结合料？请说明选择的步骤及其依据。

6-3　试分析 Superpave 设计方法主要优缺点，并探讨如何改进。

6-4　Superpave 设计方法是否可以用于 SMA、OGFC 等沥青混合料设计？

6-5　Superpave 方法中三个设计水平的区别是什么？不同设计水平分别在什么情况下使用？

6-6　Superpave 采用何种方法成型沥青混合料试件？为什么采用这种方法？

6-7　Superpave 设计方法如何评价沥青混合料压实特性？

6-8　沥青混合料设计空隙率为 4%，但为什么采用空隙率为 7% 的试件进行冻融劈裂试验？

【小组讨论】

6-1　讨论 Superpave 沥青混合料设计方法仍存在的问题，并提出可能的改进建议。

6-2　讨论 Superpave 沥青混合料设计方法在我国的适用性。

6-3　讨论 Superpave 设计方法与马歇尔设计方法的异同和优缺点。

6-4　总结沥青混合料设计方法发展历程。

【拓展阅读】

6-1　美国沥青协会. 高性能沥青路面（Superpave）基础参考手册[M]. 贾渝，曹荣吉，李本京，编译. 北京：人民交通出版社，2005.

6-2　王林，王晓燕，等. 国内外沥青混合料设计方法研究与工程应用[M]. 北京：人民交通出版社股份有限公司，2022.

6-3　JESTER R N. Progress of Superpave（superior performing asphalt pavement）：evaluation and implementation[M]. West Conshohocken：ASTM International，1997.

6-4　ZEIADA W，LIU H，EZZAT H，et al. Review of the Superpave performance grading system and recent developments in the performance-based test methods for asphalt binder characterization[J]. Construction and Building Materials，2022，319：126063.

6-5　ROBERTS F L，MOHAMMAD L N，WANG L B. History of hot mix asphalt mixture design in the United States[J]. Journal of Materials in Civil Engineering，2002，14（4）：279-293.

PART 3 | 第三篇

常用沥青混合料

第七章

沥青玛琋脂碎石(SMA)混合料

【内容提要】

本章介绍了沥青玛琋脂碎石(SMA)混合料发展现状和技术特性,总结了沥青、集料、填料、纤维等原材料技术要求,介绍了 SMA 混合料技术要求和配合比设计方法,并给出了 SMA 混合料配合比设计实例。

第一节 概 述

一、发展现状

沥青玛琋脂碎石(stone mastic asphalt,SMA)是由沥青结合料与少量纤维稳定剂、细集料以及较多填料(矿粉)组成的沥青玛琋脂填充于间断级配的粗集料骨架间隙,组成一体的沥青混合料。SMA 路面最早产生于 20 世纪 60 年代的德国,当时是为了抵抗带钉轮胎对路面的磨耗,而在浇注式沥青混凝土(guss asphalt)的基础上增加碎石用量发展起来的,后逐渐推广应用到高速公路和城市道路。后来,尽管不再使用带钉轮胎,但 SMA 路面因为具有抗滑、抗轮辙等优良性能,逐渐在高速公路、重交通道路、红绿灯交叉口、机场跑道、桥梁铺装、车站与码头的货物装卸区等工程中广泛应用。

欧洲许多国家,如荷兰、瑞典、挪威、捷克等铺筑了相当数量的 SMA 路面。欧洲沥青路面协会(EAPA)为了推广 SMA 技术,于 1998 年出台了 SMA 设计草案。随后,欧洲一些国家在自己研究和应用的基础上,分别提出了各自的设计规范或指南。现行标准主要参照欧洲标准化委员会(CEN)制定的 EN 13108 中有关 SMA 的规范《沥青混合料-材料规范-第 5 部分:沥青玛蹄脂碎石》(EN 13108-5—2016),该规范规定了在道路、机场和其他交通区域使用的沥青玛蹄脂碎石混合物的要求。

美国于 1990 年 9 月组成了大型考察团,去欧洲学习 SMA 技术。回国后,在许多州进行了进一步研究和应用。到 1997 年,至少有 28 个州的 100 多个工程项目铺筑了 SMA 路面,其中以佐治亚州和马里兰州最多,到 1998 年美国已累计生产 SMA 混合料 300 多万吨。与此同时,FHWA、美国沥青路面协会(NAPA)等机构组织有关研究单位和高等院校,积极开展 SMA 的研究,它们结合美国的具体条件制定了 SMA 路面的设计与施工技术规范。1994 年,NAPA 公布了关于 SMA 材料、生产和摊铺的指南,这给美国 SMA 路面设计和施工提供了依据。1997 年,FHWA 又在此基础上提出了更为详细的 SMA 路面设计和施工技术规范,并于 1998 年做了进一步的修改。相较于欧洲,美国在制定 SMA 设计规范时,更重视 SMA 的高温稳定性,同时强调了粗集料骨架结构的重要性,增加了粗集料比例,适当减少了沥青用量。目前,美国进行 SMA 设计的常用技术规范有《沥青玛蹄脂混合料设计规范》(AASHTO R 46-22)、《沥青玛蹄脂混合料标准规范》(AASHTO M 325-08—2021)和《未压实沥青混合料析漏特性测定的标准试验方法》(AASHTO T 305-22)等。

二、SMA 混合料的特性

SMA 混合料为间断级配,粗集料多,细集料少,矿粉用量多,沥青用量也多。粗集料石-石接触,形成骨架结构,由沥青矿粉和纤维组成的玛蹄脂填充其空隙,成为一种骨架密实结构的沥青混合料。SMA 路面使用实践表明,它与传统的 AC 类沥青路面相比较,具有以下特点。

(1)优良的高温稳定性

SMA 混合料由于粗集料石-石接触形成骨架结构,能够支承车轮荷载,并将荷载传递至下层路面,从而使路面能够承受大的车轮荷载而不易产生挤压变形,始终保持良好的平整度,表现出优良的稳定性。传统的 AC 类沥青路面由于粗集料呈悬浮状态,不能有效地起到支承荷载的作用,荷载主要由细集料和沥青组成的砂浆承受,路面自然容易产生变形。SMA 混合料的骨架结构赋予了沥青路面良好的抗轮辙能力,如美国对 100 多条路段进行调查发现,其中 90% 以上的测点轮辙深度小于 4mm,27% 的测点轮辙深度为 0。

(2)良好的耐久性

SMA 混合料粗集料所形成的大空隙由沥青、矿粉和纤维组成的玛蹄脂填充,成为密实结构,空隙率小,集料颗粒表面的沥青膜厚,不仅使混合料具有很好的耐疲劳性能,而且所铺路面具有良好的耐久性。欧洲国家的调查表明,SMA 路面的使用寿命比传统沥青路面长 20% ~ 40%。德国等国家早期铺筑的 SMA 路面,使用期达 20 ~ 30 年,且不需要大修。德国某条道路的 SMA 路面,使用了 18 年仍然处于良好状态。

因此,尽管铺筑 SMA 路面的初期投资相比传统沥青路面要高 20%~25%,但其使用寿命长,路面的周期投资费用明显降低。同时,由于道路使用期间的维修和养护工作量减少,投资效益反而大大提高了。

(3)良好的表面特性

SMA 混合料粗集料多,所用石料质量好,路面表面构造深度大(图 7-1),具有良好的抗滑性能,同时减少了雨天高速行车时的溅水现象,提高了行车的安全性。

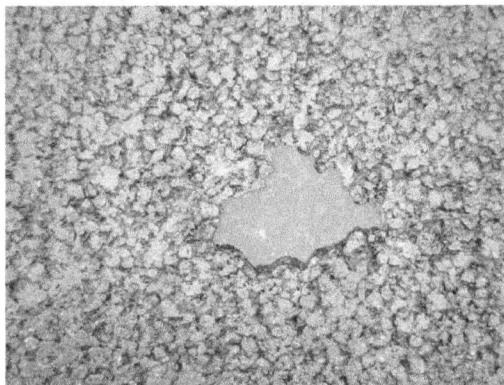

图 7-1 SMA 良好的表面特性

SMA 路面因其良好的宏观构造和较高的沥青含量,而具有吸收车轮滚动噪声的性能。其原因在于,SMA 路面与一般 AC 类沥青路面相比,混合料沥青含量高,阻尼大,故产生噪声要低;同时,由于 SMA 路面的纹理深度大,在车轮滚动过程中空气容易从空隙中排出,产生的泵吸噪声要小。因而,在靠近城市的高速公路和城市快速干道中铺筑 SMA 路面,对于降低交通噪声、保护环境有重要的意义。

(4)良好的低温抗裂性

SMA 混合料骨架空隙中所填充的沥青玛琋脂,使混合料具有良好的柔韧性,增强了低温抗裂性能。德国是高纬度国家,如首都柏林年平均气温仅 8.9℃,冬季寒冷,但高速公路所铺的 SMA 路面几乎见不到裂缝,这说明 SMA 路面确有很好的低温抗裂性。美国威斯康星州曾在六条试验路上将 SMA 路面的抗裂性与传统沥青路面作了对比,三年后在 SMA 路面上出现的裂缝明显少于传统沥青路面。美国还研究发现在旧路上铺筑 SMA 路面具有很好的抗反射裂缝的能力,即便出现反射裂缝,由于 SMA 富含玛琋脂而与下层黏结良好,也不会松散。

SMA 路面能够引起世界许多国家研究人员的广泛兴趣,说明 SMA 确有其优点。而从沥青混合料的结构与性能分析,SMA 混合料独特的骨架密实结构是其能够兼顾力学性能和路用性能的主要原因。

第二节 材 料

一、粗集料

SMA 混合料依靠粗集料石-石接触和紧密嵌挤而形成骨架结构。为防止碎石颗粒在车辆荷载的挤压过程中发生破碎,对粗集料的质量提出了严格的要求,可以说粗集料是 SMA 质量控制的关键。一般要求使用高质量的轧制粗集料,其岩石应坚韧,具有较高的强度与刚度。SMA 路面大多在交通量比较大的道路上作为表面层,一方面对抗滑有要求,需要石质质地坚硬,经久耐磨;另一方面,因为嵌挤结构较多,需要具有良好的抗碎裂性能。而对于石质较软的碎石料来说,是难以满足这些要求的。优良的 SMA 集料,应从矿质成分和颗粒形状进行综合考量。

德国主要采用辉绿岩、闪长岩等岩石作为 SMA 集料的原材料。美国对粗集料以洛杉矶磨耗试验来检验其坚韧性(toughness),认为石料的坚韧性与抗压碎性能有直接的关系,要求洛杉矶磨耗值不大于 30%。美国要求采用 100%(至少 90%)轧制集料,圆集料至少有两个破碎面,颗粒形状接近立方体,富有棱角,纹理粗糙。我国规范中针对 SMA 粗集料中破碎砾石的破碎面也提出了要求,要求有两个或两个以上破碎面的颗粒含量不小于 90%,一个以上破碎面的颗粒含量达到 100%。

集料的针片状颗粒含量应严格加以控制。针状和片状的粒料,在车轮荷载的作用下,很容易折断碎裂,使混合料的细集料增多,级配发生变化。不仅如此,碎石破裂面没有沥青裹覆,成为混合料的内部损伤。美国研究认为,石料中针片状颗粒含量对混合料通过 4.75mm 筛孔颗粒含量的变化有直接影响,而 SMA 混合料的性质对集料 4.75mm 筛孔通过率十分敏感,要求针片状颗粒(1:3)含量不超过 20%。德国要求细长比大于 1:3 的颗粒含量不超过 20%。瑞典要求 4mm 以上的集料形状系数小于 1.4。应该说国外对此要求并不高,但实际上许多欧美国家所生产的粗集料颗粒形状非常好。德国很多施工企业为保证所用集料的质量,自行开采、加工石料。所以,对针片状颗粒含量不能仅看其标准,还必须看其实际情况。

各国对集料的性质都有各自的一套测试方法和标准,如瑞典用表面磨耗试验测抗磨性,用冲击试验测耐久性,用格栅试验测集料性状;德国则采用冲击破碎试验、冻融试验、水中膨胀试验与分解阻力试验、形状系数试验等。美国《沥青玛蹄脂混合料标准规范》(AASHTO M 325-08—2021)的粗集料技术标准见表 7-1。

美国 SMA 粗集料技术标准

表 7-1

技术指标		测试方法	技术标准(%)
洛杉矶磨耗值		AASHTO T 96	≤30
针片状颗粒含量	1:3	ASTM D4791	≤20
	1:5	ASTM D4791	≤5
吸水率		AASHTO T 85	≤2
坚固性损失 (五个循环)	硫酸钠	AASHTO T 104	≤15
	硫酸镁	AASHTO T 104	≤20
轧制颗粒含量	一个破裂面以上	ASTM D5821	≥100
	两个破裂面以上	ASTM D5821	≥90

将美国有关 SMA 集料的技术要求,同我国《公路沥青路面施工技术规范》(JTG F40—2004)中有关高速公路表面层用集料的技术要求相比较,基本上是接近的。有些技术指标,如针片状颗粒(1:3)含量、坚固性、破碎颗粒的含量,我国标准的要求比美国还高一些。由于 SMA 混合料结构与 AC 类沥青混合料有所区别,所以,对所用粗集料的技术要求应在现有规范的基础上加以适当的调整。表 7-2 是推荐的 SMA 粗集料技术标准。

SMA 粗集料质量技术要求 表 7-2

技术指标	技术要求	技术指标	技术要求
石料压碎值(%),不大于	26	坚固性(%),不大于	12
洛杉矶磨耗损失(%),不大于	28	针片状颗粒含量(%),不大于	15
		其中粒径大于9.5mm(%),不大于	12
		其中粒径小于9.5mm(%),不大于	18
表观相对密度,不小于	2.60	水洗法小于0.075mm 颗粒含量(%),不大于	1
吸水率(%),不大于	2.0	软石含量(%),不大于	3
对沥青的黏附性	5	石料磨光值,不小于	42

二、细集料

在 SMA 混合料中,小于 4.75mm 的细集料用量仅为 10% ~20%,但同样也要求石质坚硬、富有棱角,并有一定的表面纹理、软质含量少、塑性低且黏土含量不超过 1%。细集料宜用机制砂,也称人工砂。天然砂颗粒接近圆形,摩阻力小,故不宜多用。

表 7-3 是美国《沥青玛琋脂混合料标准规范》(AASHTO M 325-08—2021)对细集料的技术要求。我国《公路沥青路面施工技术规范》(JTG F40—2004)中对细集料的质量指标主要有表观相对密度、坚固性、砂当量、含泥量和亚甲蓝值等。同时,也对细集料的棱角性提出了要求,以流动时间为评定指标。表 7-4 是我国对细集料的技术要求。

美国 SMA 细集料质量技术要求 表 7-3

试验		方法	要求值
坚固性(五个循环)	硫酸钠	《用硫酸钠或硫酸镁测定骨料坚固性的标准试验方法》(AASHTO T 104-22)	≤15
	硫酸镁		≤20
液限(%)		《测定土壤液限的标准试验方法》(AASHTO T 89-22)	≤25
塑性指数(%)		《测定土壤塑性极限和塑性指数的标准试验方法》(AASHTO T 90-22)	无塑性

我国 SMA 细集料质量技术要求 表 7-4

技术指标	技术要求	技术指标	技术要求
表观相对密度,不小于	2.50	坚固性 * (>0.3mm 部分)(%),不小于	12
砂当量(%),不小于	60	含泥量(<0.075mm 含量)(%),不大于	3
亚甲蓝值(g/kg),不大于	2.5	棱角性(流动时间)(s),不小于	30

注: * 坚固性试验根据需要进行。

三、矿粉

矿粉是 SMA 混合料中重要的组成部分,它与沥青混合形成玛琋脂,从而影响 SMA 的性能。矿粉对混合料产生"加劲"效应,降低沥青的流动性,增加其黏度。其质量对混合料的稳定性与抗轮辙能力有较大影响,因而对矿粉的种类和用量应给予重视。矿粉一般采用石灰石或白云石磨细的石粉,其他粉料不宜使用。但沥青混凝土拌和生产过程中回收的粉尘,如经过检验,其性质符合矿粉质量要求则也可使用。回收粉尘的用量不得超过填料总量的 25% ,掺有回收粉尘的填料的质量要求与矿粉相同。

矿粉的细度并非越细越好,要从技术要求和经济性两方面考虑。美国《沥青玛𫟒脂混合料标准规范》(AASHTO M 325-08—2021)要求填料足够细,可以是细碎石屑和粉煤灰等,在使用时是干燥的,能自由流动,基本没有结块。此外,还要求填料应不含有机杂质,塑性指数不大于 4% 。按照我国目前沥青路面施工技术规范生产的石灰石矿粉可用于 SMA 混合料。SMA 混合料中矿粉用量对其性能有显著的影响,适当增大矿粉用量有利于提高混合料的稳定度。通常,矿粉与沥青结合料的质量之比即粉胶比以 1.9 ~ 2.0 为宜。美国绝大部分的 SMA 项目要求 0.075mm 筛孔的通过率为 8% ~ 12% ,美国《沥青玛𫟒脂混合料标准规范》(AASHTO M 325-08—2021)同样要求 SMA 的 0.075mm 筛孔的通过率为 8% ~ 12% 。德国、澳大利亚等国家矿粉用量也大都为 9% ~ 13% 。实际上,SMA 集料级配中通过 0.075mm 筛孔的百分率就是矿粉的用量。

四、沥青结合料

沥青是 SMA 混合料中最重要的组成材料,其性能直接影响 SMA 混合料的各种技术性质。根据美国《沥青玛𫟒脂混合料标准规范》(AASHTO M 325-08—2021),SMA 路面所采用的沥青应根据气候和交通状况满足 PG 分级的要求。在欧洲一些国家,如德国及其周边国家,由于夏天气候并不炎热,故铺筑 SMA 路面可以不采用改性沥青。但是我国情况与欧洲国家有所不同,即使在东北地区,夏季 30℃ 以上的高温天气也常常持续多日。在一些高速公路路段上铺筑的 SMA 路面,由于直接使用普通道路沥青而未采用改性沥青,在夏季高温下出现了严重轮辙现象。因此,在我国绝大部分地区铺筑 SMA 路面采用改性沥青仍是十分有必要的。

SMA 中应用过的改性沥青种类很多,其中 SBS 改性沥青应用最为广泛。这是因为 SBS 改性沥青性能比 PE 等改性沥青优越,而且它的适应性强,无论在南方还是在北方都能综合地改善热稳定性和低温抗裂性。在交通量大、重载车辆特别多的道路上,有时即使采用 SBS 改性沥青也有可能不能满足要求,在这种情况下则必须通过试验来考虑采用复合改性沥青。

SMA 混合料组成设计的特点是沥青用量高。较多的沥青填充了 SMA 粗集料骨架孔隙 VMA,使混合料具有孔隙率小、沥青膜厚等特点,由此赋予 SMA 许多良好性能。美国《沥青玛𫟒脂混合料标准规范》(AASHTO M 325-08—2021)要求 SMA 的沥青用量不低于 6% 。一般来说,沥青用量与粗集料所形成的 VMA 大小有关,而最佳沥青用量则与当地的气候条件、交通量大小有关,所以其波动范围较大。但如果沥青用量偏低,则沥青膜偏薄,路用效果降低。通常,SMA 沥青用量为 5.8% ~ 6.5% 。

五、纤维

为了防止沥青滴漏,一般在 SMA 混合料中使用纤维材料,也可以使用碎橡胶颗粒。纤维用在 SMA 混合料中不仅能吸油,防止沥青滴漏,而且在玛𫟒脂中还起着其他重要作用。

1. 纤维在沥青玛蹄脂中的作用机理

(1)纤维的吸附作用

纤维直径一般小于 20μm,有相当大的比表面积,每克纤维提供的表面积达数平方米以上。纤维分散到沥青中去,巨大的表面积成为浸润界面。在界面层中,沥青和纤维之间会产生物理和化学作用,如吸附、扩散、化学键合等。这种物理和化学作用使沥青呈单分子排列在纤维表面,形成结合力牢固的结构沥青界面层。结构沥青比界面层以外的自由沥青黏结性强,稳定性好。与此同时,由于纤维及其周围的结构沥青一起裹覆在集料表面,集料表面的沥青膜厚度增大,同普通密级配沥青混合料相比,沥青膜增厚65% ~113%。较厚的结构沥青膜与 SMA 的密实型结构,有助于减慢沥青的老化速度,延长路面使用寿命。

(2)纤维的稳定作用

纵横交错的纤维所吸附的沥青,增大了结构沥青的比例,减少了自由沥青,使玛蹄脂的黏性增大、软化点提高(其软化点比传统沥青混合料中沥青砂浆的软化点要高 20℃以上),从而使 SMA 混合料温度稳定性提高。

(3)纤维的加筋作用

在我国传统的房屋建筑中,常在抹墙的灰浆中掺加纸筋、切碎的稻草秆,可以起到防止灰浆开裂、增加强度的作用,这种作用就是加筋作用。玛蹄脂中的纤维分布是三相随机的且数量众多,会在混合料受外力作用而出现开裂时起到阻滞作用,从而大大提高沥青路面裂纹的自愈能力,减少裂缝的出现。

此外,纤维对沥青还有增韧作用,能够增强对集料颗粒的握裹能力,保持路面的整体性而使其不易松散,即使是开裂的路面也因为纤维的牵连作用而不致破碎散失。

2. 纤维的种类

纤维材料的种类很多,有天然纤维和人造纤维,有无机纤维和有机纤维。SMA 应用初期,主要使用石棉纤维。石棉纤维是一种结晶硅酸盐矿物纤维,以包含数百根单丝纤维的纤维束的形状存在。石棉纤维耐腐蚀、耐高温,但易脆断。石棉纤维有很大的比表面积,且有很强的吸附性。由于长期吸入石棉粉尘会引起石棉沉着病和支气管癌,故现在已禁止使用。当前,木质素纤维、有机合成纤维和矿物纤维等材料在 SMA 路面工程中广泛应用。

(1)木质素纤维

木质素纤维是植物纤维,属于有机纤维类。植物在加工成纸浆和纤维浆液过程中,通过物理、化学处理,最终有一部分纤维剩余,经过洗涤、过滤、喷雾、干燥等工艺过程,形成絮状木质素纤维。

絮状木质素纤维长期储存会吸湿而结块,而且体积大,给包装、运输带来不便。为了减小体积和提高运输效率,保证在拌和过程中分散均匀,避免拌和时出现扬尘,国外又开发了颗粒状木质素纤维。预混沥青的颗粒状木质素纤维是一种较新的纤维产品,通常,其纤维含量为50% ~66%,相应的沥青含量则为50% ~34%。

除了木质素纤维外,研究者还开发了其他的植物纤维,如椰子纤维、香蕉纤维、竹纤维等,但限于热稳定性不足等缺点,这些纤维在 SMA 路面中的应用还处于研究阶段。

由于木质素纤维是生产纸浆或纤维浆液过程中的副产品,所以它的料源丰富,价格也较低廉。如德国使用木质素纤维的 SMA 项目占 95%,瑞典也有 85% 的 SMA 项目掺加木质素纤维。木质素纤维的主要缺点是易吸水腐烂、耐热性及耐磨性较差,其大量使用主要出于经济性的考虑。

(2)有机合成纤维

有机合成纤维有聚丙烯腈纤维和聚酯纤维等品种,具有稳定性好、强度高、延伸率高等特点。

聚丙烯腈纤维很细,每克含有170万根长4mm的纤维。将0.1%聚丙烯腈纤维加入含6.6%沥青的混合料中,那么每克混合料中将含有1700根纤维,每克沥青中约有26000根纤维。由于聚丙烯腈纤维强度高,在沥青路面中能够承受拉应力,故有一定加筋增强作用。然而,聚丙烯腈纤维在某种程度上虽有其优越性,但因成本比较高,其应用往往又受到一定的限制。

聚酯纤维的性质与聚丙烯腈纤维基本相似。

(3)矿物纤维

矿物纤维由玄武岩等矿物质在高温下熔融抽丝而成。矿物纤维强度高、耐腐蚀、耐高温、不燃烧,与沥青的黏附性好,但其抗折性差。在国外,如瑞典、加拿大、美国等国家,也采用矿物纤维铺筑SMA路面。

3.纤维的相关性能

纤维作为SMA混合料中添加剂,必须满足SMA混合料从生产到路面运营使用中的工艺和性能要求,基于此可检验纤维的耐热性、吸油性。

(1)纤维的耐热性

为使纤维在SMA混合料中分散均匀,将纤维在拌缸中先与集料干拌。经过干燥筒加热干燥的石料,其温度可达180~200℃,因而纤维必须能够承受这样的高温,而不致发生物理和化学变化。由于无论干拌还是湿拌的时间都很短,且为了与沥青的高温老化条件相当,可采用163℃、5h的试验条件,将纤维放在163℃的烘箱中,经5h后观察纤维的颜色、形状等性状。表7-5是几种纤维的耐热性试验结果。

纤维的耐热性试验结果 表7-5

纤维品种	测试条件	颜色	形状
木质素纤维	163℃、5h	由浅灰色转淡黄色	松体积变小
聚丙烯腈纤维		由淡黄色转棕黄色	无变化
矿物纤维		无变化	无变化
石棉纤维		无变化	无变化

由试验可见,无机纤维的耐热性比有机纤维好,木质素纤维的耐热性最差。同时,发现絮状木质素纤维在与高温集料拌和混合时有烧蚀现象,影响纤维含量。因此,在SMA混合料生产中,一方面应严格控制拌和温度,另一方面也应控制干拌时间不要延长过多。

(2)纤维的吸油性

纤维在SMA中的作用主要是稳定和吸附较多的沥青。从这一角度出发,希望纤维材料有良好的吸附性。显而易见,不同的纤维材料由于其界面性质不同,会有不同的吸油性。

吸油试验可按如下方法进行:精确称量5g纤维,使之浸润在矿物油中,时间不少于5min。然后放在筛上,筛孔尺寸为0.6mm×0.6mm,在摇筛机上摇振10min(每分钟摇动221次,幅度31.5mm;振动频率147次/min,振幅12.5mm)。称量摇筛后吸油纤维的质量,计算纤维吸油

续上表

量与纤维自重的比值,即为纤维的吸油率,单位为 g/g。几种纤维的吸油性测试结果列于表 7-6。

纤维的吸油率　　　　　　　　　　表 7-6

纤维品种	试验条件				吸油率(g/g)
	温度	筛网尺寸	矿物油	摇振时间	
木质素纤维	20℃(气温)	0.6mm×0.6mm	机油	10min	7.8
聚丙烯腈纤维					6.6
玻璃纤维					14.6
石棉纤维					4.8

纤维的吸油性与纤维的细度、表面结构及其与矿物油的相容性等有关。另外,所用矿物油的黏度、试验温度也对试验结果有一定影响。玻璃纤维有较大的吸油率,与其纤维极细、表面积极大的特征有关;木质素纤维相对密度较小,表面凹凸的结构也使其具有较强的吸油能力。表 7-6 中纤维的吸油率相当于在 150～160℃下吸持沥青的数量,因为在 150～160℃下 70 号沥青的黏度接近 20℃机油的黏度。

4. 纤维的技术要求

不同种类纤维各有其优缺点。如无机纤维有良好的耐热性,有机纤维则较差,不过因为在干拌的工艺过程中纤维接触的高温时间很短,不影响有机纤维的使用。从吸油的角度比较,以木质素纤维最好,矿物纤维次之,聚酯纤维与聚丙烯腈纤维稍差。聚丙烯腈纤维是一种优良的有机纤维,它在 SMA 混合料中不仅起到吸油的作用,而且具有加筋增强作用,虽然其价格较高,但在一些重要工程中应用还是必要的。木质素纤维属于"绿色添加剂",吸油性好,且价格低廉,应用比较广泛。

我国《公路沥青路面施工技术规范》(JTG F40—2004)就木质素纤维提出了技术要求,见表 7-7。

木质素纤维质量技术要求　　　　　　　　　表 7-7

项目	单位	指标	试验方法
纤维长度,不大于	mm	6	水溶液用显微镜观测
灰分含量	%	18±5	高温590～600℃燃烧后测定残留物
pH 值	—	7.5±1.0	水溶液用 pH 试纸或 pH 计测定
吸油率,不小于	—	纤维质量的5倍	用煤油浸泡后放在筛上经振敲后称量
含水率(以质量计),不大于	%	5	105℃烘箱2h后冷却称量

SMA 中纤维掺量以纤维占混合料质量的比重表示。实际应用中,木质素纤维等有机纤维的掺量一般为 0.3%～0.4%,聚酯纤维掺量为 0.2%～0.3%,矿物纤维等无机纤维掺量则为 0.4%～0.5%。纤维掺量过少,会使混合料中自由沥青增多,易发生滴漏,形成油斑;同时还会造成玛琋脂有效数量不足,空隙率增大,降低路面的耐久性能。纤维掺量过多,会使分散困难,影响生产率,而且如有结团,还会使混合料黏聚力下降,影响路用性能。此外,纤维较多时,混合料中自由沥青过少,会使玛琋脂过于黏稠,低温脆性增大,降低混合料抵抗低温开裂能力。

第三节　SMA 混合料设计要求

SMA 的结构可分成两个部分:其一是由粗集料构成的空间骨架,其二是由沥青、矿粉及纤维等材料组成的玛蹄脂。玛蹄脂填充在 SMA 混合料骨架的空隙中,形成骨架密实结构,这是 SMA 混合料与传统沥青混合料在结构组成上的主要区别。

一、SMA 混合料级配

沥青混合料的最大粒径是指这种集料的公称最大粒径,如 SMA-16 的公称最大粒径为 16mm。但实际上,整个混合料中还有集料的粒径比 16mm 大一级,即 19mm。一般来说,公称最大粒径以上的大一级的粒料占 5% ~ 10%。所以,在集料级配中公称尺寸的通过率一般为 90% ~ 100%。

SMA 混合料的公称最大粒径与路面的层次和厚度有关,也与铺设的地区有关。德国 SMA 最大粒径较小,有 11mm、8mm、5mm 等几种。美国对 SMA 混合料的最大粒径要求则放宽了很多,分别为 25mm、19mm、12.5mm、9.5mm 和 4.75mm。欧洲 SMA 混合料的粒径小,这与它的气候条件有关。一般来说,沥青混合料的最大粒径大一些,抗轮辙性能相对要好一些。然而,欧洲夏天气温不高,很少超过 30℃,早晚又非常凉爽,气温在 20℃以下。以德国南部城市慕尼黑为例,其 7—8 月的平均气温仅为 17 ~ 18℃,相当于上海 4 月或 11 月的天气。夏天气温不高,沥青路面自然不容易出现严重泛油或轮辙现象。德国的高速公路上所铺 SMA 见不到油斑、泛油等现象,路面非常平整,因此,德国 SMA 的粒径比较小,应该说与它的气候条件有密切关系。在加拿大安大略省,SMA 不仅用于路面的表面层,而且也用于中、下面层,故其最大粒径有 13.2mm 和 19mm。

此外,德国 SMA 混合料粒径比较小,还出于对环境保护的考虑。因为车辆在粒径较小的路面上行驶噪声小,而在粒径较大的路面上行驶噪声较大。

显然,根据我国大部分地区的气候条件,采用过小粒径的 SMA 是不可取的。以上海为例,2022 年上海 7—8 月平均高温达到 34 ~ 35℃,夏季高温持续时间长,沥青路面容易出现泛油和轮辙现象。因此,对 SMA 混合料,采用相对较大的粒径是有必要的。一般来说,在通行载重汽车的道路上宜采用粒径较大的 SMA,而在主要承载小汽车的道路上,则可采用粒径相对较小的 SMA,如 SMA-10 或 SMA-13。由于 SMA 成本较高,其目前主要应用于沥青路面的表面层,但也不排除今后应用在某些工程或场合路面的中层。SMA 在路面中层应用时,具有较好的隔水及保护作用,同时由于其自身有较高的抗疲劳、抗老化性,路面整体的强度得到提高,寿命得到延长。在这种情况下,SMA 的最大粒径则可放大至 19mm 或 25mm。根据使用场合和交通组成的不同,可以选择不同的类型的 SMA(表 7-8)。

SMA 适用的道路　　　　　　　　　　　表 7-8

道路类型	主要行驶车辆	适用表面层 SMA 类型	适用中面层 SMA 类型
城市街道、高架道路	小汽车、轻型货车	SMA-13 SMA-10	—

续上表

道路类型	主要行驶车辆	适用表面层 SMA 类型	适用中面层 SMA 类型
城市干道、高等级公路	公交车辆、载重汽车、混合车辆	SMA-16 SMA-13	SMA-16 SMA-20
高速公路、重交通道路	重型载重货车	SMA-16	SMA-16 SMA-20

SMA 混合料的集料级配，与普通沥青混合料有根本的区别。普通热拌沥青混合料（AC）中 4.75mm 以上的粗颗粒一般仅占 30% ~ 50%；然而，SMA 混合料中 4.75mm 以上颗粒含量则高达 70% ~ 80%，可见它们的差别十分明显。为了说明这种差别，现以公称尺寸为 13mm 的几种类型的沥青混合料集料级配进行比较，见表 7-9。

沥青混合料集料级配比较　　　　　　　　　　表 7-9

筛孔（mm）	通过百分率（%）	
	AC-13	SMA-13
16	100	100
13.2	90 ~ 100	90 ~ 100
9.5	68 ~ 85	50 ~ 75
4.75	38 ~ 68	20 ~ 34
2.36	24 ~ 50	15 ~ 26
1.18	15 ~ 38	14 ~ 24
0.6	10 ~ 28	12 ~ 20
0.3	7 ~ 20	10 ~ 16
0.15	5 ~ 15	9 ~ 15
0.075	4 ~ 8	8 ~ 12
备注	JTG F40—2004 规范要求	JTG F40—2004 规范要求

由对比可见，SMA 混合料级配的特点表现为：

①4.75mm 以上的粗集料约占 70%；

②9.5mm 以上颗粒约占 60%；

③矿粉约占 10%，比其他沥青混合料都多；

④0.15 ~ 4.75mm 的细集料约占 20%。

因此，曾有学者将 SMA 混合料的集料级配特点归结为"10-20-30"，即通过 0.075mm 筛孔为 10%，细集料占 20%，通过 4.75mm 筛孔为 30%。研究表明，只有当粗集料达到约 70% 时，才能形成石-石接触，构成骨架结构。

美国自 1990 年到欧洲考察以后，在全国范围内进行了广泛的试验和研究。1998 年 6 月，根据自己的研究成果，美国各州公路与运输工作者协会发布了 SMA 设计规范及施工规范，在之后的几年，美国又在不断的研究和实践中总结经验，对规范多次进行修改，目前美国进行 SMA 设计的常用技术规范有《沥青玛琋脂混合料设计规范》（AASHTO R 46-22）、《沥青玛琋脂混合料标准规范》（AASHTO M 325-08—2021）和《未压实沥青混合料析漏特性测定的标准试验方法》(AASHTO T 305-22)等。表 7-10 是美国《沥青玛琋脂混合料标准规范》(AASHTO M 325-08—2021)推荐的 SMA 的级配标准。

美国 SMA 混合料集料推荐级配范围(%)　　　　　表 7-10

筛孔(mm)	公称最大粒径		
	19mm	12.5mm	9.5mm
25.0	100	—	—
19.0	90 ~ 100	100	—
12.5	50 ~ 88	90 ~ 100	100
9.5	25 ~ 60	50 ~ 80	70 ~ 95
4.75	20 ~ 28	20 ~ 35	30 ~ 50
2.36	16 ~ 24	16 ~ 24	20 ~ 30
1.18	—	—	0 ~ 21
0.6	—	—	0 ~ 18
0.3	—	—	0 ~ 15
0.075	8 ~ 11	8 ~ 11	8 ~ 12

根据各国具体的情况差异,不同国家的 SMA 级配也有所差别。就粗集料的含量而言,粗集料多、细集料少,混合料的骨架好,但空隙率也大,则需要较多的玛琋脂填充。在气温较高时,空隙中的玛琋脂在轮胎的泵吸作用下,向路面表面移动,以致有挤出来在路面上形成油斑和泛油的可能。因此,粗集料的含量也并非越高越好。

SMA 混合料以粗集料为主,形成石-石接触,构成骨架结构,以承受车轮荷载的作用,其根本目的在于提高路面的抗轮辙能力。对于沥青混合料的抗轮辙能力,在室内最直观的试验方法就是轮辙试验。重庆交通科研设计院进行的试验证明,SMA 粗集料含量对抗轮辙性能有重要影响。试验的七种沥青混合料集料级配见表 7-11。试验采用花岗岩轧制的碎石,轮辙试验的结果见表 7-12。

试验集料级配　　　　　表 7-11

筛孔(mm)	16	13.2	9.5	4.75	2.36	1.18	0.6	0.3	0.15	0.075
级配 A	97.5	82	63	32.5	24	20	16	12.5	11	9.5
级配 B	97.5	82	75	32.5	24	20	16	12.5	11	9
级配 C	90.0	70	55	25	18	15	12	10	9	8
级配 D	100	95	70	40	30	25	20	15	13	10
级配 E	97.5	82	63	50	24	20	16	12.5	11	9
级配 F	90.0	60	45	22	18	15	12	10	9	8
级配 G	95.0	75	60	24	19	17	15	13	12	11

轮辙试验结果　　　　　表 7-12

级配	A	B	C	D	E	F	G
动稳定度(次/mm)	1884	1922	2818	645	1305	2863	3153
变形率(mm/min)	0.08	0.07	0.05	0.13	0.07	0.05	0.04

4.75mm、2.36mm 筛孔通过率与动稳定度之间的关系如图 7-2 所示。不难发现,沥青混合料的动稳定度与 4.75mm、2.36mm 筛孔通过率都有非常好的线性关系。

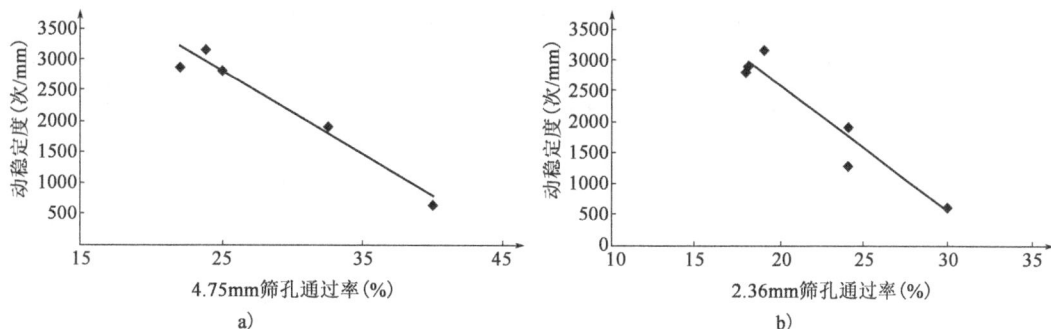

图 7-2 动稳定度与 4.75mm、2.36mm 筛孔通过率的关系

对于 SMA 混合料的动稳定度应该达到什么标准路面上才不会出现轮辙,各国有不同的说法。我国《公路沥青路面施工技术规范》(JTG F40—2004)规定 SMA 沥青混合料动稳定度应大于 1500 次/mm,改性沥青 SMA 混合料应大于 3000 次/mm。相对应地,从图 7-2 中可以看出,4.75mm 筛孔通过率不宜超过 36%,而 2.36mm 筛孔通过率则不宜超过 25%。就目前推广应用 SMA 而言,主要使用两种类型,即 SMA-16 和 SMA-13。综合国内外经验和研究成果,《公路沥青路面施工技术规范》(JTG F40—2004)就 SMA 提出的级配范围见表 7-13。

SMA 混合料集料级配(%)　　　　　　　　表 7-13

筛孔(mm)	SMA-10	SMA-13	SMA-16	SMA-20
26.5	—	—	—	100
19	—	—	100	90~100
16	—	100	90~100	72~92
13.2	100	90~100	65~85	62~82
9.5	90~100	50~75	45~65	40~55
4.75	28~60	20~34	20~32	18~30
2.36	20~32	15~26	15~24	13~22
1.18	14~26	14~22	14~22	12~20
0.6	12~22	12~20	12~18	10~16
0.3	10~18	10~16	10~15	9~14
0.15	9~16	9~15	9~14	8~13
0.075	8~13	8~12	8~12	8~12

二、SMA 混合料的技术指标与要求

美国 SMA 混合料设计规范采用两种配合比设计方法:其一为马歇尔试验方法,即仍然采用锤击成型试件,测试马歇尔稳定度等指标;其二为 Superpave 旋转压实机试验法。马歇尔试验仪较为普及,试验方法也为大家所熟悉,故本节仍介绍马歇尔试验方法的技术指标与要求。

1.试件成型的击实次数

德国研究认为,SMA 混合料以粗集料为主,石-石接触形成的骨架结构在过多的击实作用下会使集料破碎,故确定 SMA 混合料击实次数为 50。美国也将击实次数定为 50,但也有的国家规定击实次数为 75,如欧洲的挪威、北美的加拿大。捷克则规定可采用 50 次,也可采用 75 次,但击实次数不同,要求的混合料空隙率不同。由此说明击实次数不同,试件的密度是有区别的。

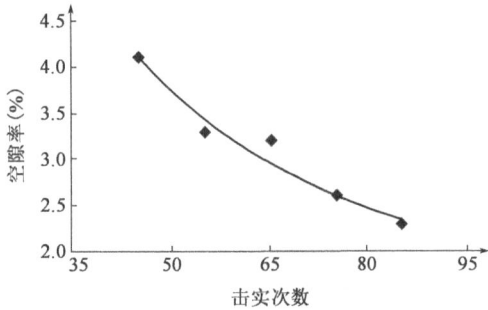

图 7-3 空隙率与击实次数的关系

事实上,采用高质量轧制碎石配制 SMA 混合料,由于碎石具有很高的力学强度,即使击实75 次也很少出现击碎石子的现象,这从所成型试件切开的剖面可以得到证明。

研究击实次数对试件空隙率的影响,试验表明混合料的空隙率随着击实次数的增加而减小,击实 50 次与 75 次对混合料空隙率的影响可达 1%,如图 7-3 所示。

试件击实次数应与道路交通量有关。就目前来说,SMA 路面主要在车流量大的道路上铺筑,而这些道路往往重载车辆比例较高,甚至超重车辆也占有很大的比例,所以采用较多的击实次数是必要的。鉴于此,采用高质量轧制碎石铺筑 SMA 路面,其混合料试件成型的击实次数宜采用 75,当然在主要为轻型交通的道路上采用锤击 50 次也是合理的。

2.SMA 混合料马歇尔试验方法的技术指标

(1)稳定度

马歇尔稳定度随沥青用量的变化无明显的峰值,即马歇尔稳定度对沥青用量的变化不敏感,故稳定度往往不能作为判别沥青用量的指标。但马歇尔稳定度在某种程度上给出了强度的信息,因此,无论在混合料设计还是在施工检验时,依据马歇尔稳定度可以大致判别材料的性能,故对 SMA 混合料稳定度提出一定的要求是必要的。我国《公路沥青路面施工技术规范》(JTG F40—2004)规定 SMA 混合料马歇尔稳定度的标准为 6.0kN。

(2)流值

SMA 混合料马歇尔试验的变形曲线往往会呈现很大的变形而不下降,有时甚至没有明显的峰值,当采用改性沥青时更是如此。这实际反映了 SMA 混合料具有很好的韧性,说明即使在变形很大时其仍有相当高的支撑能力。因此,有的国家将 SMA 混合料的流值放宽至 5mm。但过大的流值对工程应用并不利,反而使路面抗变形能力下降,易引发轮辙等病害,故宜将流值控制为 2~5mm。

(3)空隙率

空隙率是沥青混合料的重要指标,它对路面的高温稳定性有显著影响,也关系到沥青结合料的用量。以前德国的 SMA 规范规定空隙率为 2%~4%,但现在对重交通道路已修改为 3%~4%,说明空隙率不宜太小。美国学习欧洲经验,也将空隙率定为 2%~4%,但铺筑试验路发现,当空隙率小于 3% 时,泛油和油斑现象成了主要病害。美国《沥青玛蹄脂混合料标准规范》(AASHTO M 325-08—2021)规定 SMA 的空隙率一般为 4%,但对于交通量小或者寒冷的地区,目标空隙率可适当减小,但不得小于 3% 。对照我国现行规范中空隙率为 3% ~4% 的规定,3% 下限有些偏低。我国北方一些地区 SMA 路面出现严重轮辙,可能与空隙率偏低、未采用改性沥青有一定关系。

空隙率影响混合料的耐久性,空隙率大,混合料中沥青老化快,耐久性差;但空隙率过小,又影响混合料的稳定性。据此,SMA 混合料的空隙率定为 3.5% ~4.5% 是比较合适的。对于空隙率 VV,按式(7-1)计算,即

$$VV = \left(1 - \frac{\gamma_f}{\gamma_t}\right) \times 100 \tag{7-1}$$

式中:γ_f——沥青混合料试件毛体积相对密度,即采取表干法测定密度;

   γ_t——沥青混合料试件最大理论密度,由于其中含有纤维材料,计算时应将其考虑在内,按(7-2)计算。

$$\gamma_t = \frac{100 + P_a + P_x}{\dfrac{100}{\gamma_{se}} + \dfrac{P_a}{\gamma_a} + \dfrac{P_x}{\gamma_x}} \tag{7-2}$$

式中:γ_{se}——集料有效相对密度;

   P_a——混合料油石比,% ;

   P_x——纤维用量,取混合料质量的百分率,% ;

   γ_x——纤维密度,由供货商提供或由测试得到;

   γ_a——沥青材料表观相对密度。

(4)最小沥青用量

普通沥青混合料有一个最佳沥青用量。SMA 混合料必须保证足够的密实状态,因而需要保证有足够的玛琋脂以填充空隙,这就出现一个最小沥青用量。德国规定最小沥青用量为 6.5% ,美国则规定为 6% 。

我国现行规范对最小沥青用量不作规定。但实际工程中,承包商受沥青价格大幅上涨的影响,往往尽可能减少沥青用量,使集料表面沥青膜太薄,空隙率也明显增大。因此,规定最小沥青用量还是有必要的,根据我国气候情况要求沥青用量不宜小于 5.8% 。

由于沥青的用量是相对数值,故与集料的密度有很大关系。上述沥青用量的最小值是对一般石料而言,即密度约为 2.70kg/m³ 的石料。如果采用密度大的石料,如玄武岩,密度达到 2.9kg/m³ 以上,则沥青用量的最小值应予以折减。

(5)粗集料骨架间隙率 VCA_{DRC}

粗集料骨架间隙率 VCA_{DRC} 是指大于 4.75mm 的颗粒在捣实状态下,粗集料颗粒之间的空隙率,按式(7-3)计算:

$$VCA_{DRC} = \left(1 - \frac{\gamma_s}{\gamma_{CA}}\right) \times 100 \tag{7-3}$$

式中:VCA_{DRC}——粗集料在捣实状态下的间隙率(也称松装间隙率),% ;

   γ_s——粗集料骨架的松方毛体积相对密度;

   γ_{CA}——粗集料骨架的平均毛体积相对密度,按式(7-4)计算。

$$\gamma_{CA} = \frac{P_1 + P_2 + \cdots + P_n}{\dfrac{P_1}{\gamma_1} + \dfrac{P_2}{\gamma_2} + \cdots + \dfrac{P_n}{\gamma_n}} \tag{7-4}$$

式中：P_1、P_2、$\cdots$、P_n——粗集料骨架部分各种集料在全部集料中的配合比。

（6）沥青混合料粗集料骨架间隙率 VCA_{mix}

由于 SMA 混合料是由 4.75mm 以上的粗颗粒相互嵌挤形成骨架的，其空隙由细集料、矿粉、沥青组成的玛𬷕脂所填充。从理论上讲，当压实状态下混合料中粗集料骨架间隙率 VCA_{mix} 等于或小于粗集料在捣实状态下的间隙率 VCA_{DRC}，即 $VCA_{mix} \leqslant VCA_{DRC}$ 时，混合料可形成紧密嵌挤的骨架结构。

混合料在压实状态下 4.75mm 以上的粗集料骨架间隙率 VCA_{mix} 按式(7-5)计算：

$$VCA_{mix} = \left(1 - \frac{\gamma_f}{\gamma_{CA}} \times P_{CA}\right) \times 100 \tag{7-5}$$

式中：γ_{CA}——粗集料骨架部分平均毛体积相对密度；

P_{CA}——沥青混合料中粗集料所占的比例，%。

混合料设计时，虽然要求 $VCA_{mix} \leqslant VCA_{DRC}$，但两者相差也不能太大，其差值不宜大于 2%。

（7）集料间隙率 VMA

集料间隙率 VMA 按式(7-6)计算：

$$VMA = \left(1 - \frac{\gamma_f}{\gamma_{sb}} \times \frac{P_s}{100}\right) \times 100 \tag{7-6}$$

式中：γ_f——沥青混合料试件毛体积相对密度；

γ_{sb}——全部集料的平均毛体积相对密度；

P_s——矿质集料占沥青混合料总质量的百分率，%。

3. SMA 混合料的其他控制指标

（1）析漏损失

SMA 混合料的用油量比普通沥青混合料大，虽然由空隙率计算沥青用量是适合的，但如果玛𬷕脂没有足够的黏滞度，流动性过大，或者玛𬷕脂含量偏高，混合料在储存和运输过程中会出现析漏现象。造成析漏的原因，一是沥青用量过多，二是矿粉用量偏少，三是纤维用量不足。严重析漏不仅会改变 SMA 混合料的配合比，也会造成路面油斑，影响路面的稳定性和抗滑性，故析漏现象必须加以控制。

德国谢伦堡研究所提出了析漏试验，其目的是限制沥青的用量。其做法是，取一直径98mm、高 136mm 的烧杯，将 1000g 拌和均匀的 SMA 混合料装入烧杯，放入 170℃ 的烘箱中，保温 1h ± 1min，然后取出并立即倒出混合料，不对烧杯进行任何摇动和振荡，称量并计算黏附在烧杯上的玛𬷕脂质量，以该质量占混合料总质量的百分率为析漏损失。德国的标准是析漏损失小于 0.2% 为优良，0.2% ~ 0.3% 为可以接受，超过 0.3% 为不合格。

德国出于气候的原因，容许混合料含有较多的玛𬷕脂，但我国大部分地区气温比德国要高，因此，采用谢伦堡试验的方法，其容许的析漏值则有所差别。表 7-14 是用不同的纤维拌制的 SMA 混合料析漏试验的结果，其沥青用量均为 6%。当析漏损失接近 0.3% 时，玛𬷕脂已流淌到烧杯底部，说明玛𬷕脂过多。当析漏损失约为 0.2% 时，烧杯壁上黏附的玛𬷕脂已较多。为此，玛𬷕脂析漏损失以不超过 0.2% 为佳。现行规范要求，当使用改性沥青时其析漏损失应不大于 0.1%。

SMA 混合料析漏试验结果 表 7-14

纤维种类与用量	烧杯中混合料质量(g)	倒出混合料质量(g)	析漏损失(%)	烧杯黏附状况
0.2% 聚丙烯纤维	1048.8	1045.8	0.29	玛琋脂流淌到杯底
0.3% 聚丙烯纤维	1074.4	1072.6	0.17	玛琋脂痕迹较厚
0.3% 木质素纤维	1056.3	1054.7	0.15	玛琋脂痕迹
0.3% 玻璃纤维	973.1	970.8	0.24	玛琋脂黏附较多
0.6% 矿物纤维	1037.7	1036.0	0.16	玛琋脂痕迹

(2)肯塔堡飞散损失

肯塔堡飞散损失试验是评价 SMA 路面在车轮作用下抵抗松散的能力的一种试验方法。该方法是由西班牙肯塔堡大学为考察多孔性沥青路面材料而开发的。SMA 路面在粗集料骨架结构方面与多孔性路面相似,故用它来检验 SMA 混合料的抗松散能力。SMA 混合料由于富含玛琋脂,在常温下有很好的柔韧性,故不会出现松散现象;而低温下玛琋脂开始变硬发脆,路面在车轮作用下就有松散的可能。规范试验方法是将马歇尔试件在常温(20℃)下测试,故一般都能满足要求,如在 -10℃ 下进行测试,则能更好地区分不同材料的抗飞散性能。现行规范要求,当使用改性沥青时其肯塔堡飞散损失应不大于 15%。

(3)动稳定度 DS

动稳定度是检验 SMA 混合料抗轮辙性能最直观的指标。而铺筑 SMA 路面最主要的目的就是要提高路面的抗轮辙能力,因此,所设计的 SMA 混合料是否具有足够的抗轮辙能力是设计者最为关注的。

然而,在 SMA 设计方法中,许多国家并未对抗轮辙提出明确的指标,这应该说是设计方法的不足。我国《公路沥青路面施工技术规范》(JTG F40—2004)规定,SMA 混合料动稳定度,对采用一般沥青应不小于 1500 次/mm,采用改性沥青应不小于 3000 次/mm。

(4)冻融劈裂强度比

SMA 混合料沥青用量多,集料表面的油膜厚,理应有很好的抗水性。但是有时情况并非如此,因此需要加以检验。马歇尔残留稳定度可以作为评定水稳定性的一个指标,但往往该指标不够敏感,需要更为严格的试验条件。我国规范规定的冻融劈裂强度比,对采用普通沥青应不小于 75%,采用改性沥青应不小于 80%。美国《沥青玛琋脂混合料标准规范》(AASHTO M 325-08—2021)规定,SMA 混合料的冻融劈裂强度比不小于 80%。

4. SMA 混合料综合技术要求

按《公路沥青路面施工技术规范》(JTG F40—2004),将上述 SMA 混合料技术要求进行汇总,见表 7-15。虽然很多实践证明仅采用普通沥青铺筑 SMA 路面,其使用效果不是很好,但表中仍将其技术要求一并列出。

SMA 混合料技术要求 表 7-15

技术指标	单位	要求值	
		普通沥青	改性沥青
马歇尔试件击实次数	次	两面各 50 次①	
稳定度	kN	5.5	6

续上表

技术指标	单位	要求值	
		普通沥青	改性沥青
流值	mm	2~5	—
空隙率 VV②	%	3~4	
集料间隙率 VMA②	%	≥17	
沥青饱和度 VFA②	%	75~85	
谢伦堡沥青析漏试验的结合料损失	%	<0.2	<0.1
马歇尔残留稳定度	%	≥75	≥80
肯塔堡飞散试验的混合料损失或浸水飞散试验	%	≤20	≤15
冻融劈裂强度比	%	≥75	≥80
动稳定度 DS	次/mm	≥1500	≥3000

注：①对集料坚硬不易击碎，通行重载交通的路段，也可以将击实次数增加为双面75次。
　　②对高温稳定性要求较高的重交通路段或炎热地区，VV允许放宽到4.5%、VMA允许放宽到16.5%（SMA-16）或16%（SMA-19）、VFA允许放宽到70%。

三、SMA 混合料配合比设计的问题与调整

SMA混合料设计过程中，往往会出现某些指标不能满足要求的情况，这就需要查找原因，并对原设计进行必要的调整，有时甚至需要调换材料，重新进行试验和设计。表7-16是SMA混合料设计中所出现问题的一些可能的调整方法。

SMA 混合料配合比设计的问题与调整方法　　　　　　　　　　表 7-16

问题	可能的原因	解决方法
VMA 低	1.4.75mm 筛孔通过率太高； 2.0.075mm 筛孔通过率太高； 3.集料过分破碎； 4.集料毛体积密度不正确	1.检查试验结果的正确性； 2.降低 4.75mm 筛孔的通过率； 3.减少矿粉用量
VMA 高	1.4.75mm 筛孔通过率太低； 2.0.075mm 筛孔通过率太低； 3.集料毛体积密度不正确	1.检查集料毛体积密度的正确性； 2.提高 4.75mm 筛孔通过率； 3.增加矿粉用量
空隙率低	1.VMA 低； 2.沥青用量高	1.检查试验结果的正确性； 2.减少沥青用量或增大 VMA
空隙率高	1.VMA 高； 2.沥青用量少	1.检查试验结果的正确性； 2.增加沥青用量或降低 VMA
VCA 高	1.4.75mm 筛孔通过率高； 2.集料毛体积密度不正确	1.检查试验结果的正确性； 2.降低 4.75mm 筛孔通过率
析漏损失太高	1.混合料温度太高； 2.矿粉用量少； 3.纤维稳定剂不足； 4.粗集料比例太高； 5.混合料中含有水分	1.检查试验结果的正确性； 2.增加纤维稳定剂用量； 3.改变纤维稳定剂品种； 4.减少混合料水分； 5.调整级配； 6.降低温度

续上表

问题	可能的原因	解决方法
油斑	1. 析漏严重; 2. 运输距离太长; 3. 储存时间过长	1. 检查每一步骤,减少析漏; 2. 尽量减少储存时间
施工现场密度低	1. 碾压不足; 2. 碾压不及时; 3. 气温低或风大; 4. 厚度太薄	1. 厚度至少应该是公称最大粒径的3倍; 2. 正确地操作压路机; 3. 增大养路机的吨位或增加碾压遍数

对于 SMA 混合料如何设计,人们有一个认识逐渐加深的过程。其中关于 SMA 混合料级配,控制 4.75mm 筛孔通过率是关键。实践经验表明,取其规范中值并不一定很好,宜适当偏上限一些,这样有较多的细集料填充空隙,而不至于过多增加沥青用量。相反,4.75mm 筛孔通过率如过分偏下限,则可能造成空隙率过大而渗水,若同时增加沥青与矿粉用量,反而在炎热季节有出现泛油的可能。

第四节 SMA 混合料设计案例

SMA 混合料的配合比设计原则体现在两个方面:一是粗集料颗粒互相嵌挤组成高稳定性的石-石骨架结构;二是由细集料、沥青结合料和稳定添加剂组成的沥青玛琋脂填充骨架间隙,形成密实结构,以使混合料获得较好的柔韧性和耐久性。

本节以某年上海东海大桥桥面铺装上层 SMA-13 混合料设计为案例,介绍如下。

东海大桥工程位于杭州湾北部的东海海域,大桥全长约31km,其中陆上段(芦潮港新老大堤之间)约2.3km,跨海段(芦潮港至小洋山之间)约25km,港桥连接段约3.6km。大桥宽度为31.5m,设计为六车道。

一、设计任务

洋山深水港的货运主要经东海大桥进入上海,此外还有进出港口途经东海大桥的大客车、小汽车等客运车辆。以此计算的途经东海大桥的交通量见表7-17,该交通量即为东海大桥桥面铺装设计时需要考虑的交通量。

东海大桥设计交通量　　　　表 7-17

年份	混合交通(辆/d)	交通组成(辆/d)		换算标准轴数(轴/d)
2005	3172	集装箱	2696	11578
		大中型客货车	317	
		小客车	159	
2010	7429	集装箱	6315	27116
		大中型客货车	743	
		小客车	371	

续上表

年份	混合交通(辆/d)	交通组成(辆/d)		换算标准轴数(轴/d)
2020	19214	集装箱	16333	70134
		大中型客货车	1921	
		小客车	960	

根据表7-17的交通量,计算得平均年交通量增长率为11%。东海大桥设计为双向六车道,据此计算出在15年内每车道累计交通量为:

$$N_e = \frac{\left[(1+0.11)^{15}-1\right]}{0.11} \times 365 \times 11578 \times 0.4 = 58.16 \times 10^6 (轴次)$$

对于一般的高速公路来说,一个车道上设计的累计标准轴次极限为 $20 \times 10^6 \sim 30 \times 10^6$,而东海大桥的交通量几乎是一般高速公路的 $2 \sim 3$ 倍,可见其交通量之大。同时,大桥通行的车辆85%以上是集装箱和大中型货车,交通性质属于特重型交通。因此,如何保证桥面沥青铺装层具有特别高的抗轮辙性能,以期能够有效地防止或延缓沥青铺装层轮辙的出现,是桥面铺装设计的技术关键。

东海大桥是跨海桥梁,属海洋性气候,空气湿度大,暴雨、阵雨现象较为常见。在这种气候条件下,桥面湿滑,抗滑性能降低,而虽然集装箱车辆行驶时速度并不很快,但重车惯性大,桥面铺装设计必须考虑路面有足够的抗滑性,以保证交通安全。

东海大桥位于海洋之上,海洋上日照时间长,紫外线辐射强烈,同时,海洋上风大浪高,海风中富含氯离子,积累的盐分对桥面铺装有一定的侵蚀作用,会加快沥青的硬化、脆化及老化,导致混合料整体性能下降。桥面的日常养护维修比内陆要困难得多,故特别希望桥面能具有长久的使用寿命。

二、SMA-13混合料目标配合比设计方法与技术要求

根据东海大桥气候与交通条件,确定上面层采用SMA-13混合料,其配合比设计采用马歇尔设计法。设计技术要求并不拘泥于现行规范,而是根据实际需要进行适当调整,具体技术要求见表7-18。马歇尔试件采用双面击实75次。

东海大桥桥面铺装 SMA-13 混合料的技术标准　　　　表7-18

技术指标	要求值
马歇尔稳定度(kN)	≥8.0
流值(mm)	2~5
谢伦堡沥青析漏损失(185℃)(%)	≤0.1
肯塔堡飞散损失(20℃)(%)	≤15
冻融劈裂试验残留强度比(%)	≥80%(纯水) ≥75%(6%盐水)
轮辙动稳定度(60℃)(次/mm)	≥4500
粗集料骨架间隙率 VCA_{mix}	$< VCA_{DRC}$

续上表

技术指标	要求值
空隙率(%)	3.5~4.5
矿料间隙率(%)	≥17
沥青饱和度(%)	75~85

三、原材料

1.沥青结合料

一般 SBS 改性沥青不能适应如此大的交通量,因此,考虑以 SBS 改性沥青为基质沥青,再添加天然湖沥青,以提高其抗轮辙能力和抗氯离子的腐蚀性能。采用中石化东海牌 SBS 改性沥青,其技术要求与测试结果见表7-19。TLA 湖沥青技术要求及测试结果见表7-20。

SMA-13 混合料所用的结合料是由 SBS 改性沥青与 TLA 湖沥青混合配制而成的复合改性沥青。SBS 改性沥青与 TLA 湖沥青的配合比为4:1,其技术指标见表7-21。

中石化 SBS 改性沥青技术指标　　　　　　　　表 7-19

试验项目		技术要求	测试结果
针入度(25℃)(0.1mm)		50~70	62
针入度指数		≥0	0.08
延度(5℃)(cm)		≥35	43.9
软化点(℃)		≥65	79.3
运动黏度(135℃)(Pa·s)		≤3.0	1.84
闪点(℃)		≥250	312
溶解度(%)		≥99	99.90
离析(软化点差)(℃)		≤2.5	0.5
弹性恢复(25℃)(%)		≥70	96.0
旋转薄膜烘箱试验	质量损失(%)	≤1.0	0.12
	针入度比(%)	≥65	77.8
	延度(5℃)(cm)	≥20	23.5

TLA 湖沥青技术指标　　　　　　　　表 7-20

试验项目	技术要求	测试结果
溶解性沥青含量(%)	53~55	54.7
密度(g/cm³)	1.40~1.42	1.344
针入度(25℃)(0.1mm)	1~4	2.5
软化点(环球法)(℃)	93~98	97

SMA-13 采用的沥青结合料技术指标（80% SBS 改性沥青 + 20% TLA 湖沥青）　表 7-21

试验项目	技术要求	测试结果
针入度（25℃）（0.1mm）	30 ~ 50	42
软化点（℃）	>70	80.7
延度（5℃）（cm）	>5.0	14.5
延度（15℃）（cm）	>25	38.0
运动黏度（135℃）（Pa·s）	<3.0	2.4
密度（g/cm³）	—	1.081

2. 集料

粗集料采用浙江产辉绿岩碎石,粒径 5 ~ 15mm。在试验室将其筛分成两档,即 5 ~ 10mm 和 10 ~ 15mm。两档材料密度测试结果见表 7-22。

粗集料密度测试结果　表 7-22

技术指标	辉绿岩（5 ~ 10mm）	辉绿岩（10 ~ 15mm）
毛体积相对密度	2.762	2.768
表观相对密度	2.725	2.737
吸水率（%）	1.7	0.9

细集料选用粒径为 0 ~ 5mm 的石灰岩石屑。在试验室将其筛分成两档,即 0 ~ 3mm 和 3 ~ 5mm。两档材料密度测试结果见表 7-23。

细集料密度测试结果　表 7-23

技术指标	石灰岩（3 ~ 5mm）	石灰岩（0 ~ 3mm）
毛体积相对密度	2.681	—
表观相对密度	2.747	2.731
吸水率（%）	1.3	—

填料为磨细石灰粉,其中 0.075mm 筛孔通过率为 91.4%,表观相对密度为 2.715。

将各档碎石材料进行筛分,其级配见表 7-24。

几种集料级配通过率（%）　表 7-24

筛孔尺寸（mm）	辉绿岩（10 ~ 15mm）	辉绿岩（5 ~ 10mm）	石灰岩（3 ~ 5mm）	石灰岩（0 ~ 3mm）
16	100	—	—	—
13.2	91.7	—	—	—
9.5	2.8	99.3	100	—
4.75	0.0	16.2	73.7	—
2.36	—	0.3	5.8	100
1.18	—	0.0	0.0	59.8
0.6	—	—	—	41.5

筛孔尺寸(mm)	辉绿岩(10~15mm)	辉绿岩(5~10mm)	石灰岩(3~5mm)	石灰岩(0~3mm)
0.3	—	—	—	29.2
0.15	—	—	—	21.6
0.075	—	—	—	16.6

3. 纤维

为了节省建设投资,采用木质素纤维(后来施工时,从使用效果考虑,改为聚丙烯纤维),其技术指标符合表7-25要求。

木质素纤维技术指标 表7-25

技术指标	技术标准
平均长度(μm)	1100
最大长度(μm)	5000
平均直径(μm)	45
木质素含量(%)	75~78
pH值	7.5±1
体积密度(g/L)	25±5

四、SMA-13 混合料配合比设计

1. 集料级配设计

级配对SMA混合料密度、空隙率、矿料间隙率等体积指标以及SMA力学性能有较大影响。因此,级配选择是SMA混合料配合比设计的关键。通常,SMA混合料级配设计时要初选三个以上级配进行比较。对于SMA-13,以4.75mm筛孔通过率为级配控制点。在设计中,初选上、中、下三种级配4.75mm筛孔通过率分别为29%、26%和23%。

试验所用的5~10mm辉绿岩中小于4.75mm含量超过15%。另外,0~3mm石灰岩石屑中,1.18~2.36mm含量超过40%,而且小于0.075mm粉料含量接近20%。如果按照四档材料配料,那么在混合料中小于4.75mm的细集料含有较多的辉绿岩石屑。0~3mm石灰岩石屑中,1.18~2.36mm含量较大,在保证4.75mm和2.36mm筛孔通过率满足要求时,1.18mm和0.6mm筛孔通过率可能会偏小,如图7-4所示。

为确保目标配合比级配的准确性,将全部集料逐档筛分,然后按照上、中、下三种级配通过率进行配料。初选上、中、下三种级配线,见表7-26。这三种级配4.75mm筛孔通过率分别为29.0%、25.8%和22.7%,矿粉用量均为10%。

初选上、中、下三种设计级配(%) 表7-26

筛孔尺寸(mm)	16	13.2	9.5	4.75	2.36	1.18	0.6	0.3	0.15	0.075
级配上	100	94.5	66	29	23	21	17.7	14	13	10
级配中	100	94.5	61.5	25.8	20	18.4	16	13	12	10
级配下	100	94.5	56	22.7	18	16.2	14.1	12	11	10

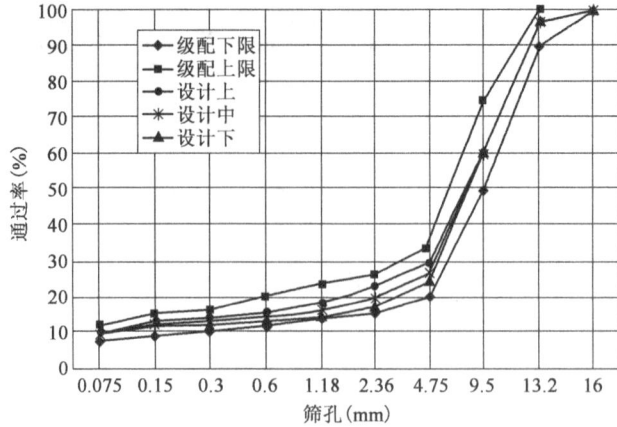

图 7-4　四档集料配合而成的合成级配曲线

2. 确定初试沥青用量

SMA-13 混合料最佳油石比通常约为 6.0% ,但考虑到东海大桥采用的 SBS 改性沥青中添加了 20% 的 TLA 湖沥青,沥青结合料的密度大且黏度高,初试油石比确定为 6.4% 。

采用同一初试油石比,成型三组马歇尔试件。考虑到东海大桥的交通量以及重载交通等特点,确定马歇尔试件成型击实 75 次/面。根据黏温曲线确定混合料的成型温度为 180 ~ 185℃。三种级配的 SMA-13 混合料性能测试结果见表 7-27。

三种初选级配沥青混合料的体积参数与基本力学指标　　　表 7-27

级配	G_{mb}	G_{mm}	VV(%)	VMA(%)	VFA(%)	VCA_{mix}(%)	VCA_{DRC}(%)
级配上	2.401	2.507	4.2	18.2	76.6	41.3	42.1
级配中	2.358	2.508	6.0	19.7	69.6	39.9	41.4
级配下	2.335	2.509	6.9	20.5	66.1	38.0	39.9

由试验结果可知,三种级配的粗骨架间隙率均能满足 $VCA_{mix} \leq VCA_{DRC}$ 的基本要求,同时,三种级配的 VMA 也均满足大于 17% 的要求。但是中、下级配的空隙率偏大,VFA 不满足要求。因此,选择设计上限级配作为推荐级配。

3. 确定最佳油石比

确定矿料设计级配后,在初试沥青用量的基础上扩大油石比范围,成型试件进行马歇尔试验,确定油石比合理范围。油石比分别取 6.2% 、6.4% 、6.6% 、6.8% ,测试不同油石比的马歇尔试件体积参数与基本力学指标,结果见表 7-28。图 7-5 所示为体积参数与油石比关系曲线。

不同沥青用量时沥青混合料的体积参数与基本力学指标　　　表 7-28

油石比(%)	G_{mb}	G_{mm}	VV(%)	VMA(%)	VFA(%)	VCA_{mix}(%)	VCA_{DRC}(%)
6.2	2.388	2.514	5.0	18.4	73.0	41.6	42.1
6.4	2.401	2.507	4.2	18.2	76.6	41.3	42.1
6.6	2.408	2.501	3.7	18.1	79.4	41.4	42.1
6.8	2.406	2.495	3.6	18.3	80.5	41.5	42.1

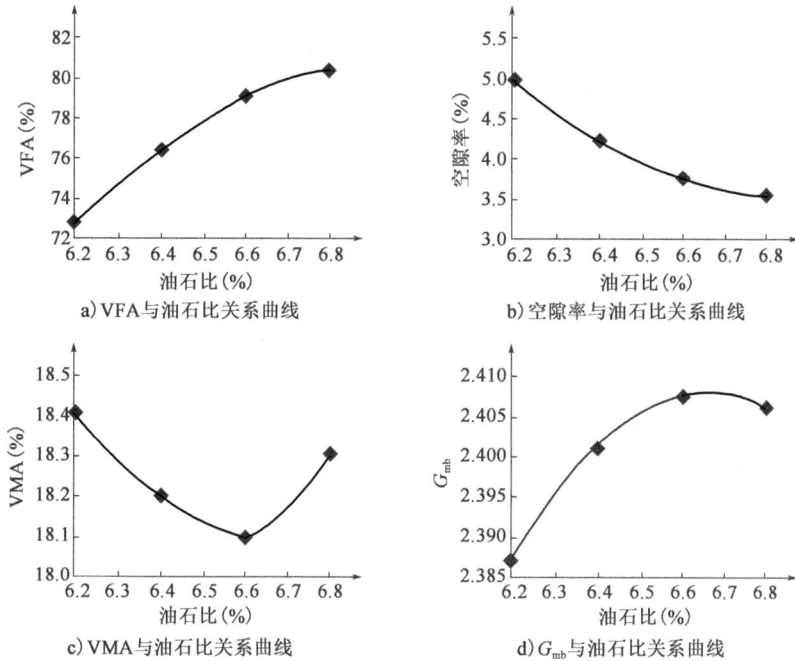

图7-5 体积参数与油石比关系曲线

在油石比为6.2%～6.8%时,SMA混合料的VMA均能满足大于17%的要求。要使SMA混合料的VFA满足75%～85%的要求,油石比应控制为6.3%～6.8%。当油石比为6.3%～6.8%时,SMA混合料空隙率可以控制在3.5%～4.5%。当以空隙率4.0%为控制指标时,根据工程经验,最佳油石比拟定为6.5%。

4. SMA混合料的性能检验

(1)SMA马歇尔试件体积参数与基本力学性能检验

在最佳油石比(6.5%)条件下,按照推荐设计级配成型马歇尔试件(双面击实75次),测试体积参数与基本力学指标,见表7-29。

油石比6.5%条件下SMA混合料的体积参数与基本力学指标 表7-29

油石比(%)	G_{mb}	G_{mm}	VV(%)	VMA(%)	VFA(%)	VCA_{mix}(%)	VCA_{DRC}(%)	稳定度(kN)	流值(mm)
6.5	2.401	2.504	4.2	18.2	77.4	41.5	42.1	12.6	37

(2)SMA混合料抗水性能检验

在6.5%最佳油石比条件下,按照推荐设计级配成型马歇尔试件。采用双面击实50次方式,按规定的试验方法进行冻融劈裂试验,考虑到在盐水条件下的冻融循环比纯水条件更加苛刻,试验直接在盐水条件下进行冻融(盐水浓度为6%),冻融劈裂试验结果:TSR为81.2%,符合大于或等于75%的设计要求。

(3)SMA混合料高温抗轮辙性能检验

按规定的试验方法碾压成型轮辙试件,并在室温条件下放置24h后,在60℃、0.7MPa条件下进行轮辙试验。轮辙试验动稳定度为6542次/mm,符合大于4500次/mm的设计要求。实际施工时,从使用效果考虑,改用聚丙烯纤维,动稳定度达到8000次/mm以上。

（4）混合料谢伦堡沥青析漏试验检验

按规定的试验方法拌制 SMA 混合料三份，每份 1kg，在 185℃ 条件下恒温 1h 后测定沥青析漏损失为 0.04%，符合小于或等于 0.1% 的设计要求。

（5）混合料肯塔堡飞散试验检验

按规定的试验方法击实成型 4 个马歇尔试件，在 20℃ 的水槽中恒温养生 20h 后放入洛杉矶磨耗机中旋转 300 转，测定飞散损失为 4.16%，符合小于或等于 15% 的设计要求。

从以上试验结果可以看出，根据马歇尔试验、水稳定性试验、轮辙试验以及析漏试验、飞散试验等检测，各项指标均满足设计要求，表明所配制的沥青混合料具有良好的路用性能。上述推荐的 SMA-13 混合料级配及 6.5% 最佳油石比（折算沥青含量为 6.1%），可供施工单位在 SMA 混合料生产时参考使用。

5. 关于 SMA-13 混合料生产的建议

（1）关于生产配合比设计

东海大桥 SMA-13 混合料配合比设计应遵循三阶段设计的原则，施工单位还要进行第二阶段生产配合比设计。在此阶段，施工单位根据目标配合比设计提供的各种冷料比例调整各个冷料仓的供料数量；从二次筛分后进入各热料仓的材料中取样进行筛分，以确定各热料仓的材料比例；按此比例采用三组油石比进行生产配合比的马歇尔试验，以确定生产配合比的最佳油石比。第三阶段为生产配合比验证阶段。按确定的拌和比例、拌和温度、拌和时间生产沥青混合料，经过运输、摊铺、碾压后铺成试验段；检查试验段有无离析、渗水等现象；钻芯取样检测厚度、压实度、马歇尔稳定度等指标；抽样检查沥青混合料的矿料级配及油石比；在各项技术指标均达到要求后，可确定生产配合比。

（2）级配关键控制点

SMA 矿料级配对路面的抗渗性能影响很大，规范对 4.75mm 筛孔通过率提出的 20% ~ 34% 的范围太宽，对生产失去了指导意义，简单地采用中值也未必合适。为此，建议 4.75mm 筛孔通过率控制为 25% ~ 33%，并尽量选择中值（29%）偏上的通过率，以保证 SMA 路面不透水。同时，要保证 0.075mm 筛孔通过率大于 10%，并且 2.36 ~ 4.75mm 之间的颗粒要尽可能地少，以不超过 6% 为佳。

（3）用油量

混合料的矿料级配、沥青用量、纤维用量、拌和温度及碾压温度是控制路面施工的关键因素。当采用了正确的矿料级配、沥青用量、纤维用量、拌和温度及碾压温度后，路面的施工质量就有了保证。考虑到采用含有湖沥青的高黏度改性沥青，湖沥青中含有相当多的矿物质，即使适当增加用油量也不会引起高温稳定性明显下降而出现泛油、析漏等病害，因此，设计油石比 6.5%，比一般 SMA 的油石比要高是合理的。但考虑到拌和机拌和与试验室拌和会有差异，生产混合料油石比可以不同于设计油石比，但两者相差不宜超过 ±0.2%。

（4）细集料

尽管细集料在 SMA 中含量较少（约 15%），但是细集料对 SMA 的性能特别是密实性和抗渗水性有关键性影响。当 SMA 混合料级配不恰当时（4.75mm 筛孔通过率较低），即使压实度达到要求，路面仍然可能渗水。因为，即使 4.75mm 筛孔通过率满足设计要求，但由于细集料级配不好，例如粗颗粒和粉尘含量偏高，仍可能影响 SMA 的密实性。因此，应重视细集料的质量，宜在原料采购时就直接采用 0 ~ 3mm 和 3 ~ 5mm 两档细集料。

（5）粗集料

粗集料应重视针片状颗粒含量等指标,并注意集料的洁净性,否则可能影响 SMA 的空隙率和抗水性能。另外,SMA-13 混合料中粗集料使用较多,应根据各热料仓的体积大小正确选择各个振动筛的筛孔尺寸,避免热料仓发生溢料现象。

（6）纤维

在进行 SMA 混合料拌和时,应将纤维与矿料干拌均匀后再喷入热沥青,每盘 SMA 混合料不得少加、漏加纤维,否则将导致路面泛油。另外,在试验过程中发现一些木质素纤维,特别是颗粒状木质素纤维不易与石料拌和均匀,因此在使用时尤应注意保证纤维与石料拌和的均匀性。

【思考题】

7-1　SMA 混合料的特性有哪些?

7-2　SMA 应用场景有哪些?

7-3　SMA 混合料的设计方法与 AC 混合料的设计方法有何异同?

7-4　SMA 混合料中纤维的作用是什么?

7-5　如果设计 SMA 时,发现析漏损失较高,应该采取什么措施来解决?

7-6　从体积参数、沥青用量、矿料级配等方面比较,SMA 混合料和 AC 混合料有哪些差异?

7-7　如何保障 SMA 粗集料形成骨架结构?

7-8　思考飞散试验和析漏试验在评价 SMA 性能,确定沥青用量上、下限方面的作用。

7-9　SMA 沥青混合料与浇注式沥青混合料有何差异?

【小组讨论】

7-1　当前我国新建的高速公路沥青路面上面层多采用 SMA 混合料,试讨论其原因。

7-2　虽然 SMA 混合料拥有良好的路用性能,但其造价不菲,试分析 SMA 混合料的经济性以及降低造价的可能发展方向。

7-3　为什么 SMA 沥青混合料常采用改性沥青作为结合料?

【拓展阅读】

7-1　沈金安.改性沥青与 SMA 路面[M].北京:人民交通出版社,1999.

7-2 卢永贵,赵可.沥青玛蹄脂性能试验研究[J].中国公路学报,2001,14(4):9-13.

7-3 CAO W D,LIU S T,FENG Z G. Comparison of performance of stone matrix asphalt mixtures using basalt and limestone aggregates[J]. Construction and Building Materials,2013,41:474-479.

7-4 BLAZEJOWSKI K. Stone matrix asphalt:theory and practice[M]. Boca Raton:CRC Press,2010.

7-5 BROWN E R. Evaluation of stone mastic asphalt used in Michigan in 1991[J]. Transportation Research Record,1993,1427:54-60.

7-6 QIU Y F,LUM K M. Design and performance of stone mastic asphalt[J]. Journal of Transportation Engineering,2006,132(12):956-963.

第八章

排水沥青混合料

【内容提要】

本章介绍了排水沥青混合料发展现状、技术特性和适用范围,讲述了沥青、集料、填料等原材料技术要求,介绍了排水沥青混合料配合比设计方法,总结了排水沥青路面的降噪性能,并给出了排水沥青混合料配合比设计实例。

第一节 概　　述

排水沥青路面,又称透水沥青路面,指压实后空隙率在 20% 左右,能够在混合料内部形成排水通道的新型沥青混凝土面层(图 8-1),其实质为骨架-空隙结构的开级配沥青混合料。传统的密级配沥青混凝土路面因其致密的结构而具有不渗水的特点,降水主要通过路表径流的方式排走,容易在道路表面形成水膜,从而使路面抗滑能力下降。而排水沥青路面内部具有丰富且相互连通的空隙,使得雨水能够很好地进入并通过连通空隙排走。该种特性能够有效地避免路面积水,并能够减少车辆行驶中溅水和喷雾现象,提高了车辆行驶的稳定性和安全性。此外,排水沥青路面在降噪方面也具有优势,其多孔结构能够有效降低轮胎路面接触噪声,一般情况下,排水沥青路面可比普通密级配沥青路面降低噪声 3～5dB。排水沥青路面还能够改善道路表面的温度和湿度,在一定程度上减轻城市的"热岛效应"。

图 8-1　雨天排水沥青路面与普通路面的对比

一、发展现状

美国长期以来偏向将排水沥青路面作为高速公路或州际公路的磨耗层处理。2000 年,美国加利福尼亚州 405 号公路靠近城市化地区大规模铺设了排水沥青路面,使道路噪声水平显著下降。2011 年,美国宾夕法尼亚州交通部(PennDOT)开始在全州推广排水沥青路面技术,不仅限于交通道路,还包括停车场、人行道等,体现了排水沥青混合料在城市水管理和环境保护中的潜力。欧洲基于多空隙沥青面层逐步开发出第一代(单层)、第二代(双层)和第三代路面(多孔弹性路面或超大空隙沥青路面),应用效果总体较好。2007 年,日本道路协会发布了《透水性路面铺装指南》,针对透水铺装提出了系统性的指导意见。通过对日本多个铺设排水沥青路面前后的雨天事故进行调查对比,发现使用排水沥青路面后雨天事故可减少 80% 左右,事故率基本上与晴天相当。目前日本是应用排水沥青路面最为成功的国家之一,已形成较为完善的排水沥青混合料设计方法。

我国于 20 世纪 80 年代在正定高速首次引进应用美国的 OGFC 路面。2003 年,陕西省交通厅引进了日本的成套技术,在西安咸阳高速上首次大规模使用排水沥青路面。2008 年,在宁杭高速修建的 20.7km 排水沥青路面,标志着排水沥青路面在我国得到了系统性的应用,实测在通车 9 年后仍表现出出色的排水能力。此后,我国大量引入日本的 TPS 高黏改性剂和排水沥青铺装技术并全面推广。2011 年,为了体现科技示范,探索绿色环保的路面形式,交通运输部在永武高速铺筑了 22km 的排水沥青路面,沥青混合料采用 SBS 改性沥青复配 8% 高黏改性剂,混合料空隙率达到了 20% 。近年来,由于排水沥青路面的抗滑、降噪和舒适等优越性能,其在高速公路和城市道路中应用越来越多。从应用情况及相关科研案例来看,在经历 10 年重载交通后,排水沥青路面依然具有良好的路用性能,能够提供较好的抗滑性,较大的空隙率能够迅速排出路表和结构内部积水,同时还具备降低噪声的功效。但由于其高空隙率,沥青容易老化、耐久性差、空隙堵塞、养护困难等问题也逐渐显露,有待进一步研究。

二、特性与适用范围

排水特性:排水沥青路面大空隙率的特点使其具有良好的排水性能,其空隙结构主要有半连通空隙、连通空隙和孤立空隙。其中,连通空隙可以将水分有效排出面层结构,既可以储存一部分降水,又可以为水提供渗流路径,降低了汽车行驶引起路面水雾的可能性。大气降水沿面层空隙向防水层渗透,通过截水沟及断面横坡等设施迅速排离,确保行车安全。

抗滑特性:排水沥青路面的骨架空隙结构能够在路面形成丰富的宏观纹理,具有较大的构造深度,从而具有较好的抗滑性能。同时内部的连通空隙在雨天能够及时排出路表积水,可以有效避免形成路面水膜,进一步加强路面的抗滑性能,提升行车安全性。

降噪特性:排水沥青路面表面有一定构造深度且内部存在大量空隙,能够使轮胎与路面接触所形成的噪声具备大范围的消散空间,声波沿着连通空隙进行传播,传播过程中会与集料产生振动摩擦从而造成声能的耗散,因而具有良好的吸声降噪性能。目前对于排水沥青路面降噪的研究主要集中在交通噪声测试方法和材料吸声系数两个方面,关于多孔沥青混合料的吸声模型也在同步发展中。

透风散热特性:近年来发现排水沥青路面可以缓解城市的"热岛效应",因此对其透风散热特性也有了一定的研究。夏晖、张肖宁等人发现排水沥青混合料内部的连通空隙具有很好的对流换热性能,同时其材质也有助于热量散失,从理论上论证了排水沥青路面透风散热性能的合理性,具有实际的指导意义。

排水沥青路面虽然优点众多,但也存在一定劣势。例如其整体强度相对较低,在重载车辆作用下容易被进一步压密而使空隙率降低;同时,较大的空隙结构,使得沥青混合料更易暴露于环境而加剧老化,因此路面耐久性差;此外,在风沙、降尘严重的路段,空隙也面临着堵塞的风险,从而使路面功能失效。因此,在路面设计时应扬长避短,充分考虑排水沥青路面在当地的适应性。总结国内外研究成果与应用经验,排水沥青路面通常具有如下的适用条件:

①交通量较大,但主要通行快速轻型车辆的道路。例如中、轻交通的高速公路和机场高速公路是适宜铺筑排水沥青路面的典型道路。

②噪声特别大的城市快速干道以及主要通行小型客车的高架道路。

③在水泥混凝土路面上加铺一层多孔性排水沥青路面,不仅能有效提高行车的舒适性,而且能降低交通噪声。

④在长隧道中铺设排水沥青路面,不仅利于排水,还可降低隧道内车辆滚动噪声。

第二节　材　　料

一、集料

《排水沥青路面设计与施工技术规范》(JTG/T 3350-03—2020)规定,排水沥青混合料所用粗集料应均匀、洁净、干燥,宜选用高黏附性、高耐磨耗性、高耐破碎性的优质集料,高温不易变质,其质量应符合表8-1的技术要求。

排水沥青混合料用粗集料质量技术要求　　　　　　　　　表 8-1

试验项目		技术要求	试验方法
软石含量(%),不大于		1.0	T 0320
坚固性(%),不大于		8	T 0314
压碎值(%),不大于		18	T 0316
高温压碎值[①](%),不大于		23	T 0316
洛杉矶磨耗损失(%),不大于		20	T 0323
磨光值(PSV),不小于	潮湿区	41	T 0321
	湿润区	39	
沥青黏附性(级),不小于		5	T 0654
水洗法 <0.075mm 颗粒含量(%),不大于		1	T 0310
表观相对密度,不小于		2.70	T 0304
毛体积相对密度,不小于		2.60	T 0304
吸水率[②](%),不大于		2.0	T 0307
针片状颗粒含量(%)	混合料,不大于	12	T 0312
	其中粒径大于 9.5mm,不大于	10	T 0312
	其中粒径小于 9.5mm,不大于	12	T 0312

注:①将装有试样的压碎值试验仪和压柱一起放入 190℃ ±2℃ 的烘箱内保温 2h 后,取出试样立即按《公路工程集料试验规程》(JTG 3432—2024)中 T 0316 的标准进行试验,测试压碎值,所有试验操作应在 5min 内完成。
　　②多孔玄武岩的吸水率可放宽到 3.0。

　　排水沥青路面用粗集料应均匀、洁净、干燥,宜选用高黏附性、高耐磨耗性、高耐破碎性的优质集料,采用大型联合碎石机轧制成的碎石,形状接近立方体。粗集料通过 4.75mm 筛孔的质量百分率应控制在 10% 以下。

　　细集料应洁净、干燥、无风化、无杂质,其技术指标应符合表 8-2 的要求。

排水沥青混合料用细集料技术要求　　　　　　　　　表 8-2

试验项目	技术要求	试验方法
表观相对密度,不小于	2.60	T 0328
坚固性(>0.3mm 部分)(%),不大于	3	T 0340
含泥量(<0.075mm 含量)(%)*,不大于	3	T 0333
砂当量(%),不小于	60	T 0334
亚甲蓝值(g/kg)*,不大于	1.5	T 0349
棱角性(流动时间法)(s),不小于	30	T 0345

注:*天然砂必须检测指标。

　　细集料加工过程中应吸尘或水洗,宜采用 10 ~ 20mm 规格的粗集料加工。排水沥青路面细集料的级配组成应符合表 8-3 的要求。有条件时宜分成 2 ~ 3 档备料。

排水沥青混合料用细集料级配范围　　　　　　　表 8-3

公称粒径(mm)	通过各个筛孔(mm)的质量百分率(%)						
	4.75	2.36	1.18	0.60	0.30	0.15	0.075
0~3	100	90~100	60~90	25~60	8~45	0~25	0~10

二、填料

填料应采用石灰岩磨细的矿粉,且必须保持干燥、洁净、无风化、无杂质,其技术指标及规格应满足表 8-4 的要求。不得采用回收粉或粉煤灰。

排水沥青混合料用矿粉技术要求　　　　　　　表 8-4

试验项目		技术要求	试验方法
表观相对密度,不小于		2.60	T 0352
含水率(%),不大于		1	T 0103
外观		无团粒结块	观察
亲水系数,不小于		0.8	T 0353
塑性指数(%)*,不大于		4.0	T 0354
加热安定性		无明显变化	T 0355
粒度范围(%)	<0.60mm	100	T 0351
	<0.30mm	95~100	
	<0.15mm	90~100	
	<0.075mm	75~100	

注: *试验检测矿粉时,实测塑性指数保留 1 位小数进行评价。

可使用消石灰或水泥替代部分矿粉以提高混合料抗剥落性,添加量不宜超过矿粉用量的 50%。

三、沥青结合料

随着人们对排水沥青路面使用性能的认识不断加深,对其沥青结合料的技术要求也在不断发生变化。国外早期采用针入度较大的沥青,认为这样可以防止过早地老化,故欧洲一些国家都采用 200 号沥青。除防老化原因外,还因为这些国家气温较低,同时所铺路面较薄,故使用低黏度沥青尚能适应。美国南北气候有较大的差异,在机场道面上铺筑透水抗滑磨耗层时,美国联邦航空管理局(Federal Aviation Administration,FAA)建议使用 60/70 沥青;有些城市的机场道面则采用 85/100 沥青,并在沥青中掺入 0.5% 的硅化橡胶,丹佛机场、盐湖城机场即是如此;美国北部一些城市则采用 120/150 沥青。

多年的实践经验表明,使用普通沥青铺筑多孔性沥青路面,其强度明显不足,在交通荷载作用下路面易被进一步压密而变形,使空隙率降低,并影响路面的平整度。同时,由于沥青黏度低,集料颗粒表面的沥青膜较薄,不耐老化,集料颗粒容易脱落,造成路面松散。表 8-5 所示为近年来一些国家在排水沥青路面中使用沥青结合料的情况。

国外排水沥青路面采用的沥青结合料 表 8-5

国家	基质沥青	改性剂	结合料用量
美国	80/100	沥青橡胶黏结剂;15%~20%橡胶碎屑	8%~10%
		聚合物改性剂	6.0%~7.0%
英国	100/150,160/220	天然橡胶	3.7%~4.5%
		SBS;EVA	5.2%
丹麦	50/100	SBS	3.9%,5.4%,6.3%
德国	B65,B85	PMB;未明确规定	6.2%~6.8%
瑞士	50/70,70/100	PMB;未明确规定	>3.0%
法国	50/70	沥青橡胶黏结剂;15%~20%轮胎碎屑	—
比利时	80/100	SBS	4.0%~5.0%
		沥青橡胶黏结剂	5.5%~6.5%
荷兰	50/70	SBS;橡胶粉	4.5%~5.5%
西班牙	80/100,60/70	SBS;EVA	4.5%~5.5%
意大利	80/100	SBS;EVA	4.0%~6.0%
日本	60/80	SBS;TPS	4.0%~6.0%

从结合料性能角度来看,改性剂能够有效地增加胶结料含量和沥青膜厚度,从而提高排水沥青混合料中集料与沥青的黏附力。另外,改性剂被证明有助于降低排水沥青混合料的温度敏感性,因为它在高温下具有更高的黏度,在低温下具有更好的柔韧性。国外排水沥青路面中使用的改性剂如表 8-6 所示。

国外排水沥青路面采用的改性剂 表 8-6

改性剂类型	胶结料优势	混合料优势	潜在劣势	建议地区
SBS	针入度指数较好、软化点较高、动力黏度较高(60℃)	较低的磨耗损失、较好的抗轮辙性能、较好的抗疲劳和低温性能	高温稳定性较差	无要求
沥青橡胶	较高的软化点、较高的黏度、低温柔韧性好、对温度敏感性较小	较低的磨耗损失、较好的抗轮辙性能、较好的抗疲劳性能	减小了空隙、增加了不连续性、高温性能低于 SBS	偏寒冷地区
SBR	软化点高、低温延展性好(5℃)、对温度敏感性小	较低的磨耗损失、良好的抗轮辙能力、较好的抗低温开裂能力	高温性能较差、高温稳定性较差	偏寒冷地区
HVA	动力黏度较高、较高的韧性、较好的低温延展性	抗永久变形能力好、抗疲劳性能好、水稳定性好	—	无要求
EVA	较好的弹性恢复能力、对温度不敏感	磨耗损失低、抗轮辙性能好、抗疲劳性能好	性能差异较大、整体性能低于 SBS	偏温暖地区

目前,在排水沥青混合料中采用的改性剂主要有三种。其中,SBS 以其较好的综合性能逐渐取代了乙烯-醋酸乙烯酯共聚物(EVA),在欧洲大部分国家、日本和中国得到了广泛应用。

SBS的一个显著优点是可以同时改善基质沥青的高低温性能,从而提高排水沥青混合料的整体性能,尤其适合一年中高温和低温并存的地区。

其次是橡胶改性剂,在美国和欧洲以及南非的相对寒冷地区普遍使用。在美国、加拿大、奥地利和日本的部分地区,约有2/3的机构使用SBS和橡胶改性剂。

另一种是日本研发的新型高黏改性剂(HVA),即Tafpack-Super(TPS),它主要由热塑性弹性体、增黏树脂和增塑剂组成,比普通改性剂含有更多的橡胶或热塑性高分子化合物。经高黏改性后的沥青胶结料,其60℃黏度大于20000Pa·s。应用高黏度改性沥青,不仅能显著提高排水沥青路面的抗变形能力,而且沥青与集料的黏结性也能得到有效的改善。日本改性沥青协会《路用聚合物改性沥青技术标准》(JMAAS-01:2019)中对高黏度改性沥青给出了一些主要技术指标,见表8-7。目前,TPS是日本排水沥青混合料使用的主流改性剂。

日本高黏度改性沥青技术标准   表8-7

技术指标	技术标准
针入度(25℃)(0.1mm)	>40
软化点(℃)	>80
延度(15℃)(cm)	>50
闪点(℃)	>260
TFOT后残留针入度比(%)	>65
TFOT后质量损失(%)	<0.6
黏韧性(25℃)(N·m)	>20
韧性(25℃)(N·m)	>15
黏度(60℃)(Pa·s)	>20000

表8-7中数据表明,日本高黏度改性沥青的黏度是一般沥青的100倍,而实际使用的高黏度改性沥青黏度则高达$6\times10^4\sim8\times10^4$Pa·s,几乎是普通沥青的300~400倍。采用这种高黏度改性沥青,在160~170℃拌和时,拌和机的负荷并不增大,故不用过多提高拌和温度。研究表明,高黏度改性沥青在高温时的黏流特性与直馏沥青不同,随着剪切速率的增大,它的剪应力并不成正比例增加,而是表现出非牛顿流体特性。

综观国外大量研究,早期排水沥青路面所用的沥青结合料黏度相对较低,容易产生较多病害;如今许多国家在向采用高黏度改性沥青方向转变,其中以日本所提出的结合料技术标准为代表。2001年,我国在排水沥青路面的研究和应用中开始采用高黏度改性沥青。2003年,西安机场高速公路采用高黏度改性沥青修筑了一段排水沥青路面,取得了很好的工程效果。2005年,江苏盐通高速公路修筑了一段17km长的排水沥青路面,采用了基质沥青+高黏度改性剂、SBS改性沥青+高黏度改性剂两种改性方式。该路段经过10年的使用,表现出了良好的结构和功能耐久性,这也证明了高黏度改性沥青用于我国排水沥青路面的可行性和适用性。2022年,广西南宁绕城高速公路西段采用排水沥青上面层对原有路面进行改造,成为国内单体铺设里程最长的排水沥青路面,该路段采用SBS改性沥青+高黏度改性剂的方式,施工后经实测其排水、抗滑、降噪效果均显著高于预期水平。我国现有工程经验表明,高黏度改性沥青可以提高排水沥青混合料的抗水损坏能力、抗轮辙能力和抗飞散损失能力,提高路面耐久性,适用于高温气候条件和重载交通条件。

开级配多孔性沥青混合料粗集料多、细集料少,混合料的强度受沥青结合料影响明显,所以对沥青的黏结强度提出了高要求。同时,由于空隙率大,环境因素更易影响混合料,对沥青结合料的耐老化能力也必须充分考虑。根据我国工程实际背景,《排水沥青路面设计与施工技术规范》(JTG/T 3350-03—2020)中规定,排水沥青路面应采用改性沥青,其技术要求见表8-8。

我国规范关于高黏度改性沥青技术要求 表8-8

技术指标	技术标准
针入度(25℃,100g,5s)(0.1mm),不小于	40
软化点(℃),不小于	80
延度(5℃,5cm/min)(cm),不小于	30
溶解度(%),不小于	99
布氏黏度(170℃)(Pa·s),不大于	3
动力黏度(60℃)(Pa·s)[1],不小于	50000
黏韧性(25℃)(N·m),不小于	25
韧性(25℃)(N·m),不小于	20
弹性恢复(25℃)(%),不小于	95
储存稳定性离析[2],48h软化点差(℃),不大于	2.5
闪点(℃),不小于	230
相对密度(25℃)	实测记录
RTFOT后残留物[3]	
质量变化(%),不大于	±1.0
残留针入度比(25℃)(%),不小于	65
残留延度(5℃)(cm),不小于	20

注:①极重、特重、重载交通应当提高高黏度改性沥青动力黏度,宜为200000 Pa·s以上。
②本指标仅适用于成品高黏度改性沥青。
③老化试验以RTFOT为标准,也可以由TFOT代替。

制备高黏度改性沥青时,应选择与改性剂配伍性良好的基质沥青,基质沥青宜采用A级70号沥青或A级90号沥青。采用直投法拌制排水沥青混合料时,可采用A级70号沥青、A级90号沥青或SBS改性沥青I-C级、I-D级,同时应检验所用沥青与高黏度改性剂的配伍性。高黏度改性剂应满足表8-9的技术要求。

高黏度改性剂技术要求(JT/T 860.2—2013) 表8-9

指标	技术要求	试验方法
外观	颗粒状、均匀、饱满	目测、手感检验
单粒颗粒质量(g),不大于	0.03	JT/T 860.2附录A
相对密度,不大于	1.0	GB/T 1033
熔融指数(g/10min),不小于	2.0	GB/T 3682
灰分(%),不大于	1.0	JTG E20 T 0614

除上述以石油沥青为基料的各种聚合物改性沥青可作为排水沥青路面的结合料外,在国外有的还采用热固性树脂,如环氧沥青作为结合料。其热固化特性使混合料碾压成型后,即使

在高温和重载条件下,也不会轻易发生变形,排水沥青路面的空隙率可长期保持稳定而不降低。同时,环氧沥青混合料由于具有强度高、耐疲劳等特性,特别适用于一些重要的场合。如在隧道中铺设排水沥青路面,就宜采用环氧沥青作为结合料。出于环境保护和美观的需要,铺筑彩色排水沥青路面在当下也成为一种时尚,这种情况下可根据需要采用特种的着色沥青结合料。

四、纤维与其他添加剂

为提高多孔性沥青混合料的沥青含量和抗松散能力,在混合料中添加纤维是有效的,尤其是重载交通情况下宜使用纤维作为增塑稳定剂材料,可采用聚合物纤维、玄武岩纤维等。

为提高混合料的水稳定性,除使用消石灰粉、水泥外,还可考虑采用其他抗剥落措施,如液体沥青抗剥落剂。

《排水沥青路面设计与施工技术规范》(JTG/T 3350-03—2020)提出的聚合物纤维、玄武岩纤维的技术指标要求见表8-10和表8-11。

聚合物纤维技术要求　　　　　　　　表8-10

试验项目	技术要求	试验方法
耐热性(210℃,2h)	体积、颜色无明显变化	JT/T 534
断裂强度(MPa),不小于	500	GB/T 3916
断裂伸长率(%),不小于	15	GB/T 3916
长度(mm)	9 ±1	GB/T 14336
直径(μm)	15 ±5	GB/T 10685

玄武岩纤维技术要求　　　　　　　　表8-11

试验项目	技术要求	试验方法
耐热性(210℃,2h)	体积、颜色无明显变化	JT/T 534
断裂强度(MPa),不小于	2000	GB/T 7690.3
断裂伸长率(%),不小于	3.1	GB/T 7690.3
长度(mm)	9 ±1	JT/T 776.1

第三节 排水沥青混合料设计要求

排水沥青路面在许多国家广泛使用甚至强制使用,部分国家还发布了专门的排水沥青路面技术规范。在借鉴和总结国内外排水沥青路面设计和施工等工程实践经验的基础上,我国于2020年发布了《排水沥青路面设计与施工技术规范》(JTG/T 3350-03—2020)。各国道路条件和气候、环境等因素不同,因此在配制排水沥青混合料时采用的设计方法有所差别。纵观世界各国对排水沥青路面的研究和实际应用的经验,在进行混合料配合比设计时,应该特别注意以下几方面内容:首先要保证混合料具备较高的空隙率,一般来说,路面的空隙率越大,其排水和降噪性能越好。根据现有的理论研究和实际经验,排水沥青混合料的空隙率必须在15%以上。其次要保证混合料的抗松散能力,由于高空隙率的存在,水长期滞留在结构内部,容易造成路面松散剥落。为保证排水沥青混合料的水稳定性,可以采用聚合物改性沥青、掺入纤维等方式改善集料与结合料的黏附性能。最后,排水沥青混合料作为一种铺面材料,在保证功能性的前提下,还必须具备一定的力学强度。

关于排水沥青混合料的设计方法,我国的设计方法总体上和日本较为接近。首先确定目标空隙率,根据目标空隙率和经验初选级配试配三组范围内的集料。然后估算初选级配矿料所需的沥青用量,并制作马歇尔试件,测定空隙率和马歇尔稳定度。在满足要求的级配中选优,确定最佳沥青用量。最后用所选级配及沥青用量制备混合料试件,测定其高温性能、低温性能、水稳定性等是否满足要求,若不满足要求则需重新调整级配及沥青用量。

一、集料级配

1.集料级配的确定

根据理论研究,排水沥青路面的公称最大粒径能够对其排水和降噪性能产生影响。如日本的相关研究表明,在铺筑厚度同样为50mm的条件下,公称最大粒径为13mm的路面降噪效果要优于公称最大粒径为20mm的路面。欧洲国家大多主张采用公称最大粒径相对较小如8~10mm的级配,然而,从排水性能和防空隙堵塞的角度出发,则宜选用公称最大粒径较大的级配。国外一些国家排水沥青路面选用的公称最大粒径见表8-12。

国外排水沥青路面公称最大粒径　　　　　　表8-12

国家	混合料类型	公称最大粒径(mm)
英国	PAWC;PA	20
法国	DA	10
德国	WA	8/16
西班牙	PA	11~16
瑞士	PA	8
日本	PA	5/13

注:PAWC、PA、DA、WA均指排水沥青混合料,不同国家对其有不同的代称。

排水沥青混合料的集料级配与其空隙率密切相关。通常情况下,粗集料越多,空隙率越大;反之,细集料越多,则空隙率越小。研究表明,混合料的空隙率在很大程度上与2.36mm筛孔通过率有关。根据《公路沥青路面施工技术规范》(JTG F40—2004),在充分参考同类工程成功经验的基础上,在级配范围内试配三组2.36mm筛孔通过率相同的矿料级配作为初选级配。在按规定方法成型马歇尔试件后,用体积法测定试件的空隙率,绘制2.36mm筛孔通过率与空隙率的关系曲线,根据期望的空隙率确定混合料的矿料级配。

根据上述方法,在集料级配设计时,可以通过计算控制主要筛孔的通过率,从而确定集料级配线的走向,以达到期望的空隙率。对于粗集料,主流经验是采用连续级配设计;而对于细集料,通常选用间断级配的设计方式。综合国外排水沥青混合料级配设计,集料公称最大粒径主要集中在19mm左右,其中也有一些国家,如西班牙、瑞士、意大利等由于使用不同的标准筛而略有差异。对于粗集料,多数级配会使集料在4.75mm筛孔和9.5mm筛孔之间出现间断。对于细集料,大部分会去除0.15~0.6mm或0.15~1.18mm的集料级配,并对关键筛孔有严格要求。

表8-13所示为一些国家的细集料控制范围。由表可见,国外排水沥青路面要求空隙率在

20%左右,细集料含量控制为1%～18%。现在也有学者借鉴SMA配合比设计的原则,要求排水沥青混合料形成嵌挤紧密的骨架结构,因此,也可应用$VCA_{mix} < VCA_{DRC}$的判别方法。

各国细集料控制范围　　　　表8-13

国家	筛孔(mm)	通过率(%)	实际控制范围(%)	要求空隙率(%)
英国	2.35	7～13	—	20
德国	2.00	10～25	13～17	20
日本	2.36	8～25	14～18	20
美国	2.36	5～15	10～12	15
比利时	2.00	—	1～7	22

此外,排水沥青混合料的矿粉用量对空隙率也有很大影响,一般宜控制为3%～5%。

2. 推荐级配

对于排水沥青混合料,由于各国考虑的主要因素不同,所给出的推荐级配也会存在一定的差异。日本道路协会《排水性沥青铺装技术指针(案)》中给出的推荐级配见表8-14。

日本推荐级配　　　　表8-14

筛孔尺寸(mm)	通过率(%)	
	公称最大粒径20mm	公称最大粒径13mm
26.5	100	—
19	95～100	100
16	—	—
13.2	64～84	90～100
9.5	—	—
4.75	10～31	11～25
2.36	10～20	10～20
1.18	—	—
0.6	—	—
0.3	—	—
0.15	—	—
0.075	3～7	3～7

欧洲标准 *Bituminous mixtures-Material specifications- Part 7：Porous Asphalt*（EN 13108-7—2016）给出了排水沥青混合料级配范围的总体要求,对1.4D、D、2mm和0.063mm等4个关键筛孔的通过率进行控制,如表8-15所示。其中,D为特征粒径,D及D～2mm之间的特征粒径必须从以下筛孔系列①或系列②中选择：系列①为4mm,5.6mm,8mm,11.2mm,16mm,22.4mm,31.5mm;系列②为4mm,6.3mm,8mm,10mm,12.5mm,14mm,16mm,20mm,31.5mm。2～0.063mm之间的特征粒径必须从以下筛孔系列中选择：1mm,0.5mm,0.25mm,0.125mm。D～2mm之间和2～0.063mm之间最多可以加入2个特征筛孔。该规范仅对1.4D、D、2mm和0.063mm筛孔的通过率提出了明确要求,而其他筛孔的通过率可根据工程特点、气候条件等灵活选择,这样可赋予工程师更大的自由度,以便在级配设计中根据实际需求进行优化。

欧洲排水沥青混合料级配要求 表 8-15

筛孔尺寸(mm)	通过率(%)	级配包络线范围(%)
1.4D	100	—
D	90~100	0~10
D~2mm 之间特征粒径 1	—	10~23
D~2mm 之间特征粒径 2	—	10~20
2	5~25	0~20
2~0.063mm 之间的特征粒径 1	—	2~15
2~0.063mm 之间的特征粒径 2	—	4~15
0.063	2~10	1~8

近年来,美国的 OGFC 有级配变粗、空隙率增大且普遍使用改性沥青和纤维的趋势。在级配上,优先使用公称最大粒径为 12.5mm、16.0mm 的集料,设计空隙率也比过去有所增大,以避免因空隙堵塞而使路表排水功能降低。美国国家沥青技术中心(NCAT)推荐的 OGFC 级配列于表 8-16。

NCAT 推荐的 OGFC 级配 表 8-16

筛孔尺寸(mm)	19	12.5	9.5	4.75	2.36	0.075
通过率(%)	100	85~100	55~75	10~25	5~10	2~4

我国《排水沥青路面设计与施工技术规范》(JTG/T 3350-03—2020)对排水沥青混合料规定的级配列于表 8-17。

我国规范推荐排水沥青混合料集料级配 表 8-17

筛孔尺寸 (mm)	通过量(%)				
	PA-05	PA-10	PA-13	PA-16	PA-20
26.5	—	—	—	—	100
19.0	—	—	—	100	95~100
16.0	—	—	100	90~100	—
13.2	—	100	90~100	60~90	64~84
9.5	100	80~100	40~71	40~60	—
4.75	15~50	8~28	10~30	10~26	10~31
2.36	8~30	5~15	9~20	9~20	10~20
1.18	5~12	5~12	7~17	7~17	7~17
0.60	4~10	4~10	6~14	6~14	6~14
0.30	4~8	4~9	5~12	5~11	5~11
0.15	4~7	4~8	4~9	4~9	4~9
0.075	3~6	3~6	3~6	3~5	3~5

注:1. 在选择排水沥青混合料最大粒径时,若希望提高噪声降低效果,则最大粒径取较小值,这是因为在空隙率相同的情况下,集料最大粒径较小,可以降低由轮胎振动引起的噪声。

2. 公称最大粒径越小,集料的比表面积越大,沥青用量一般也较大。

二、结合料用量的确定

排水沥青混合料的用油量不能采用马歇尔试验方法确定,这是因为它与沥青用量的关系曲线不存在峰值。目前,世界各国确定排水沥青混合料沥青用量的方法主要有两种:第一种是经验公式法,第二种是根据析漏、飞散等试验来确定。

1. 经验公式法

经验公式法通过集料的比表面积和沥青膜厚度的乘积得到沥青用量,其中集料的比表面积可以根据排水沥青混合料的级配计算,沥青膜厚度通常情况下宜为 14μm。

我国现行规范推荐的计算公式为

$$\left. \begin{aligned} A &= (0.41a + 0.41b + 0.82c + 1.64d + 2.87e + 6.14f + 12.29g + 32.77i)/1000 \\ P_a &= h \times A \end{aligned} \right\} \quad (8\text{-}1)$$

式中: P_a ——估算沥青用量,%;

A ——集料的比表面积总和,m^2/kg;

h ——沥青膜厚度,μm;

a、b、c、d、e、f、g、i ——分别为集料 19mm、4.75mm、2.36mm、1.18mm、0.6mm、0.3mm、0.15mm 和 0.075mm 筛孔的通过率,%。

依经验公式计算的油石比只能作为参考。实际上,油石比受许多因素的影响,例如集料岩性、表面的纹理构造、岩石的空隙性质以及沥青的黏度等。因此,在通过计算得到排水沥青混合料的油石比后,还必须进行其他性能的验算。

2. 根据析漏、飞散等试验确定沥青用量

(1)析漏试验

析漏试验也称谢伦堡试验,目的是确定沥青用量的上限。我国《公路工程沥青及沥青混合料试验规程》(JTG E20—2011)中规定采用烧杯法,其做法是将几个不同沥青用量的混合料在 170~180℃下拌和均匀,置于 800mL 烧杯中,再将烧杯置于 170℃烘箱内,恒温 1h,避免烧杯振动。然后将混合料向下倒扣在玻璃板上,称取黏附在烧杯上的沥青质量,该质量与沥青混合料总质量之比为析漏损失,用 Δm 表示,按式(8-2)计算:

$$\Delta m = \frac{m_2 - m_0}{m_1 - m_0} \times 100\% \quad (8\text{-}2)$$

式中:m_0 ——烧杯质量,g;

m_1 ——烧杯与沥青混合料总质量,g;

m_2 ——烧杯及黏附在烧杯上的沥青结合料、细集料、玛蹄脂等总质量,g;

Δm ——沥青析漏损失,%。

根据日本经验以及西安机场高速公路、遂资高速公路、盐靖高速公路等工程实践,我国《排水沥青路面设计与施工技术规范》(JTG/T 3350-03—2020)中将该技术指标要求定为不大于 0.8%。

(2)飞散试验

飞散试验通常指肯塔堡飞散试验,用于评价排水沥青路面在车轮作用下的抗松散能力,由西班牙肯塔堡大学研发。在 20℃下,将排水沥青混合料试件放入洛杉矶磨耗试验机,不加钢球,使试件在滚筒内滚动 300 转后取出,称量试件剩余质量。试件损失质量与原质量的比值即

为飞散损失,可按式(8-3)计算:

$$\Delta S = \frac{m_0 - m_1}{m_0} \times 100\%$$ (8-3)

式中:ΔS——沥青混合料的飞散损失,%;

m_0——试验前试件的质量,g;

m_1——试验后试件的残留质量,g。

目前世界各国大多将混合料的飞散损失作为排水沥青路面最重要的性能指标,并通常按飞散损失来确定必要的结合料用量,将其作为沥青结合料用量的下限。日本及欧美国家一般规定飞散损失不大于20%(25℃)。从保证耐久性角度出发,结合我国现有排水沥青路面工程实践,排水沥青混合料飞散损失基本都能够控制在15%以下,即提高排水沥青路面飞散损失指标要求是可以实现的。因此,《排水沥青路面设计与施工技术规范》(JTG/T 3350-03—2020)规定,排水沥青混合料的飞散损失不大于15%,同时规定浸水肯塔堡飞散试验的混合料损失不大于20%。

《排水沥青路面设计与施工技术规范》(JTG/T 3350-03—2020)规定,首先宜根据经验公式法预估沥青用量。然后,按照初选配合比分别成型马歇尔试件,每组试件不少于四个,检验空隙率和马歇尔稳定度。空隙率和马歇尔稳定度应符合表8-18的技术要求。应在混合料空隙率与目标空隙率的差值为±1%的范围内,优选一组接近目标空隙率的级配,按±0.5%、±1%的幅度调整沥青用量,分别进行析漏试验、飞散试验,将试验结果绘制成图,以飞散试验结果拐点为最小沥青用量(OAC_1),以析漏试验拐点为最大沥青用量(OAC_2),在 $OAC_1 \sim OAC_2$ 范围内,再参照马歇尔试验的结果,选择尽量高的沥青用量作为最佳沥青用量,如图8-2所示。最后,以确定的矿料级配和最佳沥青用量拌制沥青混合料,分别对表8-18中各技术指标进行试验验证,确保各项指标符合技术要求。不符合要求时,应调整沥青用量或级配,重新拌和沥青混合料进行试验,直至各项指标均符合要求为止。

排水沥青混合料技术要求　　　　　　　　　　　　　　表8-18

试验项目	技术要求		试验方法
马歇尔试件击实次数	双面各击实50次		T 0702
空隙率(%)*	18 ~ 25		T 0708 体积法
	17 ~ 23		真空密封法
稳定度(kN),不小于	5.0		T 0709
残留稳定度(%),不小于	85		T 0709
冻融劈裂残留强度比(TSR)(%),不小于	80		T 0729
谢伦堡沥青析漏试验的结合料损失(%),不大于	0.8		T 0732
肯塔堡飞散试验的混合料损失(%),不大于	15		T 0733
浸水肯塔堡飞散试验的混合料损失(%),不大于	20		T 0733
轮辙试验动稳定度(次/mm),不小于	5000		T 0719
低温弯曲试验破坏应变(με),不小于	冬寒区	冬冷区及冬温区	T 0715
	2800	2500	
透水系数(马歇尔试件)(cm/s),不小于	0.20		常水压透水试验
渗水系数(轮辙板)(mL/min),不小于	5000		T 0730

注:＊真空密封法空隙率常用值为18% ~20%(体积法为20% ~22%),寒冷地区适当降低。体积法检测结果离散性较大,有条件时宜采用真空密封法,条件不允许时也可采用体积法代替。

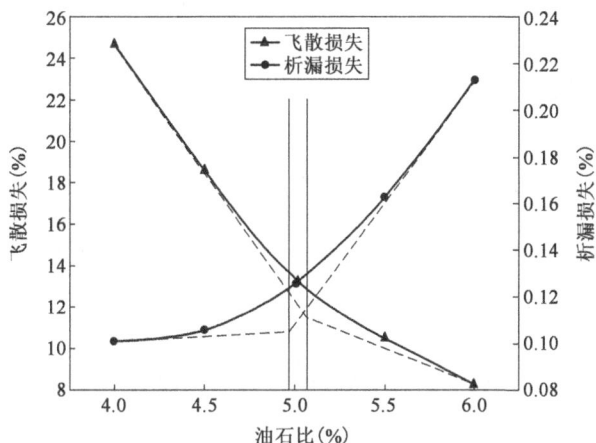

图 8-2 最佳沥青用量确定示意图

第四节 排水沥青混合料设计案例

1.设计任务

在东部沿海某地区,考虑到年降水量较大,为避免雨天车辆在高速公路行驶时产生水飘和滑移,提高车辆行驶时的安全性,拟在新建机场高速公路表面层修建排水沥青路面,设计厚度为4cm。要求根据当地材料供应条件进行排水沥青混合料配合比设计,路面排水系统另行专门设计。

2.材料

(1)粗集料

根据当地采石场碎石材料供应情况,仅筛选到一种砂岩可用于铺筑排水沥青路面,其规格有 $5 \sim 10mm$ 和 $10 \sim 15mm$ 两种。经对这两种碎石材料抽样检测,其技术性质见表8-19。测试数据表明,粗集料的性质符合规范要求。

粗集料技术性质
表8-19

试验项目	碎石(10~15mm)	碎石(5~10mm)
压碎值(%)	10.1	10.1
洛杉矶磨耗损失(%)	9.8	14.6
视密度(g/cm³)	2.658	2.651
吸水率(%)	0.327	0.412
针片状颗粒含量(%)	6.5	5.1
磨光值(BPN)	42	42
泥土含量(%)	0.2	0.3
黏附性(水煮法)	4	4

(2)细集料

细集料采用硬质石灰石轧制的机制砂,经抽样检测,其视密度为 $2.660g/cm^3$,砂当量为

81.6%,质量符合要求。

（3）矿粉

矿粉由白云石磨细而成,取样检测结果见表8-20。

表8-20

矿粉技术性能

试验项目	视密度(g/cm³)	含水量(%)	外观	亲水系数
检测结果	2.682	0.05	无结块团粒	0.97

（4）沥青结合料

用于拌制排水沥青混合料的结合料,与一般改性沥青相比,特别要求具有很高的动力黏度（应达到20000Pa·s以上）。为此,经过专门配制,得到一种性能比较好的高黏度改性沥青,其技术性能见表8-21。

表8-21

高黏度改性沥青的技术性能

试验项目		测试值
针入度(0.1mm)	30℃	58
	25℃	46
	15℃	24
针入度指数		3.05
当量软化点(℃)		73.5
当量脆点(℃)		−35.3
延度(5℃,5cm/min)(cm)		23.6
软化点(℃)		92.5
闪点(℃)		>280
动力黏度(60℃)(Pa·s)		462210
离析,软化点差(163℃,48h)(℃)		0.8
密度(g/cm³)		1.058
旋转薄膜烘箱试验(163℃)	质量损失(%)	0.03
	针入度(0.1mm)	34
	针入度比(%)	78

3.初拟级配与油石比

参考相关级配,并根据现有集料筛分试验结果,初步拟订三组初选配合方案,见表8-22。

表8-22

集料配合比与级配

筛孔尺寸(mm)	16	13.2	9.5	4.75	2.36	1.18	0.6	0.3	0.15	0.075
第一组通过率(%)	100	96.9	71.1	22.1	16.4	12.6	9.1	7.6	5.2	4
第二组通过率(%)	100	94.5	67.8	19.6	13.4	10.1	8.1	6.9	5.2	4
第三组通过率(%)	100	97.9	73.1	24.1	19.4	14.2	10.2	8.2	6.4	5

根据经验公式估算第一组级配的沥青用量:

$$A = (0.41a + 0.41b + 0.82c + 1.64d + 2.87e + 6.14f + 12.29g + 32.77i)/1000$$

$$= (0.41 \times 100 + 0.41 \times 22.1 + 0.82 \times 16.4 + 1.64 \times 12.6 + 2.87 \times 9.1 +$$
$$6.14 \times 7.6 + 12.29 \times 5.2 + 32.77 \times 4)/1000$$
$$= 0.35(\text{m}^2)$$

$$P_\text{a} = h \times A = 14 \times 0.35 = 4.9(\%)$$

同理,第二组和第三组级配所对应的沥青用量为 4.73% 和 5.78%。绘制 2.36mm 筛孔通过率与空隙率的关系曲线。根据期望的空隙率(20%)确定混合料的最优矿料级配为第一组级配(图 8-3)。

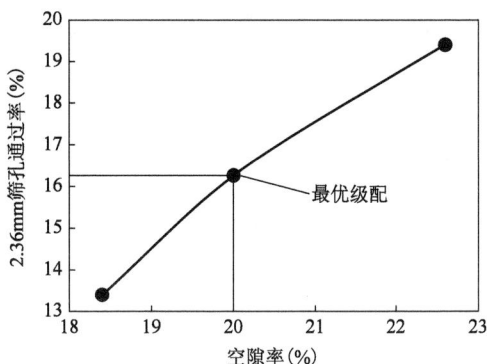

图 8-3　最优级配确定示意图

4. 谢伦堡析漏试验与肯塔堡飞散试验

以油石比 4.9% 为中心,按 ±0.3% 的级差,取五个油石比拌制混合料,进行谢伦堡析漏试验与肯塔堡飞散试验,并将所测试的析漏损失与飞散损失绘制在图上,见图 8-4。

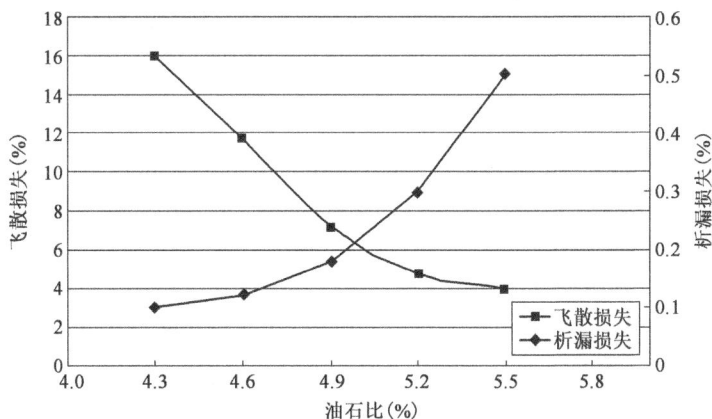

图 8-4　油石比确定线

根据析漏试验和飞散试验结果,其曲线拐点所对应的油石比为 4.9% ~ 5.1%,故取其中间值 5.0% 为设计油石比。但该油石比也为初步确定的用油量,用该油石比拌制的混合料还需要进行物理力学性能的检验。

5. 物理力学性能试验

按照所确定的油石比拌制沥青混合料,成型试件进行马歇尔试验、残留稳定度试验、轮辙试验以及冻融劈裂强度比试验,试验结果见表 8-23。

排水沥青混合料性能试验 表 8-23

检验项目	试验值	要求值
油石比(%)	5.0	—
密度(g/cm³)	2.031	—
空隙率(%)	20.1	20
马歇尔稳定度(kN)	10.22	≥5
残留稳定度(%)	89.6	≥85
动稳定度(次/mm)	5436	≥5000
冻融劈裂强度比(%)	84.2	≥80
谢伦堡沥青析漏试验的结合料损失(%)	0.6	≤0.8
肯塔堡飞散试验的混合料损失(%)	10	≤15
浸水肯塔堡飞散试验的混合料损失(%)	12	≤20
低温弯曲试验破坏应变(με)	3000	≥2500

试验检测结果表明,所设计的排水沥青混合料的基本性能满足要求,可以交付施工。如认为有必要,还可以进行更多项目的检测。

第五节　排水沥青路面降噪性能

排水沥青路面的特点是具有相对较高的空隙率(通常达到 15%~20%),其孔隙结构广泛地分布于路面的表层和内部,能够形成丰富的连通孔隙通道。由于这种大孔隙的结构特点,排水沥青路面不仅排水性能好,还具有优越的降噪性能。因此,本节结合编者相关研究,重点介绍排水沥青路面的降噪性能。

一、降噪机理

排水沥青路面的降噪机理主要有以下四种:多孔吸声、控制声传播路径、空腔共振吸声和连通孔隙排气。

1. 多孔吸声

排水沥青混合料作为一种多孔吸声材料,表现出多孔性、疏松性和透气性,其内部孔隙连通且繁多,表面孔隙与外界相通。车辆行驶过程中产生的噪声声波会以不同的角度随机入射到排水沥青路面表层,其中一部分声波经反射后回到环境中,而另一部分声波则通过路表的开口孔隙进入道路结构内部。当声波在排水沥青路面内部传播时,会引起孔隙中的空气振动以及孔隙壁面材料的振动,空气分子会与材料表面发生摩擦和热传导,使声能逐渐转化为热能而耗散。因此,声波在孔隙中传播时能量不断衰减,从而使反射进入人耳的噪声分贝值有所下降,降噪机理如图 8-5 所示。

2. 控制声传播路径

由于排水沥青路面具有较高的空隙率,路面结构的声阻抗会增强,这使得反射声波与原声波的相位差发生变化。环境中的噪声声波一部分经过路表的反射后进入人耳,与原声波的相位差增大;而另一部分则沿路表开口孔隙进入道路结构内部,在连通孔隙中继续无规则传播,途中经过两三次甚至更多次反射后再次回到环境中。直达人耳的噪声声波与多种路径下的反射声波发生剧烈干涉,从而使声能显著降低,降噪机理如图8-6所示。

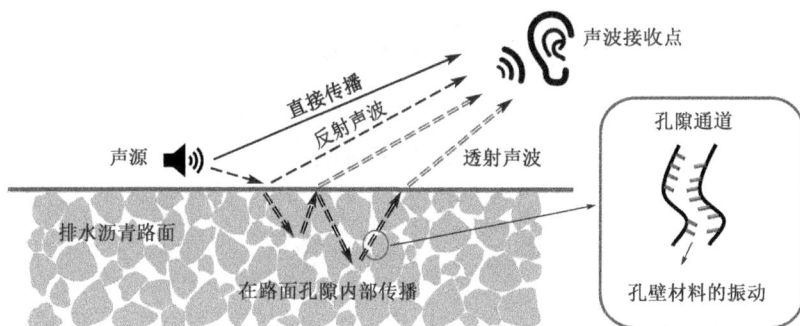

图8-5 多孔吸声降噪机理

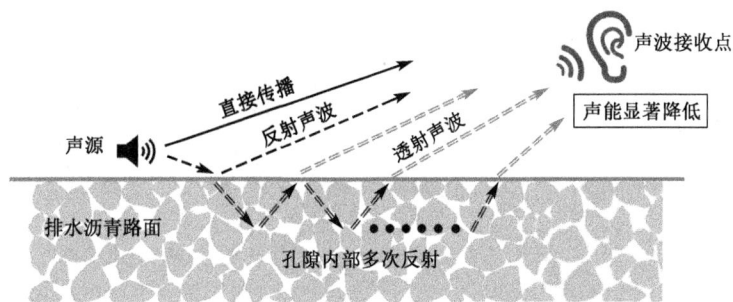

图8-6 控制声传播路径机理

3.空腔共振吸声

排水沥青路面中的每个孔隙可以被看作一个空腔结构,外界声波进入空腔结构中,空腔内的空气会随声波一起振动,此时整个结构可以视作一个弹簧振子。当入射到孔隙中的声波频率接近弹簧振子的固有频率时,弹簧振子会产生强烈的共振效应,振幅显著增加,导致声能转换为热能而耗散。

此外,不同尺寸的孔洞还能够形成不同的亥姆霍兹共振吸声体,多个亥姆霍兹共振吸声体并联可以吸收不同频率的声波,如图8-7所示。当进入孔洞的声波频率接近亥姆霍兹共振吸声体的共振频率时,气流进出速度和摩擦损耗达到最大,此时排水沥青混合料的吸声效率最优。

4.连通孔隙排气

在车辆行驶过程中,轮胎花纹与路面之间会形成空腔。受重力和车辆行驶速度的影响,轮胎会产生一定程度的压缩变形,使得空腔内部的空气受到挤压,空腔内气压瞬间升高,气体排出时形成不稳定气流从而引起噪声。排水沥青路面内部孔隙发达且连通性好,空腔内部被压缩的空气不会立即释放到大气中,而是会进入排水沥青路面内部,再通过孔隙结构进行扩散,从而降低空腔内的气压,有效缓解了高气压的状态,同时也使轮胎抽空噪声的频率由高频变为低频。连通孔隙排气的机理如图8-8所示。

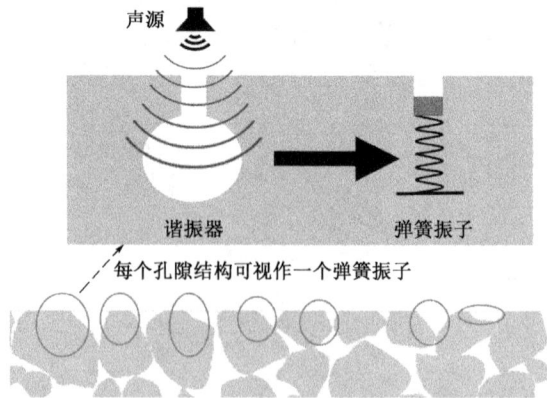

图 8-7 空腔共振吸声机理

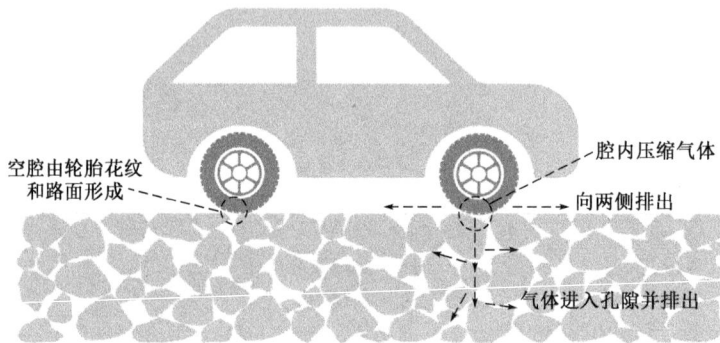

图 8-8 连通孔隙排气机理

二、吸声降噪性能影响因素

1.级配类型

如图 8-9 所示,OGFC 混合料的吸声系数明显大于 AC 混合料,因为开级配沥青混合料具有更高的空隙率,尤其是内部存在较多的连通孔隙网络结构,能够减少轮胎与路面之间的"泵吸效应"。间断级配沥青混合料(SMA)的吸声性能也略高于密级配混合料(AC),因为 SMA 相较于 AC 具有更优的表面粗糙程度,在试件表面为声波的耗散提供了更多的通道,以及增加了声波折射和反射的频次,对声能的耗散更有利。

2.公称最大粒径

公称最大粒径与混合料中孔隙的大小密切相关。粒径大的沥青混合料孔隙的孔径大,粒径小的沥青混合料孔隙的孔径小。比较公称最大粒径分别为 16mm、13.2mm 和 9.5mm 的三种排水沥青混合料的吸声系数曲线(图 8-10)可知,在厚度与空隙率相近的条件下,随着公称最大粒径的减小,混合料吸声系数峰值有所升高,且对应频率有朝低频方向移动的趋势。这表明公称最大粒径较小的混合料吸声性能更优异,且对低频噪声的吸收效果更好。其主要原因是小粒径的混合料中孔隙通道的曲折程度更加复杂,影响吸声的频率特性。

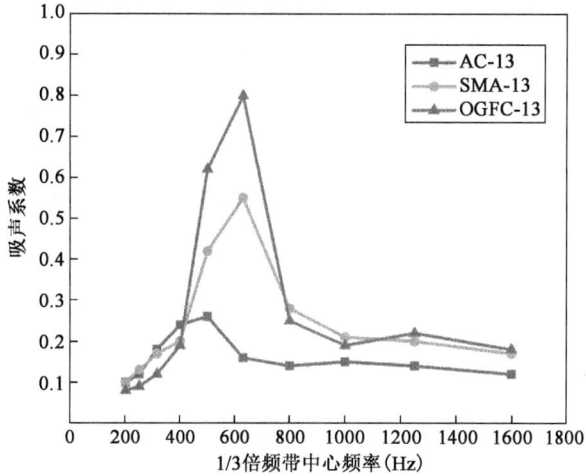

图 8-9　不同空隙率条件下的吸声系数

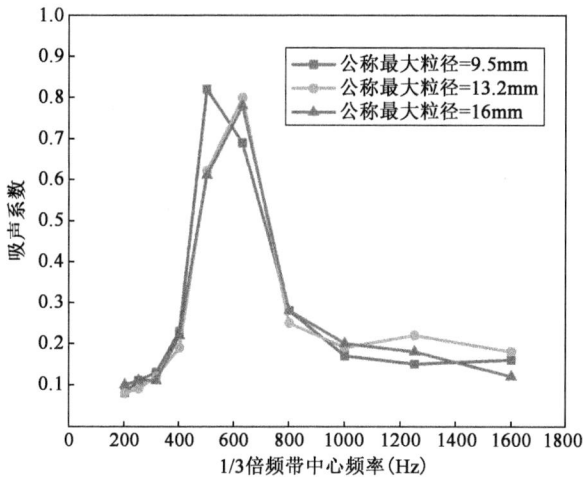

图 8-10　不同公称最大粒径的沥青混合料吸声系数

3.级配尺寸

集料级配尺寸对沥青混合料吸声系数的峰值和均值有着较大影响,如图 8-11 所示,粗级配的混合料表现出更强的吸声能力。相反,细级配的混合料吸声能力相对较弱。通常情况下,级配的粗细与混合料的空隙率密切相关,如图中粗级配混合料的空隙率为 19.9%,而细级配混合料的空隙率为 17%。粗级配混合料拥有更大的空隙率,因此吸声能力更显著。

此外,级配的粗细还能影响混合料吸声的频率特性。如图 8-11 所示,当级配变细时,混合料吸声曲线的峰值由高频向低频偏移,即吸收低频噪声的能力增强。这是因为细级配中细集料的占比更大,导致混合料中的小孔隙和长孔隙占比增大,对低频段的吸声效果更显著。

4.路面厚度

理论分析表明,吸声材料的垂直入射吸声系数随路面厚度的增加而趋于稳定。当路面厚度增加到 40mm 时,材料的声学特性已趋于稳定,空隙率的作用成为主导。测试不同厚度、全空隙率为 20% ~24% 的沥青混合料试样的垂直入射吸声系数 α_p 发现, α_p 峰值均在 0.62 左右,正负偏差小于 6.5% 。这说明理论分析的结果是可信的。

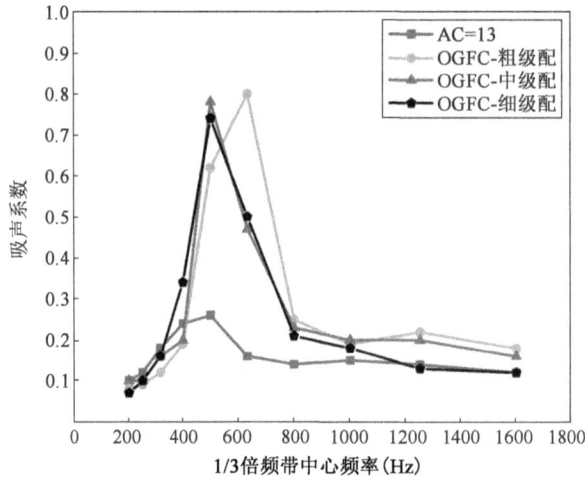

图 8-11　不同级配尺寸下的沥青混合料吸声系数

测试数据(表 8-24)表明,随着沥青混合料试样厚度的增加,吸声系数峰值所对应的频率逐渐向低频移动。这种规律与一般多孔性材料,如矿棉、玻璃纤维等的特性相仿。汽车行驶时,轮胎与路面相互作用产生的噪声的峰值频率,对于小汽车为 800 ~1200Hz,对于载重汽车为 600 ~800Hz。所以,从降低高速公路上交通噪声的角度考虑,排水沥青路面的厚度选为 40mm 较为适宜。

不同厚度试样的 α_p 峰值频率　　　　　　　　　　　　　　表 8-24

沥青混合料厚度(mm)	39	41	58	62.4	63.4
峰值频率(Hz)	800	780	620	500	460

5. 油石比

不同油石比下沥青混合料试件的吸声系数曲线如图 8-12 所示。随着油石比的增大,混合料吸声系数的峰值和均值呈减小趋势,并且峰值对应的频率向低频方向偏移。原因是当油石比增大时,会产生过多的自由沥青,堵塞了混合料内部的孔隙,不利于噪声的传播和吸收。然而,过低的油石比则会导致排水沥青路面的抗剥落性能下降。因此,若要平衡排水沥青路面的降噪性能与路用性能,选择合适的油石比是关键。

6. 空隙率

对不同空隙率的试样采用驻波管法进行测量,可以得到试样的垂直入射吸声系数频响。图 8-13 给出全空隙率分别为 5%(密级配)和 20%(开级配)两种 60mm 厚沥青混合料的垂直入射吸声系数频响。由图可见,排水沥青混合料的吸声系数在全频谱范围内都比普通沥青混合料大,且两者的峰值相差更大。这说明排水沥青混合料确实具有较好的吸声功能。

测量分析结果表明,垂直入射吸声系数 α_p 的峰值与连通空隙率 V_c 之间存在线性关系,连通空隙率越大,吸声系数也越大。这表明增大沥青混合料的连通空隙率有助于提高吸声功能。对于厚度为 60mm 的沥青混合料试样,垂直入射吸声系数与连通空隙率之间存在以下拟合关系:

$$\alpha_p = 0.042V_c - 0.05 \qquad\qquad (8-4)$$

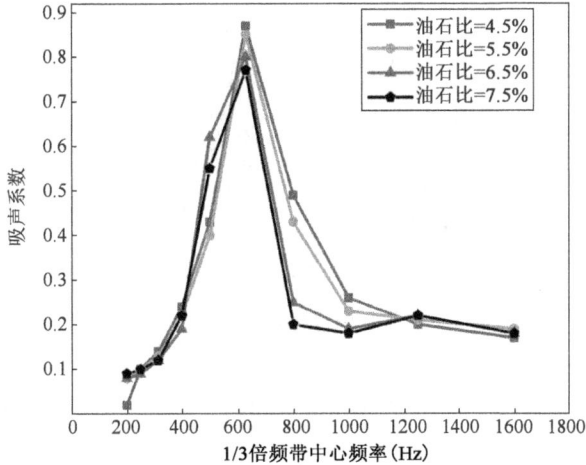

图 8-12　不同油石比下的沥青混合料吸声系数

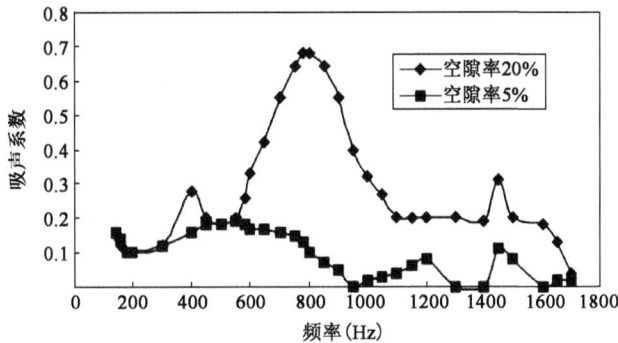

图 8-13　不同空隙率条件下的垂直入射吸声系数

7. 微观孔隙特征

沥青混合料微观孔隙特征的获取通常要借助工业 CT 扫描技术,其原理是用射线源产生的 X 射线束透射旋转中的物体,利用不同密度材料对射线的吸收程度不同来反映材料内部结构的信息。再基于图像算法将三维物体以大量切片形式展现,从而实现 CT 扫描成像。

对于排水沥青混合料的断层切片,通常要进行前期处理,如滤波、降噪、形态学处理等,目的是去除数据中的噪声信息。处理后的图像可借助 AVIZO、PG 等商业软件进行图像分割,提取出内部的孔隙结构,并构建孔隙网络模型,如图 8-14 所示。基于该模型计算一系列排水沥青混合料的微观孔隙特征参数,如孔隙等效直径、孔隙平均表面积、配位数、通道长度、迁曲度、分形维数等,从而进一步分析微观孔隙特征对吸声性能的影响以及与宏观指标的联系。

在这些微观孔隙特征参数中,孔隙等效直径和孔隙平均表面积代表着孔隙的大小;配位数和通道长度更侧重于表征孔隙的连通性;迁曲度和分形维数与孔隙的复杂程度相关,但是,迁曲度表征的是三维孔喉的扭曲程度,而分形维数表征的是孔隙的光滑程度和不规则程度。

图 8-14　获取孔隙结构过程

　　孔隙尺寸和孔隙平均表面积的增大,会引起排水沥青混合料的吸声性能下降。在总空隙率相近时,较大的孔隙尺寸和孔隙平均表面积则意味着较少的孔隙数量,导致缺少足够的通道让声波在混合料内部传播并耗散。通常情况下,公称最大粒径越大的混合料,其对应的孔隙等效直径和孔隙平均表面积也越大,因此吸声性能不佳。

　　增加配位数和通道长度,有助于提升排水沥青混合料吸声性能。配位数的增加表明孔隙之间的连通性增强,有助于声波在混合料内部扩散;而通道长度的增加则为声波提供了更多在孔隙中滞留和反射的机会,有助于能量的衰减。研究发现,公称最大粒径较大的沥青混合料配位数往往较少,通道长度也较短。因此,当空隙率一定时,公称最大粒径为 16mm 的混合料吸声性能不如公称最大粒径为 13mm 的混合料。

　　分形维数和迂曲度的增加,有助于沥青混合料吸声性能的提升。分形维数增加表明孔隙表面更加粗糙,孔隙形状更加不规则;而迂曲度的增加则表明孔隙通道在空间中的路径更加曲折和复杂。由于声波在空气中近似沿直线传播的特性,曲折的孔隙通道和粗糙的孔隙内表面将迫使其发生反射和折射等现象,引起能量衰减,从而提升混合料吸声性能。

　　某一个或几个微观孔隙特征的变化并不能直接决定混合料吸声性能的升高或下降。因为这些微观孔隙参数之间往往相互关联,且增加或减小的幅度各异,共同影响着混合料的吸声性能。对于不同类型的沥青混合料,还应当结合进一步的关联分析,确定影响吸声性能的关键孔隙参数,以指导低噪声路面的设计。

三、降噪效果

　　排水沥青路面在许多国家得到应用,并且成为保护环境的措施之一。比利时在高速公路和横贯城市的道路上,尤其在现有刻槽的水泥路面上加铺这种路面。测试结果表明,其噪声与原水泥路面相比,降低了 6~8dB。同时发现,在隧道中铺设多孔性路面,对于降低隧道内车辆滚动噪声更有重要意义。奥地利将多数排水沥青路面铺筑在城镇的过境干道上。同时发现,铺筑这种路面来降低噪声,其成本比设置隔声墙或声屏障的建筑费用低。荷兰的排水沥青路面,在干燥状态下,交通噪声可降低 3dB;在潮湿状态下,交通噪声可降低 8dB。

　　意大利对排水沥青路面的调查表明,这种路面确有改善路面粗糙度、加快排水、避免溅水喷雾的优点,同时可以降低 500~5000Hz 的行车噪声。但同时发现,这种路面在冬季比普通沥青路面更容易冷却,积雪易附在路面上形成冰,并被汽车压入孔隙中,需增加除冰所用的消冰剂量。

　　日本初期是将排水沥青路面铺筑在街道的人行道上,以便雨水渗入地下,改善和保护地下水资源,同时减轻排水设施的负担,后来逐渐推广应用到公路和城市道路。观测结果表明,在排水沥青面上,交通噪声明显降低,小汽车降低 6~8dB,载重汽车降低约 3dB,而且即使载重车在停车空运转时,也有 2dB 的降噪效果。

近几年,我国对排水沥青路面降低噪声的特性进行了研究,并实地铺筑了许多试验路段。在杭州—金华的 104 国道上铺筑了长 1000m、宽 12m 的排水沥青路面。为避免雨水下渗,在排水沥青路面下设置了 1.5cm 厚的细粒式密级配沥青混凝土。排水沥青混合料最大粒径为 13.2mm,沥青采用特殊配制的改性沥青,设计油石比为 5%,路面铺筑厚度为 4cm。竣工后钻取芯样,测得密度为 1.99 ~ 2.00g/cm³,空隙率为 21.5% ~ 21.9%,渗水系数为 0.49 ~ 0.78cm/s,用铺砂法测得构造深度为 0.81 ~ 1.60mm。分别以 60km/h、80km/h、100km/h 的车速通过该路段和邻近的普通沥青路面,并用声级计同时进行测试,测试结果见表 8-25。

排水沥青路面噪声测试结果 表 8-25

车速(km/h)	普通路面噪声(dB)		多孔性路面噪声(dB)		降噪量(dB)
60	76.1	81.1	70.6	69.7	6.8
	73.8	77.1	70.3	70.5	
	平均 77.1		平均 70.3		
80	82.1	82.2	71.5	75.9	8.7
	82.1	83.9	73.7	74.5	
	平均 82.6		平均 73.9		
100	84.7	85.4	79.6	78.6	5.3
	85.4	85.1	80.5	80.9	
	平均 85.2		平均 79.9		

从测试结果可以看出,车辆行驶发出的噪声声级随着车速的提高而提高,而且大体上与车速呈线性关系。无论是在普通沥青路面上,还是在排水沥青路面上均是如此。排水沥青路面相比普通沥青路面有明显的降噪效果,降噪量达到 5 ~ 9dB。

此外,用其他车辆测试也得到类似的结果,只是在数值上有差别,这是因为车辆的发动机、车厢、轮胎类型都有所不同。对车内噪声的测试也表明,在排水沥青路面上的噪声低 1 ~ 2dB。

【思考题】

8-1 排水沥青混合料的材料组成和结构特点是什么?

8-2 从体积参数、沥青用量、矿料级配等方面,比较 OGFC 混合料和 SMA 混合料的差异。

8-3 为什么 OGFC 混合料需要采用高黏度改性沥青?

8-4 为什么 OGFC 路面具有降噪能力?

8-5 思考并比较 OGFC 混合料与 SMA 混合料组成设计方法的差异。

8-6 思考 OGFC 路面易产生的病害及其成因,并讨论病害防治措施。

【小组讨论】

8-1 试分析双层排水沥青混合料的优势和劣势。

8-2 排水沥青混合料在设计、施工和运营中遇到的主要挑战是什么？如何应对这些挑战以确保路面的耐久性？

8-3 总结道路交通噪声测试方法，讨论降噪技术。

8-4 基于海绵城市建设需求，讨论全透式沥青路面设计方法。

【拓展阅读】

8-1 徐斌.排水性沥青路面理论与实践[M].北京:人民交通出版社,2011.

8-2 LING S,YU F,SUN D,et al. A comprehensive review of tire-pavement noise:generation mechanism,measurement methods,and quiet asphalt pavement[J]. Journal of Cleaner Production, 2021,287:125056.

8-3 GUAN X,WANG J Y,XIAO F P. Sponge city strategy and application of pavement materials in sponge city[J]. Journal of Cleaner Production,2021,303:127022.

8-4 中华人民共和国交通运输部.排水沥青路面设计与施工技术规范:JTG/T 3350-03—2020[S].北京:人民交通出版社股份有限公司,2020.

8-5 郑晓光,吕永鹏.海绵城市透水路面技术与典型案例[M].北京:中国建筑工业出版社,2022.

第九章
机场道面沥青混合料

【内容提要】

本章分析比较了机场道面与公路路面工况和受力状态等差异,结合国内外机场沥青道面相关规范,介绍了机场道面沥青混合料集料与填料、沥青结合料等原材料以及沥青混合料技术要求,并提供了机场道面沥青混合料设计案例。

第一节 概　述

随着国家经济水平的提高,我国的民用航空事业在近些年也有了高速的发展,具体表现为机场建设数量的增加,旅客周转数量的增加以及货运数量的增加。根据中国民用航空局发布的《"十四五"民用航空发展规划》,我国机场运输保障能力显著增强,颁证运输机场 241 个,地级市覆盖率达到 91.7%,在册通用机场 339 个,民航机队 6795 架;质量效率持续提高,战略地位更加凸显,民航旅客周转量在综合交通中的占比提升至 33%,国际航线 895 条,通航国家 62 个。预计到 2025 年,民用运输机场数量达到 270 个以上,保障航班起降 1700 万架次,运输总周转量达到 1750 亿吨公里,旅客运输量 9.3 亿人次,货邮运输量 950 万 t。

以上海机场建设为例,2000 年以来客货运输量以前所未有的速度增长;除虹桥国际机场继续使用外,1999 年又新建成浦东国际机场,两座机场先后启用了多条跑道,当前上海两大机场共有 7 条跑道(虹桥国际机场 2 条跑道,浦东国际机场 5 条跑道)。表 9-1 是上海两个机场近年来航空业务的统计量。到 2023 年底我国通航机场数量已达到 259 个,通航波音 747 飞机的机场已增至 54 个。

上海机场(虹桥国际机场与浦东国际机场合计)航空业务统计量 表 9-1

年份	旅客吞吐量 (10^4 人次)	货邮吞吐量 (10^4t)	起降架次
2016	10646.25	386.92	741883
2017	11188.53	423.17	760360
2018	11763.43	417.57	771584
2019	12179.13	405.78	784774
2020	6164.22	402.52	545082
2021	6541.42	436.61	580785
2022	2889.00	330.17	327046
2023	9696.91	380.33	700680

通过近些年机场建设运营的创新与实践,机场拥有了更安全的运营条件与更高的服务水平。机场道面作为机场提供给飞机进行飞行前准备、起飞、降落、滑跑、飞行后维修保养的主要基础设施之一,同样需要提供更高的服务水平。目前世界各国机场道面铺装材料以水泥混凝土和沥青混凝土为主。水泥混凝土机场道面具有高强度、良好稳定性与良好耐久性等优点,因此在 21 世纪初,我国主流的机场道面铺装大多选用了水泥混凝土,其数量约占机场道面总数量的 90% 以上。但同时水泥混凝土道面的缺点也很多,如平整度、舒适度不够,养护维修不方便等。而且我国民用机场水泥混凝土跑道大部分已使用了 30 年以上,处于超期服役状态,绝大部分机场道面出现了道面裂缝、板块错台拱起、露石等病害。水泥混凝土道面的病害影响了飞机起降的舒适程度,甚至威胁旅客的人身安全以及飞行器的安全。

沥青混凝土机场道面因具备较好的道面平整性、较好的施工和易性以及较方便的工程养护性而被世界范围内的机场所采用。欧美所有机场道面形式中沥青道面占 60% 以上。亚洲一些国家,如日本、泰国、巴基斯坦等的军用机场大部分也采用了沥青跑道。在国内,沥青混凝土道面也逐渐成为机场道面改造及新建的主要形式。为适应民航交通事业的发展,上海虹桥机场、桂林机场、南京机场、厦门机场、北京首都国际机场、天津机场等机场相继在原水泥跑道上加铺了沥青道面。

沥青道面属于柔性道面,其最大优点是滑行舒适,同时修建方便,尤其是对于许多老机场来说,由于能够利用夜间航班结束后的时间对道面进行补强或改建,从而避免了停航所造成的经济损失,体现了沥青道面维修不影响飞行的优越性。

分析比较机场道面与公路路面所处的工作状态,两者有以下不同。

①机场道面所承受的飞机荷载大,如大型远程宽体客机波音 747-400,其起飞全重达 386.8t,轮胎接地压强为 1.44MPa,道面在这样高的压强作用下将产生很大的应力和应变,故要求道面

结构具有很高的承载能力。公路汽车交通的荷载一般仅几吨至几十吨,轮胎接地压强为0.4~0.7MPa,与飞机荷载相比要小得多。

②飞机轮迹在道面上的横向分布很分散。各种飞机由于机型大小不同,起落架结构不同,轮子的数量、组合方式和间距都有很大差别,同时飞机是在宽度为五六十米的跑道上滑行,轮迹横向分布宽度可达36m。公路路面上各种汽车轮距则相差不大,在画有分隔线的行车道上行驶易形成渠化交通。

③机场道面飞机交通量不大。国内多数机场日起降几十架次至百余架次,航空运输十分繁忙的机场日起降四五百架次;而公路汽车日交通量可达几千辆,重交通道路日交通量甚至达一两万辆。

④飞机在道面上滑行的速度很快,着陆时时速可达两三百千米,故对道路的不平整和表面积水十分敏感。若道面摩阻系数不足,在雨天飞机降落的滑行距离会过长,飞机甚至因此冲出跑道,造成飞行事故。公路上汽车行驶的速度与飞机相比则低得多。

⑤机场道面表面应无碎屑,以免被吸入飞机发动机,造成发动机破坏,故面层不能采用松散材料。一般起降喷气式飞机的机场道面均采用沥青道面或水泥混凝土道面。

显而易见,机场道面表现出有限的大荷载重复作用的疲劳特征,而公路路面则表现出小荷载下大量重复作用的疲劳特征。因此,机场沥青道面混合料设计,既有与公路沥青路面相同的方面,又有机场道面本身特殊的要求。我国已制定民用航空机场沥青道面设计规范,但总体来说,由于修建沥青跑道的历史比较短,在混合料设计方面还有许多问题有待研究和探讨。本章除介绍我国机场沥青道面混合料的设计方法外,还介绍美国、法国的一些方法和标准。

综观世界机场沥青道面,面层材料选择多样,包括传统的密级配沥青混凝土、排水沥青混合料以及沥青玛蹄脂碎石。目前多数机场道面仍以传统的密级配沥青混凝土和沥青玛蹄脂碎石道面为主。机场道面沥青混合料的设计,与一般 AC、SMA 和 OGFC 混合料的设计过程并没有太大的区别,只是其部分技术指标的要求高于公路沥青路面。

第二节　材　料

一、集料与填料

我国《民用机场沥青道面设计规范》(MH/T 5010—2017)及《民用机场沥青道面施工技术规范》(MH/T 5011—2019)对于集料的要求与《公路沥青路面施工技术规范》(JTG F40—2004)的标准相比略有提高,这是考虑到机场道面与公路路面工作状态相比有其不同的特点,见表9-2。机场道面上面层的集料较多采用质地相对比较坚硬的中性或酸性岩石,这些岩石与沥青的黏附性往往达不到5级。在这种情况下应采取相应措施,如在沥青中添加抗剥落剂,使其黏附性达到5级,或者采取能使沥青混合料满足水稳定性检验指标要求的措施,而不一定要更换所用碎石材料。

粗集料技术要求   表 9-2

技术指标	技术要求	
	上面层	中、下面层
压碎值(%),不大于	20	23
洛杉矶磨耗率(%),不大于	28	30
表观相对密度,不小于	2.6	2.5
吸水率(%),不大于	2.0	2.0
黏附性(水煮法)	5 级	5 级
坚固性(%),不大于	10	12
针片状颗粒含量(%),不大于	12	15
其中粒径大于 9.5mm 的含量(%),不大于	10	12
其中粒径小于 9.5mm 的含量(%),不大于	15	18
水洗法小于 0.075mm 颗粒含量(%),不大于	1	1
软石含量(%),不大于	2	3
磨光值,不小于	42	—

细集料和矿粉的要求同《公路沥青路面施工技术规范》(JTG F40—2004)。现行规范规定机场道面用细集料均采用机制砂,这是因为石屑中粉尘含量很高、强度很低、扁片含量及碎土比例很大,且施工性能较差,不易压实,所以使用石屑作为细集料很难保证沥青道面施工质量;而天然砂颗粒呈浑圆状,与沥青的黏附性较差,使用太多对高温稳定性不利。对于矿粉,一般情况下不建议使用回收粉尘。

美国 FAA 颁布的 *Standard Specifications for Construction of Airports* (AC 150/5370-10H—2018)规定,集料应由碎石、碎砾石、碎矿渣、筛网、天然砂和矿物填料组成。集料不应含有硫化亚铁(如黄铁矿),其将造成路面染色。粗集料是指保留在 4 号(4.75mm)筛网上的材料。细集料是指通过 4 号(4.75mm)筛网的材料。

粗集料应由坚固耐用的颗粒组成,不含阻碍沥青材料彻底涂覆和黏结的物质薄膜,也不含有机物和其他有害物质。粗集料技术要求如表 9-3 所示。

FAA 关于粗集料的技术要求   表 9-3

材料试验	要求	试验方法
抗降解性	最大损失 40%	ASTM C131
使用硫酸钠或硫酸镁的集料的坚固性	5 次循环后的损失:使用硫酸钠时最大损失 12%,或使用硫酸镁时最大损失 18%	ASTM C88
黏土块和易碎颗粒	最大损失 1.0%	ASTM C142
破碎颗粒百分比	对于总重量为 600001b(27200kg)或以上的飞机设计的道面:75%(按重量计)的颗粒至少具有两个断裂面,85%(按重量计)的颗粒至少具有一个断裂面[①]	ASTM D5821
	对于总重量小于 600001b(27200kg)的飞机设计的道面:50%(按重量计)的颗粒至少具有两个断裂面,65%(按重量计)的颗粒至少具有一个断裂面[①]	

续上表

材料试验	要求	试验方法
扁平、细长或扁平和细长颗粒②	扁平、细长或扁平和细长颗粒的最大重量百分比为8%	ASTM D4791
炉渣堆积密度③	不小于70lb/ft³（1.12g/cm³）	ASTM C29

注：①每个面的面积应至少等于工件最小中间截面面积的75%。当两个破裂面相邻时，破裂面之间的角度应至少为30°，才能算作两个破裂面的角度。
　　②扁平颗粒是指宽度与厚度之比大于5的颗粒，细长颗粒是指长度与宽度之比大于5的颗粒。
　　③仅适用于炉渣。

FAA规定，细集料应由碎石、矿渣或砾石产生的干净、完好、坚韧、耐用的棱角状颗粒组成，不含黏土、淤泥或其他有害物质。天然（非人造）砂可用于获得细集料混合物的级配或提高混合物的可加工性。细集料技术要求如表9-4所示。

FAA关于细集料的技术要求 表9-4

材料试验	要求	试验方法
液限	最大25%	ASTM D4318
塑性指数	最大4%	ASTM D4318
使用硫酸钠或硫酸镁的集料的坚固性	5次循环后的损失：使用硫酸钠时最大损失10%，使用硫酸镁时最大损失15%	ASTM C88
黏土块和易碎颗粒	最大损失1.0%	ASTM C142
砂当量	最小45%	ASTM D2419
天然砂	最大掺量占集料总重量的0～15%	ASTM D1073

注：在全部采用机制粗、细集料的混合料中添加天然砂，通常会提高其和易性与压实性。但天然砂的加入往往会降低混合料的稳定性，因此不建议使用天然砂。若必须使用，应采用能达到混合料施工要求的最小掺量。

除了集料中天然存在的材料外，还可以添加矿物填料（袋式除尘器细料）。FAA要求矿物填料应符合ASTM D242的要求。矿粉技术要求如表9-5所示。

FAA关于矿粉的技术要求 表9-5

材料试验	要求	试验方法
塑性指数	最大4%	ASTM D4318

二、沥青结合料

《民用机场沥青道面施工技术规范》（MH/T 5011—2019）要求，机场沥青混凝土道面设计采用机场石油沥青。机场石油沥青的技术标准与道路石油沥青相比，延度、含蜡量等指标有所不同（表9-6）。

我国机场石油沥青技术标准 表9-6

试验项目	A-130	A-110	A-90	A-70	A-50
针入度（25℃，100g，5s）（0.1mm）	120～140	100～120	80～100	60～80	40～60
延度（10℃，5cm/min）（cm），不小于	50	50	50	50	40
延度（15℃，5cm/min）（cm），不小于	100	100	100	100	80
软化点（环球法）（℃），不小于	40	43	45	46	49
闪点（COC）（℃），不小于	230	230	245	260	260
含蜡量（蒸馏法）（℃），不大于	2.2				

续上表

试验项目	A-130	A-110	A-90	A-70	A-50
60℃动力黏度(Pa·s),不小于	60	120	160	180	200
135℃运动黏度(Pa·s),不大于	3				
密度(15℃)(g/cm³)	实测				
溶解度(三氯乙烯)(%),不小于	99.0				
旋转薄膜(RTFOT)或薄膜(TFOT)加热试验 质量变化(%)	±0.8				
旋转薄膜(RTFOT)或薄膜(TFOT)加热试验 针入度比(%),不小于	54	55	57	61	63
旋转薄膜(RTFOT)或薄膜(TFOT)加热试验 延度(10℃,5cm/min)(cm),不小于	12	10	8	6	4
旋转薄膜(RTFOT)或薄膜(TFOT)加热试验 延度(15℃,5cm/min)(cm),不小于	35	30	20	15	10

选择沥青的标号应考虑机场所在的地理位置和气候条件,除此之外,还应考虑飞机荷载的性质。经过技术经济论证则可采用改性沥青,尤其对于日平均起落架次在100以上的机场道面,宜考虑采用改性沥青。在北方地区推荐采用SBS、SBR改性沥青,在南方地区可采用EVA、SBS和PE改性沥青,一般地区采用SBS改性沥青。改性沥青的技术要求见表9-7。

机场道面用改性沥青技术标准   表9-7

技术标准	SBS 类				SBR 类			EVA 、PE 类			
	A	B	C	D	A	B	C	A	B	C	D
针入度(25℃,100g,5s)(0.1mm)	>100	80~100	60~80	40~60	>100	80~100	60~80	>80	60~80	40~60	30~40
延度(5℃,5cm/min)(cm),不小于	40	35	25	20	60	50	40	—			
软化点(环球法)(℃),不小于	55	60	65	75	45	48	52	50	52	56	60
135℃运动黏度(Pa·s),不大于	3										
闪点(℃),不小于	230										
贮存稳定性试验	软化点差≤2℃				—			无改性剂明显析出或凝聚			
弹性恢复25℃(%),不小于	60	65	70	75	—			—			
黏韧性(N·m),不小于	实测				5			—			
韧性(N·m),不小于	实测				2.5			—			
密度15℃(g/cm³)	实测										
旋转薄膜(RTFOT)或薄膜(TFOT)加热试验 质量变化(%)	±0.8										
旋转薄膜(RTFOT)或薄膜(TFOT)加热试验 针入度比(%),不小于	50	55	60	65	50	55	60	50	55	58	60
旋转薄膜(RTFOT)或薄膜(TFOT)加热试验 延度(5℃,5cm/min)(cm),不小于	30	25	20	15	30	20	10	—	—	—	—

FAA所制定的规范同样要求根据机场所在的地理位置、气候条件、飞机重量、道面类型选择沥青的标号和等级。FAA颁布的 *Standard Specifications for Construction of Airports*(AC 150/5370-10H—2018)规定,需根据飞机荷载使用特定分级的沥青,如表9-8所示。

FAA 要求的机场道面用改性沥青技术标准 表 9-8

飞机总重	沥青结合料高温等级调整	
	所有路面类型	慢速静止飞机的路面区域
≤12500lb(5670kg)	—	1 级
<100000lb(45360kg)	1 级	2 级
>100000lb(45360kg)	2 级	3 级

需要注意的是,沥青结合料应符合《沥青结合料性能分级标准规范》(ASTM D6373-23)性能等级(PG)。在选择沥青胶结料时,美国部分州遵循《使用多重应力蠕变恢复试验测试沥青结合料性能分级的标准规范》(AASHTO M 332-23)。当然,需确保提供的沥青结合料符合 ASTM D6373-23 的最低要求。

第三节 机场道面沥青混合料设计要求

一、集料级配

飞机荷载比汽车荷载大得多,因此机场道面上、中、下各层均应采用沥青混凝土,即使是下面层也不宜采用沥青碎石,因为沥青碎石的承载能力和耐疲劳强度较差。根据道面的结构、沥青层的层位以及当地的气候条件,各层的沥青混合料类型可按表 9-9 选择。国外有些机场为提高沥青道面的抗滑性,采取在道面上刻槽的做法,在此情况下宜采用 AC 类细级配混合料。

道面各层适宜的沥青混合料类型 表 9-9

道面层次	沥青混合料类型
上面层	AC-10、AC-13、AC-16、SMA-13、SMA-16
中面层	SMA-16、AC-16、AC-20、AC-25
下面层	AC-20、AC-25
基层	ATB-25、ATB-30
应力吸收层(封层)	AC-5

由于沥青改性技术的发展和 SMA 在公路上的大量应用,机场道面也大范围使用了 SMA 混合料。如我国首都机场、哈尔滨机场、天津机场等就采用 SMA 作为表面层,经使用后证明其抗滑性和抗轮辙性良好。SMA 混合料集料级配可采用表 9-10 所示的级配。当前,SMA-13 在我国机场道面应用较为广泛,如上海虹桥、无锡硕放、成都双流等机场均采用 SMA-13 作为道面表面层,而美国多采用连续级配沥青混合料(类似我国公路行业 AC 沥青混合料,见表 9-11)。

SMA 混合料集料级配 表 9-10

筛孔尺寸(mm)	通过率(%)	
	SMA-13	SMA-16
19	—	100
16	100	90 ~ 100
13.2	90 ~ 100	60 ~ 80
9.5	45 ~ 65	40 ~ 60
4.75	20 ~ 34	20 ~ 32

续上表

筛孔尺寸(mm)	通过率(%)	
	SMA-13	SMA-16
2.36	18 ~ 27	18 ~ 27
1.18	14 ~ 22	14 ~ 22
0.6	12 ~ 19	12 ~ 19
0.3	10 ~ 16	10 ~ 16
0.15	9 ~ 14	9 ~ 14
0.075	8 ~ 12	8 ~ 12

美国 FAA 颁布的 *Standard Specifications for Construction of Airports*（AC 150/5370-10H—2018）所推荐的级配（表 9-11）与公路沥青路面级配基本相似,但相比而言其细料略偏多。矿物集料的尺寸应根据 ASTM C136 和 ASTM C117 进行测试,确保通过试验室筛分测定的混合料级配符合表 9-11 的规定。要求级配良好,粒径从粗到细连续分布,不得从一个筛孔的下限直接跨越到相邻筛孔的上限。

FAA 沥青道面级配　　　　表 9-11

筛孔尺寸(mm)	通过率(%)		
	级配 1	级配 2	级配 3 *
25.0	100	—	—
19.0	90 ~ 100	100	—
12.5	68 ~ 88	90 ~ 100	100
9.5	60 ~ 82	72 ~ 88	90 ~ 100
4.75	45 ~ 67	53 ~ 73	58 ~ 78
2.36	32 ~ 54	38 ~ 60	40 ~ 60
1.18	22 ~ 44	26 ~ 48	28 ~ 48
0.6	15 ~ 35	18 ~ 38	18 ~ 38
0.3	9 ~ 25	11 ~ 27	11 ~ 27
0.15	6 ~ 18	6 ~ 18	6 ~ 18
0.075	3 ~ 6	3 ~ 6	3 ~ 6
矿料间隙率(VMA)	14.0	15.0	16.0
沥青用量(%)	4.5 ~ 7	5 ~ 7.5	5.5 ~ 8

注:* 级配 3 用于调平层(leveling courses),用于其他层位需 FAA 批准。

法国规范规定,无论面层还是联结层,最大粒径仅为 14mm,而且规范还推荐,对于 0/14 连续级配,最佳铺筑厚度为 8 ~ 9cm,最小铺筑厚度为 7cm(表 9-12)。显然,法国规范认为这种细粒式沥青混合料铺成如此厚度无须担心其稳定性。

法国机场道面的铺筑厚度　　　　表 9-12

类型	级配	最佳铺筑厚度(cm)	最小铺筑厚度(cm)
1	0/10 间断	4 ~ 6	3
2	0/10 连续	6 ~ 8	5
3	0/14 连续	8 ~ 9	7

表 9-13 所列法国机场道面混合料级配范围表明,用于面层沥青混合料的矿粉用量比我国规范高出约 2%,比美国规范要高出 3% ~ 4%。对于 0/14 连续级配,通过 10mm 筛孔的碎石

含量需要严格控制。由经验可知,当 10/14 档碎石的筛余量超过 25% 时,沥青混凝土将很容易出现离析现象。

法国机场道面混合料级配范围

表 9-13

筛孔尺寸（mm）	通过率（%）				
	0/10 间断级配	0/10 连续级配		0/14 连续级配	
		面层	联结层	面层	联结层
14	—	—	—	94 ~ 100	94 ~ 100
10	90 ~ 100	95 ~ 100	94 ~ 100	75 ~ 85	72 ~ 84
6.3	55 ~ 62	68 ~ 78	65 ~ 75	55 ~ 70	50 ~ 60
4	50 ~ 55	50 ~ 65	45 ~ 60	45 ~ 60	40 ~ 54
2	39 ~ 45	35 ~ 50	30 ~ 45	30 ~ 45	28 ~ 40
0.08	8 ~ 11	8 ~ 10	6 ~ 9	8 ~ 10	6 ~ 9

二、沥青用量的确定

机场道面沥青混合料的沥青用量,目前仍按马歇尔试验方法确定。由于飞机荷载比汽车荷载大得多,按马歇尔试验方法确定沥青用量时,其稳定度的标准有所提高。我国《民用机场沥青道面施工技术规范》(MH/T 5011—2019)关于沥青混合料的马歇尔技术要求见表 9-14。

机场道面沥青混合料马歇尔技术要求

表 9-14

技术指标	AC	SMA	ATB-25	ATB-30
击实次数（双面）	75	75	75	112
稳定度(kN),大于	9.0	6.0	7.5	15
流值(mm)	2 ~ 4	实测	1.5 ~ 4.0	实测
空隙率(%)	3 ~ 5	3 ~ 4.5	3 ~ 6	
矿料间隙率(%)	与空隙率和公称最大粒径相关（参照规范）	≥16.5	与空隙率和公称最大粒径相关（参照规范）	
沥青饱和度(%)	55 ~ 85（与公称最大粒径相关）	75 ~ 85	55 ~ 70	

美国 FAA 规范中规定了沥青混合料的设计标准,见表 9-15。

美国机场道面沥青混合料设计标准

表 9-15

测试指标	技术要求	测试方法
锤击或者旋转压实次数	75	—
空隙率(%)	3.5	ASTM D3203
矿料间隙率(%)	级配 1：≥14；级配 2：≥15；级配 3：≥16	ASTM D6995
抗拉强度比(TSR)[①]	饱和度为 70% ~ 80% 时不小于 80%	ASTM D4867
沥青路面分析仪(APA)[②,③]	小于 10mm@4000 次	AASHTO T 340,在 64℃ 试验温度下,软管压力为 250psi

注：①TSR 试样空隙率应为 7% ±1.0%。在受冻融影响的区域,应按照 ASTM D4867 标准,采用冻融试验代替浸水试验。
　②在此期间,可使用 AASHTO T 340,试验温度为 64℃,软管压力为 100psi。如果使用此方法,要求值应小于 5mm @8000 次。
　③在 APA 不可用的情况下,使用汉堡轮辙试验(AASHTO T 324),技术要求为 10mm@20000 次(50℃)。

335

美国 FAA 规定,为超过 60000lb 的飞机服务的机场应采用 75 次锤击或旋转压实,为 60000lb 或以下的飞机服务的机场可以采用 50 次锤击或旋转压实。APA 试验表明,符合上述要求的混合料在飞机荷载作用下表现良好。如果某个地区没有 APA,则可将压实的混合料样品送往具有 APA 的试验室或进行汉堡轮辙试验(AASHTO T 324),技术要求为 10mm@ 20000 次 50℃,可在批准的情况下使用。为小于 60000lb 的飞机服务的机场铺路材料不需要使用 APA 或汉堡轮辙试验。在易产生水损害而造成集料剥落的地区,指定 TSR 不小于 85%。

表 9-16 对比了美国 FAA 与佐治亚州、伊利诺伊州公路机构对沥青混合料的技术要求。FAA 规定了更高的矿料间隙率(VMA)最低要求,并将设计空隙率(VV)设定为 3.5%,低于佐治亚州和伊利诺伊州公路机构的 4.0% 标准。这些技术指标的差异导致相同公称最大粒径的沥青混合料在最佳沥青用量上出现差异。具体而言,FAA 规范要求沥青用量增加约 0.6% ~ 0.7%(以 12.5mm 公称最大粒径沥青混合料为例)。虽然增大沥青用量可提升道面耐久性和抗裂性,但需配合使用更高 PG 等级沥青,以确保道面高温抗轮辙性能。

美国机场与公路沥青混合料设计指标比较   表 9-16

技术指标	FAA	佐治亚州	伊利诺伊州
公称最大粒径 NMAS(mm)	19.0,12.5,9.5	25.0,19.0,12.5,9.5	19.0,9.5
设计空隙率 VV(%)	3.5	4.0	4.0
矿料间隙率 VMA(%),不小于	14.0%(NMAS 19.0),15.0%(NMAS 12.5),16.0%(NMAS 9.5)	12.0%(NMAS 25.0),13.0%(NMAS 19.0),14.0%(NMAS 12.5),15.0%(NMAS 9.5)	13.5%(NMAS 19.0),15.0%(NMAS 9.5)
TSR(%),不小于	80	80	85

法国确定机场道面混合料沥青用量的方法与其他国家相比有较大的区别。其沥青用量由室内试验确定,且与铺筑厚度及现场密实度要求相关。在室内进行配合比设计时,沥青用量用下式估算。

$$\left.\begin{array}{l}沥青用量 = K\sqrt[5]{\Sigma} \cdot \alpha \\ \Sigma = 0.25G + 2.35S + 12Q + 135f\end{array}\right\} \quad (9-1)$$

式中:K——沥青用量的富裕系数;

Σ——集料比表面积,m^2/kg;

G——大于 6.3mm 粒径的百分率,%;

S——小于 6.3mm 大于 0.315mm 粒径的百分率,%;

Q——小于 0.315mm 大于 0.08mm 粒径的百分率,%;

f——小于 0.08mm 粒径的百分率,%;

α——集料理论密度(MVR$_g$)修正系数,即标准集料的理论密度(2.65g/cm^3)的相对值,也即 $\alpha = 2.65/MVR_g$。

机场道面的沥青混凝土面层,无论是连续级配还是间断级配,都必须要有良好的耐久性,以防止道面出现剥落、松散等病害。因此,混合料的沥青用量富裕系数 K 宜采用较高值,例如 $K = 3.5 ~ 3.9$。在一般情况下,K 值应在 3.6 ~ 3.8 范围内,而且矿粉用量要在 9% 左右。计算联结层混合料沥青用量时,富裕系数 K 宜取下限。在最佳铺筑厚度范围内的沥青混凝土面层,无论是间断级配还是连续级配,当集料的理论密度为 2.65g/cm^3 时,沥青用量应为 6% ~ 7%。

室内试验根据不同的混合料设计情况分为以下三种。

1. 检验以往经验配合比是否能满足使用要求

在机场道面开工之前,对以往经验配合比的有效性进行检验,以避免由于疏忽某些细节而影响沥青混凝土的性能。需要进行的室内试验如下。

①回转式剪切压实试验:用以检验和确定沥青混凝土中矿粉和沥青的用量。

②无侧限抗压强度试验(18℃):采用由回转式剪切压实试验确定的各组成材料的配合比。

③马歇尔试验(击实次数为50)。

2. 进行现有配合比适用范围的试验

如果沥青混凝土的力学性能与设计要求有较大的差异,或是原材料发生变化,有必要进行进一步试验,以满足设计要求。需要进行的室内试验如下。

①进行几组回转式剪切压实试验。

②在0℃、18℃和50℃的条件下,对由回转式剪切压实试验选定的配合比进行无侧限抗压强度试验。

③进行一系列的马歇尔试验(击实次数为50)。

3. 重新进行配合比设计试验

如果材料发生变化,为研究其特性需要进行以下试验。

①通过一系列回转式剪切压实试验,初步确定几种配合比。

②对这几种配合比的混合料,在0℃、18℃和50℃条件下进行无侧限抗压强度试验。

③对上述试验得到的优良配合比混合料,进行拉伸试验,以全面了解混合料的疲劳特性和应力-应变特性。

④进行一系列马歇尔试验(击实次数为50),以判定选定的配合比是否满足设计要求。

上述回转式剪切压实试验、无侧限抗压强度试验以及马歇尔试验的结果必须满足表9-17的要求。

法国机场道面混合料技术标准 表9-17

试验项目			0/10 间断级配	0/10 连续级配		0/14 连续级配	
				面层	联结层	面层	联结层
回转式剪切压实试验[①]	密实度	10 次回转	<91%	<90%	<89%	<90%	<89%
		40 次回转	94%~96%	—	—	—	—
		60 次回转	—	94%~96%	94%~96%	—	—
		80 次回转	—	—	—	94%~96%	93%~95%
无侧限抗压强度试验[②]	密实度		92%~95%	92%~95%	90%~94%	92%~95%	90%~94%
	极限抗压强度(18℃)(MPa)	沥青 180/200	>4	>4	—	>4	—
		沥青 80/100	>5	>5	>5	>5	>5
		沥青 60/70	>6	>6	>6	>6	>6
		沥青 40/50	>7	>7	>7	>7	>7
	残留强度(r/R)		>0.8	>0.8	>0.75	>0.8	>0.75

续上表

试验项目		0/10 间断级配	0/10 连续级配		0/14 连续级配	
			面层	联结层	面层	联结层
马歇尔试验③	密实度	≤97%	≤97%	≤95%	≤97%	≤95%
	沥青180/200	>9000	>9000	—	>9000	—
稳定度（N）	沥青80/100	>10000	>10000	—	>10000	—
	沥青60/70	>11000	>11000	>11000	>11000	>11000
	沥青40/50	>12000	>11000	>12000	>12000	>12000

注:①回转式剪切压实试验可以使沥青混凝土达到施工时的密实度,并可以考虑不同铺筑厚度对施工密实度的影响。铺筑厚度为4cm的0/10间断级配的沥青混凝土,其施工密度一般与40次回转的标准试验的密实度相对应;而60次回转的标准试验的密实度与铺筑厚度为6cm的0/10连续级配沥青混凝土的施工密度相当;80次回转的标准试验的密实度与铺筑厚度为8cm的0/14连续级配沥青混凝土的施工密度相一致。

②无侧限抗压强度试验能够获得沥青混凝土的抗压强度和含水总量。

③马歇尔试验可以获知沥青混凝土能够达到的最大密实度。

法国设计方法中,最佳配合比的选择应依据以下条件。

①必须注意到生产与压实的不均匀性会使沥青混凝土性能发生变化,故应选择对其性能影响小(在图上曲线平坦)的配合比,使它们之间的差异最小。

②必须考虑以往的经验和实际施工条件。

三、沥青混合料性能检验

沥青混合料初步设计完成后,同样需要进行混合料的性能检验,即需进行混合料的轮辙试验、冻融循环试验以及低温性能试验。根据《民用机场沥青道面施工技术规范》(MH/T 5011—2019),动稳定度应满足的要求见表9-18。冻融循环试验后的劈裂强度比TSR应大于80%。

沥青混合料轮辙试验动稳定度指标技术要求 表9-18

项目		相应于下列气候分区所要求的动稳定度(次/mm),不小于		
		夏炎热区	夏热区	夏凉区
重交通	抗高温性能增强区	10000	8000	6000
	其他区	8000	6000	5000
中交通	抗高温性能增强区	8000	7000	5000
	其他区	7000	5000	4000
轻交通	抗高温性能增强区	5000	4000	3000
	其他区	4000	3000	2000

飞机荷载的轮胎压力远高于车辆荷载,但由于现有沥青混合料高温性能试验装置的限制,目前依然沿用60℃、0.7MPa的试验标准。为满足机场沥青道面的使用要求,可采用60℃、1.1MPa或70℃、0.7MPa的试验条件进行轮辙试验,以积累数据。

与公路热拌沥青混合料设计一样,施工时还需要进行施工配合比设计,即根据实际使用的砂石材料(热仓料)重新确定配合比,并在目标设计的基础上调整沥青用量。

《民用机场沥青道面施工技术规范》(MH/T 5011—2019)对水稳定性提出要求,如表9-19所示。

沥青混合料水稳定性指标技术要求 表9-19

混合料类型	技术要求		试验方法
	浸水马歇尔残留稳定度(%),不小于	冻融劈裂试验残留强度比(%),不小于	
普通沥青混合料	85	80	JTG E20 T 0709/T 0729
改性沥青混合料	90	85	

《民用机场沥青道面施工技术规范》(MH/T 5011—2019)对低温弯曲破坏应变(−10℃)提出要求,如表9-20所示。

沥青混合料−10℃低温弯曲破坏应变指标技术要求 表9-20

混合料类型	相应于下列气候分区所要求的破坏应变($\mu\varepsilon$),不小于				试验方法
	冬严寒区	冬寒区	冬冷区	冬温区	
普通沥青混合料	2800	2500	2000		JTG E20 T 0715
改性沥青混合料	3000		2500		

《民用机场沥青道面施工技术规范》(MH/T 5011—2019)对渗水系数提出要求,如表9-21所示。

沥青混合料渗水系数指标技术要求 表9-21

混合料类型	渗水系数要求(mL/min),不大于	试验方法
密级配沥青混合料	80	JTG E20 T 0730
SMA沥青混合料	50	

虽然法国在设计方法中没有说明混合料性能检验的有关问题,但其采用的回转式剪切压实试验、无侧限抗压强度试验,实际上也是对混合料的性能检验。除此之外,法国还要求进行拉伸试验,以检验弹性模量是否符合要求(表9-22)。但法国认为沥青混合料的密实度是最重要的,密实度能够反映沥青混合料的抗拉强度、拉伸模量、疲劳强度、抗渗性以及耐老化性等性能。因此,在沥青混合料的各种性能中,首先必须考虑密实度,其次是力学性能。

法国机场沥青道面混合料拉伸试验技术要求 表9-22

技术指标	0/10间断级配与0/10、0/14连续级配沥青混凝土	
	沥青60/70	沥青80/100
弹性模量(MPa) 10℃,0.02Q,$\varepsilon = 1 \times 10^{-4}$	>6000	>4000
弹性模量(MPa) 0℃,300Q,$\varepsilon = 1 \times 10^{-4}$	>1500	>700
0℃,300Q条件下的线性损失	<0.25	<0.25

注:0.02Q和300Q分别表示标准载荷Q的2%和300倍水平下的加载,ε表示应变值。

第四节　机场道面沥青混合料设计案例

本节以华东某机场跑道沥青道面设计为例,详细说明机场道面沥青混合料配合比设计过程。

一、设计任务

由于近年来航空运输量快速增长,该跑道一直处于超负荷运行状态。为了延长跑道使用寿命,让旅客在航班起降和滑行时感到更平稳舒适,沥青加铺工程于2022年开始施工并顺利完成。该跑道沥青道面整修工程采用沥青玛蹄脂碎石(SMA)混合料作为加铺层。在配合比设计之前,需要对石料和沥青进行详细的调研和取样检测,为跑道沥青道面加铺工程的材料选择提供较为充分、可靠的技术参考。

二、原材料

采用高弹重载改性沥青,其技术指标测试结果见表9-23。测试结果表明,其性能满足设计要求。

重载改性沥青技术指标测试结果　　　　　　　　　　　表9-23

检测项目	检测结果	技术要求	检测方法
针入度(0.1mm)	50.8	45～60	T 0604
延度(5℃)(cm)	34.7	≥30	T 0605
软化点(℃)	93.0	≥85	T 0606
运动黏度(135℃)(Pa·s)	2.3	≤2.8	T 0620
闪点(℃)	>300	≥250	T 0611
溶解度(%)	99.31	≥99	T 0607
弹性恢复率(25℃)(%)	98	≥90	T 0662
离析(软化点差)(℃)	1.3	≤2.0	T 0661
TFOT			
质量变化(%)	0.06	≤±0.1	
针入度比(5℃)(%)	87	≥75	T 0610
延度(5℃)(cm)	24	≥20	
SHRP 分级			
原样沥青			
动态剪切,82℃　$G^*/\sin\delta$(kPa)	1.4	≥1.0	
RTFOT 试验后			AASHTO M 320
动态剪切,82℃　$G^*/\sin\delta$(kPa)	2.7	≥2.2	
路用性能等级 PG	PG88-28	PG82-22	

粗集料采用玄武岩碎石,细集料(0~3mm)采用机制砂,填料采用矿粉。集料规格分别为10~15mm(1#料)、5~10mm(2#料)、0~3mm(3#料)。

集料和填料密度和筛分测试结果见表9-24和表9-25。

SMA-13集料和矿粉密度试验结果 表9-24

矿料规格	10~15mm	5~10mm	0~3mm	矿粉
表观相对密度	2.964	2.969	2.706	2.741
毛体积相对密度	2.855	2.845	2.543	2.741
吸水率(%)	0.95	1.14	1.39	—

各种集料和矿粉的筛分结果 表9-25

矿料	通过下列筛孔(mm)的通过率(%)									
	16	13.2	9.5	4.75	2.36	1.18	0.6	0.3	0.15	0.075
1#料	100	79.96	9.36	1.5	1.5	1.5	1.5	1.5	1.10	0.68
2#料	100	100	96.25	7.49	1.46	1.46	1.46	1.46	1.12	0.76
3#料	100	100	100	100	91.23	62.31	36.21	19.98	12.28	7.77
矿粉	100	100	100	100	100	100	100	100	99.48	91.68

采用有机纤维,纤维掺量为沥青混合料质量的0.3%。高模量剂掺量为沥青混合料质量的0.6%。

图9-1为本次目标配合比设计所使用的原材料。

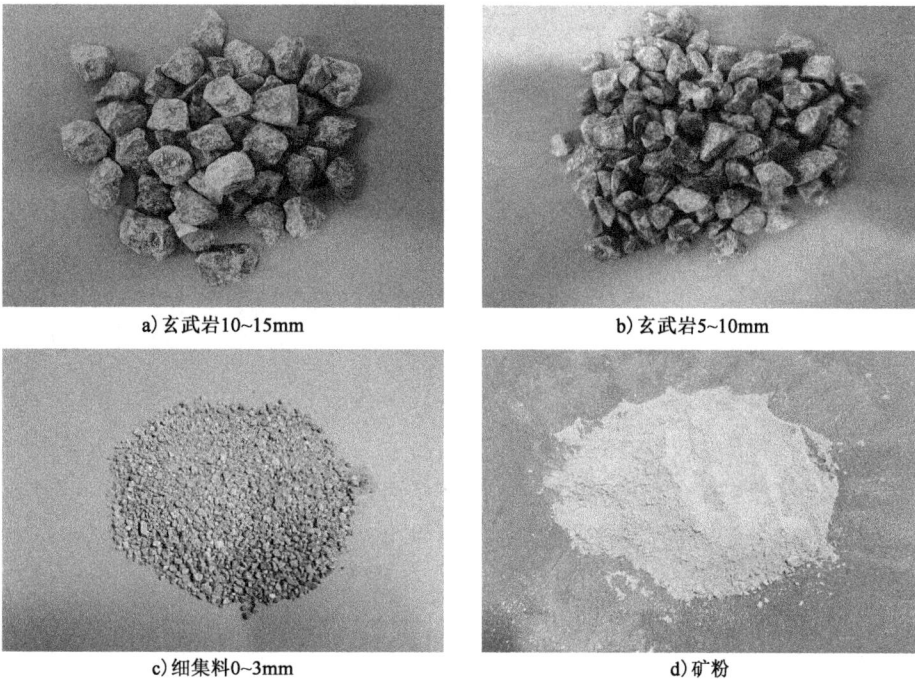

a) 玄武岩10~15mm

b) 玄武岩5~10mm

c) 细集料0~3mm

d) 矿粉

图 9-1

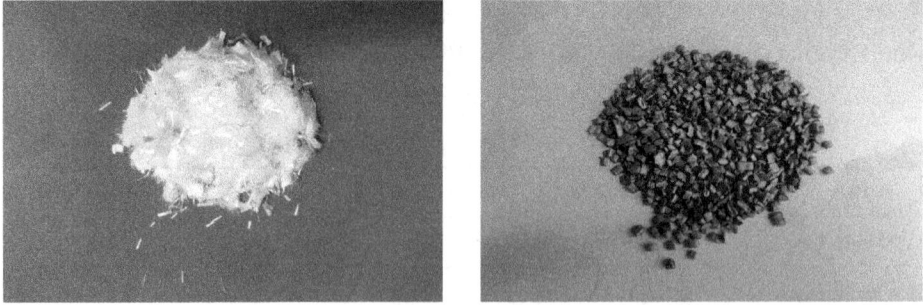

e) 纤维　　　　　　　　　　　f) 高模量剂

图 9-1　华东某机场东跑道工程沥青混合料配合比设计原材料

三、级配设计

SMA-13 设计级配范围见表 9-26。

SMA-13 级配范围　　　　　　　表 9-26

筛孔尺寸(mm)	16	13.2	9.5	4.75	2.36	1.18	0.6	0.3	0.15	0.075
级配上限(%)	100	100	65	34	27	22	19	16	14	12
级配下限(%)	100	90	45	22	18	14	12	10	9	8

根据规范要求,以 4.75mm 筛孔通过率为控制点,根据经验,拟定细、中、粗三种初始级配,其中 4.75mm 筛孔通过率分别为 29.0%、28.0% 和 27.0%。三种初始级配的筛孔通过率见表 9-27 和图 9-2,各种材料配比见表 9-28。

SMA-13 三种级配各档筛孔通过率　　　　　　　表 9-27

筛孔尺寸(mm)	16	13.2	9.5	4.75	2.36	1.18	0.6	0.3	0.15	0.075
级配-细(%)	100.0	92.2	63.5	29.0	25.5	21.1	17.1	14.6	13.1	11.3
级配-中(%)	100.0	91.6	60.7	28.0	24.7	20.4	16.5	14.0	12.5	10.8
级配-粗(%)	100.0	90.8	57.2	27.0	23.9	19.7	15.8	13.5	12.0	10.3

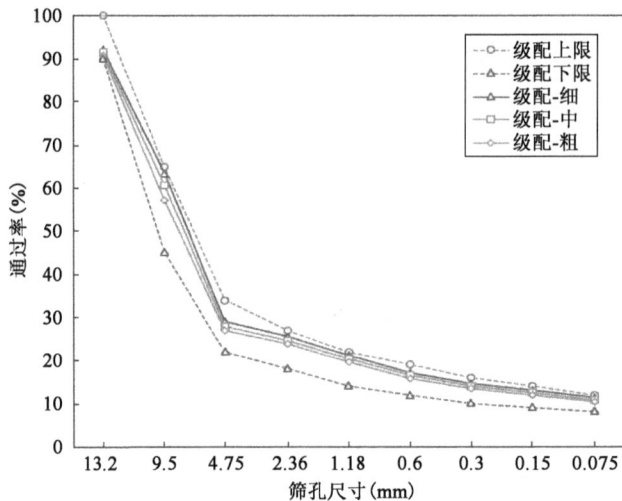

图 9-2　三种初选级配曲线

SMA-13 三种初选级配的各档材料配比　　　　　　　　　　　表 9-28

集料规格	级配-细（%）	级配-中（%）	级配-粗（%）
10~15mm	38.8	42.0	46.0
5~10mm	35.4	33.1	29.9
0~3mm	15.3	15.0	14.7
矿粉	10.4	9.9	9.4

根据类似工程经验,选择初试油石比为 6.0%。采用同一初试沥青用量,成型三组马歇尔试件。考虑到机场重型荷载的特点,设定马歇尔试件成型击实 75 次/面。

三种级配沥青混合料体积参数与性能参数测试结果见表 9-29。

三种级配沥青混合料的体积参数和性能参数　　　　　　　表 9-29

级配	VV（%）	VCA_{mix}（%）	VCA_{DRC}（%）	VMA（%）	VFA（%）	稳定度（kN）	流值（mm）
级配-细	4.00	39.6	37.1	16.8	76.3	11.6	43.5
级配-中	4.52	38.9	37.6	17.3	73.8	10.0	38.9
级配-粗	4.76	37.3	37.4	17.5	72.8	9.8	34.4

注:表中为试验数据的平均值,下同。

根据试验结果,按照"VCA_{mix} 不得大于 VCA_{DRC} 及 VMA 大于 16.5%"的要求,只有级配-粗满足要求;参考类似工程经验,采用级配-粗作为目标级配。

四、最佳油石比确定

初选级配试验表明,确定级配时所采用的油石比偏小。因此在确定最佳沥青用量时,选定了四个油石比,分别为 5.6%、6.0%、6.4%、6.8%。

在各油石比条件下成型马歇尔试件,并测试不同沥青含量下马歇尔试件的体积参数和力学性能,测试结果见表 9-30 和图 9-3。

不同油石比条件下沥青混合料的体积参数和力学性能　　　　表 9-30

油石比（%）	毛体积相对密度	最大理论相对密度	VV（%）	VMA（%）	VFA（%）	稳定度（kN）	流值（mm）
5.6	2.427	2.580	5.9	18.4	67.9	9.8	31.6
6.0	2.450	2.565	4.5	18.0	75.0	10.6	35.4
6.4	2.455	2.551	3.8	18.1	79.3	10.6	36.1
6.8	2.449	2.537	3.4	18.6	81.5	9.8	37.2

根据图 9-3 的试验结果,由设计目标空隙率 4.0% 确定最佳油石比为 6.2%。此时各项马歇尔指标均满足设计要求。

五、最佳油石比条件下沥青混合料性能检验

在最佳油石比条件下成型马歇尔试件,测试其各项马歇尔技术指标,测试结果见表 9-31。结果分析表明,马歇尔技术指标均满足设计要求。

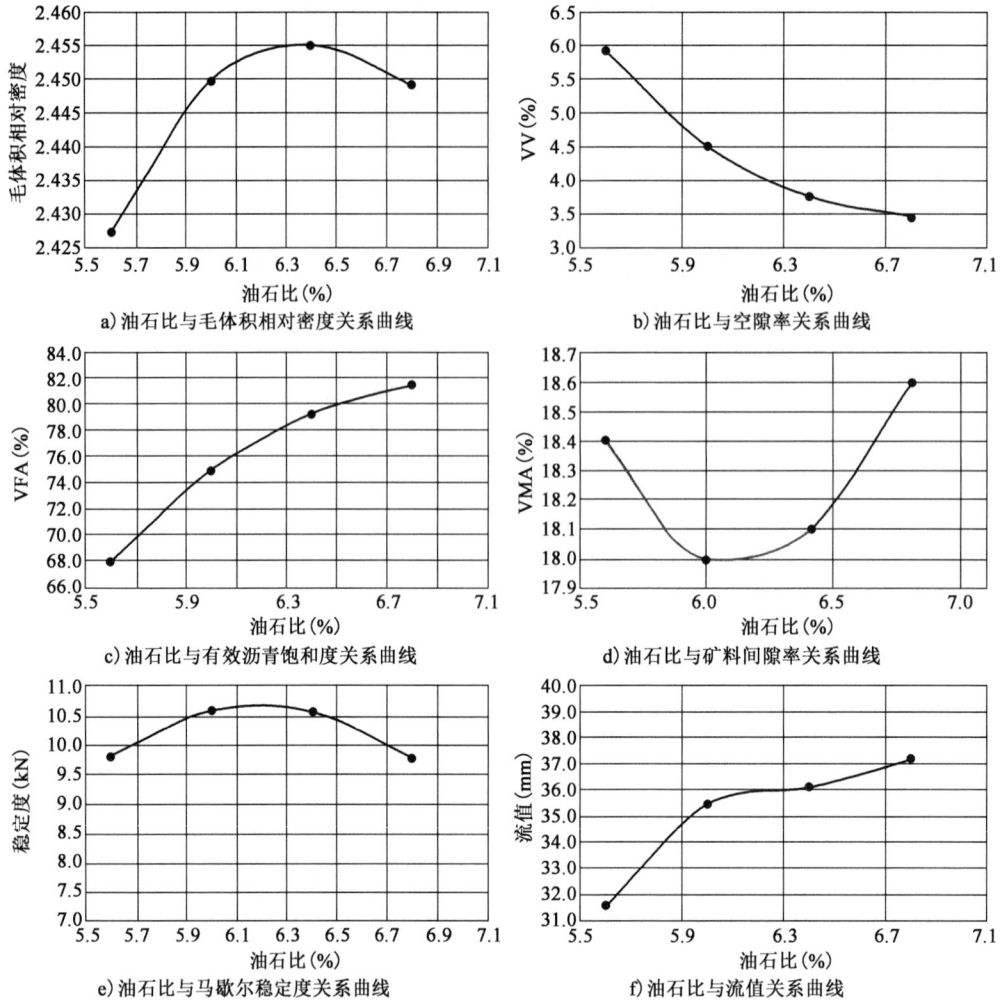

a) 油石比与毛体积相对密度关系曲线

b) 油石比与空隙率关系曲线

c) 油石比与有效沥青饱和度关系曲线

d) 油石比与矿料间隙率关系曲线

e) 油石比与马歇尔稳定度关系曲线

f) 油石比与流值关系曲线

图9-3 不同油石比条件下沥青混合料的体积参数和力学性能

最佳油石比条件下沥青混合料各项马歇尔技术指标　　表9-31

油石比 （%）	毛体积 相对密度	最大理论 相对密度	VV （%）	VMA （%）	VFA （%）	VCA$_{mix}$ （%）	稳定度 （kN）	流值 （mm）
6.2	2.452	2.554	4.0	18.0	77.7	37.22	10.7	3.52

按照规定方法 T 0732 进行谢伦堡沥青析漏试验,试验结果见表9-32。结果表明,当油石比为6.2%时,析漏损失为0.04%,满足不大于0.10%的设计要求。

谢伦堡沥青析漏试验结果　　表9-32

油石比（%）	析漏损失（%）	设计要求（%）
6.2	0.04	≤0.10

按照规定方法 T 0733 进行肯塔堡飞散试验,将 SMA 混合料试件在20℃水浴箱和 - 10℃冰箱中保存20h,然后使用洛杉矶磨耗试验机旋转300转,试验结果见表9-33。结果表明,当油石比为6.2%时,20℃飞散损失为2.41%,满足不大于10%的设计要求。 - 10℃飞散损失为3.01%。

肯塔堡飞散试验结果   表 9-33

油石比(%)	试验温度(℃)	飞散损失(%)	设计要求(%)
6.2	20	2.41	≤10
	−10	3.01	实测

按照规定方法 T 0709 与 T 0729 分别进行浸水马歇尔试验和冻融劈裂试验,试验结果见表 9-34 和表 9-35。结果表明,浸水马歇尔试验试件残留稳定度为 93.91%,满足不小于 90% 的要求。冻融劈裂试验试件残留强度比 TSR 为 90.90%,满足不小于 85% 的设计要求。

浸水马歇尔试验结果   表 9-34

浸水前马歇尔稳定度 (kN)	浸水后马歇尔稳定度 (kN)	残留稳定度 (%)	设计要求 (%)
10.96	10.29	93.91	≥90

冻融劈裂试验结果   表 9-35

未冻融劈裂强度 (MPa)	冻融后劈裂强度 (MPa)	残留强度比 TSR (%)	设计要求 (%)
1.26	1.15	90.90	≥85

按照规定方法 T 0719 进行轮辙试验,试验结果见表 9-36。结果表明,SMA-13 混合料动稳定度为 10990 次/mm,满足设计要求。

高温稳定性检验结果   表 9-36

技术指标	试验结果	设计要求
动稳定度(60℃,0.7MPa)(次/mm)	10990	≥8000

按照规定方法 T 0715 对利用轮碾机成型的混合料轮辙试件切割后进行低温弯曲试验(加载速度 50mm/min,试验温度 −10℃),试验结果见表 9-37。结果表明,SMA-13 混合料低温极限应变平均值为 4118$\mu\varepsilon$(微应变),满足设计要求。

低温性能检验结果   表 9-37

试件编号	极限应变($\mu\varepsilon$)	设计要求
1	4091	
2	3601	
3	3423	
4	4354	≥3000
5	4835	
6	4405	
平均值	4118	

按照规定方法 T 0730 对利用轮碾机成型的混合料轮辙试件进行表面渗水情况测试,混合料试件渗水系数几乎为 0,基本不渗水。

【思考题】

9-1 机场道面中,使用沥青混合料与水泥混凝土各有什么优劣?

9-2 与公路沥青混合料相比,机场道面沥青混合料在设计时有哪些特殊要求? 为什么这些要求至关重要?

9-3 机场道面中,使用哪种类型的沥青混合料居多? 为什么?

9-4 试解释机场道面沥青混合料抗滑性能的重要性,并分析如何在设计和施工中确保这一性能。

9-5 机场石油沥青与道路石油沥青的技术要求是否存在差异?

9-6 思考美国 FAA 颁布的 *Standard Specifications for Construction of Airports*(AC 150/5370-10H—2018)中关于粗集料的技术要求,尤其是在颗粒破碎率、磨耗性等方面的规定,并与我国民航规范中类似条款具体对比,分析两者在材料选择上的差异。

9-7 高温稳定性是机场沥青混合料重要性能,在原材料选择和混合料设计中应如何强化高温稳定性?

9-8 查找相关规范和文献,总结机场道面环氧沥青混合料的技术要求和技术特性。

9-9 简述机场沥青道面主要病害及其成因。

【小组讨论】

9-1 讨论飞机重荷载和高频率起降对机场道面沥青混合料的影响,以及如何设计以应对这些挑战。

9-2 讨论机场道面沥青混合料的常见修补方法,以及如何进行预防性养护以延长道面的使用寿命。

9-3 调研国内外机场沥青道面结构组合以及采用的沥青混合料类型。

9-4 讨论不停航施工条件下沥青道面施工组织和施工质量管理。

【拓展阅读】

9-1 刘文,凌建明,赵鸿铎.民用机场沥青混凝土道面设计方法综述[J].中国民航学院学报,2006,24(4):43-47,64.

9-2 李岳,刘文俊,蔡靖,等.基于足尺试验的机场沥青道面轮辙发展与预测[J].西南交通大学学报,2023,58(6):1378-1384.

9-3 ALABI B N T,SAEED T U,AMEKUDZI-KENNEDY A,et al. Evaluation criteria to support cleaner construction and repair of airport runways:a review of the state of practice and recommendations for future practice[J]. Journal of Cleaner Production,2021,312:127776.

9-4　中国民用航空局.民用机场沥青道面施工技术规范:MH/T 5011—2019[S].北京:中国民航出版社,2019.

9-5　中国民用航空局.民用机场沥青道面设计规范:MH/T 5010—2017[S].北京:中国民航出版社,2017.

9-6　Federal Aviation Administration. Standard Specifications for Construction of Airports:AC 150/5370-10H[S].2018.

9-7　Federal Aviation Administration. Airport pavement design and evaluation:AC 150/5320-6G[S].2021.

9-8　WEST R C,RODEZNO M C,LEIVA F,et al. In-service performance of airport flexible pavements constructed following state specifications for highway pavement materials[R]. Auburn:National Center for Asphalt Technology,Auburn University,2023.

第十章

乳化沥青混合料

【内容提要】

本章介绍了乳化沥青碎石混合料、稀浆封层(微表处)混合料的原材料技术要求,总结了乳化沥青碎石混合料、稀浆封层(微表处)混合料配合比设计要求,并提供了这两种乳化沥青混合料设计实例。

第一节 概　　述

乳化沥青混合料作为现代道路建设的常用材料,不仅在道路表面修复和新建工程中得到广泛应用,在环境保护和资源节约方面也具有显著优势。在乳化沥青混合料的应用中,乳化沥青碎石混合料和稀浆封层(微表处)混合料是两种常见且重要的类型。前者以碎石为集料,通过乳化沥青将其黏结在一起,具有较强的承载能力和耐久性;后者则以沥青稀浆为基础,通过添加集料或填料形成混合料,具有优异的密封性和表面平整度。本节将介绍这两种乳化沥青混合料的特点和优势。

一、乳化沥青碎石混合料

乳化沥青碎石混合料是采用乳化沥青与一定级配的碎石拌和而成的。乳化沥青按照所用乳化剂的不同分为阳离子型乳化沥青、阴离子型乳化沥青、两性离子型乳化沥青和非离子型乳化沥青。其中,阳离子型乳化沥青具有环境污染小、水稳定性强、抗老化性强等优点,在道路工程领域得到了较为广泛的应用,主要用于冷拌冷铺路面。西班牙将乳化沥青用于路面养护项目,是世界上应用较多的国家之一。由于在乳化剂和改性剂研究方面取得了进展,西班牙生产的乳液用途十分广泛,其中65%用于路面整修,20%用于冷铺沥青稀浆封层,15%用于沥青砂浆表处和冷铺微粒式沥青混凝土。乳化沥青技术已在全球范围内得到广泛应用。

我国已经开发生产了多种阳离子型沥青乳化剂,并广泛应用。自2010年以来,我国对乳化沥青的研究逐渐增多。截至2017年,乳化沥青已在我国各地得到了一定规模的应用。在此之前,乳化沥青混合料主要用于高速公路的基层和底基层,近几年逐步推广至下面层。具体而言,在2017年和2018年,包茂高速陕蒙段和青银高速靖王段进行的路面大修工程中,乳化沥青再生料被广泛用作下面层材料,工程共利用了路面回收料约30万t,取得了显著的经济效益和环境效益。

乳化沥青技术具有降低沥青黏度、改善工程施工性能以及提高路面耐久性等显著优势,因此它在道路领域有广泛应用。实践证明,应用乳化沥青铺筑沥青路面具有以下优点。

①节约能源。生产乳化沥青需要将沥青和水加热,但所消耗的燃料不多。而且乳化沥青混合料拌和时砂石料不需要加热,可以节省大量的燃料。

②不受施工季节限制。在潮湿和阴冷的季节,沥青路面易出现病害,采用热沥青混合料维修很不方便,常常延误时日,使路面病害扩大。乳化沥青不受阴冷潮湿天气的影响,可使路面及时得到维修。

③节省沥青用量。阳离子型乳化沥青与石料有良好的黏附性,可减少沥青用量,一般可减少10%~20%。

④减少污染,保护环境。乳化沥青混合料在常温下拌和生产,碎石材料无须在高温下加热烘干,没有烟气和粉尘排放。

⑤乳化沥青混合料拌制后,可以短时间储存。

然而,乳化沥青混合料的应用也有一定的限制。这主要是由于乳化沥青混合料在路上铺筑后,需要经过一段时间的行车压实才能逐渐成型,其初期强度较低,不适用于交通量较大的道路,通常在中、低交通量道路上应用较多。但值得一提的是,乳化沥青碎石混合料在高速公路和一级公路也得到了应用,但多用于下面层与基层。

二、稀浆封层(微表处)混合料

稀浆封层是用一定级配的矿料或砂、乳化沥青、石粉、水泥和水拌和成的一种具有流动性的沥青混合料,将其摊铺在路面上,经破乳、析水、蒸发、固化后形成封层。其外观类似沥青砂浆或细粒式沥青混凝土,厚度一般为2.5~10mm,对路面能够起到改善和恢复表面功能的作用。20世纪20年代初,稀浆封层这一概念开始出现,德国人将乳化沥青、集料和水拌和,生产出稀浆混合料。40年代初,稀浆封层开始应用于路面,但一直到60年代才在欧洲得到推广应用。

稀浆封层适合于沥青路面预防性养护。在路面出现严重病害之前,为了避免沥青明显硬化,可以使用沥青稀浆进行封层。这不仅提高了路面的伸展性,还可以直接用于公路养护,将路面与外部环境隔离,填补裂隙,从而恢复公路的性能。其主要特点包括:

①提高防水性能:稀浆防水材料能有效提升路面的防水性,相比传统的公路养护方法,成本更低,使用寿命更长,损耗更少。

②提升防滑性能:在温度较低时稀浆封层会形成粗糙表面,可有效提升路面的防滑效果,特别适用于多雨地区,能防止车轮打滑,提高行车安全性。

③提高施工效率:沥青凝固迅速,摊铺施工简便,无须特殊条件,有利于提高公路养护工作效率。稀浆封层技术是公路养护和道路建设中的重要技术之一,一般用于二级及二级以下公路的预防性养护,也适用于新建道路的下封层。稀浆封层可以用于各级公路,甚至在城市道路、机场道面、桥面铺装以及码头、球场等工程中应用。稀浆封层已在世界各地得到广泛应用,国际上还设有国际稀浆封层协会(ISSA),负责组织交流各国的经验。其应用场景广泛,包括:

①铺筑无机结合料稳定类基层,其表面一般要求铺设下封层,采用稀浆封层便可获得良好的封层效果。其当作下封层时,一般厚度宜不小于6mm。

②在水泥混凝土路面上加铺稀浆封层,可以弥合表面细小的裂缝,防止混凝土表面剥落,改善车辆的行驶条件。

③用稀浆封层技术处理砂石路面,也可以起到防尘和改善道路状况的作用,这对我国公路中砂石路面占有很大比例的情况来说具有重要意义。

人们在稀浆封层基础上又进行了改进和提升,采用慢裂快凝型聚合物改性乳化沥青作为结合料,与专门挑选的碎石材料配合,形成密级配混合料并拌制成稀浆,经专用摊铺机摊铺成稀浆封层。20世纪80年代,美国出现了名为"micro-surfacing"的技术,国内学者将其译为"微表处"。在我国,微表处主要用于高速公路及一级公路的预防性养护以及填补轻度轮辙,也适用于新建公路的抗滑磨耗层。微表处与稀浆封层相比较,在工艺方法上基本是一样的,最主要的区别在于微表处必须使用改性乳化沥青,而稀浆封层既可采用普通乳化沥青,也可以使用改性乳化沥青。微表处在本质上还是稀浆封层,将其称为改性稀浆封层似乎更为合理。

第二节 材　料

一、乳化沥青碎石混合料

(1)集料

由于乳化沥青碎石混合料所用碎石材料质量要求、集料的级配都与热拌沥青混合料基本一样,这里不再重复。

(2)沥青结合料

在道路工程中,有关乳化石油沥青和改性乳化沥青的拌和工艺质量技术要求可参考本书第二章内容。

二、稀浆封层(微表处)混合料

(1)集料

稀浆封层和微表处应选择坚硬、粗糙、耐磨、洁净的集料,各项性能要求与热拌沥青混合料的集料要求基本一致。其中微表处用通过4.75mm筛的合成矿料的砂当量不得低于65%,稀浆封层用通过4.75mm筛的合成矿料的砂当量不得低于50%。用于稀浆封层的碎石材料应全部过筛,剔除超过封层厚度的大颗粒,否则大颗粒聚集在稀浆摊铺机橡胶刮板的前方,在摊铺前进过程中会在封层上划出纵向条痕。细集料宜采用碱性石料生产的机制砂或洁净的石屑。

(2)沥青结合料

普通沥青乳液宜采用BC-1型阳离子型乳化沥青或BA-1型阴离子型乳化沥青。为提高稀浆封层的使用效果,可采用改性乳化沥青,一般可在乳化沥青中掺加SBS胶乳、丁苯胶乳、氯丁胶乳等,或者用改性沥青直接乳化而成。根据《公路沥青路面施工技术规范》(JTG F40—2004),乳化沥青和改性乳化沥青技术要求见表10-1。

乳化沥青和改性乳化沥青技术要求 表10-1

试验项目		技术要求					试验方法
		稀浆封层			微表处		
		改性乳化沥青	BC-1	BA-1	A级微表处	B级微表处	
粒子电荷		正电(+)	正电(+)	负电(−)	阳离子(+)	阳离子(+)	T 0653
1.18mm 筛上剩余量(%)		≤0.1	≤0.1	≤0.1			T 0652
0.6mm 筛上剩余量(%)		—	—	—	≤0.1	≤0.1	
黏度	恩格拉黏度 E_{25}	3 ~ 30	2 ~ 30	2 ~ 30	3 ~ 30	3 ~ 30	T 0622
	沥青标准黏度 $C_{25,3}$ (s)	—	10 ~ 60	10 ~ 60	—	—	T 0621
	25℃赛波特黏度(s)	—	—	—	20 ~ 100	20 ~ 100	T 0623
蒸发残留物	含量(%)	≥60	≥55	≥55	≥60	≥60	T 0651
	25℃针入度(0.1mm)	40 ~ 100	45 ~ 150	45 ~ 150	40 ~ 100	40 ~ 100	T 0604
	软化点(℃)*	≥57			≥57	≥57	T 0606
	溶解度(%)	≥97.5	≥97.5	≥97.5	≥97.5	≥97.5	T 0607
	5℃延度(cm)	≥20			≥60	≥20	T 0605
	15℃延度(cm)	—	≥40	≥40	—	—	
	黏韧性(N·m)	—	—	—	≥7		T 0624
常温贮存稳定性(%)	1d	≤1	≤1	≤1	≤1	≤1	T 0655
	5d	≤5	≤5	≤5	≤5	≤5	

注:*对于南方炎热地区、重载交通公路及用于填补轮辙的微表处,改性乳化沥青蒸发残留物的软化点应不低于60℃。

乳化沥青的质量对稀浆的性能影响极大,而决定乳化沥青性能的关键在于乳化剂,因此在制备乳化沥青时应对乳化剂的品种进行认真挑选。而乳化沥青制备的关键是乳化后沥青的颗粒应匀化得很细,粒径必须达到微米级水平。颗粒越细,乳液的稳定性越好。用作改性稀浆封层的改性乳化沥青应是慢裂快凝型的,以便摊铺后在 1~2h 内就可以开放交通,缩短影响交通的时间。

(3)填料

填料在稀浆封层中具有改善稀浆集料级配、提高稀浆稳定性、调节破乳速度、提高封层强度的作用。作为填料的石粉、水泥、磨细粉煤灰应干燥、无结团、不含杂质。水泥具有活性,对提高早期强度效果较好。稀浆封层的填料通常是粉状的,与液态的乳化沥青混合后形成稀浆,要求具有良好的干燥性、无结块、不含杂质等特性;而普通沥青混合料的填料则是颗粒状的,直接与乳化沥青混合后进行铺设,更注重其粒度分布、强度等性能指标,以满足路面的强度和耐久性要求。

(4)水

稀浆封层(微表处)混合料中的水由集料中的水、乳液中的水以及拌和时的外加水组成。集料中往往含有3%~5%的水,乳液中含有40%~45%的水,外加水一般需要6%~11%。用于制备稀浆的水宜采用饮用水,一般可采用自来水。含水量太高会延迟封层的成型时间。

(5)外加剂

用于稀浆封层的添加剂通常有促凝剂和缓凝剂,其主要作用在于控制乳化沥青的破乳速度,以满足稀浆拌和、摊铺、成型、开放交通的需要。添加剂的种类与数量应在试验室经试验确定,或者由乳化剂厂指定。这类添加剂有 $CaCl_2$、NH_4Cl、$Al_2(SO_4)_3$ 等,或者也可以外加一些水溶性高分子材料。

第三节　乳化沥青混合料设计要求

一、乳化沥青碎石混合料配合比设计要求

乳化沥青碎石混合料配合比设计主要解决两个问题,即最佳用水量和乳化沥青用量的确定。由于乳化沥青碎石混合料不能立即成型以形成强度,故不能直接采用现行热拌沥青混合料的马歇尔试验设计方法,而需要加以修正,即采用修正马歇尔试验方法。综合国内外乳化沥青碎石混合料配合比设计方法,其设计流程和原理存在一定的相似性,但在具体操作和指标要求上存在差异。

1. 混合料级配类型的确定

用乳化沥青碎石混合料铺筑沥青路面,若是用于低交通量道路的面层,多数是采用细粒式或中粒式的开级配混合料,或采用乳化沥青与砂、石屑拌制而成的砂粒式混合料。当采用乳化沥青碎石混合料作为沥青路面的基层材料时,宜采用半开级配或开级配。因为密级配混合料中所含水分不易在压实过程中排出,往往会造成压实困难,有时甚至会产生弹簧现象。开级配混合料在压实时则容易将水分排出,有利于压实成型。级配要求可参考《公路沥青路面施工技术规范》(JTG F40—2004)。

2. 外加预湿用水量的估计

为使乳化沥青能充分而均匀地裹覆在集料表面,需要先用水将集料颗粒表面湿润,否则当

乳化沥青与干的砂石料拌和时,集料中的细料将首先吸收乳化沥青中的水分而形成油团,造成无法拌和。若加水过多,则会使乳化沥青流失,导致集料颗粒表面的乳液过于稀薄,所以乳化沥青碎石混合料施工时的用水量必须适宜。根据经验,采用使集料颗粒表面潮润的用水量即可。

乳化沥青碎石混合料中的水分由以下几部分组成:①砂石料中的水分;②乳化沥青中的水分;③外加的水分。在试验室中,砂石料一般事先都已烘干,可以认为不含水分。因此,在室内仅考虑乳化沥青中的水分就可以确定所需外加的用水量。

在确定乳化沥青碎石混合料中乳化沥青用量时,国内设计方法强调了用水量的重要性,通过马歇尔试验方法结合图表得出最佳用水量。根据《公路沥青路面施工技术规范》(JTG F40—2004),为了确定合适的用水量,可以在固定乳化沥青用量(如5%)的条件下,将用水量从0开始,按1%递增,成型马歇尔试件,经养生后测试其马歇尔稳定度,在图上绘出马歇尔稳定度与用水量的关系曲线,曲线的峰值所对应的用水量即为最佳用水量(图10-1)。由图可见,马歇尔稳定度峰值所对应的级配B和级配A的拌和用水量分别为2%与3%。级配B的细集料含量少,拌和用水量少,而级配A的细集料含量多,拌和用水量也多。

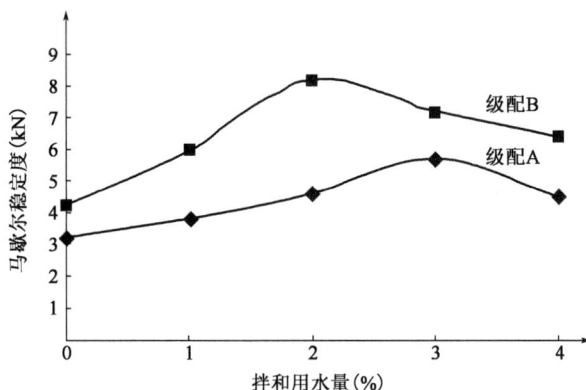

图10-1 马歇尔稳定度与用水量的关系

由于在现场施工时混合料的适宜用水量还与集料的干湿状态、天气、气温以及风速等诸多因素有关,所以在室内通过试验确定用水量意义不大。现场施工时可初定用水量,然后根据试拌情况进行调整。根据乳化沥青碎石混合料拌和施工的经验,一般外加用水量占混合料总质量的2%~4%,细粒式取上限,中粒式则可取下限。

3. 最佳乳化沥青用量的确定

乳化沥青碎石混合料的设计试验方法同样采用马歇尔试验方法,但乳化沥青与热沥青有所不同,需要使用修正马歇尔试验方法。

(1)乳化沥青用量的估计

在进行乳化沥青碎石混合料拌和试验之前,为了大体确定乳化沥青用量的范围,可先按式(10-1)进行估算:

$$P = 0.06A + 0.12B + 0.2C \qquad (10\text{-}1)$$

式中:P——乳化沥青占集料总质量的百分比,%;

A——大于2.36mm颗粒含量占集料总质量的百分比,%;

B——0.075~2.36mm颗粒含量的百分比,%;

C——通过 0.075mm 筛孔颗粒含量的百分比,%。

国内设计方法中初始乳化沥青用量的范围是采用式(10-2)的经验公式来确定的,国外设计方法中也有根据其他经验公式来进行乳化沥青碎石混合料设计的,代表方法有《美国沥青协会沥青冷拌手册》(AI MS-14)中的设计法。

在 AI MS-14 设计法中,乳化沥青含量的确定按照以下步骤进行:选择合适的乳化沥青种类和等级,根据混合料的级配以及经验公式计算总的沥青需求量,确定乳化沥青的预估用量,再根据现场经验调整最佳乳化沥青用量。初始乳液含量(IEC)可根据式(10-2)和式(10-3)计算得出。

$$P_b = (0.05A + 0.1B + 0.5C) \times 0.7 \tag{10-2}$$

$$IEC = \frac{P_b}{X} \tag{10-3}$$

式中:P_b——总沥青需求量占总干集料的质量百分比,%;

X——乳液中的沥青含量,%;

A——矿料中粒径大于 2.36mm 的矿料含量,%;

B——矿料中粒径在 0.075~2.36mm 之间的矿料含量,%;

C——矿料中粒径小于 0.075mm 的矿料含量,%。

(2)修正马歇尔试验方法

①试件成型与养生方式。

所谓修正马歇尔试验方法,是对原来常规压实成型的工艺过程(包括养护方式)做了适当改变。成型试件时,以估算的乳化沥青用量为中点,按 1% 增减乳化沥青用量,称取五组集料和乳化沥青,每组成型三个平行试件。拌和时,先将粗、细集料拌匀。按照估计的外加用水量(如 3%)将水加入集料中,拌和至粒料表面完全湿润,然后加入预先计算好用量的乳液,迅速拌和,待粒料表面基本呈褐色时,加入矿粉(加矿粉与否视设计而定),继续拌和至均匀。将混合料装入试模中,两面各击实 50 次。然后连同试模在室温下放置 48h,令其蒸发一部分水分,两面再各击实 25 次,脱模后再置于室温下至次日,然后进行测试。根据施工工艺过程采用其他养护方式也是可以的。

乳化沥青碎石混合料只有当水排出后才能在外力作用下逐渐压密并形成强度,因此在压密过程中需要进行排水,分两次击实成型。图 10-2 为马歇尔稳定度与压实方式的关系。

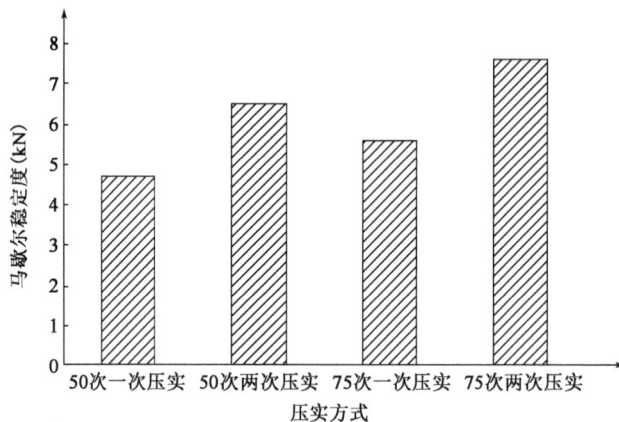

图 10-2　马歇尔稳定度与压实方式的关系

由图 10-2 可见，分两次压实的效果比一次压实的要好得多，因此对于乳化沥青碎石混合料应采取两次压实成型的方式，同时在工程施工时，也必须采取重复压实的工艺。

关于试件的养护可以采取不同方式。例如，在第一次压实后，将试件放在 25℃的鼓风烘箱中养生 48h，取出后再进行第二次压实。也可以在第一次压实后，将试件放在 60℃的鼓风烘箱中养生 24h，取出后再进行第二次压实。具体可视需要进行选择。

②技术指标。

评定乳化沥青碎石混合料性能的技术指标主要有密度、马歇尔稳定度、劈裂强度等。

由于乳化沥青碎石混合料含有较多的水分，当成型试件中的水分蒸发后，就留下空隙。因此，冷铺路面初期空隙率是很大的，需要依靠在较长的行车过程中逐渐压实成型，所以量测试件的空隙率意义不大。试验中，以最大稳定度所对应的乳化沥青含量作为混合料的乳化沥青用量。

有时在马歇尔稳定度与乳化沥青用量关系曲线图上没有峰值，此时可采用劈裂强度指标作为评定指标。

由经验可知，施工现场的乳化沥青用量往往还需要在室内确定的乳化沥青用量的基础上再增加 0.5% ~1.0%。

在乳化沥青碎石混合料的配合比设计中，需要确定用水量和乳化沥青用量。国内设计方法强调了用水量的重要性，通过马歇尔试验方法结合图表得出最佳用水量，并采用修正马歇尔试验方法确定最佳乳化沥青用量。而国外设计方法则更注重对不同因素的综合考虑。

国际上，早期的乳化沥青碎石混合料设计代表方法有《美国沥青协会沥青冷拌手册》（AI MS-14）等。印度道路运输和公路部借鉴 AI MS-14 制定了更符合其国情的乳化沥青碎石混合料规范（MORTH）。不同规范之间有相似之处，也存在一些差异。如 AI MS-14 中没有定义出空隙率的适用范围，而 MORTH 则建议空隙率范围为 3% ~5%。美国在乳化沥青碎石混合料配合比设计方面通常遵循由美国 FHWA、ASTM 和 AASHTO 发布的规范和标准。

美国的方法根据不同的设计理论分为经验公式法和试验测试法，其中，试验测试法包括 AASHTO 修正的马歇尔法、加利福尼亚州设计法、宾夕法尼亚州设计法等，通过不同的试验和测试确定最佳乳化沥青用量。

国内外设计方法在试验过程中的成型、养护方式以及测试指标上也存在差异。国内设计方法中采用了两次压实成型，并对养护方式提出了不同选择，如在温度和时间上的变化。而国外设计方法则根据不同的规范和标准提出了各自的试验方法，例如美国 AASHTO 修正的马歇尔法采用了双面各 50 次击实成型，并对养护方式和测试指标作出了具体规定，特别对试件的空隙率作出规定。AASHTO 修正的马歇尔法步骤的简要介绍如下：

确定级配和含水量。首先，保持总含水量（包括乳化沥青中的水、外掺水）为 3.0%，用马歇尔击实仪对不同乳化沥青含量（间隔 0.5%）的乳化沥青碎石混合料进行双面各 50 次击实成型，将试件置于 60℃烘箱中养护 6h，常温养护 12h。然后，通过测试乳化沥青碎石混合料试件的毛体积密度、最大理论密度、马歇尔稳定度、流值（60℃）等，确定最佳乳化沥青含量。最后，保持最佳乳化沥青含量不变，成型不同总含水量（2.0%、2.5%、3.5%、4.0%）的混合料，确保乳化沥青碎石混合料的空隙率在 9% ~14% 之间。

美国《乳化沥青冷再生混合料用材料标准》（AASHTO M 352—2023）对乳化沥青碎石混合料的设计要求见表 10-2。

乳化沥青碎石混合料设计要求（测试方法选择其一） 表 10-2

项目	标准	特性
间接拉伸强度测试		
间接抗拉强度，T 283	最小 310kPa	固化强度
抗拉强度比，T 283	最小 0.70	水稳定性
沥青混合料的剥落试验，ASTM D7196	最大损失 7.0%	抗剥落性
马歇尔稳定性试验		
马歇尔稳定度，T 245	最小 5560 N	固化强度
残余马歇尔稳定度，T 245	最小 0.70	水稳定性
乳化沥青样品剥落测试的标准测试方法，ASTM D7196	最大损失 7.0%	抗剥落性

二、稀浆封层（微表处）混合料配合比设计要求

根据《公路沥青路面施工技术规范》（JTG F40—2004），稀浆封层和微表处混合料的配合比设计按下列步骤进行：

①根据选择的级配类型，按表 10-3 确定集料的级配范围。计算各种集料的配合比例，使合成级配在要求的级配范围内。

稀浆封层和微表处的集料级配 表 10-3

筛孔尺寸（mm）	不同类型通过各筛孔的百分率(%)				
	微表处		稀浆封层		
	MS-2 型	MS-3 型	ES-1 型	ES-2 型	ES-3 型
9.5	100	100	—	100	100
4.75	95 ~ 100	70 ~ 90	100	95 ~ 100	70 ~ 90
2.36	65 ~ 90	45 ~ 70	90 ~ 100	65 ~ 90	45 ~ 70
1.18	45 ~ 70	28 ~ 50	60 ~ 90	45 ~ 70	28 ~ 50
0.6	30 ~ 50	19 ~ 34	40 ~ 65	30 ~ 50	19 ~ 34
0.3	18 ~ 30	12 ~ 25	25 ~ 42	18 ~ 30	12 ~ 25
0.15	10 ~ 21	7 ~ 18	15 ~ 30	10 ~ 21	7 ~ 18
0.075	5 ~ 15	5 ~ 15	10 ~ 20	5 ~ 15	5 ~ 15
一层的适宜厚度(mm)	4 ~ 7	8 ~ 10	2.5 ~ 3	4 ~ 7	8 ~ 10

②根据以往的经验初选乳化沥青、填料、水和外加剂用量，进行拌和试验和黏聚力试验。可拌和时间的试验温度应考虑最高施工温度，黏聚力试验的温度应考虑施工中可能遇到的最低温度。稀浆的配合比设计试验主要有稠度试验、拌和试验、湿轮磨耗试验、负荷车轮试验以及黏聚力试验等。

这些试验的主要目的是确定稀浆封层（微表处）混合料的稠度、拌和性、抗磨耗性、抗变形性以及固化时间等性能。各试验方法的规范以及指标要求参考《公路沥青路面施工技术规范》（JTG F40—2004）。各试验的目的如下。

a. 稠度试验

稠度试验旨在测定稀浆封层(微表处)混合料的稠度,以确定最佳的加水量。这项试验类似水泥混凝土的坍落度试验,通过测定混合料的坍落度来确定最佳的水泥用量。

b. 拌和试验

拌和试验用来测定混合料的可拌和时间和初凝时间,以便为确定最佳的沥青用量和水泥用量提供依据。

c. 湿轮磨耗试验

湿轮磨耗试验模拟了轮胎与路面的磨耗作用,以检验混合料的耐磨性能,如图10-3所示。

由图10-3可见,随着乳化沥青用量的增加,磨耗值降低,故湿轮磨耗试验可控制沥青用量的下限。

d. 负荷轮粘砂试验

负荷轮粘砂试验旨在控制沥青用量的上限,以防止沥青用量过多造成路面泛油。通过模拟车辆的碾压和热砂覆盖来测定混合料的抗汽油性能。

由图10-4可见,粘砂量随沥青用量的增加而增大。

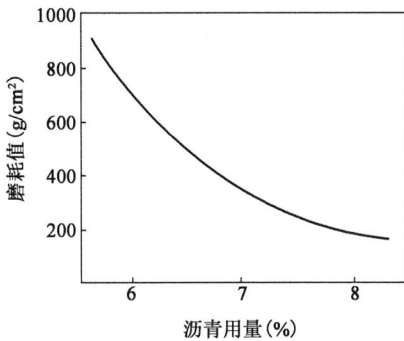

图10-3   湿轮磨耗试验曲线   图10-4   负荷轮粘砂试验曲线

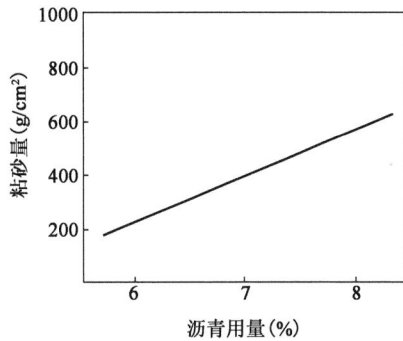

e. 黏聚力试验

黏聚力试验用来测定混合料的固化时间,以确定养护和开放交通的时间。通过测定不同时间段试件在一定压力下的最大扭矩来评估混合料的固化情况。

③根据上述试验结果和稀浆封层(微表处)混合料的外观状态,选择1~3个合理的混合料配方,按《公路沥青路面施工技术规范》(JTG F40—2004)中稀浆封层和微表处混合料的技术要求(表10-4)试验稀浆封层(微表处)混合料的性能,如不符合要求,可按照表10-5进行配合比调整后再试验,直至符合要求为止。

稀浆封层和微表处混合料技术要求   表10-4

项目	单位	微表处	稀浆封层	试验方法
可拌和时间	s	>120		手工拌和
稠度	cm	—	2~3	T 0751
黏聚力试验			(仅适用于快开放交通的稀浆封层)	T 0754
30min(初凝时间)	N·m	≥1.2	≥1.2	
60min(开放交通时间)	N·m	≥2.0	≥2.0	

续上表

项目	单位	微表处	稀浆封层	试验方法
负荷轮粘砂试验(LWT)			(仅适用于重交通道路表层)	T 0755
粘附砂量	g/m²	<450	<450	
轮迹宽度变化率	%	<5	—	
湿轮磨耗试验的磨耗值(WTAT)				T 0752
浸水 1h	g/m²	<540	<800	
浸水 6d	g/m²	<800	—	

稀浆封层(微表处)混合料配合比调整   表 10-5

稀浆封层施工中出现的问题	可采取的措施
固化过慢	适当增加水泥用量; 适当减少拌和用水量; 改变乳液类型,采用快裂型乳化沥青; 改变集料的配合比
固化后产生裂缝	改进集料的级配; 适当增加乳化沥青的用量
起泡或呈海绵状	适当减少水泥用量; 适当减少稀浆混合料拌和时间; 改善乳液性能
混合料破乳太快	采用慢裂型乳化沥青; 增加1% ~3% 硫酸铝水溶液; 减少水泥用量

④当设计人员经验不足时,可初选 1~3 个混合料配方,分别改变沥青用量(沥青用量一般在 6.0%~8.5% 之间),按照表 10-4 的要求重复试验,分别将不同沥青用量的 1h 湿轮磨耗值及负荷轮砂黏附量绘制成图 10-5 所示的关系曲线。以磨耗值接近表 10-4 中要求的沥青用量为最小沥青用量 P_{bmin},以砂黏附量接近表 10-4 中要求的沥青用量为最大沥青用量 P_{bmax},得出沥青用量的可选择范围 $P_{bmin} \sim P_{bmax}$。

⑤根据经验在沥青用量的可选范围内选择适宜的沥青用量。对微表处混合料,以所选择的沥青用量检验混合料的浸水 6d 湿轮磨耗指标,对用于修补轮辙的微表处混合料,还需检验负荷轮粘砂试验的轮迹宽度变化率,不符合要求时调整沥青用量重新试验,直至符合要求为止。

⑥根据以往经验及配合比设计试验结果,在充分考虑气候及交通特点的基础上综合确定混合料配方。

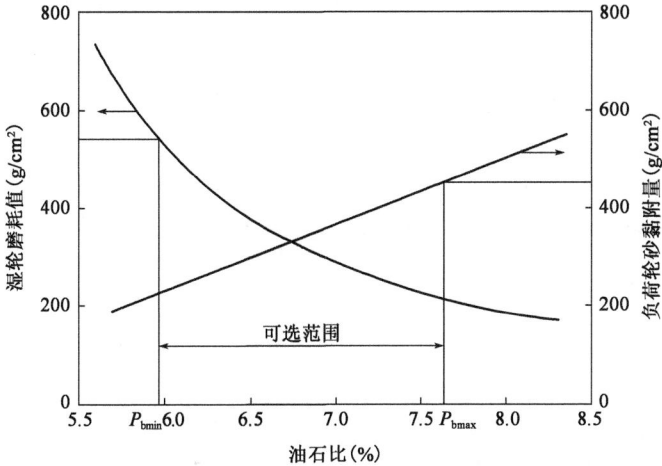

图 10-5　确定最佳乳化沥青用量

第四节　乳化沥青混合料设计案例

一、乳化沥青碎石混合料设计案例

1. 设计任务

为避免无机结合料稳定类基层导致沥青路面产生反射裂缝,某一级公路拟采用乳化沥青稳定碎石基层,即在 16cm 热拌沥青混凝土面层下设置 15cm 乳化沥青稳定碎石基层。要求根据当地材料供应条件进行乳化沥青碎石混合料配合比设计。

2. 材料

采用当地产的石灰石轧制的碎石,碎石材料的技术性质见表 10-6。乳化沥青的原材料采用 AH-90 道路沥青,配制成阳离子慢裂拌和型乳化沥青,乳化沥青中沥青含量为 52%。

集料技术性质

表 10-6

材料	表观密度（g/cm³）	毛体积密度（g/cm³）	吸水率（%）	针片状颗粒含量（%）	压碎值（%）	亲水系数
10~20mm 碎石	2.728	2.686	0.58	7.2	22.9	—
5~10mm 碎石	2.721	2.670	0.69	9.2	—	—
0~5mm 石屑	2.717	—	—	—	—	—
矿粉	2.720	—	—	—	—	<1

3. 混合料级配

乳化沥青碎石混合料采用中粒式半开级配,即 AM-20,当采用几种碎石材料配合后,合成级配如表10-7所示。与规范级配相比较,其保留了一定数量的细集料,以期获得较高的抗拉强度。

乳化沥青碎石混合料合成级配　　　　　　　　　　　　　　表10-7

筛孔尺寸（mm）	26.5	19	16	13.2	9.5	4.75	2.36	1.18	0.6	0.3	0.15	0.075
合成级配(%)	100	97	80	70	52	34	20	15	12	9	7	4
规范级配(%)	100	90~100	60~85	50~75	40~65	15~40	5~22	2~16	1~12	0~10	0~8	0~5

4. 用水量的确定

为了确保乳化沥青能够均匀地覆盖在集料表面,在拌和前先使集料颗粒表面湿润,以便乳化沥青能够充分渗透。在乳化沥青碎石混合料施工时,根据经验采用使集料颗粒表面潮润所需的用水量即可。混合料拌和时,集料预先用3%的水进行预拌已能使集料湿润。

5. 最佳乳化沥青用量的确定

按式(10-4)估算乳化沥青用量:

$$P = 0.06 \times 80 + 0.12 \times 16 + 0.2 \times 4 = 7.52(\%) \tag{10-4}$$

分别以6%、7%、8%、9%和10%乳化沥青用量进行拌和,装模,两面各击实50次,成型马歇尔试件。成型后试件不脱模,在60℃通风的条件下静止24h,令其蒸发大部分水分,两面再各击实25次,脱模。用游标卡尺量取试件尺寸,试件称重后计算密度。在室温下进行马歇尔试验,测定试件的马歇尔稳定度和密度,并绘制关系曲线,见图10-6与图10-7。

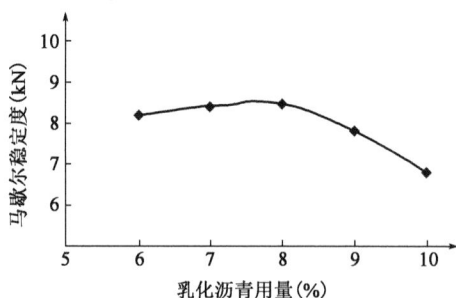

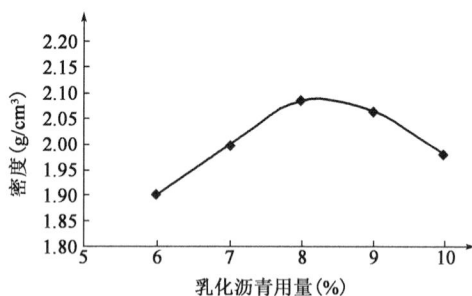

图10-6　马歇尔稳定度与乳化沥青用量的关系　　　　图10-7　密度与乳化沥青用量的关系

由图10-6和图10-7可以看出,混合料乳化沥青最佳用量为8%,与用式(10-4)计算预估的乳化沥青用量7.52%相近。在施工中必要时还可以对乳化沥青用量进行适当调整。

6. 路用性能检验

①劈裂强度试验。

采用上述方法按8%乳化沥青用量成型马歇尔试件,先双面各击实50次,然后在60℃通风烘箱中放置24h,取出再双面各击实25次后脱模。劈裂强度测试前,将试件在25℃水中浸泡30min,取出后进行劈裂试验,测得劈裂强度为0.52MPa,满足基层强度要求。

②浸水马歇尔试验。

同样按上述方法成型马歇尔试件,然后将试件放在60℃水中48h,取出后测定马歇尔稳定度,该稳定度与原稳定度的比值为残留稳定度。测得试件残留稳定度为78.2%,表明其水稳定性稍低。为提高水稳定性,在混合料拌和时添加1%水泥。由于水泥硬化后不能再击实,故改变试件成型方式,即采用一次双面击实75次成型,在60℃通风烘箱中养生24h,然后按测试残留稳定度的方法进行试验,测得残留稳定度为85%,有效地提高了水稳定性。但添加水泥后乳化沥青破乳速度加快,耐疲劳性能有所降低。

二、微表处混合料设计案例

1.设计任务

某公路建设在海拔115～182m的平原微丘地区,区域内冬季寒冷,水分凝聚快,春季温升缓慢,水分下渗缓慢,极易引发公路冻胀、翻浆、网裂和沉陷病害。2016年雨季开始前,该公路即出现少量坑槽,故挖补全线病害路段坑槽后,全线加铺1cm厚的改性乳化沥青稀浆封层。要求根据当地材料供应条件进行微表处配合比设计。

2.材料

材料应干燥洁净、硬质耐磨,扁平细长颗粒含量不超过10%,砂当量不小于60%,颗粒粒径满足《公路沥青路面养护技术规范》(JTG 5142—2019)要求的集料,其筛分结果和级配情况详见表10-8。改性乳化沥青生产时使用固含量45%、pH值为3.0的SBR胶乳改性剂以及C450型和M76型阳离子复合乳化剂,沥青则选用AH-70重交石油沥青。室内试验所确定的两种阳离子型乳化剂复配比例为7∶3,乳化剂掺量8‰,胶乳改性剂掺量3%,通过内掺法生产出的改性乳化沥青实测技术指标见表10-9。

集料筛分结果及级配情况　　　　　表10-8

筛孔尺寸(mm)	0.075	0.15	0.3	0.6	1.18	2.36	4.75	9.5
使用级配(%)	6	17	24	42	60	73	94	100
标准级配(%)	5～15	10～21	18～30	30～50	45～70	65～90	90～100	100

改性乳化沥青实测技术指标　　　　　表10-9

测试项目	筛上余量(%)	电荷	贮存稳定度(%)		标准黏度(s)	与矿料的黏附性	蒸发残留物含量(%)	蒸发残留物性质			
			1d	5d				针入度(0.1mm)	软化点(℃)	残留延度比(%)	溶解度(%)
实测值	0.12	+	0.8	3.9	15.19	>2/3	64	90	53	>100	99.9
标准值	<0.3	+	<1.0	<5.0	8～20	>2/3	≥60	40～100	—	≥80	≥97.5

3.乳化沥青用量与用水量的确定

(1)乳化沥青用量

根据负荷轮粘砂试验和湿轮磨耗试验共同确定最佳油石比,两个试验分别确定沥青用量的上限和下限,试验结果见表10-10和表10-11。根据负荷轮粘砂试验结果,在油石比小于10%时,单位面积粘砂量不超出450g/m²的规范值;根据湿轮磨耗试验,在油石比大于7.5%时磨耗值不超过800g/m²,均满足规范要求。结合工程实际以及不同油石比下改性乳化沥青稀浆封层抗剪强度试验结果(图10-8),将最佳油石比确定为9.5%,乳化沥青用量控制为13%～14%。

负荷轮粘砂试验结果
表 10-10

改性乳化沥青重量（g）	集料重量（g）	水重量（g）	填料重量（g）	试件重量（g）	吸砂后重量（g）	单位面积粘砂量（g/m²）	单位面积粘砂量规范值（g/m²）
75	500	55	2.5	396.7	400.4	360	<450
83	500	55	2.5	428.2	430.3	451	
92	500	55	2.5	433.1	436.5	537	

湿轮磨耗试验结果
表 10-11

改性乳化沥青重量（g）	集料重量（g）	水重量(g)	填料重量（g）	磨耗前重量（g）	磨耗后重量（g）	磨耗值（g/m²）	磨耗值规范值（g/m²）
93.3	4	88	800	783.42	756.75	534.0	<800
100	4	88	800	791.30	769.88	504.1	
106.7	4	88	800	791.56	774.92	382.7	

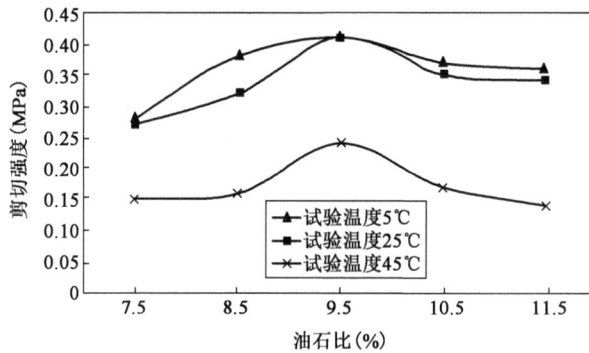

图 10-8　不同油石比下改性乳化沥青稀浆封层抗剪强度

（2）用水量

用水量的确定必须综合考虑道路实际、矿料级配、施工工艺、环境温湿度、风速等因素，水量过大则会造成稀浆离析、流淌，水量过小则会增大拌和难度。根据稠度试验来确定最佳用水量时，采用规定的截锥筒检测稀浆混合料的坍落度。正常情况下，混合料的稠度保持在 20 ~ 30mm 时的加水量最为合适。当用水量控制在混合料总量的 10% ~ 20% 时，混合料的稠度为 20 ~ 30mm。故稀浆封层混合料用水量在 10% ~ 20% 时较为合适，可根据施工情况按需选择实际用水量。

4. 性能检验

根据上述试验结果和稀浆封层混合料的外观状态，进行性能检验，按照表 10-4 的规定对稀浆封层混合料进行全面测试。测试结果如表 10-10 和表 10-11 所示，稀浆封层混合料在所设计配比下的负荷轮粘砂试验和湿轮磨耗试验结果均符合要求。

【思考题】

10-1 乳化沥青碎石混合料、稀浆封层(微表处)混合料对沥青结合料的要求有什么不同?

10-2 试分析乳化沥青碎石混合料、稀浆封层(微表处)混合料的用途以及适用场景。

10-3 稀浆封层混合料性能有哪些测试方法? 与热拌沥青混合料性能测试方法是否相同?

10-4 思考乳化沥青碎石混合料、稀浆封层、微表处主要用途。

10-5 总结乳化沥青同步碎石封层技术要求和乳化沥青碎石混合料组成设计方法。

10-6 总结稀浆封层(微表处)混合料组成设计方法,并与热拌沥青混合料马歇尔设计方法进行比较。

10-7 思考乳化沥青混合料强度形成机理及影响因素。

【小组讨论】

10-1 试讨论乳化沥青混合料的经济性。

10-2 如何提高乳化沥青混合料的耐久性?

10-3 稀浆封层与微表处在哪些方面存在差异? 讨论这两种材料的适用场合。

10-4 讨论纤维稀浆封层、环氧乳化沥青混合料等新型材料的技术性质和组成设计方法。

【拓展阅读】

10-1 虎增福.乳化沥青及稀浆封层技术[M].北京:人民交通出版社,2001.

10-2 冯义虎,陶开金,王春祺.乳化沥青及沥青改性技术应用研究[M].西安:西北工业大学出版社,2020.

10-3 《中国公路学报》编辑部.中国路面工程学术研究综述·2024[J].中国公路学报,2024,37(3):1-81.

10-4 LI F,FENG J Y,LI Y X,et al. Slurry seal and micro-surfacing[M]//LI F,FENG J Y,LI Y X,et al. Preventive maintenance technology for asphalt pavement. Singapore:Springer,2021:87-101.

10-5 NASSAR A I,THOM N,PARRY T. Optimizing the mix design of cold bitumen emulsion mixtures using response surface methodology[J]. Construction and Building Materials,2016,104:216-229.

10-6 BHARGAVA N,SIDDAGANGAIAH A K,RYNTATHIANG T L. State of the art review on design and performance of microsurfacing[J]. Road Materials and Pavement Design,2020,21(8):2091-2125.

PART 4 | 第四篇

特殊沥青混合料

环氧沥青混合料

【内容提要】

本章介绍了环氧沥青混合料技术特性和工程应用案例,讲述了环氧沥青混合料原材料技术要求,介绍了环氧沥青混合料配合比设计方法,并提供了设计实例。

第一节　概　　述

环氧沥青混合料是采用环氧沥青与一定级配的集料配制而成的热固性沥青混凝土材料。环氧沥青混合料材料从根本上改变了沥青的热塑性,与普通沥青混凝土、一般热塑性的聚合物改性沥青混凝土相比,有着截然不同的特性,具体表现为强度高、变形小、刚度大、耐久性好等,常应用于桥面铺装、公路铺装、停车场铺装、机场道面、转运站铺装与隧道铺装等。

自 20 世纪 60 年代起,国外开始研究环氧沥青混合料。环氧沥青混合料最初是为抵御航空燃料和喷气尾流对机场跑道的损害而研发的。当前,环氧沥青施工技术的代表是美国的温拌环氧沥青混合料施工技术和日本的热拌环氧沥青混合料相关技术。美国最早将其应用于桥面铺装,典型工程有圣马特奥—海沃德大桥和圣地亚哥—科罗拉多大桥等,环氧沥青混合料铺装的性能表现总体良好。日本在20世纪70年代对环氧沥青混合料的制备及工程性能进行了大量研究,并开发了TAF环氧沥青。得益于其优秀的性能,TAF环氧沥青在当前依旧大量应用于工程中。

21世纪以来,随着我国公路交通事业的快速发展,一批大跨度桥梁陆续兴建。为了减轻桥面自重,钢桥面得到广泛应用,成为环氧沥青混合料的主要应用场景之一。南京长江第二大桥(现称南京八卦洲长江大桥)是国内首个应用环氧沥青混合料的桥面铺装项目。随后,2011年建成的青岛海湾大桥、2021年建成的南通金沙湾大桥以及2024年建设的深中通道中山大桥等都将环氧沥青混合料用于桥面铺装。2019年,交通运输部发布了《公路钢桥面铺装设计与施工技术规范》(JTG/T 3364-02—2019),对环氧沥青、环氧沥青混合料的材料组成、配合比设计方法、技术要求、施工要求等方面进行了详细规定。表11-1为国内部分环氧沥青混合料实体工程的铺装结构。

国内应用环氧沥青混合料的桥面铺装结构　　　　表11-1

序号	工程名称	建成年份	铺装结构组成
1	南京长江第二大桥	2001	25mm EA-10 + 25mm EA-10
2	武汉天兴洲长江大桥	2009	30mm EA-10 + 30mm EA-10
3	盘锦大桥	2010	30mm EA-10 + 30mm EA-10
4	重庆鱼嘴长江大桥	2011	25mm EA-10 + 30mm EA-10
5	泰州大桥	2012	35mm GA-10 + 25mm EA-10
6	宁波大榭第二大桥	2013	25mm EA-10 + 30mm EA-10
7	宜兴范蠡大桥	2016	40mm EA-10 + 40mm SMA-13
8	荆岳长江大桥	2020	30mm EA-10 + 30mm EA-10

注:EA表示环氧沥青混合料,GA表示浇注式沥青混凝土,SMA表示沥青玛蹄脂。

第二节　材　　料

一、集料

环氧沥青混合料与普通沥青混合料所用石料技术指标要求的区别主要表现在:第一,为抵抗桥面大交通量的车轮磨耗作用,通常采用抗磨光能力强的集料,以洛杉矶磨耗值为主要标准,先满足该值要求,再进行其他试验;第二,试验和工程实践均表明,含有大量硅质矿料的集料与环氧树脂的黏结力较弱,考虑到与沥青的黏附作用,应避免使用纯硅酸盐集料。

根据《公路钢桥面铺装设计与施工技术规范》(JTG/T 3364-02—2019),环氧沥青混合料所用粗集料应符合《公路沥青路面施工技术规范》(JTG F40—2004)的有关规定,还要满足表11-2的要求。环氧沥青混合料所用细集料应符合《公路沥青路面施工技术规范》(JTG F40—2004)的相关规定,其性能还需满足表11-3中的要求。

环氧沥青混合料用粗集料技术要求　　表 11-2

试验项目	技术要求	试验方法[①]
压碎值(%)	≤22	T 0316
洛杉矶磨耗(%)	≤26	T 0317
磨光值 PSV[②]	≥42	T 0321
针片状颗粒含量(%)	≤5	T 0312
与沥青的黏附性(级)	5	T 0616
软石含量(%)	≤2.5	T 0320

注：①试验方法按照《公路工程集料试验规程》(JTG 3432—2024) 规定的方法执行。
②磨光值试验仅针对磨耗层用集料。

环氧沥青混合料用细集料技术要求　　表 11-3

试验项目	技术要求	试验方法
吸水率(%)	≤1.5	T 0330
表观密度(g/cm³)	≥2.50	T 0308
坚固性(%)	≤5	T 0340
砂当量(%)	≥65	T 0334

根据国内外发布的环氧沥青混合料相关规范,对环氧沥青混合料适用级配进行修正及汇总,结果见表 11-4。对比发现:①国内外温拌型、热拌型 EA 级配基本一致,与普通沥青混凝土 AC 相比,EA 中粗集料约占 30%,细集料约占 60%,矿粉约占 10%,总体偏细。②温拌型 EA。美国采用 EA-10,而我国河北标准则分为 EA-10 和 EA-13。与美国 EA-10 相比,我国 EA-10 级配则更偏细一些,主要是为了能够更好地延长铺装层疲劳寿命。③热拌型 EA。日本和我国江苏均采用 EA-10,其中,日本 EA-10 的级配范围基本落在了我国 EA-10 范围之内,但相比于我国,日本对于 0.3mm 和 0.15mm 筛孔控制更严格,我国则对此无具体要求;我国对 0.075mm 筛孔作了详细规定,严格控制矿粉含量,而日本则对该筛孔未做具体限制。④冷拌型 EA。国内将 EA-05 用于冷拌环氧沥青混合料并制定了对应的级配规范,而国外关于冷拌环氧沥青混合料的规范较少。

国内外环氧沥青混合料适用级配　　表 11-4

筛孔尺寸(mm)	温拌			热拌			冷拌
	美国	中国河北[①]		日本	中国江苏[②]	JTG[③]	JTG[③]
	EA-10	EA-10	EA-13	EA-10	EA-10	EA-10	EA-05
16	—	—	100	—	—	—	—
13.2	—	100	96~100	100	100	100	100
9.5	100	95~100	84~90	99.2	95~100	95~100	100
6.35	72~94	—	—	—	—	—	—
4.75	60~80	65~85	62~70	73.9	65~85	65~85	90~100
2.36	36~54	50~70	43~53	59.2	50~70	50~70	45~65
1.18	14~31	39~55	28~38	45.9	—	39~55	25~45
0.6	—	28~40	18~28	35.8	26~40	28~40	20~40

续上表

筛孔尺寸 （mm）	温拌			热拌			冷拌
	美国	中国河北①		日本	中国江苏②	JTG③	JTG③
	EA-10	EA-10	EA-13	EA-10	EA-10	EA-10	EA-05
0.3	10 ~ 25	21 ~ 32	12 ~ 21	21.9	—	21 ~ 32	12 ~ 28
0.15	9 ~ 17	14 ~ 23	8 ~ 15	14	—	14 ~ 23	7 ~ 18
0.075	8 ~ 14	7 ~ 14	6 ~ 12	—	7 ~ 14	7 ~ 14	5 ~ 10

注：①中国河北指的是《公路桥面环氧沥青混凝土铺装施工技术规程》（DB 13/T 1789—2013）。
　　②中国江苏指的是《大跨径桥梁钢桥面环氧沥青混凝土铺装养护技术规程》（DB 32/T 3292—2017）。
　　③JTG 指的是《公路钢桥面铺装设计与施工技术规范》（JTG/T 3364-02—2019）。

二、填料

环氧沥青混合料对矿粉的要求与常规沥青混合料接近。有研究表明，较细的矿粉能增加环氧沥青胶浆的抗拉强度，改善高温稳定性能。采用较细的矿粉作为填料的环氧沥青混合料，其抗压强度、抗拉强度、抗弯强度及疲劳性能均优于采用较粗矿粉的环氧沥青混合料。

三、沥青结合料

环氧沥青混合料的沥青结合料要求和制备工艺见第二章第三节。

第三节　环氧沥青混合料设计要求

一、配合比设计流程

环氧沥青混合料的配合比设计采用动稳定度、劈裂强度比和低温弯曲应变作为控制指标，《公路钢桥面铺装设计与施工技术规范》（JTG/T 3364-02—2019）提供的配合比设计流程如图11-1 所示。

根据《公路钢桥面铺装设计与施工技术规范》（JTG/T 3364-02—2019），将配合比设计流程分为五个部分：材料要求、矿料级配设计、沥青设计用量确定、混合料性能检验和配合比设计报告。

二、材料要求

环氧沥青混合料所用集料应满足规范要求，对应集料的规范要求见本章第二节。

三、矿料级配设计

对于级配设计，按照《公路钢桥面铺装设计与施工技术规范》（JTG/T 3364-02—2019），要在级配范围内设计 3 组不同的配合比，分别位于级配范围内的上方、中部及下方。对于合成的级配曲线，要求不能有太多的锯齿形交错，且 0.3 ~ 0.6mm 范围内不出现"驼峰"。当反复调整仍不能达到要求时,应对原材料进行调整或更换原材料重新进行设计。最后根据经验选择适宜的油石比,分别制作马歇尔试件,测定空隙率,并初选一组满足或接近设计要求的级配作为设计级配。

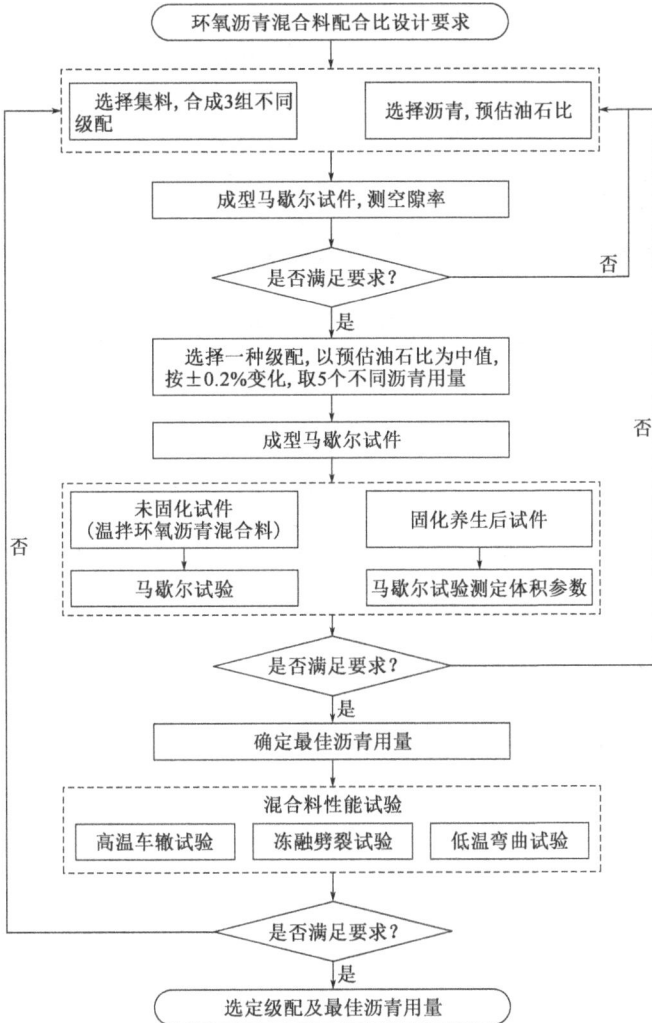

图 11-1 环氧沥青混合料配合比设计流程

四、沥青设计用量确定

对于沥青设计用量确定,《公路钢桥面铺装设计与施工技术规范》(JTG/T 3364-02—2019)以预估的油石比为中值,按 0.2% 间隔变化,取 5 个不同的油石比在规定的温度下拌和环氧沥青混合料,采用双面各击实 50 次的方法成型马歇尔试件,对温拌环氧沥青混合料,将同一油石比下成型的试件分为两组,一组为固化试件,另一组为未固化试件。然后将试件连同试模一起,置于已达到恒温的烘箱中进行固化养生;养生温度以及养生时间需符合《公路钢桥面铺装设计与施工技术规范》(JTG/T 3364-02—2019)的规定,如表 11-5 所示。

环氧沥青混合料技术要求 表 11-5

试验项目		技术要求	试验方法
马歇尔稳定度(60℃)(kN)	固化试件	≥40	T 0709
	未固化试件	≥5.0	
马歇尔流值(60℃)(mm)	固化试件	1.5~5.0	
	未固化试件	1.5~5.0	
动稳定度(70℃)(次/mm)		≥6000	T 0719
空隙率(%)		1~3	T 0705
冻融劈裂强度比(%)		≥80	T 0729
低温弯曲应变(-10℃,50mm/min)		≥3×10^{-3}	T 0715

注:1. 仅温拌环氧沥青混合料需进行未固化试件的马歇尔试验,未固化试件的试验方式为马歇尔试件成型后,室温下放置24h,再保温进行试验。
　　2. 除未固化试件的马歇尔稳定度和流值外,其他试验项目均在养生完成后进行。
　　3. 环氧沥青混合料养生温度及时间为:热拌环氧沥青混合料养生温度为60℃±1℃,养生时间为4d;温拌环氧沥青混合料养生温度为120℃±1℃,养生时间为4h;冷拌环氧沥青混合料养生温度为60℃±1℃,养生时间为16h。所有环氧沥青混合料养生完毕后在室温下放置1d方可保温进行试验。

在固化养生后,测定环氧沥青混合料马歇尔试件的体积参数。进行马歇尔试验,测定马歇尔稳定度和流值。温拌环氧沥青混合料需同时测定固化试件和未固化试件,对试件进行飞散和析漏试验,分别得出飞散和析漏损失与5个油石比的曲线关系,将曲线上满足规范要求的油石比分别作为最小油石比和最大油石比的限值,在考虑马歇尔稳定度的同时,取两个限值中间的某个适当油石比或者取平均值作为最佳油石比。最后,对照表11-5,确定满足环氧沥青混合料技术要求的油石比范围,确定混合料的最佳油石比。

五、混合料性能检验

完成级配以及最佳油石比的确定后,利用确定的矿料级配和最佳油石比制作试件,进行高温轮辙试验、冻融劈裂试验、低温弯曲试验,当试验结果不符合要求时,应重新对矿料级配或油石比进行设计。

美国以及日本等其他国家对于环氧沥青混合料的指标要求不完全相同。对此,本节对不同国家和地区有关环氧沥青混合料的规范进行总结。美国、日本和我国对环氧沥青混合料性能控制及评价指标要求存在一定差异,具体技术指标及要求见表11-6。对比可得:①对于温拌型EA的相关性能,美国主要采用低温极限弯拉应变、空隙率和残留稳定度进行评价;我国除此之外,还对动稳定度、TSR等技术指标在不同试验条件下的要求范围进行了更详细的规定。②对于热拌型EA的相关性能,日本主要依据动稳定度、空隙率和残留稳定度进行评价。与日本相比,我国对于此三项技术指标的要求均更严格,同时,我国还辅以低温极限弯拉应变进行相关性能控制。

国内外环氧沥青混合料性能评价指标及要求 表 11-6

评价指标	温拌				热拌	
	美国	JTG[①]	中国河北[②]	GB[③]	日本	中国江苏[④]
弯拉应变(-10℃,50mm/min)(με)	≥3000	≥3000	≥2500	≥2000	—	≥3000
动稳定度(60℃,0.7MPa)(次/mm)	—	—	≥12000	≥8000	≥1500	—

续上表

评价指标	温拌				热拌	
	美国	JTG[①]	中国河北[②]	GB[③]	日本	中国江苏[④]
动稳定度(70℃,0.7MPa)(次/mm)	—	≥6000	—	≥5000	—	≥6000
空隙率(%)	0～3	1～3	2～3	0～3	3～5	0～3
TSR(%)	—	≥80	≥85	≥70	—	≥80
残留稳定度(%)	≥85	—	≥90	≥90	≥80	≥85

注:①JTG 指的是《公路钢桥面铺装设计与施工技术规范》(JTG/T 3364-02—2019)。
　　②中国河北指的是《公路桥面环氧沥青混凝土铺装施工技术规程》(DB 13/T 1789—2013)。
　　③GB 指的是《道路与桥梁铺装用环氧沥青材料通用技术条件》(GB/T 30598—2014)。
　　④中国江苏指的是《大跨径桥梁钢桥面环氧沥青混凝土铺装养护技术规程》(DB 32/T 3292—2017)。

六、施工拌和

根据《公路钢桥面铺装设计与施工技术规范》(JTG/T 3364-02—2019),对于环氧沥青混合料的施工拌和,分为热拌、温拌和冷拌三种进行讨论。

首先,对于热拌和温拌环氧沥青混合料,拌和应符合下列规定:

①热拌环氧沥青混合料拌和前应将环氧树脂主剂和固化剂分别加热至 50～60℃,沥青应加热至 150～165℃。温拌环氧沥青混合料拌和前环氧树脂主剂加热至 82～92℃,固化剂和沥青的混合物加热至 125～135℃。

②热拌和温拌环氧沥青混合料的拌和时间以及出料温度,应符合表 11-7 的规定。

热拌和温拌环氧沥青混合料拌和条件 表 11-7

混合料类型	干拌时间(s)	湿拌时间(s)	出料温度(℃)
热拌环氧沥青混合料	5～20	35～50	170～185
温拌环氧沥青混合料	3～10		110～140

③热拌和温拌环氧沥青混合料的出料温度超出容许温度范围时,应予以废弃。

其次,对于冷拌环氧沥青混合料,拌和应符合下列规定:

①集料的含水率不应大于 1%。

②拌和机宜设置在施工现场附近。

③冷拌环氧沥青结合料各组分应按比例混合,并用动力搅拌机搅拌均匀,搅拌时间不应少于 120s。集料和矿粉宜先在拌缸内干拌 5～10s,再加入结合料拌和,湿拌时间不宜少于 70s。

第四节　环氧沥青混合料性能特点及增强方法

环氧沥青混合料在力学及路用性能方面具备诸多优势。在高温重载的恶劣服役条件下,凸显了环氧沥青混合料独特的应用价值。了解环氧沥青混合料的性能特点对其工程应用及科学研究有重要的参考意义。本节围绕环氧沥青混合料的性能特点及性能增强方法展开介绍。

一、性能特点

1. 力学性能

环氧沥青混合料的强度高、变形小、刚度大。具体而言,热拌环氧沥青混合料强度比普通沥青混合料高出 4 倍左右,模量高出 2 倍左右。混合料的高强度和大刚度源于环氧树脂与混合料混溶后的共同固化,固化后会形成一种不可逆的两相三维热固性复合物。这种热固性复合物的强度和刚度远大于普通的沥青混合料。

2. 路用性能

环氧沥青混合料具有优异的高温稳定性和抗变形能力。相关研究表明,环氧沥青混合料的动稳定度分别是未改性沥青混合料的 6.3～9.5 倍和高聚物改性混合料的 2.5～3.8 倍。随着环氧树脂含量的增加,环氧沥青混合料的动稳定度表现出上升趋势。此外,环氧沥青混合料还具有较高的交联密度、较高的聚合物含量和较低的含油量,因而具有较高的马歇尔稳定性,其马歇尔稳定度超过 45kN,相较于常规沥青混合料的马歇尔稳定度提高了 5 倍左右。

环氧沥青混合料具备优异的低温抗弯拉性能,体现为较高的弯拉强度与较大的弯拉应变。这是因为在低温下,环氧树脂对处于脆性状态的沥青胶结料不产生负面影响,使得混合料的变形能力得以保留,使其保有优秀的抗弯拉性能。环氧沥青混合料断裂行为可分为脆性断裂(5℃以下)和黏弹塑性断裂(5℃以上)。研究发现,重交通荷载和极端环境条件是大跨径桥面环氧沥青混合料面层开裂的主要原因。研究还发现,环氧沥青混合料具有比传统沥青混合料更高的间接拉伸强度值,甚至高于 C50 水泥混凝土。

环氧沥青混合料的水稳定性优异。环氧沥青与水之间的接触角大于 90°,表明其具有疏水性;且接触角随着环氧树脂含量和固化时间的增加而增大。此外,研究还发现表面能随着环氧树脂含量的增加而增加。环氧沥青混合料的冻融劈裂强度比显著高于常规的沥青混合料,这种优势一方面来自环氧沥青与集料之间的强黏附力,另一方面来自环氧沥青的疏水性。

与常规的沥青混合料相比,环氧沥青混合料具有优异的抗疲劳特性,特别是在环氧树脂含量较高的情况下。这种特性源自环氧沥青混合料的脆性破坏性质,即在某个循环前没有观察到裂纹,而在该加载循环中完全断裂。环氧沥青混合料在较高温度或较低负载水平下表现出较高的抗疲劳开裂性。疲劳试验表明,环氧沥青混合料的疲劳寿命约为普通沥青混凝土的 16 倍。当采用应力控制劈裂疲劳试验评价疲劳性能时,在 0.8MPa 的应力水平下,普通沥青混合料的疲劳寿命为 8×10^3 次,而环氧沥青混合料的寿命则为 6×10^5 次,为前者的 75 倍之多。此外,不同试验表明,通过添加玻璃纤维或矿物纤维可以大大增强环氧沥青混合料的抗疲劳性能。

二、性能增强方法

尽管环氧树脂具有许多优点,但需要调整其性能以适应其在沥青路面工程中的应用。环氧沥青混合料施工过程中遇到的主要问题包括施工时间短、施工温度高、和易性低,这些问题最终会影响环氧沥青路面性能,对此,国内提出了许多针对环氧沥青混合料的性能提升方法,以下对部分性能提升方法进行介绍。

1. 控制施工温度和时间

在环氧沥青的施工中采用温拌技术和冷拌技术可以降低施工温度。部分研究使用泡沫环氧沥青来解决这些困难,因为它可以降低混合温度并改善混合物的和易性,并且由于环氧沥青发泡成薄膜,泡沫环氧沥青还可以增加沥青和集料之间的黏附力。

为了缩短环氧沥青混合料在路面压实后的养护时间,部分研究引入了具有长链和极性醚基团的聚醚胺作为固化剂,它可以优化固化条件至160℃下养生1h和60℃下养生3d。除此之外,为了加快环氧沥青的固化过程,相关的固化促进剂也可以被封装在大孔环氧树脂中,使其封装效率超过50%,有利于增强环氧沥青作为长期使用的沥青路面材料的性能。

2.添加聚合物

极性环氧树脂和非极性沥青会导致环氧沥青体系的相容性较差。在环氧沥青中添加聚合物(弹性体和塑性体)可以改善相容性。例如添加乙烯-醋酸乙烯酯共聚物(EVA)可以增强环氧树脂和沥青之间的相容性,而且可提高环氧沥青混合料的相关路用性能。对不同的材料以及改性剂的添加需要根据施工要求的实际情况进行。

3.优化级配

对于环氧沥青混合料,具有4.75mm的公称最大粒径的环氧沥青混合料具有更高的抗飞散性能,而具有9.5mm的公称最大粒径的环氧沥青混合料在高滑移速度下具有更高的表面摩擦性能。因此,可根据需要选择合适级配的环氧沥青混合料。

4.添加纤维等材料

环氧沥青面临的挑战之一是低温下的抗变形能力,以及其高刚度导致的低温开裂。玻璃纤维和矿物纤维具有显著的增强和增韧作用,添加到环氧沥青混合料中可改善其低温抗裂性。

第五节 环氧沥青混合料设计案例

一、材料选择

1.环氧沥青

本案例所用温拌环氧沥青由双组分A和B组成,其中A组分为环氧树脂,B组分为固化剂、石油沥青及其他外掺剂的混合物。A组分、B组分及两者反应形成(质量比为1:5)的温拌环氧沥青技术指标列于表11-8~表11-10。

A组分技术指标　　　　　　　　　　　　　　　表11-8

试验项目	试验结果	试验项目	试验结果
外观	淡黄色黏稠液体	含水率(%)	0.05
23℃黏度(mPa·s)	457	23℃相对密度	1.14

B组分技术指标　　　　　　　　　　　　　　　表11-9

试验项目	试验结果	试验项目	试验结果
外观	棕黑色黏稠液体	闪点(℃)	238
100℃黏度(mPa·s)	1917	23℃相对密度	0.989

温拌环氧沥青技术指标 表 11-10

试验项目	试验结果
23℃抗拉强度（MPa）	2.2
23℃断裂延伸率（%）	223
300℃热固性	不融化

2. 集料

本案例所使用的粗、细集料均为石灰岩,矿粉选用磨细石灰岩矿粉,各档集料毛体积相对密度如表 11-11 所示。

矿料毛体积相对密度 表 11-11

矿料粒径或矿料	毛体积相对密度	矿料粒径或矿料	毛体积相对密度
10～15mm	2.615	0～5mm	2.712
5～10mm	2.677	矿粉	2.855

二、配合比设计

1. 级配设计

温拌环氧沥青混合料级配选用悬浮密级配,根据各档集料筛分结果,本案例设计温拌环氧沥青混合料 EA-13 级配如表 11-12 所示。

EA-13 设计级配 表 11-12

孔径（mm）	通过率（%）				
	10～15mm 石灰岩	5～10mm 石灰岩	0～5mm 石灰岩	矿粉	合成级配
16	100	100	100	100	100
13.2	92.5	100	100	100	98.5
9.5	12.9	91.8	100	100	80.3
4.75	0.42	7.5	96.5	100	52.5
2.36	0.42	0.7	63.2	100	34.2
1.18	0.42	0.7	39.3	100	22.5
0.6	0.42	0.7	24.4	94.9	15.1
0.3	0.42	0.7	17.5	87.7	11.5
0.15	0.42	0.7	12.8	77.2	8.9
0.075	0.42	0.7	9.5	65.3	6.9
比例（%）	20	28	49	3	100

2. 马歇尔试件制备工艺

温拌环氧沥青属于热固型沥青,其黏度随着 A 组分与 B 组分固化反应的进行而持续增大。因此,其混合料的制备工艺与传统沥青混合料并不完全一致。温拌环氧沥青混合料的制备工艺如下:

①预热温拌环氧沥青:A 组分加热至 100℃,B 组分加热至 120℃,粗、细集料加热至

130℃,拌和设备加热至120℃。

②拌和方面:首先,将粗、细集料倒入拌和锅搅拌30s;然后,将温拌环氧沥青A组分与B组分按1∶5的质量比混合搅拌1min,放入拌和锅搅拌90s;最后,加入称好的矿粉搅拌90s。

③发育方面:将拌和好的环氧沥青混合料放入120℃烘箱中恒温发育30min。

④成型方面:按沥青混合料不同性能试验方法碾压成型试件,放入120℃烘箱养生12h,冷却至室温后进行试验研究。

3. 最佳油石比

分别以5.0%、5.5%、6.0%油石比成型马歇尔试件,测得不同油石比条件下温拌环氧沥青混合料的相关技术指标,如表11-13所示。对试件进行飞散和析漏试验,分别得出飞散和析漏损失与3个油石比的曲线关系,并选取最佳油石比。经计算得到EA-13的最佳油石比为5.5%。温拌环氧沥青混合料最佳油石比要高于同级配类型改性沥青混合料,这主要是由于温拌环氧沥青密度较高,沥青混合料马歇尔设计方法以体积参数为控制指标,在相同体积参数要求下则需要更多质量的沥青填充于集料缝隙。

最佳油石比 表11-13

试验项目		毛体积密度（g/cm³）	空隙率（%）	稳定度（kN）	矿料间隙率（%）	饱和度（%）
油石比（%）	5.0	2.404	4.01	32.8	14.88	73.0
	5.5	2.393	3.66	27.7	15.74	76.8
	6.0	2.401	2.82	26.5	15.92	82.3

三、路用性能检验

按照《公路钢桥面铺装设计与施工技术规范》(JTG/T 3364-02—2019),以最佳油石比为基础成型温拌环氧沥青混合料试件,分别采用轮辙试验、低温弯曲试验及冻融劈裂试验评价温拌环氧沥青混合料高温稳定性、低温抗裂性及水稳定性,以检验配合比设计。

【思考题】

11-1 环氧沥青混合料与普通沥青混合料相比,在配合比设计层面有哪些不同?

11-2 总结环氧沥青混合料的技术特性,思考环氧沥青混合料具有强度高、韧性好、耐油蚀等优点的原因。

11-3 总结环氧沥青混合料的适用场合。

11-4 思考环氧沥青混合料是否可以再生利用。

11-5 分析环氧沥青混合料采用的级配特点,并与普通热拌沥青混合料级配进行比较。

11-6 比较环氧沥青混合料、聚氨酯沥青混合料的技术特性。

11-7 环氧沥青混合料的最佳油石比相比于同级配类型改性沥青混合料有什么变化? 原因是什么?

【小组讨论】

11-1 环氧沥青混合料在力学性能和路用性能上有哪些优势？形成这些优势的原因是什么？

11-2 讨论钢桥面环氧沥青铺装工程案例、结构组合和施工技术。

11-3 讨论不停航施工条件下机场环氧沥青道面设计与施工。

11-4 根据环氧沥青混合料的强度形成机理,讨论在施工和养护环节需要注意哪些问题,以及如何加以控制。

【拓展阅读】

11-1 钱振东,黄卫.环氧沥青与沥青混合料[M].北京:科学出版社,2019.

11-2 中国民用航空局.机场环氧沥青道面设计与施工技术规范:MH/T 5041—2019[S].北京:中国民航出版社,2019.

11-3 晏永,郭大进,封基良,等.钢桥铺装用环氧沥青的研究现状及展望[J].公路交通科技,2016,33(9):69-77.

11-4 张林艳,赵映琴,封基良,等.环氧沥青混合料施工质量控制研究进展[J].科学技术与工程,2022,22(20):8577-8587.

11-5 姚凯文,张燕,李昊昌,等.冷拌环氧沥青及其混合料性能研究进展[J].化工新型材料,2024,52(S1):51-57.

11-6 况栋梁,赵喆,吴永畅,等.环氧树脂在道路工程中的应用研究进展[J].长安大学学报(自然科学版),2024,44(3):1-19.

11-7 JAMSHIDI A,WHITE G,KURUMISAWA K. Rheological characteristics of epoxy asphalt binders and engineering properties of epoxy asphalt mixtures—state-of-the-art[J]. Road Materials and Pavement Design,2022,23(9):1957-1980.

第十二章
浇注式沥青混合料

【内容提要】

本章介绍了浇注式沥青混合料发展历程和性能特点,讲述了浇注式沥青混合料原材料技术要求和性能测试方法,介绍了浇注式沥青混合料设计方法,并提供了设计实例。

第一节 概　　述

浇注式沥青混合料是一种具备良好流动性,在施工时不借助碾压,依靠自重流动成型的混合料。该种混合料区别于其他混合料的特点为:沥青含量高(7% ~10%)、矿粉含量高(20% ~30%)、粗集料含量低(20% ~25%)、施工温度高(220 ~240℃)、密水性好(空隙率 <1%)。得益于较强的变形协调能力、对钢板的随从性和密闭性,浇注式沥青混合料在大中型桥梁,特别是钢桥桥面铺装中得到了广泛应用。本节围绕浇注式沥青混合料的发展历程、工程应用及研究进展等内容展开介绍。

一、发展现状

浇注式沥青混合料的应用可以追溯至 19 世纪。第一条浇注式沥青混合料道路于 1835 年在法国巴黎铺筑。20世纪初,这种铺装已普遍应用于欧洲的市区道路与乡村道路。早期的浇注式沥青混合料抗高温变形的能力较差,且易形成光滑表面,不适用于重载道路。20世纪20年代,以特立尼达湖沥青(TLA)为代表的高性能沥青结合料开始应用于浇注式沥青混合料,显著改善了其耐久性与承载能力。随着上述性能的改善,英、法、德等国开始将浇注式沥青混合料应用于桥梁铺装,代表性桥梁有英国的亨伯尔桥、法国的诺曼底大桥、瑞典的霍加·库斯藤大桥、丹麦的大贝尔特东桥等。在20世纪中叶,该种混合料及施工技术在日本得到了长足发展与广泛应用。日本于1956年从德国引进相应技术后,以多田宏行为代表的铺装专家根据日本的特点,对德国的浇注式沥青混合料的材料组成及相应的技术标准作了较大的调整,逐步形成了符合日本国情的一整套技术,并且在1961年沥青铺装纲要中公布了相关的技术规范。目前,日本超过70%的公路桥梁都使用浇注式沥青混合料作为铺装材料,其中的代表性桥梁有明石海峡大桥、多多罗大桥等。

我国于20世纪90年代开始引进浇注式沥青混合料技术,并在江阴长江公路大桥和香港的青马大桥,以及台湾的新东大桥和高屏溪大桥上应用。其中江阴长江公路大桥和青马大桥的桥面铺装由英国技术人员设计,其在投入使用后不久就产生了不同程度的损坏。新东大桥和高屏溪大桥的铺装是在日本工程师的主持下完成的,其铺装层结构均为浇注式沥青混合料与改性沥青混合料的结合。由于这两座大桥的交通量较低,其铺装层的使用状况较好。2005年,我国首座外海超长大桥——东海大桥桥面铺装下层采用了浇注式沥青混合料。在投入运行十余年后,该桥的铺装层使用状况良好。2013年,马鞍山长江大桥桥面铺装也采用了浇注式沥青混合料,项目团队基于疲劳试验优选沥青胶结料,优化级配与施工温度,取得了良好的应用效果。2018年投入使用的跨海大桥——港珠澳大桥在钢箱梁桥面铺装的下面层使用了浇注式沥青混合料,项目团队在材料研发过程中引入了产学研结合模式,使得浇注式沥青桥面铺装技术迈上新台阶。

二、性能特点

浇注式沥青混合料的性能特点由其材料组成和施工工艺决定。在施工过程中,浇注式沥青混合料需要依靠自重流动成型,因此应当在施工温度下具备较好的流动性。在服役过程中,较高的沥青含量容易成为轮辙病害的诱因,因此需要着重关注其高温稳定性。大量沥青几乎填充了混合料的所有空隙,因此浇注式沥青混合料具备较好的密水性。较高的沥青含量降低了混合料整体的刚度,提升其在中、低温条件下的变形能力,使其具备了对钢结构变形的随从性。了解上述特点有助于在工程实践中合理地应用浇注式沥青混合料,本节将就这些特点展开介绍。

浇注式沥青混合料的高温稳定性与其在施工过程中的高流动性是一对需要兼顾的矛盾体。该种混合料含有较多的细集料,细集料的比表面积较大,具备较强的沥青吸收能力。因此,需要在混合料中添加较多的沥青以保证其在施工条件下的流动性。然而,较高的沥青含量使得浇注式沥青混合料的高温稳定性先天不足。沥青混合料的沥青结合料包括结构沥青和自由沥青两部分,较高的沥青含量带来较多的自由沥青,导致沥青膜过厚,降低了混合料的黏结力,使混合料易于在高温下产生剪切变形,进而产生轮辙。对高温稳定性的补强主要从以下四点入手。第一,选择黏度较高、抗轮辙能力强的沥青胶结料作为浇注式沥青混合料的结合料。第二,选择优质的集料及合理的级配类型以增大集料整体的内摩擦角。第三,在级配设计阶段尽可能保证矿料的间隙被沥青充分填充,降低混合料的空隙率,限制混合料被压密的程度。第四,在设计铺装结构时避免浇注式沥青混合料与车辆荷载直接接触,尽量将其置于下面层,以减小浇注式沥青混合料承受的应力。

浇注式沥青混合料的优良密水性来源于较大的沥青含量与极低的空隙率。在混合料内部,沥青膜的厚度较大,充分填充了集料颗粒之间的空隙,消除了连通孔隙。在不产生水损坏的情况下,混合料上部的水分无法渗透到下部。这一特性对于确保钢桥面铺装的耐久性至关重要。钢桥面本身以及路面结构与钢桥面的黏结层容易受到水分的侵蚀。浇注式沥青混合料作为桥面铺装的下面层,起到了保护钢桥面和黏结层的作用。

浇注式沥青混合料对钢桥面变形的随从性是指该种混合料在钢桥面发生变形时产生同步变形的能力。桥面铺装作为桥梁结构的一部分,其刚度应与钢桥面的刚度相匹配,以保证在各类荷载作用下,路面结构能够与钢桥面协同工作,共同承担荷载,并产生程度相近的变形。由于沥青含量较高,浇注式沥青混合料的变形能力较强,可以跟随桥面产生变形。如果钢桥面与铺装的变形幅度有较大差异,则会在两者的结合面以及铺面结构内部产生较大的内应力(以界面应力为主),进而损伤铺装结构。钢桥面产生变形的原因主要有车辆荷载作用、温度变化、风力作用等。

三、研究进展

道路工程界围绕浇注式沥青混合料的性能特点与工程应用,展开了一系列拓展性研究。这些研究在以下领域取得了进展:沥青胶结料的优化、级配的优化、混合料性能影响因素的研究。下文将就以上内容展开详细介绍,以期为浇注式沥青混合料的后续研究提供参考。

浇注式沥青混合料的沥青含量较高,沥青胶结料的成分与性能既是影响混合料整体性能的关键因素,也是提升混合料性能的主要抓手。常用于浇注式沥青混合料的胶结料有两类。第一类是各种改性沥青,包括高黏沥青、高弹沥青和 SBS 改性沥青等。第二类是由不同来源沥青配制成的混合沥青。

研究者较为关注的胶结料指标是抗轮辙能力、抗老化及抗疲劳性能。强化这些性能是沥青改性与配制的目的。对改性沥青而言,其研究思路与常规沥青混合料类似,即通过物理或化学改性进一步提升胶结料的高温性能、抗老化性能等,在性能提升的基础上通过多种手段揭示改性机理,以便为工程应用提供指导。对于混合沥青而言,沥青类别的选择以及不同沥青的掺配比例是研究的重点。研究者除了研究常规的 TLA-基质沥青组合外,还尝试将硬质直馏沥青与 TLA 混合,以进一步提升钢桥面铺装的耐久性。在混合沥青中,TLA 的合理掺量尚无标准的确定方法,相关研究推荐的掺量范围为 60% ~70% 。

由于浇注式沥青混合料在黏聚力上的先天不足,研究者尝试优化其级配、改变其级配结构,以增大集料整体的内摩擦角。常规的浇注式沥青混合料的级配结构为悬浮密实结构,粗集料颗粒间的嵌挤作用很微弱,内摩擦角较小。因此,可以借鉴 SMA 等混合料的骨架密实结构,调整浇注式沥青混合料的原有级配。在此,介绍两个采用该种研究思路的实例以供参考。在第一个实例中,研究者在设计级配时先不考虑矿粉,首先设计结构良好的粗、细集料配合比,再考虑矿粉的添加量。在设计集料的配合比时,研究者依照逐级填充理论,先采用粗集料构建主骨架结构,再采用次骨架密实结构填充主骨架结构的间隙,进而形成整体的骨架密实结构,并以贝雷法为设计和检验标准,对试验级配进行检验。

级配的选择是配合比设计过程的重要环节,在考察级配结构的同时,也应当考虑沥青用量、矿粉用量等因素,以求通过多因素的综合作用提升混合料的性能。在第二个实例中,研究者采用均匀正交试验设计,优化沥青混合料的级配类型(粗、中、细)、沥青含量和矿粉用量,确定最佳的级配与油石比。

研究影响浇注式沥青混合料性能的关键因素有助于揭示材料成分与性能之间的关系,厘清材料性能的提升机理及衰变机理,进而为工程应用提供理论支撑。混合料性能与胶结料特性、级配、沥青胶浆特性等因素的关联已经得到了充分的研究,其结论可以总结为以下几方面:

第一,当集料级配的内摩擦角较大时,浇注式沥青混合料的高温性能可得到明显提升,但是施工条件下的流动性会有所下降。

第二,向沥青胶结料中掺入 TLA、硬质直馏沥青等优质沥青可以在提升胶结料的抗轮辙能力与抗老化性能的同时,兼顾其低温抗裂性能。这些胶结料性能的提升都有助于进一步提升混合料的耐久性。

第三,沥青混合料的性能与沥青胶浆的特性之间存在显著关联。沥青混合料的动稳定度与沥青胶浆的黏度之间呈正相关关系;沥青胶浆 60℃ 的抗剪强度与混合料的抗剪强度间存在正相关关系;混合料抗弯拉强度随着沥青胶浆黏结性增大而增大;胶浆韧性越强,与之对应的沥青混合料在低温下的最大弯拉应变也越大。灰色关联度分析的结果显示,不同胶浆参数对混合料性能的影响程度从大到小排序为:沥青胶浆的黏度、沥青胶浆的抗剪强度、沥青胶浆的黏聚力、沥青用量与集料的内摩擦角。

第二节 材 料

一、集料与矿粉

浇注式沥青混合料所用的集料与矿粉在技术指标上与常规的热拌沥青混合料基本一致。本节围绕粗集料、细集料、矿粉展开简要介绍。

浇注式沥青混合料所用的粗集料应选择非酸性轧制集料,其技术指标应满足《公路沥青路面施工技术规范》(JTG F40—2004)的有关规定,参见第三章。粗集料宜选用《公路沥青路面施工技术规范》(JTG F40—2004)中的 S14(3~5mm)、S12(5~10mm)、S10(10~15mm)三种规格。除了规范要求的技术指标外,粗集料在 240℃ 保温 60min 后的压碎值应不大于 28%。

细集料在浇注式沥青混合料中占有很大的比例,约为 30%。因此细集料的性能对混合料的影响很大。浇注式沥青混合料中的细集料可以用天然砂,但也必须对所用比例加以限制。天然砂与人工砂、石屑在使用于混合料中时,使用性能有很大的差别。天然砂一般比较坚硬,因此作为细集料使用有较好的耐久性,但与沥青的黏附性较差。而且天然砂的颗粒形状以球形为主,因此对高温稳定性不利。根据《公路钢桥面铺装设计与施工技术规范》(JTG/T 3364-02—2019),细集料应当满足《公路沥青路面施工技术规范》(JTG F40—2004)的技术要求,参见第三章。

矿粉在浇注式沥青混合料中的用量很大,其与沥青形成的玛蹄脂胶浆是浇注式沥青混合料强度的主要来源。因此,矿粉应具有足够的细度,且与沥青的黏附性良好。在生产浇注式沥青混合料时,由于矿粉用量很大,而且混合料的温度要求比较高,所以最好对矿粉进行预先加热。在加热矿粉时应当采取安全措施预防粉尘爆炸事故。矿粉应当满足《公路沥青路面施工技术规范》(JTG F40—2004)与《公路钢桥面铺装设计与施工技术规范》(JTG/T 3364-02—2019)的技术指标要求。此外,不得使用沥青混合料拌和机的回收粉和粉煤灰做填料。

二、级配

浇注式沥青混合料采用密级配,其级配特点为矿粉含量高,细集料含量高,粗集料含量低。由于浇注式沥青混合料的铺装厚度一般为2~4cm,矿料最大粒径一般宜控制为13.2mm。《公路钢桥面铺装设计与施工技术规范》(JTG/T 3364-02—2019)中推荐GA-10和GA-13作为浇注式沥青混合料的级配类型。为了比较浇注式沥青混合料与常规热拌沥青混合料在级配范围上的差别,将GA-10、GA-13、AC-10、AC-13的级配范围总结于表12-1。由表12-1可知,GA级配在2.36mm以下筛孔的通过率远高于AC级配,当筛孔不小于1.18mm时,AC与GA在级配范围内还有重叠;当筛孔小于1.18mm时,两者的级配范围不再重叠。这一差异说明GA级配在结构上为细集料与矿粉留出了更多的空间,粗集料颗粒之间的间距较大,悬浮密实的特征比AC级配更明显。相应地,采用GA级配的混合料含有更高比例的自由沥青与沥青砂浆,有助于其在高温条件下流动成型。

浇注式沥青混合料级配范围 表12-1

级配类型	通过下列筛孔(mm)的质量百分率(%)									
	16	13.2	9.5	4.75	2.36	1.18	0.6	0.3	0.15	0.075
GA-10	100	100	80~100	63~80	48~63	38~52	32~46	27~40	24~36	20~30
AC-10	100	100	90~100	45~75	30~58	20~44	13~32	9~23	6~16	4~8
GA-13	100	95~100	80~95	60~80	45~62	35~55	35~50	28~42	25~32	20~27
AC-13	100	90~100	68~85	38~68	24~50	15~38	10~28	7~20	5~15	4~8

三、沥青结合料

作为一种典型的悬浮密实结构,浇注式沥青混合料的强度主要来源于沥青结合料的黏结力。浇注式沥青混合料中沥青含量高达7%以上,因此沥青结合料对其性能有着决定性作用。在选择沥青时,既要保证结合料具有较高的黏度,以提高浇注式沥青混合料的强度;又要避免使用太硬的沥青,以不影响其流动性和低温抗裂性。在此,引入其他国家对结合料的要求以供参考。

在英国,工程技术人员采用基质沥青与特立尼达湖沥青(TLA)掺配成的硬质沥青作为浇注式沥青混合料的结合料。TLA的掺量较高,一般为50%~70%。TLA在天然状态下形成,因此含有一定数量的矿物质,其化学成分主要有沥青质、树脂、油分以及部分不溶物,其技术指标由英国规范《建筑和土木工程用沥青》(*Bitumens for Building and Civil Engineering*)(BS 3690-3—1990)指定。基质沥青的技术指标要求则由规范《道路工程规范900系列——路面-沥青材料》(*Specification for Road Works Series 900—Road Pavements-Bituminous Materials*)指定。

两种沥青的技术指标要求见表 12-2。

英国浇注式沥青混合料沥青结合料技术指标　　　表 12-2

技术指标	基质沥青（标号 40/60）	基质沥青（标号 70/100）	TLA	测试方法
针入度(25℃)(0.1mm)	40 ~ 60	70 ~ 100	0 ~ 4	BS 2000:49
软化点(℃)	46 ~ 48	43 ~ 51	93 ~ 99	BS 2000:58
加热损失(163℃,5h)(%)	≤0.5	≤0.8	< 2	BS 2000:45
溶解度(三氯乙烯)(%)	>99.0	>99.0	52 ~ 55	BS 2000:47
矿物质(灰分)含量(%)	—	—	35 ~ 39	BS 2000:223

聚合物改性沥青也可以作为浇注式沥青混合料的结合料,如德国经常采用 Pmb45 改性沥青(软化点 55 ~ 63℃,针入度 20 ~ 50dmm)直接作为浇注式沥青混合料的结合料。为进一步提高沥青结合料的黏度,并改善沥青低温柔韧性,可采用聚合物改性沥青与天然湖沥青复合改性沥青。我国于 2005 年竣工的上海东海大桥,其桥面铺装下层的浇注式沥青混合料就采用的是 25% 天然湖沥青与 75% SBS 改性沥青的复合改性沥青。掺入聚合物改性沥青或 TLA 的沥青结合料需在符合技术指标要求后,才能用于浇注式沥青混合料。美国的《特立尼达湖改性沥青标准》(Standard Specification for Trinidad Lake Modified Asphalt)(ASTM D5710/D 5710M-22)和英国的《建筑和土木工程用沥青》(Bitumens for Building and Civil Engineering)(BS 3690-3—1990)规范分别对改性沥青结合料的技术指标进行了规定,分别参见表 12-3 和表 12-4。

ASTM D5710/D 5710M-22 规范 TLA 改性沥青技术指标　　　表 12-3

指标	针入度等级			
	TMA1	TMA2	TMA3	TMA4
针入度(25℃)(0.1mm)	40 ~ 55	60 ~ 75	80 ~ 100	120 ~ 150
延度(25℃)(cm)	≥100	≥100	≥100	≥100
黏度(135℃)(mm²/s)	≥385	≥275	≥215	≥175
溶解度(三氯乙烯)(%)	77 ~ 90	77 ~ 90	77 ~ 90	77 ~ 90
无机质(灰分)(%)	7.5 ~ 19.5			
旋转薄膜加热试验(163℃,75min)				
针入度比(25℃)(%)	> 55	≥52	≥47	≥42
延度(25℃)(cm)	≥50	≥50	≥75	≥100

BS 3690-3—1990 规范 TLA 改性沥青技术指标　　　表 12-4

指标	针入度等级		
	35	50	70
针入度(25℃)(0.1mm)	35 ± 7	50 ± 10	70 ± 10
溶解度(三氯乙烯)(%)	75 ~ 79	75 ~ 79	75 ~ 79
无机质(灰分)(%)	16 ~ 19	16 ~ 19	16 ~ 19
TFOT 后残留物			
质量损失(%)	0.5	0.5	0.5
针入度下降比(25℃)(%)	20	20	20

我国对浇注式沥青混合料所用的改性沥青的分类与国外有所不同。我国的《公路钢桥面铺装设计与施工技术规范》(JTG/T 3364-02—2019)将该种沥青分成三类：Ⅰ为聚合物改性沥青，Ⅱ为聚合物改性沥青与天然沥青的复合改性沥青，Ⅲ为道路石油沥青与天然沥青的复合改性沥青。三种沥青的技术指标要求参见表12-5。

浇注式沥青混合料用改性沥青技术要求 表12-5

试验项目		技术要求			试验方法
		Ⅰ	Ⅱ	Ⅲ	
针入度(25℃,100g,5s)(0.1mm)		20~40	10~40	15~30	T 0604
软化点(环球法)(℃)		≥85	≥95	58~68	T 0606
延度(5cm/min)	25℃(cm)	—	—	≥10	T 0605
	5℃(cm)	≥10	—	—	
	10℃(cm)	—	≥10	—	
闪点(℃)		≥280			T 0611
溶解度(%)		≥99	85~95	80~91	T 0607
密度(15℃)(g/cm³)		≥1.00			T 0603
TFOT(或 RTFOT)后残留物	质量变化(%)	−1~1			T 0610 或 T 0609
	针入度比(25℃)(%)	≥70			T 0604

第三节　浇注式沥青混合料设计要求

浇注式沥青混合料既要具有施工时所需的流动性,又应具备保持结构强度所需的温度稳定性,在配合比设计和性能评价时应综合考虑这两个相互矛盾的方面。一般采用刘埃尔(Lueer)流动性试验测试浇注式沥青混合料黏度,用以评价其施工和易性;采用贯入度试验测试浇注式沥青混合料的贯入度和贯入度增量等指标,用以评价其高温稳定性。另外,日本规范中除刘埃尔流动性试验和贯入度试验外,还采用轮辙试验和小梁低温弯曲试验来评价浇注式沥青混合料的高低温性能。

一、设计流程

《公路钢桥面铺装设计与施工技术规范》(JTG/T 3364-02—2019)对设计浇注式沥青混合料配合比的流程进行了详细规定,如图12-1所示。在此,对其步骤进行详细介绍：

第一步,利用各种矿料的筛分级配计算浇注式沥青混合料的配合比例,合成矿料级配应符合表12-1所示的矿料级配范围要求。在调整矿料比例的过程中,应使包括0.075mm、2.36mm和4.75mm在内的较多筛孔的通过率接近设计级配范围的中值。合成的级配曲线应接近连续,不得有过多的犬牙交错情况,当经过再三调整,仍有两个以上的筛孔超过级配范围时,应对原材料进行调整或更换原材料重新进行设计。在表12-1要求的级配范围内,调整各种矿料比例,设计三种不同粗细的初试级配。

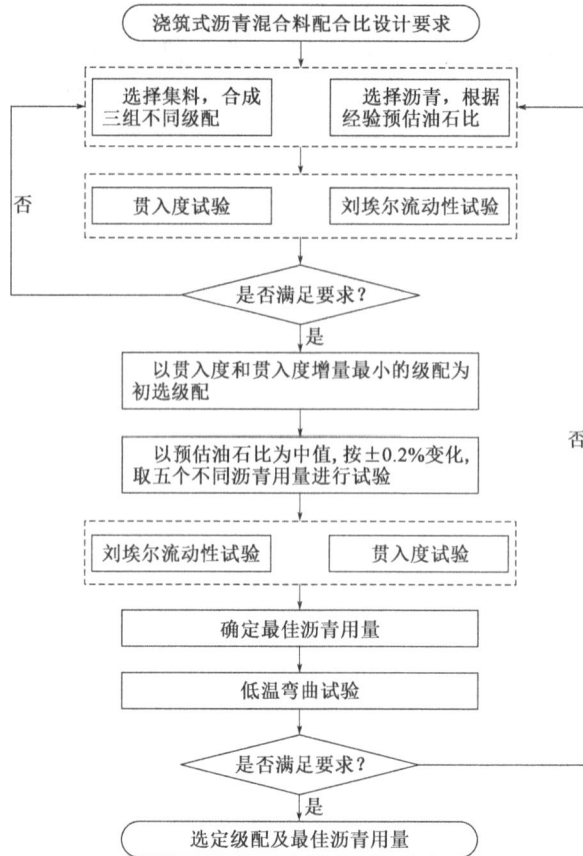

图 12-1 国内的浇注式沥青混合料配合比的设计流程

第二步,确定沥青混合料的初选级配。根据以往工程经验预估油石比,并采用预估油石比拌和,测试刘埃尔流动性、贯入度和贯入度增量,以贯入度和贯入度增量最小的级配为初选级配;当三组级配均不能满足要求时,需重新调整级配。

第三步,确定沥青设计用量。采用初选级配,以预估油石比为中值,按 ±0.2% 变化,取五个不同的沥青用量计算配合比,用小型机械拌和浇注式沥青混合料,按规定的试验方法测定刘埃尔流动性、贯入度及贯入度增量。列出各种油石比下浇注式沥青混合料对应的刘埃尔流动性、贯入度及贯入度增量,对照规范的技术要求,确定满足刘埃尔流动性、贯入度及贯入度增量要求的油石比。

第四步,对配合比进行施工和易性和低温弯曲性能的检验。当流动性与低温弯曲性能不满足要求时,重新进行级配及沥青用量设计,直到获得能满足两者要求的级配与最佳沥青用量,并将其作为目标配合比。

二、浇注式沥青混合料性能测试方法

1.刘埃尔流动性试验

刘埃尔流动性试验是浇注式沥青混合料独有的试验方法,用于测定该种混合料的刘埃尔流动性,进而判定其施工和易性。其流程与水泥混凝土的坍落度试验类似,可用于浇注式沥青混合料的配合比设计及质量控制。《公路钢桥面铺装设计与施工技术规范》(JTG/T 3364-02—2019)对该试验作出了详细规定。

(1)试验设备

用于刘埃尔流动性试验的仪具包括料桶、支架、落锤、温度计和秒表,其中料桶、支架和落锤的尺寸如图 12-2 所示。支架用于固定落锤,落锤用于向混合料施压以使其流动,温度计用于测定混合料的温度,秒表则用于记录落锤的下落时间。

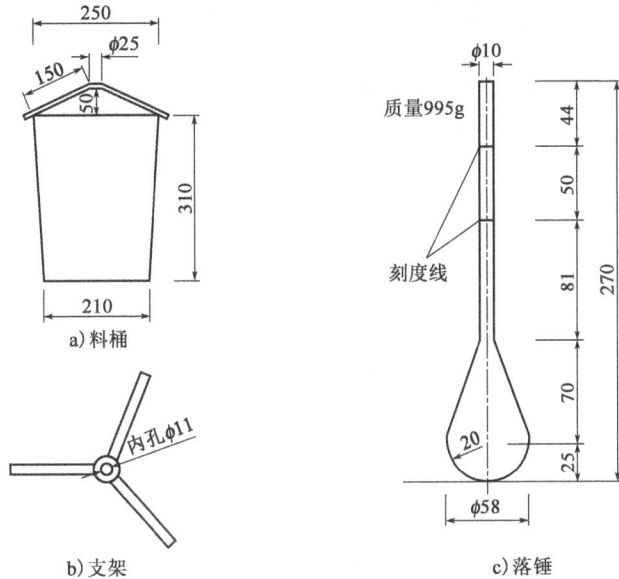

图 12-2 刘埃尔流动性试验设备(尺寸单位:mm)

(2)试验步骤

第一步,将按规定温度(240℃±2℃)烘干后的各类矿料投入搅拌锅并加入沥青搅拌约6min 后,加入加热后的矿粉,再搅拌 40~50min,拌和温度控制为 220~250℃。

第二步,将落锤加热至与待测浇注式沥青混合料温度相差≤5℃。

第三步,将拌和好的试样沿料桶的边沿注入桶内。试样注入后,试样顶面至桶底的距离应控制在 18~26cm 范围内。将支架立于料桶的边沿,预热的落锤通过支架的导孔垂直置于试样表面的正中央。

第四步,放下落锤,记录落锤上两个刻度线通过导孔的时间间隔,即为该混合料的刘埃尔流动性,同时记录试样此时的温度。

第五步,测出 230~240℃范围内的刘埃尔流动性,精确到 0.1s。

2.贯入度试验

浇注式沥青混合料的贯入度试验与沥青结合料的针入度试验类似,用于评价混合料的高温稳定性。这种试验方法起源于德国,我国的《公路钢桥面铺装设计与施工技术规范》(JTG/T 3364-02—2019)对其试验流程做出了详细规定。

(1)试验设备

如图 12-3 所示,贯入度试验设备由加载砝码、贯入杆、百分表和恒温水浴控制器等组成。加载砝码以恒定的荷载将贯入杆压入沥青混合料,百分表用于测量贯入度,恒温水浴控制器可为沥青混合料提供温度恒定的水浴环境。

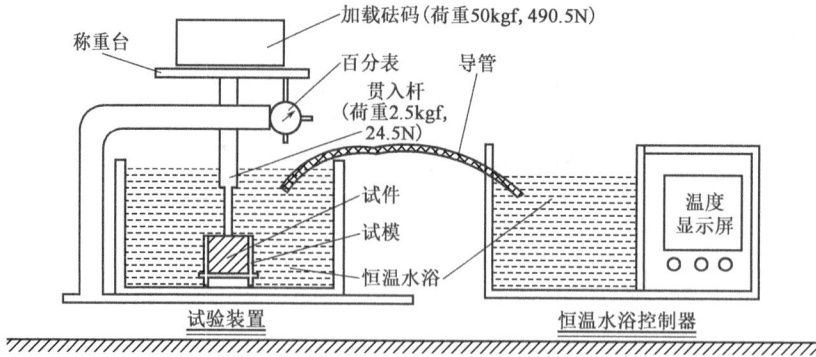

图 12-3　贯入度试验设备

（2）试验步骤

第一步，按照施工时的拌和温度和时间拌和浇注式沥青混合料。

第二步，在摊铺温度下将拌和好的混合料均匀地注入试模，注入后在试模四周人工插捣以保证试件密实，严禁插捣试模中间。在插捣后，如有多余的混合料应将其刮除，使试模内混合料顶部的中间部分稍凸出，并轻轻敲打表面，确保冷却后的表面平整。在整个过程中不得抖动试模。

第三步，在进行测试前，应将试件在常温条件下放置不少于 48h，但是最长的放置时间不得超过一周。

第四步，将试件脱模，翻转试件并将其重新装入试模，以使其侧面成为测试面。

第五步，将试模与试件一起放入预先设定好温度的水浴中保温 60min，试验温度可设置为 50℃、55℃、60℃。

第六步，将贯入杆垂直下伸到试件表面的中央，并使其与试件表面接触。

第七步，放下贯入杆的同时按动秒表开始计时，初加荷载为 24.5N（为贯入杆和称重台的重量），读取 10min 时百分表的读数，精确到 0.01mm。

第八步，固定贯入杆，将该荷载下 10min 时的百分表读数调整为零，在没有冲击力的情况下，将 490.5N 的加载砝码放在称重台上，记录 1min、2min、3min、5min、10min、20min、30min 和 60min 时百分表的读数，精确到 0.01mm。

第九步，取 30min 时的读数作为该试件的贯入度，60min 时的读数与 30min 时的读数之差作为贯入度增量。

3. 低温弯曲试验

低温弯曲试验主要用于评价浇注式沥青混合料在低温时抵抗变形的能力，其评价指标是低温弯曲极限应变。浇注式沥青混合料与常规的热拌沥青混合料的低温弯曲试验流程一致，具体参见《公路工程沥青及沥青混合料试验规程》（JTG E20—2011）。

三、浇注式沥青混合料技术指标要求

高温性能是浇注式沥青混合料的关键技术性能，可通过贯入度、贯入度增量以及轮辙动稳定度来评价。其中，轮辙动稳定度是否适用于浇注式沥青混合料尚存争议。日本国土交通省

编制的《本州四国联络桥桥面铺装基准》规定,浇注式沥青混合料在60℃、0.64MPa轮载作用下的动稳定度应不低于300次/min;德国的相关规范不采用动稳定度评价浇注式沥青混合料的高温稳定性,而采用贯入度评价。其主要原因是,轮辙动稳定度的试验结果与浇注式沥青混合料的轮辙病害相关性较差。我国《公路钢桥面铺装设计与施工技术规范》(JTG/T 3364-02—2019)结合我国的气候条件及浇注式沥青混合料应用情况,认定动稳定度难以用于浇注式沥青混合料高温稳定性的控制。因此,《公路钢桥面铺装设计与施工技术规范》(JTG/T 3364-02—2019)中采用贯入度及贯入度增量作为高温稳定性技术指标。

对于贯入度这一指标,不同国家提出的技术标准有所差异。根据德国标准,40℃下贯入度的规定范围为1.0~3.5mm,贯入度增量要求≤0.4mm;而日本只对贯入度提出技术要求:在40℃下,贯入度的范围应为1.0~4.0mm。我国的《公路钢桥面铺装设计与施工技术规范》(JTG/T 3364-02—2019)参照上述要求,结合我国浇注式沥青混合料多年的应用经验,提高了贯入度试验的温度,并根据气候分区划定了不同的试验温度。

与日本、德国等国不同,我国幅员辽阔,各地的气候条件差异较大。这就要求工程技术人员在确定混合料技术指标时要因地制宜。如表12-6所示,《公路钢桥面铺装设计与施工技术规范》(JTG/T 3364-02—2019)给出了不同气候分区内的浇注式沥青混合料技术要求,在进行浇注式沥青混合料施工时应当予以满足。在进行试验室拌制时,在230~240℃下刘埃尔流动性宜控制为5~20s。在施工现场,对流动性的要求可适当降低,以能够满足施工和易性为准。

浇注式沥青混合料技术指标 表12-6

技术指标	气候分区及相应的技术要求							试验方法
	夏炎热区	夏热区	夏凉区	冬严寒区	冬寒区	冬冷区	冬温区	—
贯入度(mm)	1.0~4.0 (60℃)	1.0~4.0 (55℃)	1.0~4.0 (50℃)	—	—	—	—	见《公路钢桥面铺装设计与施工技术规范》(JTG/T 3364-02—2019)附录J
贯入度增量 (mm)	≤0.4 (60℃)	≤0.4 (55℃)	≤0.4 (50℃)	—	—	—	—	
低温弯曲极限应变(-10℃, 50mm/min)	—	—	—	≥3×10⁻³	≥2.5×10⁻³			T 0715

第四节 浇注式沥青混合料设计案例

一、工程概况

东海大桥北起上海南汇的芦潮港,跨越杭州湾北部海域至浙江省小洋山,总长32.5km,其中芦潮港陆上段3.7km,海上段约25.3km,从大乌龟岛经颗珠山至小洋山港区的港桥联结段约3.5km。全桥按双向六车道高速公路标准设计,非通航孔和副通航孔为分离式桥面,单向桥面宽15.25m,主通航孔和颗珠山桥均为斜拉桥,桥面宽31.5m。

东海大桥作为连接深水港区与南汇芦潮港城的唯一通道,承受着极为繁重的车辆交通,在通行的车辆中,85%以上为重型集装箱和大中型货车,极易致使沥青铺装层出现轮辙、开裂等损坏。此外,高温、潮湿、多雨、强紫外线照射等恶劣的气候条件也使得桥面沥青铺装层面临着严峻考验。

针对东海大桥所处的气候环境和交通荷载对桥面铺装所提出的特殊要求,通过对各种典型铺装结构体系和材料的比较分析,提出如下桥面铺装结构设计方案。

桥面沥青铺装按两层设计,总厚度为80mm,铺装下层采用浇注式沥青混合料,厚度为30mm,铺装上层采用改性沥青SMA-13,厚度为50mm。桥面铺装结构示意图见图12-4。

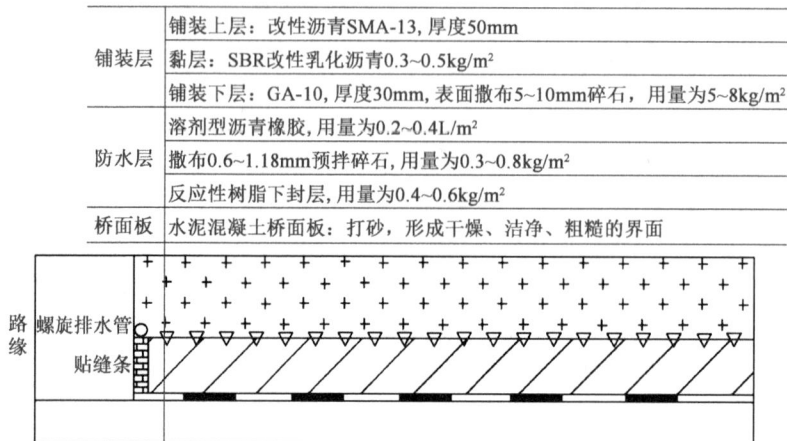

图12-4 桥面铺装结构示意图

二、浇注式沥青混合料技术要求

根据东海大桥的交通荷载与气候特点,提出铺筑于下层的浇注式沥青混合料技术指标要求(表12-7)。

东海大桥浇注式沥青混合料技术要求 表12-7

技术指标	技术要求
拌和温度(℃)	220~250
刘埃尔流动性(240℃)(s)	≤20
贯入度(60℃)(mm)	1~5
贯入度增量(60℃)(mm)	≤0.4
动稳定度(60℃,0.7MPa)(次/mm)	≥800

三、浇注式沥青混合料配合比设计

(1)原材料

粗集料(5~10mm)为石灰石碎石,细集料为石灰石石屑和天然砂,填料为石灰石矿粉。结合料采用SBS改性沥青与湖沥青进行复合调配,SBS改性沥青与湖沥青掺配比例为3∶1。复合沥青结合料的主要技术指标参见表12-8。

结合料技术指标   表 12-8

技术指标	试验值
针入度(25℃,100g,5s)(0.1mm)	33
软化点(℃)	82
延度(15℃,5cm/min)(cm)	44

(2)级配选择

参考德国、日本等国家浇注式沥青混合料级配范围,提出东海大桥浇注式沥青混合料级配范围和设计级配,见表 12-9。

级配范围与设计级配   表 12-9

筛孔尺寸(mm)	13.2	9.5	4.75	2.36	1.18	0.6	0.3	0.15	0.075
级配范围(%)	100	80~100	63~80	48~63	38~52	32~46	27~40	24~36	20~30
设计级配(%)	100	98.8	72.0	53.2	45.6	40.9	32.9	30.0	26.8

(3)确定油石比

采用三种油石比(7.7%、8.0%和8.3%)配制浇注式沥青混合料,分别测试刘埃尔流动性、贯入度等技术指标,见表 12-10。测试结果表明,在三种不同油石比下,混合料的各项技术指标均满足设计要求。随着油石比的增加,混合料的流动性增强,而热稳定性降低。兼顾沥青混合料的施工和易性和高温稳定性,并考虑施工过程中沥青用量的波动,选择油石比为 8.0% 是比较合适的。当采用 8.0% 的油石比时,浇注式沥青混合料的性能均能满足设计要求,见表 12-10。

油石比对浇注式沥青混合料性能的影响   表 12-10

性能指标	油石比			指标要求
	7.7%	8.0%	8.3%	
拌和温度(℃)	242	242	242	220~250
刘埃尔流动性(s)	17	12.8	9.5	≤20
贯入度(60℃)(mm)	1.10	1.25	1.775	1~2.5
贯入度增量(60℃)(mm)	0.155	0.10	0.180	≤0.4
60℃动稳定度(次/mm)	2372	1305	1064	≥800

【思考题】

12-1 总结浇注式沥青混合料的技术特性。

12-2 讨论浇注式沥青混合料适用场合。

12-3 总结浇注式沥青混合料性能评价方法和指标。

12-4 比较浇注式沥青混合料和 AC 沥青混合料在级配、沥青用量、技术指标、施工工艺等方面的差异。

12-5　浇注式沥青混合料通常采用何种沥青胶结料？总结沥青胶结料的技术要求。

12-6　浇注式沥青混合料在级配设计上有何特点？能否尝试对本章提出的级配设计方法进行优化？

12-7　为何采用贯入度来表征浇注式沥青混合料的高温性能？贯入度试验与轮辙试验之间有什么区别？

12-8　除了钢桥面铺装以外，在未来道路领域，浇注式沥青混合料有无其他方面的应用前景？

【小组讨论】

12-1　讨论浇注式沥青混合料在桥面铺装工程中的应用。

12-2　讨论浇注式沥青混合料的生产、运输与施工技术。

12-3　浇注式沥青混合料为何多用于桥面铺装的下面层？结合其性能特点进行讨论。

12-4　浇注式沥青混合料在设计时应当如何平衡高温性能与流动性的关系？可以从哪些方面进行解决？

【拓展阅读】

12-1　王宏畅,李国芬,章登精.浇筑式沥青混凝土性能影响因素研究[J].中国工程科学,2013,15(8):70-74.

12-2　李明月,徐鸥明,曹志飞,等.浇筑式沥青混凝土应用与发展现状[J].公路,2019,64(4):1-5.

12-3　房娜仁,王选仓,叶宏宇,等.钢桥面浇注式沥青混合料设计与疲劳寿命研究[J].武汉大学学报(工学版),2020,53(4):318-323.

12-4　王玉果,刘成龙.沥青胶结料对浇注式沥青混合料指标影响分析[J].公路,2020,65(1):238-242.

12-5　谢汶秀,李先延,高家贵,等.浇筑式沥青结合料研究进展[J].应用化工,2023,52(3):929-933.

12-6　王朝辉,陈谦,高志伟,等.浇注式沥青混凝土现状与发展[J].材料导报,2017,31(9):135-145.

|第十三章|
灌注式半柔性混合料

【内容提要】

本章介绍了灌注式半柔性路面材料发展现状,提出了灌注式半柔性混合料的材料技术要求,重点阐述了灌注式半柔性混合料配合比设计中沥青混合料与灌浆材料的设计要求。在此基础上,讲述了灌注式半柔性混合料制备、养护要点和路用性能评价方法。

第一节 概 述

灌注式半柔性混合料,通常也叫半柔性路面(semi-flexible pavement)材料,是一种在大空隙多孔沥青混合料(porous asphalt mixture)中填充水泥基灌浆材料而形成的复合路面材料。这种路面材料兼具水泥路面高强耐久和沥青路面平整抗滑的优点,且无须在路面刻槽和设置伸缩缝,极大地提高了行车舒适性,适用于公交枢纽、停车场、交叉口、专用车道等重交通及需要高承载力的区域。

一、发展现状

1954 年,法国率先在科涅雅克(Cognac)航空港喷气式飞机的跑道上修筑半柔性路面试验段,验证了半柔性混合料在抗冲击、抗轮辙、耐热、耐腐蚀等性能上的优异表现,并申请了名为"Salviacim"的施工专利。

20世纪70年代初期,英国、美国等国家也相继对半柔性路面混合料进行了研究。英国于70年代后在法国研究人员研究成果的基础上,选取树脂-水泥砂浆作为灌浆材料灌注到大空隙沥青混合料中,试验测得其高温稳定性有一定提升。同一时期,德国、美国等国家也投身研究和使用该技术,并将其主要应用在军事方面,尤其是军用机场。这是因为机场路面受到的负荷比较重,修建半柔性路面能够充分发挥其高承载力的特性。1987—2002年,美国有10个以上州的路面工程和10余个机场道面工程都使用这种灌注水泥砂浆的沥青混凝土路面,并取得了良好的效果。

1988年,日本修筑了位于箱根新道立交枢纽的10cm厚的半柔性道路试验段,并申请了"半柔性路面及半柔性路面施工法"的专利。日本大林道路株式会社、鹿岛道路株式会社以及日本铺道株式会社等多家施工企业在获得此项施工方法的专利权后,各自独立地继续对此种半柔性路面进行了多项研究,许多公司还制定了企业内部的设计标准并加以推广使用。日本部分路段车辆渠化现象严重,半柔性路面优异的抗轮辙特性适应了其交通需要。此后,日本在高速路收费站、停车场、加油站等车辆制动荷载较多的路段修筑了半柔性路面,使用效果良好。

20世纪80年代末,在丹麦哥本哈根机场,已经有30多万平方米的半柔性路面得到应用。应用结果显示半柔性路面混合料具有高强度和高耐久性,适用于重载、静载区域。哥本哈根机场新开发应用的半柔性路面收缩小、不会产生裂缝,也不会出现塑性流动现象,并且与以往相比较,维护费用更低。

鉴于半柔性路面混合料在国外取得了成功,我国多家单位对半柔性路面混合料的设计与配制技术进行了研究。1986年,同济大学林绣贤教授等主持了关于普通沥青混合料加注水泥浆的特种沥青混合料的研究课题,并于年底在广东省惠深线修建了试验路,经过近两年的使用,路面性能表现良好。近20年来,华南理工大学、长安大学、重庆交通大学、东南大学等高校对半柔性路面的研究也在逐渐增加,并制定及出版了相关规范。2009年,重庆交通大学和交通部(现为交通运输部)公路科学研究院在结合了西部交通建设科技项目研究成果与试验路施工经验,同时借鉴了国外的相关规范的基础上,共同出版了《半柔性路面应用技术指南》。2019年,《半柔性混合料用水泥基灌浆材料》(JT/T 1238—2019)发布,规定了半柔性混合料用水泥基灌浆材料的技术要求、试验方法、检验规则等。同年,《道路灌注式半柔性路面技术规程》(T/CECS G:D51-01—2019)发布,对材料、配合设计、施工、施工质量管理与检查验收等方面进行了全面的介绍。随着相关标准化文件的发布,半柔性路面的应用和推广得到进一步的扩大。截至2024年,包括北京、江苏、湖北、安徽、山东、浙江、上海、重庆、辽宁、广东、四川在内的多个地区已经广泛采用了半柔性路面技术,将其作为处理轮辙问题的有效方法。

二、组成材料与结构

灌注式半柔性混合料主要由大空隙多孔沥青混合料和水泥基灌浆材料两部分组成。大空隙多孔沥青混合料为开级配的沥青混合料,具有骨架-空隙结构,其空隙率一般在20% ~35%之间;水泥基灌浆材料则主要由水泥、水、细砂、矿物掺和料(如粉煤灰、硅灰等)、添加剂(如减水剂、早强剂、膨胀剂、胶乳、聚合物)等组成。

　　灌注式半柔性混合料是一种多级空间双重网络结构体,以沥青胶浆的凝胶结构及水泥胶凝体的水泥石组合形成双重网络结构体系,兼具刚性路面和柔性路面的特征。多孔沥青混合料的强度主要由集料之间相互嵌挤形成的摩阻力以及集料-沥青间的黏结力构成,而在水泥基灌浆材料填充多孔沥青混合料中的空隙后,灌注式半柔性混合料由骨架-空隙结构变为骨架-密实结构,此时,除多孔沥青混合料形成空间骨架结构外,填充在空隙中的水泥基灌浆材料自身逐渐凝结硬化后也形成了空间骨架结构。同时,集料-沥青-水泥之间也黏结成一个相互连接的空间整体结构,为灌注式半柔性混合料的结构提供了强度和韧性。灌注式半柔性路面混合料的结构与材料组成如图 13-1 所示。

图 13-1　灌注式半柔性路面混合料的结构与材料组成

三、强度形成机理

　　灌注式半柔性路面材料可被视为由大空隙多孔沥青混合料、水泥-沥青界面以及水泥砂浆形成的水泥-大空隙沥青混合料互穿结构体系,其复杂的强度机理可从大空隙多孔沥青混合料骨架强度,水泥砂浆骨架强度,沥青-集料、水泥浆体-集料和水泥浆体-沥青间的相互作用等方面来分析。

　　首先,灌注式半柔性路面材料中的大空隙多孔沥青混合料和水泥砂浆均能各自形成独立承担荷载的三维空间骨架结构。其次,水泥浆体与矿料之间存在两种相互作用,一种是凝结硬化成网络结构的水泥浆体包裹在沥青膜外面,对矿料起到间接包裹作用,进而增强了沥青膜与集料的黏结力;另一种就是水泥浆体透过沥青膜,直接与集料表面产生相互作用,使得二者之间产生了很强的黏结力。最后,水泥浆体与沥青间存在"沥青-水泥硬化效应",且空隙率越大,沥青相的硬化效应越显著:一方面,这是由于水泥浆体水化过程中,在沥青-水泥砂浆界面处产生了针、棒状的水化粒子,这些粒子可直接吸附在沥青表面。这些水化粒子会形成一种"凝聚-结晶"的三维空间网络结构,并且深深地嵌入沥青膜中,在水泥石-沥青膜-集料间起到"桥梁"的作用,进而加强了结构的整体性。另一方面,由于固化后水泥砂浆表面的微孔隙对沥青的吸附作用,水泥浆体与部分自由沥青结合,在减少了多孔沥青混合料中自由沥青的同时,增加了结构沥青,使得混合料的黏结性增强,其稳定性和强度也得到了很大的提高。

　　与沥青混合料相似,灌注式半柔性路面混合料的抗剪强度可由莫尔-库仑理论予以表征。其强度被认为是由内摩擦角(φ)和内聚力(c)两部分贡献的,其中内摩擦角由集料-集料、集料-水泥间的嵌挤作用提供,内聚力则由集料-沥青-集料复合界面和水泥-沥青-集料复合界面的黏结力提供。混合料的 c、φ 值可通过三轴压缩试验求得。在 60℃下,不同多孔沥青混合料空隙率下灌注式半柔性路面混合料的莫尔-库仑剪切包络线如图 13-2 所示。

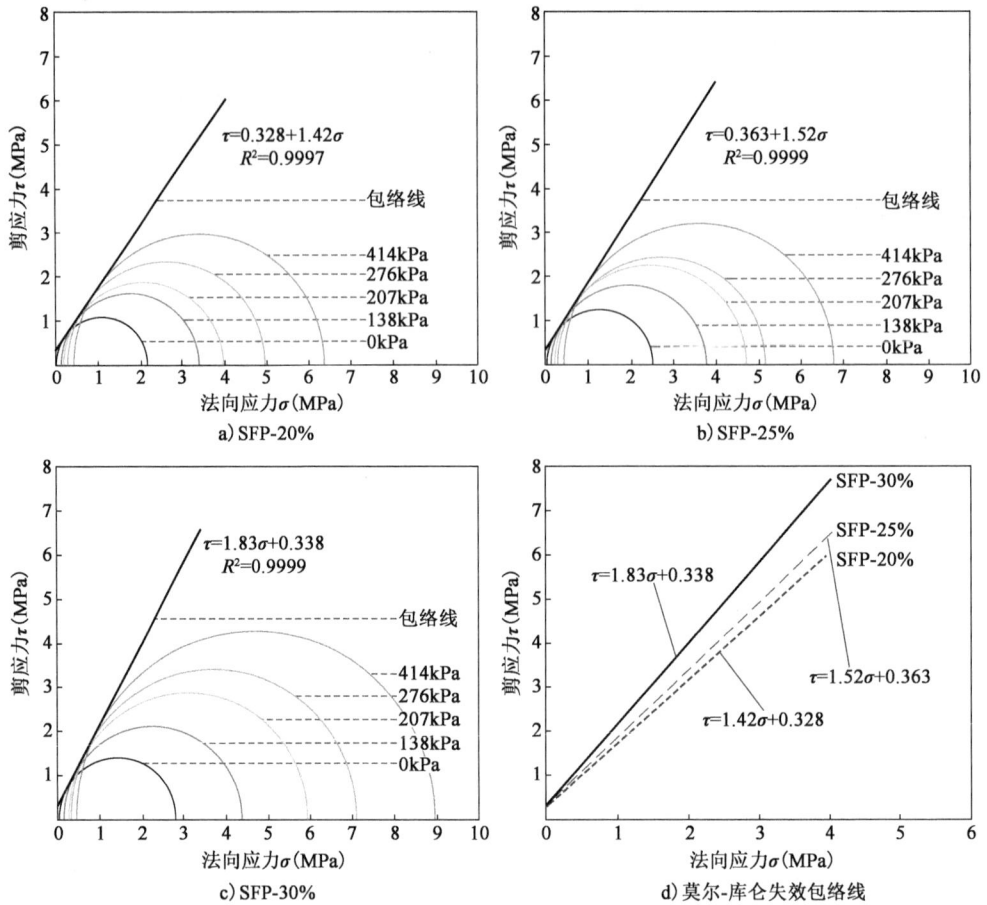

图 13-2　灌注式半柔性路面混合料的莫尔-库仑剪切包络线

可以看出,不同多孔沥青混合料空隙率下的灌注式半柔性路面混合料的剪切包络线存在明显的差异,这主要是灌浆材料填充量的不同,导致灌注式半柔性路面混合料的剪切参数存在差异。因此,为更好地分析多孔沥青混合料空隙率对灌注式半柔性路面混合料内聚力和内摩擦角的影响,绘制了多孔沥青混合料空隙率分别为 20%、25%、30% 时灌注式半柔性路面混合料的内聚力和内摩擦角的关系曲线,如图 13-3 所示。

由图 13-3 可以看出,在 60℃下,灌注式半柔性路面混合料的内摩擦角与多孔沥青混合料的空隙率正相关,当空隙率从 20% 增加到 30% 时,灌注式半柔性路面混合料的内摩擦角提高了 12.1%。这是因为灌注式半柔性路面混合料中的内摩擦角主要由集料-集料(点-点接触)间嵌挤作用和集料-水泥(面-面接触)间嵌挤作用决定。其中,灌浆材料强度高达 70MPa,且集料-水泥接触面积远大于集料-集料接触面积,因此面-面接触(集料-水泥)嵌挤力比点-点接触(集料-集料)嵌挤力更大且更稳定。多孔沥青混合料空隙率越大,灌注式半柔性路面混合料中集料的比例就越小,集料-集料接触提供的嵌挤力比例越小,集料-水泥接触提供的嵌挤力比例越大,进而导致多孔沥青混合料的空隙率越大、灌注式半柔性路面混合料的嵌挤力越大。因此,多孔沥青混合料空隙率的提高导致灌浆材料的增加,这使得灌注式半柔性路面混合料内部集料-水泥之间的表面摩擦力和嵌挤力增加,进而增大了内摩擦角。

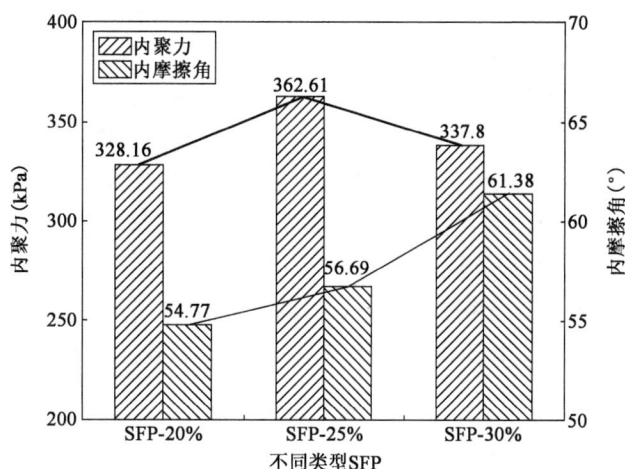

图 13-3 多孔沥青混合料空隙率对灌注式半柔性路面混合料剪切强度参数的影响

此外,当多孔沥青混合料的空隙率从 20% 增加到 25% 时,灌注式半柔性路面混合料的内聚力增加了 10.5% 。然而,当空隙率从 25% 增加到 30% 时,内聚力降低了 6.8% 。这是因为灌注式半柔性路面混合料的内聚力主要是由水泥-沥青-集料(C-AM-A)复合界面提供的,C-AM-A 复合界面面积越大,其为灌注式半柔性路面混合料提供的内聚力就越大。研究表明,当多孔沥青混合料的空隙率为 25% 时,灌注式半柔性路面混合料内部的 C-AM-A 复合界面面积最大,进而能够提供最大内聚力。

综上所述,多孔沥青混合料的空隙率越大,水泥-集料接触比例越大,灌注式半柔性路面混合料的内摩擦角也越大;当多孔沥青混合料的空隙率为 25% 时,由于 C-AM-A 复合界面面积最大,故 SFP-25% 具有最大的内聚力。

第二节 材 料

一、沥青、集料及填料

沥青应采用道路石油沥青或改性沥青,其技术要求应符合《公路沥青路面施工技术规范》(JTG F40—2004)的相关规定。对于交通荷载等级为重交通以上和多孔沥青路面施工后有临时通车要求的路段,宜采用改性沥青。

粗集料宜采用轧制碎石,其规格及技术要求应符合《公路沥青路面施工技术规范》(JTG F40—2004)的相关规定。

细集料宜采用石灰岩等碱性岩石生产,其规格宜分为 0~3mm、3~5mm 两档。高速公路、一级公路应采用机制砂,其他等级公路可采用石屑,其规格及技术要求应符合《公路沥青路面施工技术规范》(JTG F40—2004)的相关规定。

填料宜采用石灰岩矿粉,其技术要求应符合《公路沥青路面施工技术规范》(JTG F40—2004)的相关规定。

二、灌浆材料

水泥宜选用硅酸盐水泥或普通硅酸盐水泥,强度等级宜为 42.5 级,其技术要求应符合《通用硅酸盐水泥》(GB 175—2023)的相关规定。用于彩色路面时宜选用白色硅酸盐水泥,其技术要求应符合《白色硅酸盐水泥》(GB/T 2015—2017)的相关规定。需及早开放交通时,宜选用硫铝酸盐水泥,其技术要求应符合《硫铝酸盐水泥》(GB/T 20472—2006)的相关规定。

粉煤灰宜选用Ⅱ级及以上等级的粉煤灰,其技术要求应符合《用于水泥和混凝土中的粉煤灰》(GB/T 1596—2017)的相关规定。

矿粉宜采用石料磨细生产,其技术要求应符合表 13-1 的规定。与多孔沥青混合料所用矿粉相比,灌浆材料所用矿粉主要起填充作用,因此对其石质、含水率和亲水系数没有要求。

矿粉技术要求　　　　　　　　　　表 13-1

技术指标		技术要求
表观密度(t/m³)		≥2.45
粒度范围(%)	<0.6mm	100
	<0.15mm	90 ~ 100
	<0.075mm	70 ~ 100
塑性指数(%)		<4

外加剂包括减水剂、早强剂及膨胀剂等,减水剂及早强剂应符合《混凝土外加剂》(GB 8076—2008)的相关规定,膨胀剂应符合《混凝土膨胀剂》(GB/T 23439—2017)的相关规定。

砂宜选用洁净的河砂,颗粒级配应符合表 13-2 的规定,其他技术要求应符合《建设用砂》(GB/T 14684—2022)的相关规定。砂的颗粒级配对灌浆材料的灌注效果有较大影响,若颗粒偏粗,灌浆材料灌注率会由于砂粒堵塞孔隙而降低,因此灌浆材料对砂的通过率有要求。

砂颗粒级配技术要求　　　　　　　表 13-2

筛孔尺寸(mm)	1.18	0.6	0.075
通过率(%)	100	≥95	≤2

水应符合《混凝土用水标准》(JGJ 63—2006)的相关规定。

聚合物改性剂宜选用羧基丁苯胶乳,其技术要求应符合《羧基丁苯胶乳》(SH/T 1609—1995)的相关规定。

着色剂宜选用无机类着色剂,其技术要求应符合《彩色沥青混凝土》(GB/T 32984—2016)的相关规定。

第三节　灌注式半柔性混合料设计要求

灌注式半柔性路面主要由大空隙多孔沥青混合料和水泥基灌浆材料两部分组成,其成型也具有明显的"两阶段"特性。现有标准对不同阶段的组成部分分别提出了要求。由于灌注式半柔性混合料在我国发展起步较晚,目前的相关规范在部分指标上也存在一定差异。

一、多孔沥青混合料

1.技术要求

多孔沥青混合料的技术指标是指导多孔沥青混合料设计、保证灌注式半柔性混合料灌注效果和路用性能的重要技术内容。与传统的开级配混合料相比,灌注式半柔性混合料材料中使用的多孔沥青混合料不仅需要具有合理的稳定度,还需具有足够的空隙率以允许灌浆材料充分渗透,从而使灌注式半柔性混合料形成骨架-密实结构。多孔沥青混合料马歇尔试验技术标准见表13-3。

多孔沥青混合料马歇尔试验技术标准 表13-3

试验指标	技术要求		
	日本《半柔性沥青混凝土铺装的开发》	《道路灌注式半柔性路面技术规程》(T/CECS G:D51-01—2019)	《半柔性混合料用水泥基灌浆材料》(JT/T 1238—2019)
马歇尔试件尺寸(mm)	$\phi101.6\times63.5$		
击实次数(次)	双面各50		
密度(g/cm³)	≥1.9	—	—
空隙率(%)	20~28	20~30	20~25
连通空隙率(%)	—	≥16.0	实测
马歇尔稳定度(kN)	≥3.0	≥3.0	≥3.5
流值(0.1mm)	20~40	—	—
谢伦堡析漏损失(%)	—	≤0.8	≤0.3
肯塔堡飞散损失(%)	—	≤15	≤20

目前研究中,灌注式半柔性混合料中多孔沥青混合料的技术指标繁多,数值上也存在差异,尚未形成统一标准,研究人员可根据自身研究目的选用不同的技术指标开展研究。我国已有规范及相关研究中,多孔沥青混合料的设计要求大多基于《半柔性沥青混凝土铺装的开发》中提出的击实次数、试件密度、马歇尔稳定度、流值和空隙率这五大技术指标,并结合工程实践发展而来。值得注意的是,肯塔堡飞散损失指标仍存争议,该指标仅适用于将多孔沥青混合料直接用于沥青路面的设计要求。灌注式半柔性混合料中使用的大空隙多孔沥青混合料是填充灌浆材料的载体,而不是承担交通荷载的唯一受体,而且由于后期灌浆材料的填充固结可显著降低飞散损失量,故该指标可根据情况选用。

2.设计方法

《道路灌注式半柔性路面技术规程》(T/CECS G:D51-01—2019)中推荐采用马歇尔设计方法对灌注式半柔性混合料中的多孔沥青混合料进行配合比设计,其技术要求应满足表13-3中的规定。多孔沥青混合料的空隙率尤其是连通空隙率是保证灌浆材料填充效果及灌注式半柔性混合料路用性能的关键,为了形成骨架-密实结构以及满足连通空隙率要求,国内外多孔沥青混合料推荐的工程设计级配范围常间断某档或几档集料,如表13-4~表13-6所示。

《道路灌注式半柔性路面技术规程》(T/CECS G:D51-01—2019)推荐的级配范围 表 13-4

多孔沥青混合料类型	通过下列筛孔(mm)的质量百分率(%)										
	31.5	26.5	19	16	13.2	4.75	2.36	0.6	0.3	0.15	0.075
SFAC-13	—	—	—	100	90~100	10~30	5~22	4~15	3~12	3~8	1~6
SFAC-16	—	—	100	90~100	80~90	9~28	5~22	4~15	3~12	3~8	1~6
SFAC-20	—	100	90~100	60~90	30~60	7~24	5~20	4~15	3~12	3~8	1~6
SFAC-25	100	90~100	70~90	50~80	25~55	7~22	5~20	4~15	3~12	3~8	1~6

日本推荐的半柔性路面级配范围 表 13-5

级配类型	通过下列筛孔(mm)的质量百分率(%)											
	26.5	19	16	13.2	9.5	4.75	2.36	1.18	0.6	0.3	0.15	0.075
I	—	100	—	93~100	—	14~32	9~22	—	6~14	5~12	4~8	2~6
II	100	93~100	—	40~70	—	12~30	7~20	—	6~14	5~12	4~8	2~6

美国推荐的半柔性路面级配范围 表 13-6

级配类型	通过下列筛孔(mm)的质量百分率(%)										
	19	16	13.2	9.5	4.75	2.36	1.18	0.6	0.3	0.15	0.075
I	100	—	54~76	38~60	10~20	8~16	—	4~10	—	—	1~3
II	90~100	—	—	20~50	0~10	—	—	—	—	—	0~5
III	—	—	100	20~75	0~10	—	—	—	—	—	0~5

此外,为进一步保证多孔沥青混合料空隙率及连通空隙率,灌注式半柔性混合料中的多孔沥青混合料还可采用主集料空隙体积填充法(CAVF 法,又称体积法)进行设计。体积法的基本思路是粗集料形成骨架结构,细集料和沥青组成的胶浆填充骨架结构的空隙,其设计步骤见第三章第四节。

二、水泥基灌浆材料

1. 技术要求

灌浆材料的主要作用是填充多孔沥青混合料的空隙,从而形成整体结构和强度,因此其需要具有流动性高、均匀性好、干缩温缩性小、强度高、能与沥青混合料良好结合的特点。1992年,日本《沥青铺装工程共通规范》中采用流锥流动度、7d 抗压强度和抗折强度作为水泥基灌浆材料的技术指标。为减少因水泥基灌浆材料自身干缩而形成的灌注式半柔性混合料微裂缝,且保障现场灌注施工作业时间及灌浆完成后浆液仍能够保持一定的流动性,以充分填充多孔沥青混合料空隙,2019 年出版的《道路灌注式半柔性路面技术规程》(T/CECS G:D51-01—2019)增加了水泥基灌浆材料 7d 干缩率、3h 自由泌水率及 30min 时的流锥流动度指标。值得注意的是,为进一步严格限制灌浆材料干缩导致水泥-沥青界面开裂,《半柔性混合料用水泥基灌浆材料》(JT/T 1238—2019)中要求灌浆材料具有一定的微膨胀特性,即 7d 竖向膨胀率不小于 0.2%。灌浆材料技术指标要求见表 13-7。

灌浆材料技术要求　　　　　　　　　　　　　　　　　　表 13-7

技术指标		技术要求		
		《沥青铺装工程共通规范》	《道路灌注式半柔性路面技术规程》(T/CECS G：D51-01—2019)	《半柔性混合料用水泥基灌浆材料》(JT/T 1238—2019)
外观			无明显离析、分层现象	
流动度(s)	初始	10～14	10～14	10～14
	30min	—	≤18	—
凝结时间(h)		—	不小于灌浆材料施工所需时间*	≥120
干缩率(7d)(%)		—	≤0.3	—
竖向膨胀率(7d)(%)		—	—	≥0.2
自由泌水率(3h)(%)		—	≤3	—
抗压强度(7d)(MPa)		15～25	≥15	15～30
抗折强度(7d)(MPa)		>3.0	≥2	≥2

注：* 灌浆材料施工所需时间是指从灌浆材料加水拌和开始至灌浆材料施工完成的时间。

2. 设计方法

水泥基灌浆材料可分为水泥净浆和水泥砂浆。水泥净浆主要由水泥、水、矿物掺合料(如粉煤灰、硅灰等)、添加剂(如减水剂、早强剂、膨胀剂、胶乳、聚合物、着色剂)等组成。水泥砂浆则在上述基础上添加细砂。水泥基灌浆材料性能主要受水灰比、细砂掺量及外加剂的影响。如采用高效减水剂可以提高浆液的流动性，进而提高水泥基灌浆材料在多孔沥青混合料中的填充率，但高效减水剂用量的增加，将导致灌浆材料的抗折强度和抗压强度降低。采用水泥砂浆可有效提高灌注式半柔性混合料的强度，但砂的粒径将直接影响灌注效果。最大粒径为2.36mm的砂易导致多孔沥青混合料空隙堵塞，而最大粒径为0.6mm的砂比表面积大，会导致用水量增加，进而影响灌注式半柔性混合料的强度。因此，为确定自制水泥基灌浆材料最佳配合比，可采用正交法、均匀法等对其配合比进行研究，通过测定流动性能、干缩性能、强度等性能，选择最优的一组，从而确定各组成材料的掺量。此外，自制水泥基灌浆材料的各项性能指标应仍符合表13-7的规定。商品级水泥基灌浆材料则可根据生产厂商推荐的水料比进行设计，其性能应符合表13-7中的规定。

三、灌注式半柔性混合料

灌注式半柔性混合料的技术要求见表13-8。其中，灌注率是指灌入多孔沥青混合料中的灌浆材料体积占多孔沥青混合料连通空隙体积的百分率。《半柔性混合料用水泥基灌浆材料》(JT/T 1238—2019)中规定灌注率不低于80%、动稳定度(60℃、0.7MPa)不低于10000次/mm，并对20℃下抗弯拉强度及弯曲破坏应变进行规定。但灌注式半柔性混合料在标准轮辙试验下(60℃、0.7MPa)的动稳定度大多在10000次/mm以上，超出了轮辙试验仪的精度范围，不能准确评定其抗轮辙性能。因此，《道路灌注式半柔性路面技术规程》(T/CECS G：D51-01—2019)采用更为严苛的试验条件(70℃、1.1MPa)测定其动稳定度，且为充分保证其路用性能，该规程中规定灌注率不低于85%，并进一步将马歇尔稳定度、残留稳定度及冻融劈裂强度比纳入技术指标中，但未对20℃下抗弯拉强度及弯曲破坏应变进行规定。

灌注式半柔性混合料的技术要求　　　　　　表 13-8

技术指标		测试龄期	技术要求	
			《半柔性混合料用水泥基灌浆材料》（JT/T 1238—2019）	《道路灌注式半柔性路面技术规程》（T/CECS G：D51-01—2019）
灌注率(%)		1d	≥80	≥85
马歇尔稳定度(kN)		7d	—	≥15
残留稳定度(%)		7d	—	≥90
冻融劈裂残留强度比(%)		7d	—	≥80
动稳定度（次/mm）	70℃,1.1MPa	7d	—	≥4000
	60℃,0.7MPa	3d	≥10000	—
抗弯拉强度(20℃)(MPa)		7d	>2.5	—
弯曲破坏应变(20℃)		7d	>30000$\mu\varepsilon$	—

表 13-8 中,灌注率的计算公式见式(13-1)：

$$P_r = \frac{VV_c - VV'_c}{VV_c} \times 100\% \qquad (13-1)$$

式中：P_r——灌注率,% ；

　　VV_c——灌浆前的连通空隙率,% ；

　　VV'_c——灌浆后的连通空隙率,% 。

第四节　灌注式半柔性混合料设计案例

本节以编者在研究中设计的灌注式半柔性混合料为例,阐述灌注式半柔性混合料的设计方法。

一、设计任务

某研究中,需要设计一种空隙率为 25% 的多孔沥青混合料,进而灌注符合要求的灌浆材料,从而得到灌注式半柔性混合料,并开展路用性能研究。

二、材料选择与级配设计

1.原材料

（1）沥青

该研究采用中国石化炼油销售有限公司的 70#基质沥青（A70）、上海城建日沥特种沥青有限公司的高弹改性沥青（HEMA）。依据《公路工程沥青及沥青混合料试验规程》（JTG E20—2011）对 A70 和 HEMA 的基本性能进行测试,测试结果见表 13-9。结果表明,上述两种沥青的基本性能指标均满足设计要求。

沥青基本性能指标 表13-9

沥青类型	性能指标	技术要求	测试结果
A70	针入度(25℃)(0.1mm)	60~80	74.6
	延度(15℃)(cm)	≥100	>120
	软化点(℃)	≥46	48.6
	动力黏度(60℃)(Pa·s)	≥160	210.5
HEMA	针入度(25℃)(0.1mm)	40~60	68
	延度(5℃)(cm)	≥20	70
	软化点(℃)	≥60	88.5
	运动黏度(135℃)(Pa·s)	≤3.0	2.9
	弹性恢复率(25℃)(%)	≥90	99

(2)集料

粗集料采用玄武岩,细集料及填料采用石灰岩,其基本性能测试结果见表13-10、表13-11和表13-12,各项指标均满足《公路沥青路面施工技术规范》(JTG F40—2004)要求。

粗集料基本性能指标 表13-10

性能指标	技术要求	测试结果			
		13.2~16mm	9.5~13.2mm	4.75~9.5mm	2.36~4.75mm
表观相对密度	≥2.6	2.956	2.951	2.945	2.922
吸水率(%)	≤2.0	1.15	1.12	1.35	1.66
石料压碎值(%)	≤26	11.16			
洛杉矶磨耗损失(%)	≤28	15.82			
针片状颗粒含量(%)	≤15	5.51			

细集料基本性能指标 表13-11

性能指标	技术要求	测试结果
		0~2.36mm
表观相对密度	≥2.5	2.659
含泥量(%)	≤3.0	1.85

矿粉基本性能指标 表13-12

性能指标		技术要求	测试结果
			0~2.36mm
表观相对密度		≥2.5	2.637
含水量(%)		≤1.0	0.2
亲水系数		<1.0	0.55
通过率(%)	<0.6mm	100	100
	<0.15mm	90~100	96.4
	<0.075mm	75~100	92.4

（3）灌浆材料

灌浆材料采用某商品级水泥基灌浆材料,根据生产厂家推荐,选择了0.25作为水灰比。在该水灰比下,其基本性能测试结果如表13-13所示。

灌浆材料基本性能　　　　　　　　　表13-13

性能指标	技术要求	测试结果
初始流动度(s)	10~14	11
干缩率(7d)(%)	≤0.3	0.03
抗压强度(7d)(MPa)	≥15	60
抗折强度(7d)(MPa)	≥2	10

2.级配设计

根据配合比设计的流程,矿料级配确定过程如下:

①确定粗、细集料的级配组成,粗集料采用单一粒径尺寸为9.5~13.2mm的玄武岩,细集料级配如表13-14所示。

细集料级配组成　　　　　　　　　表13-14

筛孔尺寸(mm)	2.36	1.18	0.6	0.3	0.15	0.075
通过率(%)	8.2	24.3	24.3	29.5	11.5	2.2

②测定细集料和矿粉的密度,测试结果见表13-11和表13-12。

③计算粗集料空隙率VCA,VCA计算公式如式(13-2)所示:

$$VCA = \left(1 - \frac{1.810}{2.744}\right) \times 100\% = 34.04\% \tag{13-2}$$

④本研究目标空隙率为25%,目的是在确保基体沥青混合料的骨架强度的前提下,保证灌浆材料有足够高的填充效率。

⑤根据经验,初步确定沥青和矿粉用量。这里初步选定矿油比(矿粉/沥青)为1.2,在25%的目标空隙率下,选定三种沥青用量2.0%、2.5%和3.0%,则对应的矿粉用量分别为2.4%、3.0%和3.6%(此用量为矿粉质量占矿料质量的百分比)。

⑥根据上述已确定的各种参数,计算粗集料和细集料的用量。

⑦根据上一步中得到的矿料配合比,计算基体沥青混合料级配组成,得出目标配合比,结果如表13-15所示。

多孔沥青混合料配合比设计　　　　　　　　　表13-15

组别	粗集料用量(%)	细集料用量(%)						矿粉用量(%)	沥青用量(%)
	9.5mm	2.36mm	1.18mm	0.6mm	0.3mm	0.15mm	0.075mm		
第一组	83.75	1.14	3.36	3.36	4.08	1.59	0.30	2.40	2.0
第二组	84.79	1.00	2.97	2.97	3.60	1.40	0.27	3.00	2.5
第三组	85.82	0.87	2.57	2.57	3.12	1.22	0.23	3.60	3.0

⑧采用表13-15中的数据,制备马歇尔试件,测试其空隙率,发现第二组的空隙率为25%±1%,符合要求,因此将第二组的级配作为初选级配。

⑨采用上一步得到的初选级配作为最佳级配,更改沥青用量,测试空隙率、飞散损失以及析漏损失,发现当沥青用量为 2.5% 时,能够兼顾空隙率、飞散损失以及析漏损失的要求。

综上,配合比设计结果如表 13-16 所示。当更改沥青类型时,配合比不变。

多孔沥青混合料配合比设计结果   表 13-16

粗集料用量（%）	细集料用量（%）						矿粉用量（%）	沥青用量（%）
9.5mm	2.36mm	1.18mm	0.6mm	0.3mm	0.15mm	0.075mm		
84.79	1.00	2.97	2.97	3.60	1.40	0.27	3.00	2.5

三、试件制备

室内制备灌注式半柔性路面混合料试件主要包括四个步骤:①多孔沥青混合料的制备;②灌浆材料设计;③向多孔沥青混合料中灌注灌浆材料;④试件养护。灌浆材料设计一般由生产厂家完成,下面介绍其他 3 个步骤。

1. 多孔沥青混合料的制备

根据研究中所涉及的试验方法,需根据《公路工程沥青及沥青混合料试验规程》(JTG E20—2011)的要求制备不同类型的试件。

2. 灌注灌浆材料

向多孔沥青混合料中灌注灌浆材料时应明确灌注温度和灌注方式。已有研究通常待多孔沥青混合料试件温度降至 50℃、60℃ 或室温后进行灌浆作业。然而,多孔沥青混合料性能及水泥-沥青-集料复合界面性能受温度影响较大,因此,为最大限度消除多孔沥青混合料试件温度对灌浆材料水化反应的潜在影响,充分保证灌注后试件的性能,灌浆作业宜选择在多孔沥青混合料温度冷却至室温(约 25℃)后进行。而对于灌注方式,尽管在实际工程中通常不采用振动碾压的方式来辅助灌浆,以避免振动碾压对多孔沥青混合料的骨架稳定性和孔隙结构造成破坏,进而影响灌注效果及路用性能,然而,与实际工程相比,试验室试件的灌浆作业面积小且缺乏实际工程中的泵送压力效应,这会影响灌浆材料的渗透和填充,进而影响灌注效果。因此,手动轻摇、左右振捣和振动台振动是保障灌浆效果、提高灌浆效率的常见室内辅助灌浆措施,且这类措施不会影响多孔沥青混合料骨架强度,如图 13-4 所示。需指出的是,手动轻摇和左右振捣容易受人为因素的干扰,极易造成部分空隙无法被灌浆材料充分填充的现象,如图 13-4d)所示。而采用振动台辅助灌浆不仅可以提高灌注速率,还可以确保多孔沥青混合料内部空隙的充分填充,如图 13-4e)所示。因此,为确保试验步骤的标准化和可控性,保证试件质量的一致性,提高试验的可重复性和结果的可比性,宜采用振动台辅助灌浆的方式。

灌浆的具体步骤如图 13-5 所示。首先,待多孔沥青混合料冷却至室温(约 25℃)后,采用 PET 塑料膜和透明胶将多孔沥青混合料试件底部及侧面包裹,仅预留一个顶面灌浆,如图 13-5a)所示。再按照设计的水灰比制备灌浆材料,采用搅拌速度为 2500r/min 的高速搅拌机充分搅拌 2min。然后,将包裹好的多孔沥青混合料试件置于振动台上,将制备好的灌浆材料从试样上表面灌入,并使用振动台辅助灌浆,直至灌浆材料不再渗入试件中为止,如图 13-5b)所示。最后,清理试件表面多余灌浆材料,以试件表面呈凹凸状纹理为宜,如图 13-5c)所示,并放入养护箱中进行养护。

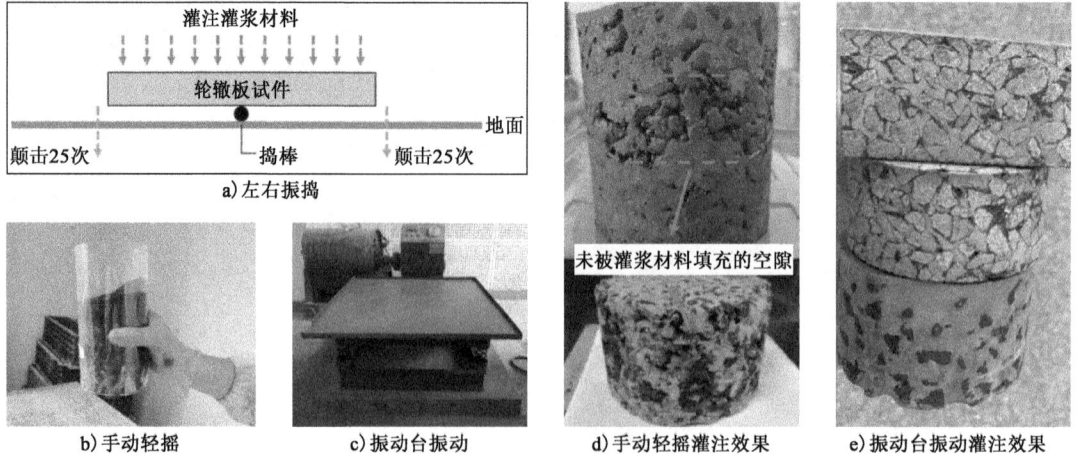

a) 左右振捣

b) 手动轻摇   c) 振动台振动   d) 手动轻摇灌注效果   e) 振动台振动灌注效果

图 13-4　辅助灌浆的措施及制备效果

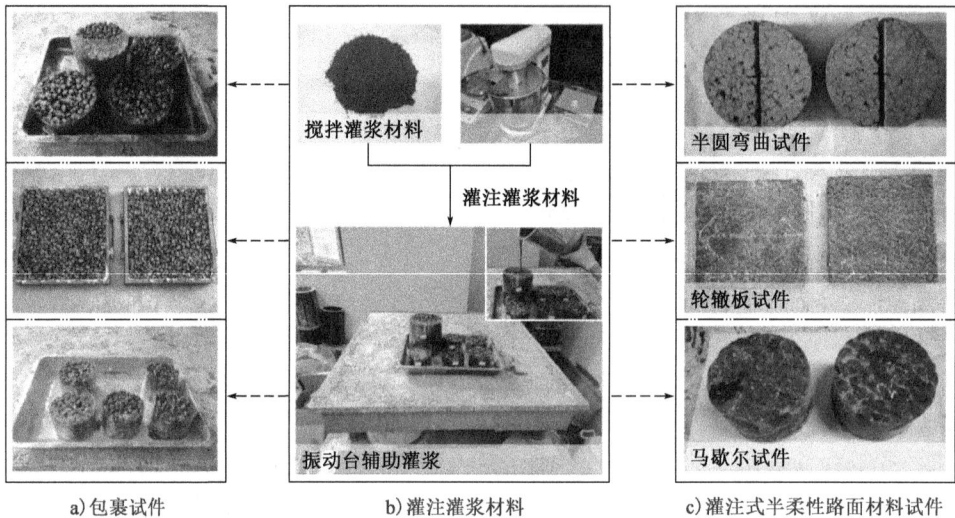

a) 包裹试件   b) 灌注灌浆材料   c) 灌注式半柔性路面材料试件

图 13-5　灌注灌浆材料

3.试件养护

在灌注式半柔性路面的实际施工过程中,通常采用高性能、早强型灌浆材料。因此,无须进行特殊养护,最早可在施工完成 3h 后达到一定的性能要求,并开放交通。然而,在室内开展研究时,为确保试验步骤的标准化和可控性,保证试件质量的一致性,需将试件放置在 20℃ ± 1℃、相对湿度≥90% 的标准养护箱中进行养护,以提高试验的可重复性和结果的可比性。

四、路用性能评价

目前,灌注式半柔性路面混合料路用性能主要参考沥青混合料的性能测试方法及评价指标进行评价。然而,由于灌注式半柔性路面混合料与沥青混合料的材料及结构组成均存在明显差异,完全沿用沥青混合料性能测试方法评价灌注式半柔性路面混合料的性能势必导致某些试验方法不适用、试验结果不直观、评价结果不准确等问题。为此,本节基于《公路工程沥

青及沥青混合料试验规程》(JTG E20—2011)中常见的沥青混合料性能测试方法,以 SFP-25%
为研究对象,分析了用于评价灌注式半柔性路面混合料高温稳定性、水稳定性、低温抗裂性及
疲劳性能的方法的适用性。

1. 高温稳定性

路面材料的高温稳定性是指混合料在荷载作用下抵抗永久变形的能力,稳定性不足一般
表现为在高温、低速及重载作用下出现的抗剪能力不足等情况。灌注式半柔性路面混合料的
高温稳定性通常采用标准马歇尔稳定度试验和轮辙试验进行评价。标准马歇尔稳定度试验依
据《公路工程沥青及沥青混合料试验规程》(JTG E20—2011)T 0709 进行,试件尺寸为 $\phi101.6mm \times$
$63.5mm$,加载速率为 $50mm/min$。

灌注式半柔性路面混合料的轮辙试验参考《公路工程沥青及沥青混合料试验规程》(JTG
E20—2011)T 7019,在标准轮辙试验条件(轮压为 0.7MPa、试验温度为 60℃、往返碾压速率为
42 次/min)下进行。此外,考虑到灌注式半柔性路面混合料中有灌浆材料的强化作用,研究将
采用更为严苛的试验条件(轮压为 0.7MPa、试验温度为 70℃、往返碾压速率为 42 次/min)进
行测试。轮辙试验以动稳定度为技术指标来评价试件的高温抗轮辙能力。对养护龄期为 28d
的灌注式半柔性路面混合料试件进行 60℃ 和 70℃ 的轮辙试验。试验开始前,需将试件放在与
试验温度相对应的环境箱中保温 6h。

不同类型灌注式半柔性路面混合料的 7d 马歇尔稳定度及流值和 28d 动稳定度试验结果
如表 13-17 和表 13-18 所示。

马歇尔稳定度及流值　　　　　　　　　　　　　表 13-17

试件类型	试件编号	稳定度(kN)	均值(kN)	流值(mm)	均值(mm)
SFP-A70	1	27.52		1.97	
	2	26.38	26.57	1.83	2.01
	3	25.81		2.23	
SFP-HEMA	1	34.79		2.67	
	2	35.83	35.21	3.01	2.81
	3	35.01		2.75	
SMA-13	1	11.84		3.05	
	2	12.79	12.25	2.14	2.57
	3	12.12		2.52	

动稳定度测试结果　　　　　　　　　　　　　表 13-18

试件类型	试验条件	轮辙深度(mm)		动稳定度(次/mm)
		45min	60min	
SFP-A70	60℃,0.7MPa	0.354	0.364	62994
	70℃,0.7MPa	0.542	0.553	57273
SFP-HEMA	60℃,0.7MPa	0.928	0.936	74644
	70℃,0.7MPa	0.250	0.261	62974
SMA-13	60℃,0.7MPa	1.535	1.641	5943

由表 13-17 可知,SFP-HEMA 的马歇尔稳定度大于 SFP-A70,且这两种类型的灌注式半柔性路面混合料的马歇尔稳定度均远高于 SMA-13,这主要是由于在多孔沥青混合料灌注水泥浆后,其马歇尔稳定度增大,流值减小,即灌注式半柔性路面混合料的高温稳定性得到显著提升。

由表 13-18 可知,无论是 60℃ 还是 70℃ 条件下的轮辙试验,灌注式半柔性路面混合料的动稳定度均非常大,均在 50000 次/mm 以上,远高于 SMA-13 试件,这与其他研究人员所得结论一致。值得注意的是,根据轮辙试验中动稳定度的计算原理可知,动稳定度指标选取最后 15min(即轮辙试验的第 45min 至 60min 时)的变形量进行计算,以消除试件本身压密导致的变形。然而,目前轮辙试验中位移传感器的精度约为 ±0.02mm,当动稳定度超过 10000 次/mm,即在 15min 内产生 0.06mm 左右的变形时,位移传感器的精度对动稳定度结果的影响可达 30%,这使得微变形将显著影响动稳定度结果的准确性。而且,由于灌注式半柔性路面混合料在轮辙试验第 45min 至 60min 时的轮辙变形量十分微小(≤0.01mm),该数值小于位移传感器的测量精度,所以,轮辙试验难以准确评定灌注式半柔性路面混合料的抗轮辙性能,尤其是灌注式半柔性路面混合料之间的差异不明显时,难以准确用于横向对比其抗轮辙性能优劣。

综上所述,标准马歇尔试验可以反映材料破坏时的整体结构强度,可用于横向对比不同类型的灌注式半柔性路面混合料性能。而轮辙试验不适用于横向对比不同类型的灌注式半柔性路面混合料性能,但可用于对比灌注式半柔性路面混合料与沥青混合料之间的性能优劣。

2. 水稳定性

灌注式半柔性路面混合料的水稳定性通常采用浸水马歇尔试验、冻融劈裂试验和汉堡轮辙试验进行评价,测试了两种不同类型灌注式半柔性路面混合料在养护龄期为 7d 时的水稳定性。

(1)浸水马歇尔试验

浸水马歇尔试验是评价混合料受水损害时抗剥落能力的常用方法。灌注式半柔性路面混合料浸水马歇尔试验参考《公路工程沥青及沥青混合料试验规程》(JTG E20—2011)T 0709 进行。

(2)冻融劈裂试验

冻融劈裂试验是在规定条件下对混合料进行冻融循环,测定混合料试件在受到冻融前后劈裂破坏的强度比,从而评价其水稳定性。冻融劈裂试验参考《公路工程沥青及沥青混合料试验规程》(JTG E20—2011)T 0729 进行。

浸水马歇尔试验和冻融劈裂试验结果如表 13-19 和表 13-20 所示。

浸水马歇尔试验结果 表 13-19

沥青类型	浸水前马歇尔稳定度(kN)		浸水后马歇尔稳定度(kN)		残留稳定度(%)
	三组平行件	均值	三组平行件	均值	
SFP-A70	27.52	26.57	28.16	27.37	103.01
	26.38		26.86		
	25.81		27.08		
SFP-HEMA	34.78	33.37	39.47	38.83	116.36
	30.12		36.86		
	35.21		40.16		

续上表

沥青类型	浸水前马歇尔稳定度（kN）		浸水后马歇尔稳定度（kN）		残留稳定度（%）
	三组平行件	均值	三组平行件	均值	
SMA-13	11.62	11.31	10.55	10.92	96.55
	11.14		11.12		
	11.17		11.09		

冻融劈裂试验结果 表 13-20

沥青类型	未冻融劈裂强度（MPa）		冻融后劈裂强度（MPa）		冻融劈裂强度比（%）
	三组平行件	均值	三组平行件	均值	
SFP-A70	1.39	1.36	1.46	1.43	105.05
	1.41		1.40		
	1.29		1.44		
SFP-HEMA	1.53	1.51	1.70	1.69	112.03
	1.51		1.75		
	1.48		1.62		
SMA-13	0.85	0.86	0.84	0.84	97.7
	0.86		0.82		
	0.87		0.86		

由浸水马歇尔试验和冻融劈裂试验结果可知,灌注式半柔性路面混合料的残留稳定度和冻融劈裂强度比均大于 100% 。这是由于灌注式半柔性路面混合料内部被水泥充分填充,表面被致密的水泥覆盖,几乎不透水,水分子无法侵入试件内部造成水损坏,反而使得浸水的灌注式半柔性路面混合料试件得到充分养护,浸水后试件的马歇尔稳定度和劈裂强度普遍大于浸水前试件的马歇尔稳定度和劈裂强度。因此,浸水马歇尔试验和冻融劈裂试验均难以准确用于横向对比灌注式半柔性路面混合料的水稳定性的优劣。

(3)汉堡轮辙试验

汉堡轮辙试验能够同时评价混合料的抗轮辙能力和水稳定性。根据《压实热拌沥青混合料汉堡轮辙试验》(AASHTO T 324-14)对养护龄期为 28d 的灌注式半柔性路面混合料进行 50℃的水浴汉堡轮辙试验,每组进行两次平行试验。试验采用 77-PV33B05 型双轮汉堡轮辙仪对试件进行测试。试验步骤如下:首先,采用旋转压实法制备尺寸为 $\phi150mm \times 60mm$ 的圆柱体多孔沥青混合料试件。然后,将灌浆材料倒入试样中并进行养护。最后,需在试件一侧切割 7mm 左右,以满足试验所用模具要求。钢轮在试件上表面进行往复碾压,钢轮宽度为 47mm,碾压速率为 52 次/min ± 2 次/min,当试件产生约 20% 试件高度的轮辙深度（12mm）,或钢轮往复碾压 20000 次后,设备自动停止,记录加载过程中钢轮碾压次数-轮辙深度的关系曲线,结果如图 13-6 所示。

由图 13-6 可知,在 50℃水浴且经过钢轮 20000 次反复碾压下,SFP-HEMA、SFP-A70 和 SMA-13 的轮辙深度分别约为 3.13mm、5.27mm 和 8.12mm。这表明 SFP-HEMA 的水稳定性和抗轮辙能力优于 SFP-A70,且不同类型灌注式半柔性路面混合料的水稳定性和抗轮辙能力远高于 SMA-13。试件表面仅有轻微磨损,无明显剥落、颗粒脱落等损伤形态,表现出良好的水稳定性、抗轮辙性能和抗剥落性能。这种现象可以解释为:首先,与 SMA-13 相比,灌注式半柔性路面混合料内部空隙被灌浆材料充分填充,抗变形能力得到显著提升,试件表面也被灌浆材料覆盖,进而在表面形成致密、不透水的保护层,有效提高其抗水损害能力;其次,相较于 A70 沥青,HEMA 沥青的黏度更大且与之对应的 C-AM-A 复合界面的黏结性能也更强,这使得 SFP-HEMA 的整体强度、抗水损害能力和抗轮辙能力均优于 SFP-A70。综上所述,汉堡轮辙试验可以准确反映基质沥青和高黏沥青制备的灌注式半柔性路面混合料在性能上的差异。

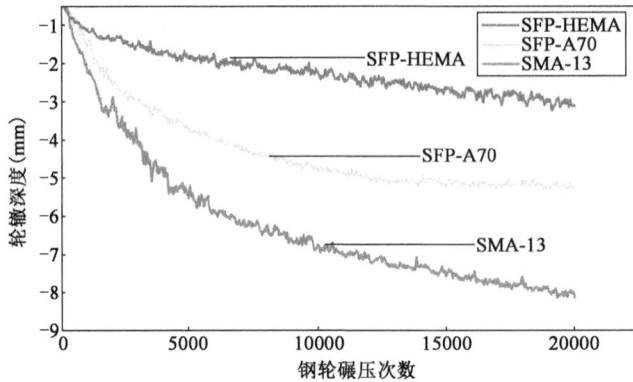

图 13-6　汉堡轮辙试验钢轮碾压次数和轮辙深度关系曲线

3. 低温抗裂性

低温弯曲试验是评价灌注式半柔性路面混合料在低温情况下应力松弛及抵抗变形能力的方法之一。灌注式半柔性路面混合料中的水泥灌浆材料和沥青混合料会随着温度的变化而产生一定的不协调变形,这将加剧其在低温下的开裂。低温弯曲试验根据《公路工程沥青及沥青混合料试验规程》(JTG E20—2011)T 7015 进行,以抗弯拉强度、破坏弯拉应变、破坏劲度模量和破坏应变能密度为评价指标,其中,抗弯拉强度用于衡量材料在受弯曲作用下抵抗断裂的能力;破坏弯拉应变反映了材料在荷载作用下能够延展或变形的能力;破坏劲度模量反映了材料在达到破坏点之前的抗弯刚性,主要描述了材料在弯曲加载下的弹性行为;破坏应变能密度反映了材料在破坏前能够吸收的总能量。试验温度为 - 10℃ ± 0. 5℃,加载速率为 50mm/min。

4. 疲劳性能

灌注式半柔性路面在长期服役过程中,受到车辆荷载反复作用,或者受到环境温度交替变化所产生的温度应力作用,处于应力应变反复变化的状态。尤其是由于水泥和多孔沥青混合料模量的差异以及内部缺陷,加剧了细观上的应力集中,不可避免地会产生水泥、多孔沥青混合料、界面的宏细观微裂纹,路面结构强度逐渐衰减,直至最后发生疲劳破坏,路面出现裂缝。

目前,常见的灌注式半柔性路面混合料疲劳试验根据试验方法的不同可以分为:四点弯曲疲劳试验、间接拉伸疲劳试验和半圆弯曲疲劳试验,如图 13-7 所示。加载模式可分为应力加载和应变加载。由于沥青混合料为应变耐受材料,而水泥混凝土为应力耐受材料,所以,沥青混合料更适合采用应变加载模式,而灌注式半柔性路面混合料中含有水泥材料,则宜采用应力加载模式。

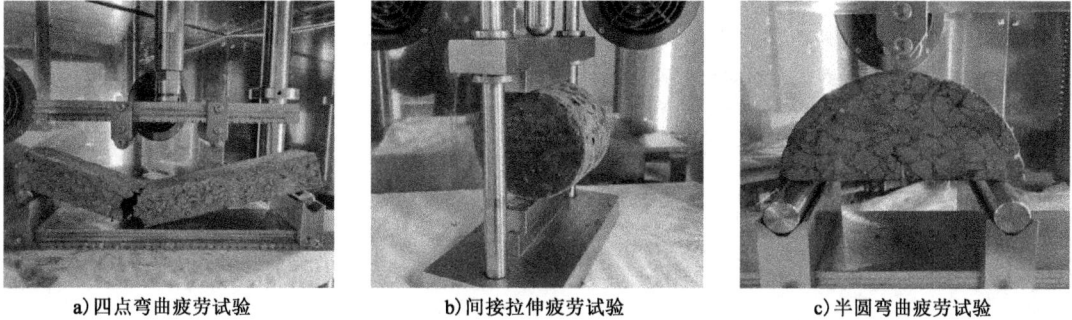

a)四点弯曲疲劳试验　　　　b)间接拉伸疲劳试验　　　　c)半圆弯曲疲劳试验

图 13-7　灌注式半柔性路面混合料疲劳试验

　　变异系数可用于比较不同尺度和单位的数据集的离散程度。它是标准差与均值之比,通常以百分比形式表示,是用于比选出最佳的灌注式半柔性路面混合料疲劳性能的评价指标。对应变加载模式下各类型疲劳试验结果的变异性进行研究,结果(表 13-21)发现,不同疲劳试验结果的平均变异系数大小顺序为:四点弯曲疲劳试验 > 间接拉伸疲劳试验 > 半圆弯曲疲劳试验。这表明半圆弯曲疲劳试验所测结果离散性最小,最适用于评价灌注式半柔性路面混合料的耐久性。一方面,与四点弯曲疲劳试验中的矩形梁相比,半圆形试件加载表面的平滑圆弧形状有助于减小边缘效应和应力分布复杂性,从而降低了试验结果的离散性;另一方面,半圆弯曲疲劳试验对试件进行预切口的方式,对裂纹的起始和扩展有更好的控制作用,有助于减小试样的起始缺陷,并在试验中保持一定的一致性,从而降低了数据的离散性。

各疲劳试验方法的变异系数　　　　　　　　　　　　　　　　表 13-21

应力比	四点弯曲疲劳试验	间接拉伸疲劳试验	半圆弯曲疲劳试验
0.3	33.98%	—	44.53%
0.4	47.37%	19.22%	17.95%
0.5	42.65%	52.11%	8.31%
0.6	30.47%	48.08%	62.85%
0.8	—	15.01%	—
均值	38.62%	33.60%	33.41%

【思考题】

13-1　总结灌注式半柔性混合料的技术特性和适用工程。

13-2　思考灌注式半柔性混合料强度形成机理,并分析影响因素。

13-3　讨论灌注式半柔性路面施工工艺和施工质量控制措施。

13-4　灌浆材料应具备哪些技术特性?

13-5　总结灌注式半柔性混合料配合比设计方法。

13-6　与传统水泥路面和沥青路面相比,灌注式半柔性路面的优势和面临的挑战分别是什么?

13-7 如何评估灌注式半柔性混合料的高温稳定性和长期耐久性?

13-8 在灌注式半柔性混合料制备过程中,如何确保多孔沥青混合料的灌注率?

【小组讨论】

13-1 讨论灌注式半柔性混合料的工程应用。

13-2 讨论灌注式半柔性混合料强度机理与性能增强技术。

13-3 讨论在施工过程中如何确保灌注式半柔性路面的质量,以及在施工技术和质量控制方面需要注意哪些关键因素。

13-4 讨论灌注式半柔性路面在不同类型的交通场景(如高速公路、公交枢纽、停车场)中的表现如何,以及在哪些场景下它的优势最为明显。

【拓展阅读】

13-1 郝培文,刘红瑛,徐金枝.半柔性路面材料设计与施工技术[M].上海:同济大学出版社,2021.

13-2 王伟鹏.半柔性复合路面材料与结构研究[D].长沙:长沙理工大学,2012.

13-3 黄政.自流平水泥灌孔沥青碎石路用性能研究[D].重庆:重庆交通大学,2015.

13-4 卢祎苗.灌注地聚合物的半柔性路面材料性能研究[D].扬州:扬州大学,2021.

13-5 方亦成.用于半柔性路面的早强灌浆料设计及其性能研究[D].南京:东南大学,2022.

13-6 凌森林,王永鑫,金辉球,等.灌注式半柔性路面研究进展(1)——半柔性混合料组成设计[J].石油沥青,2021,35(5):50-59.

13-7 凌森林,王永鑫,金辉球,等.灌注式半柔性路面研究进展(2)——半柔性混合料路用性能评价方法[J].石油沥青,2021,35(6):1-11.

13-8 孙宇,乔俊,罗望群,等.灌注式半柔性路面研究进展(3)——铺装结构及施工技术[J].石油沥青,2023,37(1):73-80.

PART 5 | 第五篇

环保型沥青混合料

第十四章
再生沥青混合料

【内容提要】

本章介绍了废旧沥青混合料再生技术的基本原理和再生工艺分类,讲述了厂拌热再生沥青混合料和就地热再生沥青混合料配合比设计方法,总结了乳化沥青和泡沫沥青再生沥青混合料配合比设计方法,并提供了配合比设计实例。

第一节 概　述

沥青路面再生利用技术是将需要翻修或者废弃的旧沥青路面,经过翻挖、回收、破碎、筛分,再和新集料、新沥青适当配合,重新拌和成具有良好路用性能的再生沥青混合料,用于铺筑路面面层或基层的整套工艺技术。该技术有利于处治废料、节约能源、保护环境,具有显著的经济效益和社会效益。

一、发展现状

早在 1973 年,石油危机导致砂石材料供应困难,这推动了美国对沥青路面再生技术的研究。到 1985 年全美再生沥青混合料的用量就迅速增加到 2 亿 t,几乎是全部路用沥青混合料用量的一半。随后欧洲各国也积极发展沥青路面再生技术,还开发研制出专供现场就地加热表面再生的施工设备。目前,欧美国家在再生沥青混合料的工艺和相关设备研制和开发上取得了显著成就,形成了规范化和标准化的沥青混合料再生技术体系。

在 20 世纪 70 年代,我国一些公路养护部门也自发地开展了废旧沥青路面材料的再生利用工作。此后交通运输部、住房和城乡建设部相继将"沥青路面再生利用"列为重点科技项目,并组织开展系统的科学研究。通过室内外大量的试验和研究,不仅在再生机理、再生设计方法、再生剂的质量技术指标上取得了一定进展,而且在热拌再生和冷拌再生的施工工艺、再生机械等多方面成果丰硕。根据 2024 年 6 月交通运输部发布的《2023 年交通运输行业发展统计公报》,截至 2023 年底,我国高速公路里程累计已达 18.36 万 km,公路总里程达 543.68 万 km,稳居世界第一。同时大量公路临近其设计寿命年限,路面养护维修任务随之加重。值得注意的是,在公路养护维修的同时,产生了大量的废旧沥青路面材料。据推算,我国仅干线公路大中修工程,每年产生的沥青混合料回收料(reclaimed asphalt pavement,RAP)就达近 2 亿 t,并且这一数量还将以每年 15% 的速率增加。若仅将 RAP 废弃堆积,不仅占用了土地资源、影响生态环境,而且极大地浪费了 RAP 中的石料和沥青,增加公路的全周期寿命成本。因此,实现 RAP 的高效利用,将助力我国可持续发展战略和交通强国目标的实现。相关研究表明,铺筑再生沥青路面,其材料费平均节省 45%~50%,与新铺沥青路面相比,可降低工程造价 20%~25%。

近几年来,国内许多省(市)的公路和市政部门积极开展了沥青路面再生利用的研究。如北京、上海、广东、江苏等地从国外引进了现场再生设备,在高速公路上进行再生施工。很多市政施工部门将热拌设备加以改装,用于拌和再生沥青混合料,均取得了良好的效果。

二、再生理论

旧沥青路面的再生,关键在于沥青的再生。从本质上讲,沥青的再生是沥青老化的逆过程,同时也是再生沥青混合料配合比设计、工艺设计以及施工生产的基础。目前,沥青再生的经典理论主要有组分调和理论和相容性理论。

组分调和理论认为,沥青是一个胶体分散体系,其分散相是以沥青质为核心,吸附部分胶质的胶束,而分散介质则是由芳香分和饱和分组成的轻组分。组分调和理论从沥青老化后所表现出的组分变化的角度出发,认为沥青老化后其内部沥青质含量增加、芳香分含量降低、饱和分和胶质含量基本不变,从而使各组分间比例不协调。因此,能通过外加软沥青或再生剂以提高芳香分的相对含量,降低沥青质相对含量的方法调节沥青的配合比,使其恢复到原有性能,实现再生。

相容性理论是将沥青看成溶剂和溶质两部分,其中大分子沥青质为溶质,软沥青为溶剂,沥青为软沥青溶解沥青质形成的高分子溶液。相容性理论是从热力学角度出发,认为沥青老化后其各组分的相容性降低,从而导致各组分间溶度参数差值增大。而通过外加再生剂的方法可以减小各组分溶度参数差,形成稳定的高分子溶液,从而使沥青恢复原有性能。这个过程主要体现再生剂两个方面的作用:一方面软沥青和沥青质的溶度参数趋于接近,减小了溶度差;另一方面增加了溶液体系中的溶剂,增强了对沥青质的溶解能力。因此,可以采用添加轻质组分,尤其是添加芳香族油分的方法来实现沥青的再生。

三、再生工艺的分类

沥青路面再生根据施工温度主要分为热拌再生和冷拌再生两种。根据施工工艺,热拌再生可以分为就地热再生和厂拌热再生两种;冷拌再生可以分为就地冷再生、厂拌冷再生和全深式冷再生三种。在路面翻修中最为常用的是就地冷再生、就地热再生和厂拌热再生三种。

就地热再生是采用专用设备对沥青路面就地进行加热、翻松,掺入一定数量的新沥青、新沥青混合料、沥青再生剂等,经热态拌和、摊铺、碾压等工序,实现旧沥青路面面层再生的技术。其具有不破坏集料级配、无须运输旧料、实现旧沥青路面材料 100% 利用等优点。也正因为新拌混合料掺加的比例较低以及再生过程中受到现场各种因素的限制,所以在质量上往往不及厂拌热再生,适用于仅存在浅层轻微病害的各等级公路和城市道路的沥青面层。对于新建道路,仅可用于中、下面层。

厂拌热再生是在拌和厂将 RAP 经破碎、筛分等预处理后,添加一定比例的新集料、新沥青(再生剂)进行加热拌和,使回收料成为优良再生沥青混合料的工艺。相较于就地热再生,厂拌热再生具有混合料质量较好控制、重新铺筑的路面高程不会变化、设备投资较小、废气污染少等优势。但高 RAP 掺量会导致厂拌热再生混合料设计生产难度加大,进而限制了 RAP 的利用率(一般小于 30%),因此提高 RAP 利用率的同时不影响再生混合料的性能成了目前各国在厂拌热再生技术上的研究重点。

就地冷再生是利用现有的旧路材料(面层或部分基层),根据设计级配确定是否需要加入部分新集料,并按比例加入一定量的再生剂(乳化沥青、泡沫沥青)或化学稳定剂(水泥、粉煤灰或石灰等)和添加剂,在自然环境温度下完成乳化沥青和水的喷洒、旧路的铣刨及拌和、再生料的提升、摊铺及碾压成型的连续作业过程。与传统的沥青路面养护维修方式相比,就地冷再生能够节约原材料,提高旧路等级,缩短工期,对交通影响小,节省养护资金,同时循环利用废料,保护环境,能彻底消除原面层的拥包、轮辙、裂缝和松散等病害,还可以对基层病害进行适当处理,从而能够实现环境效益、经济效益和社会效益的协同提升。

厂拌冷再生是将回收沥青路面材料运至拌和厂,经破碎、筛分后,以一定的比例与新集料、活性填料、水分进行常温拌和,常温铺筑形成路面结构层的沥青路面再生技术。可用于修复面层和基层病害,一般用于低等级公路或高等级公路的基层、下面层等。由于厂拌冷再生是在不对矿料进行加热的条件下,将 RAP、新集料、乳化沥青或泡沫沥青和再生剂或还原剂组合在一起,拌制成再生混合料,与厂拌热再生一样,是一种在中心拌和站进行拌和集中生产再生混合料的方法,因而再生混合料的质量通常比就地冷再生更好,同时具有再生过程能量消耗少、没有烟雾污染、温室气体排放少等优点。

全深式冷再生是一项新的道路建设工艺,它充分利用旧沥青路面的材料(面层直至基层),在常温下利用专用冷再生设备,对旧沥青路面材料进行铣刨、破碎,并加入一定量的添加剂和水,与其充分拌和,就地整平碾压成型,经养生形成满足路用性能要求的新型路面基层,在实现对旧沥青路面加以利用的同时,解决旧路改建时"调拱、调坡"的问题,以达到简化施工程序、降低工程造价的目的。相较于传统冷再生技术(就地冷再生和厂拌冷再生),全深式冷再生资源利用率更高、维护成本更低、环境污染和资源浪费更少,是最具潜力的冷再生工艺。

第二节 材 料

一、再生剂

(1)再生剂的主要作用

沥青路面经过长期老化后,当其中所含的旧沥青的黏度高于 $1 \times 10^6 Pa \cdot s$,或者其针入度低于 $40(0.1mm)$ 时,软质沥青已无法对其进行调和,此时应该考虑使用低黏度的油料做再生剂。再生剂主要有以下两方面的作用。

①调节旧沥青的黏度,使其降低到沥青混合料所需沥青的黏度。在工艺上使过于脆硬的旧沥青混合料软化,以便在机械和热的作用下充分分散,与新沥青、新集料均匀混合。

②促进旧料与旧沥青之间的交融,使在老化过程中凝聚起来的沥青质重新溶解分散,调节沥青的胶体结构,从而达到改善沥青流变性质的目的。

可以作为再生剂的油料,主要是一些石油系的矿物油。但并非所有矿物油都能用于沥青的再生,这主要是因为一些油料添加在旧沥青中,只能使老化沥青的黏度降低,而难以使聚集起来的沥青质重新溶解分散,因此再生效果不好。通常,判断再生剂是否具有良好的再生功能,主要看它的化学成分。好的再生剂是经过专门配制加工而成的,且尽可能选用与旧沥青同种油源的石油产品进行开发。

近年,由于废油回收行业回收体系尚不完善,每年都有大量的废油资源被浪费,造成巨大的经济损失和环境污染。因为与沥青在成分上有相似之处,废食用油(WCO)、废生物油(WBO)、废机油(WEO)等已被研究用于老化沥青的再生,并取得了令人满意的效果。目前来看,废油再生沥青混合料具有较好的抗轮辙和抗疲劳性能,但低温性能依然有限。此外,对于优质沥青结合料(如改性沥青),一般更希望对它们可以实现相应的优质再生,即在恢复基质沥青流变性能的同时,使改性剂形成的交联结构得到一定程度的恢复。

(2)再生剂的技术要求

沥青再生剂可以根据需要配制成系列产品,以满足不同再生条件的需要。根据沥青路面材料老化的程度,选择不同黏度的再生剂。如果老化比较严重,材料已经脆硬,则宜选择黏度较低的再生剂,以获得较好的渗透性,有效地调节旧沥青的黏度。如果旧路面材料老化不是很严重,例如使用时间不长的路面铣刨料,则可以使用黏度相对较高的再生剂,也可以使用较软的沥青材料。通常,再生剂主要有以下几方面的质量要求。

①适当的黏度。由于再生剂在实际工程应用中是喷洒到旧料上去的,要使再生剂渗透到旧沥青中与其充分融合,以达到再生的目的,再生剂必须具有可喷洒性和很强的渗透能力。一般来说,黏度越低,再生剂的渗透能力越强,所以再生剂首先必须具备低黏度。但是如果低黏度再生剂的油分太多,则加入老化沥青中后在施工热拌(热再生)以及之后的使用中挥发也越快,因为低黏度往往也意味着易挥发,所以再生剂的黏度也不能太低。因此在再生剂的黏度选择上需兼顾这两方面。

②具有溶解和分散沥青质的能力。旧沥青中的沥青质含量越高,则要求再生剂溶解和分散沥青质的能力也越高。芳香分具有溶解和分散沥青质的能力,而饱和分则相反,它是沥青质

的促凝剂。因此,合适的组分对再生剂是十分重要的。

③不含有损害沥青路面其他路用性能的有害物质。再生剂中的油分主要是芳香族和饱和族,有些油分含有较多的饱和分(包括有蜡质和非蜡质的饱和物),加入老化沥青中会对沥青的性能产生不利的影响。具体而言,蜡质含量过高使沥青的高温和低温性能变差,严重影响路面的使用性能。所以从组分上讲,再生剂中的油分应富芳香分而少饱和分。

④耐热性和耐久性。在热拌再生工艺过程中,再生剂要受到加热高温的影响。此外,再生沥青混合料铺筑在路面上,还将受到大气自然因素的作用,故再生剂必须具有一定的耐热性和耐久性。这一点普遍采用薄膜烘箱试验前后的黏度比和质量损失率来衡量。

⑤不含对人体有害的物质,同时必须注意不能使用对环境有不利影响的再生剂。

⑥在施工喷洒和加热拌和时,不产生闪火或烟雾现象。这就要求再生剂具有较低的闪点。

综上所述,适当的黏度、良好的流变性质、富含芳香分以及良好的耐久性,应该是再生剂的质量指标。我国于2019年发布实施了《公路沥青路面再生技术规范》(JTG/T 5521—2019),规定沥青再生剂的技术标准应符合表14-1的要求。

沥青再生剂技术要求　　　　　　　　　　　　　　表14-1

技术指标	RA-1	RA-5	RA-25	RA-75	RA-250	RA-500	试验方法
60℃黏度(mm²/s)	50~175	176~900	901~4500	4501~12500	12501~37500	37501~60000	T 0619
闪点(℃)	≥220	≥220	≥220	≥220	≥220	≥220	T 0611
饱和分含量(%)	≤30	≤30	≤30	≤30	≤30	≤30	T 0618
芳香分含量(%)	实测记录	实测记录	实测记录	实测记录	实测记录	实测记录	T 0618
薄膜烘箱试验前后黏度比*	≤3	≤3	≤3	≤3	≤3	≤3	T 0619
薄膜烘箱试验前后质量变化(%)	≤4,≥-4	≤4,≥-4	≤3,≥-3	≤3,≥-3	≤3,≥-3	≤3,≥-3	T 0609 或 T 0610
15℃密度(g/cm³)	实测记录	实测记录	实测记录	实测记录	实测记录	实测记录	T 0603

注:*薄膜烘箱试验前后黏度比 = 试样薄膜烘箱试验后黏度/试样薄膜烘箱试验前黏度。

以第13届太平洋沿岸沥青规范会议制定的热拌再生混合料再生剂建议规范(表14-2)作为参照可以看出,它们都对再生剂的化学组成、黏度、耐老化性能提出了要求。

热拌再生混合料再生剂规范(太平洋沿岸沥青规范会议)　　　　表14-2

技术指标	ASTM 试验方法	RA-5	RA-25	RA-75	RA-250	RA-500
黏度(140℉)(Pa·s)	D2170 或 D2171	0.2~0.8	1.0~4.0	5.0~10.0	15.0~35.0	40.0~60.0
闪点(℉)*	D92	>400	>425	>450	>450	>450
饱和分含量(%)	D4124	<30	<30	<30	<30	<30
旋转薄膜烘箱残渣	D2872	—	—	—	—	—
黏度比(140℉)(%)	D2170或D2171	<3	<3	<3	<3	<3
质量变化(%)	D2872	<4	<4	<4	<4	<4
相对密度	D70 或 D1298	报告	报告	报告	报告	报告

注:*1℉=5/9K。

二、沥青结合料

再生沥青混合料中常用的结合料有道路石油沥青、改性沥青、泡沫沥青以及乳化沥青。其中,道路石油沥青、改性沥青常用于热拌再生混合料,其性能要求与常规沥青混合料中的沥青结合料类似,满足《公路沥青路面施工技术规范》(JTG F40—2004)的有关规定即可。本书第二章第二节对泡沫沥青和乳化沥青的组成与制备、作用机理以及常规应用中的性能指标作了详细介绍。而泡沫沥青和乳化沥青用于冷拌再生混合料的技术要求特殊,因此,下面仅介绍这两种沥青在冷拌再生混合料中的性能要求。

(1)泡沫沥青

泡沫沥青是冷再生沥青混合料常用的胶结料,20 世纪 70 年代后被广泛用作冷再生材料的再生剂和黏结剂。泡沫沥青是在高温条件下在发泡装置中加入高温沥青和一定比例的水,水与高温沥青混合后形成蒸汽,促使沥青迅速膨胀成泡沫状。发泡效果的主要技术指标为膨胀期和半衰期,通常认为膨胀率高、半衰期长的泡沫沥青质量较好。为充分评价泡沫沥青的发泡质量,国内外专家提出了多种评价方法,包括发泡指数,以及从能量角度确定最佳发泡条件和发泡特性,相关研究表明,发泡剂种类、温度、气压和用水量对发泡性能有显著影响。升高温度能够降低沥青黏度,提高发泡膨胀率,最佳发泡温度为 150 ~ 170℃;同时,随着用水量的增加,膨胀率逐渐增大,半衰期逐渐缩短。

《公路沥青路面再生技术规范》(JTG/T 5521—2019)中详细规定了泡沫沥青的技术要求,如表 14-3 所示。

泡沫沥青技术要求 表 14-3

项目	技术要求	试验方法
膨胀率(倍)	≥10	《公路沥青路面再生技术规范》
半衰期(s)	≥8	(JTG/T 5521—2019)附录 C

(2)乳化沥青

乳化沥青是将高温熔融后呈流动状态的沥青加入含有乳化剂的皂液中,通过机械高速剪切作用,使沥青变成微小颗粒并分散在含有稳定剂-乳化剂的水溶液中,形成一种较稳定的水包油结构。通过这种乳化作用,沥青可以更好地与旧路面材料以及添加的新料混合,提高了路面结构的胶结性能。

在乳化沥青冷再生沥青混合料强度形成机理方面,乳化沥青液滴表面带有电荷,当沥青乳液与集料颗粒表面电荷电性相反时,异性电荷相吸,使胶结料与集料的界面黏结强度增大。当沥青乳液与集料混合接触时,沥青倾向于与水分发生分离并黏附在集料颗粒表面,该过程称为破乳。我国对于乳化沥青冷再生技术的研究已较为成熟,在《公路沥青路面再生技术规范》(JTG/T 5521—2019)中规定了乳化沥青的技术要求,如表 14-4 所示。

冷再生用乳化沥青技术要求 表 14-4

试验项目	质量要求	试验方法
破乳速度	慢裂或中裂	T 0658
粒子电荷	阳离子(＋)	T 0653

续上表

	试验项目	质量要求	试验方法
	筛上残留物(1.18mm筛)(%)	≤0.1	T 0652
黏度*	恩格拉黏度计法 E_{25}	2~30	T 0622
	25℃赛波特黏度 V_s(s)	7~100	T 0623
蒸发残留物	残留物含量(%)	≥60	T 0651
	溶解度(%)	≥97.5	T 0607
	针入度(25℃)(0.1mm)	50~130	T 0604
	延度(15℃)(cm)	≥40	T 0605
	与粗集料的黏附性,裹覆面积	≥2/3	T 0654
	与粗、细粒式集料拌和试验	均匀	T 0659
常温储存稳定性(%)	1d	≤1	T 0655
	5d	≤5	

注:*恩格拉黏度和赛波特黏度指标任选其一检测,有争议时以赛波特黏度为准。

三、沥青混合料回收料

RAP是指旧沥青路面经过铣刨、翻挖、破碎等工序收集得到的产物,是再生沥青混合料的重要原料之一。据不完全统计,每年仅干线公路维修工程中产生的RAP就达到了2亿t,因此RAP的再生利用就显得尤为重要。但是,由于在环境因素和车辆荷载的多重作用下,原路面级配、沥青性能、集料性能均会发生显著的不均匀变化,再加上回收过程中会掺杂废橡胶、油污涂料等有害杂质,所收集的RAP的各项性能将出现明显的变异性,对再生效果和再生混合料的性能有着重要的影响。因此,《公路沥青路面再生技术规范》(JTG/T 5521—2019)中明确指出,在回收RAP时需按表14-5测定其对应技术指标。另外,在进行配合比设计时,处理后的RAP应满足表14-6的技术要求。

RAP技术指标　　　　表14-5

材料	检测项目
RAP	含水率
	RAP矿料级配
	沥青含量
	砂当量
RAP中的沥青*	25℃针入度
	60℃动力黏度
	软化点
	15℃延度
RAP中的粗集料	针片状颗粒含量
	压碎值
RAP中的细集料	棱角性

注:*用于三、四级公路或者是用于底基层的冷再生,RAP中的沥青和粗细集料指标可不做检测。

RAP 技术要求

表 14-6

再生类型	材料	检测项目	技术要求	试验方法
厂拌热再生,预处理后的 RAP	RAP	含水率(%)	≤3	T 0305
		最大颗粒粒径(mm)	≤26.5	T 0304
	4.75mm 以下的 RAP	砂当量(%)	≥60	T 0334
	RAP 中粗集料	针片状颗粒含量(%)	≤15	T 0312
		最大颗粒粒径(mm)	≤设计级配允许的最大粒径	T 0304
	RAP 中的沥青	25℃针入度(0.1mm)	≥10	按 T 0726 或 T 0727 回收沥青,然后按 T 0604试验
就地热再生	再生厚度范围内 RAP	沥青含量(%)	≥3.8	T 0722 或 T 0735
	再生厚度范围内 RAP 中的沥青	25℃针入度(0.1mm)	≥20	按 T 0726 或 T 0727 回收沥青,然后按 T 0604试验
	再生厚度范围内 RAP 中的矿料	最大颗粒粒径(mm)	≤设计级配允许的最大粒径	T 0302
厂拌冷再生,预处理后的 RAP	RAP	最大颗粒粒径(mm)	≤设计级配允许的最大粒径	T 0302
	4.75mm 以下的 RAP	砂当量(%)	≥50	T 0334

四、化学添加剂

对于冷再生沥青混合料,水泥等稳定剂的加入不仅可以作为填料改善级配,还可以提高冷再生沥青混合料的早期强度和长期性能,且添加剂含量和性能也会对冷再生沥青混合料的力学性能产生较大影响。

(1)水泥

水泥作为再生结合料或者活性添加剂时,可采用普通硅酸盐水泥、矿渣硅酸盐水泥等,不应使用快硬水泥、早强水泥。水泥强度等级宜为 32.5 或 42.5。

冷再生沥青混合料中通常加入 1.0% ~2.5% 的水泥以提高混合料的早期强度、高温稳定性,并可作为添加剂以增强砂浆与集料的黏结性,提高抗水损害性能。此外,水泥可提高冷再生沥青混合料的无侧限抗压强度、间接抗拉强度、回弹模量和抗轮辙性能等力学性能,但水泥掺量与冷再生沥青混合料力学性能的提高幅度并非呈线性正相关。以水泥-乳化沥青混合料为例,当水泥掺量超过 2% 时,冷再生沥青混合料的间接抗拉伸强度增强效果较小。有研究表明,当乳化沥青掺量为 8%,水泥掺量由 0 增加到 4% 时,其间接抗拉强度先增大后减小,水泥掺量约为 3% 时,抗拉强度和回弹模量最大。

虽然水泥能够多方面地提升冷再生沥青混合料性能,但是不利于抗疲劳性能和低温抗开裂性,尤其是冷再生沥青混合料应用于基层或者下面层时,对抗疲劳性能有一定的要求。为保证冷再生沥青混合料的低温抗开裂性能,水泥掺量应低于 2%。对于冷再生沥青混合料的抗疲劳性能,以乳化沥青混合料为例,其疲劳性能取决于初始应变水平,当应变水平低于 $300\mu\varepsilon$ 时,水泥有利于延长疲劳寿命,应变水平高于 $300\mu\varepsilon$ 时则相反。冷再生沥青混合料应用于基层时,其应变水平通常低于 $200\mu\varepsilon$,因此,在冷再生沥青路面设计方法中应充分对其进行研究,提出符合冷再生沥青混合料材料特性的疲劳失效设计准则。美国沥青学会建议将水泥用量限制为1%,中国将水泥掺量确定为1.5%,以降低水泥对疲劳性能的弱化影响,但在其他相关研究中也提出可采用3%的水泥掺量。

水泥对于乳化沥青混合料和泡沫沥青混合料力学性能的影响规律较为一致,乳化沥青混合料和泡沫沥青混合料的强度形成机理存在差异,以及其他材料组分性能及相对含量也存在差异,因此水泥最佳掺量也存在差异。

(2)石灰

石灰通常作为一种活性添加剂,以熟石灰和石灰浆的形式加入冷再生沥青混合料以改善其力学性能,其技术指标应符合《公路路面基层施工技术细则》(JTG/T F20—2015)的规定。熟石灰是最常见的一种添加剂,添加量通常为集料质量的1%~3%。熟石灰相比于普通的石灰石矿粉填料具有更高的孔隙率,石灰石矿粉压实后孔隙率通常为30%~34%,而熟石灰孔隙率通常为60%~70%。此外,熟石灰作为一种填料对沥青的增强效果优于普通填料。有研究表明,以填料与沥青的质量比为指标,将针入度为200(0.1mm)的沥青软化点提高20℃,熟石灰与沥青的质量比为0.7~1.0,而矿粉填料的质量比为1.5~2.5。

熟石灰最先在美国得到关注和研究,被用于热拌沥青混合料中以提高其抗水损害和冻融破坏性能,同时还能够提高混合料的模量及抗轮辙、抗疲劳性能,增强混合料的耐久性。这主要是由于熟石灰能够改善集料与沥青的黏附状态,游离的钙离子沉积在集料表面,促进与沥青中的酸性物质发生物化反应,提高集料与沥青的黏结强度,进而提高抗水损害性能,这一现象对酸性集料尤为明显。此外,相关室内试验和现场调研结果表明,石灰能够降低冷再生沥青混合料孔隙率,从而提高混合料抗拉强度、抗永久变形能力和刚度,但石灰浆增强效果更优。

第三节 再生沥青混合料设计要求

一、热拌再生沥青混合料配合比设计要求

1.影响旧料与新料配合比的因素

目前,各国对沥青路面热再生中RAP的利用率都提出了明确的规定,如美国厂拌热再生沥青混合料中RAP最大掺量一般不超过30%,南非一般不超过40%。热再生沥青混合料组成设计中各个环节处理是否得当、方法是否合理完善,将直接决定热再生混合料最终的性能水平,进而成为限制RAP最大利用率的重要控制因素之一。《公路沥青路面再生技术规范》(JTG/T 5521—2019)要求,热拌再生沥青混合料的配合比设计同普通沥青混合料一样,也应包含目标配合比设计、生产配合比设计、生产配合比验证三个阶段。

对路面进行热再生时,首先应根据公路等级、气候条件、交通特点,充分借鉴成功经验,确定工程设计级配范围。其次应明确RAP的掺配比例。新料与旧料的配合比可以根据材料的品质和路用的需要进行调整,变化的幅度较大,具体掺配比例可根据以下因素加以考虑。

（1）旧路面材料的品质

通过对旧路面材料进行抽提试验，获得有关回收沥青与集料的资料，可以对旧料作出评价。如回收沥青老化严重，针入度很小，黏度很大，反映沥青牛顿流动性质的复合流动度值很小，则说明旧沥青的性能很差，必须使用优质再生剂以获得良好的再生效果，同时旧料的比例不宜太高。如果原沥青路面是采用优质的重交通沥青铺筑的，老化不严重，或虽然老化严重，但使用高品质再生剂，在这种情况下旧料可取较高的配合比。

旧料中沥青的含量影响其配合比。若旧料中的沥青含量较低，配制再生混合料时必须添加较多的新沥青，在级配调整容许的范围内可以采用较高的旧料配合比。反之，若旧料中的沥青含量很高，则新沥青应少加，为保证再生沥青混合料的质量，旧料的配合比不应太高。

旧料中的集料级配对其配合比同样有影响。若旧料中细料过多或集料过粗，旧料都只能采用较低的配合比。

（2）再生沥青混合料的用途及其质量要求

若再生沥青混合料直接用于路面面层，且道路的交通量较大，则要求再生沥青混合料具有良好的品质，旧料的配合比应取较低值，如占20%～30%；若再生沥青混合料用于路面面层，但道路的交通量不大，则旧料的配合比可取较高值，如占40%～50%。

日本根据再生沥青混合料用途的不同，对其质量提出不同的要求，旧料配合比从20%～30%变化到70%～80%，甚至100%使用旧料，其具体做法有以下几种：

①100%使用旧料。施工时对旧料的级配不作调整，也不添加再生剂调整旧沥青的稠度，仅当旧料沥青含量不足时添加一些新沥青。这种再生沥青混合料仅用于低交通量道路路面、简易路面或路面基层。

②在级配调整可行的范围内尽可能多地使用旧料，旧料配合比可高达70%～80%。为调整旧沥青稠度并改善其性能，有时直接加入一些低标号的沥青。这种再生沥青混合料多用于轻型路面或临时性路面。

③旧料和新料的比例大致相当，即旧料的配合比为40%～60%。这种再生沥青混合料的集料级配需要认真调整，并且为调节旧沥青的稠度而添加再生剂，或直接加入新沥青。这种再生沥青混合料可用于中等交通量的道路面层。

④旧料的配合比为20%～30%，新料占较大部分。由于旧料用量少，且旧料老化不严重，在这种情况下不需要专门对再生沥青混合料的沥青稠度进行严格调整，再生沥青混合料的性能主要受新沥青混合料的影响。这种再生沥青混合料可用于各种路面面层。

《公路沥青路面再生技术规范》（JTG/T 5521—2019）指出，再生沥青混合料类型、矿料级配、性能应符合《公路沥青路面施工技术规范》（JTG F40—2004）的有关规定，当旧料中集料质量不符合现行规范的有关规定时，应调整掺配比例，使混合后的集料质量符合有关规定；当厂拌热再生混合料用于面层，且掺配比例超过30%时，需经过专门论证确定。

（3）沥青和砂石料的供应及经济效益的追求

在沥青和砂石料供应困难、资金短缺的情况下，为进行近期路面工程改建、维修，以满足交通运输的要求，可适当放宽对再生沥青混合料品质的要求。如采取将再生沥青混合料铺筑在路面下层的措施，可提高旧料的掺配比例，节约沥青和砂石料，降低工程投资。

总而言之，在保证再生沥青混合料质量的前提下，最大限度地节约沥青和砂石料，争取实现尽可能高的经济效益和社会效益，是确定旧料配合比的基本原则。

（4）施工条件

当采用间歇式拌和机拌制再生沥青混合料时，新集料在干燥筒内过热，温度高达250℃，然后进入拌缸，加入旧料，旧料通过热传导吸收新集料的热量而升温。为保证再生沥青混合料出料温度不至于过低，必须限制旧料的掺配比例，一般不超过30%。而采用滚筒式拌和机拌制时，根据滚筒式拌和机改装情况的不同，旧料掺配比例为40%~80%。

2. 厂拌热再生沥青混合料配合比设计

厂拌热再生沥青混合料的配合比设计应通过目标配合比设计、生产配合比设计、生产配合比验证三个阶段，确定RAP的掺配比例、新材料的品种及配合比、矿料级配、最佳沥青用量。目标配合比设计宜按图14-1的步骤进行。

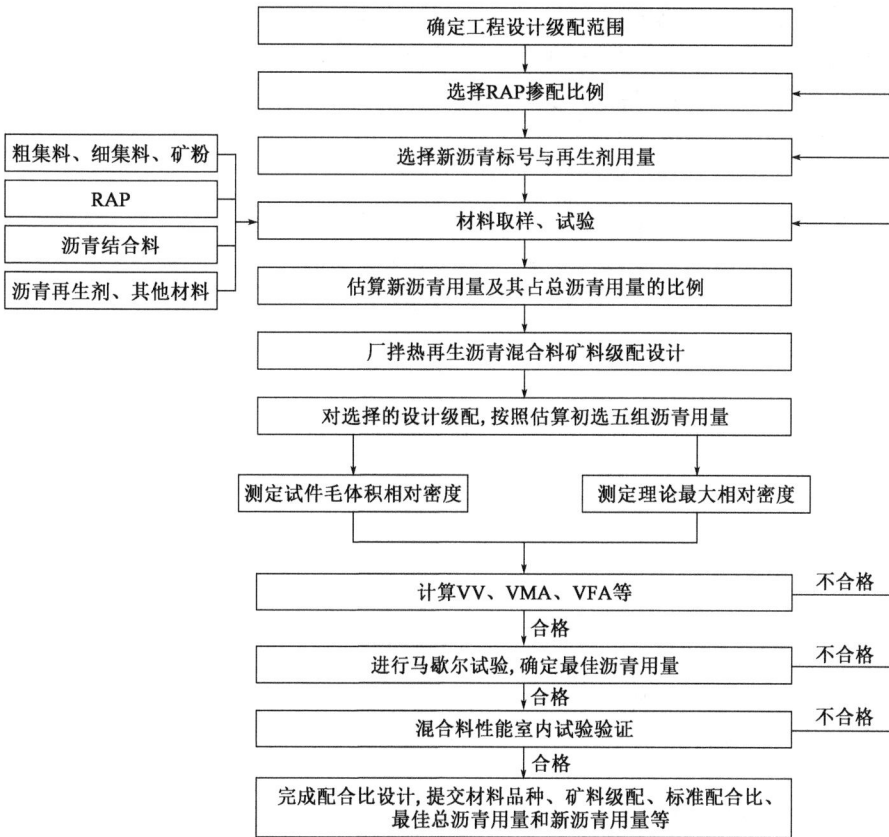

图14-1　厂拌热再生沥青混合料目标配合比设计流程

（1）确定工程设计级配范围

对厂拌热再生沥青混合料进行设计时，应根据公路等级、气候条件、交通特点，并充分借鉴成功经验，确定工程设计级配范围，力求使所设计的再生沥青混合料的物理力学性能达到与全新沥青混合料一样的水平。因此，《公路沥青路面施工技术规范》(JTG F40—2004)中对于热拌沥青混合料的级配标准完全适合于厂拌热再生沥青混合料。

（2）选择 RAP 掺配比例

RAP 的掺配率按照式(14-1)确定，是旧料占整个再生沥青混合料的质量百分率，即

$$P = \frac{G_0}{G_R} \times 100\% \qquad (14\text{-}1)$$

式中:P——旧料掺配率,%;

　　G_0——再生沥青混合料中旧料的质量,g;

　　G_R——再生沥青混合料质量,g。

在确定 RAP 的掺配比例时,需综合考虑工程需要、RAP 特性等因素,具体可参考本章前一小节内容。

(3)新沥青标号和再生剂用量的确定

拌制再生沥青混合料时,添加新沥青的目的在于补充混合料所需的结合料,使混合料总的结合料达到最佳状态;同时,它还在某种程度上调节旧沥青的稠度,并改善旧沥青的性质。新沥青一般根据公路等级、混合料使用的层位、工程气候条件、交通量、设计速度等条件进行选择,一般以当地同等条件下常用的道路沥青标号为目标标号。RAP 掺配比例较大时,也可以根据实际情况,适当降低沥青目标标号一个等级。

《公路沥青路面再生技术规范》(JTG/T 5521—2019)中推荐,新沥青标号的确定应按下列规定进行:

①根据 RAP 材料的性质、掺配比例,参照表 14-7 选择新沥青。

表 14-7

再生沥青混合料新沥青选择建议

回收沥青等级	RAP 含量	建议的新沥青等级
$P \geqslant 30$	$R < 20\%$	沥青选择不需要变化
$20 \leqslant P < 30$	$R < 15\%$	
$10 \leqslant P < 20$	$R < 10\%$	
$P \geqslant 30$	$20\% \leqslant R < 30\%$	选择新沥青标号比正常高半等级,即针入度10(0.1mm)
$20 \leqslant P < 30$	$15\% \leqslant R < 25\%$	
$10 \leqslant P < 20$	$10\% \leqslant R < 15\%$	
$P \geqslant 30$	$R \geqslant 30\%$	根据新旧沥青混合调和法则确定
$20 \leqslant P < 30$	$R \geqslant 25\%$	
$10 \leqslant P < 20$	$R \geqslant 15\%$	

注:P 代表回收沥青25℃的针入度(0.1mm),R 代表再生沥青混合料中的 RAP 含量。

②再生剂的用量与旧沥青的黏度、再生沥青混合料的设计黏度以及再生剂本身的黏度有关。根据《公路沥青路面再生技术规范》(JTG/T 5521—2019)的要求,需要根据新旧沥青混合调和法则确定新沥青标号的,按照式(14-2)确定新沥青(再生剂)的 60℃黏度,即

$$\lg\eta_{mix} = X\lg\eta_{old} + (1-X)\lg\eta_{new} \qquad (14\text{-}2)$$

式中:η_{mix}——混合后沥青的 60℃黏度,Pa·s;

　　η_{old}——混合前旧沥青的 60℃黏度,Pa·s;

　　η_{new}——混合前新沥青或再生剂的 60℃黏度,Pa·s;

　　X——新沥青的比例,$X = \dfrac{P_{nb}}{P_b}$;

　　P_{nb}——热再生沥青混合料的新沥青用量,%;

　　P_b——热再生沥青混合料的总沥青用量,%。

③根据黏度 η_{new} 确定新沥青标号。如需新沥青和再生剂配合使用,新沥青与再生剂的掺配比例可按照上式计算。应首先选择合适标号的新沥青,存在下列情形之一的可使用再生剂:

a. 计算得到所需的新沥青标号过高,市场供应存在问题;

b. RAP 掺配比例较大或者 RAP 中旧沥青含量较高。

根据计算得到的新旧沥青掺配比例和再生剂掺量,进行新旧沥青掺配试验,验证再生沥青标号。测试 60℃黏度有困难的,可采用针入度指标。

(4)确定材料性质

在厂拌热再生过程中,RAP 的特性直接影响再生沥青混合料的性能指标,这对再生路面的寿命以及后期维护成本起到了决定性的作用。同时,回收料含有一定量的老化物和其他杂质,如果没有经过适当的处理,会对新沥青的黏附性、稳定性和耐久性等产生不利影响,影响行车安全。因此,《公路沥青路面再生技术规范》(JTG/T 5521—2019)中明确指出 RAP 应满足表 14-6 所示的技术要求。对于其他材料的性质,则按照《公路沥青路面施工技术规范》(JTG F40—2004)确定。

(5)估算新沥青用量及新沥青用量占总沥青用量的比例

RAP 掺量不超过 20% 时,热再生沥青混合料的总沥青用量与没有掺加 RAP 的沥青混合料基本一致,可以根据工程材料特性、气候特点、交通量等条件,结合当地的工程经验进行估计。也可按式(14-3)估计总沥青用量:

$$P_{\text{b}} = 0.035a + 0.045b + Kc + F \tag{14-3}$$

式中:P_{b}——估计的混合料中的总沥青用量,%;

$\quad K$——当 0.075mm 筛孔通过率为 6%~10% 时,K 取 0.18;当 0.075mm 筛孔通过率等于或小于 5% 时,K 取 0.20;

$\quad a$——未通过 2.36mm 筛孔的集料比例,%;

$\quad b$——通过 2.36mm 筛孔且留在 0.075mm 筛孔上集料的比例,%;

$\quad c$——通过 0.075mm 筛孔矿料的比例,%;

$\quad F$——取 0~2.0,取决于集料的吸水率,缺乏资料时采用 0.7。

按式(14-4)计算再生沥青混合料的新沥青用量 P_{nb}:

$$P_{\text{nb}} = P_{\text{b}} - P_{\text{ob}} \times \frac{R}{100} \tag{14-4}$$

式中:P_{nb}——再生沥青混合料的新沥青用量,%;

$\quad P_{\text{b}}$——热再生沥青混合料的总沥青用量,%;

$\quad P_{\text{ob}}$——RAP 中的沥青含量,%;

$\quad R$——RAP 掺配比例,%。

(6)矿料配合比设计

根据 RAP 的老化程度、含水率、RAP 矿料的级配变异情况以及工程的实际情况、沥青混合料类型、拌和设备的类型与加热干燥能力、新集料的性质等,确定新集料与 RAP 的掺配比例。级配范围需符合《公路沥青路面施工技术规范》(JTG F40—2004)的要求。将粗、细 RAP 中的矿料分别作为再生沥青混合料中的一种矿料进行矿料配合比设计。

(7)确定最佳沥青用量

确定再生沥青混合料的沥青用量,实际上是确定再生沥青混合料所需添加新沥青的数量。

确定沥青混合料最佳沥青用量的方法是马歇尔试验方法。随着再生沥青路面的出现，人们对马歇尔试验方法是否适用于再生沥青混合料产生了怀疑。这是因为该方法的稳定度标准只有最小值，而没有最大的限制值。对于老化严重的旧沥青路面材料，如果将其加热软化重新制成试件，往往稳定度很高，但这并不说明这种材料有良好的品质；相反，用这种材料铺筑路面，会导致路面过早出现龟裂。因此，用马歇尔试验方法确定混合料的沥青用量并不是很好的选择。后来引入美国SHRP技术，采用旋转压实方法成型试件，并用Superpave方法进行设计。然而，无论用哪种方法，都不能简单地按常规指标进行设计。实践表明，在采用马歇尔试验方法或Superpave试验方法的同时，结合经验加以判断，可以合理确定再生混合料沥青用量。

目前我国确定再生沥青混合料最佳沥青用量的步骤是以估算新沥青用量 P_{nb} 为中值，用 $P_{nb}-1.0$、$P_{nb}-0.5$、P_{nb}、$P_{nb}+0.5$、$P_{nb}+1.0$ 这五个沥青用量水平，按《公路沥青路面施工技术规范》（JTG F40—2004）中的马歇尔试验方法成型马歇尔试件，根据马歇尔试验体积参数确定最佳沥青用量。

（8）配合比设计检验

同普通热拌沥青混合料一样，在初步设计完成后应对所设计的再生沥青混合料进行性能检验，内容包括轮辙试验、残留马歇尔稳定度试验、冻融劈裂试验等，其技术标准参考《公路沥青路面施工技术规范》（JTG F40—2004）中热拌沥青混合料配合比设计方法的有关规定。当性能不满足要求时，应采取相应措施，直至符合要求为止。一般来说，如果原沥青路面采用的是优质沥青，又根据沥青老化的程度采取添加再生剂的措施，施工时旧料充分拌和均匀，那么经过再生后的混合料，其性能完全能够达到与新拌沥青混合料性能一样的水平。

3. 就地热再生沥青混合料配合比设计

就地热再生沥青混合料配合比设计流程与厂拌热再生沥青混合料配合比设计流程类似。但由于就地热再生使用的RAP较多以及受现场施工条件的影响，其配合比设计不如厂拌热再生灵活，并且就地热再生沥青混合料配合比设计应通过试验段进行检验。

就地热再生沥青混合料的目标配合比设计宜按照图14-2的步骤进行。

（1）确定工程设计级配范围

对就地热再生沥青混合料进行设计时，需在《公路沥青路面施工技术规范》（JTG F40—2004）中热拌沥青混合料技术要求规定的级配范围内，根据交通荷载等级、工程性质、交通特点、材料品种等因素，通过对条件合适的工程使用情况进行调查研究后确定，特殊情况下允许超出规范要求级配范围。经确定的工程设计级配范围是配合比设计的依据，不得随意变更。

（2）矿料级配设计

就地热再生沥青混合料配合比设计时，宜根据RAP的矿料级配、集料性质、混合料的性能要求以及拟定的设计级配范围等因素进行综合考虑和调整，以确定合适的新矿料级配。当再生沥青混合料不能满足级配要求时，应综合考虑再生厚度、新沥青混合料的掺配比例和级配、再生沥青性能、再生沥青混合料性能等，调整级配范围。通常在设计时，宜在再生沥青混合料中掺加新沥青混合料，以改善原路面矿料级配。

（3）确定再生沥青标号和再生剂用量

就地热再生对再生沥青标号和再生剂用量的确定与厂拌热再生类似，即充分考虑再生路面的气候、交通特点、层位、纵横坡、超高等因素，确定再生沥青的目标标号，然后根据再生沥青的目标标号和 RAP 中粗集料吸附沥青情况,确定再生剂用量。再生剂用量可采用如下的试配试验进行确定:将再生剂按一定间隔的等差数列比例掺入旧沥青中,测定再生沥青的三大指标,绘制变化曲线,用内插法初步确定再生剂用量。

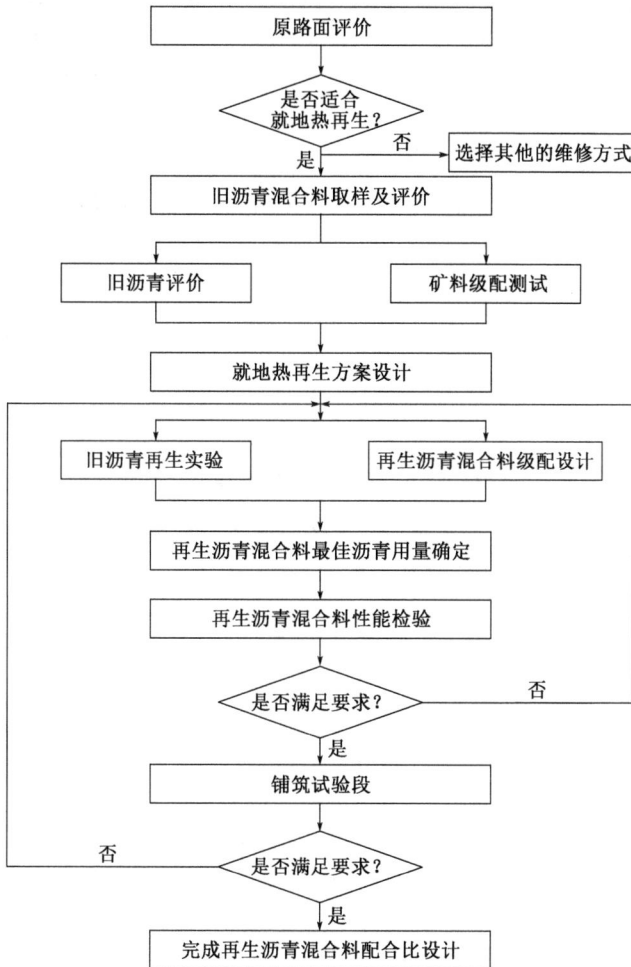

图 14-2 就地热再生沥青混合料设计流程

需要注意的是,由于热再生本身的工艺特点,再生沥青的目标标号要低于该地区通常使用的新沥青标号,以防止出现再生沥青标号太高造成再生沥青路面的高温稳定性变差的情况。一般情况下,可考虑将原路面新沥青标号降低一个标号作为再生沥青的目标标号。同时,相关工程经验表明,在满足再生沥青技术指标的前提下,再生剂能少用则尽量少用。一般情况下,掺加的新沥青标号可选择《公路沥青路面施工技术规范》(JTG F40—2004)中规定的该地区的新沥青标号;当选择掺加高标号的新沥青时,可适当减少再生剂的用量。掺加的新沥青技术要求参照《公路沥青路面施工技术规范》(JTG F40—2004)确定。

(4)确定材料性质

就地热再生在再生工艺上有别于厂拌热再生,如 RAP 的利用率、再生沥青混合料均匀性、再生深度、施工环境以及设备要求等,导致其对 RAP 的技术要求不同。因此,《公路沥青路面施工技术规范》(JTG F40—2004)明确了就地热再生 RAP 的技术要求,如表 14-6 所示。

（5）确定最佳新沥青用量

就地热再生过程中最佳新沥青用量按照《公路沥青路面施工技术规范》（JTG F40—2004）确定。需要注意的是，新沥青混合料应避免出现沥青过多导致的沥青流淌和离析等现象；新沥青无法随新加沥青混合料一同加入时，可将多出的部分作为添加剂在再生施工中单独添加。此外，若将计算得到的新沥青用量与新集料作为新混合料的油石比，可能会导致新混合料用油量较多，产生流淌和离析等现象。因此建议新沥青混合料的油石比与再生沥青混合料油石比相同，不足的部分通过现场添加弥补。

（6）配合比设计检验

同厂拌热再生混合料一样，就地热再生混合料在完成配合比设计后也按照《公路沥青路面施工技术规范》（JTG F40—2004）中的方法进行配合比设计检验。

（7）试验段检验再生沥青混合料性能

就地热再生是一种快速、便捷的路面维护技术，其特点包括施工现场即时处理、节约资源、减少交通中断等。由于就地热再生需要在现场进行沥青混合料的再生处理，所以，《公路沥青路面再生技术规范》（JTG/T 5521—2019）规定就地热再生沥青混合料的性能需通过试验段检验。

二、冷拌再生沥青混合料配合比设计要求

沥青路面冷再生技术是指对旧沥青路面进行铣刨、破碎、筛分，使其成为再生集料（RAP），并按一定比例添加新集料，以乳化沥青或泡沫沥青、水泥等为胶结料进行常温拌和，进而铺筑路面结构层的再生技术。冷再生技术大幅提升了旧料再生利用率，在实际工程中能够再生利用70%以上的RAP，而且粗、细集料都能大比例投入再生利用，同时该技术中混合料全程在常温下完成施工，节能环保效果显著。因此，冷再生技术是高效降低路面维养成本和资源消耗的路面技术之一。

1. 国外代表性配合比设计方法

美国部分州和研究机构根据热拌再生沥青混合料设计方法，形成了不同的冷再生沥青混合料设计方法。主要分为经验公式法和试验测试法两种，其中基于经验公式法的设计理论包括美国沥青协会的AI设计法和俄勒冈州设计法，基于试验测试法的设计理论包括AASHTO修正马歇尔法（Marshall法）、Hveem设计法、宾夕法尼亚州设计法、Superpave设计法，各种设计方法的汇总如表14-8所示。经验公式法相比于试验测试法设计步骤较简略，测试过程较简单，主要是基于RAP中老化沥青的性能指标预估最佳乳化沥青含量，但是试验结果的可靠性较低。试验测试法是基于力学性能测试确定最佳沥青含量和最佳含水率，主要分为两个方面：其一是密度法，即根据冷再生沥青混合料试件的最大相对密度确定最佳沥青含量；其二是强度法，即根据冷再生沥青混合料的回弹模量、劈裂强度、马歇尔稳定度和水稳定性等指标确定最佳沥青含量。不同的冷再生沥青混合料设计方法在级配选择、沥青等级、成型方法、养护方式以及性能评价指标等方面差别较大，但基本都是基于试验测试法指导混合料配合比设计。

美国冷再生沥青混合料设计方法汇总　　　　　表14-8

经验公式法	AI设计法	确定RAP级配和沥青含量；添加新料进行级配调整；选择乳化沥青种类和等级；根据混合料级配及经验公式预估沥青用量；根据现场经验确定沥青用量
	俄勒冈州设计法	确定RAP级配、沥青含量、抽提后集料级配、老化沥青黏度及针入度；根据经验公式回归计算乳化沥青用量

试验测试法	Marshall 法	确定 RAP 级配、沥青含量、抽提后集料级配、老化沥青黏度及针入度；根据经验公式回归计算乳化沥青用量
	Hveem 设计法	确定 RAP 级配和老化沥青含量，测试老化沥青黏度；基于沥青膜厚度要求计算沥青总用量，并确定再生剂用量；确定再生剂等级；保持含水率 2%，基于维姆稳定度和孔隙率指标确定最佳乳化沥青用量
	宾夕法尼亚州设计法	确定 RAP 级配和沥青含量，测试老化沥青黏度及针入度；保持乳化沥青用量 2.5%，进行裹覆试验确定最佳含水率；基于最佳含水率测试回弹模量、最大相对密度；确定最佳乳化沥青用量
	Superpave 设计法	确定 RAP 级配和沥青含量，测试老化沥青黏度及针入度；保持乳化沥青用量 2.5%，进行裹覆试验确定最佳含水率；基于最佳含水率测试回弹模量、最大相对密度；确定最佳乳化沥青用量

2. 国内配合比设计方法

我国参考了国内外相关设计方法和工程应用情况，明确了采用马歇尔设计方法指导冷再生沥青混合料配合比设计。但是，我国已有的冷再生项目工程中对采用马歇尔压实成型还是旋转压实成型并没有形成统一标准。目前，应用最广泛的是《公路沥青路面再生技术规范》（JTG/T 5521—2019）中冷拌再生混合料配合比设计方法，具体步骤如图 14-3 所示。

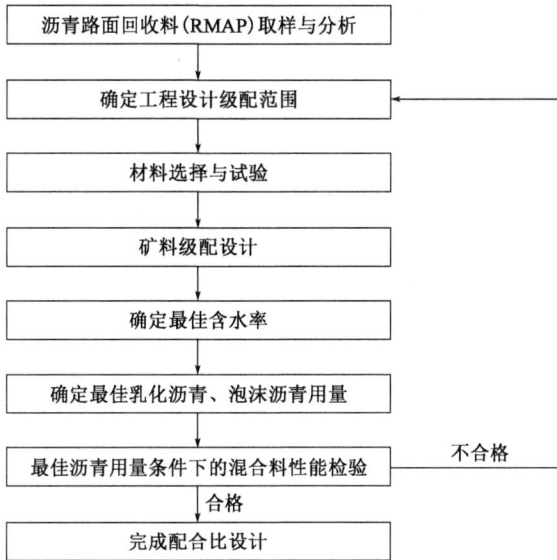

图 14-3　乳化沥青（泡沫沥青）冷再生混合料设计流程

（1）沥青混合料回收料（RAP）取样与分析

第一步是取得有代表性的 RAP 样本并对其进行评价，以进行合适的冷再生混合料设计。取样方案必须沿着项目长度方向确定 RAP 的物理性能。要结合施工和养护的记录文件进行目测，以确定材料是否存在显著性差异。要对材料有显著性差异的道路部分进行描绘，并单独取样以保证典型性。不同混合料的区域，以及养护情况不同的区域，不应该一起进行设计。在描绘代表性的样本点后，应该采用随机取样方法在每个单元进行取样。当有大量的区域要进行随机取样时,推荐采用分层随机取样。分块的个数以及不同块的样本随着项目长度和交通量的不同而变化,对更大的项目来说,当项目长度超过4英里(约6.4km),推荐每5/8车道英里(或km)取一个随机样本。这样每个项目至少有六个样本。在城市内,由于路面的变异性更大,推荐每5/8车道英里(或km)或一个街区取五个样本。样本一般包括芯样。芯样高度必须是全路面结构厚度,原因在于需要评价铣刨后的路面厚度,以保证剩余路面能够支撑回收车辆的运行。为保证达到这一要求,一般建议沥青材料的剩余厚度最小为1英寸(约25mm),2英寸(约50mm)更佳,或者是6英寸(约150mm)的集料基层厚度。

RAP和萃取后的集料级配会影响再生添加剂数量的选择,以及最终混合料的性能。因此,实际取样十分重要。RAP的代表性样本也是必需的。一般通过钻芯、切割以及小型铣刨机进行现场取样。由于不同类型的铣刨机的取样一致性很差,而且这种方法花费大,所以这种路面取样方法越来越少被采用。

第二步是按照表14-5的要求实测RAP各项技术指标,并且在预处理后RAP应满足表14-6的技术要求。

(2)确定工程设计级配范围

为了保证冷再生混合料级配和性能满足规范要求,工程设计级配范围应根据交通荷载等级、工程性质、交通特点、材料品种等因素,通过对条件大体相当的工程使用情况进行调查研究后确定,并且经确定的工程设计级配范围是配合比设计的依据,不得随意变更。

(3)材料选择

在进行冷再生配合比设计时,所用集料的质量应满足《公路沥青路面施工技术规范》(JTG F40—2004)的技术要求。此外,当单一规格的集料某项指标不合格,但不同粒径规格的集料按照设计级配形成的冷再生混合料指标符合《公路沥青路面施工技术规范》(JTG F40—2004)的技术要求时,允许使用。

对于冷再生结合料,其类型和等级的正确选择是保证性能良好的必要条件。最常用的冷再生结合料是乳化沥青和泡沫沥青。在实际应用时,应该结合工程具体情况进行有针对性的选择。当选用乳化沥青作为再生结合料时,其技术指标应满足表14-4的要求。当选用泡沫沥青作为再生结合料时,其技术指标应满足表14-3的要求。

(4)矿料配合比设计

在进行矿料配合比设计时,应先测得RAP、新集料、水泥等各组成材料的级配。然后以RAP为基础,掺加不同比例的新集料、水泥等,使合成级配满足工程设计级配的要求。我国《公路沥青路面再生技术规范》(JTG/T 5521—2019)规定了乳化沥青及泡沫沥青冷再生混合料的级配范围,如表14-9和表14-10所示。需要注意的是,乳化沥青冷再生混合料级配范围较宽,这既是为了满足不同地区的工程应用需要,也是为了考虑厂拌及就地两种冷再生方式。具体工程项目需在此范围内根据工程实际确定工程设计级配范围。

乳化沥青冷再生混合料级配范围 表14-9

筛孔(mm)	各筛孔的通过率(%)			
	粗粒式	中粒式	细粒式A	细粒式B
37.5	100	—	—	—
26.5	80~100	100	—	—
19	—	90~100	100	—

续上表

筛孔(mm)	各筛孔的通过率(%)			
	粗粒式	中粒式	细粒式 A	细粒式 B
13.2	60 ~ 80	—	90 ~ 100	100
9.5	—	60 ~ 80	60 ~ 80	90 ~ 100
4.75	25 ~ 60	35 ~ 65	45 ~ 75	60 ~ 80
2.36	15 ~ 45	20 ~ 50	25 ~ 55	35 ~ 65
0.3	3 ~ 20	3 ~ 21	6 ~ 25	6 ~ 25
0.075	1 ~ 7	2 ~ 8	2 ~ 9	2 ~ 10

泡沫沥青冷再生混合料级配范围　　　　　　表 14-10

筛孔(mm)	各筛孔的通过率(%)		
	粗粒式	中粒式	细粒式 A
37.5	100	—	—
26.5	85 ~ 100	100	—
19	—	85 ~ 100	100
13.2	60 ~ 85	—	85 ~ 100
9.5	—	55 ~ 80	—
4.75	30 ~ 55	35 ~ 60	40 ~ 65
2.36	20 ~ 40	25 ~ 45	28 ~ 45
0.3	7 ~ 20	8 ~ 22	9 ~ 23
0.075	4 ~ 12	4 ~ 12	4 ~ 12

(5)确定最佳含水率

①使用乳化沥青时。

为使乳化沥青在拌和时能充分均匀地裹覆新料和旧料的表面,新、旧材料必须先用水湿润,否则拌和时集料中的细料将首先吸收乳化沥青中的水分而形成油团,而粗料表面则没有沥青裹覆,造成拌和不匀,甚至无法拌和。但如果加水太多,将会使粒料表面的乳液十分稀薄,乳化沥青流失,影响混合料质量。所以,用乳化沥青生产冷拌再生混合料时,需要保证适当的含水率。

乳化沥青冷拌再生混合料中的水分由三部分组成:乳化沥青中的水分、粒料中的水分、外加的水分。在试验室配料时旧料和新料都经烘箱烘干,故没有水分。因此,只需考虑乳化沥青中的水分,就可以确定外加的用水量。

严格来说,外加的用水量可以通过试验确定,但是在现场施工时混合料的适宜用水量与粒料的干湿状况、天气、气温等各种因素有关,所以由试验室确定的外加用水量没有太大的意义。在现场施工时,可按经验先确定一加水量,通过试拌观察干湿状况再加以调整。根据乳化沥青冷拌再生施工的经验,一般混合料总的含水率为3% ~5% 。在试验室进行配合比设计试验时可先取其平均值3.5% ,调整加水量进行击实试验,获得最大干密度时混合料的含水率,即为冷再生混合料的最佳含水率(OWC)。

②使用泡沫沥青时。

同样,在拌和与压实过程中,集料的含水率在泡沫沥青混合料所有设计指标中仍十分重要。这是因为水具有以下重要作用:促进集料团粒的分散;在拌和过程中有利于沥青的扩散;在集料颗粒之间充当润滑剂,有助于混合料的压实。

集料中水分不足会导致混合料和易性下降,并且会使得黏结料分散不充分而难以压实;而水分过多则需要延长养护时间,同时也会降低压实后混合料的强度和密实度,并且可能会削弱集料的可附着性。但最佳拌和用水量不是一个确定值,而是以能使混合料性能(强度、密实度、吸水性等)达到最优为目标。尽管如此,由于含水率与拌和、压实具有密切的关系,所以必须选择合适的方法使集料具有良好的湿度条件。

由于泡沫沥青与乳化沥青有一定的相似性,所以可以将乳化沥青混合料中最佳流体含量的概念用到泡沫沥青混合料中。最佳流体含量既包括水的含量也包括沥青的含量,该理论既考虑水分的润滑作用也考虑沥青的润滑作用。因此,一般认为达到最大压实度时的实际用水量应小于最佳含水率对应的用水量,减少的量与沥青用量成正比。Castedo Franco 和 Wood 也认为,当总的流体含量(水含量 + 沥青含量)大约等于 OWC 时,可以达到最佳的压实效果。

(6)确定最佳乳化沥青用量、最佳泡沫沥青用量及水泥用量

①试件成型与养生。

以预估的沥青用量为中值,按一定间隔变化形成 4~5 个乳化沥青(泡沫沥青)用量,取 1~3 个水泥用量,保持冷再生混合料 OWC 不变,按下列方法制备马歇尔试件:

a. 向拌和机内加入足够拌和均匀的含沥青路面回收料的混合集料。

b. 按计算得到的加水量加水,拌和均匀,拌和时间一般为 1min。

c. 将拌和均匀的混合料装入试模,放到马歇尔击实仪上,先两面各击实 50 次(标准击实试件)或 75 次(大型击实试件),在 60℃烘箱中养生至恒重,养生时间一般不少于 40h。

d. 将试模从烘箱中取出,乳化沥青试样应立即放置到马歇尔击实仪上,双面各击实 25 次(标准击实试件)或 37 次(大型击实试件),然后侧放在地面上,在室温下冷却至少 12h,然后进行脱模。

②试验。

对各组不同油石比试件分别进行 15℃劈裂试验、浸水 24h 劈裂试验。

15℃劈裂试验方法:应按《公路工程沥青及沥青混合料试验规程》(JTG E20—2011),将试件浸泡在 15℃恒温水浴中 2h(小型马歇尔试件)或 4h(大型马歇尔试件),然后取出试件立即测试 15℃劈裂试验强度。

浸水 24h 劈裂试验方法:将试件完全浸泡在 25℃恒温水浴中 22h,再按《公路工程沥青及沥青混合料试验规程》(JTG E20—2011),将试件在 15℃恒温水浴中完全浸泡 2h(小型马歇尔试件)或 4h(大型马歇尔试件),然后取出试件立即进行劈裂试验,结果即为浸水 24h 劈裂试验强度。

干湿劈裂强度比是浸水 24h 劈裂试验强度与 15℃劈裂试验强度的比值,按式(14-5)计算。

$$R_{\frac{w}{d}} = \frac{P_w}{P_d} \times 100 \tag{14-5}$$

式中:P_w——试件浸水 24h 劈裂试验强度,MPa;

　　　P_d——试件 15℃劈裂试验强度,MPa;

　　　$R_{\frac{w}{d}}$——试件干湿劈裂强度比,%。

③确定乳化沥青与水泥最佳用量。

对于乳化沥青冷再生混合料,通常情况下可将使15℃劈裂强度试验和干湿劈裂强度比试验结果达到最佳(出现峰值),同时空隙率在8%～13%范围内对应的乳化沥青用量和水泥用量,作为最佳乳化沥青用量(OEC)和水泥用量。当试验结果无明显峰值时,应结合工程经验综合确定最佳乳化沥青用量和水泥用量。

④确定泡沫沥青与水泥最佳用量。

对于泡沫沥青冷再生混合料,通常情况下可将使15℃劈裂强度试验和干湿劈裂强度比试验结果达到最佳(出现峰值)时对应的泡沫沥青用量和水泥用量,作为最佳泡沫沥青用量(OFC)和水泥用量。当试验结果无明显峰值时,应结合工程经验综合确定最佳泡沫沥青用量和水泥用量。

(7)配合比设计检验

完成上述设计步骤后,还需对配合比设计进行检验。对于重交通及以上荷载等级的公路,应对乳化沥青(泡沫沥青)冷再生混合料的冻融劈裂强度比指标进行检验,用于面层时还应对其动稳定度指标进行检验。配合比设计检验方法应满足下列要求:

①按照《公路工程沥青及沥青混合料试验规程》(JTG E20—2011)规定的方法对乳化沥青(泡沫沥青)冷再生混合料进行冻融劈裂试验。试验结果应满足表14-11和表14-12的要求。

②按照《公路工程沥青及沥青混合料试验规程》(JTG E20—2011)规定的方法对乳化沥青(泡沫沥青)冷再生混合料进行轮辙试验。试验结果同样应满足表14-11和表14-12的要求。

乳化沥青冷再生混合料性能检验指标要求 表14-11

试验项目	技术要求		试验方法
	重及以上交通荷载等级	其他交通荷载等级	
冻融劈裂强度比 TSR(%)	≥75	≥70	《公路沥青路面再生技术规范》(JTG/T 5521—2019)附录F
60℃动稳定度(次/mm)	≥2000(中、下面层)	—	T 0719

泡沫沥青冷再生混合料性能检验指标要求 表14-12

试验项目	技术要求		试验方法
	重及以上交通荷载等级	其他交通荷载等级	
冻融劈裂强度比 TSR(%)	≥75	≥70	《公路沥青路面再生技术规范》(JTG/T 5521—2019)附录F
60℃动稳定度(次/mm)	≥2000(面层)	—	T 0719

第四节 再生沥青混合料设计案例

如前所述,再生沥青混合料主要分五种。通常,热拌再生沥青混合料配合比设计与常规沥青混合料类似,而冷拌再生沥青混合料中因采用泡沫沥青和乳化沥青,设计步骤和技术要求较为特殊。因此,本节重点介绍以乳化沥青和泡沫沥青为结合料的冷拌再生沥青混合料设计实例。

一、乳化沥青冷再生混合料设计案例

本设计案例采用的集料包括RAP、新集料和矿粉,RAP为某道路原沥青路面经铣刨后得到的再生集料,包括粗集料(最小粒径大于4.75mm)和细集料(最大粒径小于4.75mm)两种不同级配的集料,所有集料均满足规范要求。

三种乳化沥青再生混合料的配合比方案如表14-13所示,设计级配如表14-14所示。

乳化沥青冷再生混合料中 RAP 及各档集料比例(%)　表14-13

再生混合料	粗RAP	细RAP	15~25mm	0~5mm	矿粉
方案1	25	55	12	4	4
方案2	55	25	9	8	3
方案3	60	40	0	0	0

乳化沥青冷再生混合料各方案设计级配　表14-14

筛孔(mm)	EAC-20级配范围(%)			合成级配(%)		
	下限	上限	中值	方案1	方案2	方案3
26.5	100	100	100	100.0	100.0	100.0
19	80	100	90	94.9	92.1	93.3
16	—	—	—	89.0	81.8	83.6
13.2	60	80	70	79.9	67.3	70.3
9.5	—	—	—	66.3	51.2	54.7
4.75	25	60	43	46.6	35.1	34.4
2.36	15	45	30	29.7	22.8	21.1
1.18	—	—	—	20.3	16.4	14.2
0.6	—	—	—	13.2	11.3	8.9
0.3	3	20	12	8.6	7.7	5.0
0.15	—	—	—	6.6	6.0	3.2
0.075	1	7	4	4.9	4.4	1.7

根据《公路沥青路面再生技术规范》(JTG/T 5521—2019)中的规定,制备马歇尔试件。按规定方法养生,养生完成并脱模后,根据我国《公路工程沥青及沥青混合料试验规程》(JTG E20—2011)中规定的方法,采用吊篮法测定各马歇尔试件的毛体积相对密度,采用真空法测定各马歇尔试件的最大理论密度,各试件的体积参数测试结果如表14-15所示。

不同乳化沥青用量的马歇尔试件的体积参数　表14-15

技术指标	乳化沥青用量(%)									
	方案1			方案2			方案3			
	3.5	3.7	4.0	4.3	3.7	4.0	4.3	3.3	3.5	3.7	3.9
毛体积相对密度	2.184	2.202	2.211	2.184	2.177	2.218	2.207	2.102	2.062	2.056	2.035
最大理论密度(g/cm³)	2.516	2.502	2.457	2.419	2.522	2.475	2.397	2.397	2.313	2.266	2.237
空隙率(%)	13.2	12.0	10.0	9.7	13.7	10.4	7.9	12.3	10.8	9.3	9.1

将各组沥青用量试件进行 15℃劈裂试验、浸水 24h 劈裂试验。浸水 24h 劈裂试验方法为:将试件完全浸泡在 25℃恒温水浴中 23h,再在 15℃恒温水浴中完全浸泡 1h,然后取出试件立即进行 15℃劈裂试验。三种方案不同乳化沥青用量试件的劈裂强度如表 14-16 所示,乳化沥青用量与 15℃劈裂强度、干湿劈裂强度比的关系曲线如图 14-4、图 14-5 和图 14-6 所示。

试件劈裂强度与乳化沥青用量的关系

表 14-16

技术指标	乳化沥青用量(%)									
	方案 1				方案 2			方案 3		
	3.5	3.7	4.0	4.3	3.7	4.0	4.3	3.3	3.5	3.7	3.9
15℃劈裂强度(MPa)	0.65	0.69	0.74	0.74	0.71	0.80	0.70	0.59	0.64	0.78	0.67
浸水 24h 劈裂强度(MPa)	0.63	0.65	0.68	0.68	0.68	0.69	0.68	0.57	0.59	0.75	0.65
干湿劈裂强度比(%)	97	94	92	92	96	86	97	97	92	96	97

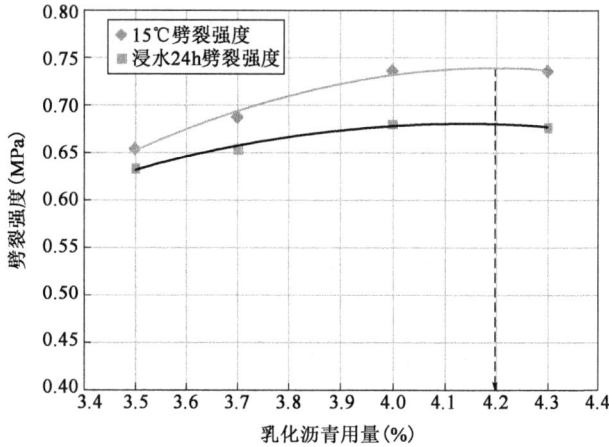

图 14-4　方案 1 劈裂强度与乳化沥青用量的关系曲线

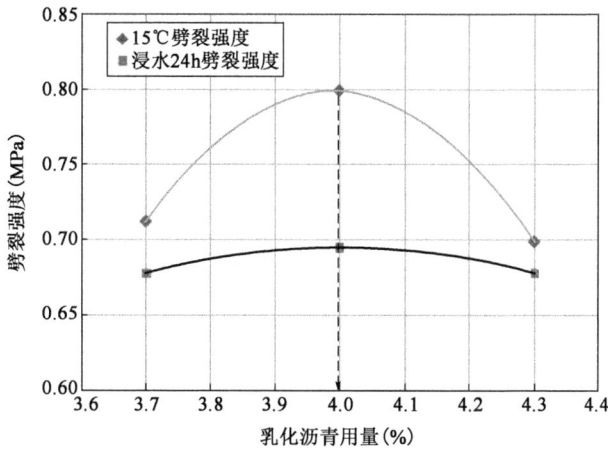

图 14-5　方案 2 劈裂强度与乳化沥青用量的关系曲线

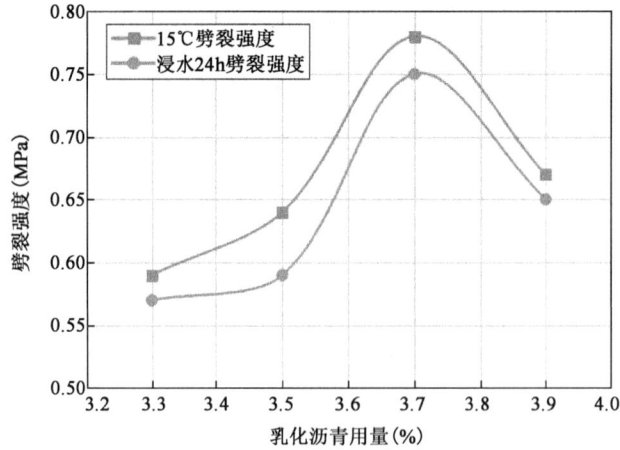

图 14-6 方案 3 劈裂强度与乳化沥青用量的关系曲线

由图 14-4～图 14-6 可知，各方案不同乳化沥青用量试件的劈裂强度都大于 0.5MPa，取最大劈裂强度附近对应的乳化沥青用量作为最佳乳化沥青用量，得到三种方案的最佳乳化沥青用量分别为 4.2%、4.0%、3.7%，此时对应的空隙率均在 8%～13% 之间，满足《公路沥青路面再生技术规范》（JTG/T 5521—2019）的要求。故三种方案最终确定的最佳乳化沥青用量分别为4.2%、4.0%、3.7%。

二、泡沫沥青冷再生混合料设计案例

以某公路泡沫沥青就地冷再生为例（作为基层），对泡沫沥青冷再生混合料设计方法进行介绍。

1.取样与筛分

为给泡沫沥青冷再生混合料配合比设计提供准确、可靠的试验样品，采用 WR2500 再生机现场铣刨后取样。取样时，应均匀地从取样槽中部取样，注意防止离析。同时用塑料袋提取一定量的试样，密封后带回试验室以备测量自然含水率。

将所取样品材料放进50℃通风烘箱中烘干48h至恒重，计算其自然含水率，作为现场施工和试验室击实试验的参考数据。含水率测试结果见表 14-17。

铣刨料的自然含水率   表 14-17

试样	容器重(g)	烘干前容器+样品重(g)	烘后前容器+样品重(g)	含水率（%）	平均含水率（%）
1	605.6	3605.6	3592.6	0.4	0.3
2	555.3	3555.3	3550.0	0.2	

2.级配设计

根据《公路沥青路面再生技术规范》（JTG/T 5521—2019），泡沫沥青冷再生混合料级配范围应满足表 14-10 的要求。泡沫沥青冷再生混合料用作柔性基层时，宜采用粗粒式级配；用作中、下面层时宜采用粗粒式或者中粒式级配；用于轻交通荷载等级公路时可采用细粒式级配。

本案例采用中粒式级配，铣刨料的级配见表 14-18、级配曲线见图 14-7。铣刨料中 2.36～4.75mm 含量超过 50%，表现出"两头少、中间多"的级配特征。由于铣刨料中细料和粗料偏少,故必须掺加石屑和集料。石屑采用0~3mm石灰石,集料采用15~25mm石灰石。同时考虑到增加泡沫沥青冷再生混合料的早期强度和增强其抗水损坏的能力,一般需要加入1.0%~1.5%的水泥。由于铣刨料中含有一定量的泥土成分,再生混合料的塑性偏大,根据工程经验确定水泥掺量为1.5%。

铣刨料级配 表14-18

筛孔尺寸(mm)	0.075	0.15	0.3	0.6	2.36	4.75	9.5	16	19
级配上限(%)	12	—	22	—	45	60	80	—	100
级配下限(%)	4	—	8	—	25	35	55	—	85
铣刨料的级配(%)	4.8	6.8	10.4	15.4	35.0	58.1	85	90.3	96.8

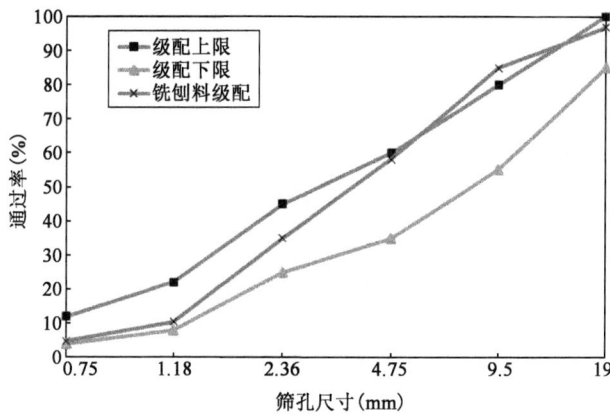

图14-7 铣刨料级配曲线

为确定铣刨料、石屑和集料的最佳比例,考虑四种级配方案,计算合成级配见表14-19、合成级配曲线见图14-8。

计算合成级配 表14-19

初选级配方案	材料掺量	质量百分比
级配1	铣刨料:石屑:集料:水泥	78.5:10:10:1.5
级配2	铣刨料:石屑:集料:水泥	68.5:15:15:1.5
级配3	铣刨料:石屑:集料:水泥	68.5:20:10:1.5
级配4	铣刨料:石屑:集料:水泥	68.5:30:0:1.5

合成级配(%)

筛孔尺寸(mm)	0.075	0.15	0.3	0.6	2.36	4.75	9.5	16	19
级配1	4.8	6.8	10.6	15.7	35.0	54.5	83	90.1	96.1
级配2	5.2	6.9	10.5	15.9	34.6	53.6	76	89.3	95.2
级配3	5.3	7.1	10.8	16.2	34.5	51.5	74	88.5	94.8
级配4	5.5	7.4	11.2	16.4	34.2	49.7	71	87.2	92.8

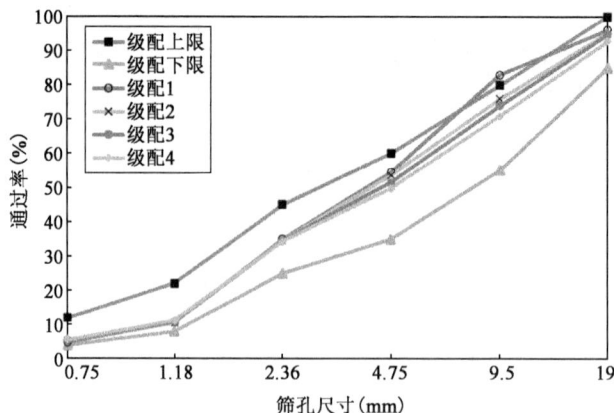

图 14-8　合成级配曲线

从图 14-8 中可以看出：

①级配 4 的石屑掺量较多(30%)，保证了 4.75mm 筛孔以下部分都处于参考级配范围内，但是 4.75mm 筛孔以上部分超出参考级配范围。

②级配 1 旧料利用率较高，但 9.5mm 筛孔以上通过率接近上限，粗料含量较少，级配偏细。

③级配 2 和级配 3 的旧料利用率相同，4.75mm 筛孔以下通过率基本相同，但级配 3 中 9.5mm 筛孔以上通过率接近上限。

根据以上分析，选择级配 2 作为目标级配。

3. 击实试验

击实试验的目的是确定最佳含水率和最大干密度。选择级配 2 配料，具体过程按照《公路工程无机结合料稳定材料试验规程》(JTG 3341—2024)T 0804 进行。试验最终结果如图 14-9 所示。

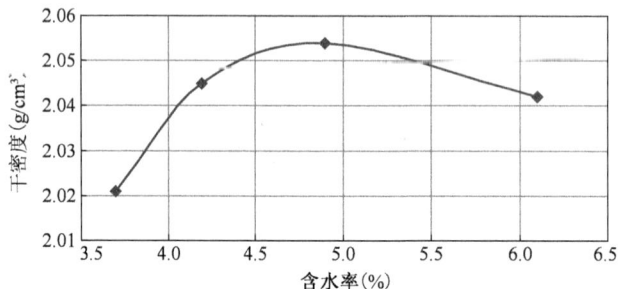

图 14-9　干密度与含水率的关系

从图 14-9 中可以看出：级配 2 的最佳含水率为 4.9%，最大干密度为 2.054g/cm³。按照施工经验，最佳拌和用水量取最佳含水率的 80%，即 3.9%。拌和用水量计算结果如表 14-20 所示。

击实试验结果与拌和用水量 表 14-20

设计指标	最佳含水率(%)	最大干密度(g/m³)	拌和用水量(%)
试验与计算结果	4.9	2.054	3.9

4.发泡试验

膨胀率(发泡体积倍数)和半衰期是表征沥青发泡效果的主要指标。对于特定种类的沥青,温度和用水量是影响沥青发泡性能的主要因素。本试验利用德国 Wirtgen 公司生产的 WLB10 泡沫沥青试验机,通过测试不同条件下沥青发泡特性,综合考虑膨胀率(发泡体积倍数)和半衰期两个指标,确定最佳发泡条件:发泡温度为 150℃,发泡用水量为 2.0%。

5.最佳泡沫沥青用量

使用初选级配 2 配料,在最佳发泡条件下,分别选择 1.5%、2.0%、2.5%、3.0%、3.5% 的泡沫沥青用量,喷入泡沫沥青并充分拌和,得到泡沫沥青再生混合料。采用马歇尔击实仪对混合料进行双面各击实 75 次的击实成型操作,针对每个沥青用量成型 6 ~7 个马歇尔试件,分别用于测定干、湿劈裂强度。

干劈裂强度和干湿劈裂强度比试验结果见图 14-10。由图可知:随着泡沫沥青用量的增加,干劈裂强度和干湿劈裂强度比出现先增加后减小的变化趋势,泡沫沥青用量为 2.5% 时,干劈裂强度和干湿劈裂强度比出现峰值。取最大干劈裂强度和干湿劈裂强度比对应的泡沫沥青用量作为最佳泡沫沥青用量,即最佳泡沫沥青用量为 2.5%,此时各技术干劈裂强度和干湿劈裂强度比指标见表 14-21。

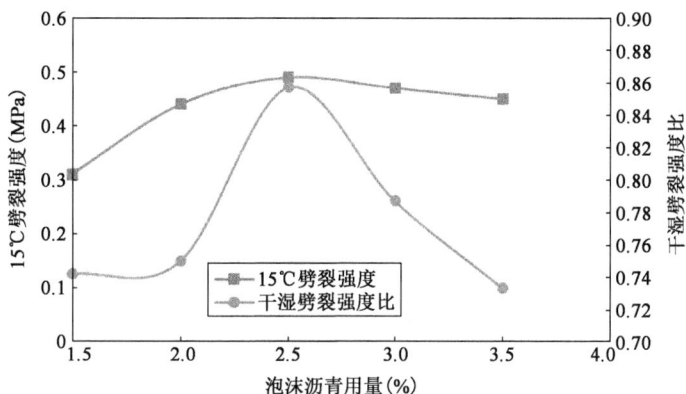

图 14-10 泡沫沥青用量对干湿劈裂强度的影响

混合料技术指标 表 14-21

设计指标	测试值	要求值
干劈裂强度(MPa)	0.48	≥0.4
湿劈裂强度(MPa)	0.41	—
干湿劈裂强度比(%)	85.4	≥70

综合干、湿劈裂强度试验的数据,选择 2.5% 作为推荐最佳泡沫沥青用量。实际工程应用时,现场泡沫沥青用量宜控制在 2.5% ~3.0% 之间,具体可根据现场情况进行适当调整。

【思考题】

14-1 简述再生沥青混合料的再生机理。

14-2　总结沥青路面再生工艺分类,各种再生工艺原理和适用条件。

14-3　查阅相关资料,试列举一些常用的再生剂,并分析它们的作用有何异同。

14-4　分析泡沫沥青再生工艺和乳化沥青再生工艺的技术特点。

14-5　泡沫(乳化)沥青再生混合料设计中,如何确定适宜的拌和用水量?

14-6　沥青再生剂应满足哪些技术要求? 如何设计再生剂的用量?

14-7　影响厂拌热再生沥青混合料性能的因素有哪些? 是如何影响的?

【小组讨论】

14-1　讨论沥青路面全深式再生工艺。

14-2　讨论 SMA 沥青路面就地热再生工艺。

14-3　试比较几种不同的再生工艺,讨论它们的优势和劣势,以及适用情况。

14-4　讨论旧料的含水率对再生沥青混合料配合比设计的影响。

【拓展阅读】

14-1　肖飞鹏.沥青材料再生利用的理论与方法[M].上海:同济大学出版社,2021.

14-2　叶群山,李平,羊治宇.再生沥青分子模拟技术与性能评价[M].长沙:中南大学出版社,2023.

14-3　马涛,朱俊清,拾方治.沥青路面乳化沥青冷再生关键技术[M].北京:科学出版社,2022.

14-4　徐金枝,郝培文,郭晓刚,等.厂拌热再生沥青混合料组成设计方法综述[J].中国公路学报,2021,34(10):72-88.

14-5　马涛,来英成,何亮,等.乳化沥青与泡沫沥青冷再生技术发展综述[J].交通运输工程学报,2023,23(2):1-23.

14-6　汪海年,徐宁,陈玉,等.生物油再生老化沥青材料研究进展[J].中国公路学报,2023,36(5):1-20.

第十五章

废旧橡胶沥青混合料

【内容提要】

本章介绍了废旧橡胶沥青混合料发展现状,讲述了湿法橡胶沥青混合料和干法橡胶沥青混合料技术特点和组成设计方法,总结了橡胶沥青路面的降噪性能,提供了干法橡胶沥青混合料配合比设计方法实例。

第一节 概 述

通常,废旧橡胶在沥青混合料中的应用有湿法(wet process)和干法(dry process)两种工艺。湿法是指直接将磨细的胶粉加入沥青中,经过搅拌制备成具有改性沥青特性的橡胶沥青。由废旧轮胎加工成的胶粉主要成分为天然橡胶与合成橡胶,另外还含有炭黑、氧化硅、氧化铁、氧化钙、硫黄等添加剂。这些成分均可作为沥青的改性剂。将磨细的废旧胶粉掺入沥青中,可明显提高沥青的高温性能和抗老化、耐疲劳性能。干法是将较粗的橡胶颗粒直接加入集料中,然后喷入沥青拌制成沥青混合料。干法与湿法的主要区别在于如下方面。

(1)干法采用的橡胶颗粒尺寸一般为1.0~6.3mm,而湿法采用的胶粉粒径都在1mm以下,因而干法所用的橡胶颗粒加工工艺相对简单,成本相对较低。

(2)干法中橡胶颗粒的掺量一般为集料干重的 1%～5%,湿法中胶粉掺量一般为沥青质量的 5%～20%,故干法所用橡胶的数量是湿法的 2～4 倍,干法可消耗大量废旧轮胎。

(3)干法中橡胶颗粒主要作为部分集料,对沥青混合料的改性作用甚微。湿法中胶粉主要作为沥青的改性剂,可较明显地改善沥青混合料的性能。

(4)在沥青拌和厂中,干法不需要特殊的设备或较大的设备改装,而湿法需要特殊的混合容器、反应和拌和罐等。

湿法生产的橡胶沥青主要应用于水泥道路填缝料、碎石封层、应力吸收层和沥青混凝土,而干法只能用于拌制沥青混凝土。干法拌制的沥青混凝土的路用性能有一定改善,而且具有降低轮胎与路面的接触噪声的功效。

一、发展现状

在美国和欧洲,废旧轮胎橡胶被广泛地用于沥青或沥青混合料的制备,作为道路铺设的材料。这种做法不仅解决了废旧轮胎的处理难题,还提升了道路的耐磨性、降噪效果以及防滑性能。迫于废旧轮胎带来的环境压力,1991 年,美国国会通过了《多式地面运输效率法案》(IST-EA,又称冰茶法案)。其中第 1038 条款,即关于再生路面材料使用条款,要求从 1994 年起,凡使用联邦经费的热拌沥青混合料都必须将 5% 的经费用于废胶粉沥青混合料,之后每年再增加 5%,直至 1997 年达 20%。该法案促进了橡胶沥青的应用。纵观美国,各州也相继通过法令推广胶粉改性沥青的应用,在美国,橡胶沥青也被视为常规的公路铺筑材料之一。至今,胶粉改性沥青技术已经应用在美国 40 多个州。橡胶沥青路面的热稳定性和抗冻性都表现出色,且可以降低维护成本。

我国相关研究起步较晚,20 世纪 70 年代末,出于改善我国性能不佳的国产多蜡沥青的目的,同济大学研究了胶粉与多蜡沥青共熔反应的变化规律及其对橡胶沥青路用性能的影响。通过比较系统的试验研究,分析验证了磨细胶粉改性沥青的主要特性和路用价值,并通过生产工艺的改善,促进了这种改性沥青混合料在路面工程中的应用。2001 年,交通部公路科研所首次在钢桥桥面铺装中用干法工艺加入了 30%(相对于沥青用量)的胶粉,该桥面经受了两个夏季的重交通考验,基本保持完好。自 2007 年国家号召"建设资源节约型、环境友好型社会"起,回收废弃轮胎胶粉并将其应用于沥青改性技术,得到了广泛的关注和积极推广。同年,交通部编制了橡胶沥青路面设计、施工技术指南,并大力推广橡胶沥青筑路技术的研究与应用。2010 年,铺筑 80km 橡胶沥青路面的忻阜高速公路被评为交通运输部的科技示范项目。2014 年底,拓宽改造的京港澳高速公路河北段全线采用了橡胶沥青材料。2016 年通车的吉林省鹤大高速公路也使用了橡胶沥青技术并被评为"双示范"工程。

橡胶沥青比传统的沥青结合料更黏,其混合料的拌和和压实温度比常规沥青混合料高 35～60℃,施工环境较差,能耗高,有害物质排放多。针对这一问题,研究学者提出了温拌沥青(WMA)技术来提高橡胶沥青混合料的和易性。将 WMA 技术与橡胶沥青混合料技术结合,是解决橡胶沥青混合料施工排放高问题,生产耐用、低噪声路面的理想途径。近年来,将生物油作为橡胶沥青掺加剂,和胶粉一同投入沥青中剪切搅拌,也逐渐成为热门研究方向。本书作者及其团队等将地沟油用于橡胶沥青改性。研究发现,地沟油可以降低橡胶沥青的黏度,同时还可以加快橡胶的溶胀速率,并且提高改性沥青的抗疲劳特性和低温稳定性。为全面贯彻

"碳达峰、碳中和"的重大战略决策,废旧橡胶的绿色和高质量应用成为研究重点。上海交通大学王仕峰教授团队采用主动微氧化法实现橡胶网络高效断裂,并通过催化剂设计和调控微氧动力学,优化工业化环保装置,实现废橡胶的高效解交联。采用该技术制备的橡胶改性沥青相较于传统的橡胶沥青,SO_2、NO_2 等有毒气体排放量明显减少,抗热老化性能、抗氧化能力显著提升。2023 年 9 月 16 日采用该技术顺利铺装了青藏高原首条橡胶路面试验段,解决了高原冻土、冻融开裂、紫外线老化等系列公路路面建设难题。

二、应用前景

我国废旧橡胶回收利用率约为 50%,低于发达国家水平。目前大部分废旧橡胶都难以在自然条件下短时间、无害化地分解,同时随着我国工业需求的持续增长,国内橡胶的供需缺口在不断扩大,每年都需要从海外大量进口橡胶。而废旧橡胶成分丰富,具有很高的回收利用价值,是一种重要的可再生资源。随着原油及其下游石化产品(如 SBS)价格不断攀升以及人们环保意识增强,废旧橡胶在沥青路面中的应用具有良好的前景。大量的研究与实际应用证明,废旧胶粉改性沥青具有以下优点。

(1)从环保角度,可减轻"黑色污染",降低道路交通噪声。

(2)从资源再生利用角度,可使废旧轮胎循环利用,符合我国建设可持续发展、节约型社会的发展理念。

(3)从工程质量角度,可提高沥青路面路用性能,延长路面使用寿命。

(4)从功能性角度,橡胶可以改善沥青混合料的阻尼性能,提高沥青路面的降噪能力。

第二节 废旧橡胶沥青混合料特点及路用性能

本节将主要介绍湿法和干法两种工艺下不同橡胶沥青混合料的特点及其对路用性能的影响。

一、湿法橡胶沥青混合料

1. 湿法橡胶沥青混合料的特点

湿法橡胶沥青混合料是指采用湿法生产的橡胶改性沥青作为结合料与集料加热拌和而得到的一种橡胶沥青混合料。橡胶沥青混合料的设计方法既可采用传统的马歇尔试验方法,也可采用 SHRP 的 Superpave 设计方法。橡胶沥青混合料设计中主要问题是级配的选择。由于橡胶沥青的黏度较大而且存在相对较大的颗粒,易在矿料表面形成较厚的油膜,所以,其适合应用于间断级配、开级配形式的混合料。特别是胶粉掺量较大时,不适合应用于密级配沥青混合料。如美国亚利桑那州使用粗集料含量很多、细集料和矿粉含量很少的开级配或间断级配。佛罗里达州使用开级配和密级配两种,开级配的公称最大粒径为 12.5mm,胶粉用量为 12% 以上;而密级配有 9.5mm 和 12.5mm 两种公称最大粒径,胶粉用量为 5% 以上。各地橡胶沥青混合料使用的级配情况见表 15-1。

各地橡胶沥青混合料使用的级配情况(通过率,%)　　表 15-1

筛孔尺寸(mm)	亚利桑那州		佛罗里达州			得克萨斯州	南非	
	间断级配	开级配	开级配	密级配(9.5mm)	密级配(12.5mm)	开级配	半开级配	全开级配
19	100	100	100	100	100	100	100	100
12.5	80~100	—	85~100	100	90~100	95~100	70~100	90~100
9.5	65~85	—	55~75	90~100	<90	50~80	50~82	30~50
4.75	28~42	20~45	15~25	<90	—	0~8	16~38	10~20
2.36	14~22	4~8	5~10	32~67	32~58	0~4	8~22	8~14
0.075	0~2.5	0~2.5	2~4	2~10	2~10	0~4	1~4	2~6

　　总体来说,湿法制备的开级配、间断级配橡胶沥青混合料的性能要优于密级配混合料。开级配提供了充分的空间来容纳较厚的沥青膜,当采用高掺量的橡胶沥青时尤为适用。而密级配混合料,由于集料骨架中只保留了有限的空间,对厚沥青膜的容纳能力有限,而且密级配沥青混合料对结合料用量与级配的变化较为敏感。密级配沥青混合料最好采用低掺量、较细的胶粉。

　　根据《橡胶沥青路面技术标准》(CJJ/T 273—2019),热拌橡胶沥青混合料的配合比设计应包括组成设计和性能检验两部分,组成设计应包括原材料的选用与性能检验、矿料级配组成设计、最佳沥青用量的确定三项;性能检验应包括轮辙试验、低温弯曲试验、浸水马歇尔试验、冻融劈裂试验、渗水试验五项。

　　《橡胶沥青路面技术标准》(CJJ/T 273—2019)规定,连续级配橡胶改性沥青混合料的矿料级配应满足均匀性和密水性的要求,并应按表 15-2 的级配范围选择。

连续级配橡胶改性沥青混合料级配范围　　表 15-2

混合料类型		通过下列筛孔(mm)的质量百分率(%)											
		26.5	19	16	13.2	9.5	4.75	2.36	1.18	0.6	0.3	0.15	0.075
TRHMA-AC-25	上限	100	90	83	76	65	52	42	33	24	17	13	7
	下限	90	75	65	57	45	24	16	12	8	5	4	3
TRHMA-AC-20	上限	—	100	92	80	72	56	44	33	24	17	13	7
	下限	—	90	78	62	50	26	16	12	8	5	4	3
TRHMA-AC-16	上限	—	—	100	92	80	62	48	36	26	18	14	8
	下限	—	—	90	76	60	34	20	13	9	7	5	4
TRHMA-AC-13	上限	—	—	—	100	85	68	50	38	28	20	16	8
	下限	—	—	—	90	68	38	24	15	10	7	6	4

注:TRHMA-AC 为连续级配橡胶改性沥青混合料。

　　连续级配橡胶改性沥青混合料马歇尔试验配合比设计的技术标准应符合表 15-3 的规定。

连续级配橡胶改性沥青混合料马歇尔试验配合比设计技术标准 表15-3

技术指标	要求值			试验方法
试件尺寸(mm)	φ101.6×63.5			—
击实次数(次)	两面各75			T 0702
稳定度 MS(kN)	≥8.0			T 0709
空隙率 VV(%)	4~6			T 0705
流值 FL(mm)	2~5			T 0709
矿料间隙率 VMA (%)	设计空隙率(%)	VMA 技术要求(%)		
		TRHMA-AC-25	TRHMA-AC-20	TRHMA-AC-16	TRHMA-AC-13
	3	≥11	≥12	≥12.5	≥13
	4	≥12	≥13	≥13.5	≥14
	5	≥13	≥14	≥14.5	≥15
	6	≥14	≥15	≥15.5	≥16
沥青饱和度 VFA(%)	65~75			

连续级配橡胶改性沥青混合料性能检验的技术要求应符合表15-4的规定。

连续级配橡胶改性沥青混合料性能检验技术要求 表15-4

技术指标	现行规范要求		
渗水系数(mL/min)	≤120		
轮辙试验(60℃空气介质,设计空隙率±1%)(次/mm)	≥3000		
冻融劈裂试验残留强度比(%)	≥80		
浸水马歇尔试验残留稳定度(%)	≥85		
低温弯曲试验应变(με)	寒区	温区	热区
	≥3000	≥2800	≥2500

SMA 橡胶改性沥青混合料的矿料级配应满足粗集料骨架嵌挤结构的要求,并应按表15-5的级配范围选择。

SMA 橡胶改性沥青混合料的矿料级配要求 表15-5

混合料类型		通过下列筛孔(mm)的质量百分率(%)											
		26.5	19	16	13.2	9.5	4.75	2.36	1.18	0.6	0.3	0.15	0.075
TRSMA-20	上限	100	100	92	82	55	30	22	20	16	14	13	12
	下限	—	90	72	62	40	18	13	12	10	9	8	8
TRSMA-16	上限	—	100	100	85	65	32	24	22	18	15	14	12
	下限	—	—	90	65	45	20	15	14	12	10	9	8
TRSMA-13	上限	—	—	100	100	75	34	26	24	20	16	15	12
	下限	—	—	—	90	50	20	15	14	12	10	9	8

续上表

混合料类型		通过下列筛孔(mm)的质量百分率(%)											
		26.5	19	16	13.2	9.5	4.75	2.36	1.18	0.6	0.3	0.15	0.075
TRSMA-10	上限	—	—	—	100	100	60	32	26	22	18	16	13
	下限	—	—	—	—	90	28	20	14	12	10	9	8
TRSMA-5	上限	—	—	—	100	100	65	36	28	22	19	15	
	下限	—	—	—	—	90	28	22	18	15	14	12	

粗集料骨架分界筛孔尺寸应符合表 15-6 的规定。

粗集料骨架分界筛孔尺寸

表 15-6

级配规格	骨架分界筛孔尺寸(mm)	级配规格	骨架分界筛孔尺寸(mm)
公称最大粒径 19mm	4.75	公称最大粒径 9.5mm	2.36
公称最大粒径 16mm	4.75	公称最大粒径 4.75mm	1.18
公称最大粒径 13.2mm	4.75		

混合料配合比的马歇尔试件体积设计方法应按《橡胶沥青路面技术标准》(CJJ/T 273—2019)附录 D 执行,其初选的结合料用量宜根据集料的合成毛体积相对密度按表 15-7 取值,混合料中纤维添加量应由结合料析漏损失决定。

沥青用量与集料合成毛体积相对密度之间的关系

表 15-7

集料合成毛体积相对密度	2.40	2.45	2.50	2.55	2.60	2.65	2.70	2.75	2.80	2.85	2.90	2.95	3.00
初选结合料用量(%)	6.8	6.7	6.6	6.5	6.3	6.2	6.1	6.0	5.9	5.8	6.7	5.6	5.5

SMA 橡胶改性沥青混合料马歇尔试验配合比设计的技术标准应符合表 15-8 的规定。

SMA 橡胶改性沥青混合料马歇尔试验技术标准

表 15-8

技术指标	要求值	试验方法
试件尺寸(mm)	φ101.6×63.5	T 0702
击实次数(次)	两面各 75	T 0702
空隙率 VV(%)	3.0~4.0	T 0705
矿料间隙率 VMA(%)	≥17	T 0705
沥青饱和度 VFA(%)	75~85	T 0705
稳定度(kN)	≥6.0	T 0709
沥青析漏试验的结合料损失(%)	≤0.1	T 0732
肯塔堡飞散试验的混合料损失(%)	≤15	T 0733

注:对高温稳定性要求较高的重交通路段或炎热地区,设计空隙率允许放宽到 4.5%,VMA 允许放宽到 16.5%,VFA 允许放宽到 70%。

SMA 橡胶改性沥青混合料性能检验的技术要求应符合表 15-9 的规定。

SMA 橡胶改性沥青混合料性能检验技术要求

表 15-9

技术指标	现行规范要求
渗水系数(mL/min)	≤80
轮辙试验(60℃空气介质,设计空隙率±1%)(次/mm)	≥3000

续上表

技术指标	现行规范要求		
冻融劈裂试验残留强度比(%)	≥80		
浸水马歇尔试验 残留稳定度(%)	≥85		
低温弯曲试验应变($\mu\varepsilon$)	寒区	温区	热区
	≥3000	≥2800	≥2500

注:气候分区按最低月平均气温确定,寒区小于 −10℃;温区为 −10~0℃;热区大于0℃。

得克萨斯州曾采用橡胶沥青拌制 OGFC 沥青混合料,混合料采用 Superpave 设计方法,设计空隙率为18%,结合料用量为 8.5%~9.5%。尽管橡胶沥青用量比一般改性沥青用量多 2%~4%,但是混合料未发生析漏。实体工程表明,这种混合料具有较好的抗松散能力和抗反射裂缝的性能。

编者曾对使用橡胶沥青拌制 SMA 混合料进行试验研究。级配采用常用的 SMA-13,混合料采用马歇尔方法进行设计,橡胶沥青用量为 6.4%。试验结果表明,橡胶沥青 SMA 具有良好性能。值得注意的是,与用 SBS 改性沥青相比,用橡胶沥青拌制的沥青混合料集料表面的油膜比较厚,其用油量要增加 0.4%~0.5%,否则混合料会显得干涩。

2. 湿法橡胶对路用性能的影响

通过上文对国内外规范的总结可以看出,各国对于胶粉材料自身性能指标的规范和把控均非常严格,其目的是针对不同工程应用提供质量可靠、性能优异的橡胶沥青胶结料。而分析国内外研究成果也发现,大量文献研究了胶粉粒径和级配对橡胶沥青或其混合料性能的影响,说明了这两项指标在胶粉材料质量控制环节中的重要性。因此,本节通过回顾概括国内外学者研究成果,重点归纳总结胶粉粒径和掺量对橡胶沥青和橡胶沥青混合料路用性能的影响。

(1)湿法橡胶对沥青性能的影响

随着胶粉颗粒尺寸的增大,沥青的黏度、轮辙因子、弹性恢复均有明显提高,说明大尺寸的胶粉颗粒可以有效提高基质沥青的弹性恢复和刚度,使得沥青具有更优的高温抗轮辙性能。大粒径胶粉在提高基质沥青的抗疲劳性能方面也具有显著作用,可以大大延长基质沥青的疲劳寿命。此外,通过对橡胶沥青高温储存稳定性的试验研究,对高温储存后的橡胶沥青的上部和下部分别进行软化点测试,试验结果表明,相较于大粒径胶粉,较小粒径胶粉更易在沥青中扩散和溶胀,因此其拌和而成的橡胶沥青高温储存稳定性更好。较大粒径的胶粉能够显著提高基质沥青的抗轮辙性能与抗疲劳性能,然而对沥青的低温性能与高温储存稳定性有不利影响。胶粉与 SBS 改性剂复合改性沥青有较好的协同作用,在减少两种添加剂的用量以降低造价的同时可以有效提高沥青的流变性能。

沥青黏度会随着胶粉掺量的增加而显著增大,小粒径胶粉橡胶沥青的黏度低于大粒径胶粉橡胶沥青。此外,沥青弹性恢复也会随着胶粉掺量的增加而显著增大,这意味着橡胶沥青的加入能够提高混合料的变形恢复能力。然而,胶粉掺量的增加对沥青的延度、韧性和低温劲度均有不利影响。

不同种类的胶粉对沥青的改性效果存在差异。在胶粉粒径、胶粉掺量、基质沥青一定的情况下,胎胶粉在低温延度和弹性恢复方面的改性效果优于鞋胶粉。从不同种类沥青对橡胶沥青改性效果的评价可见,轻质组分含量高的基质沥青更有利于胶粉的溶胀反应,可使橡胶沥青获得更优异的改性效果。

一般来说,胶粉掺量通常在 10% ~20% 之间。为了消耗更多的废弃轮胎胶粉并缓解其带来的环境压力,越来越多的研究开始关注大掺量(内掺 30% 以上)胶粉改性沥青。大掺量胶粉改性沥青的制备工艺一般要求较高的搅拌温度(230 ~270℃),在这样的高温条件下,沥青中发生溶胀的胶粉颗粒会迅速地发生脱硫和裂解反应,且搅拌的温度和时长都会影响大掺量橡胶沥青的流变性能与低温性能。

(2)湿法橡胶对沥青混合料性能的影响

相比基质沥青混合料,橡胶沥青混合料的高温抗轮辙性能得到了显著提升。相较于开级配混合料,胶粉粒径对密级配混合料的影响更大;在密级配橡胶沥青混合料中,采用小粒径胶粉制备的混合料展现出了更优的抗轮辙能力;而在开级配橡胶沥青混合料中,采用大粒径胶粉制备的混合料展现出了更优的抗轮辙能力。

间接拉伸强度试验和沥青路面分析仪轮辙试验的结果表明,胶粉粒径对混合料的动稳定度、强度、轮辙深度均无显著影响。随标准荷载作用次数的增加,使用 30 目和 40 目胶粉的混合料具有非常相似的轮辙发展趋势与轮辙深度,而大粒径胶粉橡胶沥青混合料的抗轮辙性能较差。在密级配橡胶沥青混合料中使用小粒径胶粉能更有效地提高混合料的抗轮辙性能。回弹模量试验结果显示,混合料的劲度模量随着胶粉粒径的增大而逐渐减小。此外,胶粉能够显著提高掺有旧料的沥青混合料的抗疲劳性能,而大粒径胶粉的掺加能够更有效地提高混合料的抗疲劳性能和长期路用性能。

综上,胶粉粒径对沥青的改性效果有显著影响。随着胶粉粒径的增大,沥青的软化点、黏度、轮辙因子、弹性恢复都逐渐增加。较大粒径的胶粉可以显著提高沥青和沥青混合料的抗疲劳性能,但随着胶粉粒径的增大,沥青混合料的回弹模量有较小幅度的降低,同时较小粒径的胶粉可以更有效地提高橡胶沥青的高温储存稳定性,显著提高沥青的延度,以及降低沥青的针入度。其原因可理解为,越细的胶粉越容易在沥青中发生溶胀反应,因此可以有效提高沥青的延度,并降低针入度。然而由于溶胀的有限性以及过细的胶粉在沥青中不能构成骨架结构,沥青的弹性恢复减弱且其软化点降低,使其在高温条件下更易流动变形。沥青混合料的其他性能,例如混合料的水稳定性、韧性和刚度受胶粉粒径的影响并不显著。为获得更优异的高温抗轮辙性能,可在密级配中使用小粒径胶粉,在开级配中使用大粒径胶粉。此外,胶粉掺量的增加会导致沥青针入度减小、软化点升高、黏度增加、弹性恢复先增大后减小以及离析程度增加。这些指标的变化是由于胶粉吸收了沥青中的轻质油分形成沥青-胶粉共聚物,改变了沥青原有的组分结构,从而改善了沥青的高温流变性能,提高了沥青的黏度和变形恢复性能;并且在沥青-胶粉共聚物中,橡胶的柔韧性也得到了良好体现,从而使得橡胶沥青具有较好的低温延度。然而沥青中的轻质组分含量有限,在溶胀反应达到极限时,沥青处于饱和状态,过量的胶粉将以颗粒形式分散在沥青中并处于游离状态,从而导致橡胶沥青各项指标的下降以及离析的出现。因此,建议的胶粉掺量在 10% ~20% 之间,以达到最优异的橡胶沥青及橡胶沥青混合料的路用性能要求。

二、干法橡胶沥青混合料

1. 干法橡胶沥青混合料的特点

干法工艺是将胶粉颗粒当作集料使用,可替代部分细集料,亦可直接投入集料。胶粉用量占集料总质量的 1%～5%，胶粉颗粒尺寸为 1.0～6.3mm。干法工艺可以使用较粗的胶粉颗粒，并且可以有效地消耗大量废弃轮胎胶粉。由于拌和过程中不需要特殊设备，干法工艺还具备施工方便的优势。

干法工艺主要将胶粉作为部分集料参与混合料拌和，因此胶粉对沥青的改性作用有限。但是高弹性胶粉作为集料的一部分，在混合料中起到了阻尼的作用并增加了路面的弹性，从而起到了提高沥青路面减振、降噪效果的作用。但是，干法工艺容易导致集料和胶粉搅拌不均匀，且难以控制集料级配和胶粉在施工过程中的体积变化，因此容易出现混合料性能不稳定的问题。由于需要热沥青胶浆将胶粉与集料有效黏结，所以干法工艺只适用于热拌沥青混合料，并不适用于以乳化石油沥青或稀释沥青生产的常温沥青混合料。上述施工特点使得干法橡胶沥青混合料主要适用于沥青路面上面层。

很多国家和地区对干法橡胶沥青混合料进行了研究和工程应用。但是，干法橡胶沥青路面的主要病害为松散，这是沥青用量与黏结力不足的表现。其原因主要是：一方面，混合料难以压实，即使压实了，由于橡胶颗粒的弹性作用，混合料也会慢慢松开，造成橡胶路面松散；另一方面，橡胶颗粒可吸收沥青中轻质组分而造成体积膨胀，即使在混合料摊铺压实后，橡胶颗粒体积仍可持续膨胀，这将导致沥青混合料中有效沥青用量的降低，并造成沥青路面开裂、松散。因此，在干法橡胶沥青混合料设计时，有三个主要技术关键。

（1）采用间断级配或开级配，以保证沥青混合料中有足够的空间容纳橡胶颗粒。

（2）要采用黏度较高的沥青，以增强沥青对石料的黏结能力，并适当增加沥青用量（增加 0.4%～0.5%），弥补橡胶颗粒吸收油分导致的有效沥青含量的降低。

（3）最好采用经过预处理的橡胶颗粒，以降低其吸油膨胀的程度并增强橡胶颗粒与沥青的亲和能力。

根据以上分析，干法橡胶沥青混合料宜采用开级配或间断级配，并采用黏度较高的改性沥青。编者曾对干法橡胶沥青混合料的设计方法进行专门试验研究。沥青混合料采用 SMA-13 级配，为保证混合料中有充分的空间来容纳橡胶颗粒，在级配设计中完全间断了 2.36～4.75mm 的集料，设计级配见图 15-1。同时，为提高混合料的降噪性能，采用 1～3mm 的橡胶颗粒，掺量为沥青混合料质量的 2%。结合料采用 SBS 改性沥青。

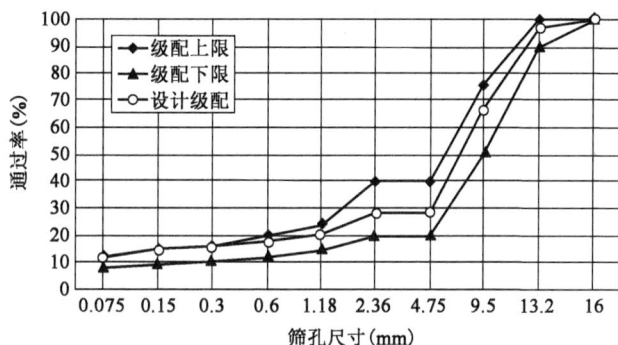

图 15-1　干法橡胶沥青混合料设计级配

采用马歇尔试验方法进行配合比设计，马歇尔试件击实 75 次/面，确定沥青用量为 6.6%。橡胶沥青混合料的性能满足《公路沥青路面施工技术规范》（JTG F40—2004）中改性沥青 SMA 的要求。采用这种混合料铺筑的沥青路面具有良好的抗滑、耐久性能，使用两年未发生松散等病害。噪声测试表明,与普通 AC 路面相比,橡胶沥青路面平均降噪量为 2~3dB,而且其路用性能比邻近的 AC 路面优良。

2. 干法橡胶对路用性能的影响

(1)干法橡胶对体积指标的影响

由于胶粉的弹性和受热膨胀特性,干法橡胶沥青混合料难以压实,容易出现空隙率太大的问题,进而造成混合料耐水性能不佳,抗轮辙能力下降,后期使用时易出现松散、脱粒、坑槽等病害。建议将空隙率控制为 1.5%~3.5%。相同级配下,胶粉用量对空隙率影响较大,当目标空隙率确定时,可以应用数学公式计算最大胶粉可用量。在实际空隙率的测定中,需要指出的是,干法橡胶沥青混合料的理论密度应采用真空测量得出。另一个可以表征混合料体积特性的指标是膨胀率,通过测定击实后的马歇尔试件在冷热两种情况下的高度来计算。

(2)干法橡胶对高低温性能的影响

温度升高时,沥青混合料强度减弱,路面在外力作用下容易发生变形,继而产生轮辙、拥包等病害。一方面,胶粉具有交联结构,导致干法橡胶沥青混合料难以保持原有形状。另一方面,沥青硬度增强,使混合料高温稳定性提高。常采用轮辙试验来评估高温性能,一般的干法橡胶沥青混合料的动稳定度(DS)在 4000 次/mm 左右,通常需要加入抗轮辙剂来进一步提高抗轮辙性能。温度降低时,沥青变形能力降低,加之老化变硬变脆,沥青路面容易出现裂缝。而胶粉在低温范围内具有较好的柔性和弹性,可提高混合料低温柔性。评价低温性能常用的方法是低温弯曲小梁试验和预制凹口的半圆形弯曲断裂试验(SCB)。在小梁试验中,干法橡胶沥青混合料在 -10℃下的最大破坏应变在 4000$\mu\varepsilon$ 左右。在 SCB 中,混合料的抗裂强度可达到 11.5N/mm^2。

(3)干法橡胶对水稳定性能的影响

水损害指的是在水或冻融循环以及外力的作用下,沥青混合料无法保持整体性,路面出现掉粒、坑槽等病害的现象,是干法橡胶沥青混合料性能研究中面临的最大挑战。胶粉加入后,一方面,部分沥青被胶粉吸收,沥青的酸性增加,与矿料间的黏附性提高,同时沥青黏度增大,抵抗水损害能力提升,这些有利于提高混合料的耐水性能;另一方面,沥青量减少会使沥青膜厚减小,而胶粉的存在又减小了沥青和石料黏合的有效面积,且其弹性会导致难以压实、空隙率大,这些问题又会使混合料耐水性能变差。

(4)干法橡胶对抗疲劳性能的影响

传统沥青路面一旦出现裂缝,路面损害将迅速发展。而干法橡胶沥青混合料具有较高的抗疲劳裂纹产生、扩展的能力,拥有更长的疲劳寿命。这可能得益于胶粉的弹性特质,当混合料受到荷载作用时,胶粉吸收荷载应力发生变形,而当荷载撤去,胶粉恢复至初始状态。

第三节　废旧橡胶沥青混合料降噪特性

由于胶粉高弹、高耐磨等特性,干法橡胶沥青混合料还具备抗滑破冰、降噪的功能和耐磨的性能。首先,粗胶粉可提高路面摩阻系数、改变冰雪层的受力状态,起到抗滑破冰作用。其次,粗胶粉可以减小冲击,从而降低路面噪声,其效果可通过噪声测试来评定。近几年,编者针对橡胶沥青路面的降噪性能进行了大量的研究,总结如下。

一、橡胶沥青的降噪机理

1. 阻尼减振降噪机理

阻尼是指材料耗散振动能量的能力,它能将因振动产生的噪声能量转化为热能或者其他可以消耗的能量,可以有效降低振动和噪声的产生。对于橡胶沥青路面而言,其路面材料中的橡胶颗粒、沥青属于优良的阻尼材料,因而路面的减振降噪性能良好。通过阻尼措施降低噪声的关键是降低结构的振动强度。当汽车轮胎振动时,振动能量传递到路面结构中的阻尼材料,引起阻尼材料内部的位移和相互摩擦。由于阻尼材料的内部摩擦和内部能量损失,汽车轮胎的大部分振动能量被转换成热能耗散。车体和轮胎的振动减弱,振动时间减少,实现了减振和降噪的目标。具有橡胶颗粒的路面在轮胎负载的作用下将经历更多变形,在变形过程中一部分振动能量会被储存在橡胶分子链中,另一部分则因沥青分子的内摩擦而损耗掉。当车轮负荷消失时,路面会反弹,从而释放并消耗存储的能量。

编者研究发现,添加橡胶的沥青混合料具有较低的动态模量和较高的相位角。"软弹"的橡胶沥青路面有利于耗散汽车轮胎的振动能量。而且,橡胶材料具有吸油的特性,橡胶沥青混合料在设计时的油石比一般高于普通的沥青混合料。沥青材料的阻尼减振能力优异,这也是改善阻尼性能的原因之一。

2. 吸声降噪机理

根据声学原理,吸声结构主要有共振吸声模型和瑞利模型两种。这两种结构都依赖间隙中气体分子之间的黏性阻力来削弱声波的振动,从而达到吸声的目的。共振吸声结构具有较窄的吸声带,通常集中在腔体共振频率附近,瑞利吸声结构具有较宽的声音频率范围。橡胶沥青路面具有良好的吸声降噪性能,这是由于路面结构中加入橡胶颗粒使其具备良好的弹性变形能力。同时,沥青混合物的空隙率也随之增加,路面结构具有更多的内部连通空隙,并且路面的表面纹理相对发达。当声波到达材料表面时,大部分声波通过混合物中的微小间隙传递到内部,由于空气和空隙壁之间的摩擦、空气分子间的黏滞力,以及空隙内空气媒介涨缩效应的影响,声波在传播过程中会受到摩擦和黏滞阻尼的作用,从而导致部分声波被转换为热能而耗散。此外,橡胶沥青混合料表面丰富的纹理结构也使得气流在内部向四周扩散,从而消耗声能,还可以减少路面和轮胎之间的"泵送效应",从而达到抑制噪声的效果。

橡胶沥青路面中不同尺寸的空隙可以形成一系列不同的亥姆霍兹共振器,其可以吸收不同频率的交通噪声。当进入孔的声波频率与谐振器的固有频率相同时,进出孔的气流速度和摩擦损失达到最大,吸收声能的效率实现最佳。研究发现,橡胶沥青路面可以显著提高 $250 \sim 1000\,Hz$ 的中频声范围(交通噪声的主要频率范围)内的吸声系数,当橡胶颗粒掺量在 5% 范围内,该频段的吸声系数随着橡胶颗粒掺量的增加而增加。并且橡胶沥青开级配路面的吸声降噪效果要好于间断级配路面。

二、降噪性能的影响因素

橡胶沥青路面的降噪效果受到多种因素的综合影响,仅仅从单一因素分析很难有效地评价橡胶沥青路面的降噪效果。胶粉掺量、胶粉目数、橡胶沥青混合料级配、路面厚度以及外部因素等对橡胶沥青路面的降噪效果都有着显著影响。橡胶沥青路面的降噪效果与各种影响因素之间的关系如图15-2所示,箭头向上表示正相关,箭头向下表示负相关,水平箭头表示无显著影响,箭头旁有五角星表示主要影响因素,虚线表示影响因素间的相互作用。

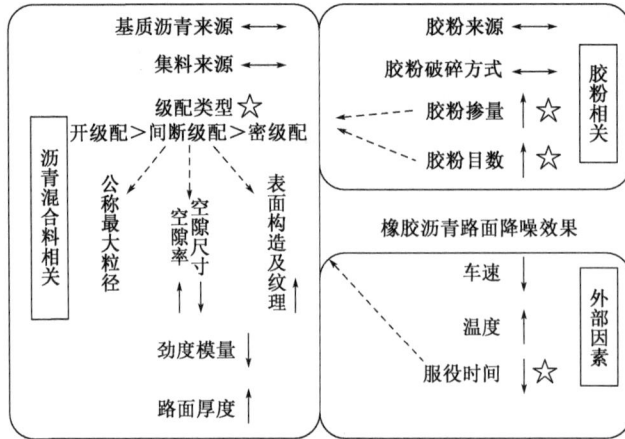

图15-2　橡胶沥青路面降噪效果与各种影响因素之间的关系

1.胶粉掺量和目数

胶粉的掺量和目数是影响橡胶沥青路面降噪效果的两个最为重要的因素。室内和试验段的大量研究均指出,胶粉的掺入对不同级配类型的沥青路面均有一定的降噪效果。使用胶粉的 OGFC 路面比不使用胶粉的 OGFC 路面更能降低轮胎-路面噪声。对于 AC 和 SMA 路面,通过添加大阻尼、高弹性的橡胶颗粒,能够大大降低路面的动态模量,并且这种路面结构具有优异的构造深度和表面特征,能够有效降低噪声。

当胶粉掺量(质量掺量)为1% ~3% 时,路面动态模量会随着胶粉掺量的增加而逐渐减小,路面的噪声衰减系数逐渐增大,当胶粉掺量为 3% 时,路面具有最大的减振降噪效果。随着掺量的增加,轮胎路面系统的衰减指数逐渐增大,说明胶粉颗粒增加了路面的阻尼,掺量越多,路面的阻尼越大,减振降噪能力越强。同时,在满足路面性能的前提下,添加大尺寸的胶粉颗粒且掺量为 3% 时,可以最大限度地提高混合料的减振降噪效果。随着胶粉掺量的增加,声压级不断降低,但是过多的胶粉掺量对降噪效果的提升并不明显,呈现降速放缓现象。另外,在胶粉掺量一定的条件下,胶粉颗粒尺寸越大其降噪效果越好,这是由于随着胶粉颗粒粒径的减小,加入胶粉颗粒的骨架密实型降噪路面的表面构造深度也就越小。由于混合料类型不同,针对胶粉目数和掺量的研究成果之间很难对比,而且深入研究表明降噪效果与沥青混合料的渗透系数和沥青含量关系更大,更甚于胶粉掺量和目数。

2.级配类型和公称最大粒径

不同级配类型导致不同的构造深度和空隙率,构造深度越大,空隙率越大,路面的吸声降噪效果也就越好。因此,多孔沥青路面(开级配)的降噪效果优于骨架密实型路面(间断级配),而普通沥青路面(连续密级配)最差。

橡胶颗粒骨架密实型混合料在借鉴 SMA 配合比的基础上,在矿物质混合料中掺加一定量的橡胶颗粒,以增加沥青混合料的弹性和阻尼性能,从而降低动态模量。这种类型的混合料主要通过吸收轮胎振动和冲击能量降低路面行驶噪声,具有减小轮胎路面泵吸噪声和阻尼减振降噪的双重效果。道路测试结果表明,对于车速为 40 ~80km/h 的小汽车来说,与普通沥青混凝土(AC)路面相比,橡胶颗粒骨架密实型路面的噪声降低了 2~3dB(A),而 OGFC 路面的降噪效果更好,不过从整体路用性能来看,特别是力学性能方面,橡胶沥青路面要比 OGFC 路面强很多。大孔隙橡胶沥青混合料在频率介于 400~1700Hz 之间时表现出较好的吸声效果,在频率为 1000Hz 时吸声系数达到 0.52,说明大孔隙橡胶沥青混合料具有良好的吸声效果,而且这种橡胶沥青路面材料能够有效降低阻尼振动和空气泵吸作用,提升路面降噪性能。

公称最大粒径控制了沥青路面集料的尺寸、摊铺厚度以及表面纹理。目前对轮胎-路面噪声的研究很大一部分集中在公称最大粒径的影响上,研究认为路面粗糙度(微观和宏观纹理)受到公称最大粒径的影响,其中宏观纹理对降噪效果有显著影响,并且提出低噪声的条件是路面采用小的集料尺寸和光滑的表面,因为较小的集料尺寸减少了噪声的产生,而光滑的表面降低了摩擦产生的噪声。当公称最大粒径从 13.0mm 减小到 10.0mm,噪声显著减小,对于小汽车,噪声降低程度为 1.0~3.0dB(A);对于轻货车,噪声降低程度为 0~1.0dB(A);对于重载货车,噪声降低程度为 1.0~2.0dB(A)。这主要是由于较小的集料尺寸会使得轮胎产生较小的变形,泵入较少的空气,轮胎和路面之间将会面临更少的挤压从而减少压力的变化,以此来降低噪声。另外,也可以通过矿料的细度模量来衡量降噪水平,细度模量越高,混合料越粗,产生的噪声也越大。此外,也可以采用关键筛孔尺寸作为指标,例如随着 4.75mm 筛孔通过率的不断增加,沥青混合料构造深度降低,噪声递减声压级和声强级也逐渐增加。尽管上述公称最大粒径的规律对于橡胶沥青路面和非橡胶沥青路面都存在,但是对于目数较大的橡胶沥青需要在级配设计时将其作为矿料的一部分进行考虑,并且需要通过试验检验吸声效果。

3. 路面厚度

路面厚度与材料级配类型以及声音吸收的频率有关。编者研究发现,厚度的影响在于吸收峰值频率的变化,而不在于噪声吸收系数值的变化。厚度增大时,沥青混合料的吸声频谱的峰值向低频处移动。低频范围内,吸声系数随着路面厚度的增加而减小。因为低频具有更长的波长,低频声音比高频声音更能够通过厚的路面。因此,为了实现最大的吸收系数,路面厚度需要根据设计车速考虑。对于高速公路,产生的高频噪声更多,应减小沥青路面的厚度,以吸收更多的高频噪声。在城市公路,应增大沥青路面的厚度,以提升路面吸收低频噪声的能力。另外,其他研究者也给出了不同的解释,较厚的路面会导致灰尘需要更多时间才能聚集在空隙中,对于维持大孔隙沥青路面的长期降噪效果有利。使用高性能混合料如橡胶沥青混合料能够减小路面厚度,节约造价。虽然增加材料的厚度可以提高其降噪性能,但这种改善幅度对于 0.15m 或者更厚的面层来说效果不明显。

4. 外部因素

研究人员都证明了车速对噪声产生的影响,结论可以归纳为随着车速的增加,噪声也会增加,而且其增加的幅度对于沥青路面而言,车速每增加 1.6km/h,噪声增加 0.18dB(A)。值得注意的是,速度对噪声的另一个影响是噪声的来源,在低速时,车辆的动力系统占噪声发生的主导地位;而在更高车速下,轮胎-路面的噪声占主导地位。交通运输部公路科学研究院先后在广东、北京等省(市)通过铺筑试验路进行了相关试验。测试发现汽车的速度越大,轮胎-路面的噪声也就越大。同时掺加胶粉的沥青混凝土路面的噪声要明显低于 SBS 改性沥青混凝土路面。这种噪声差异会随着测试车速的提升而越发明显。当车速在 80km/h 左右时,噪声差异为 2.5dB(A);而当车速为 100km/h 左右时,噪声差异达到 5.4dB(A)。

温度对沥青路面的轮胎-路面噪声也有着显著影响,试验结果表明,空气温度的变化与检测到的噪声水平存在线性关系,环境温度每增加1℃,噪声一般会降低0.1dB(A),而对于多孔沥青路面,则降低0.06dB(A)。

随着路面的长期服役,橡胶沥青路面的降噪性能会发生衰变,一方面表现为沥青胶结料的老化,导致了各类路面病害,造成了声学特性变化;另一方面,宏观纹理、微观纹理、空隙率等因素的变化也导致了噪声水平的变化。因此,对于不同类型的沥青混凝土路面,随着服役年限的增加其降噪效果逐渐降低。通过长期性能观测得到密级配橡胶沥青路面降噪效果可能在6~10年之间仍然有效,而普通热拌沥青罩面降噪效果最多到4年,而开级配沥青混合料相比密级配沥青混合料具有更短的降噪有效时限。

第四节　废旧橡胶沥青混合料设计案例

如本章第二节所述,橡胶沥青混合料在设计过程中的差异主要在于橡胶掺入工艺的选择,但混合料的设计步骤仍参照常规热拌沥青混合料。因此,本节以干法橡胶沥青混合料为实例进行介绍。

一、试验材料

粗集料采用辉绿岩,细集料采用石灰岩,矿粉由石灰岩磨制而成,沥青结合料采用SBS改性沥青,废橡胶颗粒由废旧轮胎经粉碎磨制而成,并经处治改性。原材料密度测试结果见表15-10。

原材料的密度　　　　　　　　　　　　　表 15-10

原材料	表观相对密度	毛体积相对密度	吸水率(%)	有效相对密度
9.5~13.2mm 碎石	2.768	2.741	0.4	2.763
4.75~9.5mm 碎石	2.768	2.724	0.7	2.755
0~2.36mm 石屑	2.700	—	—	—
矿粉	2.715	—	—	—
SBS 改性沥青	1.019	—	—	—
橡胶颗粒	1.15	—	—	—

二、设计粗集料主骨架

粗集料由9.5~13.2mm和4.75~9.5mm两档碎石组成,采用干捣实法测定两者不同组成比例时的间隙率VCA。测试结果见表15-11,其变化规律如图15-3所示。

不同粗细集料配合比混合料的 VCA 测试结果　　　　表 15-11

碎石比例		合成毛体积密度 (g/cm³)	捣实松方密度 (g/cm³)	VCA (%)
4.75~9.5mm	9.5~13.2mm			
1	9	2.739	1.608	41.299
2	8	2.738	1.616	40.970

续上表

碎石比例		合成毛体积密度	捣实松方密度	VCA
4.75~9.5mm	9.5~13.2mm	（g/cm³）	（g/cm³）	（%）
3	7	2.736	1.609	41.189
4	6	2.734	1.602	41.408
5	5	2.732	1.613	40.969
6	4	2.731	1.598	41.482
7	3	2.729	1.596	41.519
8	2	2.727	1.581	42.032
9	1	2.726	1.574	42.253

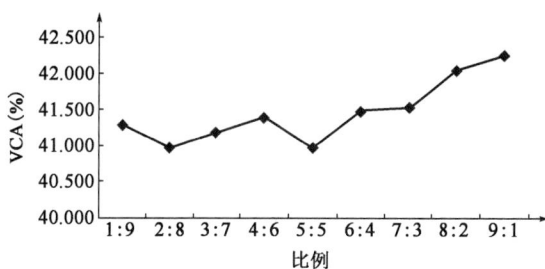

图 15-3　VCA 的变化规律

由图 15-3 可知,当两种材料的比例接近 1:1 时,形成的粗集料主骨架 VCA 最小,这时骨架最稳定,捣实松方密度 $\rho_{dc}=1.613\text{g/cm}^3$,VCA=40.969%。集料本身的性质(表面纹理、颗粒形状等)与各档粗集料的比例决定粗集料 VCA 的大小,当料源发生变化时,需重新进行上述试验。

三、确定混合料的设计参数

取废橡胶颗粒的掺量为 2%,矿粉的用量为 10%,选取设计空隙率 V_a 为 4%,VMA 为 17%。

四、确定沥青混合料的组成配合比

将上述设计参数代入式(15-1),计算粗集料用量、细集料用量和油石比(有效沥青)。

$$\left.\begin{array}{l} q_c + q_f + q_m = 100 \\[2mm] \dfrac{q_f}{\rho_{af}} + \dfrac{q_m}{\rho_{am}} + \dfrac{q_a}{\rho_a} + \dfrac{q_r}{\rho_{ar}} = \dfrac{q_c}{100\rho_{dc}}(\text{VCA} - V_a) \\[2mm] \dfrac{q_a}{\rho_a} = \dfrac{(\text{VMA} - V_a)}{100} \cdot \dfrac{q_c}{\rho_{dc}} \end{array}\right\} \qquad (15\text{-}1)$$

式中：q_c——粗集料的质量百分数,%；

　　　q_f——细集料的质量百分数,%；

　　　q_m——矿粉的质量百分数,%；

　　　q_a——有效沥青的质量百分数,%；

q_r——橡胶颗粒的质量百分数,%;

ρ_a——沥青的密度,g/cm³;

ρ_{af}——细集料的表观密度,g/cm³;

ρ_{am}——矿粉的表观密度,g/cm³;

ρ_{ar}——橡胶颗粒的表观密度,g/cm³;

V_a——沥青混合料设计空隙率,%。

$$\left.\begin{array}{l} 10 + q_c + q_f = 100 \\[2mm] \dfrac{q_c}{100 \times 1.613} \times (40.969 - 4.0) = \dfrac{10}{2.715} + \dfrac{2}{1.15} + \dfrac{q_f}{2.700} + \dfrac{q_a}{1.019} \\[2mm] \dfrac{q_a}{\rho_a} = \dfrac{(VMA - 4.0)}{100} \cdot \dfrac{q_c}{1.613} \end{array}\right\}$$

计算结果为:粗集料用量为75%,细集料用量为15%,油石比(不含吸收的沥青)为6.2%。

五、确定矿料的级配

根据计算的粗集料用量、细集料用量和预设的矿粉用量,并由原材料的级配可获得矿料的合成级配。级配曲线见图15-4。

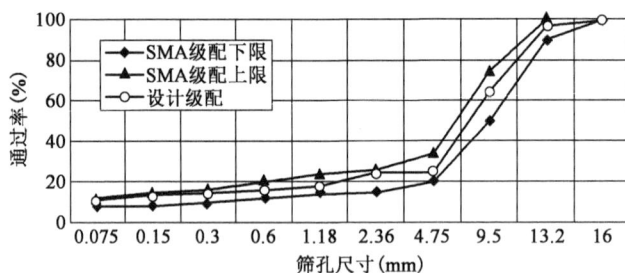

图15-4 矿料合成级配曲线

由图15-4可以看出,与SMA相比,所设计的废旧橡胶沥青混合料矿料级配基本落在SMA-13级配范围内,其主要区别在于2.36~4.75mm这一档集料完全间断,且4.75mm筛孔的通过率接近SMA级配下限。

六、混合料体积参数验证

为验证压实混合料的体积参数,采用上述计算方法确定各矿料组成用量,油石比为6.4%(考虑集料吸收的沥青),橡胶颗粒的掺量为2%。按照试验规程制作马歇尔试件,双面各击实75次,测得试件的体积参数见表15-12。

混合料的体积参数 表15-12

试件编号	毛体积相对密度	最大理论相对密度*	空隙率(%)	VMA(%)	VFA(%)	VCA(%)
1	2.348	2.439	3.7	17.2	78.3	40.5
2	2.356	2.439	3.4	16.9	80.0	40.3
3	2.358	2.439	3.3	16.9	80.3	40.3

注:*最大理论相对密度采用集料的有效相对密度计算。

七、混合料性能检验

对混合料的路用性能进行了试验,测得动稳定度(60℃)为3236次/mm,低温(-10℃)拉伸应变为0.00919,极限劲度模量为816MPa,冻融劈裂强度比为90%,均满足有关规范要求。

【思考题】

15-1 总结干法和湿法橡胶沥青混合料的技术特性。

15-2 分析橡胶沥青路面降噪机理,讨论增强降噪能力的方法。

15-3 探讨废旧橡胶沥青混合料级配特点,以及其与AC沥青混合料的差异。

15-4 讨论橡胶沥青同步碎石封层的技术特性和主要用途。

15-5 试比较橡胶沥青与SBS改性沥青的技术性质。

15-6 探讨基于废旧轮胎处理方式和掺入沥青混合料中的工艺,思考哪种工艺对环境更友好。

【小组讨论】

15-1 如何减少橡胶沥青混合料施工过程中挥发性有机污染物排放?

15-2 干法和湿法是否可以共用,研发混合法橡胶沥青混合料?

15-3 干法和湿法工艺在处理废旧橡胶时可能面临哪些环保上的挑战?讨论可行的减少环境影响的方案。

15-4 干法和湿法工艺分别有哪些技术创新?讨论现有技术的局限性及潜在的改进方向,以提升工艺效率和产品质量。

【拓展阅读】

15-1 黄卫东,李彦伟,杜群乐,等.橡胶沥青及其混合料的研究及应用[M].北京:人民交通出版社,2013.

15-2 中华人民共和国住房和城乡建设部.橡胶沥青路面技术标准:CJJ/T 273—2019[S].北京:中国建筑工业出版社,2019.

15-3 孙大权,金福根,徐晓亮,等.橡胶沥青路面湿法和干法技术研究进展[J].石油沥青,2008,22(6):1-5.

15-4 肖飞鹏,王涛,王嘉宇,等.橡胶沥青路面降噪技术原理与研究进展[J].中国公路学报,2019,32(4):73-91.

15-5 张洪刚,谭华,王彬,等.橡胶沥青的性能评价、改性机理与应用研究进展[J].应用化工,2021,50(S2):299-303.

15-6 韩大勇,王亮,郭朋召,等.密级配橡胶沥青路面降噪技术原理与研究综述[J].长沙理工大学学报(自然科学版),2024,21(3):61-78,106.

15-7 叶中辰.多空隙橡胶沥青混合料吸声减振降噪性能研究[D].西安:长安大学,2021.

PART 6 | 第六篇

自修复沥青混合料

第十六章

电磁加热自愈合沥青混合料

【内容提要】

本章介绍了电磁加热愈合的原理和发展现状,提出了电磁加热自愈合沥青混合料的材料要求和电磁敏感掺料的筛选方法,重点阐述了电磁加热愈合能力的评价方法。在此基础上,总结了电磁加热自愈合沥青混合料组成设计方法,并提供了设计案例。

第一节　概　　述

电磁加热是一种路面养护措施,旨在通过快速提升路面温度促进沥青混合料裂缝等病害自愈合。适用于电磁加热养护的沥青混合料即为电磁加热沥青混合料。在加热过程中,混合料是被加热的对象,以微波辐射和交变电场为代表的电磁波是加热的载体。由于温度与沥青的自愈合能力呈正相关关系,电磁加热得以通过提高混合料内的沥青温度促进愈合。在高温条件下,沥青呈现出近似牛顿流体的状态,在毛细管力和自身的热膨胀效应下填充混合料内部的微裂缝,这与沥青在常温条件下的愈合行为存在明显区别。在实施电磁加热前,通常会向混合料中添加对微波或交变电场敏感的掺料以强化升温效果。换言之,电磁加热沥青混合料的设计实质上是一种提前考虑后续养护需求的材料设计。

电磁加热的主要形式包括微波加热与电磁感应加热,前者的微波辐射与后者的电磁感应有着不同的加热特性。微波辐射的穿透力较强,能够加热路面较深处(10cm 以上)的沥青混合料,其主要的加热对象是混合料中的石料、矿粉和微波敏感掺料,对沥青没有直接的加热效果。在微波加热过程中,热量通过热传导的方式由其他部分进入沥青,使其产生流动,填充混合料内部的微裂缝。交变电场的作用对象是混合料内部的导电材料(如钢纤维等),导电材料在交变电场中产生涡流并释放热量,热量进而传导到沥青中。常见的玄武岩、石灰岩等石料无法被交变电场加热。同时,交变电场的穿透能力较弱,加热深度较浅。这种基于交变电场的加热方式一般被称为电磁感应加热。研究表明,在能量消耗相同的情况下,微波加热的升温效果优于电磁感应加热。

一、发展现状

微波加热技术在沥青路面中的应用可以追溯到 20 世纪 60 年代,主要用于路面除冰雪、路面就地热再生养护、路面检测等方面。加拿大的 Bosisio 等发现 2.45GHz 的微波能在不使表面过热的情况下有效渗透到沥青路面以下 12cm 深度的范围,并于 1973 年秋季将微波应用到蒙特利尔到魁北克市的 20 号高速公路上。微波加热技术第一阶段的研发重点是微波加热装置的车载化。早在 70 年代,雪城研究公司的 Boyko 等设计了一套微波修补系统,整个发电装置和微波发生装置都固定在一辆 2.5t 的平板卡车上。随后,Thuéry 用一台 180kW 的柴油发动机供能,研制出总功率达 100kW 的微波修补车,用于熔化沥青修复裂缝和坑槽。后来有人将 6kW 的微波发动机改装用于冬季融化冻土,将微波发生器和矩形孔状天线安装在四轮卡车的底盘上。国内于 21 世纪初开始对微波加热路面的装置进行研究。2004 年,浙江兰亭高科有限公司发明了一种沥青路面热再生养护车;广东佛山市威特公路养护设备有限公司随后提交了微波加热养护车的实用型专利,并于 2006 年获得授权后推出产品;湖南天立工程机械有限公司同样也研发出了一款微波热再生沥青路面的养护车;马如宏等人初步研究分析了微波加热后沥青路面的性能,并设计了相关的微波加热器。

与微波加热愈合相比,电磁感应愈合的研究起步较晚。2009 年,荷兰代尔夫特理工大学率先开展了电磁感应加热技术在沥青混合料中的应用研究。为提高涡流加热的效率,代尔夫特理工大学的研究人员在混合料中加入了钢纤维。钢纤维的应用也成为后续研究的重点。从这些研究中可以提炼出三条主要结论:第一,钢纤维的形状对加热效果有关键影响,直径较小的钢纤维的感应加热效果优于直径较大的钢纤维。第二,随钢纤维掺量的增加,混合料的感应愈合能力呈钟形趋势变化。换言之,当钢纤维的掺量超过特定值时,感应愈合能力会出现衰减,因此,确定钢纤维的适宜掺量是实现高效愈合的关键。第三,钢纤维掺量的增加会降低温度分布的均匀性,导致混合料局部过热。此外,其他外掺料在电磁感应愈合中的潜力也被挖掘出来,钢渣、铁粉、四氧化三铁都可以提升沥青混合料的感应愈合能力,这些掺料所含的金属及金属氧化物是实现这种提升的关键成分。

二、愈合效果的影响因素

充分了解沥青混合料电磁加热愈合能力的影响因素,是合理应用电磁加热技术的基础。国内外工程界对于加热愈合能力的因素依赖性开展了大量研究。研究表明,影响自愈合能力的关键因素有加热条件、沥青混合料的原料特性(集料与沥青胶结料)、电磁敏感掺料的特性与掺量、损伤度等。在大多数情况下,电磁加热的时间越长,混合料的温度越高,自愈合效果越好。但是加热时间对自愈合能力的促进效果存在边际效应,且加热时间过长会导致混合料的结构损伤与质量损失。不同集料在微波作用下的响应特性差异很大,粒径较大的石料的加热升温速率高于粒径较小的石料,安山岩、辉绿岩等石料的升温速率高于石灰岩等石料。虽然沥青无法直接被微波或交变电场加热,但是沥青在高温下的流动特性、黏度与自愈合能力间存在着明显的关联。电磁敏感掺料按照形状可以分为粉状掺料、块状掺料、纤维状掺料等,部分掺料(如铁氧体等)的掺量与加热愈合能力呈正相关关系;对于钢纤维等掺料而言,加热愈合能力会随着掺量增加先增强后减弱,即该种掺料的掺量存在阈值。沥青混合料的损伤度是决定养护时机的关键变量,养护时沥青混合料损伤度越小,加热愈合的效果越好。在路面的全寿命周期内,根据损伤度合理选择加热时机,有助于延长路面使用寿命。

三、电磁加热愈合的原理

电磁加热提升混合料自愈合能力的过程包括沥青升温过程和沥青愈合过程两部分,升温是自愈合能力提升的主要驱动因素。这两个过程的原理是截然不同的。

沥青混合料在电磁作用下的升温过程本质上是电磁波能量转化为热能的过程。在交变电场或微波作用下,电磁波的能量主要通过介电损耗、磁损耗、传导损耗、焦耳定律生热、微波反射五种方式转化为混合料中部分材料(钢纤维、铁氧体、集料等对电磁场敏感的材料)的热量,这些热量再通过热传导的方式传递给沥青胶结料,沥青胶结料的分子极性较低,对电磁辐射并不敏感。介电损耗来源于分子或原子在外加电场作用下产生的定向运动。这种运动会引发分子内部的摩擦和能量损耗,从而产生热量。在电磁加热条件下,交变电场与交变磁场同时存在,磁损耗就是交变磁场产生的能量损耗。当材料处于交变磁场中时,磁性颗粒或磁性结构会因为受到磁场的作用而发生磁性翻转或磁滞损耗。传导损耗是指材料中的自由电荷在外加电场中产生的能量损耗。当处于交变电场中时,材料中的自由电荷会受到电场的作用而发生定向运动,这种运动会导致电子的碰撞和摩擦,从而产生热量。对含有钢纤维等导电材料的混合料而言,导电材料可能会在混合料中形成微型电路,电路则会在交变电磁场作用下产生涡流,进而通过焦耳定律产生热量。焦耳定律描述了电流通过导体时产生的热量与电流强度、电阻和时间的关系,即热量产生率与电流强度的平方成正比。钢纤维等金属掺料除了产生涡流外还可以反射微波,微波在沥青混合料中被多次反射后,其能量可以被集料等吸波材料多次吸收。

沥青在加热条件下的自愈合能力主要与沥青的流动状态有关。拥有较强流动性的沥青可以充分地填充混合料中的微裂缝,扩大愈合区域面积,进而达到较好的愈合效果。在温度上升的过程中,沥青流动状态可分为三个阶段:低速流动阶段、牛顿流体阶段和毛细管流阶段。在低速流动阶段,沥青是一种黏度极高的流体,在不承受荷载时的流速极低,呈现出明显的假塑性特征。假塑性特征指材料在受到应力后发生暂时性的塑性变形,在去除应力后能恢复到原始状态的特征。当沥青的温度超过某个临界值时,沥青从低速流动阶段进入牛顿流体阶段。牛顿流体是指剪切应力与剪切速率成正比的流体。在牛顿流体阶段,沥青的黏度显著降低,流动性有所增强,能够填充部分裂缝。低速流动阶段与牛顿流体阶段之间的临界温度被定义为初始自愈合温度,其测定过程将在本章第二节中详细介绍。当沥青的温度继续上升至第二个临界值时,沥青进入毛细管流阶段。毛细管流产生的前提是沥青与毛细管内壁之间的附着力超过沥青的重力与内聚力之和。在毛细管流阶段,沥青混合料裂缝的断裂面充当了毛细管内壁的角色。此时,沥青具有更强的流动能力,能够填充其在牛顿流体阶段所不能填充的裂缝。换言之,处于牛顿流体阶段但没有产生毛细管流的沥青无法克服重力与内聚力的限制,只能填充较为有限的裂缝。牛顿流体状态与毛细管流状态之间的临界温度就是毛细管流起始温度,其测定流程将在本章第三节中介绍。相应地,处于毛细管流状态的沥青对应的混合料自愈合能力强于牛顿流体状态对应的自愈合能力,后者又强于低速流动状态对应的自愈合能力。

第二节　材　　料

通过电磁加热养护提升沥青混合料的自愈合能力是一条颇具前景的技术路径。当以电磁加热愈合为目标进行混合料设计时,原材料的选择与配合比设计应当围绕两条主线展开:第一,以较少的能量消耗与适中的经济成本提升混合料的电磁加热愈合能力;第二,协调好电磁加热愈合能力与路用性能之间的关系。

一、沥青结合料

沥青结合料是实现电磁加热愈合的主体,其在高温条件下的流动性是达到良好愈合效果的关键特性。为保证良好的高温流动性,在筛选基质沥青与进行物理化学改性时应当注意三个要点:第一,宜选用针入度较高的基质沥青用于拌和或改性。沥青针入度过低意味着其需要较高的温度才能达到适宜的流动性,推荐的针入度范围为≥70(0.1mm)。第二,当向胶结料中加入改性剂时,应当留意改性剂对高温黏度与流动性的负面影响,常用的 SBS 等改性剂通常会提高结合料的黏稠度,降低其在高温条件下填充微裂缝的能力,因此其用量应当加以限制。第三,结合料的感应加热愈合能力与其抗轮辙能力是一对矛盾体,在保证其高温流动性的同时不能过度牺牲抗轮辙能力。

基于动态剪切流变仪(DSR),沥青结合料在电磁加热条件下的愈合能力可以通过两项指标判断:初始自愈合温度和零剪切黏度。这两项指标可用于结合料的比选。目前,国内外尚无涉及电磁加热愈合的规范。

沥青胶结料的初始自愈合温度指沥青的行为由假塑性体转变为近似牛顿流体的临界温度,是低速流动阶段和牛顿流体阶段的分界线,可由频率扫描试验获取。在此给出推荐的试验参数:扫描的频率范围为 0.1~20Hz;扫描的温度范围为 35~85℃;加载的模式为应变控制模式;应变值应事先通过应变扫描试验确定,选择能使胶结料保持线性黏弹性体特性的最大应变值(一般范围为 1%~3%)。其他试验细节参考美国《动态剪切流变仪(DSR)测定沥青黏合剂流变特性的标准试验方法》(AASHTO T 315—20)规范规定。计算初始自愈合温度所需的试验变量有:复数黏度 η^* 与加载频率 ω,如式(16-1)所示。通过式(16-1)与 η^*、ω 的实测值,可反算出拟合参数 m 与 n。其中,n 被称为流动行为指数,当 $0.9<n<1$ 时,沥青呈现出近似牛顿流体的流动特征,可以快速地填充微裂缝。当 $n=0.9$ 时对应的温度就是沥青的初始自愈合温度。初始自愈合温度越低,沥青在升温过程中的愈合过程就开始得越早。

$$\eta^* = m \mid \omega \mid^{n-1}$$

(16-1)

式中：η^*——复数黏度，Pa·s；

      ω——加载频率，rad/s；

    m、n——拟合参数。

研究表明，沥青在高温条件下的零剪切黏度与含有这种沥青的混合料在同一温度下的愈合能力有着显著的相关性，决定系数可达 0.89 以上。具有较低零剪切黏度的胶结料能在高温下更有效地愈合裂缝。零剪切黏度也由频率扫描试验确定，具体试验参数与初始自愈合温度试验参数接近。用于计算零剪切黏度的输出参数也为 η^* 与 ω。在此推荐采用 Cross 模型获取零剪切黏度，如式(16-2)所示。通过拟合利用式(16-2)算出的 η^* 的计算值与实测值，可以反算得出沥青结合料在不同温度下的零剪切黏度。在此基础上回归得到描述零剪切黏度和温度关系的方程，即可预测沥青胶结料在高温下的零剪切黏度。在此，推荐采用式(16-3)作为描述零剪切黏度-温度关系的回归方程。

$$\eta^* = \eta_\infty + \frac{\eta_0 - \eta_\infty}{1 + k\omega^m} \tag{16-2}$$

$$\log\log\eta_0 = a + b\log(cT + d) \tag{16-3}$$

式中： η_∞——无限黏度，Pa·s；

       η_0——零剪切黏度，Pa·s；

       T——温度，℃；

k、m、a、b、c、d——方程的拟合参数。

沥青结合料的毛细管流起始温度是牛顿流体阶段与毛细管流阶段的分界线，可通过毛细管流试验的数据推算。目前尚无规范对沥青毛细管流试验的流程做出具体规定。为此，编者参考既有研究提出了毛细管流试验流程及分析方法。该试验方法用到的仪具包括直径为10cm 的玻璃盛样皿、不同直径的玻璃毛细管、硬卡纸、金属支架，如图 16-1 所示。玻璃毛细管用于模拟沥青混合料的裂缝。该测试涉及三种毛细管直径：0.3mm、0.5mm 和 1mm。根据断裂试件的计算机断层扫描（CT）结果，毛细管的直径范围与裂缝的宽度接近。在试验开始前，使用强力胶黏结毛细管的下部与硬卡纸的下部，毛细管下沿超出硬卡纸下沿 7mm。硬卡纸的上部与金属支架通过一个金属连接部连接，该连接部可以上下调节。在硬卡纸侧边以 1cm 为分度值绘制刻度线。将沥青胶结料置于玻璃盛样皿中，并在烘箱中加热至试验设定温度。在试验开始时，将金属支架放入烘箱中，将连接部轻轻放下，使毛细管下沿略微浸入沥青中，关闭烘箱门。随后，每隔一段时间（10min）打开烘箱门，以恒定视角拍摄胶结料及毛细管的照片。在获取照片后，使用图像识别软件，通过硬卡纸上的刻度线计算毛细管中的沥青液柱高度。试验温度范围通常为 80 ~ 135℃。

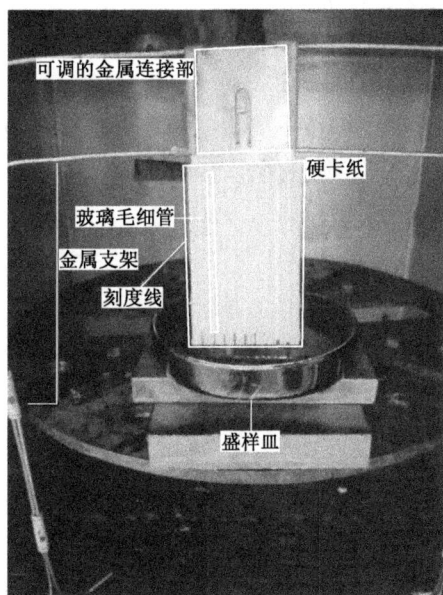

图 16-1 沥青胶结料毛细管流试验装置示意图

毛细管流试验旨在根据沥青液柱的高度指标评估沥青在高温下的流动能力。随着温度增加，沥青液柱的高度随着保温时间的延长而逐渐增加,其增长率趋于平缓。液柱高度与时间之间的关系可通过式(16-4)~式(16-6)表示。由式(16-4)可知,液柱高度及其增长率随着时间推移不断变化。因此,评价沥青高温流动性时,应当将时间和液柱高度统一在一个指标中。为此,编者提出了液柱平均高度 h_a。

$$h(t) = h_0 \left[1 - \exp\left(-\frac{t}{x}\right) \right] \tag{16-4}$$

$$h_0 = 2\gamma/(r_c \rho g) \tag{16-5}$$

$$x = \frac{8\eta h_0}{\rho g r_c^2} \tag{16-6}$$

式中:h_0——沥青毛细管流能够达到的最大高度,mm;

$\quad x$——公式常数;

$\quad t$——沥青试样的保温时间,s;

$\quad \gamma$——流动沥青的表面张力,N/m;

$\quad r_c$——毛细管流的半径,mm;

$\quad \rho$——沥青胶结料的密度,g/cm³;

$\quad g$——重力加速度,取 9.8m/s²;

$\quad \eta$——沥青胶结料的黏度,Pa·s。

液柱平均高度 h_a 指沥青液柱在有效流动时间 t_e 内达到的高度的平均值。显然,要计算 h_a 的大小,必先界定 t_e 的概念。根据式(16-4),在无限长的时间内,沥青液柱的高度总是接近最大高度 h_0。为了使 h_a 有意义,需要在无限的时长内截取特定时刻前的时长作为 t_e。在此,取液柱流速降低至初始流速10%的时刻作为 t_e 的上限。初始流速可以通过式(16-4)中取 $h(t)$ 的导数来获得,具体如式(16-7)所示。因为方程(16-7)是减函数,所以零时刻的导数值(h_0/x)就是最大速度。因此,t_e 可以通过式(16-8)和式(16-9)来计算。根据定义,h_a 和 t_e 的乘积应等于方程(16-7)在 t_e 内的定积分,如式(16-10)所示。在求解积分后,h_a 就可通过式(16-11)来计算。

$$\frac{\mathrm{d}h(t)}{\mathrm{d}t} = \frac{h_0}{x\exp\left(-\frac{t}{x}\right)} \tag{16-7}$$

$$\frac{h_0}{10x} = \frac{h_0}{x\exp\left(-\frac{t_e}{x}\right)} \tag{16-8}$$

$$t_e = -x\ln 0.1 \tag{16-9}$$

$$h_a t_e = \int_0^{t_e} h_0 \left[1 - \exp\left(-\frac{t}{x}\right) \right] \mathrm{d}t \tag{16-10}$$

$$h_a = h_0 + (h_0 e^{\frac{-t_e}{x}} x - h_0 x)/t_e \tag{16-11}$$

式中:t_e——有效流动时间,s;

$\quad h_a$——平均高度,mm;

$\quad$ 其他符号含义同前。

基于式(16-11),可以得到不同温度对应的平均高度 h_a。确定了 h_a 与温度的关系式,就能准确计算毛细管流的起始温度。两者之间的关系式可由式(16-12)表示,公式的参数 A、

B、C、D、E 可以通过对 h_a 的实测数据进行拟合得到。式(16-12)的导数形式如式(16-13)所示,能使 h_a 的导数 $\mathrm{d}h_a(T)/\mathrm{d}T$ 明显增加的温度即为毛细管流的起始温度。

$$h_a(T) = \frac{A}{[1 + \exp(-BT + C)]} + \exp(ET + D) \tag{16-12}$$

$$\frac{\mathrm{d}h_a(T)}{\mathrm{d}T} = \frac{AB\exp(C - BT)}{[\exp(C - BT) + 1]^2} + E\exp(ET + D) \tag{16-13}$$

二、集料

对集料的要求需根据拟定采用的加热类型确定。电磁感应加热无法加热常规的石灰岩与玄武岩集料。因此,在采用常规集料的情况下,电磁感应加热对集料的类型不做特殊要求。如果采用了某种含铁量较高、导电性较强的集料,则应当将其视为电磁敏感掺料的一部分,提前检验其升温速率。微波辐射可以加热集料,且不同集料对微波能量的吸收能力不同。为此,在选择集料时,就应当充分考虑不同集料在微波加热条件下的升温速率。表16-1给出了不同集料在室内微波加热条件(试样质量为200g,加热功率为700W)下的升温速率,可以作为参考。

不同石料的微波加热升温速率汇总 表16-1

石料类型	升温速率(℃/s)	石料类型	升温速率(℃/s)
高炉矿渣	2.0~4.5	变质砂岩	0.5~0.6
安山岩	0.8~1.10	石灰岩	0.38~0.48
辉绿岩	0.8~0.85	白云岩	0.3~0.35
玄武岩	0.7~0.76	石英岩	0.1~0.2

目前,没有规范对测量集料电磁加热升温速率的方法做出详细规定。参考现有研究,在此提出测定集料电磁加热升温速率的方法:首先,称取干燥的待测量集料200g置于1000mL的玻璃烧杯中,将烧杯连带集料置于20℃或30℃的保温箱中保温2h;其次,将保温好的集料从保温箱中迅速取出,用红外相机从顶部测定集料初始温度,再将其放入微波炉中或电磁感应加热装置下加热,每间隔15s取出一次测定温度,总加热时间应不短于60s。如果发现混合料中的某档集料具有较高的升温速率(1.2℃/s以上),可考虑不使用额外的电磁敏感掺料(如钢纤维、钢渣粉等),仅依靠该档集料即可达到较好的加热愈合效果。

三、电磁敏感掺料

适用于电磁加热的电磁敏感掺料种类繁多,目前尚无规范对其类型、用量、添加方式做出具体规定。根据现有研究,编者在表16-2中总结了常用的电磁敏感掺料的类型与掺量范围,以期为后续的工程应用提供参考。

掺料类型及掺量范围 表16-2

掺料形态类型	掺料名称	掺量范围
粉体	粉煤灰	矿粉总体积的0~100%
	四氧化三铁	沥青混合料质量的2%左右
	铁氧体	矿粉体积的20%~80%,或集料质量的2%~5%
	石墨	集料体积的2%~7%

续上表

掺料形态类型	掺料名称	掺量范围
粉体	石墨烯	沥青胶结料质量或总体积的0.5% ~10%
	炭黑	沥青胶结料质量的10% ~30%
	活性炭	矿粉体积的0 ~100%,或沥青胶结料质量的5%
	二氧化锰	集料质量的2% ~4%
块体	电弧炉渣	集料总体积的3% ~9%
	钢渣	集料质量的10% ~45%,或按0 ~100%的体积比替代特定粒径范围的集料
纤维	钢棉	沥青混合料质量的0.2% ~1.8%
	钢丝绒	沥青胶结料体积的4%
	钢纤维	沥青胶结料体积的1% ~15%,或混合料体积的0.1% ~1.2%,或混合料质量的2% ~8%
	碳纤维	沥青混合料质量的2% ~4%,或沥青胶结料质量的1.5% ~3%
不规则形态	钢屑	沥青胶结料体积的1% ~4%
	金属刨花	沥青胶结料体积的1% ~4%
	碳纳米管	沥青胶结料体积的10%

由表16-2可知,虽然各类电磁敏感掺料没有固定的掺量范围与掺入方式,但是形态相近的掺料在掺量范围与掺入方式上仍有一定的相似之处:粉体掺料一般通过等体积替代填料等掺或按照沥青体积比外掺;块体掺料通过替代特定质量比或体积比的集料掺入;纤维掺料通常按照沥青体积比外掺,或按照混合料的质量比与体积比外掺;不规则形态的掺料按照沥青胶结料的体积比外掺。确定电磁敏感掺料的适宜掺量需要从电磁加热愈合能力与路用性能两个方面综合考量。掺料掺量对电磁加热愈合能力的提升效果通常具有边际效应,同时,过高的掺料掺量也可能削弱混合料的路用性能(如高温性能、水稳定性等)。

第三节　愈合能力的评价方法

一、愈合能力测试

在将某种掺料应用于道路铺筑之前,应当设置多个掺量水平,进行系统的路用性能和加热愈合能力测试。目前,尚无规范对沥青混合料电磁加热愈合能力的测试方法做出详细规定,编者根据现有研究介绍一套常用的电磁加热愈合能力测试流程,如图16-2所示。该流程的试件成型步骤参考美国《用Superpave旋转压实仪制备和测定沥青混合料试样密度的标准试验方法》(AASHTO T 312-22)和欧洲《半圆弯曲试验裂纹扩展试验》(EN 12697-44—2010):使用旋转压实仪成型直径为150mm、高120mm的圆柱体混合料试件,将压实次数定为75,将成型好的圆柱体切成厚度为50mm的半圆试件,在半圆试件底面开一个宽1mm、深10mm的槽。试验步骤分为五步:第一步,将试件置于 -10℃的环境箱中保温10h;第二步,将冰冻后的试件置于间距120mm的两个支点上,以5mm/min的速率在半圆顶端加载,直至试件发生脆性断裂;第三步,将断裂后的试件置于常温(20℃)下干燥4h以去除表面冰霜,其间保持断裂面开放;第四步,将干燥试件置于微波炉中或电磁感应装置下加热特定时间,在加热结束时用红外相机记录试件表面温度;第五步,将试件置于室温(20℃)下冷却2h并重复第一、第二步。混合料的自愈合能力,即自愈合指数(healing index,HI),用第二次加载测定的强度与第一次加载测定的强度之比表示。

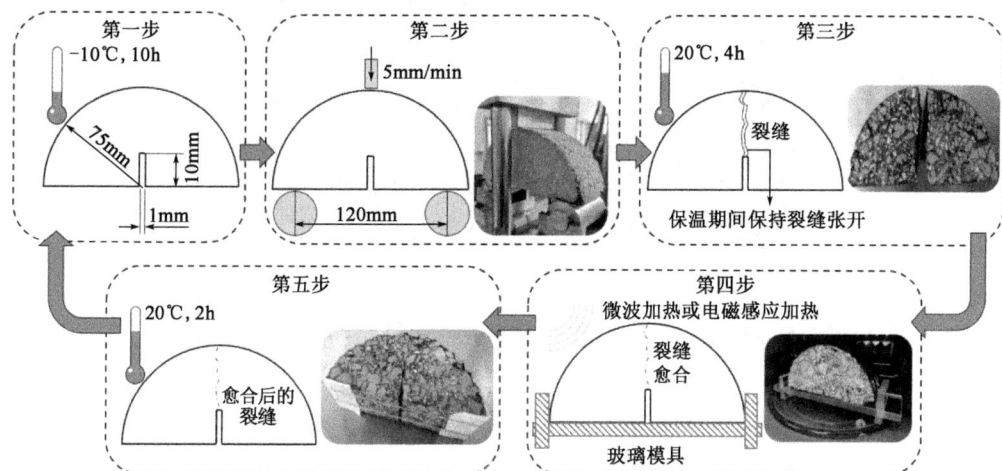

图16-2 沥青混合料试件加热愈合流程示意图

由上述流程测定的沥青混合料自愈合能力与混合料的温度高度关联,不同的加热温度对应不同的自愈合能力。对应较高自愈合率的温度可作为微波加热养护的目标温度。

二、根据温度评估愈合程度

在电磁加热养护流程中,沥青混合料的愈合程度无法即时判定,主要根据路面的平均温度结合室内试验测定的自愈合指数间接评估。研究表明,当加热后的平均温度超过特定值(例如90℃)时,混合料的自愈合指数可达60%以上,愈合程度较高。如果加热后的温度处于较低的区间(30~50℃),自愈合指数处于较低水平(20%以下),则愈合不够充分。这种愈合程度的判断方式大体上是可靠的,但是不够准确、全面。

在电磁加热过程中,混合料表面的温度分布并不均匀,如图16-3所示。平均温度不能完全反映沥青结合料的温度分布和愈合状态。因此,要精确地评估混合料的愈合程度,就要将混合料的温度分布特征与沥青的流动-愈合行为结合起来。

如本章第一节"三、电磁加热愈合的原理"部分所述,随着温度的升高,沥青流动状态可以划分为三个阶段:低速流动阶段、牛顿流体阶段与毛细管流阶段。在这三个阶段内,沥青流动填隙并愈合裂缝的能力依次递增。在电磁加热过程中,混合料表面不同区域内的沥青所处的阶段不同。因此,获取不同阶段对应的区域面积占试件(路面)表面积的比例就可以综合判断混合料整体的愈合状态,通过温度的分布判断愈合状态的分布。在下文中,将低速流动状态对应的面积比定义为P_{ih},将牛顿流体状态对应的面积比定义为P_{nh},将毛细管流状态对应的面积比定义为P_{ch}和P_{tt}。P_{ch}与P_{tt}都对应毛细管流阶段,P_{tt}的温度范围高于P_{ch},两个面积比的核心区别在于:在前者的温度范围内,沥青毛细管流的流动能力会随着温度升高而快速增长;在后者的温度范围内,毛细管流的流动能力不再随着温度升高而增长,处于稳定状态。换言之,当温度升高至P_{tt}对应的范围后,毛细管流不再对愈合能力起到促进作用,此时的温度过高。

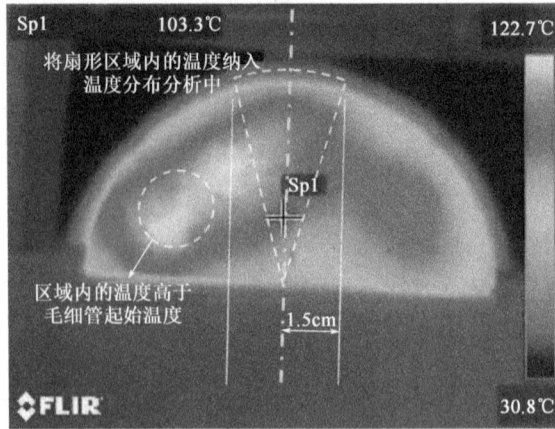

图 16-3　沥青混合料半圆试件的温度分布示意图

　　进行上述分析的基础是获取到混合料不同区域的温度分布数据,这一步可以通过红外相机等技术手段实现。现以图 16-3 所示的沥青混合料半圆试件为例说明温度分布分析的流程。在图 16-3 中,试件部分区域的沥青温度高于毛细管流的起始温度,该区域内的沥青具有较好的愈合能力。根据欧洲《半圆弯曲试验裂纹扩展规范》(EN 12697-44—2010),半圆试件的裂缝主要分布在半圆中轴线左右 1.5cm 的扇形范围内,截取这一区域内的面积用于温度分布分析。该分析涉及的电磁加热类型为微波加热,加热功率为 700W,沥青混合料的类型为 AC-13。掺入沥青混合料中的电磁敏感掺料为炭粉、铁氧体粉和钢纤维,其掺量都为集料质量的 2%。分析的自变量为微波加热时间,加热时间范围为 40 ~ 200s,对应 28000 ~ 140000J 的输入能量。不同混合料的面积比如图 16-4 所示。

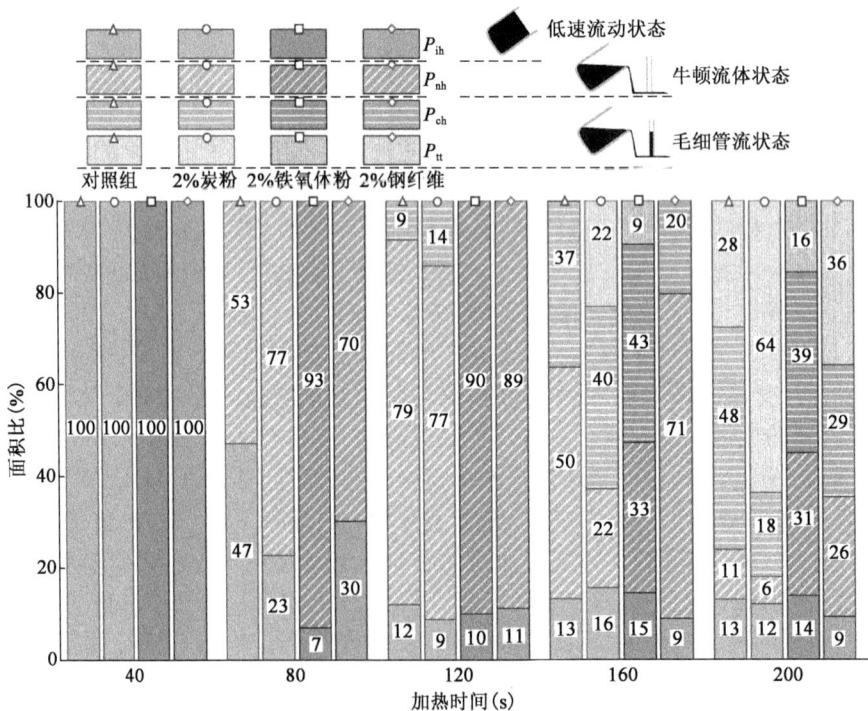

图 16-4　微波加热时间对面积比的影响

分析图 16-4 所示的四种面积比有助于厘清沥青在高温下的流动和愈合状态,对微波加热养护施工有指导意义。随着加热时间的增加,试件的面积比呈现出一些共同的变化特征。第一,在加热 40s 后,四个样品的 P_{ih} 均为 100%。这意味着 40s 的加热不足以将沥青温度提高到初始愈合温度。在这种条件下,沥青混合料中的所有沥青结合料不会转变为牛顿流体状态。因此,沥青不能有效地填充混合料中的裂缝,也不能达到理想的愈合效果。同时,加热时间的增加并不能将 P_{ih} 降低到零。详细地说,即使向试件输入了大量的微波能量(约 140000J),混合料的部分区域仍未得到充分加热。第二,P_{nh} 与加热时间之间存在倒 U 形关系。P_{nh} 在加热时间增加到 120s 时(相当于 84000J 的微波输入能量)达到峰值。这一现象表明,在中等水平的微波能量输入后,沥青的愈合过程主要通过牛顿流促进。第三,在加热 160s 之后,P_{ch} 超过或接近 P_{nh}。这意味着毛细管流开始在愈合过程中发挥关键作用。为了比较 160s 加热时间内毛细管流和牛顿流对自愈合指数 HI 的贡献,引入了 SPSS(statistical product and service solutions,统计产品与服务解决方案)软件的偏相关分析模块。分别计算 P_{nh}-HI、P_{ch}-HI 和 P_{tt}-HI 三对参数的相关系数。偏相关分析用于排除三个面积比之间的相互作用的影响。结果显示,P_{nh}-HI、P_{ch}-HI 和 P_{tt}-HI 的相关系数分别为 0.099、0.436 和 0.251。该结果表明,当毛细管流与牛顿流对应的面积比相近时,牛顿流对愈合的贡献率极为有限。第四,在加热 200s 后,试样表面出现不同程度的 P_{tt}。这意味着该加热时间对应的能量输入超过了愈合的适宜范围。综合上述分析可知,混合料在加热 160~200s 后的愈合程度较为充分。

第四节 电磁加热自愈合沥青混合料设计案例

一、单种电磁敏感掺料设计案例

当向混合料中掺入特定的电磁敏感掺料时,混合料的配合比设计流程与常规的热拌沥青混合料接近。在条件允许的情况下,应在配合比设计前确定多个掺料掺量水平,并针对每个水平单独进行配合比设计,配合比设计确定的最佳油石比应确保不同掺量对应的混合料空隙率接近。随后,通过电磁加热愈合试验和路用性能试验最终确定合适的掺量。电磁加热愈合试验参见本章第三节"愈合能力测试"部分的详细介绍。在完成沥青路面的铺筑后,应当择机进行现场试验以检验电磁感应愈合的效果。下面就钢纤维沥青混合料的应用案例展开介绍。

2019 年 10 月,浙江交工科研在龙丽高速溪田隧道 K402 + 400 ~ K402 + 285(下行)段铺筑了 115m 的试验段,其中前 55m 为钢纤维改性 AC-13 沥青混合料,后 60m 为普通 AC-13 沥青混合料;同月,该团队在龙丽高速普通路基 K441 + 420 ~ K441 + 620(上行)段进行了 200m 的试验段铺筑,其中前 80m 为钢纤维改性 AC-13 沥青混合料,后 120m 为普通 AC-13 沥青混合料。AC-13 混合料的最佳油石比(4.9%)通过马歇尔试验方法确定,其空隙率为 4.5%,钢纤维掺量为沥青体积的 6%。

在试验段铺筑 6 个月后,经过跟踪观察,发现部分区域已逐渐出现反射裂缝,遂决定采用微波养护车进行现场加热养护试验。考虑到高速公路安全及现场封道情况,在养护过程中,采用静止养护的方式,进行分区分段定点养护。试验路段为 3.75m 宽的单车道,微波养护车养护区域宽1.1m,由于微波养护车养护区域周边有金属网条隔离,边界影响程度较小,可以认为未被微波照射的区域为"无微波养护"的对照组。

现场试验的数据表明,普通路段加热2min后的平均温度仅为55℃,升温速率为17.5℃/min。而电磁愈合材料路段加热2min后的平均温度可达70℃,升温速率为26℃/min;加热4min后路段的最高温度超过165℃,路表发生局部过热鼓包现象。根据前期研究结果和现场测试,以路表平均温度达到80~90℃为宜,因此微波加热时间为2~3min。实际养护过程中,具体的加热时间应根据现场湿度、路表初始温度等环境条件因素综合确定。

在加热养护后,对含有钢纤维的沥青混合料路面与普通路面的渗水性与路面状况指数(pavement condition index,PCI)进行了测试,其结果参见表16-3与表16-4。由表16-3可知,钢纤维路面裂缝处在加热养护后的渗水率降低了98%,而普通路面裂缝处仅仅降低了10%。这间接地说明钢纤维的掺入极大地提升了裂缝愈合的效率。表16-4对比了电磁加热愈合与其他养护方式对PCI的提升效果,其结果显示,电磁加热愈合的提升效果显著优于其他养护方式。综上,这个应用实例充分证明了电磁加热愈合应用于路面裂缝修复的可行性与有效性。

养护前后渗水性能结果对比   表 16-3

分类	渗水速率(mL/min)	
	养护前	养护后
普通路面裂缝处	1667	1500
钢纤维路面裂缝处	1579	35

试验路段 PCI 数据对比   表 16-4

类别	热料修补	灌缝	抗裂贴	电磁加热愈合
养护前	92	92	92	92
养护后	93.96	96.93	96.93	100
影响程度	较大	较小	较小	无

二、多种电磁敏感掺料设计案例

在本章第一节"三、电磁加热愈合的原理"中,已经介绍了加热原理。总体而言,根据加热原理的不同,电磁敏感掺料可分为吸波掺料和反射掺料两大类。吸波掺料可以高效地吸收微波能量,并通过导电损耗、介电损耗、磁损耗等机制产生热量。以金属掺料为代表的反射掺料通过将微波反射到其他混凝土材料(集料、矿粉等)中来提高加热速率。

无论是吸波掺料还是反射掺料,其掺量对加热和愈合能力的影响一直是关键的研究课题。一般情况下,在一定的掺量范围内,掺量与修复能力呈正相关关系。对于某些掺料(例如钢纤维和金属刨花)而言,当掺量超过阈值时,混合料的自愈合率会有所衰减。除了自愈合率外,工程界还关注掺料对路用性能(高温稳定性、抗轮辙能力、水稳定性等)的有益或不利影响。

对每种掺料而言,掺料提升愈合能力的临界效应、其对路用性能的不利影响、有限的工程预算都限制了通过提升掺量来增强愈合能力的尝试。如何在有限的掺量范围内,增强愈合能力并兼顾路用性能,是一个亟待研究的课题。

将吸波掺料和反射掺料复合掺配到沥青混合料中是解决上述问题的可行手段。从理论上讲,含有不同掺料的混合料受到微波等电磁波的作用时,反射掺料通过微波的多次反射,释放吸波掺料以促进愈合。在宏观层面上,微波的多次反射和吸收体现为两类掺料对加热愈合能力的协同促进作用,即产生"一加一大于二"的效果。在工程实践中,这种促进效果既能在有限掺量范围内强化加热愈合能力,又能弥补单一掺料对路用性能的不利影响。下文以钢纤维-二氧化锰复配混合料为例,证明这种复合掺配方式的效果。

本实例采用沥青混合料类型为 AC-13,级配曲线如图 16-5 所示。混合料中的沥青胶结料为 70 号基质沥青。吸波掺料为 200 目的二氧化锰粉末,反射掺料为钢纤维。二氧化锰粉末通过等体积替代矿粉的方式掺入混合料,钢纤维通过外掺的方式掺入。在材料设计阶段,通过正交试验确定二氧化锰、钢纤维、沥青的用量及混合料加热和拌和时间,如表 16-5 所示,试验的因变量为混合料的自愈合指数。

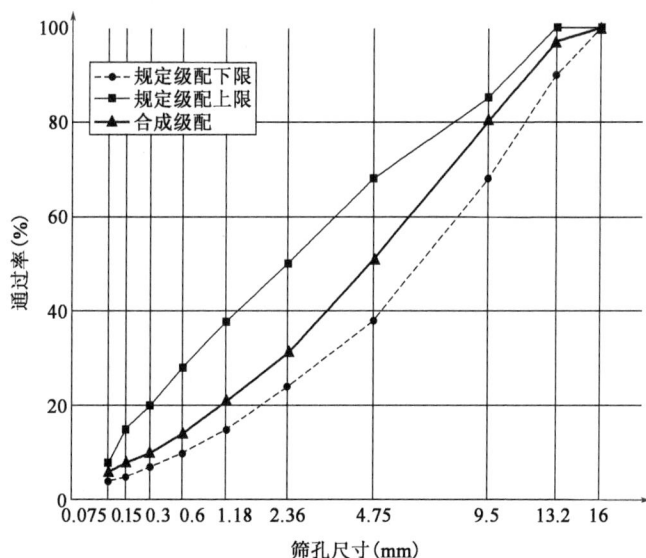

图 16-5　AC-13 混合料的集料级配曲线

正交试验设计　　　　　　　　　　　　　　　　　　　表 16-5

试验号	二氧化锰掺量(%)	钢纤维掺量(%)	油石比(%)	加热时间(s)	拌和时间(s)
1	1	1	4.5	30	60
2	1	2	4.83	90	90
3	1	3	5.17	150	120
4	1	4	5.5	210	150
5	2	1	4.83	150	150
6	2	2	4.5	210	120
7	2	3	5.5	30	90
8	2	4	5.17	90	60
9	3	1	5.17	210	90

续上表

试验号	二氧化锰掺量(%)	钢纤维掺量(%)	油石比(%)	加热时间(s)	拌和时间(s)
10	3	2	5.5	150	60
11	3	3	4.5	90	150
12	3	4	4.83	30	120
13	4	1	5.5	90	120
14	4	2	5.17	30	150
15	4	3	4.83	210	60
16	4	4	4.5	150	90

在获取自愈合正交试验的结果后,通过直观分析法评估各影响因素不同水平对应的自愈合能力均值,找出最佳的参数组合。直观分析的结果参见图 16-6。

在图 16-6a)中,混合料的自愈合率均值随着二氧化锰掺量的增加先减后增再减,在掺量增加到 3% 时达到峰值。高掺量二氧化锰导致自愈合率衰减的原因在于:二氧化锰的化学改性作用增加了沥青的黏度,降低了其在高温条件下的流动能力。为了避免掺量过高带来的负面影响,将复配混合料的二氧化锰掺量定为 3%。

在图 16-6b)中,自愈合率随着钢纤维掺量的增加而逐渐减小。当钢纤维的掺量范围为 1% ~ 2% 时,自愈合率没有产生明显变化,当钢纤维的掺量大于或等于 3% 时,自愈合率显著下降。这种现象的形成原因在于,高掺量的钢纤维在混合料内部形成了较多团簇,导致局部过度加热,而其他部分受热不足。同时,高掺量的钢纤维也阻碍了沥青的流动,使得沥青难以充分填充裂缝。综上,将钢纤维的掺量定为 1%。

在图 16-6c)中,自愈合率与油石比之间存在明显的正相关关系。这种趋势的出现有两方面的原因:第一,油石比上升导致沥青膜厚度增加,使得混合料的开裂更多地出现在沥青内部而非集料内部,最终增大了可愈合的断裂面积占比。第二,较高的沥青含量提供了较多可流动的沥青,沥青自身受热膨胀产生的填充效果也更明显,这使得裂缝在高温条件下能被充分填充。因此,将复配混合料的油石比定为 5.5%。

自愈合率随拌和时间变化的趋势如图 16-6d)所示。当拌和时间不大于 120s 时,自愈合率保持稳定,随拌和时间变化较小。该结果说明,本案例采用的钢纤维不会因为拌和时间不足而无法均匀分布。当拌和时间超过 120s 时,自愈合率快速下降。过长时间的拌和会导致沥青被二氧化锰过度氧化,流动性大幅降低,最终表现为混合料愈合能力的衰减。为了避免沥青被过度氧化,将混合料的拌和时间设定为 90s。已知二氧化锰粉末与混合料的拌和时间均为 90s。因此,上述试验结论不会受到拌和时间过长的影响。

微波加热时间对自愈合率的影响如图 16-6e)所示。自愈合率几乎随着加热时间增加线性上升。在加热时间增加至 200s 的过程中,自愈合率由 0 增长至 40% 以上。根据多项研究的试验结果,自愈合率随着加热时间的增加会出现先增后减的现象。这种现象形成的主要原因有三方面:第一,过度加热导致沥青老化;第二,温度过高导致混合料内部结构变化乃至损坏;第三,沥青混合料在高温下出现明显的质量损失。在本案例中,自愈合率并未随着加热时间的增加而衰减,这说明混合料在加热过程中始终处于稳定状态,没有产生结构损坏或严重的质量损失。

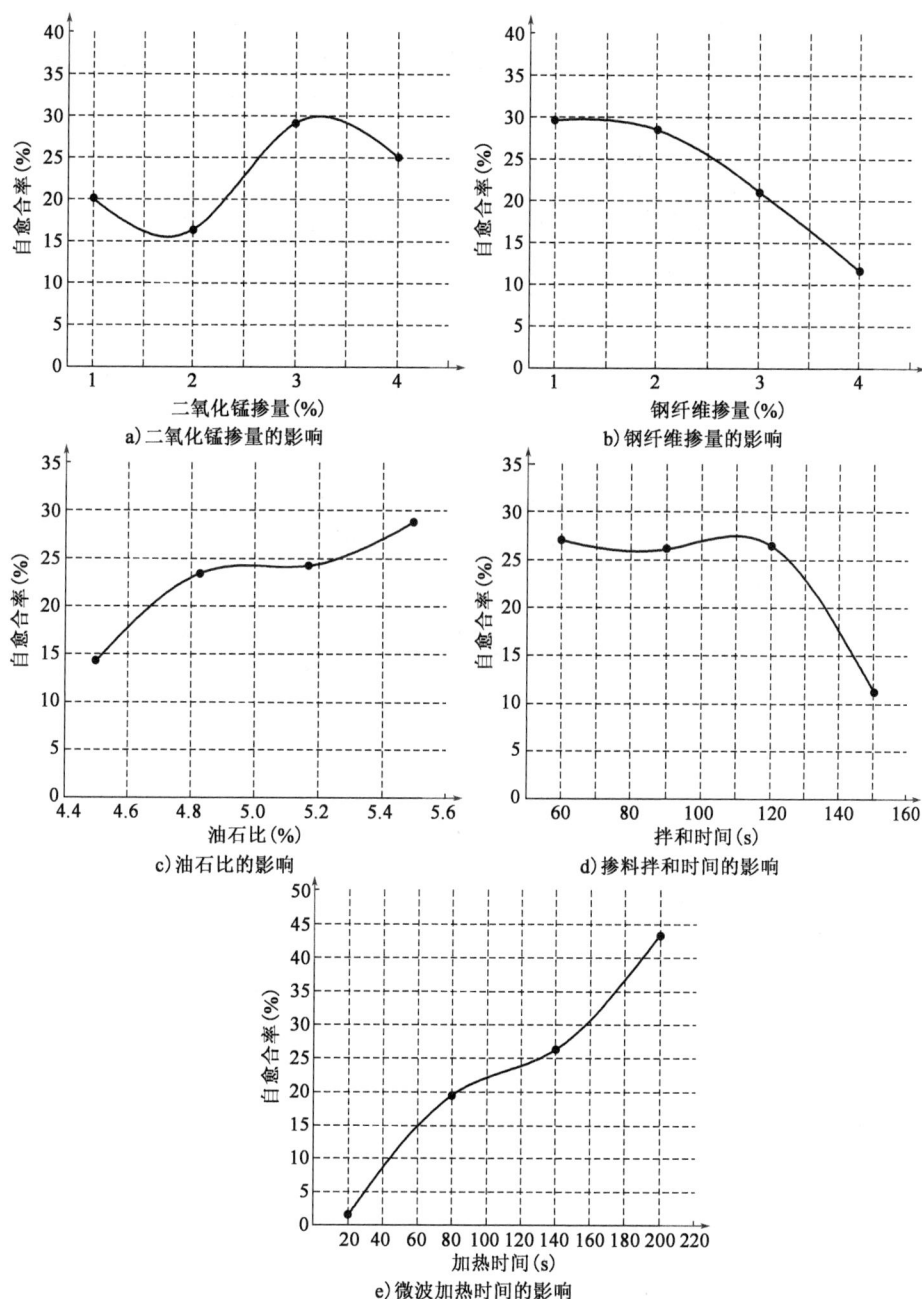

a) 二氧化锰掺量的影响

b) 钢纤维掺量的影响

c) 油石比的影响

d) 掺料拌和时间的影响

e) 微波加热时间的影响

图 16-6 正交试验直观分析结果

　　根据试验结果,确定最优的参数组合:二氧化锰掺量为集料质量的 3%,钢纤维掺量为集料质量的 1%,油石比为 5.5%,拌和时间为 90s。

　　将复配混合料的路用性能、自愈合能力与含有单一掺料的混合料对比。单种掺料的掺量与复配混合料相同,均为集料质量的 4%。试验结果如图 16-7～图 16-10、表 16-6 所示。

　　如图 16-7 所示,在微波加热 210s 后,经过复合掺配处理的沥青混合料在微波加热条件下的自愈合能力相较空白组提升近 100%,且不同程度地高于掺有等量单一掺料的沥青混合料。

单一掺料指吸波掺料或反射掺料。

如图16-8所示,经过复合掺配处理的沥青混合料的高温抗轮辙性能(由动稳定度表示)相较空白组提升近120%,优于部分掺有等量单一掺料的沥青混合料。

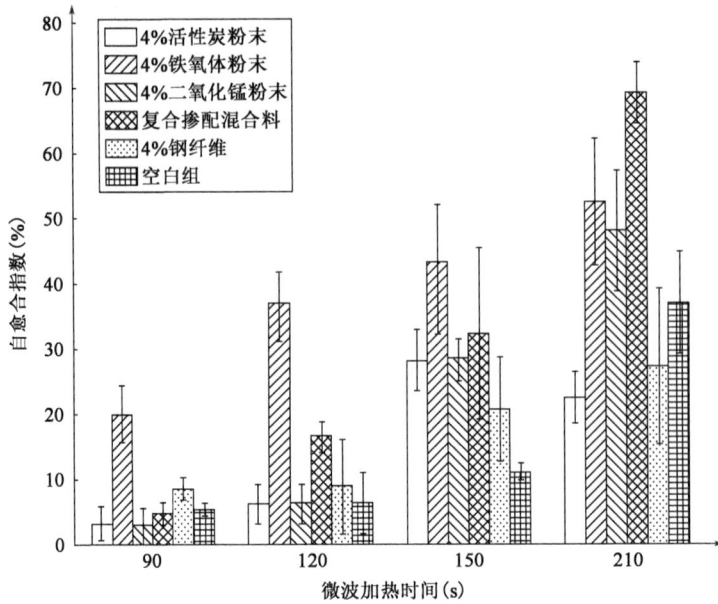

图16-7　自愈合能力对比图

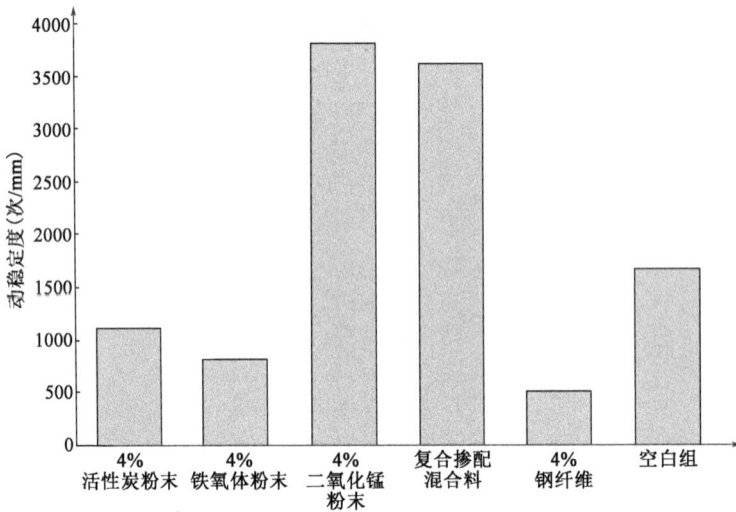

图16-8　动稳定度对比图

如图16-9所示,经过复合掺配处理的沥青混合料的水稳定性(由冻融劈裂强度比表示)相较空白组提升近14%,且不同程度地高于掺有等量单一掺料的沥青混合料。

如图16-10所示,经过复合掺配处理的沥青混合料的低温抗裂性能(由断裂韧性表示)相较空白组提升近10%,优于掺有等量单一掺料的沥青混合料。

经过SPSS软件分析,钢纤维掺料与二氧化锰掺料的交互作用对微波加热自愈合能力有统计学上的显著性影响,如表16-6所示,这为两种掺料的耦合增益效果提供了佐证。采用上述方法设计的多种电磁敏感掺料复合掺配的沥青混合料具有优异的加热自愈合能力。

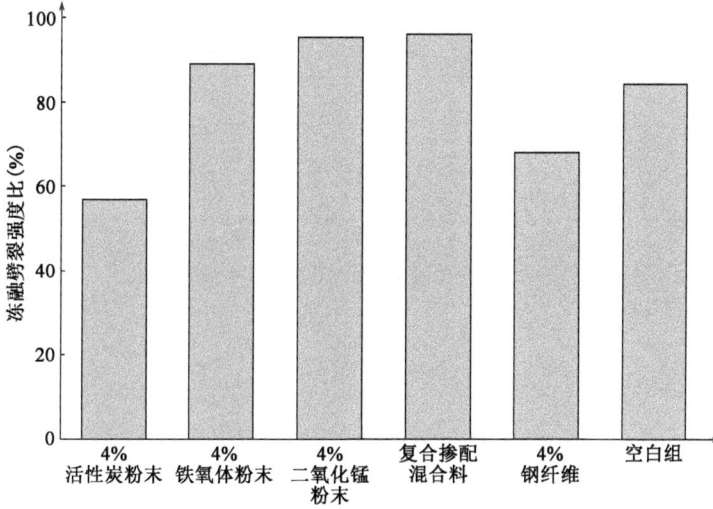

图 16-9　冻融劈裂强度比对比图

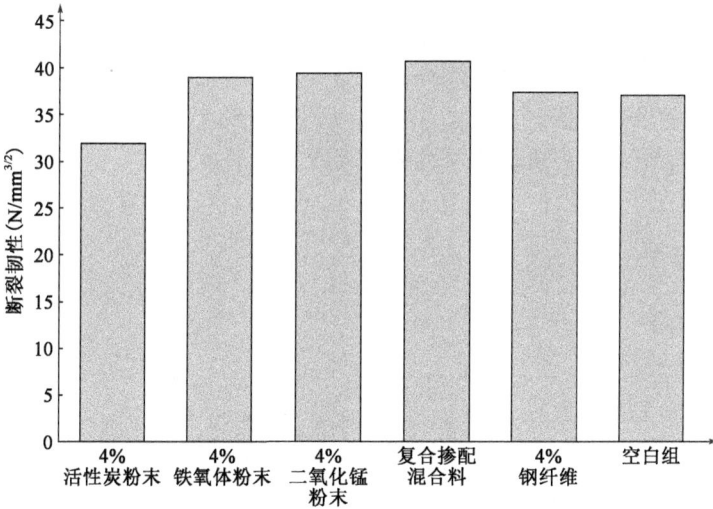

图 16-10　断裂韧性对比图

影响显著性分析结果记录

表 16-6

来源	第Ⅲ类平方和	自由度	平均值平方	F 比	P 值
修正的模型	27645.667	21	1316.460	16.055	0.000
截距	18805.095	1	18805.095	229.339	0.000
二氧化锰掺量×钢纤维掺量	2607.030	6	434.505	5.299	0.000
二氧化锰掺量	1249.948	3	416.649	5.081	0.003
钢纤维掺量	1970.555	3	656.852	8.011	0.000
油石比	3.313	1	3.313	0.040	0.841
加热时间	10277.531	3	3425.844	41.780	0.000

续上表

来源	第Ⅲ类平方和	自由度	平均值平方	F 比	P 值
误差	4919.811	60	81.997	—	—
总计	73871.947	82	—	—	—
校正后总数	32565.478	81	—	—	—

注:1. 模型决定系数 $R^2 = 0.849$(调整后的 $R^2 = 0.796$)。

2. "二氧化锰掺量 × 钢纤维掺量"表示二氧化锰掺料与钢纤维掺料的交互作用。

3. 显著性分析的置信度为 95% 。

【思考题】

16-1 思考沥青混合料电磁加热自愈合的原理,讨论如何增强自愈合能力。

16-2 哪些微波敏感材料可用于增强沥青混合料的自愈合能力?

16-3 微波加热是否会造成沥青混合料中沥青剧烈老化?

16-4 分析沥青混合料微波加热自愈合能力的影响因素。

16-5 思考微波辐射下沥青混合料能量吸收及分配特性。

【小组讨论】

16-1 讨论电磁加热愈合沥青混合料的适用场景,在推广上面临的挑战及其应对方法。

16-2 讨论电磁加热愈合技术的推广对整个道路建设和维护行业的经济影响,从初期投资、维护成本、技术培训、设备需求等多个角度分析其可能带来的产业变化和潜在的经济效益。

16-3 讨论沥青混合料自愈合行为机理、测评方法以及如何增强自愈合能力。

16-4 讨论如何进行微波辐射下沥青混合料温度变化数值模拟。

【拓展阅读】

16-1 GONZÁLEZ A, NORAMBUENA-CONTRERAS J, STOREY L, et al. Effect of RAP and fibers addition on asphalt mixtures with self-healing properties gained by microwave radiation heating [J]. Construction and Building Materials, 2018, 159: 164-174.

16-2 LIU Q, CHEN C, LI B, et al. Heating characteristics and induced healing efficiencies of asphalt mixture via induction and microwave heating[J]. Materials (Basel), 2018, 11(6): 1-13.

16-3　LI C,WU S P,CHEN Z W,et al. Improved microwave heating and healing properties of bitumen by using nanometer microwave-absorbers[J]. Construction and Building Materials,2018, 189:757-767.

16-4　DENG Y,HU M J,XU L,et al. Dual roles played by manganese dioxide filler in asphalt pavement material:chemical modification and healing improvement[J]. Construction and Building Materials,2022,345:128371.

16-5　邓越. 沥青混合料微波加热自愈合机理及增强技术研究[D]. 上海:同济大学,2024.

16-6　DENG Y,MA J M,LU T,et al. Enhanced heating-healing performance of asphalt concrete modified with heterogenous microwave sensitive admixtures[J]. Construction and Building Materials,2021,299:123949.

第十七章

微胶囊自修复沥青混合料

【内容提要】

本章介绍了沥青自修复微胶囊技术发展现状,重点阐述了第二代自愈合微胶囊和第三代自再生微胶囊的合成方法,给出了微胶囊的技术要求和掺量选择。在此基础上,总结了微胶囊自修复沥青混合料组成设计方法,并提供了设计案例。

第一节 概 述

沥青老化、疲劳开裂是沥青路面主要病害,是造成沥青路面渗水、松散、坑洞乃至结构性损坏的根源。在寻求高耐久、长寿命沥青路面的科研道路上,沥青老化、疲劳开裂问题一直是研究重点。当前,普遍采用的灌缝、喷洒再生剂、路面再生等技术均为路面产生病害后的被动修复措施。从"亡羊补牢"的维修转变为"未雨绸缪"的预防,即在沥青路面建设之初就为其预埋具有老化沥青自再生、疲劳开裂自愈合功能的"微胶囊抗生素",是推动高耐久、长寿命沥青路面行稳致远的有效措施和发展方向。

一、沥青的自愈合特性

近年来,人们发现沥青具有一定的疲劳损伤自愈合(self-healing)能力,类似于自然界中的树木能够自发修复枝干损伤,动物身上的伤口能自主愈合。沥青混凝土疲劳开裂可归结于重复荷载作用下沥青混凝土内部微裂纹萌生与扩展,大量裂纹的生长与汇聚最终形成的宏观裂缝则可认为是疲劳开裂宏观表象。而在裂纹萌生与扩展过程中,伴随着裂纹区域的应力松弛以及为降低裂纹表面能而自发进行的界面愈合。同时,沥青具有界面润湿、黏合与分子扩散能力,这些都为裂缝愈合后强度形成提供了基础条件。通常,沥青在较高温度或较长间歇期(即不受荷载作用的时段)内具有更强的自愈合能力。

二、沥青自愈合增强技术

在外界环境条件和作用荷载等外部影响因素均相同的条件下,普通沥青混凝土的疲劳寿命主要取决于沥青混合料内部因素,如沥青混合料本身材料形状及体积参数特性等。尽管沥青混凝土具有自愈合能力,但受交通条件和环境因素等外界条件制约,沥青路面受荷载作用的间歇时间较短。同时,在玻璃化温度下,沥青的分子链段运动被冻结,沥青混凝土疲劳损伤自愈合受到较大限制。如能增强或激发沥青混凝土的自愈合行为,沥青路面的疲劳开裂问题将得到有效控制。围绕增强沥青混凝土疲劳损伤自愈合能力,国内外进行了相关探索,形成了采用能量供给(微波/电磁感应加热)以及物质补充(微胶囊技术)等方式来延长沥青混凝土疲劳寿命的方法。本章就基于微胶囊的沥青自愈合增强技术展开介绍。

三、沥青自愈合微胶囊技术发展现状

微胶囊(microcapsule)是一种以聚合物材料为囊壁,包裹可释放的芯材的微小颗粒。自2001年White等在 *Nature* 首次系统提出基于微胶囊的自愈合聚合物材料理论与技术后,微胶囊自愈合技术成为研究热点,并为沥青材料自愈合研究所借鉴。国内外众多学者相继开展了大量沥青自愈合微胶囊研究。荷兰代尔夫特理工大学 García 等开展了极具代表性的第一代沥青自愈合微胶囊研究工作:以多孔砂为再生剂的载体,以环氧树脂和水泥为胶囊壁包裹吸收了再生剂的多孔砂,制成了平均粒径为 1~2mm、内含再生剂的微胶囊(图 17-1)。这种胶囊能够在沥青混合料中被激活并释放再生剂,但含有这种胶囊的沥青混合料模量降低,永久变形增加,沥青混合料的自修复性能改善有限。

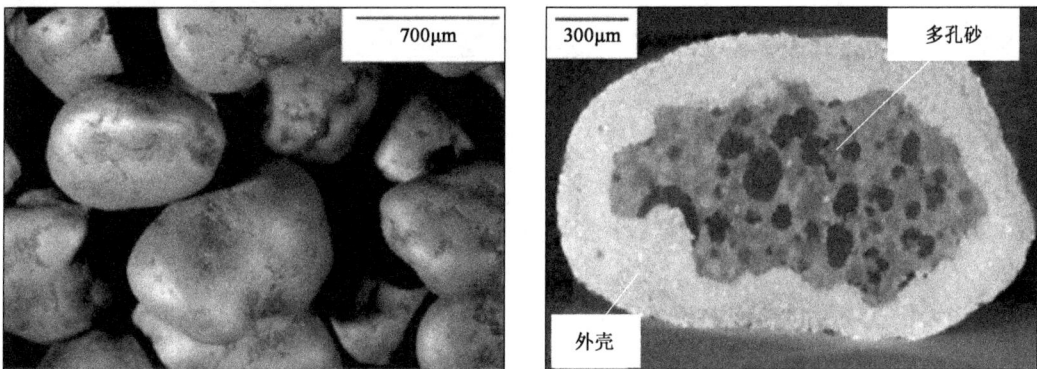

图 17-1 第一代沥青自愈合微胶囊

随后,武汉理工大学刘全涛等制备了毫米级的多腔海藻酸钙胶囊(湿胶囊粒径约为3mm,干燥后约为2mm,如图17-2所示),提出更大尺寸的多腔胶囊是通过提供更多再生剂并使其逐渐释放来增强沥青的自愈性能的。多腔海藻酸钙胶囊的优势是环境友好和可控缓慢释放,展现出在外部周期性应力作用下对沥青混凝土的持续愈合能力。

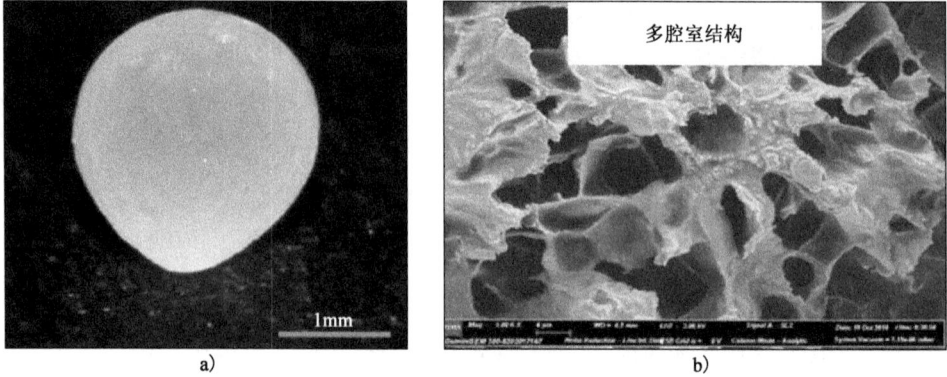

图17-2 毫米级的多腔海藻酸钙胶囊

沥青混合料开裂主要起始于沥青胶浆或胶浆与集料界面,因此微胶囊粒径应与集料间沥青胶浆厚度相匹配,以防止微胶囊在沥青混合料压实过程中破碎,同时可获得最佳的愈合效果。基于上述观点,粒径为 $10 \sim 200 \mu m$ 的微米级第二代沥青自愈合微胶囊受到广泛关注。这类微胶囊通常形成以沥青再生剂、葵花籽油等为芯材,氨基树脂为壁材的"核壳结构"。哈尔滨工业大学谭忆秋、天津工业大学苏峻峰和编者团队均成功合成了第二代沥青自愈合微胶囊,验证了氨基树脂微胶囊对沥青自愈合能力的有效提升。图17-3为编者团队研发的三聚氰胺-尿素-甲醛树脂微胶囊。微胶囊在沥青混合料拌和、压实后的存活及沥青开裂后的激活行为已被证实。

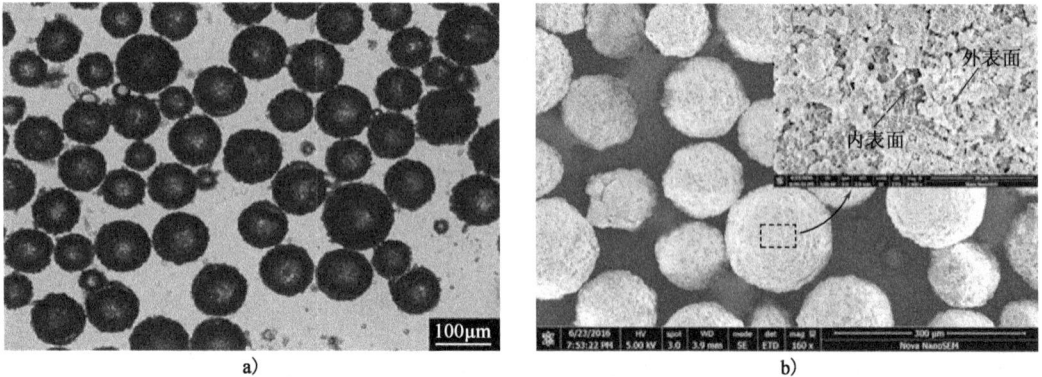

图17-3 第二代沥青自愈合微胶囊

第二代沥青自愈合微胶囊分两步合成:首先将芯材(一般为再生剂)乳化形成芯材乳液;然后加入预聚物(一般为三聚氰胺-甲醛树脂、尿素甲醛树脂或三聚氰胺-尿素-甲醛树脂),通过改变体系的温度、pH值等条件,使预聚物在芯材表面发生缩聚反应,形成胶囊壁。通过改变搅拌速度、芯壁材料比、温度等合成条件,可获得适宜粒径和壁厚的微胶囊。

目前,第二代沥青自愈合微胶囊愈合机理是沥青材料开裂后,裂缝扩展至微胶囊造成其囊壁破裂并释放芯材,进而促进裂缝愈合。这种愈合机制本质上是被动释放和单次愈合,对沥青混合料疲劳开裂自愈合能力有较好的增强效果。然而,第二代沥青自愈合微胶囊在老化但未开裂的沥青混合料性能改善上仍具发展空间。沥青老化往往是造成沥青混合料性能衰变、产生宏观病害的前因。若能将"亡羊补牢"的维修转变为"未雨绸缪"的预防,即在沥青路面铺装时预埋具有主动控制释放(简称控释)功能的老化沥青自再生微胶囊,那么微胶囊技术在沥青自愈合领域将更具发展潜力和应用价值。

为此,编者团队在第二代沥青自愈合微胶囊的基础上,借鉴生物医学肿瘤热疗药物传递系统工作原理,基于聚合诱导自组装技术进行仿生学结构设计,开发了具备主动响应、控制释放、多次修复能力的第三代沥青自再生微胶囊,这种微胶囊以 Fe_3O_4 磁性纳米颗粒为内核,形成独特的类"蜂巢"结构(图17-4)。可通过高频交变磁场对微胶囊进行主动控制释放。其修复原理为:将 Fe_3O_4 磁性纳米颗粒封装在微胶囊核心,高频感应电源中沿线圈的交流电产生的交变磁场充当触发器,穿透数厘米厚的沥青混凝土表层,并可以被其中的沥青自再生微胶囊捕获,赋予微胶囊可控的磁触发爆裂释放能力(图17-5),与第二代沥青自愈合微胶囊相比,第三代沥青自再生微胶囊可以促进沥青与再生剂更好地结合。

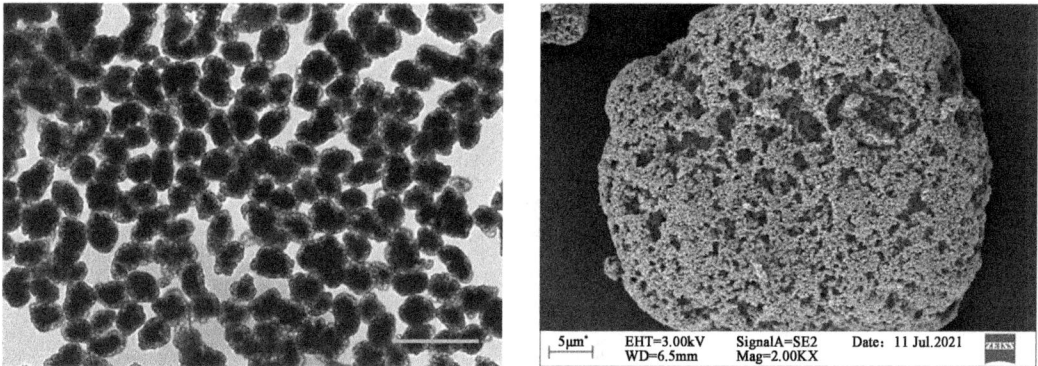

图 17-4 第三代沥青自再生微胶囊

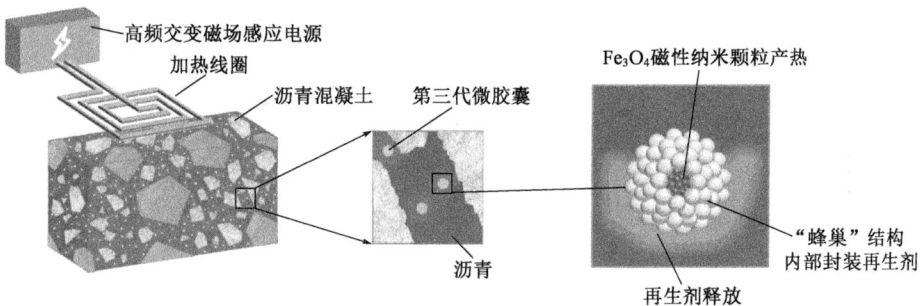

图 17-5 基于高频交变磁场技术的第三代沥青自再生微胶囊控释原理

第二节 自修复微胶囊合成及技术特性

掺有自愈合微胶囊的沥青混合料设计与掺有常规添加剂的沥青混合料设计类似,对于沥青结合料、矿料、混合料类型和级配等并无特殊要求,配合比方案可按照相应规范进行设计,确保混合料各项路用性能满足要求即可。对于沥青混合料的愈合性能,更多是依靠微胶囊自身的特性。因此,本节侧重于介绍微胶囊的技术特性以及研究掺配微胶囊的沥青混合料性能。

一、微胶囊的合成

1. 沥青自愈合微胶囊(第二代微胶囊)

(1)合成原理

沥青自愈合微胶囊采用原位聚合法制备,制备过程如图 17-6 所示。将油性的芯材乳化后,加入囊壁预聚体,在催化条件下,预聚单体发生聚合反应,形成不可溶的聚合物并沉积在油滴表面。随着聚合反应的推进,聚合物在油滴表面形成致密壳体,将油滴包裹起来。

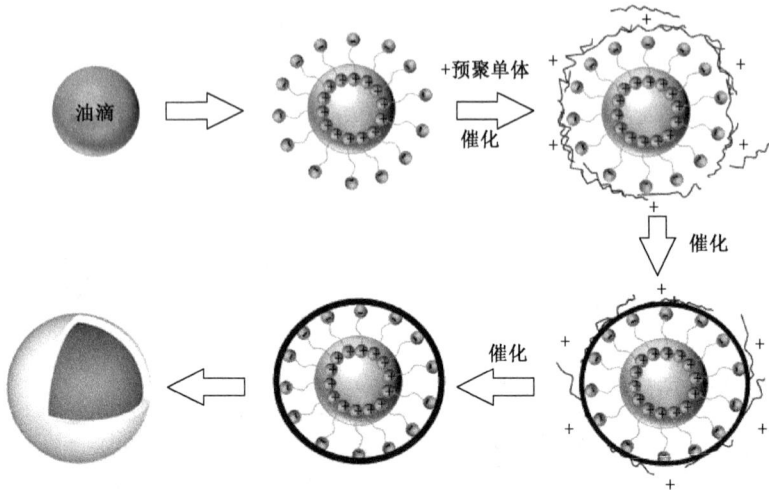

图 17-6   原位聚合法制备微胶囊示意图

研究所用壳体材料为三聚氰胺-尿素-甲醛(melamine-urea-formaldehyde,MUF)树脂,它是由 MUF 预聚单体在加热和酸性条件下催化发生缩聚反应得到的,而 MUF 预聚单体则是由三聚氰胺 $[C_3N_3(NH_2)_3]$、尿素 (CH_4N_2O)、甲醛 (CH_2O) 在一定的催化条件(加热和碱性条件)下发生加成反应得到的。三聚氰胺、尿素、甲醛的化学结构式如图 17-7 所示。三聚氰胺、尿素、甲醛之间的反应主要是活性基团之间的反应,从图 17-7 可以看到三聚氰胺和尿素均存在活性基团——氨基 $(—NH_2)$。微胶囊合成过程中,主要包括加成反应和缩聚反应,其中加成反应主要发生在预聚体制备阶段,缩聚反应是在微胶囊囊壁形成阶段预聚单体之间发生的。图 17-8 展示了三聚氰胺、尿素、甲醛可能发生的一种加成反应和聚合反应。

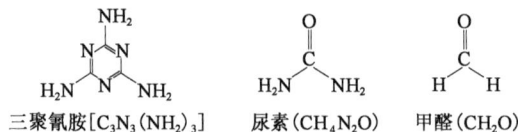

三聚氰胺 $[C_3N_3(NH_2)_3]$ 尿素 (CH_4N_2O) 甲醛 (CH_2O)

图 17-7   三聚氰胺、尿素、甲醛化学结构式

加成反应主要发生在预聚体的制备阶段,是甲醛分别与三聚氰胺、尿素在弱碱性环境和加热条件下发生的,将生成羟甲基脲化合物,因此也称为羟甲基化反应。

①尿素与甲醛的加成反应。

在弱碱和加热条件下,甲醛中的 C 原子与尿素中氨基的 N 原子非共用电子对配对,生成一羟甲基脲。同理,当两个甲醛分子分别与尿素的两个氨基反应,则生成二羟甲基脲。理论上,当甲醛量足够多时,可以继续生成三羟甲基脲和四羟甲基脲,但是由于存在位阻效应,三羟甲基脲和四羟甲基脲很难形成。因此,可以认为尿素和甲醛之间的加成反应只生成了一羟甲基脲和二羟甲基脲,其反应式如图 17-8a) 所示。

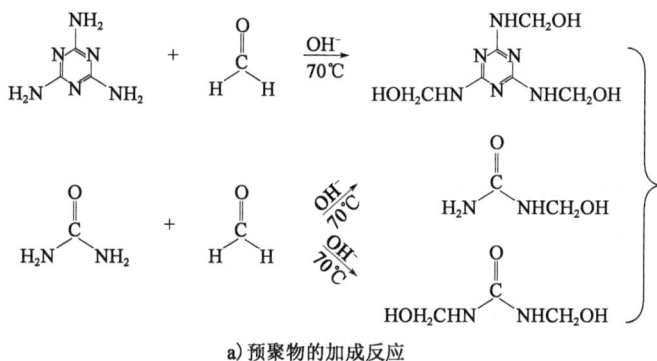

a) 预聚物的加成反应

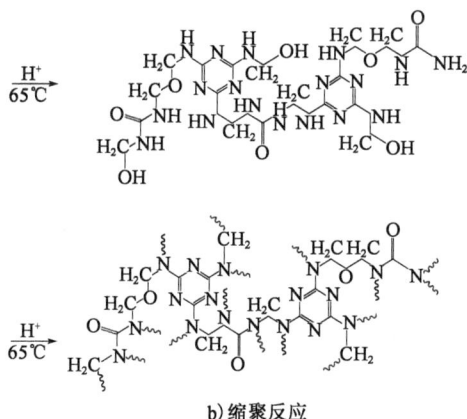

b) 缩聚反应

图 17-8　三聚氰胺、尿素与甲醛可能的反应

②三聚氰胺与甲醛的加成反应。

同理,在弱碱和加热条件下,甲醛可以和三聚氰胺中三个活性氨基发生反应,形成 1~6 羟甲基三聚氰胺。其中,生成羟甲基化合物的种类与各原料的摩尔质量之比有关,有研究表明,加成反应过程中,羟甲基脲的主要存在形式为 1~3 羟甲基脲,羟甲基三聚氰胺也主要以 1~3 羟甲基三聚氰胺的形式存在。由于三种物质的反应较复杂,可能生成的产物种类较多,本书对产物的结构不一一列举,只列出可能发生的反应,如图 17-8a) 所示。通常,在低温(小于 40℃)条件下,三聚氰胺与甲醛的反应速率非常低,表现为三聚氰胺不溶于甲醛溶液。温度超过 60℃ 时,甲醛与三聚氰胺就会以较快的速度发生加成反应,短时间内三聚氰胺就会溶于甲醛溶液。羟甲基化合物易溶于水,且可以与水结合形成氢键,并最终产生富含正电荷的物质,因此预聚物带正电。这有利于微胶囊的合成反应中预聚物在乳化后带负电的芯材油滴表面沉积。

③共缩聚反应。

MUF 预聚物的缩聚反应是在羟甲基化反应的基础上进行的,是羟甲基化合物进一步反应生成大分子结构物的关键过程,这一过程又叫作树脂化反应。为了加快树脂缩聚反应,提高生产效率,反应环境通常调节至酸性条件。在缩聚反应中,羟甲基三聚氰胺与羟甲基脲两种物质在酸的催化作用下,通过脱水缩合反应形成包含亚甲基桥键(—CH$_2$—)或亚甲基醚键(—CH$_2$—O—CH$_2$—)的化合物,实现聚合以及物质分子量的增长,反应方程式及产物可能的结构式如图17-8b)所示。共缩聚反应发生在微胶囊的合成反应阶段,MUF预聚物在芯材表面沉积聚合,形成致密而具有一定强度的囊壁结构。基于三聚氰胺、尿素、甲醛的缩聚反应动力学,三聚氰胺、羟甲基脲、二羟甲基三聚氰胺、三羟甲基三聚氰胺的反应速率顺序为

$$—CH_2OH + —CH_2OH < —CH_2OH + —NH < —CH_2OH_2 + —NH_2$$

(2)合成步骤

根据上述微胶囊合成机理分析,采用两步法制备微胶囊,即先制备MUF预聚体,然后合成微胶囊。微胶囊的合成过程大致可以分为以下步骤:

①芯材乳化。

在常温下,将十二烷基苯磺酸钠(SDBS)添加到去离子水中,并在一定机械搅拌力的作用下搅拌一段时间,使SDBS完全溶解,得到澄清透明的溶液。将芯材加入含乳化剂的水溶液中,采用高速剪切乳化机乳化,得到水包油的乳液。

②预聚体制备。

将三聚氰胺、尿素、甲醛加入去离子水中,并搅拌使混合物混合均匀,直至尿素完全溶解。采用NaOH溶液将混合溶液调至碱性,然后在机械搅拌的同时缓慢升高混合溶液的温度,催化三聚氰胺、尿素、甲醛之间的加成反应。待反应结束,使预聚体缓慢降温至环境温度备用。

③微胶囊的合成。

在机械搅拌作用下,将预聚体溶液缓慢加入芯材乳液中。然后,用柠檬酸溶液缓慢调节乳液的pH值,同时缓慢升高温度,催化预聚单体之间的缩聚反应。经过一段时间的反应,预聚单体在乳滴表面形成致密外壳,用NaOH溶液将反应液调至中性,结束反应。将得到的微胶囊悬浮液静置,使混合溶液冷却至常温,过滤、用去离子水反复洗涤,在55℃的条件下干燥,得到所需的微胶囊产品。

2.沥青自再生微胶囊(第三代微胶囊)

(1)合成原理

编者团队受到自然界中"蜂巢"的启发,设计了仿"蜂巢"结构的磁响应沥青自再生微胶囊,该微胶囊采用pH驱动的聚合诱导自组装技术合成。首先,采用超声技术将再生剂分散成粒径为数十至数百纳米的再生剂胶体,这种胶体结构非常均匀且具有极高的稳定性,可保证一周内不破乳。其次,基于pH驱动催化MUF预聚体发生缩聚反应,并在反应过程中引入Fe$_3$O$_4$磁性纳米颗粒,完成聚合诱导自组装。最终形成"以Fe$_3$O$_4$磁性纳米颗粒为核心、周围封装大量MUF/再生剂纳米胶囊"的独特仿"蜂巢"结构微胶囊。获得的微胶囊形貌良好、团聚较少、粒径尺寸均匀。

图17-9展示了微胶囊的合成原理和合成过程。再生剂在去离子水中被超声分散成纳米粒子,两亲性乳化剂(SDBS)吸附在再生剂粒子表面,带有负电荷的亲水性基团保证了再生剂粒子间的静电斥力。带有正电荷的MUF预聚单体吸附在SDBS亲水基团上,并逐渐包围整个再生剂纳米粒子。在加热和酸性环境下,MUF预聚单体随着水溶液pH值降低被逐步催化,发生共缩聚反应,在再生剂粒子表面生成致密的MUF树脂外壳,并得到再生剂纳米胶囊。在合适的时机加入亲水性Fe$_3$O$_4$磁性纳米颗粒,颗粒间的磁性导致它们更倾向于相互吸引聚集,选

择合适的搅拌速率会得到不同粒径的 Fe_3O_4 磁性内核。随着反应的进行,静电作用使再生剂纳米胶囊自发地被 Fe_3O_4 磁性内核吸附,并在 Fe_3O_4 磁性内核周围完成数层再生剂纳米胶囊自组装。当水溶液 pH 值达到设计值时,MUF 树脂完全固化,形成仿"蜂巢"结构。

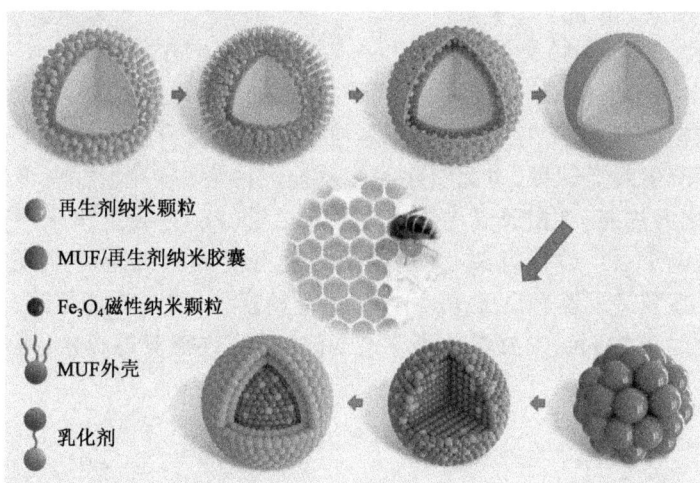

图 17-9 基于聚合诱导自组装技术的磁响应仿"蜂巢"结构微胶囊合成示意图

(2)合成步骤

①再生剂预处理。

将一定质量的 SDBS 加入 150mL 去离子水中,使用磁力搅拌器搅拌至 SDBS 完全溶解,获得澄清透明溶液。考虑到再生剂黏度较大,升温分散能获得更好的乳化效果。因此,先将一定质量的再生剂加入 SDBS 水溶液,并在 65℃水浴锅中保温 15min,然后采用超声液体分散仪对混合液超声处理 20min(强度 80%,超声/休息时间 20s/20s),得到均匀稳定的水包油(O/W)型再生剂胶体。

②MUF 预聚体制备。

将一定比例的三聚氰胺、尿素和甲醛溶液与去离子水混合(稀释倍率 1∶4),采用 NaOH 溶液(5%)将壁材悬浊液 pH 值调节为 9,使用磁力搅拌器加热搅拌,待温度升至 70℃时计时搅拌 30min。此时三聚氰胺、尿素和甲醛完成加成反应,溶液澄清透明,得到 MUF 预聚体。反应结束后,将 MUF 预聚体冷却至室温备用。

③微胶囊合成。

将 MUF 预聚体和再生剂胶体混合,将混合溶液置于 65℃水浴锅中,采用数显直流电动搅拌器持续机械搅拌(350r/min)。使用柠檬酸溶液(10%)缓慢调节混合液 pH 值,随着混合液从碱性转变为酸性,MUF 预聚体开始发生共缩聚反应。在反应过程中,选择合适的时机加入一定质量的 Fe_3O_4 磁性纳米颗粒。经过数小时的反应,再生剂纳米颗粒表面形成致密 MUF 外壳,并将 Fe_3O_4 磁性纳米颗粒自组装于微胶囊核心。反应结束后得到微胶囊悬浊液,等待冷却至室温,使用去离子水配合磁铁反复多次清洗,并使用真空冷冻干燥方式,最终获得沥青自再生磁响应仿"蜂巢"结构微胶囊。

(3)控制释放原理

沥青自再生微胶囊需要借助功能性纳米粒子来刺激响应控制释放。Fe_3O_4 磁性纳米颗粒具有良好的磁响应效应,常用于磁场触发的控制释放系统,并且 Fe_3O_4 磁性纳米颗粒制备工艺成熟、形态和粒径高度可控,相较于其他纳米材料成本更低。编者团队设计了磁响应仿"蜂巢"结构微胶囊,将 Fe_3O_4 磁性纳米颗粒封装于核心,这为再生剂在磁场刺激或微波辐射下的"时-空"控制释放提供了可能。

图 17-10 展示了基于高频交变磁场(alternating magnetic field, AMF)刺激响应的微胶囊控制释放机制。电磁感应电源连接的铜制线圈内产生交流电,形成的高频 AMF 作为触发器贯穿微胶囊,并被核心处的 Fe_3O_4 磁性纳米颗粒簇捕捉。具有铁磁性的 Fe_3O_4 磁性纳米颗粒在 AMF 作用下产生磁滞现象,由此引起的能量损失称为"磁滞损耗",此时 Fe_3O_4 磁性纳米颗粒将电能转化为热能,在微胶囊内部产生极高热量(Fe_3O_4 磁性纳米颗粒的产热机理还包括弛豫损耗,这与 Fe_3O_4 粒径有关)。当内部温度升至 MUF 树脂的相变温度(即达到玻璃化转变温度 T_g 甚至接近熔融温度 T_m)时,壁材开始变形,力学性能下降,最终失去对再生剂的保护作用,此时再生剂纳米胶囊外壳渗透性改变,从致密变得疏松,再生剂沿外壳缺陷处释放。

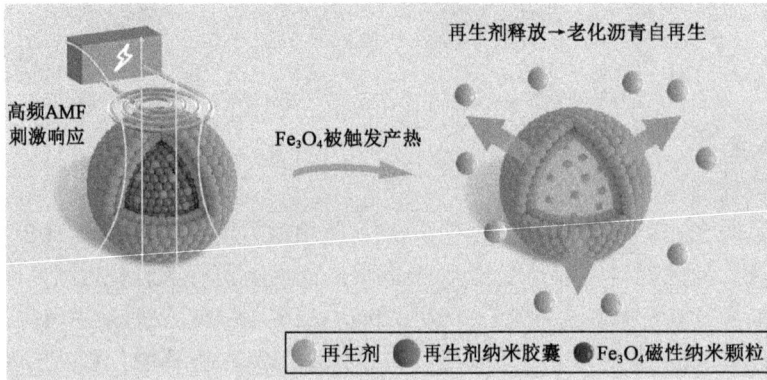

图 17-10 基于高频交变磁场刺激响应的微胶囊控制释放机制

这种刺激响应控释方式的实质是以 Fe_3O_4 磁性纳米颗粒充当换能器,将电磁能转化为热能,使微胶囊内部达到足够高的温度。这种能量转换除了造成 MUF 树脂相变,打开再生剂释放通道外,还具有以下两个作用:①虽然 Fe_3O_4 磁性纳米颗粒产生较高温度,但由于其被封装在微胶囊核心,并且微胶囊的小尺寸效应引起的热量耗散极快,微胶囊周围小范围沥青会被加热却不至于温度过高,有效避免了"热点老化"问题,并且能对微胶囊处的老化沥青实现原位软化,这为疲劳裂缝的愈合提供了基础;②由于沥青扩散系数与 $e^{(-1/T)}$ 呈正相关关系,微胶囊周围小范围沥青与释放的再生剂之间的浸润和扩散效应得到增强,有利于再生剂与老化沥青的相互渗透和融合。这表明与传统的沥青自愈合微胶囊相比,此类微胶囊可以实现更好的修复效果。

二、微胶囊技术要求

沥青自再生微胶囊外壳多为氨基树脂且具有粗糙的外表面,有利于与沥青相互黏结。微胶囊应具有良好的形貌、热稳定性、储存稳定性、分散性和机械性能,第三代微胶囊还应具备良好的控制释放性能。具体要求如表 17-1 所示。

微胶囊技术要求

表 17-1

项目	技术要求	推荐检测方法
微观形貌	湿胶囊粒径均匀、结构完整、无团聚;干胶囊无破损、无团聚①	光学显微镜(OM)、扫描电子显微镜(SEM)
粒径分布	粒径分布均匀②	激光粒度仪、显微镜法、弦长测量法
热稳定性	热分解温度>180℃	热重分析法(TGA)、差示扫描量热法(DSC)
储存稳定性	长期储存再生剂无泄漏	观察法
分散性	干微胶囊分散好、无结块、无团聚③	过筛、观察法
机械性能	微胶囊应在混合料拌和压实后保持结构完整,但出现微裂纹时外壳能够破裂;微胶囊弹性模量推荐值为2GPa左右④	纳米压痕法、显微镜法、红外法
控制释放⑤	短时间内完成控制释放;具备多次控释能力	高频交变磁场(控释方法);紫外-可见分光光度计(UV-Vis,控释定量测试)

注:①湿胶囊指制备反应结束后,经过洗涤的胶囊;干胶囊指干燥后的微胶囊产品。
　　②第二代微胶囊多采用高速剪切机乳化再生剂,尺寸一般为10~200μm,只要分布在此区间内就可视为粒径分布均匀,若远远超过这个范围则说明微胶囊团聚严重。
　　③湿微胶囊实现分散较为容易,但干燥后可能出现结块现象,这与微胶囊制备参数和干燥条件有关,推荐采用冷冻干燥法,减少结块。
　　④沥青砂浆的弹性模量约为2.3GPa,微胶囊弹性模量应小于此值。
　　⑤仅第三代沥青自再生微胶囊作此要求。

三、微胶囊掺量选择

微胶囊主要用于提升沥青混凝土自再生能力,此外还应兼顾良好的路用性能,最终延长路面的使用寿命。通常,自再生微胶囊的掺量不高于沥青质量的10%,对于第二代微胶囊,掺量多为3%~5%。在保证沥青混合料路用性能满足要求的基础上,使用较高掺量的微胶囊能够保证混合料疲劳寿命的有效延长。

微胶囊粒径与矿粉相似,可采用直接添加(干法)、替代沥青、替代矿粉三种掺配方案。应根据微胶囊掺量、混合料级配、使用环境等选择合适的添加方式,推荐高微胶囊掺量时选择替代部分矿粉使用,在夏季炎热地区以微胶囊替代沥青的方式使用,而在冬季寒冷地区可将微胶囊直接加入沥青混凝土使用。

第三节　微胶囊自修复沥青混合料设计案例

目前,对于微胶囊自修复沥青混合料的性能研究仍采用常规热拌沥青混合料路用性能试验(轮辙试验、冻融劈裂试验、浸水马歇尔试验、低温小梁弯曲试验等),而对于其自修复性能,可采用四点弯曲疲劳试验进行探究。

一、第二代微胶囊自愈合沥青混合料设计案例

本节以第二代微胶囊为例,选用AC-13沥青混凝土类型,泰普克70号基质沥青为结合料。采用马歇尔试验方法,确定最佳级配,最佳级配曲线如图17-11所示,最佳油石比为4.6%。根

据《公路工程沥青及沥青混合料试验规程》(JTG E20—2011)对第二代微胶囊自愈合沥青混合料进行常规路用性能试验以及四点弯曲疲劳试验。

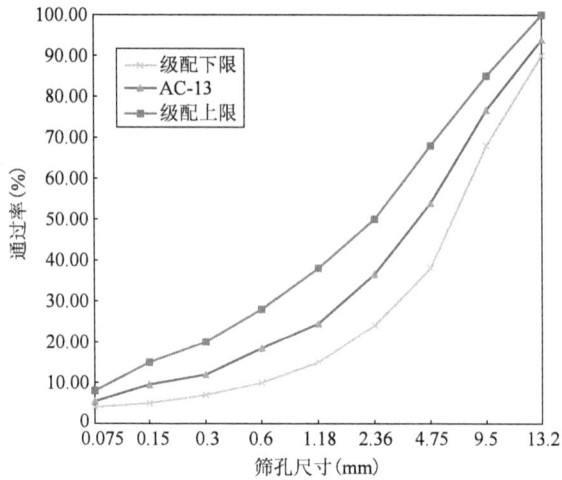

图 17-11　最佳级配曲线

1. 常规路用性能

(1)空隙率

分析微胶囊掺量(0～6%)和添加方式(直接添加、替代沥青、替代矿粉)对空隙率的影响。不同击实次数下,微胶囊自愈合沥青混合料的空隙率测试结果见图 17-12。总体而言,微胶囊会降低沥青混凝土的空隙率,增加其密实性。主要是因为在拌和与击实过程中,少量微胶囊破裂释放出的再生剂软化沥青,使沥青混凝土更容易被压实。在不同击实次数下,沥青混凝土空隙率随微胶囊掺量的变化趋势是一致的,即随着微胶囊掺量增加而先减后增,微胶囊掺量为 2% 时空隙率最小。此外,微胶囊的添加方式对混凝土空隙率的影响可以忽略不计。

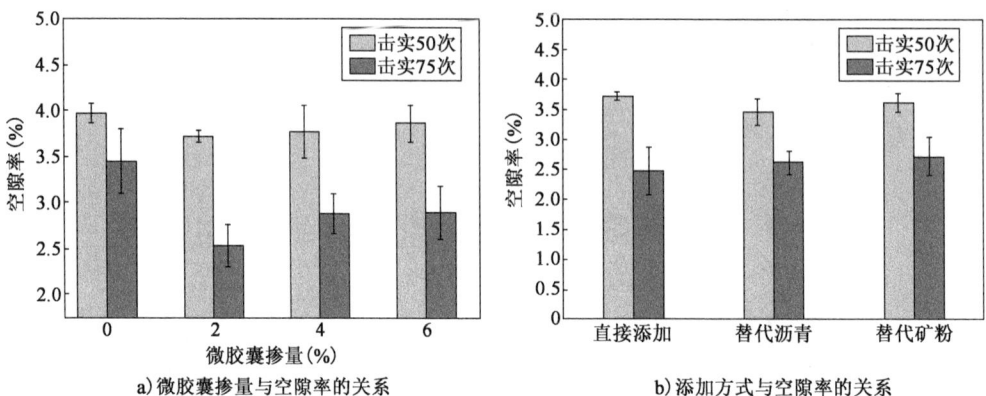

a)微胶囊掺量与空隙率的关系　　　b)添加方式与空隙率的关系

图 17-12　微胶囊自愈合沥青混合料空隙率

(2)抗剥落性

通过肯塔堡飞散试验检验微胶囊自愈合沥青混合料的抗剥落性,结果见图 17-13。当微胶囊掺量在 4% 以内时,沥青混凝土的飞散质量损失变化可以忽略不计。然而,当微胶囊掺量增加至6%时,质量损失明显增大,可能是因为掺量大时微胶囊在拌和与压实过程中破损率高,释放出的再生剂软化沥青,降低了沥青的黏结能力。虽然质量损失明显增大,但仍然在可接受范围内。三种添加方式中,微胶囊替代沥青后,混凝土的飞散质量损失有所增大,可能是因为沥青含量降低,削弱了沥青的黏结性。整体而言,可忽略微胶囊的添加方式对其抗剥落性的影响。

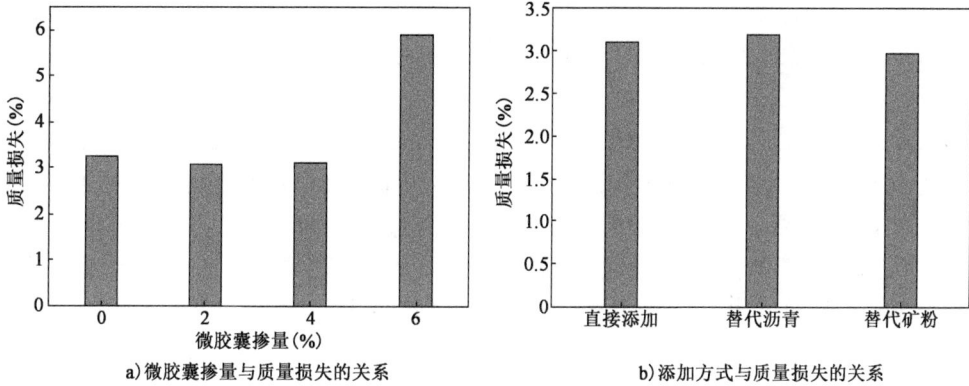

a)微胶囊掺量与质量损失的关系　　　　　　　b)添加方式与质量损失的关系

图17-13　微胶囊自愈合沥青混合料抗剥落性

（3）水稳定性

采用冻融劈裂强度比指标评价微胶囊自愈合沥青混合料的水稳定性,试验结果如表17-2和表17-3所示。微胶囊自愈合沥青混合料劈裂强度随着微胶囊掺量的增加而先增后减,掺量为2%左右时混凝土劈裂强度最大。微胶囊粉末比表面积较大,与沥青结合形成结构沥青,利于提高混合料的劈裂强度;而微胶囊在拌和与压实过程中破裂释放的再生剂则会降低沥青黏度,间接降低混合料的劈裂强度。当掺量较少（≤2%）时,微胶囊在拌和与压实过程中释放的再生剂量很少,微胶囊主要以粉末形态分散在沥青中,对混合料劈裂强度提升效果显著。随着掺量继续增加,微胶囊在施工过程中释放的再生剂剂量增加,而粉末状微胶囊减少,这意味着在弱化混合料劈裂强度的增强作用,对劈裂强度的弱化效果凸显。当掺量超过4%时,再生剂的弱化效果大于结构沥青的强化效果,劈裂强度明显下降。

不同掺量微胶囊自愈合沥青混合料冻融劈裂试验结果　　　　表17-2

微胶囊掺量（%）	试验条件	劈裂强度（MPa）				TSR(%)
		1	2	3	均值	
0	未冻融	0.83	0.92	0.93	0.89	97.90
	冻融	0.85	0.87	0.89	0.87	
2	未冻融	1.08	1.12	1.02	1.07	94.45
	冻融	0.95	1.08	1.01	1.01	
4	未冻融	0.92	0.94	0.86	0.91	93.12
	冻融	0.86	0.80	0.87	0.84	
6	未冻融	0.84	0.82	0.88	0.85	90.31
	冻融	0.73	0.80	0.77	0.77	

不同添加方式下微胶囊自愈合沥青混合料冻融劈裂试验结果 表 17-3

添加方式	试验条件	劈裂强度（MPa）				TSR（%）
		1	2	3	均值	
直接添加	未冻融	1.08	1.12	1.02	1.07	94.45
	冻融	0.95	1.08	1.01	1.01	
替代沥青	未冻融	1.08	1.10	1.00	1.06	95.26
	冻融	1.03	1.09	0.90	1.01	
替代矿粉	未冻融	1.02	1.03	1.05	1.03	92.40
	冻融	0.97	0.94	0.97	0.96	

分别通过不同方式将2%微胶囊（替代矿粉和替代沥青）添加到沥青混合料中,观察微胶囊的添加方式对沥青混合料水稳定性的影响。以微胶囊替代沥青可以得到水稳定性较高的沥青混合料,而以微胶囊替代矿粉得到的沥青混合料的水稳定性略低。矿粉在沥青中可以吸附沥青形成结构沥青,具有稳固自由沥青的作用,减少矿粉会降低水稳定性。虽然微胶囊对沥青也有稳固增稠作用,但是其效果不如矿粉,因为碱性矿粉和酸性沥青之间存在化学键。相对而言,采用直接添加或者替代沥青的方式添加微胶囊,对微胶囊自愈合沥青混合料的水稳定性更有利。

（4）高温稳定性

采用轮辙试验评价微胶囊自愈合沥青混合料的高温稳定性,试验结果见表17-4。微胶囊的加入会降低沥青混合料的动稳定度。此外,微胶囊以替代沥青的方式添加到混合料中可以获得更高的动稳定度,而以替代矿粉的方式添加微胶囊则会降低混合料的动稳定度。出现此现象的原因可能是矿粉吸附沥青并与其构成结构沥青,增强集料之间的黏结性,利于混合料抗剪切能力的形成。微胶囊替代矿粉以后,结构沥青数量相对减少,混合料的抗剪强度降低,其高温抗轮辙能力相应降低。同理,微胶囊替代沥青时,混凝土中结构沥青与自由沥青的比例增大,混合料的抗剪强度略微提升。总体而言,微胶囊的三种添加方式对高温稳定性的影响相近,替代沥青的不利影响较小。

微胶囊自愈合沥青混合料轮辙试验结果 表 17-4

添加方式	微胶囊掺量（%）	动稳定度（次/mm）		
		1	2	均值
直接添加	0	2154	2272	2213
	2	1591	1787	1689
	4	1214	1346	1280
	6	490	678	584
替代沥青	2	1892	1704	1798
替代矿粉		1434	1507	1471

（5）低温抗裂性

采用低温弯曲试验评价微胶囊自愈合沥青混合料的低温性能,试验温度为 $-10℃$,试件为 $30mm \times 35mm \times 250mm$ 的小梁,试验结果参见表17-5。微胶囊对沥青混合料抗弯拉强度与劈裂强度的影响是相似的,少量添加微胶囊有增强效果,而过量添加微胶囊则会降低混合料的强度。另外,微胶囊可以提高混合料的最大弯拉应变,有利于改善混合料的低温抗裂性。当微胶囊掺量为 2% 时,混合料的最大弯拉应变提高了 13% 左右。此外,微胶囊的添加方式也对混合料的低温抗裂性有明显的影响。与直接添加相比,以 2% 微胶囊替代矿粉时,混合料的最大弯拉应变提高约 6%;而以 2% 微胶囊替代沥青时,混合料的最大弯拉应变则降低了 5.6% 左右。三种方式添加微胶囊均能提高混合料的低温稳定性,其中直接添加或者替代矿粉的方式更有利于改善微胶囊自愈合沥青混合料的低温性能。

微胶囊自愈合沥青混合料低温弯曲试验结果 表 17-5

添加方式	微胶囊掺量(%)	抗弯拉强度(MPa)		最大弯拉应变(με)	
		均值	标准差	均值	标准差
直接添加	0	8.94	1.35	2242	183
	2	11.18	1.15	2536	161
	4	9.33	0.94	2373	214
	6	8.70	0.66	2374	287
替代沥青	2	11.97	1.26	2395	139
替代矿粉		10.74	0.94	2688	189

2. 自愈合性能

(1)自愈合过程

将一定比例微胶囊掺入基质沥青,采用直接拉伸的方法使试件破坏,将破坏后的试件在断面处拼接好,使裂缝宽度在肉眼观察的条件下达到最小,将拼接好的试件的裂缝处放在荧光显微镜下观察并记录裂缝的愈合过程。沥青试件裂缝愈合过程如图 17-14 所示。

从包含微胶囊的沥青试件断裂裂缝的愈合图可以看出,显微镜下可以观察到清晰的微裂纹。图 17-14a)为裂缝的初始状态,微裂纹的初始宽度为 $80\sim100\mu m$,在可见的裂缝区域内可以看到三颗微胶囊由于裂缝的产生而发生破裂,并且微胶囊中再生剂流出,由于毛细作用发生流动,在裂缝之间形成一条连通的再生剂"通道";第 8min 时,再生剂完全与沥青融合,再生剂"通道"消失,并且由于下方两颗微胶囊间隔较近,其间的再生剂数量较多,对裂缝愈合的促进效果更加明显,裂缝基本消失,如图 17-14b)所示;由于越靠近微胶囊,再生剂的数量越多,软化沥青的效果越明显,故第 20min 时,靠近微胶囊的表面裂缝均已消失,只有在距离微胶囊较远的地方还存在微裂缝,如图 17-14c)所示,该现象也说明裂缝的愈合应主要归因于再生剂的作用;第 30min 时,由于再生剂和温度的共同作用,表面微裂纹完全消失,如图 17-14d)所示。

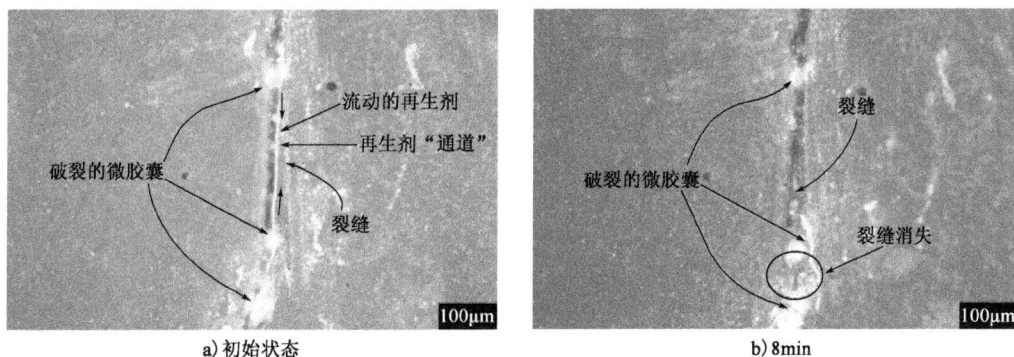

a)初始状态 b)8min

图 17-14

c) 20min

d) 30min

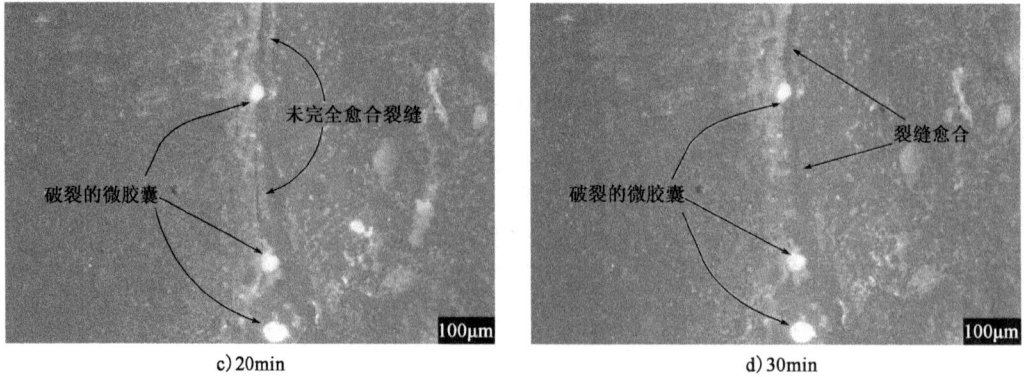

图 17-14　掺加第二代微胶囊的沥青裂缝自愈合过程

（2）疲劳寿命

在上述研究基础上,对微胶囊掺量为 8% 的沥青混合料进行四点弯曲疲劳试验时,试验温度为 15℃,正弦波加载频率为 10Hz,应变为 550με。通过疲劳试验得到了沥青混合料的劲度模量、相位角、耗散能等结果,见图 17-15。以劲度模量衰减 50% 为疲劳破坏判定标准,当沥青混合料的劲度模量下降到初始劲度模量的 42% 时[即图 17-15a)中的 42% G_0^*],微胶囊被释放,沥青混合料疲劳寿命远大于未掺加微胶囊的沥青混合料,说明微胶囊对沥青混合料的抗疲劳性能有改善作用,微胶囊在释放后对沥青混合料的疲劳裂缝进行了修复,起到了愈合作用。

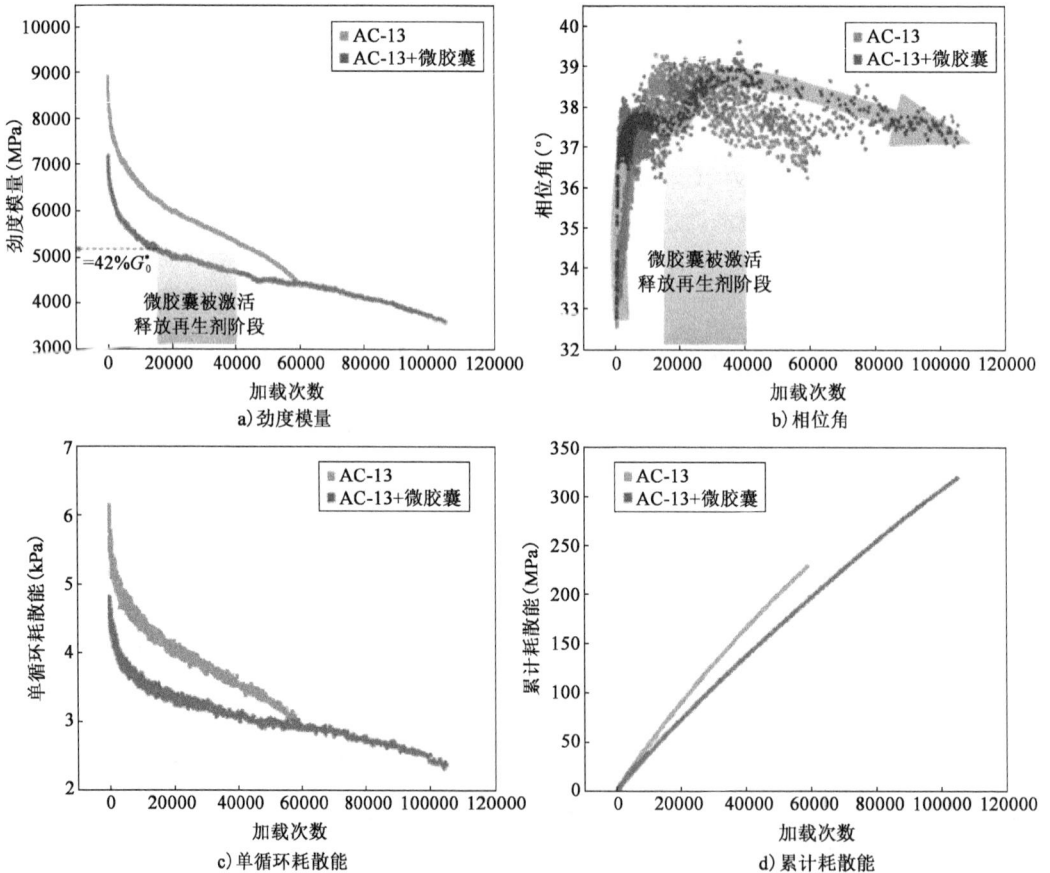

a) 劲度模量

b) 相位角

c) 单循环耗散能

d) 累计耗散能

图 17-15　掺加微胶囊和未掺加微胶囊的沥青混凝土试件疲劳参数变化曲线

（3）自愈合试验及结果

基于四点弯曲疲劳试验，评价微胶囊自愈合沥青混合料自愈合性能，主要依据混合料性能恢复情况。首先，采用沥青混合料劲度模量恢复率（HI^1_{4PB}）评价混合料的自愈合性能。其次，沥青混合料的疲劳寿命能直观反映路面服役时间的长短，在此将疲劳寿命恢复率（HI^2_{4PB}）作为评价指标之一。最后，兼顾混合料抗变形能力恢复和疲劳寿命恢复，提出将劲度模量恢复率和疲劳寿命恢复率的乘积作为沥青混凝土自愈合性能的综合评价指标（HI^3_{4PB}）。上述三个自愈合性能评价指标可以根据式（17-1）~ 式（17-3）计算得到：

$$\mathrm{HI}^1_{4PB} = \frac{S_{\text{terminal}} - S_{\text{healing}}}{S_{\text{terminal}} - S_{\text{initial}}} \tag{17-1}$$

$$\mathrm{HI}^2_{4PB} = \frac{N_f^{\text{healing}}}{N_f^{\text{terminal}}} \tag{17-2}$$

$$\mathrm{HI}^3_{4PB} = \frac{S_{\text{terminal}} - S_{\text{healing}}}{S_{\text{terminal}} - S_{\text{initial}}} \times \frac{N_f^{\text{healing}}}{N_f^{\text{terminal}}} \tag{17-3}$$

式中：S_{initial}——微胶囊自愈合沥青混合料初始劲度模量，MPa；

S_{terminal}——愈合前劲度模量，MPa；

S_{healing}——愈合后劲度模量，MPa；

N_f^{terminal}——愈合前疲劳寿命，次；

N_f^{healing}——愈合后疲劳寿命，次。

微胶囊自愈合沥青混合料自愈合性能试验结果如表17-6所示。微胶囊自愈合沥青混合料劲度模量恢复率 HI^1_{4PB} 随着微胶囊的掺量增加先增后减，适当掺量的微胶囊对沥青混合料的劲度模量恢复能力有明显的增强作用。疲劳寿命恢复率 HI^2_{4PB} 也随微胶囊掺量增加先增后减，最佳微胶囊掺量均接近3%。自愈合综合评价指标 HI^3_{4PB} 随微胶囊掺量增加同样先增后减，最佳微胶囊掺量均接近4%。因此，微胶囊掺量需要依据路用性能、疲劳寿命和自愈合性能综合确定，推荐掺量范围为3%~5%。

微胶囊自愈合沥青混合料自愈合试验结果

表17-6

微胶囊掺量（%）	第一次愈合指标（%）			第二次愈合指标（%）		
	HI^1_{4PB}	HI^2_{4PB}	HI^3_{4PB}	HI^1_{4PB}	HI^2_{4PB}	HI^3_{4PB}
0	60.00	16.60	9.96	62.10	6.40	3.97
2	69.10	40.20	27.78	76.80	12.90	9.91
4	93.40	33.40	31.20	68.50	16.00	10.96
6	75.70	18.90	14.31	77.70	5.00	3.89

二、第三代微胶囊自再生沥青混合料设计案例

本节以第三代微胶囊为例，将6%、8%和10%（占沥青质量）微胶囊掺入级配为AC-13的沥青混合料中，根据《公路工程沥青及沥青混合料试验规程》（JTG E20—2011）进行轮辙试验、

冻融劈裂试验和浸水马歇尔试验。采用 UV-Vis 评价微胶囊控制释放性能,采用 DSR、FTIR 评价第三代微胶囊对老化沥青的自再生作用。

1. 常规路用性能

首先根据《公路工程沥青及沥青混合料试验规程》(JTG E20—2011)进行标准马歇尔试验,确定本案例中 AC-13 热拌沥青混合料的最佳油石比为 4.5%。然后将 6%、8% 和 10%(占沥青质量)的第三代微胶囊掺入级配为 AC-13 的沥青混合料中,进行轮辙试验、冻融劈裂试验和浸水马歇尔试验,评价微胶囊掺量对沥青混合料路用性能的影响,结果见图 17-16。可以发现,随着 6% 微胶囊的掺入,沥青混合料的各项路用性能均有提高,但随着掺量继续增加,各项性能又会下降,这可能是因为微胶囊表面粗糙,有利于与沥青吸附和交联,但当微胶囊掺量过高时,可能造成沥青对集料黏附性下降,削弱沥青混合料的路用性能。虽然各项指标仍能满足规范要求,但应在满足自再生需求的前提下,尽量减少控释微胶囊用量,推荐微胶囊掺量不高于 8%。

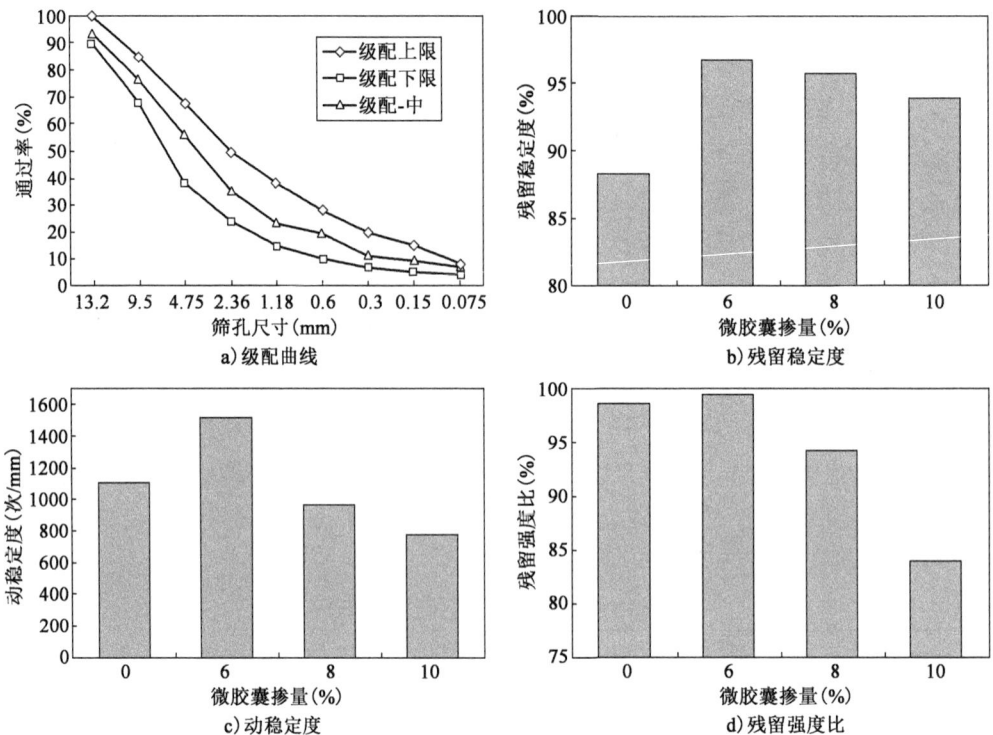

图 17-16 掺有 6%、8%、10% 第三代微胶囊的沥青混合料路用性能

2. 自再生性能

(1)微胶囊控制释放

称取一定质量微胶囊样品放入玻璃培养皿中,将培养皿放置于铜制加热线圈中心上方,采用高频 AMF 计时控释 0~60s(125kHz,20kW)。待微胶囊冷却至室温,加入正己烷冲洗装有微胶囊的培养皿,收集清洗液并使用正己烷定容,振荡后使用磁铁辅助吸附静置,量取适量待测液倒入石英比色皿中,使用 UV-Vis 测量 262.0nm 处吸光度,计算获得微胶囊的再生剂释放率,如图 17-17 所示。

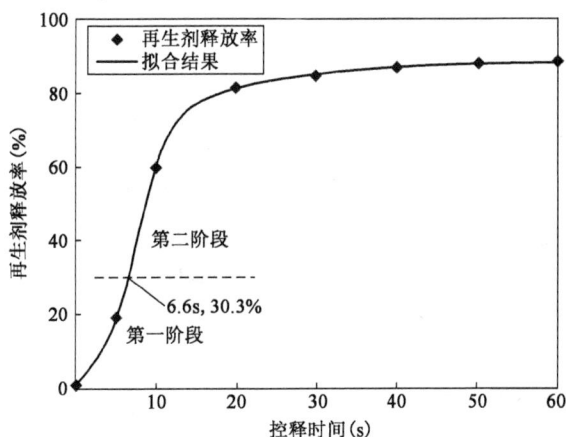

图 17-17　微胶囊 $0 \sim 60s$ 控制释放曲线及释放动力学

微胶囊的释放分为两个阶段,第一阶段控释时间为 $0 \sim 6.6s$,此时再生剂累计释放率为 30.3%;第二阶段控释时间为 $6.6 \sim 60s$,再生剂累计释放率最高为 88.55%,再生剂释放率最大处控释时间为 $7.9s$。微胶囊中再生剂的大部分释放是在 $5 \sim 20s$ 完成的,尤其是 $5 \sim 10s$ 范围内再生剂释放率极高,可以视为短时间的爆裂释放。释放结果证明微胶囊的控制释放符合双阶段释放机制:微胶囊第一阶段释放缓慢,第二阶段先在数秒内完成爆裂释放,随后转变为极慢的释放。第一阶段对应了 Fe_3O_4 内核升温至 MUF 树脂熔融温度,第二阶段对应了 MUF 树脂迅速失去屏障作用,引发再生剂大量释放。图 17-18 展示了控制释放过程中微胶囊的宏观温度,此温度有利于释放的再生剂与老化沥青高效相互融合。

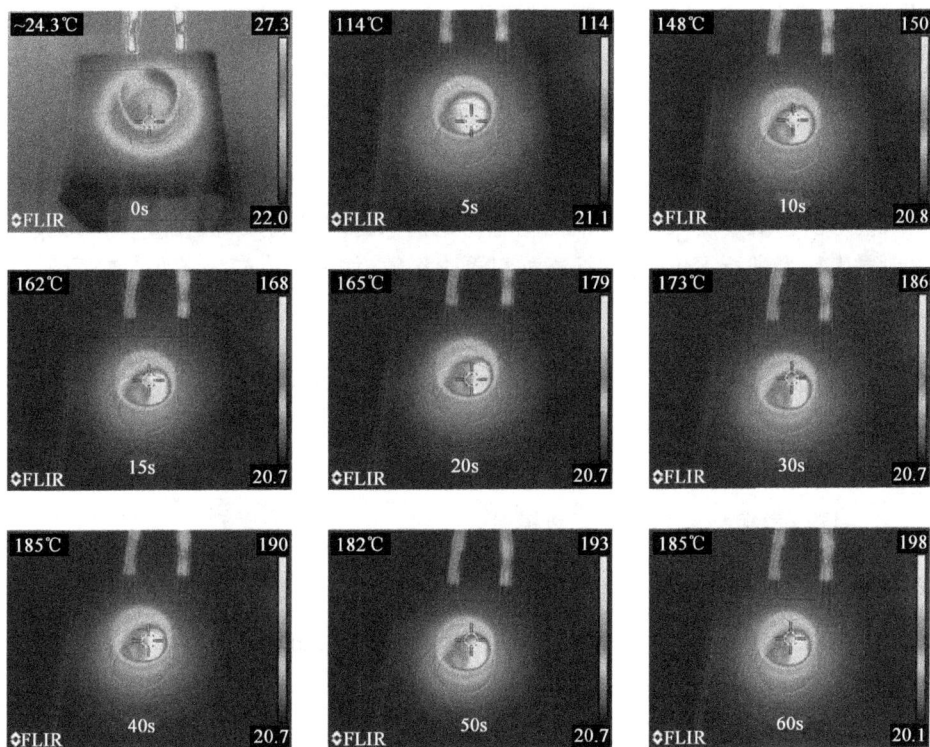

图 17-18　高频 AMF 刺激 $0 \sim 60s$ 后微胶囊宏观温度

（2）老化沥青自再生

①试验准备。

沥青中微胶囊掺量固定为8wt%，采用机械搅拌器在160℃下以500r/min速率搅拌15min，使微胶囊与基质沥青混合均匀，获得自再生沥青。称取2.45g自再生沥青倒入内径为3.1cm的玻璃培养皿中，此时沥青膜厚度大约为3.2mm，将玻璃培养皿放入TFOT老化盘，随后置于薄膜烘箱准备老化。其余老化条件与TFOT标准老化试验相同。基于改进的TFOT老化试验，在自再生沥青老化7.5h时进行单次/第一次再生，在自再生沥青老化12.5h时进行第二次再生。具体控释方案如下：

a.单次再生：将盛有老化7.5h自再生沥青的玻璃培养皿放置于铜制加热线圈中心上方，采用高频AMF(125kHz,20kW)计时控释0s(对照组)、10s(释放率约为60%)、40s(考虑再生剂挥发造成释放率偏低，这里视为完全释放)，再生后的样品分别记为CR_0s、CR_10s和CR_40s。

b.二次再生：将CR_10s继续老化5h，记为CR_10s_aged，采用高频AMF对二次老化的CR_10s_aged控释40s，记为CR_10s_40s(可视为微胶囊完全释放)。

②评价方法。

采用DSR频率扫描试验评价磁响应仿"蜂巢"结构微胶囊对老化沥青物理流变性能主动再生效果。扫描频率为0.1~30Hz，扫描温度设定为45℃。每个测试温度间隔保温10min，以使沥青样品内外温度均匀。为保证频率扫描试验处于自再生沥青线性黏弹性区间，应变设置为1.5%。记录自再生沥青频率扫描过程中的复数模量|G^*|和相位角δ。

采用ATR-FTIR评价磁响应仿"蜂巢"结构微胶囊对老化沥青再生前后化学组成的影响。试验波数范围设定为4000~600cm^{-1}，分辨率为0.4cm^{-1}，扫描次数为32。重点关注1800~800cm^{-1}指纹区吸收峰、1700cm^{-1}附近羰基吸收峰和1030cm^{-1}附近亚砜基吸收峰变化。

③评价指标

在基质沥青的老化试验中，沥青材料的复数模量|G^*|随着老化时间的增加而增加，相位角δ随着老化时间的增加而减小，羰基和亚砜基吸收峰上移、峰面积增大。基于磁响应仿"蜂巢"结构微胶囊技术对老化沥青主动再生后，复数模量|G^*|和相位角δ得到一定程度的恢复，羰基和亚砜基峰面积减小。因此，可根据上述物化指标的恢复效果对磁响应仿"蜂巢"结构微胶囊的主动再生行为进行评价，建立沥青材料再生指数，如式(17-4)~式(17-7)所示：

$$RI_{G^*} = \frac{G^*_{terminal} - G^*_{repairing}}{G^*_{terminal} - G^*_{initial}} \tag{17-4}$$

式中：RI_{G^*}——基于复数模量(10Hz、中温45℃)计算的沥青材料再生指数；

$G^*_{initial}$——老化前沥青的复数模量；

$G^*_{terminal}$——老化后沥青的复数模量；

$G^*_{repairing}$——微胶囊控释后沥青的复数模量。

$$RI_{\delta} = \frac{\delta_{repairing} - \delta_{terminal}}{\delta_{initial} - \delta_{terminal}} \tag{17-5}$$

式中：RI_{δ}——基于相位角(10Hz、中温45℃)计算的沥青材料再生指数；

$\delta_{initial}$——老化前沥青的相位角；

$\delta_{terminal}$——老化后沥青的相位角；

$\delta_{repairing}$——微胶囊控释后沥青的相位角。

$$RI_{C=O} = \frac{A_{C=O\_terminal} - A_{C=O\_repairing}}{A_{C=O\_terminal} - A_{C=O\_initial}} \qquad (17\text{-}6)$$

式中：$RI_{C=O}$——基于羰基峰面积计算的沥青材料再生指数；

$A_{C=O\_initial}$——老化前沥青的羰基峰面积，控释前为原样基质沥青时取 0；

$A_{C=O\_terminal}$——老化后沥青的羰基峰面积；

$A_{C=O\_repairing}$——微胶囊控释后沥青的羰基峰面积。

$$RI_{S=O} = \frac{A_{S=O\_terminal} - A_{S=O\_repairing}}{A_{S=O\_terminal} - A_{S=O\_initial}} \qquad (17\text{-}7)$$

式中：$RI_{S=O}$——基于亚砜基峰面积计算的沥青材料再生指数；

$A_{S=O\_initial}$——老化前沥青的亚砜基峰面积；

$A_{S=O\_terminal}$——老化后沥青的亚砜基峰面积；

$A_{S=O\_repairing}$——微胶囊控释后沥青的亚砜基峰面积。

④试验结果

图 17-19 展示了二次再生修复效果。其中，第二次再生指数和总再生指数是分别基于 CR_10s 老化和未老化原样自再生沥青计算的。

整体而言，对磁响应仿"蜂巢"结构微胶囊进行二次高频 AMF 刺激 40s 后，释放的再生剂再次改善了老化沥青的物理流变性能和化学组成，缓解了老化沥青硬化行为。其中，二次控释后的磁响应仿"蜂巢"结构微胶囊对代表羰基峰面积和亚砜基峰面积计算的老化沥青再生指数 $RI_{C=O}$ 和 $RI_{S=O}$ 恢复效果较好，尤其是再生后亚砜基峰面积较为接近第一次微胶囊控释后的再生结果。因此，磁响应仿"蜂巢"结构微胶囊与沥青共同经历二次老化后仍然具有高频 AMF 刺激的二次响应能力，能够实现沥青老化病害的主动预防与物理流变性能的多次再生。

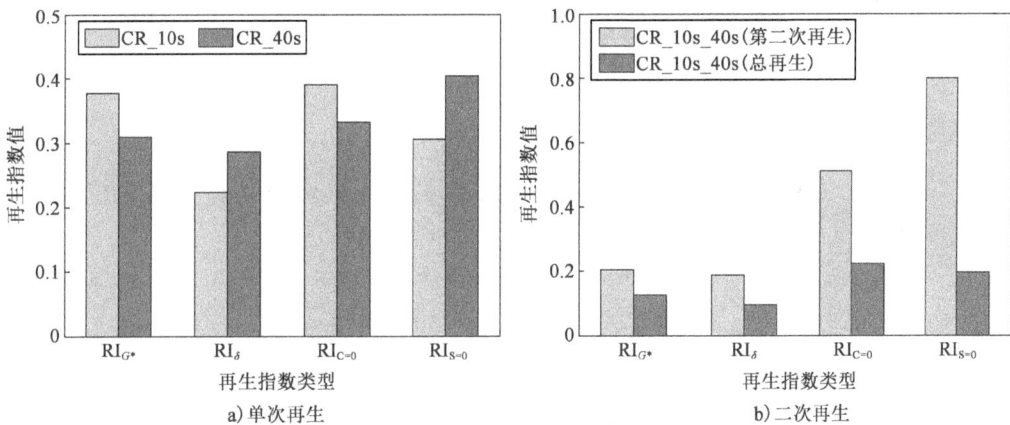

图 17-19　第三代微胶囊对老化沥青的单次和二次再生指数

【思考题】

17-1　什么是原位聚合法？

17-2　分析自愈合微胶囊的作用机理，以及自愈合微胶囊应具备的技术性质。

17-3   总结沥青自愈合微胶囊合成工艺。

17-4   总结沥青自愈合微胶囊发展历程和研究进展。

17-5   如何测试微胶囊芯材释放行为?

17-6   谈谈第二代与第三代沥青自修复微胶囊有何不同,各有哪些优缺点。

17-7   在微胶囊的设计中,粒径、壁厚、芯材等因素如何影响沥青混合料的自愈合性能?在什么情况下应该选择较大粒径或较厚的囊壁?

17-8   对比第二代与第三代沥青自修复微胶囊,主动控释与被动释放的修复机制各有什么优缺点?在实际道路工程中,哪种机制更具有应用价值?

17-9 Fe_3O_4 磁性纳米颗粒在高频交变磁场下的磁响应特性如何影响微胶囊的控制释放过程?这种控制释放机制在沥青材料修复中的优势和潜在挑战是什么?

【小组讨论】

17-1   如何实现自愈合微胶囊主动、定量释放?

17-2   讨论微胶囊合成方法以及各种方法的技术特点。

17-3   第四代微胶囊应当如何设计?应满足什么功能?

17-4   结合当前研究,探讨沥青自修复微胶囊技术未来的发展方向,以及哪些新技术或材料有潜力进一步提升微胶囊的自愈合性能。

【拓展阅读】

17-1   李彬.沥青混凝土自愈合微胶囊制备及其作用机理研究[D].上海:同济大学,2021.

17-2   鲁童.沥青自再生微胶囊制备及其控释性能研究[D].上海:同济大学,2023.

17-3   SUN D Q, HU J L, ZHU X Y, et al. Size optimization and self-healing evaluation of microcapsules in asphalt binder[J]. Colloid and Polymer Science,2015,293:3505-3516.

17-4   SUN D Q, PANG Q, ZHU X Y, et al. Enhanced self-healing process of sustainable asphalt materials containing microcapsules[J]. ACS Sustainable Chemistry and Engineering,2017,5(11):9881-9893.

17-5   SUN D Q,SUN G Q,ZHU X Y,et al. A comprehensive review on self-healing of asphalt materials:mechanism,model,characterization and enhancement[J]. Advances in Colloid and Interface Science,2018,256:65-93.

17-6   LU T,LI B,SUN D Q,et al. Advances in controlled release of microcapsules and promising applications in self-healing of asphalt materials [J]. Journal of Cleaner Production, 2021, 294:126270.

参 考 文 献

[1] 孙大权,朱兴一,孙艳娜,等.道路工程材料[M].7版.北京:人民交通出版社股份有限公司,2024.

[2] 吕伟民,孙大权.沥青混合料设计手册[M].北京:人民交通出版社,2007.

[3] 申爱琴.道路工程材料[M].3版.北京:人民交通出版社股份有限公司,2022.

[4] 张兰芳,李京军,王萧萧.建筑材料[M].北京:中国建材工业出版社,2021.

[5] 李惟,潘松岭,袁卫宁.建筑工程材料[M].北京:化学工业出版社,2018.

[6] 姚祖康.沥青路面结构设计[M].北京:人民交通出版社,2011.

[7] 徐斌.排水性沥青路面理论与实践[M].北京:人民交通出版社,2011.

[8] 吕伟民.橡胶沥青路面[M].北京:人民交通出版社,2011.

[9] 郝培文.沥青与沥青混合料[M].北京:人民交通出版社,2009.

[10] 吕伟民.沥青混合料设计原理与方法[M].上海:同济大学出版社,2000.

[11] 黄维蓉,熊出华.沥青与沥青混合料[M].北京:人民交通出版社股份有限公司,2020.

[12] 黄晓明,吴少鹏,赵永利.沥青与沥青混合料[M].南京:东南大学出版社,2002.

[13] 谭忆秋.沥青与沥青混合料[M].哈尔滨:哈尔滨工业大学出版社,2007.

[14] 毕玉峰.沥青混合料级配设计理论及实践应用[M].北京:科学出版社,2023.

[15] 王林,王晓燕,等.国内外沥青混合料设计方法研究与工程应用[M].北京:人民交通出版社股份有限公司,2022.

[16] 中华人民共和国交通运输部.公路钢桥面铺装设计与施工技术规范:JTG/T 3364-02—2019[S].北京:人民交通出版社股份有限公司,2019.

[17] 中华人民共和国交通运输部.公路沥青路面再生技术规范:JTG/T 5521—2019[S].北京:人民交通出版社股份有限公司,2019.

[18] 中华人民共和国交通运输部.公路工程沥青及沥青混合料试验规程:JTG E20—2011[S].北京:人民交通出版社,2011.

[19] 全国混凝土标准化技术委员会(SAC/TC 458).温拌沥青混凝土:GB/T 30596—2014[S].北京:中国标准出版社,2014.

[20] 全国钢标准化技术委员会.钢渣稳定性试验方法:GB/T 24175—2009[S].北京:中国标准出版社,2009.

[21] 中华人民共和国交通运输部.公路路面基层施工技术细则:JTG/T F20—2015[S].北京:人民交通出版社股份有限公司,2015.

[22] 中华人民共和国工业和信息化部.道路用建筑垃圾再生骨料无机混合料:JC/T 2281—2014[S].北京:中国建材工业出版社,2015.

[23] 全国钢标准化技术委员会(SAC/TC 183).道路用钢渣:GB/T 25824—2010[S].北京:中国标准出版社,2011.

[24] 中华人民共和国住房和城乡建设部.生活垃圾焚烧炉渣集料:GB/T 25032—2010[S].北京:中国标准出版社,2010.

[25] 中华人民共和国交通运输部.公路工程集料试验规程:JTG 3432—2024[S].北京:人民

交通出版社,2024.

[26] 《沥青生产与应用技术手册》编委会.沥青生产与应用技术手册[M].北京:中国石化出版社,2010.

[27] 全国石油产品和润滑剂标准化技术委员会石油沥青分技术委员会.重交通道路石油沥青:GB/T 15180—2010[S].北京:中国标准出版社,2011.

[28] 中华人民共和国交通运输部.公路沥青路面设计规范:JTG D50—2017[S].北京:人民交通出版社股份有限公司,2017.

[29] 中华人民共和国交通运输部.公路沥青路面施工技术规范:JTG F40—2004[S].北京:人民交通出版社,2005.

[30] 中国民用航空局.民用机场沥青道面施工技术规范:MH/T 5011—2019[S].北京:中国民航出版社,2019.

[31] 中国民用航空局.民用机场沥青道面设计规范:MH/T 5010—2017[S].北京:中国民航出版社,2017.

[32] 中华人民共和国住房和城乡建设部.橡胶沥青路面技术标准:CJJ/T 273—2019[S].北京:中国建筑工业出版社,2019.

[33] 全国混凝土标准化技术委员会(SAC/TC 458).彩色沥青混凝土:GB/T 32984—2016[S].北京:中国标准出版社,2016.

[34] 中华人民共和国交通运输部.排水沥青路面设计与施工技术规范:JTG/T 3350-03—2020[S].北京:人民交通出版社股份有限公司,2020.

[35] 孙立军.铺面工程学[M].2版.上海:同济大学出版社,2019.

[36] 郝培文,刘红瑛,徐金枝.半柔性路面材料设计与施工技术[M].上海:同济大学出版社,2021.

[37] 肖飞鹏.沥青材料再生利用的理论与方法[M].上海:同济大学出版社,2021.

[38] 胡明君.高黏沥青多源环境耦合老化机理与再生行为研究[D].上海:同济大学,2022.

[39] 李彬.沥青混凝土自愈合微胶囊制备及其作用机理研究[D].上海:同济大学,2021.

[40] 鲁童.沥青自再生微胶囊制备及其控释性能研究[D].上海:同济大学,2023.

[41] 凌森林.灌注式半柔性路面材料强度机理及性能增强技术研究[D].上海:同济大学,2024.

[42] 孙国强.沥青材料自愈合能力多尺度研究[D].上海:同济大学,2020.

[43] 邓越.沥青混合料微波加热自愈合机理及增强技术研究[D].上海:同济大学,2024.

[44] 马建.不同生物质来源的生物油再生沥青制备方法优化与性能研究[D].上海:同济大学,2023.

[45] 徐磊.高弹多孔沥青混合料降噪机理及性能研究[D].上海:同济大学,2025.

[46] SUN D Q,HU J L,ZHU X Y. Size optimization and self-healing evaluation of microcapsules in asphalt binder[J]. Colloid and Polymer Science,2015,293(12):3505-3516.

[47] SUN D Q,PANG Q,ZHU X Y,et al. Enhanced self-healing process of sustainable asphalt materials containing microcapsules[J]. ACS Sustainable Chemistry & Engineering, 2017, 5(11):9881-9893.

[48] SUN D Q,SUN G Q,ZHU X Y,et al. A comprehensive review on self-healing of asphalt mate-

rials:mechanism,model,characterization and enhancement[J]. Advances in Colloid and Interface Science,2018,256:65-93.

[49] LU T,LI B,SUN D Q,et al. Advances in controlled release of microcapsules and promising applications in self-healing of asphalt materials[J]. Journal of Cleaner Production,2017,294:126270.

[50] DENG Y,HU M J,XU L,et al. Dual roles played by manganese dioxide filler in asphalt pavement material:chemical modification and healing improvement[J]. Construction and Building Materials,2022,345:128371.

[51] DENG Y,MA J M,LU T,et al. Enhanced heating-healing performance of asphalt concrete modified with heterogenous microwave sensitive admixtures[J]. Construction and Building Materials,2021,299:123949.

[52] 孟勇军. 沥青路面材料[M]. 北京:人民交通出版社股份有限公司,2019.

[53] 美国沥青再生协会. 美国沥青再生指南[M]. 2 版. 北京:人民交通出版社股份有限公司,2019.

[54] 黄晓明,赵永利. 沥青路面再生利用理论与实践[M]. 北京:科学出版社,2014.

[55] 钱振东,黄卫. 环氧沥青与沥青混合料[M]. 北京:科学出版社,2023.

[56] 曹东伟,刘清泉,唐国奇. 排水沥青路面[M]. 北京:人民交通出版社,2010.

[57] 谭忆秋,单丽岩. 沥青与沥青混合料黏弹特性[M]. 哈尔滨:哈尔滨工业大学出版社,2017.

[58] 何兆益. 沥青老化机理与再生技术[M]. 北京:科学出版社,2021.

[59] 张肖宁. 沥青路面施工质量控制与保证[M]. 北京:人民交通出版社,2009.

[60] 陈栓发,陈华鑫,郑木莲. 沥青混合料设计与施工[M]. 北京:化学工业出版社,2006.

[61] 马涛,朱俊清,拾方治. 沥青路面乳化沥青冷再生关键技术[M]. 北京:科学出版社,2022.

[62] MA J,SUN G,SUN D,et al. Application of gel permeation chromatography technology in asphalt materials:a review[J]. Construction and Building Materials,2021,278:122386.

[63] DEACON J,TAYEBALI A,COPLANTZ J,et al. Fatigue response of asphalt-aggregate mixes,Part Ⅲ-Mix design and analysis[R]. Strategic Highway Research Program Report:No. SHRP-A-404,National Research Council,1994.

[64] 高茜楠,吕润华,耿靖杰. 基于纹理分形特性的沥青路面抗滑性能研究综述[J]. 交通信息与安全,2022,40(5):12-22.

[65] GlAESER K. Road surface characteristics and type road noise[R]. Federal Highway Research Institute BASt,2007.

[66] REN W,HAN S,FWA T,et al. A new laboratory test method for tire-pavement noise[J]. Measurement,2019,145:137-143.

[67] SANDBERG U,ŚWIECZKO ŻUREK B,EJSMONT J,et al. Tyre/road noise reduction of poro-elastic road surface tested in a laboratory[C]. Proceedings of Acoustics,2013,1-8.

[68] HAN S,PENG B,CHU L,et al. In-door laboratory high-speed testing of tire-pavement noise[J]. International Journal of Pavement Engineering,2022,23(1):321-331.

［69］ ZHOU F,HU S,SCULLION T. Integrated asphalt(overlay) mixture design,balancing rutting and cracking requirement ［ R ］. Technical Report FHWA/TX- 06/0-5123-1, TTI, TX, US,2016.

［70］ 胡曙光,刘小星,丁庆军,等.排水降噪防滑沥青路面材料的设计与施工［J］.武汉理工大学学报,2006,28(5):69-72.

［71］ 肖飞鹏,王涛,王嘉宇,等.橡胶沥青路面降噪技术原理与研究进展［J］.中国公路学报,2019,32(4):73-91.

［72］ 韩大勇,王亮,郭朋召,等.密级配橡胶沥青路面降噪技术原理与研究综述［J］.长沙理工大学学报(自然科学版),2024,21(3):61-78,106.

［73］ 陈琨,袁妙,刘全涛,等.缓释型沥青自愈合胶囊的优化制备与修复效果研究［J］.重庆交通大学学报(自然科学版),2022,41(7):89-95.

［74］ 肖鑫,张肖宁.基于工业 CT 的排水沥青混合料连通空隙特征研究［J］.中国公路学报,2016,29(8):22-28.

［75］ 国家岩矿化石标本资源共享平台［OL］.［2025-03-24］. http://www. nimrf. net. cn/.

［76］ 核磁共振成像 MRI 的简单原理［EB/OL］.［2025-03-24］. https://www. ccnta. cn/article/7121. html.